A CILADA
DA
MERITOCRACIA

A CILADA DA MERITOCRACIA

Como um mito fundamental da
sociedade alimenta a desigualdade, destrói
a classe média e consome a elite

DANIEL MARKOVITS

TRADUÇÃO DE RENATA GUERRA

Copyright © 2019 by Daniel Markovits
Todos os direitos reservados.

TÍTULO ORIGINAL
The Meritocracy Trap: How America's Foundational Myth Feeds Inequality, Dismantles the Middle
Class, and Devours the Elite

Gráfico 6: Sean F. Reardon, 2011. Gráficos 5.7 e 5.8. "The Widening Academic Achievement Gap
Between the Rich and the Poor: New Evidence and Possible Explanations", Whither Opportunity,
editado por Greg Duncan e Richard Murnane. © Russell Sage Foundation. Reproduzido com permissão
da Russell Sage Foundation, 112 East 64 Street, New York, NY 10065.

PREPARAÇÃO
Dênis Rubra
Gabriel Demasi

REVISÃO
Eduardo Carneiro
Juliana Pitanga

REVISÃO TÉCNICA
Bernardo Barbosa

DESIGN DE CAPA
Darren Haggar

IMAGENS DE CAPA
Imagem da estrela: Shane Illustration | Getty Images
Imagem do gancho: MicroStockHub | Getty Images Plus

DESIGN DE MIOLO
Amanda Dewey

ADAPTAÇÃO DE CAPA, PROJETO GRÁFICO E DIAGRAMAÇÃO
Julio Moreira | Equatorium Design

CIP-BRASIL. CATALOGAÇÃO NA PUBLICAÇÃO
SINDICATO NACIONAL DOS EDITORES DE LIVROS, RJ

M297c
   Markovits, Daniel, 1969-
      A cilada da meritocracia : Como um mito fundamental da sociedade alimenta
a desigualdade, destrói a classe média e consome a elite / Daniel Markovits ; tradução
Renata Guerra. - 1. ed. - Rio de Janeiro : Intrínseca, 2021
      528 p. ; 23 cm.

      Tradução de: The Meritocracy Trap
      Inclui bibliografia e índice
      ISBN 978-65-5560-294-4

      1. Meritocracia. 2. Classe média - Estados Unidos. 3. Igualdade - Estados Unidos.
I. Guerra, Renata. II. Título.

21-71892   CDD: 305.550973
                                   CDU: 316.343-058.13
Camila Donis Hartmann - Bibliotecária - CRB-7/6472

[2021]
Todos os direitos desta edição reservados à
EDITORA INTRÍNSECA LTDA.
Rua Marquês de São Vicente, 99, 3º andar
22451-041 – Gávea
Rio de Janeiro – RJ
Tel./Fax: (21) 3206-7400
www.intrinseca.com.br

Para Sarah
e
nossos filhos

SUMÁRIO

Prefácio, por Oscar Vilhena Vieira *7*

Introdução *17*

Parte I
A meritocracia e seus desassossegos

CAPÍTULO 1. A REVOLUÇÃO MERITOCRÁTICA *37*

CAPÍTULO 2. OS MALES DA MERITOCRACIA *56*

CAPÍTULO 3. A GUERRA DE CLASSES IMINENTE *85*

Parte II
Assim funciona a meritocracia

CAPÍTULO 4. RICOS QUE TRABALHAM *117*

CAPÍTULO 5. A HERANÇA MERITOCRÁTICA *154*

CAPÍTULO 6. EMPREGOS OPACOS E EMPREGOS BRILHANTES *203*

Parte III
Uma nova aristocracia

CAPÍTULO 7. UMA DIVISÃO ABRANGENTE *249*

CAPÍTULO 8. A BOLA DE NEVE DA DESIGUALDADE *288*

CAPÍTULO 9. O MITO DO MÉRITO *317*

Conclusão: O que devemos fazer? *331*

Agradecimentos *349*

Gráficos e quadros *355*

Notas *379*

Índice *517*

PREFÁCIO

Convidado a discursar para a turma de formandos de 2015 da Escola de Direito da Universidade de Yale, Daniel Markovits surpreendeu sua audiência. Em vez do tradicional discurso laudatório, realçando os méritos, o brilho intelectual e a tenacidade de cada um de seus ex-alunos — além do empenho dos pais que contribuíram para que os jovens chegassem a se formar pela mais prestigiosa escola de direito dos Estados Unidos —, o professor Markovits preferiu partilhar com seus pupilos uma reflexão sobre as causas, engrenagens e consequências da meritocracia, que pautou a conduta de cada um dos diplomados ao longo de suas trajetórias educacionais e, de forma inevitável, irá se impor sobre o futuro financeiramente promissor mas também hipercompetitivo e extenuante. O discurso causou certa surpresa, pois não vinha de um membro radical do corpo docente, porém de erudito e sereno professor de direito privado.

Chegar à Escola de Direito da Universidade de Yale não é uma tarefa fácil. Trata-se de uma corrida duríssima que começa cedo, com boas escolas, tutores, colegiais competitivos, testes e rankings, *colleges* concorridos — como Princeton, Harvard, Brown, Colúmbia ou Stanford — e uma luta ininterrupta pelas melhores notas, por se destacar dos demais colegas e por obter reconhecimento de professores e distinção acadêmica. Entre os mais de 70 mil candidatos que pleiteiam ingressar numa escola de direito nos Estados Unidos, todos os anos, apenas algumas dezenas, daqueles que se encontram no topo desta grande pirâmide, são selecionadas para frequentar o prédio neogótico da Escola de Direito de Yale, em New Haven, onde receberão a mais rigorosa, cuidadosa e qualificada educação jurídica, além de valiosas relações sociais e um inestimável capital reputacional que lhes servirão como passaporte para os mais cobiçados postos de uma afluente carreira no campo do direito.

Daniel Markovits conhece bem os corredores da meritocracia. Filho de professores universitários, fez seu bacharelado em matemática na Universidade de Yale, mestrado em economia na London School of Economics, doutorado em filosofia na Universidade de Oxford e, finalmente, obteve o título de Juris Doctor pela escola de direito onde hoje leciona. Sempre com distinção e reconhecimento de seus pares e professores, como Guido Calabresi, que o reputava o mais inteligente dos novos professores de Yale, como me confidenciou sua ex-aluna Mariana Pargendler e querida colega, ela própria luminar de sua geração. Trata-se, portanto, de um legítimo representante da meritocracia norte-americana, que agora se dispõe a desvendar a natureza e o impacto da meritocracia sobre a ampliação da desigualdade, a divisão cada vez mais profunda da sociedade norte-americana e a própria desestabilização da democracia pelo populismo. Talvez por seu convívio íntimo com a meritocracia, Markovits se lança a refletir sobre o ônus existencial não apenas daqueles que sucumbem, mas também dos que triunfam na corrida meritocrática, o que agrega um sabor peculiar a este instigante livro.

A expressão *meritocracia* foi cunhada após a Segunda Guerra pelo sociólogo reformador, com forte inclinação progressista, Michael Young. Young era um severo crítico da estrutura de classes da sociedade inglesa, na qual cresceu na primeira metade do século XX, com suas hierarquias, estamentos e castas quase intransponíveis, em que riquezas, oportunidades e distinções eram distribuídas, sobretudo, em função da extração social de cada um e não do mérito. A ideia de meritocracia surge, portanto, como uma crítica à sociedade que distribuía benefícios em função do *pedigree* e das conexões e os entrincheirava através de privilégios — termo de origem latina que, quando desmontado (*privi-leggio*), expressa com clareza a ideia de um direito que não é partilhado por todos, mas pertence apenas a alguns. Numa sociedade organizada por meio de privilégios

PREFÁCIO

não há uma correlação simétrica entre direitos e obrigações recíprocas, mas sim indivíduos ou classes que são sujeitos de uma quantidade desproporcional de benefícios, enquanto os demais assumem a responsabilidade predominante pelas obrigações. Nesse sentido, explica-se a indisposição do pensamento conservador, desde Burke até os nossos dias, em acatar um processo radical de universalização de direitos, como proposto pela Declaração Universal de Direitos Humanos de 1948, por exemplo.

Young e os reformistas do Partido Trabalhista inglês, com os quais se juntou, propunham uma distinta forma de organização da sociedade, em que a todos deveriam ser oferecidas as oportunidades, em termos de recursos materiais e sociais, como saúde, educação, previdências, que permitissem o desenvolvimento pessoal e da própria comunidade. Nessa nova forma de organização concebida pelos progressistas de então não havia mais espaço para a distribuição de riquezas, posições e distinções em função da origem, devendo o mérito se tornar o critério, por excelência, para o reconhecimento e a alocação de premiações. Young, apesar de ter sido um dos formuladores desse Estado de bem-estar, percebeu muito cedo que ele trazia inúmeras limitações. Em sua clássica sátira social *The Rise of the Meritocracy* [A ascensão da meritocracia], de 1958, ironiza o desenvolvimento de uma sociedade que passou a empregar como critério último para a distribuição de todos os benefícios, a partir da fórmula QI + esforço = mérito. Como a distribuição de talentos — entre os quais o QI — é inata e desigual, com o passar do tempo, a riqueza e o prestígio também se acumulariam de forma desigual pelas gerações, levando ineluta-velmente a uma sociedade dividida em pelo menos duas classes, mas tudo sob o manto sagrado do merecimento. A crítica à meritocracia, portanto, não é nova, e ironicamente foi iniciada por aquele que pela primeira vez empregou o termo e contribuiu para a superação da aristocracia.

Uma outra crítica contundente à meritocracia, como critério de distribuição de riqueza, renda, oportunidades e poderes, foi feita por John Rawls, em seu clássico *Uma teoria da justiça*, de 1971, e está fundada na premissa de que a distribuição de talentos, por ser moralmente arbitrária, não pode servir como critério razoável para a distribuição de benefícios. Mesmo a valorização do "esforço", que na sátira de Young era o segundo elemento na determinação do mérito, não pode ser considerada de forma dissociada de certa arbitrariedade. Afinal, também a nossa capacidade de nos esforçarmos num determinado campo é resultado de oportunidades e talentos arbitrariamente distribuídos, em alguma medida. Por fim, Rawls alerta para a própria aleatoriedade daqueles talentos que são socialmente valorizados num determinado tempo e local. Com sua costumeira perspicácia, Michael Sandel, em seu *Justiça*, dá o exemplo do salário do presidente da Suprema Corte dos Estados Unidos, John Roberts, que não ultrapassa 217 mil dólares anuais, enquanto o da juíza Judy, com seu reality show televisivo, tem um contrato de 25 milhões de dólares por ano com a emissora, pelo simples fato de que neste ponto da história a sociedade norte--americana supervaloriza o entretenimento televisivo.

Evidente que a meritocracia supera a aristocracia como critério de distribuição de riqueza ou posições concorridas, seja da perspectiva da sua eficiência econômica, seja do ponto de vista moral, na medida em que não há nada mais arbitrário (e repugnante) do que empregar a classe, a casta, o gênero ou, sobretudo, a raça, como critério de justiça distributiva, exceto quando isso se volta à correção e não à manutenção da desigualdade. Para o liberalismo de mercado, por sua vez, havendo igualdade perante a lei, assim como um mínimo de condições materiais como educação básica e estando abertas as oportunidades para todos, independentemente de classe ou outros critérios arbitrários, os mais esforçados e talentosos poderão ser legitimamente recompensados em função daquilo que o mercado valoriza num determinado momento, bem como transmitir o fruto de seus esforços e talentos aos seus herdeiros. Rawls, é claro, rejeita esse critério de justiça distributiva, pois compreende que os pontos de partida dificilmente serão iguais, logo a linha de chegada não apurará o verdadeiro mérito. Reconhece, porém, as insuficiências de uma teoria estrita e materialmente igualitária de justiça distributiva, em que cada um receberia de acordo com suas necessidades, não importando sua contribuição para a sociedade. Daí a proposição de uma teoria da justiça distributiva que não seja totalmente indiferente ao mérito, autorizando que esses atributos moralmente arbitrários sejam levados em consideração na distribuição de riqueza, renda ou posições cobiçadas apenas quando forem capazes de beneficiar em maior medida aqueles que se encontram numa posição de desvantagem. Dessa forma, o "princípio da diferença" de Rawls reconhece a validade de incentivar pessoas a se esforçarem e empregarem seus talentos em busca de recompensas. Porém, somente estarão "intituladas" a se beneficiar da premiação na medida em que suas ações contribuírem para melhorar as condições daqueles que se encontram em posição mais vulnerável. Exemplos clássicos do "princípio da diferença" seriam a autorização para uma melhor remuneração de cirurgiões ou inventores de vacinas, pelo bem que geram aos demais membros da comunidade, ou mesmo a recompensa para talentosos mais frívolos, como empreendedores ou celebridades do entretenimento, desde que uma parcela substantiva dos seus ganhos fosse transferida aos mais necessitados por meio de uma forte carga de tributação progressiva, que contribua para a elevação da qualidade de vida deles.

Em *A cilada da meritocracia*, que agora a editora Intrínseca traz ao leitor brasileiro, Daniel Markovits amplia e aprofunda a crítica à meritocracia, exposta em seu discurso dedicado aos formandos da turma de 2015, conjugando seus múltiplos saberes (filosofia, economia, direito e sociologia) para dissecar o regime meritocrático norte-americano, com especial atenção às distorções que provoca no sistema educacional e no mundo do trabalho, aumentando a desigualdade. O resultado, que o leitor terá a oportunidade de julgar, é um livro muito ambicioso, montado com grande rigor analítico e uma robusta e impressionante apresentação de dados quantitativos e evidências empíricas, articulados a partir de princípios éticos claramente dispostos. Seu objetivo fundamental é, de um lado, fornecer combustível intelectual para a desconstrução da armadilha meritocrática, que vem distanciando as elites da classe média — o que provoca uma forte corrosão do tecido social e democrático da sociedade norte-americana —; de outro, contribuir para a construção de um regime de "igualdade democrática", centrado no valor inerente a cada ser humano, e não numa falsa meritocracia.

Nesse sentido, este livro se coloca mais na tradição de grandes narrativas que buscaram descrever criticamente o funcionamento da sociedade norte-americana para seus próprios cidadãos, como a *A teoria da classe ociosa*, de Thorstein Veblen, ou *A sociedade afluente*, de John Kenneth Galbraith, do que de uma teoria política mais abstrata da justiça distributiva, como a formulada por John Rawls. *A cilada da meritocracia* dialoga diretamente, no entanto, com as hipóteses concebidas por autores como Thomas Piketty para explicar o crescimento da desigualdade nas economias capitalistas contemporâneas. Enquanto Piketty lança seu olhar sobre a relação entre o acúmulo de capital financeiro e sua tributação regressiva (ou mesmo esquemas de evasão) como gatilho fundamental para o aumento da desigualdade, Markovits aponta a meritocracia como principal responsável pelo aumento da desigualdade nos Estados Unidos — e é importante que se enfatize a preocupação de Markovits com o caso norte-americano. Para Piketty, os rendimentos do capital financeiro vão ganhando terreno em detrimento dos ganhos decorrentes do trabalho e mesmo do acúmulo de capital físico, propriedade imóvel e industrial, em face da arquitetura institucional que favorece a extração de rendimentos e acúmulo de riqueza a partir de capital imaterial. Markovits, embora não negligencie essa dimensão da acumulação de riqueza apontada por Piketty, reivindica que as desigualdades nos Estados Unidos decorrem, sobretudo, de um outro mecanismo, associado à hiperqualificação educacional das elites, que resulta no acesso a profissões e postos que lhes rendem, além de uma sobrerremuneração, status e privilégios. Enquanto isso, aqueles que recebem uma educação de menor qualidade e menos intensiva ficam adstritos a oportunidades de trabalho sub-remuneradas e a reduzido prestígio social. Na medida em que os ciclos geracionais se sucedem, os descendentes de pais hiper-remunerados ampliam os investimentos educacionais para os filhos, aumentando ainda mais as oportunidades reservadas para profissionais cada vez mais hiperqualificados, que receberão a "merecida" remuneração e o prestígio social inerentes a essas posições, ampliando crescentemente as hierarquias sociais e financeiras em relação ao restante da população. Não faltam dados, dispostos de forma minuciosa por Markovits, para respaldar a proposição fundamental de *A cilada da meritocracia*.

As diferenças em relação a Piketty, no entanto, não se limitam a uma questão de ênfase sobre que gatilhos são preponderantemente responsáveis pela ampliação da desigualdade no caso norte-americano. Markovits também se detém sobre os infortúnios daqueles que se veem derrotados na corrida meritocrática, assim como dos próprios vitoriosos, que não mais se beneficiarão do ócio e da boa vida dos aristocratas do passado, mas terão que constantemente demonstrar sua capacidade de gerar riqueza num mercado de trabalho competitivo e extenuante ao extremo para que mereçam ser sobrerremunerados. Daí porque a elite também deva ser considerada vítima da cilada meritocrática e, portanto, interessada a se juntar aos derrotados na superação do jogo meritocrático, em que todos perdem (ainda que uns mais do que outros).

PREFÁCIO

Para Markovits, as explicações de natureza mais institucional se fragilizam ao não levarem devidamente em consideração o potencial desigualizador da meritocracia. Ao argumentarem que o crescimento da desigualdade decorre, sobretudo, de um conjunto de trapaças institucionalizadas, engendradas pelo sistema tributário, assim como pelas inúmeras inovações da indústria financeira — com a contribuição dos grandes escritórios transnacionais de advocacia (como descreve o excelente livro de *The Code of Capital* [O código do capital], de Katharina Pistor) e das empresas transnacionais de consultoria e contabilidade —, estão implicitamente reivindicando que o defeito do sistema é não ser meritocrático o suficiente. Caso o sistema fosse reformado, com a remoção das trapaças entrincheiradas em suas instituições, tornando-se mais meritocrático, a distribuição desigual de riqueza, renda e posições poderia ser justificada moralmente.

É nesse ponto que o argumento central deste livro, empiricamente comprovado pela avalanche de dados apresentada por Daniel Markovits, ganha enorme força e relevância teórica. Para o autor, a meritocracia não se limita apenas a um regime que promove o aumento e a reprodução da desigualdade. A meritocracia consiste também em um manto de natureza ideológica, na medida em que torna socialmente aceitável a acumulação de prestígio, status e riqueza pelas elites que dominam suas regras, restando aos derrotados no jogo meritocrático se conformar com a própria incompetência. Afinal, como se insurgir legitimamente contra um sistema pautado no mérito? Se o critério escolhido para determinar quem ganha e quem perde o jogo é justo, não havendo trapaça, o resultado terá que ser aceito por todos. Ao tratar a meritocracia não apenas como regime institucional e econômico que gera desigualdade, mas como ideologia que busca justificar moralmente a distribuição desigual de riqueza, status e privilégios, Markovits subverte o jogo meritocrático, desmistificando suas trapaças.

Ao empregar o conceito de merecimento como critério para a distribuição de renda, riqueza e status, a ideologia meritocrática se apropriou de um elemento essencial das concepções mais básicas e intuitivas de justiça. Isso ajuda a explicar como o credo meritocrático foi ganhando adesão social e assumindo centralidade no funcionamento da sociedade norte-americana nas últimas décadas. Mais do que isso, Markovits oferece uma explicação plausível sobre como a meritocracia foi legitimando o surgimento de uma sociedade dividida entre uma elite hiper-remunerada e prestigiada e uma classe média e trabalhadora sub-remunerada, socialmente desvalorizada e politicamente ressentida.

A leitura de *A cilada da meritocracia* pelo público brasileiro ou de outros países com altos e persistentes padrões de desigualdade, em que a educação básica foi universalizada apenas nas últimas décadas, tem que ser feita com cuidado adicional. Em primeiro lugar, cumpre relembrar que Daniel Markovits está analisando os mecanismos essenciais de promoção de desigualdade na sociedade norte-americana, não se propondo a estabelecer uma teoria geral sobre a desigualdade. Nesse sentido, seu diálogo com Piketty não exclui a hipótese de que existam outros mecanismos concorrentes que promovam a desigualdade e, mais do que isso, que em outras sociedades esses mecanismos sejam mais centrais do que a meritocracia na produção da desigualdade. A leitura de Markovits permanece, no entanto, essencial na medida em que, mesmo em outros contextos, a meritocracia sempre é invocada, seja pelos liberais de mercado ou até pelos que se enxergam como progressistas, como uma fórmula mágica para a superação de arranjos distributivos ineficientes ou ultrapassados.

Múltiplos são os fatores que contribuem para a persistência de uma profunda desigualdade no Brasil, apesar dos avanços que testemunhamos a partir da Constituição de 1988, com os seus diversos arranjos de inclusão e transferência de recursos para os mais pobres, como têm demonstrado autores como Marta Arretche (*As políticas da política: desigualdades e inclusão nos governos do PSDB e do PT*, São Paulo: Editora Unesp, 2019). Fatores como altas taxas de desemprego, baixa produtividade, alocação de privilégios corporativistas e subsídios para determinados setores econômicos, manutenção de sistema tributário altamente regressivo, racismo estrutural, concentração de propriedade imóvel e de meios de produção e proteção de ganhos de capital financeiro, certamente concorrem com uma alta taxa de concentração de capital educacional — que viabiliza o acesso aos melhores empregos e salários, inclusive públicos, restringindo a mobilidade social —, para a manutenção de uma desigualdade profunda e persistente no Brasil.

No que se refere aos indicadores de acesso à educação e especificamente à educação universitária, objeto central da análise de Daniel Markovits no caso norte-americano, temos observado uma melhora incremental ao longo da última década. Conforme dados do Censo Demográfico, entre 1960 e 2010, a expansão do ensino universitário contribuiu para reforçar as desigualdades de classe e raça. O funil da educação favorecia majoritariamente aqueles que recebiam maior grau de investimentos nas etapas básicas e média do sistema educacional. A maior qualidade e a gratuidade do ensino nas universidades públicas criaram um sistema altamente regressivo, no qual a sociedade como um todo arcava com a educação dos filhos, predominantemente, da elite. A competição acirrada nos vestibulares para os cursos de maior prestígio, como medicina, engenharia, direito, mas também administração, economia, odontologia etc., fortaleceu um falso *ethos* meritocrático da elite universitária brasileira, mesmo de setores progressistas, que não reconheceram o fato de que a educação superior da elite estava sendo subsidiada pelos mais pobres (todos os dados extraídos do Texto para Discussão 2621, IPEA, 2021).

Essa realidade perversa começou a ser lentamente alterada pela expansão do ensino privado a partir do final dos anos 1990. Embora essa expansão não tenha corrigido a questão da perspectiva da justiça distributiva, ampliou o acesso à educação superior a setores mais pobres e que receberam menos investimento educacional ao longo da infância e da adolescência. O passo mais relevante, no entanto, apenas começou a ser dado com a introdução de sistemas de ações afirmativas sociais e raciais nas universidades públicas e o financiamento público destinado a setores mais pobres e discriminados que ingressassem em escolas privadas, sobretudo a partir da década de 2010, no governo Dilma Rousseff. Dados da Pesquisa Nacional por Amostra de Domicílios, do Instituto Brasileiro de Geografia e Estatística (PNAD/IBGE), demonstram que, entre os jovens de 18 a 24 anos que se encontram entre os 40% mais pobres, apenas 1% frequentava o ensino superior em 2001. Esse número subiu para 9% em 2015. Embora a inclusão de grupos historicamente desfavorecidos no ensino superior, especialmente em universidades públicas, tenha reduzido a regressividade do sistema de ensino superior, o gargalo do ensino médio — que ainda não se universalizou em todo o país — continua dificultando o acesso dos mais pobres. Os dados também apontam dois outros problemas: o primeiro refere-se à prevalência de alunos mais ricos em cursos tradicionalmente identificados como de elite, seja pela renda ou pelo status que proporcionam aos seus egressos, tais como medicina, engenharia ou direito; o segundo problema se refere à maior dificuldade financeira enfrentada por alunos pobres para se manter na universidade. Em síntese, as reformas implementadas a partir dos anos 2000 estão na direção correta, mas precisam ser aprofundadas para que o sistema retoricamente meritocrático dos vestibulares e exames nacionais não continue reproduzindo as diferenças de investimento na educação de ricos e pobres no Brasil.

A leitura de Daniel Markovits por aqueles que se preocupam com o flagelo da desigualdade no Brasil é essencial, pois demonstra não haver caminho fácil para a superação das injustiças na distribuição de um recurso tão valioso para a inserção em um mercado de trabalho. Mais do que isso, em face da escassez de recursos educacionais de excelência, haverá sempre uma tendência à elitização com forte impacto sobre a desigualdade se não houver uma constante correção de rumos, seja na porta de ingresso, seja nos limites de apropriação privada dos benefícios derivados da educação de alta qualidade.

As desigualdades educacionais do passado tendem a reforçar o acesso a oportunidades educacionais de qualidade no futuro, quando não são tomadas medidas voltadas a interromper o ciclo perverso da meritocracia apontado neste livro. A ambição de Daniel Markovits de contribuir para o desmantelamento da meritocracia e sua substituição por um regime de igualdade democrática, que passa necessariamente pela reforma do sistema de acesso ao ensino, bem como pelo sistema tributário, carrega consigo um profundo humanismo: a crença na força das ideias. Há ainda em *A cilada da meritocracia* um alerta mais prudencial: numa sociedade dividida pela meritocracia, o ressentimento costuma crescer, atraindo aventureiros e populistas que canalizam essas insatisfações em favor de seus projetos ainda mais excludentes que a própria meritocracia.

Oscar Vilhena Vieira é professor fundador da
Escola de Direito da Fundação Getulio Vargas em São Paulo.

INTRODUÇÃO

Mérito é uma farsa.

Toda uma civilização nega essa conclusão. Qualquer pessoa decente concorda que uma vantagem deve ser obtida pela competência e pelo esforço, e não por herança de classe. O ideal meritocrático — segundo o qual a recompensa social e econômica deve ser conquistada, e não herdada do berço[1] — fundamenta a autoimagem da época atual. A aristocracia teve seu momento, e agora a meritocracia é um princípio elementar da religião cidadã de todas as sociedades avançadas.

A meritocracia promete promover a igualdade e a oportunidade dando acesso à elite — no passado hereditária — a pessoas comuns, munidas apenas de talento e ambição. Promete, ainda, compatibilizar as vantagens privadas com o interesse público, ao reafirmar que riqueza e status devem ser obtidos por conquista. Juntos, esses ideais pretendem unir a sociedade em torno de uma visão comum de trabalho árduo, competência e merecida recompensa.

Mas a meritocracia já não funciona como promete. Hoje em dia, as crianças de classe média perdem para as crianças ricas na escola, e os adultos de classe média perdem para a elite de formação superior no trabalho. A meritocracia bloqueia as oportunidades para a classe média.[2] E, com isso, culpa aqueles que perdem a competição por renda e status — competição que, mesmo quando todos fazem tudo certo, só os ricos podem ganhar.

A meritocracia prejudica também a elite. A escolarização meritocrática exige que pais ricos invistam milhares de horas e milhões de dólares para dar a seus filhos uma educação de elite. E os empregos meritocráticos exigem que os adultos da elite trabalhem com uma intensidade esmagadora, explorando sem piedade a educação que receberam para extrair dela o retorno do investimento. A meritocracia conduz uma elite ansiosa e ilegítima a uma concorrência vitalícia implacável para garantir renda e status por meio de sua exagerada dedicação ao trabalho.

Finalmente, a meritocracia agora separa a elite da classe média. Leva a classe média ao ressentimento e seduz a elite para que se agarre a prerrogativas de casta corruptas. A meritocracia ludibria a sociedade e faz com que as duas classes compartilhem um mesmo turbilhão de recriminação, desrespeito e disfunção.

O charme da meritocracia disfarça todos esses males, tornando difícil aceitar — até mesmo considerar — que por trás deles está a própria meritocracia. Mesmo os críticos mais severos da época adotam o ideal meritocrático. Culpam elites corruptas de fingir recompensar a conquista, favorecendo na verdade a si mesmas. Ao acusarem maus atores individualizados de não honrarem na prática o ideal meritocrático, eles reafirmam a meritocracia de modo geral.

Na verdade, porém, são as estruturas sociais e econômicas, e não vícios pessoais, as causadoras da desintegração e da discórdia que cada vez mais dominam a vida norte-americana. Sejam quais forem seus propósitos originais e seus antigos triunfos, a meritocracia atual concentra os privilégios e sustenta desigualdades tóxicas. E, na raiz de todos esses problemas, não está a falta de meritocracia, mas o excesso dela.

O próprio mérito tornou-se um simulacro de virtude, um falso ídolo. E a meritocracia — antes benévola e justa — transformou-se naquilo que deveria combater: um mecanismo para a concentração e a transmissão dinástica da riqueza e dos privilégios de geração para geração. Uma ordem de castas que cria rancor e divisão. Na verdade, uma nova aristocracia.

AS FALSAS PROMESSAS DA MERITOCRACIA

Sou meritocrata: um produto e, agora, um agente da constelação de forças que estas páginas revelam.

INTRODUÇÃO 19

Em meados de 1987, quando a meritocracia ganhava impulso, concluí o ensino médio numa escola pública de Austin, Texas, e fui para o nordeste do país com o objetivo de frequentar a Yale College. Passei cerca de quinze anos estudando em diversas universidades — London School of Economics, Universidade de Oxford, Universidade Harvard e, enfim, a Escola de Direito de Yale —, colecionando nesse percurso uma fileira de graus universitários.[3]

Atualmente, dou aulas na Escola de Direito de Yale, onde meus alunos são assustadoramente parecidos com meu eu mais jovem: em sua maioria, são produtos de pais profissionais liberais e universidades de classe alta. Transmito a eles os privilégios que meus professores me transmitiram no passado. De todas essas formas, devo minha prosperidade e minha situação social a instituições de elite e ao ensino e às oportunidades de emprego que elas oferecem.

Agora plenamente desabrochada, a meritocracia agita sua bandeira por toda parte sobre as instituições que, em conjunto, consagram a elite. A Universidade Harvard, por exemplo, chama a si mesma de "abrigo dos acadêmicos mais ambiciosos do mundo",[4] e na declaração de missão esclarece que seu propósito não é apenas a excelência acadêmica, mas também "educar cidadãos e líderes dos cidadãos para nossa sociedade",[5] de modo que eles possam aprender "a servir melhor o mundo". As empresas que mais empregam graduados de Harvard e de outras instituições de ponta passam argumentos idênticos para a vida adulta da elite. Do Goldman Sachs, já se disse que é "provavelmente a mais elitista sociedade de trabalho já reunida no globo",[6] e o site do banco anuncia o "progresso" que ele promove para muito além da elite, intermediando, por exemplo, investimentos que impulsionam o "renascimento" de Newark e Nova Jersey e o "ressurgimento" de Nova Orleans.[7] Esse roteiro conhecido — repetido uma e outra vez — trombeteia ao mesmo tempo os talentos excepcionais da elite e reconcilia a hierarquia com os imperativos morais da vida democrática, ligando as elites ao interesse comum, como se fossem parteiras da prosperidade geral.

Essas promessas marcam uma revolução. Antes, o status dos aristocratas lhes era devido por direito de nascença, com base na raça ou na linhagem, e eles desfrutavam de privilégios imerecidos para amealhar proventos injustos. Hoje em dia, os meritocratas afirmam conquistar status por meio de talento e esforço — progredindo com justiça, usando recursos abertos a qualquer pessoa. Antigamente, aristocratas indolentes produziam pouco ou nada. Viviam na abundância, explorando o trabalho de outrem. Hoje, os meritocratas que trabalham duro dizem fazer sua parte, e reafirmam que suas imensas realizações contribuem com um valor justo para as sociedades que eles lideram.

As hierarquias do passado eram malévolas e agressivas. Mas a meritocracia reivindica integridade — senso de justiça e bondade. Fiel à sua origem etimológica no latim,[8] a meritocracia glorifica apenas os privilégios *conquistados* e promete transformar a elite de modo a adequá-la a uma era democrática — resgatando, assim, a própria ideia de hierarquia.

Os rituais da meritocracia reforçam esses ideais, tornando-os concretos e acessíveis e dando uma ideia de privilégio perpétuo merecido. As cerimônias de colação de grau que se integraram ao ritmo dos verões norte-americanos mostram como isso funciona. Na Escola de Direito de Yale, as festas de formatura se estendem por dois dias grandiosos. Luminares como Bill Clinton[9] e Joe Biden,[10] Ruth Bader Ginsburg e Sonia Sotomayor[11] exortam os formandos a seguirem suas paixões e a empregarem seus talentos para o bem maior. Os professores usam capelos e becas em cores vivas, de lã, seda e até mesmo de pele. Autoridades universitárias usam colarinhos de pedraria e bastões cerimoniais. Um antigo decano usa a veste suntuosa de doutor *honoris causa* em leis recebido em Bolonha, a mais antiga universidade ainda em funcionamento na Europa.[12]

Essas celebrações não são insensatas nem fortuitas. Pelo contrário, da mesma forma que as cerimônias de casamento, elas expressam desígnios sérios e encerram significados profundos, tanto políticos quanto pessoais. Os discursos reafirmam o serviço meritocrático da elite em prol do bem comum. A pompa medieval investe a meritocracia do brilho remanescente da hierarquia aristocrática que ela afasta — olhando para trás em busca do futuro, reutilizando velhos odres para guardar novos vinhos.[13] Num pátio gótico, quando as sombras se alongam na tarde de verão, a história parece presente e viva. A universidade se mostra como uma faixa lisa, estendida, sem rupturas entre gerações. Os discursos de formatura ligam, sem descontinuidade, um passado atemporal a um futuro inevitável, absorvendo as tensões da transição e confirmando para os formandos que eles estão no limiar da idade adulta. Os rituais transformam o futuro em algo conhecido antes mesmo da chegada dele. Instilam meritocracia na narrativa dominante da vida moderna.

INTRODUÇÃO

A meritocracia fala em termos e posições tão consistentes que chegam a configurar uma linguagem especial, repetida ao longo dos diversos contextos, uma e outra vez — um modo de vida, conhecido por todo cidadão da época. Isso confere à meritocracia um charme poderosíssimo. O brilho da meritocracia seduz a imaginação e captura o olhar, suprimindo o juízo crítico e sufocando a mudança. Ao se identificar com a moralidade básica e se insinuar na suposta experiência cotidiana, a meritocracia dissimula os danos que agora inflige a todos os que se deparam com ela. Com efeito, faz com que meios alternativos para se obter vantagens pareçam absurdos: imerecidos ou corruptos, como no caso em que o privilégio se repete com base em preconceito ou nepotismo; ou simples bobagem, como quando os altos cargos são atribuídos pela sorte.

Mas, à medida que a meritocracia progride, suas conquistas impõem uma nova e opressiva hierarquia, irreconhecível até mesmo para a geração anterior. Uma desigualdade essencialmente meritocrática sem precedente turva uma nova Era Dourada.* Cada vez mais, as elites monopolizam não só a renda, a riqueza e o poder, mas também as atividades, as honras públicas e o apreço. A meritocracia exclui em grande medida a classe média dos privilégios sociais e econômicos, e ao mesmo tempo convoca sua elite para um confronto demolidor em favor da preservação da casta. A desigualdade meritocrática — o abismo cada vez maior entre os ricos e os demais — leva os Estados Unidos a se curvarem num arco nefasto.

À medida que a desigualdade meritocrática aumenta, e aumenta o fardo da meritocracia, sua moral cambaleia e seus rituais perdem força. As garras do código meritocrático sobre a imaginação se desgastam, e impõe-se uma resistência a seus ditames. Os clichês quanto à obtenção de vantagens que promovem o interesse geral já não convencem, e os ritmos do passado já não tranquilizam mais.

Em seu lugar, a insatisfação com a desigualdade meritocrática proporciona um campo fértil para as ideias críticas. A mais importante delas é a de que as aflições que dominam a vida norte-americana não surgem de um

---

* A Era Dourada, ou Gilded Age, refere-se às últimas décadas do século XIX, quando houve grande crescimento econômico, mas destacado avanço da desigualdade. (N. do E.)

entendimento imperfeito da meritocracia, mas se devem à própria meritocracia como tal.

COMO A MERITOCRACIA OPRIME A CLASSE MÉDIA E EXPLORA A ELITE

A concorrência meritocrática alija os norte-americanos de classe média do centro magnético da vida econômica e social, afastando-os dos padrões pelos quais a sociedade mede e recompensa a distinção, a honra e a riqueza. Ainda que a energia, a ambição e a inovação da meritocracia tenham transformado os rumos da história, essas fontes de criatividade ficaram concentradas numa elite cada vez mais reduzida, cada vez mais distante dos horizontes da imaginação da classe média mais ampla.

A meritocracia faz da Ivy League, do Vale do Silício e de Wall Street as arenas da ambição da elite. Nesses lugares, os inovadores são capazes de refazer o *mundo da vida*, modificando a internet (em Stanford e no Google), as redes sociais (em Harvard e no Facebook), as finanças (em Princeton e em Wall Street, geralmente) e milhares de outros pequenos domínios. Mas uma criança de classe média, relegada à periferia da ordem meritocrática, mais provavelmente será derrotada pela próxima grande invenção do que fará parte de sua construção. A meritocracia expulsa a maioria dos cidadãos para as margens da sociedade, condenando as crianças de classe média a escolas menos brilhantes e os adultos de classe média a empregos medíocres.

O senso comum quase sempre confunde meritocracia com igualdade de oportunidades. Mas ainda que a meritocracia tenha sido adotada a serviço da igualdade de oportunidades,[14] e em seus primeiros tempos tenha representado de fato um acesso para a elite, atualmente ela mais estaciona do que favorece a mobilidade social. As vias que no passado conduziam gente de origem humilde à elite norte-americana se estreitaram radicalmente. As famílias de classe média não podem pagar pela educação formal bancada pelas famílias ricas, e as escolas comuns ficam cada vez mais defasadas em relação às de elite, recebendo menos recursos e oferecendo em troca uma educação inferior. Mesmo enfatizando mais o rendimento do que o berço, as universidades de ponta estipulam uma concorrência pela admissão que os estudantes de classe média não conseguem

INTRODUÇÃO

vencer com sua formação, e seu corpo discente se volta na imensa maioria para os ricos. A educação meritocrática de hoje atende de forma predominante a uma casta de elite, em vez de ao público em geral.

Em paralelo, a meritocracia modifica os empregos de modo a favorecer os graduados superinstruídos das universidades de elite, e assim a vida laboral dá continuidade às desigualdades promovidas pela escolarização e até as agrava. Competência e trabalho honesto e ético já não garantem um bom emprego. Trabalhadores de classe média, por carecer da formação de elite, enfrentam discriminação em todo o mercado de trabalho, que cada vez mais favorece a educação elaborada e a qualificação extraordinária.

A exclusão meritocrática atinge as oportunidades tanto quanto a renda, e os valores meritocráticos acrescentam uma ofensa moral aos prejuízos materiais. Enquanto nega à classe média oportunidades reais de uma excelente escolarização e um trabalho gratificante, a meritocracia faz do desempenho escolar e laboral a imagem da honra. Portanto, frustra as tentativas de satisfazer os padrões que ela própria proclama, garantindo que a maior parte das pessoas não os atinja. Os norte-americanos de fora da elite sabem de tudo isso, e o dinamismo da elite destaca ainda mais a apatia e o desgaste que imperam na classe média. Mesmo quando as condições materiais permanecem toleráveis, a desigualdade meritocrática conduz a vida espiritual da classe média a uma decadência lenta, insuperável e devastadora.[15]

A meritocracia, na verdade, já não é útil sequer à elite que parece privilegiar. A educação e o trabalho, que no passado se distribuíam em equilíbrio pela sociedade, ficam concentrados numa elite que é literalmente muito pequena para suportar essa carga. As mesmas forças que esvaziam a classe média sobrecarregam a elite.

Aristocratas nascem aristocratas, mas meritocratas se constroem. A velha elite hereditária lega sua casta sem nenhum esforço, por direito de nascença. Com a morte dos mais velhos, cada nova geração de aristocratas assume automaticamente seus títulos e palacetes. A meritocracia, pelo contrário, exige das famílias desejosas de transmitir sua casta às gerações seguintes que construam e reconstruam continuamente seus privilégios, já que cada geração precisa restabelecer a condição de elite pelas próprias conquistas. Os meritocratas conseguem isso criando os filhos de forma especial. Enquanto os aristocratas carecem tanto da vontade quanto da capacidade de qualificar os filhos, os meritocratas — principalmente as mulheres, que sacrificam a própria carreira para alcançarem o desempenho de mães meritocráticas — cada vez mais dedicam sua riqueza, e também suas aptidões e energia, à educação dos filhos.

As crianças ricas dedicam os dias a absorver essa educação. Durante um terço da vida — do nascimento à idade adulta bem avançada —, filhos de pais ricos são submetidos a um regime de treinamento cuja intensidade programada e as exigências implacáveis seriam irreconhecíveis a seus congêneres de classe média da atualidade e até a seus avós, considerando como era meio século atrás. A Constituição dos Estados Unidos determina que o presidente deve ter pelo menos 35 anos, para assegurar que somente adultos experientes assumam o cargo.[16] Porém, não é raro que um meritocrata de 35 anos ainda esteja estudando.

As elites vêm se tornando mais claramente exauridas na maturidade da meritocracia, e hoje em dia mesmo os que já estão lá em cima começam a se rebelar contra a qualificação intensiva e competitiva que os forma. A geração *millennial* — a primeira que viveu toda a vida na meritocracia madura — aceita a carga com mais boa vontade. Os *millennials* de elite podem ser preciosos e frágeis, mas não como "flocos de neve", apelido desdenhoso com o qual são ridicularizados em polêmicas. Eles não derretem nem fenecem a cada desafio a seus privilégios, nem se despedaçam sob as intensas pressões da competitividade para conquistar aquilo que domina sua vida. Não são dissolutos nem decadentes; estão mais para tensos e exaustos.

Estão também cada vez mais conscientes de si. Meus alunos de Yale — exemplos vivos da meritocracia — estão mais sobrecarregados e confusos em relação a seus aparentes privilégios do que satisfeitos ou mesmo confiantes. Buscam um significado que fuja a suas realizações e encaram a educação intensiva que forma sua casta com uma reserva que beira a desesperança. A grande maioria deles vem de famílias privilegiadas, reconhece sua sobrerrepresentação e intuitivamente questiona o merecimento dessas vantagens. (O privilégio domina de tal forma a cultura das universidades de elite que a pequena minoria de alunos de origem modesta forma grupos de apoio de "profissionais de primeira geração" para facilitar seu ingresso numa sociedade estranha.) Esses estudantes foram alimentados, mas também cultivados, assistidos, doutrinados, moldados e embalados — numa busca incansável pelo sucesso escolar e pela preservação da casta — e escarnecem de todas essas manobras para obter vantagens, ridicularizando a própria cumplicidade em tudo isso. São tomados daquilo que um estudo recente chamou de "frenesi coletivo"[17] para avançar na "economia do prestígio" que traz renda e status.

Meus alunos, assim como seus pares em toda a meritocracia, são presas de uma "ansiedade coletiva"[18] movida pelo medo de não estar à altura. Duvidam de suas realizações e temem que o futuro seja apenas a repetição de um desafio pelo qual eles já passaram, limitando-se a trocar escolas fortemente competitivas por trabalhos igualmente competitivos. Até mesmo a elite meritocrática teme — não de forma articulada, mas com bons motivos — que a meritocracia não proporcione uma realização autêntica, de modo que eles fiquem ricos, mas não satisfeitos.

COMO A MERITOCRACIA DIVIDE A SOCIEDADE

A meritocracia impõe esses ônus, conjugados e em grandes grupos entrelaçados, como variações sobre um mesmo tema ou duas faces de uma mesma catástrofe.[19] Um mecanismo integrado concentra, literalmente, renda e status, já que a concorrência meritocrática exclui a classe média das oportunidades plausíveis de obter vantagens reais e, ao mesmo tempo, obriga as elites a uma busca exagerada de ganhos infrutíferos. A meritocracia, portanto, envolve a elite e a classe média — os ricos e o restante — num abraço apertado, mas hostil. A desigualdade meritocrática inspira hostilidade, enredando as classes em mal-entendidos, atritos, discórdia e mesmo em luta aberta. A meritocracia, assim, alimenta um conflito de classes sistemático que deforma a vida social e política.

A classe média percebe a ação da elite como um confisco de oportunidades e vantagens (educação e trabalho, renda e status) que no passado lhe pertenciam por direito e como a imposição de uma exclusão vergonhosa — e, portanto, imperdoável. A exclusão gera naturalmente ressentimento e desconfiança, dirigidos contra os ideais e as instituições que a meritocracia valoriza. Cada vez mais, a classe média vê as escolas de elite, universidades e empresas profissionais como lugares estranhos que, no melhor dos casos, toleram valores excêntricos e, no pior, impõem esses valores a todos os demais — como clubes, dominados pela leitura de livros sem valor, o politicamente correto, a arrogante representação de si mesma. Ironicamente (embora de acordo com uma profunda lógica interna), esses ressentimentos, nascidos da exclusão, muitas vezes miram formas de inclusão que a meritocracia exalta, o que inclui em particular a aceitação meritocrática de uma elite multicultural, como ocorre no caso do politicamente correto.

Os ressentimentos, sobretudo, têm consequências graves e diretas, até mesmo transformadoras do mundo. Eles permitiram que Donald Trump se tornasse presidente de uma nação rica, poderosa e sabidamente otimista, atacando de maneira incansável o *status quo*, repudiando o que ele chama de "*establishment*" e culpando pelas condições do país uma aliança corrupta entre elites meritocráticas e forasteiros culturais. A visão sombria de Trump substitui o sonho americano por aquilo que seu apocalíptico discurso de posse — em que pinta uma nação em profunda decadência, onde transbordam a pobreza, a criminalidade e o declínio econômico — chamou de "carnificina norte-americana".[20] Seu mundo imaginário e sua linguagem explícita ("*America first*", ou seja, "Estados Unidos em primeiro lugar") evocam, no país, a frustração e a raiva da Grande Depressão e, no estrangeiro, das nações devastadas pela crise econômica e pela humilhante derrota em uma guerra total. Uma sociedade poderosa e próspera normalmente não se comporta como se estivesse abatida pela derrota e pela humilhação. A desigualdade meritocrática e os ressentimentos gerados por ela explicam o que os Estados Unidos fizeram.

Os ressentimentos entre os quais o trumpismo transita, e o repúdio a que visam, expressam a carga espiritual da vida no fundo do poço da ordem meritocrática de castas, entre aquilo que o discurso de posse de Trump chama de "homens e mulheres esquecidos de nosso país [que] já não serão esquecidos".[21] Esses grupos são os que mais se animam com o empreendimento trumpista de substituir a narrativa de progresso que domina a política convencional norte-americana por uma de resgate — da perspectiva de Trump, "tornar os Estados Unidos grandes de novo". Cerca de dois terços da população branca sem formação superior declararam que o discurso igualmente sombrio e raivoso de Trump na Convenção Nacional Republicana refletia os sentimentos deles em relação ao país.[22] E cerca de três quintos do Partido Republicano de Trump acreditam que as faculdades e universidades são ruins para os Estados Unidos.[23]

A desigualdade meritocrática e o conflito de classes corrompem também as elites, inclusive (mais uma vez paradoxalmente) de formas que beneficiam as medidas trumpistas que as mesmas elites desprezam. O fato de os filhos da classe média serem eficazmente excluídos não garante a inclusão dos mais ricos. E à medida que a desigualdade meritocrática leva a hierarquia a um ponto extremo, até mesmo os privilegiados enfrentam uma existência precária. As elites têm pavor de perder sua casta, e essa preocupação naturalmente as isola, alimentando também sua presunção em relação à classe média. Acima de tudo, as elites sabem que a meritocracia lhes favorece e suspeitam de que, embora não expliquem como isso ocorre, as mesmas forças que lhes dão brilho estendem uma mortalha escura sobre a classe média. Por mais puros que sejam seus motivos e legítimas que sejam suas vitórias, as elites meritocráticas estão envolvidas, inclusive por meio de empreendimentos que admiram, em desigualdades que deploram.

Máximas familiares sobre o privilégio e suas responsabilidades ainda propõem alinhar a desigualdade meritocrática ao interesse comum, insinuando que basta a elite se comportar bem para que tudo fique bem. Mas enquanto o ônus da meritocracia aumenta, e aumenta a desigualdade meritocrática, essas platitudes perdem força. O triunfalismo magnânimo que inundou a vida da elite nos primórdios da meritocracia deu lugar a uma arrogância atemorizada e frágil.

As elites fragilizadas desdenham dos hábitos e valores da classe média como mecanismo de defesa para evitar o autoquestionamento. Os meritocratas endeusam a conquista, ou mesmo apenas a distinção, e desprezam a mediocridade como uma fortaleza contra a insegurança cada vez maior. Apegam-se a qualquer atitude ou prática — que vão do absurdo (esnobismo gastronômico) ao insensível (*rightsizing*, o redimensionamento corporativo) — que possam confirmar seus méritos e validar suas vantagens, na visão dos outros e, principalmente, na deles mesmos. Essas atitudes impeditivas e confusas agravam ainda mais os ressentimentos da classe média, e ao mesmo tempo debilitam politicamente as elites. Até agora, as elites continuam demasiado desencantadas para reinstaurar uma visão otimista na política norte-americana, ou mesmo para sustentá-la em seu interior. O descontentamento meritocrático valoriza o populismo obscuro de Trump para dominar a imaginação política inclusive entre as elites que debochavam dele.

O PARADOXO DA MERITOCRACIA

O brilho da meritocracia sequestra a imaginação e distrai a atenção analítica. Domina a autoimagem da época, desmobilizando o espírito crítico e corrompendo os críticos. Mas basta arranhar a superfície, removendo-lhe o verniz, para que surja um poço profundo de descontentamento. O inconformismo com a meritocracia encerra um paradoxo dramático tão profundo que parece, dentro da ordem meritocrática, um contrassenso.

O ressentimento da classe média com a elite pode parecer mal dirigido. Hoje em dia, em princípio, qualquer um pode ter sucesso. A educação nunca recebeu tanto dinheiro nem foi tão acessível como na atualidade, e até mesmo as escolas e faculdades mais exclusivas — que no passado admitiam apenas homens brancos cristãos e, mesmo dentro desse grupo, selecionavam os alunos pelo berço — estão baseando a admissão no desempenho acadêmico. De forma análoga, empregos e carreiras desmontaram chauvinismos antiquados e agora estão cada vez mais abertos ao esforço e ao talento. Instituições que antes impunham a imensas categorias de cidadãos uma muralha de exclusão categórica admitem, hoje em dia, declaradamente quem quer que seja capaz.

A ansiedade experimentada pela elite surpreende em particular. A qualificação embutida num diploma de elite nunca foi tão boa, e os formandos nunca foram tão competentes. As vantagens sociais e econômicas conferidas pela educação nunca foram tão grandes. Os diplomados da elite deveriam estar orgulhosos de seu passado e confiantes quanto a seu status e ganhos futuros.

No entanto, as queixas persistem, se multiplicam e sobem de tom. A desigualdade meritocrática aumenta, e a meritocracia perde o charme, o que leva os receios da elite a se equipararem a uma insatisfação mais antiga e madura já bem conhecida da classe média norte-americana. As mágoas se impõem porque ligam a experiência vivida a uma verdade importante, moldando uma chave-mestra para diagnosticar os problemas que dominam a vida econômica e social de hoje, tanto no âmbito existencial pessoal quanto na esfera política pública. A desigualdade meritocrática constrói a imagem dos Estados Unidos como um país confiável e politicamente potente que, em outras condições, seria bizarra.

A insatisfação com a meritocracia convida a um ataque estrutural ao regime vigente, baseado na crítica da própria meritocracia. Embora pareçam independentes e mesmo opostas, a opressão da classe média e a exploração da elite têm raízes comuns. Por diversos meios e caminhos divergentes, a elite norte-americana, a classe média norte-americana e os próprios Estados Unidos estão presos na armadilha da meritocracia.

Como todas as coisas muito importantes, a meritocracia é difícil de entender vista de perto. Depois de cinco décadas de crescente desigualdade econômica, é como se, irreflexivamente e à primeira vista, a elite e a classe média vivessem em mundos separados. Segundo o senso comum, existem dois países nos Estados Unidos da atualidade: um para os ricos e outro para o restante.[24] As vozes mais estridentes, tanto na esquerda quanto na direita, afirmam que o país — na economia, na política e mesmo na vida social — está se dividindo.[25]

Se dermos um passo atrás, teremos uma perspectiva mais ampla e a revelação de que o senso comum está equivocado. A elite e a classe média não estão se dividindo de forma alguma. Pelo contrário, os ricos e o restante estão enredados numa lógica econômica e social única e mutuamente destrutiva. Seus ônus, que parecem opostos, são de fato dois sintomas de uma doença meritocrática comum. As elites meritocráticas chegam a sua casta por meio de um processo que exclui brutalmente a maior parte dos norte-americanos e, ao mesmo tempo, assedia sem dó nem piedade aqueles que nele se integram. As frustrações profundas, embora não expressas, que destroem as duas classes — ressentimento sem precedente dentro da classe média e ansiedade incompreensível dentro da elite — são redemoinhos de uma mesma correnteza.

A cilada da meritocracia começa — assim como uma doença nova ao ser descoberta — ao se instalarem os sintomas da meritocracia avançada. Assim, a Parte I deste livro trata das insatisfações da meritocracia e relata o custo humano de uma hierarquia de casta que, ao mesmo tempo, exclui a maioria e prejudica os poucos eleitos. O texto pretende narrar compassivamente os fatos da vida dentro da desigualdade meritocrática e os sentimentos que esses fatos desencadeiam, de modo que as pessoas, ao longo da divisão meritocrática, reconheçam a experiência vivida e respondam: "Sim. É assim que as coisas são para nós." Como o charme da meritocracia dissimula seus males, e portanto confunde os que sofrem as frustrações impostas por ela, o reconhecimento começa a trazer libertação. Esse sentimento traz alívio, mesmo quando a sensatez recente recomenda um desconfortável autoexame e uma pungente autorrecriminação.

Em seguida, a Parte II descreve em detalhes o funcionamento da meritocracia. Essa empreitada explica os pactos sociais e econômicos — relacionados a renda, educação e trabalho — que a meritocracia estabelece. Relata os meios pelos quais os desdobramentos da ordem meritocrática causaram uma distribuição amplamente desigual dos privilégios e expõe os mecanismos pelos quais a desigualdade resultante prejudica tanto a classe média quanto a elite. A argumentação mostra, a cada passo, que essas desigualdades e esses ônus nascem não devido a desvios ou retrocessos da meritocracia, mas diretamente do seu sucesso, por conta de sua consumação. Os movimentos internos da máquina meritocrática revelam a construção da armadilha meritocrática.

Finalmente, a Parte III desmascara a meritocracia — expondo uma nova forma de aristocracia, feita sob medida para um mundo em que a maior fonte de renda e riqueza não é a terra, mas o trabalho. A meritocracia se diz justa e benevolente, afirma que combina o interesse privado ao bem comum e que pretende promover a liberdade e a oportunidade para todos. Na verdade, a desigualdade social e econômica na meritocracia denuncia os valores que seus princípios declarados endossam e seus rituais exaltam. Como fazia a aristocracia, a desigualdade meritocrática agora organiza de modo abrangente a vida das pessoas presas em sua armadilha. E, como na aristocracia, a desigualdade meritocrática estabelece uma hierarquia duradoura e autossustentável, apoiada por retroalimentação de partes móveis da meritocracia. O mérito em si não é uma virtude autêntica, mas forjada — da mesma forma que as falsas virtudes trombeteadas pelos aristocratas no Antigo Regime — para racionalizar uma distribuição injusta de privilégio.

COMO ESCAPAR DA CILADA DA MERITOCRACIA

A cilada da meritocracia foi concebida no interior da máquina institucional meritocrática — com efeito, num dos rituais que sustentam o charme da meritocracia — e está mergulhada em todas as complexidades e os paradoxos que a meritocracia enseja.

Em maio de 2015 — um mês antes que Donald Trump entrasse no saguão da Trump Tower para anunciar sua candidatura à presidência —, os formandos da Escola de Direito de Yale pediram que eu fizesse seu discurso de formatura. Como muita gente, eu vinha pensando na desigualdade econômica, e por isso resolvi comparar a opulência desmedida herdada pelos formandos da elite ao quinhão reduzido e desvalorizado reservado ao restante da população dos Estados Unidos. Tive a ideia de pôr os formandos diante da fábula da moralidade convencional — uma advertência severa contra a tentação de explorar seus diplomas em troca de ganhos estritamente privados, em combinação com uma invocação devotada de atender ao bem público.

Mas assim que me pus a escrever e me imaginei falando aos estudantes que conhecia — cujos privilégios indiscutíveis traziam consigo mais aflições do que vantagens —, o impulso de fazer justiça me abandonou e foi substituído por algo ainda mais estranho: um curioso amálgama de forte empatia e pressentimento sinistro. Embora na época eu não pudesse distinguir por meio dos paradoxos da meritocracia uma forma de resolvê-los, um novo posicionamento emocional e um contexto para a organização de minhas observações despertaram. As pessoas são mais benévolas do que o senso comum supõe, mas as circunstâncias são muito mais malignas.

Tanto a fé abraçada pelos defensores da meritocracia quanto a ira sacrossanta dos críticos da desigualdade avaliam mal os desafios que encaramos. Nossos receios referentes à meritocracia e à desigualdade econômica são justificados, mas não podem ser resolvidos pela identificação de vilões, nem mesmo pela correção de erros evidentes. Antes de mais nada, eles refletem uma disfunção profunda e generalizada no modo como estruturamos e recompensamos a qualificação e o trabalho — ou, de modo elementar e imediato, na maneira como levamos a vida. Esse diagnóstico não ataca ninguém, mas deve desconcertar a todos.

Ainda que desconfortável, o diagnóstico traz também esperança de cura. Fomos treinados para pensar a desigualdade econômica como um jogo em que se ganha ou se perde: como se a redistribuição, ao beneficiar os mais abaixo, onerasse os mais acima. Mas esse não é o caso. A desigualdade meritocrática na verdade não favorece ninguém, e a fuga da armadilha meritocrática beneficiaria praticamente a todos. A emancipação em relação à meritocracia recuperaria os norte-americanos de classe média, agora privados de dignidade e prosperidade, para uma participação plena na vida social e econômica. A emancipação levaria a elite, atualmente envolvida numa extenuante autoexploração, a negociar uma redução facilmente suportável da riqueza e do status em troca do aumento precioso do lazer e da liberdade, a reivindicação de um eu autêntico. A emancipação curaria uma sociedade que a meritocracia tornou opressiva e cética.

O problema se reduz a como, na prática, escapar da cilada meritocrática: como intermediar a política e definir as medidas necessárias para restabelecer uma ordem social e econômica mais democrática. Não é uma tarefa fácil. Se o diagnóstico deste livro estiver correto, a desigualdade meritocrática brota de forças econômicas e sociais cuja potência e profundidade se equiparam às das que estavam em jogo quando o capitalismo industrial substituiu a agricultura feudal há dois séculos. E mesmo que pudéssemos voltar no tempo, em 1800, e explicar a um rei ou primeiro-ministro bem-intencionado que, em 1860, as forças da industrialização destruiriam a ordem social e causariam tanta desigualdade a ponto de a expectativa de vida de um recém-nascido na área urbana de Manchester cair a um patamar nunca antes atingido desde a Peste Negra, haveria poucas chances de deter o declínio.[26]

No entanto, estamos mais conscientes e mais eficientes que as gerações passadas. Se chegarmos a entender que a desigualdade meritocrática gera um prejuízo quase universal, poderemos reunir vontade política para remediá-la. E, se pudermos reunir a vontade política, teremos maior liberdade para fazer política e mais capacidade de influenciar os acontecimentos. Este livro parte da convicção de que o entendimento político — referente mais a forças estruturais do que a recriminações moralistas — é uma condição necessária para a ação inteligente e eficaz. Ele aspira a catapultar o entendimento à condição de força política pela mudança e também a propor medidas concretas que reivindiquem uma ordem social e econômica mais igualitária e democrática.

Essas esperanças invocam virtudes — clareza de pensamento e capacidade de transformar o entendimento em ação eficaz — que normalmente são associadas à meritocracia. E não há contradição em supor que a meritocracia pode resolver seus próprios problemas, destravar a própria armadilha, recuperar a promessa democrática original e remodelar uma sociedade aberta e justa, cuja elite faça tudo para promover o bem comum.

Por outro lado, a esperança não é um plano. Para escapar da armadilha da meritocracia, a política tem de superar todas as vulnerabilidades e os maus incentivos que a meritocracia santifica na vida pública. Tanto os ricos quanto os demais devem aprender a enxergar através de seus receios — do ressentimento populista e xenófobo à competitividade e à condescendência arrogante — que atualmente os separam. Ambas as classes devem reconhecer que seus desentendimentos e mesmo seus antagonismos têm uma fonte comum na meritocracia. E ambas devem reunir-se numa coalizão em que cada uma alivie as próprias aflições, compreendendo — e até dando suporte — os fardos meritocráticos que então afligem a outra.

Mesmo em circunstâncias nas quais todo mundo se beneficie da renovação democrática, chegar a essa coalizão exige uma criatividade disciplinada. Mas os inconvenientes da meritocracia reduzem a mínimas proporções as virtudes que essa política generosa e redentora exige. Além disso, a ansiedade e o rancor impedem tanto os ricos quanto os demais de reconhecerem que alternativas imediatas mais atraentes apenas semeiam tempestade. Uma coalizão muito diferente de oligarcas manipuladores e populistas ressentidos ameaça agora repudiar integralmente a meritocracia para implantar algo muito mais obscuro no lugar.

A cegueira para esse risco — bem à vista quando os Estados Unidos, incompreensivelmente, permitem a ascensão de Donald Trump — seria o paradoxo final da meritocracia.

Parte I

A meritocracia e seus desassossegos

CAPÍTULO 1

A REVOLUÇÃO MERITOCRÁTICA

A o longo de praticamente toda a história humana, renda e trabalho seguiram caminhos opostos.

Os pobres trabalhavam muitíssimo e arduamente. Em 1800, o operário inglês trabalhava em média 64 horas por semana;[1] em 1900, um norte-americano comum ainda trabalhava sessenta horas. Na década de 1920, a semana de trabalho do operário passava de cinquenta horas.[2] Praticamente todas essas horas eram extenuantes e tediosas. A classe média em ascensão acabou amenizando esses dois aspectos do trabalho operário, assimilando muitos trabalhadores, mas não os eliminou. Os empregos na indústria, que no passado criaram uma classe média florescente, absorveram e exauriram os trabalhadores que os ocupavam.

Em contraste, os ricos levavam em geral uma vida de ociosidade dispendiosa e ostensiva. A alta sociedade, durante séculos e mesmo milênios, adotou a recreação elegante e desprezou o trabalho.[3]

Os baixos salários condenavam os trabalhadores a uma renda modesta. Mesmo que trabalhasse muito, nenhum trabalhador do século XIX conseguiria viver com relativo conforto. E, quando o *boom* pós-Segunda Guerra Mundial permitiu que os trabalhadores de meados do século XX abrissem caminho para o conforto de classe média, a riqueza da elite continuou totalmente inacessível.

Os ricos, por sua vez, pagavam por seu lazer usando os rendimentos da terra, das fábricas ou de outro capital, em geral herdado. Tanto os ricos quanto os demais deviam suas circunstâncias ao acaso do nascimento, e não a escolhas ou mérito. Muito depois que os títulos formais de nobreza perderam importância ou foram abolidos, a sociedade continuou sendo, na prática, uma aristocracia hereditária. Podia-se descobrir quanto alguém era pobre simplesmente perguntando quão duro essa pessoa trabalhava.[4]

Hoje em dia, arranjos sociais e econômicos sem precedente revertem essas associações antigas. Os empregos de classe média estão desaparecendo, e os trabalhadores, que durante séculos empunharam o remo propulsor da economia, aos poucos passam a trabalhar menos. A classe média não é indolente nem relutante ao trabalho, mas está cada vez mais desocupada por falta de oportunidades de emprego. Uma profunda transformação tecnológica elimina ofícios de classe média e torna supérfluo o trabalho semiqualificado. O total de horas de trabalho perdidas por essa tendência é próximo da diferença entre as horas trabalhadas por homens e mulheres em meados do século XX. Hoje em dia, a nova ordem corta empregos da classe operária e da classe média quase tanto quanto a discriminação de gênero cortou empregos das mulheres há duas gerações.[5] Isso priva a classe média da renda e do status que o trabalho confere.

As novas tecnologias não eliminam totalmente o trabalho. Pelo contrário: na atualidade, elas aumentam a demanda de trabalho superqualificado, trabalho de elite. Os ricos ociosos de outrora, em forte contraste com a classe média, trabalham mais do que nunca hoje em dia, mais que o restante da sociedade, e dão muito duro. Adultos jovens (homens e mulheres) de formação universitária ou com pós-graduação têm menos da metade da probabilidade de abandonar a força de trabalho do que seus congêneres de formação secundária ou inferior.[6] Além disso, quando os trabalhadores da elite estão empregados, trabalham muito mais horas do que os de classe média e têm menos horas de lazer.[7] Com efeito, apesar do uso generalizado dos aparelhos que poupam trabalho doméstico, as elites têm menos horas recreativas do que em meados do século XX.[8]

Os valores e hábitos da elite se adaptaram a esses novos fatos. A alta sociedade mudou de rumo. Agora valoriza o trabalho e despreza o lazer. Como qualquer rico sabe, quando um conhecido pergunta "Como vai?", a resposta certa é "ocupadíssimo". A antiga classe ociosa acharia humilhante esse reconhecimento. O trabalhador rico, porém, se vangloria de ser exigido.

Uma revolução nos salários completa a nova ordem do trabalho. Os empregos de classe média ainda não conseguem enriquecer uma pessoa, mas o trabalho intensivo da elite gera rendimentos colossais. Os melhores empregos pagam salários anuais de 500 mil, 1 milhão e até 5 milhões de dólares. Uns poucos chegam a pagar 10 milhões, 100 milhões ou 1 bilhão de dólares anuais.[9] Na verdade, os ricos de hoje devem grande parte de seus rendimentos ao trabalho, e o trabalho tornou-se o principal caminho para a riqueza.[10] Além disso, as elites conseguem esses empregos tão bem pagos devido a sua altíssima qualificação, obtida por meio de um treinamento rigoroso, e conservam os empregos com trabalho árduo, competitivo e muitíssimo produtivo. Hoje em dia, quando se pergunta a uma pessoa por quanto tempo estudou e quanto se dedica ao trabalho, o que se pretende saber não é quanto ela é pobre, mas quanto é rica.

Esse novo regime transforma radicalmente quem chega na frente e lá permanece. A nova ordem rejeita a hierarquia aristocrática que dominava a ordem antiga. Pelo contrário, adota a ideia meritocrática de que as vantagens econômicas e sociais devem remeter não ao berço, mas à capacidade, ao esforço e aos resultados, e que esses três parâmetros devem ser aferidos pelo sucesso na concorrência, primeiro na escola e depois no trabalho.[11]

No passado, uma elite ociosa dominava e explorava uma classe trabalhadora subalterna. O trabalho implicava, entre outras coisas, subordinação — para escravos, servos, funcionários contratados e mesmo para trabalhadores industriais (cujo movimento "trabalhista" valorizava uma indignidade como se fosse sinal de orgulho). Atualmente, os ricos que trabalham dominam os demais. A aristocracia que durante milênios monopolizou a renda e o status deu lugar a uma nova elite formada pelo trabalho — uma classe trabalhadora não subordinada, mas *supraordenada*.[12]

A elite meritocrática instituída por esse regime é composta por um núcleo que captura a renda (possivelmente 1% dos domicílios) e uma ampla penumbra que trabalha na órbita econômica e social dos que recebem essas rendas (talvez 5% ou 10%). A meritocracia institui essa elite por meio de dois movimentos. Cada um deles envolve uma competição ou torneio. Juntos, eles constroem e põem em funcionamento a cilada da meritocracia.

Em primeiro lugar, a meritocracia transforma a educação numa ferrenha competição para ingresso na elite. Concentra a qualificação na pequena e supereducada casta que vence a competição por vagas e diplomas das melhores escolas e universidades. Em segundo, a meritocracia transforma o trabalho, gerando empregos altamente exigentes e lucrativos que sustentam a elite. Fetichiza a qualificação, concentrando tanto o trabalho quanto a remuneração numa pequena casta de trabalhadores supraordenados.

As duas faces da meritocracia — educação intensiva de elite e qualificação competitiva, por um lado, e trabalho colossal e recompensa desmedida, por outro — tornaram-se tão arraigadas que nos parecem naturais e mesmo inevitáveis. É difícil imaginar a vida sem elas. Mas essas duas faces são surpreendentemente recentes. A história de sua ascensão abre uma janela para a máquina meritocrática, e uma análise cuidadosa de seu reinado expõe os desassossegos da meritocracia.

QUALIFICAÇÃO MERITOCRÁTICA

A educação de elite no passado era qualquer coisa, menos intensiva. Durante grande parte do século XX, até a segunda metade da década de 1950, as universidades de elite concediam suas vagas com um critério baseado fundamentalmente no berço e não no mérito. A Ivy League não admitia nem buscava os "melhores e mais brilhantes", mas mantinha e lustrava o verniz social das principais famílias dos Estados Unidos. Até mesmo os cursos de pós-graduação e especialização selecionavam os alunos por critérios incrivelmente casuais. Um pós-graduado pela Escola de Direito de Yale disse recentemente a um historiador, por exemplo, que entrou para Yale depois que Jack Tate, pró-reitor responsável pelas admissões, disse a ele durante uma feira universitária: "Se você se candidatar, está dentro."[13] E isso foi dito diretamente, no meio de uma simples conversa.

As coisas começaram a mudar em meados do século XX. Os reitores James Bryant Conant, de Harvard, e (pouco depois) Kingman Brewster, de Yale, na tentativa de ampliar e fortalecer a elite norte-americana, rejeitaram declaradamente a exclusão imposta pela aristocracia e reformularam os critérios de admissão, dando mais peso ao desempenho em vez de ao berço. Em 1970, a aliança cordial selada entre as famílias estabelecidas, escolas e faculdades, que durante muito tempo sustentou a elite ilustrada, se rompeu. Agora, uma rivalidade feroz determina quem vai frequentar as melhores universidades norte-americanas. A mudança, entre outras coisas, celebra uma revolução — uma diferença de qualidade, mais do que apenas de diploma — que transformou o caráter básico da educação de elite.

Os responsáveis pelas admissões substituíram avaliações informais sobre a adequação social pelo rastreamento intensivo e rigoroso de talentos, e os candidatos trocaram as tradições familiares que favoreciam uma ou outra faculdade por uma busca incessante de status, como o que é conferido pela classificação das universidades.

O exemplo anterior ilustra a transformação. Mais de 50 mil estudantes se candidatam anualmente às escolas de direito norte-americanas, e talvez 3 mil deles se candidatem a Yale, a melhor de todas.[14] A Escola de Direito de Yale atualmente admite alunos por uma série de fatores, menos por acaso — três membros do corpo docente avaliam independentemente cada candidatura —, e por esse processo Yale admite cerca de 8% dos candidatos. A concorrência é quatro vezes mais acirrada do que era em meados do século XX. O protótipo do aluno admitido tira média A no curso de graduação e se situa acima do 99º percentil no Law School Admission Test (LSAT, o Teste de Admissão das Escolas de Direito).[15] Por fim, os candidatos valorizam quase que servilmente o status e se inscrevem na escola mais bem classificada que os aceite. Cerca de 80% dos aceitos por Yale efetivam a matrícula.[16]

A Escola de Direito de Yale pode representar um caso extremo, mas não é o único. Ampliando-se o campo, o padrão permanece intacto. As cinco melhores escolas de direito — Yale, Stanford, Harvard, Chicago e Colúmbia — admitem, juntas, cerca de 15% dos candidatos.[17] O aluno típico de todas elas tira médias A na graduação e fica entre os 3% melhores no LSAT.[18] Embora não existam dados precisos e definitivos, uma estimativa aceitável indica que, dos cerca de 2 mil candidatos admitidos anualmente por essas escolas, não mais de cinco — o que vale dizer, para todos os efeitos, nenhum — vieram de uma faculdade que não fosse uma das dez melhores.*[19]

---

* Nos Estados Unidos, diferentemente de no Brasil, a escola de direito é uma espécie de pós-graduação, que só pode ser cursada por alunos que já tenham concluído uma graduação (de qualquer área) antes. (N. do E.)

A concorrência pelo ingresso nas escolas de direito não é um momento aberrante ou isolado na vida de um estudante de elite. Uma escola de direito de ponta é mais o elo final de uma longa cadeia de rigorosa escolarização. A grande maioria dos alunos dos cursos de especialização de elite recebeu notas A em faculdades muito seletivas: a concorrência por uma vaga em Harvard, Yale, Princeton e Stanford é hoje três vezes mais acirrada que há apenas vinte anos.[20] Além disso, os alunos dessas faculdades de elite frequentaram o ensino médio em escolas muito disputadas, além de terem estudado em escolas primárias, e até mesmo em pré-escolas, altamente seletivas. Em outras palavras, para garantir uma educação verdadeiramente de elite, o estudante deve se classificar na fração superior de participantes do grande torneio meritocrático de múltiplas etapas no qual os concorrentes a cada fase concordam claramente sobre quais escolas são o prêmio maior.

Cada uma dessas escolas, ao longo de toda a cadeia, proporciona qualificação intensiva compatível com seu status de elite. Isso quer dizer que todas as melhores escolas fazem grandes investimentos na educação de seus alunos: as escolas particulares de elite gastam nada menos que 75 mil dólares anuais por aluno (mais de seis vezes a média do que gastam as escolas públicas),[21] e as faculdades e os cursos de pós-graduação gastam mais de 90 mil dólares a cada ano por aluno.[22] A diferença total entre o investimento numa educação de elite e na escolarização da classe média ascende a milhões de dólares.

A educação dá certo, e esses enormes investimentos compensam. Estudar e ser posto à prova estimulam a diligência e a ambição, e o treino molda aptidões. O decano da Escola de Direito de Harvard recebe os calouros assegurando que "nenhuma outra escola de direito prepara melhor os advogados, funcionários públicos e líderes para o mundo em transformação",[23] e recentemente, na Escola de Direito de Yale, um decano dizia a cada turma de formandos que eles eram "simplesmente os melhores formandos em direito do planeta".[24] Essas afirmações podem parecer arrogantes e mesmo narcisistas. Mas, surpreendentemente, atestam fatos, determinados e determináveis, que são comprovados na competição bilateral por vagas e alunos. Demonstrar esses fatos tem dominado a vida inteira dos estudantes de elite. Durante quase três décadas, os formandos da Escola de Direito de Yale — na verdade, formados por qualquer grande faculdade ou curso de especialização, em todas as áreas — estudam, trabalham, praticam e treinam. Eles vêm sendo continuamente inspecionados. E finalmente foram selecionados. Isso, afinal de contas, é o que significa entrar para a elite meritocrática.

A educação de toda uma vida que culmina com um diploma superior de qualidade, e também a competição pela qualificação e a graduação, nunca foi tão intensa quanto hoje. Cursos de etiqueta que conferiam certificados de origem nobre e modos corteses transformaram-se em rigorosos centros de treinamento que selecionam com base no desempenho e produzem qualificação. Um diploma de elite, portanto, representa treinamento incansavelmente exigente, ambicioso e bem-sucedido. E nenhuma elite do passado foi tão competente e tão ativa quanto a elite meritocrática gerada por esse treinamento. Nem de longe.

TRABALHO MERITOCRÁTICO

O trabalho meritocrático estende os padrões da educação meritocrática até a vida adulta. Os empregos de elite espelham a intensidade e a competitividade das escolas de elite e fetichizam a qualificação que essas escolas oferecem. Ao mesmo tempo, a renda e o status que os empregos de ponta conferem aos trabalhadores supraordenados correspondem ao esforço laboral que esses empregos exigem. Tanto as exigências quanto as recompensas do trabalho da elite são maiores hoje do que em qualquer outro momento passado.

Os hábitos de trabalho da elite — o ritmo do dia de uma pessoa rica — eram antes tão descontraídos quanto sua escolarização. Não havia acidentes. Os aristocratas tinham poucas habilidades especiais e nenhum apreço pelo trabalho. Portanto, não tinham meios nem motivos para lançar-se a essa atividade. E então a ordem econômica de meados do século XX pôs os trabalhadores da classe média, natural e mesmo necessariamente, no centro carismático da fabricação e venda de produtos e também do financiamento e gerenciamento das firmas que faziam e vendiam esses produtos. Qualificada pela metade, a força de trabalho da classe média dominou praticamente todos os setores da economia de meados do século. É sabido que trabalhadores semiqualificados dominaram a indústria manufatureira; comerciantes locais independentes semiqualificados dominaram o varejo; responsáveis por bancos comunitários, agentes de crédito e corretores da bolsa semiqualificados dominaram as finanças; e gerentes intermediários e de linha semiqualificados dominaram a administração de quase todas as empresas norte-americanas. A velha aristocracia cedeu instintivamente o mercado de trabalho à classe média; a ociosidade da elite invocou a industrialização da classe média.

Já não é mais assim.

Enquanto os aristocratas cederam naturalmente o trabalho à classe média, os trabalhadores supraordenados têm tanto a qualificação quanto a disposição para o trabalho exaustivo. Não surpreende que chamem atenção na economia. Durante os últimos quarenta anos, computadores, robôs e outras tecnologias mudaram a maneira como se produzem bens e se prestam serviços. Essas tecnologias de ruptura (inventadas por inovadores interessados e feitas sob medida para aptidões que a educação meritocrática agora oferece) desviaram o centro da produção que estava com os semiqualificados para realocá-lo junto da força de trabalho superqualificada.

Robôs industriais automatizados, por exemplo, substituem trabalhadores manuais semiqualificados por trabalhadores superqualificados que projetam e programam esses robôs.[25] As inovações introduzidas na distribuição, no armazenamento e no comércio on-line substituíram comerciantes independentes de classe média por recepcionistas subalternos do Walmart e trabalhadores de armazém da Amazon, na parte de baixo da cadeia, e, na de cima, por donos super-ricos de megastores — entre eles, a família mais rica do mundo (os Waltons, do Walmart) e a pessoa mais rica (Jeff Bezos, da Amazon).[26] Derivativos e outras novas tecnologias financeiras permitem que trabalhadores de elite em Wall Street descartem banqueiros comunitários, agentes de crédito e corretores de classe média.[27] E as novas técnicas de administração permitem que os altos executivos e CEOs dispensem gerentes intermediários e de linha para exercerem diretamente um imenso poder de organização e controle dos trabalhadores da produção.[28] Essas e inúmeras outras inovações paralelas promovem, ao mesmo tempo, a exclusão dos trabalhadores de classe média, cujas técnicas se tornaram supérfluas, e a ascensão dos trabalhadores de elite, cujas técnicas tornaram-se economicamente essenciais. No conjunto, elas deslocam o trabalho que era da classe média para a elite, criando a classe trabalhadora supraordenada.

A REVOLUÇÃO MERITOCRÁTICA

Os advogados da atualidade ilustram e documentam esse modelo. Em 1962 (quando os advogados de elite ganhavam um terço do que ganham hoje), a Associação Americana de Advogados (ABA, na sigla em inglês) podia declarar com certeza que "há [...] 1.300 horas por ano de trabalho remunerado" para cada advogado comum.[29] Hoje em dia, um grande escritório de advocacia afirma com igual certeza que uma quota de 2.400 horas remuneradas por ano, "se administrada corretamente",[30] não é "absurda", o que é um eufemismo para "necessária para se ter uma chance de entrar para a sociedade". Faturar 2.400 horas exige trabalhar das oito da manhã às oito da noite, seis dias por semana, sem férias ou licença médica, durante todas as semanas do ano. Jovens advogados formados por escolas de elite entram para escritórios que normalmente exigem de seus colaboradores, e mesmo dos sócios, que trabalhem sessenta, oitenta ou cem horas semanais.

Os advogados norte-americanos, que costumam cobrar por unidades de tempo de seis minutos, registram uma experiência comum a todos os trabalhadores de alto nível. Os trabalhadores de elite na área das finanças no passado cumpriam o "horário bancário", que correspondia à jornada que vai das dez às dezesseis horas, praticada pelos bancos a partir do século XIX até meados do século XX, e mais tarde usada para designar qualquer jornada leve de trabalho.[31] Os executivos, por sua vez, trabalhavam como "homens de empresa",[32] encapsulados em empregos vitalícios na hierarquia corporativa que recompensava mais a antiguidade que o desempenho. Hoje em dia, os banqueiros de investimentos trabalham, nas palavras de um deles, "17 horas por dia [...] sete dias por semana",[33] ou "até a meia-noite ou a uma da manhã, todos os dias, mesmo nos fins de semana e feriados, além de provavelmente virar uma noite a cada semana ou a cada quinze dias",[34] como disse outro. Da mesma forma, os "homens de empresa" deram lugar àquilo que a *Harvard Business Review* chama de *trabalho extremo*:[35] um emprego que exige "presença física no local de trabalho durante pelo menos 10 horas por dia", "grande quantidade de viagens", "disponibilidade para os clientes 24 horas por dia, sete dias por semana", "frequência em eventos relacionados ao trabalho fora da jornada normal" e um "imenso espectro de responsabilidades que vão muito além de um só emprego".[36]

As histórias de trabalho nas áreas do direito, das finanças e da administração refletem uma tendência mais ampla — não relatam exceções, mas ilustram uma nova diretriz que governa o trabalho de elite. Em mais da metade dos domicílios que integram o 1% mais rico da população,[37] há uma pessoa que trabalha mais de cinquenta horas por semana (mais de quinze vezes a quantidade de horas que trabalha a quinta parte mais pobre da população). No total, adultos jovens classificados dentro do 1% superior da distribuição de renda cumprem uma jornada de trabalho aproximadamente 50% maior, em média, do que seus congêneres da metade inferior.[38]

Empregos de elite de todo tipo exigem hoje em dia uma carga horária — normal, rotineira — que teria sido inaceitável e degradante para uma elite norte-americana anterior, mais aristocrática. Durante séculos, a velha ordem impôs uma mácula social àqueles que trabalhavam não por paixão — por honrarias ou sucesso, ou por vocação —, mas a duras penas, em troca de salário. Mas esse estigma, que durou até meados do século XX, está totalmente apagado, até invertido. Trabalhadores de elite em todas as áreas valorizam as longas jornadas e a todo momento, quase compulsivamente, apregoam sua imensa capacidade de trabalho — inclusive por meio de seus hábitos de verbalização — como meio de afirmar seu status. A meritocracia transforma o trabalho exaustivo e exclusivo — o excesso de trabalho — em símbolo de valor, de coisa indispensável: como uma faixa de honra.[39]

A aptidão, a qualificação e a competência de elite proporcionam renda e status. Em seu primeiro ano de trabalho nos principais escritórios de advocacia de Nova York e outras grandes cidades norte-americanas, um advogado ganha hoje cerca de 200 mil dólares por ano (e todo advogado formado por Yale que procure com afinco consegue um emprego desse tipo).[40] Além disso, os ganhos dos advogados de elite aumentam acentuadamente à medida que eles avançam na carreira. Existe um escritório que gera lucros de 5 milhões de dólares anuais por cada sócio e mais de setenta que geram mais de 1 milhão para cada um.[41] As sociedades nesses escritórios são integradas basicamente por advogados formados em escolas de direito de elite. Mais da metade dos sócios dos cinco escritórios mais lucrativos estudou nas escolas classificadas convencionalmente entre as "dez melhores", assim como quatro quintos dos sócios de escritórios que faturam 5 milhões anuais por sócio foram alunos das escolas classificadas entre as "cinco melhores".[42]

Médicos especialistas, profissionais do setor financeiro, consultores e executivos de elite também costumam ser diplomados por escolas de excelência e ganham, em geral, centenas de milhares de dólares por ano. Rendimentos de mais de 1 milhão de dólares são surpreendentemente comuns nessas áreas. E os que ganham mais — diretores de bancos de investimentos, altos executivos de grandes empresas e os mais bem pagos gestores de fundos de *hedge* — levam para casa dezenas ou centenas de milhões de dólares por ano. Como acontece com os advogados, os grandes empregadores contratam profissionais formados pelas escolas mais conceituadas — o que normalmente significa por Harvard, Princeton, Stanford, Yale e, talvez, Instituto de Tecnologia de Massachusetts (MIT) e Williams.[43] Muitas vezes, nem sequer recrutam novos funcionários em outros lugares.[44] Em consequência disso, o retorno financeiro da escolarização disparou nas últimas décadas,[45] e — principalmente nas escolas e faculdades de elite — dobrou e até triplicou o retorno dos investimentos em ações ou títulos.[46] Isso provoca uma surpreendente segmentação da renda decorrente da educação.

Em todos os setores, o mercado de trabalho fetichiza a qualificação proporcionada pela educação meritocrática, e os trabalhadores superqualificados dominam a produção. Ao mesmo tempo, trabalhadores semiqualificados tornam-se supérfluos. Em alguns casos, o emprego para a classe média nunca se recupera: os empregos para semiqualificados na produção, no varejo e no gerenciamento obviamente desapareceram. Em outros casos, uma nova ordem laboral segrega trabalhadores subalternos e trabalhadores supraordenados: banqueiros comunitários semiqualificados foram substituídos por funcionários administrativos subalternos na Main Street e especuladores supraordenados em Wall Street. Alguns dos novos trabalhadores subordinados também integram o mercado em ascensão dos serviços pessoais prestados em domicílios ricos, cujos membros agora trabalham tantas horas e ganham salários tão elevados que seria quase absurdo executarem suas próprias tarefas domésticas.[47]

Seja como for, cada vez mais, a inovação divide o trabalho em empregos que poderíamos chamar de opacos e brilhantes: opacos porque não proporcionam recompensa imediata nem esperança de promoção e brilhantes porque sua aura vem muito mais da renda e do status do que da importância do trabalho. (Com o avanço da meritocracia, e a transformação dos empregos médios em empregos opacos e brilhantes, a maior parte deles torna-se opaca.)[48] A sombra da meritocracia, projetada sobre o trabalho semiqualificado, é responsável pela obscuridade que atualmente engole os empregos opacos, enquanto sua luz extravagante confere aos empregos brilhantes um falso esplendor.[49] A cultura meritocrática do trabalho ajuda a impulsionar o esforço intenso que se faz necessário quando uma sociedade concentra a produção econômica numa elite restrita.

UMA DESIGUALDADE SEM PRECEDENTE

Os dois componentes da meritocracia, tendo se desenvolvido juntos, agora interagem como expressão de um todo. A cuidadosa educação da elite produz trabalhadores supraordenados, dotados de uma poderosa ética laboral e de qualificação excepcional. Esses trabalhadores induzem uma transformação no mercado de trabalho que favorece a própria qualificação de elite e, ao mesmo tempo, dominam os novos e lucrativos empregos criados por essa transformação. Juntas, essas duas mudanças alijam trabalhadores semiqualificados e assimilam a nova elite, tornando-a imensamente produtiva e extraordinariamente bem paga. Os estragos dessa vitória caminham junto da intensidade da competição meritocrática. Com efeito, 1% dos trabalhadores que constituem a camada mais bem remunerada, e até mesmo um décimo desse 1%, talvez deva dois terços ou três quartos de sua renda total a seu trabalho e, portanto, em boa medida, a sua educação.[50] A nova elite investe sua renda numa educação ainda mais aperfeiçoada para seus filhos. E o ciclo continua.

O custo total da qualificação e da dedicação da elite ao trabalho, e o da renda da elite que a meritocracia sustenta, é de fato astronômico. A meritocracia torna a desigualdade econômica geral pior hoje do que no passado, e assustadoramente pior nos Estados Unidos do que em outros países ricos.

O 1% mais rico dos domicílios recebe cerca de um quinto da renda total, e um décimo desse 1% mais rico recebe um décimo da renda total.[51] Isso significa que a mais rica de cada grupo de cem famílias recebe tanta renda quanto vinte assalariados médios juntos, e a mais rica de cada grupo de mil famílias recebe tanta renda quanto cem assalariados médios juntos. Na comparação com o período entre 1950 e 1970, isso representa aproximadamente o dobro da parcela formada pelo 1% mais rico e o triplo da parcela formada pela décima parte do 1% mais rico.[52] Além disso, apesar da queixa recorrente de que o capital domina cada vez mais a vida econômica, entre dois terços e três quartos desses aumentos vieram do aumento da renda do trabalho de elite[53] — dos salários polpudos dos trabalhadores supraordenados de que falamos. A desigualdade econômica em aumento decorre, portanto, não de uma redução da renda do trabalho em favor do capital, mas principalmente do desvio da renda do trabalho da classe média para o trabalho supraordenado.[54]

Quando atingem uma proporção muito grande, as diferenças de quantidade tornam-se diferenças de qualidade. Em meados do século XX, a distribuição da renda nos Estados Unidos se assemelhava de modo geral à de outras democracias ricas, entre elas as do Canadá, do Japão e da Noruega.[55] Hoje em dia, a desigualdade econômica nos Estados Unidos é maior do que na Índia, em Marrocos, na Indonésia, no Irã, na Ucrânia e no Vietnã.[56] Esses dados de âmbito nacional, quando combinados a condições regionais, levam a um estreitamento do foco que torna as estatísticas nacionais incomodamente tangíveis: no condado de Fairfield, no estado norte-americano de Connecticut, por exemplo, a desigualdade econômica é maior do que em Bangcoc, na Tailândia.[57]

Os Estados Unidos se tornaram uma economia e uma sociedade constituídas pela meritocracia, que se impôs por meio de um complexo sem precedente de competição, avaliação, realização e recompensa, tudo isso tendo em seu centro a qualificação e o trabalho. Esse estado de coisas — uma ordem econômica imensamente desigual em que a mais rica entre mil pessoas trabalha opressivamente por seu salário — nunca existiu em lugar algum ou em tempo algum da experiência humana.

SEDUZIDOS PELO MÉRITO

Um poderoso instinto defende essas desigualdades. As primeiras vitórias morais contra os privilégios congênitos, junto com a avassaladora qualificação e a energia da nova elite, tornam difícil lutar contra a ideia de que as vantagens devem seguir o esforço e o talento. Certamente isso é melhor do que o culto aristocrático do sangue que a meritocracia substituiu. Mesmo diante da insatisfação cada vez maior que ela provocou na sociedade que construiu, a meritocracia desfruta de excelente reputação.

Os patronos da meritocracia desenvolvem essas intuições. Reafirmam que as notas e os resultados de testes devem medir o aproveitamento acadêmico dos estudantes; que os salários estão de acordo com o resultado obtido pelos trabalhadores; e que os dois processos conciliam privilégios privados e interesse público. A prática meritocrática endossa essas associações. Profissionais de diversas áreas — avaliação educacional, consultoria em remuneração — dedicam-se a aperfeiçoar e ratificar essas relações. Dessa forma, a meritocracia institui o trabalho — esforço e qualificação, transmudados em produto social e econômico — como medida do privilégio.

Essas relações permitiram que a revolução meritocrática deixasse de lado os aristocratas iletrados, displicentes e inativos para abrir as portas da elite a quem quer que tivesse ambição e talento, despertando os trabalhadores supraordenados cujos vigor e dinamismo agora iluminam a cultura e levam adiante a economia. A meritocracia, desse ponto de vista, promove a prosperidade generalizada. A enorme produtividade da elite meritocrática garante que, se os ricos rendem mais dentro da desigualdade meritocrática, os demais ainda rendem bem. Além disso, a meritocracia garante, ainda, que essa vantagem dissemine a esterilidade. Os trabalhadores supraordenados devem seus altos rendimentos a sua imensa capacidade de trabalho. Com efeito, como propõe a visão triunfalista, a meritocracia modifica a própria desigualdade para restabelecer seu caráter moral. A desigualdade meritocrática surge sem nenhuma privação ou abuso. Enquanto a desigualdade aristocrática era ao mesmo tempo perdulária e injusta, a desigualdade meritocrática se declara eficiente e justa.

Até a crise financeira de 2007-2008 abalar a autoestima da meritocracia, uma ou outra versão desse triunfalismo governou o campo ideológico, sem ser confrontada de fato por críticos relevantes ou céticos. Até hoje, as vozes críticas continuam silenciadas — se não, pelo menos distorcidas ou esvaziadas pelo poder persistente do triunfalismo meritocrático.

A meritocracia dissimula suas influências externas e sua lógica interna, usando suas instituições e seus rituais (universidades, graduações) para consolidar o disfarce. A prática meritocrática projeta suas ideias na vida cotidiana, construindo, assim, os ambientes em que as pessoas vivem e narram sua vida e os eixos em torno dos quais giram suas histórias. A meritocracia vive por meio da experiência e não da lógica, capturando a imaginação e limitando as faculdades críticas dos que nela estão imersos. Com efeito, a ideologia e a desigualdade meritocráticas surgem em conjunto e se impulsionam reciprocamente, como se fosse um sistema imune que gera parasitas cada vez mais resistentes, e por isso se faz cada vez mais indispensável.[58] A dissimulação faz com que a meritocracia — que na verdade é contingente, recente e moderna — pareça necessária, natural e inevitável.[59] A meritocracia dribla as críticas à desigualdade fazendo-a parecer inescapável — assumindo todos os poderes de uma tirania sem alternativas.[60]

Mesmo os críticos da crescente desigualdade econômica causada pela meritocracia se abstêm de atacar a meritocracia em si. Uma queixa comum, que aparece com destaque na política popular tanto de esquerda quanto de direita,[61] é a de que os ricos na verdade não devem suas rendas ao mérito, mas ao nepotismo e ao oportunismo — um legado da velha aristocracia. Desse ponto de vista, as escolas e universidades de elite admitem seus alunos com base no capital cultural, na origem de classe e no status herdado mais do que na inteligência ou na formação escolar;[62] os empregadores da elite contratam com base em redes de contatos e *pedigree* mais do que na qualificação ou no talento;[63] e os trabalhadores supraordenados obtêm seus elevados rendimentos por especulação ou fraude.[64] Uma segunda crítica, desenvolvida em detalhes por Thomas Piketty, atribui a crescente desigualdade econômica a um desvio dos recursos do trabalho em favor do capital e, no extremo, em favor de uma oligarquia em ascensão.[65] Segundo essa opinião, as forças econômicas e políticas estão reconcentrando a riqueza, redistribuindo renda para que se transforme em capital e se concentre no topo da pirâmide, e por esses meios reconstruindo uma elite rentista no velho estilo como casta econômica e politicamente dominante, numa versão de capitalismo patrimonialista do século XXI.

Os dois argumentos atacam a boa-fé meritocrática da elite atual. Recriminam a desigualdade como sendo produto da meritocracia e implicitamente propõem a meritocracia como a melhor solução para a injustiça econômica. Portanto, os mais destacados críticos da desigualdade econômica — não menos do que aqueles que festejam a ordem econômica vigente — capitulam ante o charme da meritocracia, assumindo mais do que rejeitando os propósitos meritocráticos. A meritocracia tornou-se o contexto comum em que os desacordos convencionais sobre a desigualdade econômica se desenrolam, o dogma dominante da época. Ou seja, tomou conta, de fato, do senso comum na atualidade.

Esse estado de coisas decorre diretamente da natureza da meritocracia. Para começar, é difícil de se condenar a desigualdade econômica em si mesma — desigualdade sem privações — sem que se pareça um ranzinza. Desde que a classe média tenha o suficiente, o que há de errado na existência de uma elite que tem mais, principalmente quando deve sua grande fortuna ao trabalho dedicado nas mesmas proporções? Reclamar soa como inveja. As acusações de fraude, nepotismo e capitalismo patrimonialista dão à cruzada contra a desigualdade uma cara mais visível. Elas dão nomes claros aos erros e conferem uma aura de seriedade moral aos críticos da desigualdade econômica. A indignação moral adquire vida própria, e isso faz as narrativas que destacam as raízes meritocráticas da desigualdade (na qualificação, no esforço e na competência da elite) parecerem indevidamente simpáticas aos ricos, indevidamente complacentes quanto ao mundo e mesmo imobilistas.

As objeções do senso comum à desigualdade crescente também absolvem convenientemente sua principal clientela da responsabilidade principal. Os intelectuais e outras elites profissionais que apresentam essas objeções podem pertencer ao 1% mais rico, mas, para se justificar, dizem a si mesmos que não são fraudadores nem aristocratas rentistas. As alegações contra o uso de posição privilegiada em proveito próprio e contra o renascimento do capitalismo patrimonialista permitem que os trabalhadores supraordenados condenem as desigualdades econômicas das quais eles se beneficiam sem questionar os próprios ganhos e status, ou o sistema meritocrático que os sustenta. As elites podem afirmar que o problema não está nela, mas, sim, em outros, e podem se apresentar como espectadoras inocentes das desigualdades que elas sinceramente lamentam. Podem apregoar sua condenação aos quatro ventos sem sequer admitir cumplicidade, ou aceitar responsabilidades, ou desistir de compromissos essenciais para sua sobrevivência. Com efeito, desviar a atenção para delitos específicos praticados por maus elementos e, sistematicamente, tomar distância desses delitos só serve para polir o verniz meritocrático da elite como um todo.

No entanto, o senso comum romantiza muito e esconde mais. Embora os equívocos morais que as queixas convencionais destacam sejam verdadeiros, essa corrupção opera às margens do regime meritocrático. Fraude, rentismo e o ressurgimento do capital dão uma contribuição real ao aumento da desigualdade, e as diatribes contra eles denunciam alvos reais.[66] Mas a causas preponde-

A REVOLUÇÃO MERITOCRÁTICA 53

rantes da desigualdade estão em outro lugar, dentro da própria meritocracia e, portanto, num terreno em que os grandes críticos da desigualdade encontram menos receptividade.

Os processos de seleção para escolas e empregos de elite incluem de fato o nepotismo, mas são orientados predominantemente pelo desempenho e pela qualificação, ou seja, por uma avaliação honesta do mérito.[67] A qualificação intensiva que os pais ricos dão a seus filhos provoca grandes diferenças de aproveitamento, de modo que o próprio sistema meritocrático de admissão ao ensino distorce radicalmente o corpo discente em direção à riqueza, e a elite meritocrática pode criar dinastias mesmo que não haja nepotismo.[68] Na verdade, esse efeito é tão forte que o corpo discente das melhores escolas pode ficar mais rico mesmo que o processo de admissão se torne mais meritocrático e se reduza a proporção das preferências baseadas na herança.[69] As universidades, justamente condenadas por sua preferência pela herança, dificultam a quantificação precisa da influência do nepotismo sobre seu corpo discente. Mas um exemplo ilustra bem quanto o mérito pode dominar o nepotismo em sua função de distorcer a favor da riqueza entre os estudantes de elite. A Escola de Direito de Yale, diante de pressões meritocráticas, entre as quais a exigência de manter a altíssima pontuação no LSAT em que baseia a classificação de seus candidatos, pôs fim à prática de conceder um ponto extra a filhos de ex-alunos. No entanto, o corpo discente inclui tantos alunos — em alguns anos, até mais — provenientes de domicílios pertencentes ao 1% no topo da distribuição de renda quanto alunos de toda a metade inferior.[70]

Da mesma forma, embora a renda da elite seja inflada por conta da posição privilegiada nos negócios, ela continua sendo dominada pela capacidade de trabalho. Um banco pode ganhar milhões de dólares em tarifas por meio de práticas ardilosas ou enganosas — como na ocasião em que o Goldman Sachs, numa operação chamada Abacus, declarada fraudulenta pela Securities and Exchange Comission (SEC),[71] recebeu 15 milhões de dólares pela venda de títulos lastreados por ativos, sem revelar que um dos principais arquitetos da carteira (o gestor de fundos de *hedge* John Paulson) estava apostando contra esses títulos. Mas esses ganhos empalidecem ante os ganhos totais do Goldman, que ascendem a bilhões de dólares.[72] De modo mais geral, enquanto a fraude responde por bilhões de dólares da renda da elite, sua renda total chega a trilhões de dólares.[73] Acima de tudo, o crescimento das rendas da elite continua impulsionado por aumentos substanciais nas recompensas pagas por produtividade.[74]

Finalmente, embora o capital esteja se apoderando de renda tomada à força de trabalho, provavelmente três quartos do aumento da renda do 1% mais rico vêm de diferenças de renda dentro da força de trabalho, enquanto os salários médios estagnados convivem com salários astronômicos dos trabalhadores supraordenados.[75] Algumas instâncias específicas desse modelo — por exemplo, em meados da década de 1960, os CEOs de grandes empresas ganhavam cerca de vinte vezes o salário de um trabalhador comum da produção; hoje, essa proporção chega a trezentas vezes[76] — são bem conhecidas. Mas os rendimentos entre os setores também seguiram a mesma tendência. Um cardiologista ganhava talvez quatro vezes o salário de uma enfermeira em meados da década de 1960[77] e mais de sete vezes em 2017.[78] Os lucros de um sócio de um escritório de advocacia de elite passaram de cinco vezes o salário de uma secretária,[79] na década de 1960, a mais de quarenta vezes na atualidade.[80]

A mudança é possivelmente mais drástica no setor financeiro. David Rockefeller[81] recebia um salário de cerca de 1,6 milhão de dólares (em valores de 2015) quando tornou-se presidente do Chase Manhattan Bank, em 1969, importância que chegava a cerca de cinquenta vezes o salário de um bancário. Em 2017, Jamie Dimon, que atualmente comanda o JPMorgan Chase, recebeu uma importância total de 29,5 milhões,[82] mais de mil vezes o salário de um bancário comum.

Em conclusão, cerca de 1 milhão de trabalhadores ocupam os cargos supraordenados descritos anteriormente e captam os enormes salários que esses cargos pagam.[83] E a desigualdade econômica em aumento radica principalmente não no domínio do capital sobre a força de trabalho, mas no domínio cada vez maior desses trabalhadores supraordenados sobre os trabalhadores de classe média.[84]

A desigualdade em aumento não é causada principalmente por vilões, e os ataques moralistas a maus atores negligenciam erros estruturais complexos e de consequências muito maiores. Com efeito, as objeções do senso comum à desigualdade econômica em aumento se neutralizam por si mesmas. Quando os críticos abraçam a meritocracia em princípio, garantem a própria impotência e, na verdade, reforçam a desigualdade que pretendem condenar. Os moralistas são os verdadeiros banalizadores, e só raciocínios que contestam a boa-fé meritocrática da desigualdade confrontam a real profundidade e o alcance do problema.

A meritocracia não é solução para o aumento da desigualdade, mas sua causa. A lógica interna da meritocracia tornou-se antidemocrática e oposta à igualdade econômica. Mesmo quando funciona corretamente, como anuncia, ela promove a sucessão dinástica do status e da riqueza, fazendo girar uma engrenagem que aumenta a desigualdade econômica. Normalmente, as pessoas honestas, em reação a forças econômicas e sociais que não controlam e das quais não podem escapar, produzem resultados dos quais muito pouca gente se beneficia e que menos gente ainda celebra.

A tragédia essencial da época reflete o triunfo da meritocracia. Ela impõe uma ordem de castas — não por trair seus ideais, mas por levá-los à prática — que os defensores da igualdade deveriam condenar. Combater a desigualdade exige resistência ao próprio ideal meritocrático.

CAPÍTULO 2

OS MALES DA
MERITOCRACIA

Os filhos da classe média nascidos no fim da Segunda Guerra Mundial, antes da ascensão da meritocracia, foram bem recebidos por um mundo acolhedor em rápida expansão. A renda média praticamente dobrou entre as décadas de 1940 e 1960,[1] de modo que mesmo as crianças que nunca pertenceram à elite podiam estar certas de ficarem mais ricas que seus pais.[2] A boa sorte, partilhada por muitos, se expande além das casas e famílias para embeber uma cultura. Por volta da metade do século, prósperas comunidades de classe média usaram sua nova riqueza para inventar um modo de vida totalmente novo.

A prosperidade da classe média colava um selo físico no mundo. As cidades se modificaram, já que a posse de carros reduzia distâncias, e a construção disparava para atender à explosiva demanda de casa própria da classe média. Vilarejos e comunidades rurais tornaram-se subúrbios, e a vida nos subúrbios passou a ser valorizada de maneira antes impensável. Lá pela década de 1950, uma modorrenta cidadezinha turística como St. Clair Shores, no Michigan, transformou-se num subúrbio emergente da próspera Detroit. O proprietário de um boliche local recorda que naquele tempo seus levantadores de pinos deixavam o emprego de infância ao completar dezoito anos e se apresentavam a alguma das três grandes montadoras de automóveis, as quais os contratavam por 100 dólares semanais, o equivalente, talvez, a 40 mil dólares anuais de hoje.[3] Sindicalizados, eles tinham emprego garantido para toda a vida e, se ainda jovens se revelassem bons, recebiam treinamento para se tornarem ferramenteiros ou ocuparem outra função qualificada, na qual podiam chegar a ganhar 100 mil dólares anuais com benefícios incluídos. Trabalhadores de meados do século XX conseguiam tudo isso sem nenhuma educação formal além do ensino médio.

Essa "classe trabalhadora privilegiada", como o dono do boliche ainda os chama, enriqueceu St. Clair Shores a ponto de comportar o Shore Club Highrise Apartments and Marina,[4] de 27 andares, construído a partir de 1962, debruçado sobre o lago St. Clair. O país ficou coberto de localidades como essa, ligadas por novas estradas, e assim nasceu um novo mundo social e físico. Os trabalhadores norte-americanos de meados do século XX tiveram tanto êxito que reformularam sua estrutura de classes, insurgindo-se para atribuir a si mesmos um novo nome e construir uma vasta classe média que pudesse representar e dominar a sociedade como um todo. John Kenneth Galbraith faria da prosperidade da classe média o tema de seu clássico livro do século XX intitulado *A sociedade da afluente*.[5]

Agora, a meritocracia transforma mais uma vez a vida da classe média, só que para pior. A classe média não se tornou pobre; na verdade, o crescimento econômico provavelmente tornou-a mais rica hoje do que em meados do século XX. Mas a classe média contemporânea está muito pior por conta da meritocracia. Enquanto, naquela época, a classe média prosperava e crescia, hoje em dia recebe o legado meritocrático de um mundo estagnado, despojado e encolhido. Enquanto a classe média de meados do século passado dominava a imaginação nacional, agora é exilada pela meritocracia do cerne da vida econômica e social e fica retida em interiores econômicos e confins culturais.

St. Clair Shores ilustra também o novo mundo, em toda a sua embaralhada e conflitiva complexidade. A cidade não enfrenta privações agudas nem sofre injustiças ou opressão evidentes: a renda familiar média na cidade, de pouco menos de 70 mil dólares anuais, coincide quase que à exatidão com a média nacional,[6] que corresponde praticamente ao triplo da renda que delimita o nível de pobreza,[7] enquanto a taxa de pobreza da cidade, de cerca de 9%, fica abaixo da taxa nacional.[8] As crianças brincam em quintais bem-cuidados, as ruas são arborizadas e as casas térreas, modestas — três quartos e cem metros quadrados[9] —, mas bem construídas e impecavelmente conservadas, que vão ficando um pouco maiores (e muitas vezes ganham mais um andar) quando perto do lago que dá nome à cidade. St. Clair Shores incentiva a preservação, dá prêmios pelo embelezamento da cidade e notifica os cidadãos pelo menor sinal de negligência,[10] como pintura descascada ou alimentar aves no jardim. Os moradores aprovam essa visão da vida cívica: um vereador conta, orgulhoso, que a cidade mantém mais de trinta conselhos e comitês municipais integrados por voluntários.[11] O verão em St. Clair Shores começa com o que os moradores chamam de maior desfile de Memorial Day do Michigan,[12] o qual, em 2018, foi abrilhantado pela campeã olímpica de patinação artística Nancy Kerrigan, e também com a apresentação de Al Sobotka, que dirige seu veículo Zamboni durante os jogos dos Detroit Red Wings. O verão termina com um cortejo de carros antigos modificados que passa pela Harper Avenue.[13] Os moradores, espelhando-se nesse retrato, dizem que os valores da classe média da década de 1960 ainda predominam na cidade.[14]

Esse modo de vida, apesar de toda a sua aparente rigidez, deixa St. Clair Shores com pouco a esperar e muito a temer. Aos poucos, a meritocracia está desmontando o que a economia de meados do século XX construiu.

A cidade vizinha mais ao sul, e seu antigo motor econômico, Detroit, passou por décadas de deterioração implacável, que culminou na maior falência municipal da história americana.[15] Ela nunca vai recuperar a importância de meados do século XX: os empregos industriais que formaram a classe média da época desapareceram em grande parte, e ninguém em St. Clair Shores acredita que eles voltarão. As fontes da riqueza de meados do século XX secaram.

Além disso, a economia da atualidade não atrai para St. Clair Shores empresas de fora já estabelecidas nem estimula *start-ups*, de modo que a cidade recebe muito pouco investimento econômico novo. St. Clair Shores mantém poucos empregos atraentes ou realmente de elite, e seus trabalhadores carecem de oportunidades de progredir na administração de empresas ou em profissões liberais. Menos de um quarto da população adulta tem diploma universitário e menos de um décimo dela tem especialização ou pós-graduação.[16] Praticamente não há ricos em St. Clair Shores, ao menos pelos padrões nacionais. Uma empresária e líder comunitária da cidade calcula que os moradores mais ricos tenham renda anual de 300 mil a 400 mil dólares — bela quantia, com certeza, mas fora do 1% mais rico.[17]

A energia econômica e o dinamismo social que inundavam St. Clair Shores em meados do século XX se dissiparam, e a cultura comercial da cidade estagnou. Sua arquitetura — chalés no estilo Arts & Crafts e casas térreas que eram modernas em meados do século XX — está bem conservada, mas não há novos edifícios de estilo para complementar os antigos. Não há lojas, restaurantes ou clubes da moda na cidade, nem nada realmente caro, extravagante, emocionante ou novo para fazer. Os moradores dispostos a uma noitada vão a lugares como o Gilbert's Lodge,[18] onde os hambúrgueres (servidos desde 1955) custam 12 dólares e a pizza *deep dish* [típica de Chicago, pizza de prato fundo muito recheada], um pouco mais. (Esses preços, nas palavras de um professor primário da cidade, mostram que "os frequentadores do Gilbert's pertencem provavelmente à camada superior" da sociedade local.)[19]

St. Clair Shores parece mais preservada do que florescente. (Quando o Gilbert's pegou fogo, anos atrás,[20] os donos construíram uma cópia exata do lugar, que tinha desde o ferromodelo passando pelas vigas às cabeças de animais exibidas como troféus nas paredes.) Essencialmente, a preservação depende da poupança acumulada pelos trabalhadores mais velhos — agora aposentados — na economia de meados do século XX. As forças que preservam a cidade estão perdendo espaço. A Biblioteca Pública de St. Clair Shores, que desempenha papel central na vida cultural da cidade, tem, nos dias de hoje, cerca de um terço dos funcionários que tinha normalmente, e o orçamento apertado levou a biblioteca a utilizar trabalhadores em meio período e, inevitavelmente, temporários. A biblioteca depende cada vez mais da contribuição privada para o custeio das necessidades básicas, e um de seus funcionários conta que a sala de leitura ainda usa mesas compradas em 1971 (embora as cadeiras tenham sido enfim estofadas há poucos anos).[21]

Mesmo que St. Clair Shores consiga manter os hábitos de seus moradores em condições decentes, sua fragilidade não lhes permite prosperar, experimentar ou evoluir, e não é um lugar para onde as pessoas se mudem, nem mesmo é muito visitado. A população chegou ao pico em 1970, e desde então a cidade perdeu um terço dos moradores.[22] O agora decadente Shore Club — com seus apartamentos sem reforma e áreas comuns caindo aos pedaços — continua sendo, de longe, o edifício mais alto da cidade.[23] E o Shore Pointe Motor Lodge, que abriu nos anos de bonança para atender visitantes de fim de semana e outros que no passado chegavam em bandos ao lago St. Clair, continua sendo o único hotel da cidade.[24]

A meritocracia relega comunidades de classe média em todo o país ao mesmo destino de St. Clair Shores. A perda de empregos na indústria automobilística de Detroit — responsável pela estagnação de St. Clair Shores — tem equivalentes em toda a indústria norte-americana, o que custou ao país cerca de 10 milhões de postos de trabalho de classe média.[25] De modo geral, trabalhadores supraordenados e superqualificados substituíram trabalhadores de classe média semiqualificados no centro da produção econômica. Em todos os setores da economia, a inovação faz com que os empregos de classe média deem lugar a uns poucos empregos brilhantes e a muitos empregos opacos, de maneira tão radical que as somas astronômicas pagas aos ocupantes dos empregos brilhantes respondem pela maior parte do reequilíbrio da renda em favor da elite e contra a classe média, e, portanto, também pelo crescimento da renda da elite e pela estagnação da renda da classe média. Enquanto a renda do 1% mais rico triplicou,[26] a renda média real aumentou apenas um décimo a partir de 1975, e a renda média não tem aumento real desde 2000.

Os defensores da meritocracia afirmam que sua hierarquia é benigna e justa: a desigualdade sem privações não causa dano e a desigualdade causada pelo trabalho é inocente. Mas a experiência viva da classe média conta uma história diferente. A meritocracia degrada uma classe média cada vez mais desocupada, despojada de renda, poder e prestígio. Além disso, ainda que a cilada da meritocracia expulse a classe média da renda e do status conferidos pelo trabalho, ela própria torna a capacidade de trabalho essencial para o status. A meritocracia, portanto, submete os norte-americanos de classe média a uma poderosa carga imaginativa. Ao declarar que as desigualdades são justas, a meritocracia acrescenta um insulto moral ao dano econômico da classe média estagnada. Esse insulto traz consigo enormes custos agregados.

A EROSÃO DA OPORTUNIDADE

A desigualdade meritocrática atinge tanto as oportunidades quanto a renda.

Uma criança de classe média em St. Clair Shores vai cursar o ensino médio em escolas públicas aceitáveis mas sem destaque, terá médias comuns no Teste de Aptidão Acadêmica (SAT, na sigla em inglês, prova de ingresso no ensino superior) — seguindo de perto as médias nacionais — num mundo que cada vez mais concentra o retorno da educação num pequeno grupo de alunos excepcionais.[27] A maior parte dos jovens da cidade entrará para faculdades locais — Faculdade Comunitária Macomb[28] (que põe anúncios no rádio e na televisão para incentivar os alunos do ensino médio a escolher cursos profissionalizantes), Universidade Estadual de Wayne e Universidade Estadual do Michigan. Alguns estudantes, como revelam fóruns de discussão on-line, pretendem entrar para a Universidade de Michigan.[29] Mas não existe, na cidade, uma cultura que promova altas ambições acadêmicas ou profissionais. Praticamente nenhum estudante de St. Clair Shores se candidata às universidades da Ivy League ou a outras faculdades de elite, e, como dizem os moradores, é tão raro que algum deles chegue a isso que quando ocorrer certamente vai ser notícia no jornal da cidade.[30]

Mais uma vez, esses padrões se repetem por todo o país. Os filhos da classe média geralmente herdam as perspectivas estreitas de seus pais e estão tão pouco representados nos colégios de elite quanto os filhos de pobres.[31] Nas faculdades superdisputadas, alunos provenientes de famílias situadas no quartil superior da população em distribuição de renda atualmente superam em número os provenientes dos dois quartis intermediários na proporção de seis para um.[32] A distorção em favor da riqueza na maior parte das universidades de elite ainda é quase inacreditavelmente maior. Em Harvard e Yale, há mais alunos vindos de famílias pertencentes ao 1% de maior renda da população do que de toda a metade inferior da distribuição de renda.[33] Como só cerca de um décimo dos norte-americanos tem pós-graduação, a classe média permanece excluída de praticamente todas as instituições de pós-graduação ou especialização profissional.[34]

A desigualdade meritocrática rebaixa a classe média — reduzindo não apenas sua renda, mas também suas oportunidades — especialmente devido à própria meritocracia. Os meritocratas, mais do que qualquer outra elite anterior, sabem como se preparar. Na verdade, conhecem o preparo melhor do que qualquer outra coisa. Os meritocratas, portanto, não conseguem resistir ao impulso de dar a seus filhos uma educação de elite diferente de qualquer coisa que pais de classe média possam pagar. A lógica interna da meritocracia torna inevitável que a educação intensiva, ministrada aos filhos enquanto seus pais ainda vivem, seja o mecanismo essencial para a transmissão dinástica de casta.

Não obstante, o tamanho e a amplitude do investimento da elite em educação são de assombrar. As melhores escolas públicas,[35] situadas em distritos ricos e financiadas pelos altos impostos prediais pagos por casas de luxo, investem duas ou três vezes mais por aluno do que as escolas de classe média, mesmo em St. Clair Shores. Esse investimento compra, literalmente, uma educação extraordinária. Enquanto os alunos dos últimos anos do ensino fundamental em St. Clair Shores têm um professor de música[36] que se desloca de escola em escola dando aulas a 750 alunos por semana, em transporte precário e sem uma sala de música, as escolas ricas se vangloriam de instalações com que as escolas comuns nem sequer podem sonhar: uma estação meteorológica de alta tecnologia em Newton, Massachusetts,[37] por exemplo, e uma sala de mídia digital equipada com impressoras 3-D em Coronado, Califórnia.[38] De modo mais geral, e provavelmente com melhores resultados, o dinheiro extra destinado às escolas ricas pagam por mais e melhores professores. Uma pesquisa minuciosa feita num grande condado[39] revelou que os diretores de escolas frequentadas por alunos mais ricos têm, em média, um ano a mais de experiência se comparados aos diretores de escolas de estudantes mais pobres; os professores têm, em média, dois anos a mais de experiência. Essas escolas têm também 25% mais pós-graduados, e seus professores, no primeiro ano de trabalho (em que geralmente ainda têm dificuldade para aprender seu ofício), constituem menos da metade do corpo docente.

As escolas particulares de elite, nas quais geralmente 80% dos alunos vêm dos 4% superiores na escala de distribuição de renda (como uma comunidade cercada, observou um professor de St. Clair Shores),[40] fazem investimentos ainda mais extravagantes, gastando por aluno nada menos que seis vezes a média nacional das escolas públicas.[41] Essas escolas têm instalações realmente assombrosas, com *campus* que mais parecem universidades, e impressionam e funcionam como se assim fossem. As escolas privadas de elite empregam também mais que o dobro de professores por aluno do que as escolas públicas.[42] Esses professores também tiveram uma educação intensiva e de elite: nada menos do que três quartos dos professores das escolas secundárias preparatórias que a revista *Forbes* classifica como as vinte melhores dos Estados Unidos têm pós-graduação.[43]

O monumental investimento da elite em educação dá certo. O abismo acadêmico que separa estudantes ricos de pobres é maior hoje em dia do que o que separava estudantes brancos e negros em 1954, ano em que a Suprema Corte julgou Brown *versus* Conselho de Educação e decidiu pela inconstitucionalidade da segregação racial em escolas públicas.[44] A desigualdade econômica atual gera uma desigualdade educacional maior que o *apartheid* no passado.[45] A desigualdade na educação separa os ricos não apenas dos pobres, mas também, cada vez mais, da classe média. O abismo que separa o aproveitamento acadêmico de colegiais ricos e de classe média,[46] por exemplo, é bem maior que o que separa os de classe média dos pobres. Quando os estudantes se candidatam a uma faculdade, as diferenças são ainda maiores e destacam especificamente o desempenho excepcional das elites. Os filhos de ricos atualmente superam os de classe média nos testes de admissão à faculdade duas vezes mais que os de classe média superam os estudantes criados na pobreza.[47] A formação da elite ultrapassa a de classe média por uma diferença tão grande que pouquíssimos filhos de famílias não pertencentes à elite superam os obstáculos de casta para apresentar um desempenho no nível da elite. Somente um de cada duzentos estudantes da terça parte mais pobre dos domicílios consegue pontuação suficiente para ingressar em Yale.[48]

Esses padrões desiguais nascem inevitavelmente da lógica interna da meritocracia. Na prática, o compromisso da meritocracia com a igualdade — a teoria segundo a qual qualquer pessoa pode ter sucesso simplesmente pela excelência, porque as universidades meritocráticas admitem seus alunos com base no desempenho acadêmico e os empregadores contratam trabalhadores com base na qualificação — revela-se falso. A ênfase na excelência, seja qual for sua motivação em princípio, gera, na verdade, uma competição pela contratação e mercados de trabalho em que pessoas de origem modesta e mesmo de classe média não conseguem ter êxito. Sempre existirão casos excepcionais, mas em geral os oriundos de famílias pobres ou de classe média simplesmente não podem competir por vagas nas universidades de elite com filhos de ricos, frutos de investimentos vultosos, permanentes, planejados e praticados desde o nascimento — muitas vezes desde o ventre. Os trabalhadores com formação comum, por sua vez, não conseguem competir com os trabalhadores altamente qualificados e competentes que receberam uma formação de elite.

Todos esses padrões, em conjunto, paralisam drasticamente a mobilidade social. Apenas uma de cada cem crianças nascidas nas famílias pertencentes ao quintil mais pobre da população e menos de uma de cada cinquenta crianças provenientes do quintil intermediário[49] se tornarão ricas o bastante para chegar aos 5% do topo. Um filho de pais pobres ou de classe média[50] nos Estados Unidos enfrenta dificuldades maiores para ascender na escala de renda do que na França, na Alemanha, na Suécia, no Canadá, na Finlândia, na Noruega e na Dinamarca (nesses quatro últimos países, a mobilidade é maior que o dobro, e em alguns casos até que o triplo, da que se verifica nos Estados Unidos). A mobilidade econômica absoluta também vem decrescendo. As chances de os filhos da classe média ganharem mais que os pais[51] caíram para menos da metade desde meados do século XX — e a queda é maior ainda para a classe média do que para os pobres.

Mantém-se um ciclo de exclusão. Os membros pós-graduados da elite monopolizam os melhores empregos e, ao mesmo tempo, inventam novas tecnologias que privilegiam trabalhadores superqualificados, tornando ainda melhores os melhores empregos e ainda piores os demais. A renda da força de trabalho meritocrática, por sua vez, faz com que as famílias da elite continuem monopolizando a educação de elite ao longo de sucessivas gerações. A meritocracia, portanto, cria uma retroalimentação entre educação e trabalho, com a qual a desigualdade em cada um desses domínios amplia a desigualdade no outro. A diferença cada vez maior entre os salários da elite e os da classe média dá uma medida da escala da desigualdade meritocrática nos ganhos. A diferença entre o investimento da elite e o da classe média em educação dá uma medida da transmissão dinástica e da desigualdade meritocrática de oportunidades. O somatório disso tudo determina o poder da exclusão na cilada da meritocracia.

A estagnação da classe média, a prosperidade da elite e o aumento da segmentação econômica e social ocorrem juntos, enquanto a meritocracia transmite dinasticamente, de geração em geração, a riqueza e o privilégio. Cada volta da engrenagem meritocrática faz avançar inexoravelmente a desigualdade, e as consequências disso, tomadas em conjunto, dominam a desigualdade econômica em ascensão em todas as áreas. Os primeiros meritocratas abrigaram falsas esperanças. A meritocracia tornou-se o maior obstáculo à igualdade de oportunidades nos Estados Unidos de hoje.

O FIM DO "BOM ESTÁVEL"

O barman de um conhecido restaurante na marina de St. Clair Shores soma todos esses fios numa trama de experiência viva. Criado em St. Clair Shores, ele partiu para a Costa Oeste para morar e trabalhar em Seattle. No fim, acabou voltando — ou retirando-se — para casa, por diversas razões. Embora ganhasse mais em Seattle, lá tudo era mais caro, de modo que ele não tinha certeza de poder comprar mais coisas, e (o que é diferente) certamente havia muita coisa que ele não podia comprar.[52] O custo de moradia era especialmente importante, e em Seattle os preços eram tão elevados que ele ficou excluído por completo da possibilidade de comprar uma casa, não somente no presente, mas em qualquer momento do futuro que pudesse imaginar. Em St. Clair Shores, pelo contrário, quase tudo o que estava à venda era acessível a uma família de classe média. O barman pode pagar pelas compras em todas as lojas da cidade, pode comer em todos os restaurantes, inclusive no Gilbert's, e, aliás, no restaurante em que ele trabalha. Pode comprar um apartamento por talvez 50 mil dólares e livrar-se efetivamente do aluguel, enquanto, segundo um corretor de imóveis local, um trabalhador sindicalizado da indústria automobilística casado com uma professora primária, ou uma enfermeira casada com um médico assistente, podem, se pouparem, comprar uma casa flutuante no bairro mais caro da cidade. Nada na cidade está fora do alcance deles.

Uma sociedade acompanha sua economia, de modo que St. Clair Shores é também mais democrática no aspecto cultural do que Seattle, e essa estrutura social cria um verniz que encobre o fracasso e a exclusão. Seattle, como outras grandes cidades litorâneas, gira em torno da elite nacional (e até mesmo global) — os trabalhadores supraordenados levados para lá pela Amazon, pela Microsoft e pela Boeing. O barman não apenas se sentiu excluído do consumo, como se viu deslocado e privado de status, de modo que, não sendo rico, sentia-se pobre — alijado de uma sociedade construída para ricos. Em comparação, em St. Clair Shores, a classe média está no centro da vida. Quando indagados sobre quem é importante, e por quê,[53] os moradores responderam que (para eles) o status depende do compromisso para com a cidade mais do que da instrução e do emprego, ou da renda e da riqueza. Os líderes comunitários são pessoas que se dedicam, não pessoas ricas. Os líderes rejeitam expressamente os indicadores de status que dominam lugares como Seattle. "O povo não gosta da elite",[54] diz um morador. E continua: "Nunca contratei ninguém porque foi a esta e não àquela escola."[55]

Isso torna o status acessível para mais gente em St. Clair Shores do que no mundo mais amplo: "Você pode morar aqui e se sentir um vencedor com bem menos dinheiro", afirma uma líder da cidade ao ouvir a história do barman, mas nas grandes cidades litorâneas "não consegue se sentir vencedor, mesmo que com mais dinheiro".[56] O fracasso e a exclusão assombram a vida: "Você consegue ou não consegue,[57] e então não se sente bem", continua ela. O dono do boliche diz simplesmente que aqui o barman "se sentia de classe média",[58] e poderia ter acrescentado: o "aqui" em St. Clair Shores é um mundo de classe média. "O bom estável",[59] diz outro destacado morador, é melhor que o "ótimo fugaz". É melhor estar no centro de sua própria sociedade mais pobre do que marginalizado na sociedade alheia mais rica.[60]

Em meados do século XX, St. Clair Shores podia cumprir essas promessas democráticas. A ascensão da classe média mostrava que o "bom estável" tornava-se de fato ainda melhor e o papel dominante desempenhado por essa classe em todo o país revelava que estar no centro de St. Clair Shores era estar no centro da vida norte-americana, ponto final, e (dada a preponderância econômica dos Estados Unidos) até mesmo no centro da sociedade global. A cultura da classe média se apoiava em fundamentos econômicos, e as perspectivas de fora de St. Clair Shores reafirmavam as perspectivas de dentro dela.

Hoje em dia, a desigualdade meritocrática corrói sistematicamente essa lógica democrática, e o verniz que encobre a exclusão da classe média está rachado e descascado, tanto em St. Clair Shores quanto em outros lugares. Os motores econômicos e culturais da sociedade norte-americana estão cada vez mais distantes da classe média. Ano após ano, uma inovação desencadeia uma pequena explosão econômica ou cultural em algum lugar, mas em ano algum ela surgirá em St. Clair Shores.[61] À medida que o grande mundo meritocrático segue em frente, perde o respeito pela ordem democrática da cidade e pelos valores da classe média. Na cidade, a vida piora lentamente — ainda não arruinada, mas desgastada e precária.

A sensação de sucesso em St. Clair Shores se fragiliza — torna-se sujeita a ser despedaçada por perspectivas externas —, e a cidade luta com ardor para manter uma cultura cujos fundamentos econômicos estão se transformando em migalhas. Ser de classe média numa meritocracia madura é ser não só fora de moda, mas saudosista — comprometido mais com a preservação do que com o crescimento, mais com uma forma de vida que se encontra em retrocesso inexorável; é como proteger uma fortaleza que vem, ao mesmo tempo, encolhendo e ruindo, condenada a cair inevitavelmente e em breve.

St. Clair Shores, como toda a classe média norte-americana, está jogando mais na defesa do que no ataque. A cidade, que já foi o que uma líder local chama de "muito seguro e controlado" espaço para a classe média, está se tornando, rapidamente, como ela mesma reconhece com algum sarcasmo, menos segura e menos controlada.[62]

O INSULTO E A FERIDA

A meritocracia, mesmo tornando literalmente supérfluos os trabalhadores de classe média, valoriza a capacidade de trabalho e desdenha da ociosidade. A classe média, que na imagem que faz de si própria construiu os Estados Unidos de meados do século passado, transforma-se, com a meritocracia, numa subclasse — destituída não só de valor econômico, mas de valor moral e prestígio social. Dessa forma, a desigualdade meritocrática atinge não apenas o bolso, mas também a inteligência e as emoções, complementando a ferida econômica dos salários estagnados de trabalhadores da classe média com o insulto à honra de considerá-los sem valor. Os ideais meritocráticos exprimem e validam o insulto, e, mais ainda, exigem que a classe média assuma o próprio rebaixamento. A cilada da meritocracia aprisiona a imaginação, considerando a exclusão econômica como falha individual, para enquadrar a classe média e impedi-la de tomar consciência coletiva dos males impostos pela meritocracia. A meritocracia reconstrói a classe média como um lumpemproletariado.

A estagnação machuca os que estão paralisados; a falta de oportunidades suga a energia e o otimismo; a ociosidade forçada suscita desprezo, convida à indolência e alimenta a frustração e a raiva. Pouco importa que a classe média esteja num ponto que em outras condições pareceria satisfatório, principalmente quando ela vê a elite se afastar cada vez mais para longe e fora de seu alcance.

O duplo ataque meritocrático à renda e ao status dissolve a classe média. Quando uma comunidade perde empregos industriais de classe média, por exemplo, caem não só os ganhos, mas também o número de casamentos e a taxa de fertilidade, enquanto as taxas de mortalidade, especialmente entre homens de meia-idade, aumentam.[63] Famílias se separam: as mulheres com apenas ensino médio ou inferior têm mais da metade dos filhos fora do casamento (contra apenas 3% entre as mulheres com ensino superior).[64] As crianças têm dificuldades na escola. E os adultos se limitam a lutar pela sobrevivência.

As taxas de mortalidade revelam os danos psíquicos causados pela cilada da meritocracia com uma crueza quase inacreditável. Na atualidade,[65] por dois anos consecutivos, a taxa de mortalidade entre pessoas de meia-idade aumentou e a expectativa de vida caiu, principalmente entre brancos de classe média. Isso é nada menos que assombroso — na verdade, não tem precedente. Em condições normais, apenas grandes guerras, colapsos econômicos ou epidemias são capazes de matar tanta gente a ponto de causar aumentos repentinos na mortalidade de uma população. A última queda de dois anos na expectativa de vida nos Estados Unidos ocorreu em 1962-1963,[66] por causa de uma epidemia de gripe. Mas hoje em dia a mortalidade está se afastando de qualquer dessas causas, atingindo uma classe média que consome mais e tem uma carga de trabalho menor que em qualquer outro momento histórico. Os norte-americanos de classe média estão morrendo em grande número, sem que haja razões materiais para isso.

O ônus que a meritocracia impõe ao imaginário das pessoas explica o mistério. As causas das mortes expõem esse ônus sinistro. Os adultos norte-americanos de classe média estão morrendo de causas autoinfligidas, indiretas ou mesmo diretas, já que somatizam o insulto representado pela exclusão que a meritocracia justifica. Os outdoors distribuídos ao longo da rodovia I-94 East entre Detroit e St. Clair Shores[67] mostram com destaque anúncios de Narcan, medicamento usado para "combater a overdose de opioides". O condado de Macomb, onde fica St. Clair Shores, registrou, em 2016, um número de mortes relacionadas a drogas sete vezes maior que em 1999.[68] A epidemia de drogas se estende bem além de St. Clair Shores. Suicídios, overdoses e abuso de álcool (que, entre adultos de baixa escolaridade, aumentaram de três a cinco vezes mais rápido do que entre os mais instruídos) vêm matando norte-americanos em taxas mais ou menos equivalentes à da epidemia de aids e são responsáveis pelo aumento geral da mortalidade.[69] Dessa e de inúmeras outras maneiras, a ociosidade imposta pela cilada da meritocracia a uma classe média economicamente supérflua cobrou mais de 1 milhão de "mortes por desespero" ao longo da última década.[70]

A crença convencional segundo a qual a meritocracia promove o trabalho satisfatório e a oportunidade generalizada é falsa. Na verdade, o senso comum percebe as coisas quase que exatamente ao contrário. Os defensores da meritocracia alegam que ela quebra o antigo elo entre desigualdade e pobreza. Mas, na verdade, a desigualdade meritocrática exclui todos os que estão fora de uma elite cada vez menor, que ocupa os melhores empregos e frequenta as melhores escolas, privando a classe média de oportunidades sociais e econômicas. Da mesma forma, os defensores da meritocracia afirmam que ela une o privilégio ao merecimento, o que torna moralmente inócua e até mesmo admirável a desigualdade econômica. Mas, na verdade, a insistência hipócrita na justiça das hierarquias sociais e econômicas impostas pela meritocracia torna-as particularmente tóxicas e cruéis para os que estão fora da elite de escolhidos.

O ônus que a desigualdade meritocrática impõe à classe média pode ser medido por suas mortes.

A EXPLORAÇÃO DA ELITE

Os males que a meritocracia inflige à elite são menos óbvios, e de qualquer forma os ricos não são alvo natural de solidariedade. Não obstante, os meritocratas de hoje vivem muito pior do que seus antecessores aristocratas. O brilho que a desigualdade meritocrática confere à vida nos píncaros da sociedade não é profundo nem humano, mas raso e até mesmo implacável.

Uma epidemia de esforço consome a elite meritocrática. O trabalho supraordenado permeia a vida da elite praticamente do berço à sepultura. O esforço começa na primeira infância, quando pais e professores aspiram conscientemente a instilar as qualidades que o trabalho supraordenado exigirá mais tarde. As escolas de elite, públicas e privadas, apresentam tantas exigências a seus alunos[71] — não é raro que imponham três horas de dever de casa por noite na segunda metade do ensino fundamental e cinco horas no ensino médio — que os Centros de Controle de Doenças (CDC, na sigla em inglês) já alertaram contra a privação de sono em razão do dever de casa.[72] Fora da escola, as crianças ricas são sitiadas pelo fluxo interminável de atividades complementa-res orientadas por instrutores, técnicos e cursinhos preparatórios.

O trabalho incessante se estende pela vida adulta e abrange todo o ciclo de vida de uma carreira supraordenada: a elite madura ocupa os empregos extre-mos. Os escritórios de advocacia não só exigem muitas horas de trabalho de seus associados, como também acompanham obsessivamente a contribuição de cada sócio para o número total de horas faturadas — sua base de dados on-line, na qual cada sócio pode acessar (pelo celular) a contribuição dos demais, é atua-lizada a cada vinte minutos, 24 horas por dia.[73] Dos altos executivos de bancos, espera-se que turbinem cada vez mais sua dedicação à medida que sobem na hierarquia.[74] Altos executivos, como disse um deles que trabalha numa das qui-nhentas empresas listadas pela revista *Fortune*, são "os que mais trabalham"[75] em suas empresas, obtendo e mantendo seus empregos porque "trabalham mais que os outros [...] têm melhor desempenho [...] [e] são mais preparados".

Todos esses trabalhadores despendem um esforço mais penoso, mais pro-longado e mais intenso do que gostariam. Os trabalhadores supraordenados, em sua esmagadora maioria, dizem que abririam mão de rendimentos em troca de lazer. Em média, os que trabalham mais de sessenta horas semanalmente di-zem preferir trabalhar 25 horas a menos por semana.[76] Como mostram estudos sistemáticos sobre o assunto,[77] eles dizem isso porque o trabalho interfere em sua capacidade de cuidar da casa, de estabelecer um relacionamento próximo com os filhos, de ter boas relações com seus cônjuges e mesmo de ter uma vida sexual satisfatória. Portanto, não surpreende que se ouça normalmente a elite sobrecarregada falar de sua "fome de tempo".[78] A duração uniforme e inflexível da jornada de trabalho da elite engole a vida dos trabalhadores supraordenados.

Além do mais, a elite meritocrática despende esse enorme esforço em condi-ções de forte pressão competitiva. A competição meritocrática invade a vida da elite. Avaliações que no passado eram restritas a momentos excepcionais, como o do ingresso na faculdade ou da promoção a sócio ou a diretor executivo, atual-mente afetam cada passo da carreira meritocrática. Todo ano, da educação in-fantil a aposentadoria, inclui algum concurso ou avaliação que filtra, rastreia ou influencia de alguma forma as oportunidades do trabalhador supraordenado.

As elites enfrentam as pressões meritocráticas iniciais na primeira infância, convocadas para uma competição por boas notas, pontuação em testes e vagas.

As escolas mais disputadas admitem menos de um décimo dos candidatos à educação infantil.[79] Pais ricos em cidades como Nova York, Boston e São Francisco geralmente inscrevem os filhos em dez jardins de infância,[80] ainda que cada inscrição implique passar por um desafiador conjunto de testes, avaliações e entrevistas — tudo isso para avaliar crianças de quatro anos. A candidatura a uma vaga no ensino fundamental e médio ministrado pelas escolas de elite repete o calvário, e, em lugares onde se concentra a elite meritocrática, as melhores escolas públicas são igualmente competitivas, ou ainda mais. Cerca de 30 mil alunos prestam o exame de ingresso para as oito escolas secundárias especializadas de elite de Manhattan,[81] concorrendo a uma das 5 mil vagas oferecidas. A faculdade amplia ainda mais esse padrão. As universidades de elite que há poucas décadas aceitavam 30% dos candidatos,[82] aceitam agora menos de 10% (enquanto a Universidade de Chicago admitiu 71% dos candidatos em 1995, Stanford admite hoje menos de 5%).

O trabalho supraordenado renova a disputa, projetando-a numa idade adulta já bem adiantada. Os escritórios de advocacia atuais classificam seus sócios em categorias baseadas nas respectivas contribuições para o lucro da firma (e, entre essas categorias, a proporção de lucros gerados pode chegar a vinte para um),[83] e afastam até mesmo sócios de capital do mais alto nível que deixam de gerar negócios satisfatórios,[84] prática impensável para a geração passada. Os bancos dividem seus altos funcionários em diretores nominais e "diretores executivos participantes" ou "sócios", ou entre diretores comuns e "chefes de grupos". Uma vez por ano, o "dia do bônus",[85] que distribui pagamentos com base no desempenho, determina o sucesso ou o fracasso de cada executivo do banco. As grandes empresas fazem distinção entre administradores comuns e os da chamada C-suite,[86] e até os CEOs são pagos principalmente por desempenho[87] e enfrentam um mercado agressivo na disputa pelo controle corporativo. Suas rendas e seus cargos dependem, hoje mais do que nunca, de derrotar concorrentes e fazer subir o preço das ações.

Ao mesmo tempo, a própria competição tornou-se mais transformadora e acirrada. Nas escolas, quando a proporção de admissão fica em 30% dos candidatos, a concorrência é extenuante, mas qualquer candidato responsável vindo de uma família que o apoie tem possibilidade de alcançar pelo menos um êxito. Já uma proporção de 10% gera uma concorrência em que praticamente o menor deslize desclassifica o candidato, e assim o êxito exige uma disposição exclusiva ao sacrifício a serviço da ambição, e mesmo assim é preciso ter sorte. No trabalho, a outrora exaustiva mas administrável concorrência para ingressar na sociedade ou na direção da empresa deu lugar a uma competição avassaladora pelos cargos mais altos e ascensão ao alto escalão — o conselho diretor, a C-suite — da pirâmide hierárquica de vértice cada vez mais agudo.

Uma vez mais, essas transformações seguem a inexorável lógica interna da desigualdade meritocrática. Rendas cada vez maiores para os altos cargos e o abismo crescente entre os ricos e a classe média geram um sistema de recompensa e punição que racionaliza a rigidez da concorrência meritocrática. As crianças da elite são pressionadas nas escolas meritocráticas, e os adultos aceitam o rigor implacável do trabalho meritocrático porque os retornos proporcionados pelos empregos opacos são tão baixos e os dos empregos brilhantes, tão altos que há poucos empregos brilhantes. Como os vencedores levam praticamente tudo, a batalha se intensifica.[88] As oportunidades da elite são superadas apenas pelo esforço competitivo exigido para aproveitá-las.

Fundamentalmente, a meritocracia refaz a vida da elite: em casa, na escola e no trabalho, estendendo-se até a aposentadoria. A qualificação de elite faz com que as famílias ricas se curvem à disciplina indispensável a essa qualificação, que exige reiteradamente conquistas comprovadas. Enquanto os filhos da aristocracia outrora se deleitavam com o privilégio, os filhos da ordem meritocrática agora calculam o futuro — planejam e enfeitam, por meio de rituais de uma apresentação pessoal ensaiada, em ritmos conhecidos de ambição, esperança e preocupação. Enquanto os pais da aristocracia de outrora relegavam os filhos a uma negligência tolerante, dedicando-se eles mesmos à vida adulta, os pais meritocráticos organizam a vida doméstica em torno dos filhos, para lhes dar mais chances de vencer o torneio da educação. De modo análogo, o trabalho da elite faz com que adultos ricos se curvem a sua disciplina, exigindo com insistência uma produção intensiva durante toda a vida adulta. A meritocracia prende as elites numa luta total e interminável. Cada colega é um concorrente. Em qualquer nível, a alternativa à vitória é a eliminação.[89]

O torneio meritocrático inverte as associações convencionais entre renda e status, por um lado, e segurança, por outro. A meritocracia introduz um número cada vez maior de distinções, principalmente no topo da hierarquia, e, ao mesmo tempo, estica a escada social e econômica de modo que os intervalos entre os degraus aumentam à medida que uma pessoa sobe por ela. A concorrência meritocrática, portanto, torna-se mais intensa dentro da elite. Os estudantes e trabalhadores de mais sucesso tornam-se também os menos seguros, já que, no topo, mais do que em qualquer lugar, diferenças de desempenho cada vez menores geram diferenças cada vez maiores em recompensas. A insegurança da elite começa praticamente no nascimento e nunca termina — sobretudo nos degraus mais altos da escada meritocrática.

Na verdade, a elite mais restrita tornou-se tão pequena, e a competição para chegar a ela tão intensa, que o torneio recomeça a cada geração, já que na meritocracia ninguém fica comodamente estabelecido para sempre. Ansiedades de classe dominam a vida no topo — desde a infância, passando pela juventude e pela universidade, à construção da carreira e à paternidade —, já que os trabalhadores supraordenados e seus filhos vivem sob a ameaça inescapável de fracassar em corresponder às expectativas e serem expulsos da elite. Num sinistro paradoxo, a meritocracia precariza a própria hierarquia. O contraste entre o caminho meritocrata escorregadio em direção à riqueza extraordinária e a segurança complacente do aristocrata por direito de nascença não poderia ser mais nítido. A meritocracia favorece a sucessão dinástica, mas impõe um pesado tributo humano a suas dinastias.

À medida que toda uma civilização situa sua vida econômica em torno da imensa qualificação e da enorme capacidade de trabalho de uma minúscula elite de seu povo, aumenta o peso que cada trabalhador supraordenado carrega. A meritocracia concentra a produção numa elite pequena demais para fazer frente a tal carga. Essa forma de produção explora os que oferecem trabalho excessivo e alienado para conseguir entrar no núcleo do santuário meritocrático e nele permanecer.

O ÔNUS DO CAPITAL HUMANO

Nada disso é acidental. Pelo contrário, o esforço tenaz da elite reflete um ajuste a uma nova necessidade econômica, causada pela lógica interna da meritocracia. A nova elite simplesmente não consegue obter sua renda e seu status sem se dedicar, quase que com exclusividade, ao preparo e ao trabalho competitivos.

A velha elite tinha sua riqueza em terras e (mais tarde) em fábricas. Terras e fábricas podem produzir renda, ou lucros, sem exigir trabalho específico de seus donos e, muitas vezes, sem exigir deles trabalho de nenhuma espécie. Um aristocrata rentista podia, portanto, obter renda na ociosidade. O trabalho era todo executado pelos que arrendavam a terra ou por empregados, e o acomodado aristocrata ficava com a maior parte dos lucros. O capital físico e financeiro libera seus detentores.[90]

A riqueza da nova elite meritocrática, no entanto, consiste em sua própria qualificação e em suas aptidões. Em certo sentido, o meritocrata continua sendo fundamentalmente um rentista. Possui um ativo: qualificação e talento, ou capital humano.[91] Como qualquer rentista, o meritocrata extrai lucros — ou renda — de seu capital unindo-o ao trabalho. Não que os ricos tenham um segredo relacionado ao esforço que os demais ignoram. O que ocorre é que uma hora de trabalho supraordenado executado por um médico, advogado, banqueiro ou executivo de elite produz mais valor do que uma hora de trabalho de um trabalhador não qualificado, porque cada unidade de esforço do trabalhador supraordenado vem mesclada com competências construídas por grandes investimentos prévios em qualificação. A meritocracia paga enormes salários para os trabalhadores supraordenados não só pelo esforço extraordinário, mas principalmente pelo valor econômico desse imenso estoque de capital humano.

As formas assumidas pelo capital detido por meritocratas e aristocratas têm consequências praticamente opostas na vida deles, em especial na liberdade. Ao contrário do que ocorre com a terra e as fábricas, o capital humano só pode produzir resultados — pelo menos com a tecnologia atual — unido ao trabalho simultâneo de seus donos. (Mesmo quando um trabalhador supraordenado alavanca a qualificação e a aptidão próprias contratando outros trabalhadores, para reunir a força de trabalho deles a seu capital humano — como o sócio de um escritório de advocacia que contrata colaboradores para dar forma material a suas ideias jurídicas, ou como o executivo que contrata trabalhadores da produção para pôr em prática seus planos —, ele só poderá reunir de maneira eficaz seu capital humano à força de trabalho de outras pessoas trabalhando intensamente junto com elas.) Os ricos agora trabalham tão compulsivamente porque essa é a única maneira de explorar sua espécie peculiar de riqueza. O capital humano mais escraviza do que liberta aqueles que o detêm.

As exigências da imaginação para se viver do capital humano sobrecarregam ainda mais a elite meritocrática — de um modo, ao mesmo tempo, menos tangível e mais perturbador do que as longas jornadas de trabalho. Como, na meritocracia madura, tanto a renda quanto o status têm raízes no capital humano, a competição assume um caráter mais imediato e inevitavelmente pessoal. O torneio meritocrático domina a cultura, que é o pano de fundo tanto do ambiente externo quanto da vida interior (esperanças e receios) de cada meritocrata. As pessoas de quem se exige que correspondam a expectativas, da educação infantil à aposentadoria, acabam submergindo nesse esforço. Tornam-se constituídas de suas realizações, e assim o elitismo passa de algo que uma pessoa aproveita a algo que ela é. Numa meritocracia madura, as escolas e os empregos dominam tão completamente a vida da elite que não sobra espaço no eu para nada além do status. Um banqueiro de investimentos, matriculado aos dois anos de idade na Episcopal School, seguida de Dalton, Princeton, Morgan Stanley, Escola de Administração de Harvard e finalmente Goldman Sachs (de onde ele agora recebe seu dinheiro para mandar os filhos às escolas que frequentou no passado), transformou-se, na cabeça dos outros e inclusive na própria imaginação, nesse currículo.

Todo dono que explora um ativo puramente como meio para um fim se aliena da verdadeira natureza e do valor intrínseco daquele ativo. Mesmo um rentista tradicional, que administra sua propriedade exclusivamente com fins de renda, trai os laços feudais que no passado ligavam o aristocrata a suas terras. Como disse Tchecov em *O jardim das cerejeiras*, a busca do lucro "devora tudo o que está em seu caminho, transformando uma espécie de coisa em outra".[92] O velho pomar que dá nome à peça oferece maior renda ao ser cortado para dar lugar a casas de veraneio — vale dizer, com sua destruição e a destruição do modo de vida que no passado ele sustentava.

Mas um proprietário de terras ou fábricas — sobretudo se for novo no ramo e rejeitar os valores feudais (um filho de servos, na peça de Tchecov) — pode, com sensatez, aceitar absorver ou mesmo não considerar esse custo. Com efeito, os lucros obtidos por um rentista deixam-no livre para dedicar a energia pessoal a seus autênticos interesses e ambições — nas artes, por exemplo, ou na política, ou somente na alta sociedade — sem se preocupar com suas rendas e status social. A riqueza tradicional, tida como capital físico ou financeiro, não somente liberta seu detentor da necessidade de trabalhar, como também liberta-o para viver com mais plenitude.

O capital humano funciona de maneira quase que exatamente oposta. A simples ideia de que uma pessoa possa ser capital trata-a como se fosse um recurso e, portanto, é um convite à alienação: dirige o apetite insaciável do sistema para os lucros a pessoas cujo capital humano produz renda. A meritocracia aplica essa ideia com mais força sobre a elite. Transforma o talento, a aptidão e a qualificação do trabalhador de elite — seu próprio eu, sua pessoa — em seu maior ativo econômico, fonte dominante e esmagadora de sua riqueza e de sua casta. Para extrair renda e status com base nessa espécie de riqueza, o trabalhador supraordenado deve entender a si mesmo em termos instrumentais. Para garantir a condição de elite, ele deve administrar implacavelmente sua educação e seu trabalho — preparando-se para obter competências que os outros valorizam, e depois dedicando-se com afinco a trabalhos e encargos também determinados por outrem. Deve agir, com efeito, como um gestor de investimentos cuja carteira é composta pela própria pessoa.

A meritocracia amplia a mercantilização que Tchecov deplora em relação à terra a tal ponto que ela agora alcança também o capital humano. Com efeito, a linguagem expressa da meritocracia destaca que ela mercantiliza a qualificação e o trabalho da elite. As escolas e universidades que formam trabalhadores supraordenados dividem a qualificação em unidades padronizadas, mensuráveis e mesmo classificáveis (como o ranking de faculdades do *U.S. News & World Report*), literalmente, em gradações. E o mercado de trabalho da elite então empacota tarefas em empregos definidos que podem ser classificados (devem ser lembradas as listas de maiores bancos, consultorias e escritórios de advocacia, ou a contagem de horas faturadas dentro desses escritórios) por parâmetros entre os quais, de novo literalmente, por salários. (O Goldman Sachs — garoto-propaganda do trabalho supraordenado — rebatizou seu departamento de pessoal com o nome de "Gestão do Capital Humano".)[93] A produção meritocrática "devora" os meritocratas, "convertendo-os" de "uma espécie de coisa" (gente) "em outra" (capital humano). A meritocracia transpõe a alienação lamentada pelo aristocrata de Tchecov para a relação meritocrática de uma pessoa consigo mesma. E, ao contrário do aristocrata, o meritocrata não pode escolher uma forma de vida alternativa para amenizar ou mesmo curar sua alienação.

OS MALES DA MERITOCRACIA

As exigências da meritocracia madura quanto à exploração do eu como instrumento de casta se impõem durante a toda a vida da elite. Os pais de elite — com relutância, mas de maneira consciente — permitem que a educação de seus filhos seja dominada não por experiências e brincadeiras, mas pela acumulação do capital humano necessário para que sejam admitidos por uma faculdade de elite e, finalmente, para garantir um emprego de elite. As escolas de elite se estruturam em torno da acumulação de capital humano, adaptando com frequência suas práticas aos últimos ensinamentos da ciência da educação. Mesmo nas escolas em que a brincadeira é permitida, ela deixa de ser um fim em si mesma para se subordinar ao trabalho. Às vezes a brincadeira serve como ferramenta para o ensino de trabalho em equipe, por exemplo, ou às diversas espécies de pensamento criativo que os empregos supraordenados acabarão exigindo. Outras vezes, a brincadeira é manipulada de modo ainda mais implacável. Numa escola primária de elite, por exemplo, um professor apresentou um "problema do dia", que os alunos deveriam solucionar antes de ir para casa, mas sem ganhar um tempo reservado para essa tarefa, cuja intenção expressa era ensinar alunos do quarto ano a roubar alguns minutos para o tempo de trabalho, fazendo diversas coisas ao mesmo tempo ou sacrificando o recreio. Por esse meio e tantos outros, a meritocracia transforma a infância de lugar de consumo em lugar de produção. Produz o capital humano do futuro trabalhador supraordenado adulto.

De modo análogo, a idade adulta na meritocracia entende o trabalho não como oportunidade de expressão ou realização, mas como extração de valor. Uma pessoa cuja riqueza ou status depende quase que inteiramente de seu capital humano não pode obedecer a interesses próprios ou paixões na hora de escolher um emprego — trata-se de demasiado investimento em qualificação e trabalho para se permitir curiosidade ou seguir uma vocação. Além do mais, à medida que os salários se concentram cada vez mais nas mãos de trabalhadores de altíssimo nível, uma parcela cada vez menor dos empregos e tipos de emprego mantém altos salários. Uma pessoa que pretenda ter renda de elite — ou, no pior dos casos, apenas renda suficiente para dar aos filhos a educação da qual depende sua condição de elite — tem à disposição uma limitada classe de empregos, concentrada em massa nas áreas de finanças, administração de empresas, direito e medicina. Menos de 1% dos empregos,[94] e praticamente zero nas ocupações de classe média — magistério, por exemplo, ou jornalismo, serviço público e mesmo engenharia —, paga salários que cheguem perto dos salários da elite. Uma pessoa cujo interesse esteja em alguma dessas áreas, ou em qualquer coisa além daquelas que maximizam o retorno de seu capital humano, só pode realizar sua vocação ao preço de sacrificar a posição de casta para si e seus filhos.

Quando diante dessas escolhas espinhosas, é muito melhor prevenir frustrações desde o início evitando compromissos apaixonados. É por isso que — num padrão cuja naturalidade hoje em dia dissimula o fato de não ter precedente histórico — os empregos da elite são ocupados por pessoas que prefeririam estar fazendo outra coisa, mas cujo capital humano chegou a ser tão grande (e essencial para a renda e o status) que não pode ser dilapidado em favor de ambições pessoais: banqueiros que estudaram inglês ou história na faculdade, por exemplo, ou advogados de empresas que foram inspirados a estudar direito pela União Americana pelas Liberdades Civis ou pelo Centro dos Direitos Individuais. É por isso também que os trabalhadores supraordenados que executam esse ofício alienante laboram em seus empregos de dedicação exclusiva durante praticamente o tempo todo. A desigualdade meritocrática pode liberar os ricos para o consumo, mas escraviza-os na produção.[95]

Uma pessoa que vive dessa forma se coloca literalmente à disposição de outrem — e se consome. Uma vida que se desenrola nesses termos, como uma balança de precisão, avança encoberta por uma sombra. No pior dos casos, a elite meritocrática desperdiça a capacidade de determinar e buscar objetivos autênticos, de valor intrínseco, de modo que essa honra se reduz a ser útil sem alarde.[96] Mesmo no melhor dos casos, a meritocracia é um convite a uma profunda alienação. Os meritocratas ganham seus enormes rendimentos do trabalho à custa de explorar a si mesmos e deformar sua personalidade. Os estudantes de elite têm horror ao fracasso e anseiam pelos indicadores convencionais de sucesso, mesmo percebendo isso e publicamente desdenhando das simples "estrelas douradas" e "coisas brilhantes".[97] Os trabalhadores de elite, por sua vez, acham cada vez mais difícil buscar ou mesmo conhecer paixões autênticas e se sentirem úteis por meio do trabalho. A meritocracia prende gerações inteiras na armadilha dos medos humilhantes e das ambições inautênticas: sempre famintos, sem nunca encontrar nem reconhecer o alimento certo.[98]

A produção meritocrática, ao transformar os trabalhadores da elite em rentistas cujos ingressos dependem da exploração do próprio capital humano, faz do trabalho um lugar de supressão e não de expressão do verdadeiro eu do trabalhador supraordenado. Essa é de fato a mesma alienação que Karl Marx diagnosticou na exploração do trabalho proletário no século XIX. Com efeito, enquanto o progresso tecnológico torna os trabalhadores semiqualificados cada vez mais supérfluos para as exigências da economia e, ao mesmo tempo, situa o trabalho superqualificado no centro da vida produtiva, a meritocracia desvia para cima, na estrutura de classes, as principais aflições do capitalismo.[99] A classe média cada vez mais supérflua assume o papel que no passado foi ocupado pelo lumpemproletariado, enquanto o trabalho alienado castiga a elite.

Para piorar a situação descrita por Marx, a elite, ao agir como rentista de seu próprio capital humano, explora a si mesma, tornando-se não apenas vítima, mas agente da própria alienação. Mais uma vez, a elite não deveria esperar solidariedade — não tem esse direito — por parte daqueles que permanecem excluídos dos privilégios e benefícios de uma casta alta. Mesmo assim, os trabalhadores supraordenados sofrem mais do que apenas decepções de luxo, e a carga da alienação continua real e pesada para aqueles sobre quem ela recai. Enquanto o capital físico e financeiro desobriga seu detentor de satisfazer outras pessoas, o capital humano dirige e concentra todas as suas pressões, implacavelmente, para aquele que o detém.

O contraste entre o caminho brilhante e irreal do meritocrata em direção à riqueza extraordinária[100] e à antiga segurança conferida à elite por direito de nascença e títulos não poderia ser mais gritante. Enquanto a riqueza tradicional permitia que o aristocrata fosse mais verdadeiramente ele mesmo, a nova riqueza — expressa em capital humano — condena o meritocrata a perder por completo seu autêntico eu. A meritocracia impõe uma aflição espiritual aos trabalhadores supraordenados, condenando-os à ansiedade existencial e a uma profunda alienação. Nenhuma renda e nenhum status podem aliviar isso.[101]

AS MINAS DE SAL DE COLARINHO-BRANCO[102]

Até mesmo as realizações da elite revelam sofrimento e pressão — a autossupressão que a competição meritocrática exige das elites. Recentemente, uma candidata à Yale College, tentando mostrar seriedade intelectual e dedicação ao estudo, usou sua monografia de admissão para se vangloriar de que certa vez, no ensino médio, quando conversava com um professor de francês especialmente conceituado, ela urinou nas calças para não interromper uma conversa intelectual e ir ao banheiro.[103] A pressão para relatar conquistas permeia a cultura das faculdades de elite a tal ponto que os alunos dão nomes a essa prática. Em Stanford, por exemplo, a expressão "síndrome do pato"[104] designa o contraste entre o suave deslizar do pato na superfície e o frenético bater de pés debaixo d'água para impulsioná-lo. Um entrevistado por uma pesquisa recente da Escola de Administração de Harvard com executivos de elite afirmou, orgulhoso, que "os dez minutos que dedico a meus filhos à noite são um milhão de vezes melhores do que dez minutos passados no trabalho".[105] Dez minutos!

As deformações que a meritocracia impõe ao eu da elite mostram também um rosto vividamente trágico. Palo Alto, na Califórnia, por exemplo — onde quatro quintos de seus moradores adultos têm diploma superior,[106] mais da metade deles tem pós-graduação ou especialização e a renda familiar equivale a quase o triplo da média[107] —, é um modelo de escolarização meritocrática. A cidade gasta mais ou menos o dobro que St. Clair Shores[108] em educação por estudante. Em média, o aluno do ensino médio das escolas públicas Escola Secundária Palo Alto (ou "Paly") e Escola Secundária Henry M. Gunn fica entre os 10% de melhor pontuação no SAT,[109] e mais de 70% deles vão para faculdades de elite, com quarenta alunos por ano só em Stanford.[110] Mas os jovens de Palo Alto sucumbem tragicamente às tensões que precisam suportar para chegar ao "sucesso" meritocrático. Nas últimas décadas, Paly e Gunn tiveram diversos episódios de suicídios em série e, nos últimos dez anos, apresentam uma taxa de suicídio de quatro a cinco vezes superior à média nacional.[111] Os suicidas às vezes se atiram debaixo dos trens. Um aluno comparou o apito de trens da região, ouvido nas salas de aula a mais ou menos cada vinte minutos, ao "canhão que dispara no filme *Jogos vorazes* cada vez que um jovem morre".[112]

Os suicídios em série entre alunos do ensino médio em Palo Alto não são incomuns. Alunos de escolas secundárias ricas costumam registrar índices mais elevados de abuso de drogas e álcool[113] do que os de escolas mais pobres, e apresentam depressão clinicamente significativa e ansiedade em índices superiores à média nacional.[114] Essas tendências resultam em níveis altíssimos de angústia.

OS MALES DA MERITOCRACIA

Numa pesquisa recente realizada em outra escola secundária do Vale do Silício,[115] por exemplo, 54% dos alunos apresentavam sintomas de moderados a graves de depressão e 80% apresentavam sintomas de moderados a graves de ansiedade. Da mesma forma, hoje, os universitários[116] têm o dobro de possibilidades de receber diagnóstico de depressão do que na virada do milênio. As faculdades também enfrentam suicídios em série, e a força-tarefa para a saúde mental implantada pela Universidade da Pensilvânia em resposta a uma onda de suicídios estabeleceu uma relação direta entre as pressões meritocráticas impostas aos estudantes e "a desmoralização, a alienação e estados como ansiedade e depressão".[117] Um relatório mais abrangente[118] produzido por um consórcio de educadores de elite (incluindo participantes da Harvard's Graduate School of Education) deplora o "frenesi competitivo" que emoldura a admissão e adverte que a concorrência representa uma ameaça direta à saúde mental dos candidatos.

A idade adulta não traz alívio para a elite. A alta tensão que permeia o trabalho meritocrático retesa a elite em extremos de ansiedade que podem levar ao colapso. Trabalhadores supraordenados — em Palo Alto, Nova York e em todo o país — trabalham com uma intensidade frenética. O trabalho meritocrático intensifica as pressões dentro da armadilha da meritocracia a ponto de assumir uma expressão física, inscrita no corpo da elite. Um jovem executivo de banco de Nova York,[119] por exemplo, conta que pegou um avião para reunir-se com um cliente, apesar de uma crise de sinusite, teve um tímpano rompido durante o voo e acabou a reunião surdo de um ouvido e sangrando antes de correr até a emergência ao voltar para casa. Um advogado[120] conta que certa vez uma colaboradora desmaiou em plena sala de conferências, sua equipe chamou uma ambulância e, depois que os paramédicos a levaram, todos voltaram direto ao trabalho. (A colaboradora depois tornou-se sócia, e observadores consideram que o desmaio contribuiu para a promoção, por demonstrar inequivocamente seu compromisso com o trabalho.)[121] Há casos de executivos do sistema financeiro que trabalharam literalmente até a morte,[122] como na ocasião em que um analista do Goldman Sachs foi encontrado morto em decorrência de uma queda depois de repetidos problemas relacionados ao excesso de trabalho. Esses relatos — de caminhos diretos ao abatedouro — revelam uma disposição obsessiva para usar e mesmo abusar de si mesmo que é mais comum entre atletas: são versões de colarinho-branco de atletas como o jogador Ronnie Lott, da

NFL, que decidiu amputar um dedo quebrado porque a cirurgia e o gesso o impediriam de jogar uma partida importantíssima.[123]

Mesmo quando a cultura do trabalho meritocrático trata bem o corpo, pode agredir o espírito. Os escritórios da Amazon podem ser menos brutais — menos fisicamente trituradores — do que seus armazéns, mas mesmo assim são impiedosos e desumanos. Os "princípios de liderança" da empresa pedem a seus gerentes que mantenham "padrões incansavelmente altos" e "produzam resultados".[124] Para conseguir isso, a Amazon exige que seus gerentes se desafiem reciprocamente "mesmo quando for desconfortável e exaustivo" e — tomando de empréstimo uma técnica tradicionalmente associada a religiões e a Estados totalitários — sejam "abertamente autocríticos, mesmo quando for desconfortável ou constrangedor".[125] Como disse um de seus empregados, numa apresentação sobre a cultura de trabalho na Amazon, o esforço, a crítica e a competição contribuem para que "quase todas as pessoas com quem trabalhei já fossem vistas chorando à mesa".[126] Outro funcionário relatou recentemente uma análise de desempenho em que seu chefe passou meia hora recitando uma ladainha incessante de técnicas não dominadas e objetivos não alcançados para concluir com "Parabéns, vocês foram promovidos".[127]

Surpreendentemente, outros observadores ligados à empresa, em reação à apresentação, não reclamam de exagero por parte da Amazon nem acreditam que a empresa seja exceção. Observadores do trabalho de elite acharam, em peso, o discurso da Amazon esperado, comum e até mesmo banal.[128] Outros empregos de elite — em empresas de tecnologia, bancos, advocacia e consultoria, e até mesmo em grandes empresas e outras "minas de sal de colarinho-branco" — não são materialmente diferentes.[129] A exaustão permeia o ambiente de trabalho da elite.[130]

Para tornar-se parte da elite meritocrática, uma pessoa precisa ser capaz de absorver de bom grado, ou pelo menos com estoicismo, as pressões da autoexploração. Os maiores êxitos cabem exatamente aos que são capazes de manter o ritmo intenso sem interrupção e sem perder o controle. Trabalhadores supraordenados sabem disso e entendem a resistência como medida de status, mais ou menos da mesma forma como a classe ociosa no passado entendia a polidez e o refinamento. A Amazon diz a seus gerentes que quando eles "se chocam contra a parede" por causa do esforço e da pressão extremos do trabalho, a única solução é "escalar a parede".[131] Um alto executivo de um banco de investimentos observou recentemente que "é difícil ser vice-presidente de nível médio sem passar noventa horas por semana na empresa".[132] Nas palavras de um executivo que trabalha numa das quinhentas empresas listadas pela revista *Forbes*, candidatos à administração, depois de comprovar competência e dedicação, enfrentam uma "prova eliminatória derradeira": "Algumas pessoas se desgastam,[133] tornam-se estranhas porque trabalham o tempo todo [...]. As pessoas que estão lá em cima são muito inteligentes, trabalham como loucas e não se desgastam. Continuam capazes de manter suas faculdades mentais em dia e conciliar o trabalho com a vida familiar. *Essas* ganham a corrida."

Com todas as vantagens materiais de que desfruta, a elite meritocrática não consegue garantir seu florescimento ou seu bem-estar. Nem uma resiliência excepcional consegue apagar o gosto amargo que a vitória impõe aos vencedores do torneio meritocrático. Um sentimento de infelicidade e mesmo de desconsolo domina cada vez mais o trabalho supraordenado e a vida da elite.[134] Atualmente, cerca de dois terços dos trabalhadores de elite[135] confessam que abririam mão de uma promoção se o novo trabalho lhes exigisse mais energia. E apelos chorosos em favor de um maior equilíbrio entre o trabalho e a vida soam cada vez mais alto nos ambientes de trabalho de elite.

A insatisfação da elite está levando a meritocracia norte-americana a uma situação que poderíamos chamar de "momento Vietnã".[136] Quando o governo dos Estados Unidos adotou o sistema de sorteio que na prática acabou com a isenção concedida a universitários e estendeu a obrigação de ir lutar no Vietnã às famílias ricas, a elite finalmente se manifestou contra a guerra. À medida que a armadilha da meritocracia se fecha em torno das elites, até mesmo os ricos se voltam contra a desigualdade meritocrática. Como disse recentemente um decano da Escola de Direito de Stanford numa carta aos alunos, os advogados de elite são capturados por uma engrenagem acelerada: salários mais altos exigem mais horas de trabalho para sustentá-los, horário de trabalho prolongado exige salários mais altos para justificá-lo, e assim cada aumento gera outro num círculo que parece interminável. "Aos interesses de quem isso atende?", lamentou o decano. Será que alguém quer mesmo isso?[137]

Mas um apelo não é um projeto: quando as promoções são concedidas, os trabalhadores supraordenados aceitam e fazem seja qual for o esforço maior que os novos cargos exijam, e o equilíbrio entre trabalho e vida privada continua sendo uma expressão de desejo mais do que um projeto real. As tentativas de evitar a insatisfação meritocrática são derrotadas pela lógica econômica da meritocracia: um proprietário de capital humano só pode ter renda explorando a si mesmo e aceitando a recompensa dos empregos brilhantes e a punição dos empregos opacos. A renda e a riqueza que a meritocracia atribui a trabalhadores supraordenados não trazem liberdade nem realização. Pelo contrário, essas vantagens nominais, na verdade, mantêm a elite cada vez mais presa na cilada da meritocracia.

CAPÍTULO 3

A GUERRA DE CLASSES IMINENTE

Em geral, as elites aristocráticas se segregavam do resto da sociedade governada por elas. Tradicionalmente, os aristocratas possuíam coisas, praticavam rituais e até mesmo usavam roupas e consumiam alimentos que os destacavam das massas. Em alguns casos, essas diferenças eram estabelecidas por lei[1] (conhecida como lei suntuária), que proibia os não aristocratas de ter ou consumir bens reservados à aristocracia.

A ordem implantada depois da Segunda Guerra Mundial apagou essas diferenças, pelo menos no que se refere à economia. Raça, gênero e sexualidade continuaram dividindo a sociedade e impondo hierarquia e subordinação nos Estados Unidos em meados do século XX, como sempre ocorrera. Mas com a renda e a riqueza não foi assim.[2]

Do ponto de vista material, Palo Alto não era tão diferente de St. Clair Shores em 1960. Cada cidade tinha seu sabor local: Jerry Garcia radicou-se em Palo Alto[3] enquanto Bob Seger tocava em Crow's Nest East, em St. Clair Shores.[4] A renda média e o preço da moradia eram semelhantes nas duas cidades.[5] O principal é que ambas cresciam em ritmo constante: o Stanford Shopping Center foi inaugurado em Palo Alto em 1955, para atender a uma demanda crescente de lugares para se fazer compras,[6] poucos anos antes da construção do Shore Club Highrise Apartments, para atender à demanda de moradias em St. Clair Shores.[7]

Palo Alto e St. Clair Shores ilustravam a época. Os salários nas duas regiões eram equivalentes entre 1950 e 1970,[8] e pessoas com formação universitária estavam "visivelmente bem distribuídas" por todo o país: entre localidades rurais e urbanas, entre regiões geográficas e mesmo entre as cidades.[9] A elite e a classe média se casavam e tinham filhos da mesma forma, consumiam alimentos iguais, assistiam a filmes e programas de TV idênticos e até tinham coisas semelhantes, compradas das mesmas marcas que as produziam e nas mesmas lojas que as vendiam: os norte-americanos compravam 90% de seus carros da Ford,[10] Chrysler ou General Motors (cujos modelos mais caros custavam talvez o dobro do preço de um carro médio), metade de suas utilidades domésticas na Sears[11] e um terço de seus relógios na Timex.[12] O capitalismo do pós-guerra criou uma sociedade democrática não apenas no aspecto político, mas também nas esferas econômica e social. Bem provavelmente, pela primeira vez na história escrita, os ricos e os outros levavam a mesma vida e até tinham as mesmas coisas.

Os norte-americanos de meados do século XX adotaram conscientemente essa convergência democrática e louvavam sua sociedade sem classes, até mesmo na cultura popular. Os fundamentos econômicos geravam práticas culturais de amplo e profundo alcance na vida das pessoas, influenciando não apenas como elas viviam, mas também o que pensavam sobre como viviam, instituindo um campo imaginário. F. Scott Fitzgerald disse, num de seus contos, que "os muito ricos [...] são diferentes de você e eu", e Ernest Hemingway, por sua vez, respondeu por meio de um personagem: "Sim, eles têm mais dinheiro."[13] No que diz respeito à desigualdade econômica de meados do século, Hemingway estava certo e Fitzgerald, errado. Os ricos e a classe média convergiam sem rupturas. Quando a diferença de renda implantou uma ruptura na sociedade norte-americana, foi para separar a classe média dos pobres. Fora da pobreza, a desigualdade econômica do meio do século se apresentava como um borrão social. As diferenças econômicas não desapareceram de todo, com certeza. Mas tornaram-se tão pequenas que era habitual chamar as décadas do pós-guerra de período da Grande Compressão.

Hoje em dia, a meritocracia reinstaura as diferenças aristocráticas, enquanto a desigualdade meritocrática transforma o borrão social — que no passado misturava os ricos à classe média com pequenas diferenças de graduação —

numa linha perfeitamente demarcada que separa os ricos dos demais por uma diferença de qualidade.

A proporção entre a renda do 1% mais rico e a renda média agora é o dobro do que foi em meados do século XX, enquanto a renda do quintil médio e a do inferior convergiam.[14] Além disso, as consequências da desigualdade meritocrática sobre a vida tanto dos ricos quanto dos demais não se restringem a somas em dinheiro. Os ricos e os outros se casam de modos diferentes:[15] hoje em dia, 25% dos casamentos norte-americanos unem duas pessoas com ensino superior (comparados a 3% em 1960). Os ricos e os demais têm filhos em condições diversas e em circunstâncias domésticas profundamente divergentes:[16] mulheres com ensino médio ou menos têm mais da metade de seus filhos fora do casamento, vinte vezes mais que mulheres com ensino superior ou pós-graduação. Os ricos e os demais têm passatempos distintos: os ricos passam muito menos tempo em lazer passivo do que o restante, e se exercitam muito mais tempo (de duas a cinco vezes) do que na época em que "próspero" era eufemismo para "gordo". Na atualidade, a boa forma é símbolo de status.[17] Os ricos e os demais cultuam deuses diferentes,[18] ou pelo menos praticam religiões diferentes: protestantes de denominações mais afeitas a rituais e símbolos, judeus e hinduístas são excepcionalmente ricos e instruídos; protestantes de denominações evangélicas são mais pobres e menos instruídos. Só os católicos espelham toda a sociedade. Os ricos e os outros vivem também em mundos virtuais diferentes. Uma exaustiva análise de dados recentes do Google, obtidos em buscas feitas nos condados mais ricos e menos ricos do país[19] (classificados segundo um índice que inclui renda e educação), revelou que as buscas mais relacionadas aos prósperos tinham a ver com câmeras digitais, carrinhos de bebê, Skype e turismo externo, enquanto as buscas dos pobres se relacionavam a problemas de saúde, perda de peso, armas, videogames, Anticristo, inferno e Arrebatamento.

Até a geografia separa os ricos dos demais. Palo Alto deixou St. Clair Shores para trás. Hoje, a renda média em Palo Alto é de quase o triplo da renda média em St. Clair Shores, e os preços médios das casas são mais de vinte vezes elevados em Palo Alto.[20] Os moradores de Palo Alto têm três vezes mais probabilidades de cursar uma faculdade e cinco vezes mais de ter uma pós-graduação ou especialização do que os moradores de St. Clair Shores.[21] As vizinhanças próximas ampliam o isolamento da elite: Palo Alto fica no Vale do Silício, enquanto St. Clair Shores está na área metropolitana de Detroit.

Divisões semelhantes estão se abrindo por todo o país. Os salários regionais geralmente divergiram nas quatro últimas décadas, e um grande abismo educacional abriu-se entre a cidade e o campo: em 2000, a porcentagem de adultos jovens com curso superior nas áreas rurais era a metade da porcentagem da cidade média.[22] Os portadores de diploma de curso superior se concentram em alguns poucos lugares, e assim cerca da metade dos casais em que ambos têm educação superior mora em grandes áreas metropolitanas.[23] A concentração é maior no extremo superior da escala socioeconômica: três quartos dos entrevistados por uma recente pesquisa com ex-alunos de Harvard, Princeton e Yale moram em áreas situadas entre as vinte mais bem classificadas quanto a renda e educação. A metade deles mora nos 5% mais bem classificados dessas áreas e um quarto, no 1% superior.[24] A elite, ademais, foi a principal responsável pela mobilização que gerou essa distribuição, já que os jovens com educação superior são duas vezes mais propensos a se mudar de estado do que jovens que só têm o ensino médio.[25]

Isso faz todo o sentido: mudar-se para longe de casa é emocionante e representa uma afirmação para o trabalhador supraordenado cuja identidade reside em seu emprego, mas é assustador e solitário para um trabalhador de classe média, condenado a empregos sem futuro, para o qual a autoestima repousa sobre laços comunitários. Assim, a experiência de mudança — para trabalhar e para certas cidades — tornou-se em si mesma uma marca da elite, um eixo da segregação econômica.[26]

A DIVISÃO MERITOCRÁTICA

A meritocracia divide a sociedade contra ela mesma. Remodela, à própria imagem, a infância e a maturidade, a casa e o escritório. Os ricos e os demais agora trabalham, se casam, têm filhos, socializam, leem, comem e rezam separados. Essas diferenças se acumulam, e a divisão meritocrática torna-se grande demais para que a imaginação a supere, de modo que os ricos e os outros não se sentem solidários entre si.

Todos esses desdobramentos seguem a lógica interna da desigualdade meritocrática. Os ricos encontram noivos e noivas em escolas e principalmente em faculdades frequentadas em peso por jovens de elite. Estruturam sua vida adulta para se desempenhar como pais e educadores capazes de passar sua casta aos filhos. A meritocracia influencia até mesmo a decisão da elite sobre onde morar. O capital físico geralmente é fixo e necessariamente disperso, e assim a elite rentista se espalha naturalmente por todo o país. O capital humano, pelo contrário, é móvel e, o que é da maior importância, mais produtivo quando os trabalhadores supraordenados desenvolvem juntos suas capacidades, em estreita proximidade. A meritocracia, portanto, induz as famílias de educação mais esmerada a fugirem de alguns lugares e a convergirem para outros. De todas essas formas, além de muitas outras, a desigualdade meritocrática separa em múltiplos aspectos os ricos do restante, de modo que cada um desses grupos leva uma vida que o outro dificilmente reconhece.

Embora Hemingway possa ter vencido a disputa com Fitzgerald em meados do século XX, a desigualdade meritocrática cada vez mais justifica a opinião de Fitzgerald. Enquanto o modelo econômico daquela época conquistou uma unidade de interesses e ideais surpreendentemente profunda numa vasta classe média, a desigualdade econômica agora ameaça dividir os Estados Unidos contra si mesmos, e numa profundidade tão grande quanto a que se verificou outrora na divisão de raça e gênero.

O racismo e o sexismo têm raízes profundas na história norte-americana e duram até hoje. Ambos introduzem rachaduras na sociedade que a questão de classe não elimina, e persistentes desigualdades raciais de renda e sobretudo de riqueza mostram que o racismo norte-americano funciona independentemente da classe social e que a inferioridade racial persiste mesmo quando proibida por lei.[27] Mas a classe — considerada junto com raça e gênero, e não em lugar dessas categorias — agora proporciona um princípio organizador para uma estratificação social e econômica tão poderosa quanto. Com efeito, a atual estratificação de classe gera desigualdades que se parecem com as desigualdades que a segregação racial dentro da lei gerava em meados do século XX. O que já se disse sobre a superioridade do atual abismo educacional entre ricos e pobres comparado ao que separava brancos e negros na época de Jim Crow não passa de uma instância de uma tendência mais geral. As diferenças econômicas quanto à casa própria e nas taxas de desemprego, por exemplo, já aumentaram a ponto de se equipararem às diferenças raciais da metade do século XX.[28] Agora, a desigualdade econômica determina a vida mesmo dentro de grupos raciais: entre homens negros nascidos no fim da década de 1960, por exemplo, os que abandonavam o ensino médio tinham 59% de probabilidade de ir parar na cadeia em algum momento da vida, enquanto os de formação superior tinham apenas 5% .[29]

Essas comparações não reduzem a importância da inferiorização racial, mas esclarecem a questão de classe, que dessa forma é vista organizando a vida social e econômica norte-americana na meritocracia. Citando o político e pensador vitoriano Benjamin Disraeli (que descreveu um sistema de castas diferente), seria possível dizer que, nos Estados Unidos de hoje, os ricos e os outros constituem "duas nações, entre as quais não há comunicação nem solidariedade;[30] que ignoram os hábitos, pensamentos e sentimentos uma da outra, como se vivessem em zonas diversas ou habitassem planetas diferentes; que são formadas por uma criação diferente, alimentadas por comidas diferentes, organizadas de formas diferentes e não são governadas pelas mesmas leis".

A desigualdade generalizada impõe uma ameaça à sociedade norte-americana que vai bem além do sofrimento que a cilada meritocrática inflige a pessoas em particular, de cada um dos lados da divisão meritocrática. A solidariedade social de meados do século passado — a unidade de interesses e imaginação que levaram Hemingway a crer que os ricos só eram diferentes por causa da riqueza — foi quebrada pela desigualdade meritocrática. A desigualdade em ascensão torna a classe média vulnerável e insegura.[31] A competição em que o ganhador leva tudo e dá à elite incentivos cada vez maiores para defender sua posição.[32] E a educação de elite reformula a própria meritocracia para frear a mobilidade social e subtrair oportunidades da classe média. Além disso, a desigualdade meritocrática corrói também a unidade de ideais própria de meados do século passado.[33] (Essa é a maior ameaça da meritocracia à solidariedade social, e a mais profundamente enraizada em sua estrutura peculiar.) A meritocracia relaciona renda a educação, e, por meio da educação, a trabalho, família, cultura e até mesmo a lugar, dando novas dimensões de qualidade e quantidade às diferenças econômicas. Essa ampla divisão impede que os ricos e os outros sequer imaginem um ideal de bem comum que possam compartilhar acima dos limites de casta.

Andrew Carnegie, quando escreveu *O evangelho da riqueza*, no auge da Era Dourada, dizia que "o problema de nossa era é a adequada administração da riqueza,[34] para que os laços da fraternidade ainda possam unir ricos e pobres numa relação harmônica". Hoje em dia, a divisão meritocrática ameaça cindir a sociedade devido a sua profundidade e amplitude. Como disse o cientista político Robert Dahl, no fim da Grande Compressão, com uma preocupação que se revelaria presciente, "se todas as clivagens [numa sociedade][35] ocorrem segundo as mesmas linhas [...] a gravidade dos conflitos tende a aumentar. O homem que está do outro lado não é apenas um oponente; em breve, torna-se um inimigo".

Essa é a maneira como a meritocracia corrói a solidariedade social. Quando a desigualdade meritocrática dá origem a classes sociais totalmente isoladas, convida à luta de classes.

UMA NOVA CLASSE DOMINANTE

A política proporciona um campo de batalha natural à luta de classes.

Para começar, a desigualdade meritocrática devolve à elite um velho motivo para dominar a competição política. As grandes fortunas incentivam essa interferência. O interesse recomenda que os ricos entrem para a política como meio de defender sua riqueza. O altruísmo também conduz os ricos à política: depois de comprar tudo o que deseja para si própria, a pessoa naturalmente volta sua atenção para os outros. Além disso, a meritocracia abre também um novo recurso para garantir o domínio, criando uma nova reserva de poder da elite. As competências, práticas e instituições que levam os trabalhadores supraordenados a dominar a vida econômica permitem que a elite domine também a política, controlando as decisões e resistindo ao Estado quando não podem tomar diretamente as decisões. Se a democracia institui o que Dahl chamou de "responsabilidade permanente do governo em relação às preferências de seus cidadãos, considerados politicamente iguais",[36] a meritocracia corrompe a política democrática e forma, a partir dos trabalhadores supraordenados, uma nova classe dominante.

Os ricos controlam as finanças das campanhas eleitorais numa proporção assombrosa. O 1% mais rico dos norte-americanos contribui mais para as campanhas do que todos os 75% da parte de baixo da pirâmide.[37] As grandes contribuições são ainda mais concentradas, assim como as contribuições iniciais, que selecionam os prováveis candidatos, limitando as opções definitivas oferecidas aos eleitores. Apenas 158 famílias foram responsáveis por quase metade das contribuições de campanha na fase inicial das eleições presidenciais de 2016, e, em outubro de 2015, essas famílias tinham contribuído, juntas, com 176 milhões de dólares.[38] A rede de doadores super-ricos dos irmãos Koch gastou cerca de 1 bilhão de dólares para promover políticas de livre mercado.[39]

Ao mesmo tempo, uma vez de posse do cargo, lobistas contratados pelas elites dominam as leis propostas pelos candidatos eleitos. Hoje em dia, o número de lobistas registrados em Washington é de mais ou menos o dobro do que no início da década de 1980, e os que trabalham para empresas, por conseguinte para a riqueza, e não para agremiações ou pelo interesse público, constituem 98% desse aumento.[40] Mesmo quando definido em termos estritos, o *lobby* se agiganta comparado às finanças de campanha. Num ano normal, os pagamentos a lobistas registrados no governo federal passam de 3 bilhões de dólares,[41] e as grandes empresas gastam talvez dez vezes mais com lobistas[42] do que com contribuições de campanha, cerca de 90% mais do que gastavam no fim da década de 1990.[43] Além do mais, a influência da elite sobre a política vai muito além do *lobby* formalmente registrado. As empresas, por exemplo, concentram suas doações filantrópicas em causas ligadas a legisladores integrantes das comissões que controlam as doações — de modo que a filantropia imita o *lobby* (alavancada por dinheiro público sob a forma de abatimento nos impostos).[44] Num caso limite, o *lobby* junto a autoridades converge para o financiamento privado e o controle de funções públicas: a Fundação Walton[45] (ligada à fortuna do Walmart) gastou mais de 1,3 bilhão de dólares na educação infantil, fundamental e secundária e se comprometeu a gastar mais 1 bilhão, com foco nas escolas charter, escolas públicas autônomas não dependentes de um distrito escolar (com a consequente neutralização dos sindicatos de professores).

Esse dinheiro todo não se gasta em vão. Os doadores, diretamente e por meio de seus lobistas, controlam o tempo e a atenção de candidatos e ocupantes de cargos públicos. As eleições começam,[46] naquela que é chamada de "primária do dinheiro", com reuniões em que os pré-candidatos cortejam grupos de doadores super-ricos, quase sempre em cidades turísticas (como Rancho Mirage, na Califórnia; Sea Island, na Geórgia; ou Las Vegas). A vitória eleitoral não acaba com a necessidade de levantar dinheiro. O "cronograma diário normal" de um congressista exige mais de quatro horas bajulando doadores.[47] Isso representa o triplo[48] do tempo gasto em discussões políticas com eleitores não doadores, numa disparidade tão grande que às vezes se diz que os políticos mais parecem operadores de telemarketing do que servidores públicos.[49] Quando Mick Mulvaney — diretor do Escritório de Gestão e Orçamento do governo Trump e (na época em que eu escrevia este livro) chefe de gabinete da Casa Branca — declarou recentemente, sobre sua conduta quando estava no Congresso, à Associação Americana de Banqueiros que "se você for um lobista que nunca nos deu dinheiro,[50] não falo com você. Se for um lobista que nos deu dinheiro, devo falar com você", ele apenas verbalizou o que todo mundo da política norte-americana sabe. Os políticos passam a maior parte do tempo com doadores e lobistas cujas opiniões eles promovem.[51]

Não surpreende que a lei e a política sigam o caminho traçado por três elementos: dinheiro, tempo e atenção. Às vezes, o dinheiro compra decisões quase que sem dissimulação. Os investimentos da Fundação Walton transformaram a educação pública em Washington, D.C., já que "na verdade [...] subsidiou todo o sistema de escolas charter da capital do país,[52] promovendo o crescimento da escolarização de modo que quase a metade dos alunos de escolas públicas da cidade agora estuda em escolas charter". Em outros casos, a influência é menos óbvia — mais dissimulada —, mas não menos real. O sistema financeiro, pretendendo flexibilizar as normas que, em consequência da crise financeira, limitavam a negociação de certos derivativos impostas pela Lei Dodd-Frank de Reforma de Wall Street e de Proteção a Consumidores, passou por cima das comissões de finanças da Câmara de Representantes e do Senado, de atuação relativamente pública, e dirigiu seu *lobby* às comissões de agricultura, menos visíveis (cuja jurisdição sobre os derivativos vem de medidas tomadas por agricultores no século XIX para estabilizar o preço das *commodities*).[53] Às vezes, o *lobby* dá resultados talhados tão exatamente sob medida para interesses específicos que a política vira praticamente uma farsa. O *lobby* dos cassinos, ávido para atrair turistas (principalmente para Nevada), conseguiu isentar ganhadores no *blackjack*, no bacará, nos dados, na roleta e na roda da fortuna das restrições do regime de impostos usado para impedir turistas estrangeiros de cometer fraudes fiscais.[54]

Esses exemplos não são exceção. São normais, até mesmo lugares-comuns. Estudos sistemáticos mostram que a lei e as medidas de governo são sensíveis às preferências da elite e permanecem quase totalmente indiferentes às preferências de todos os demais. Com efeito, os ricos dominam até mesmo os estamentos superiores da classe média: quando as preferências entre o nonagésimo e o septuagésimo percentis em renda divergem, as medidas continuam a atender ao nonagésimo percentil e a se importarem minimamente com o septuagésimo.[55] Mesmo quando a classe média e os pobres se unem contra os ricos, a política se ajusta às preferências dos ricos e ignora as preferências comuns da classe média e dos pobres.[56] A desigualdade econômica gera desigualdade política, e a meritocracia sabota a democracia.

A INDÚSTRIA DE DEFESA DA RENDA E O ESTADO DE DIREITO[57]

A meritocracia sabota a política democrática não só no atacado, quando se fazem as leis, mas também no varejo, quando elas são aplicadas particularmente a uma pessoa. A meritocracia criou uma nova classe de banqueiros, contadores, advogados e outros profissionais superqualificados que procuram receber tratamento diferenciado por parte do governo — referentes a exigências regulatórias ou a elisão fiscal. Esses serviços profissionais se agigantam quando comparados a contribuições de campanha, gastos com *lobby* e filantropia, mesmo juntos. Só para intermediar transações imobiliárias e administrar imóveis existem em atividade[58] mais de 15 mil advogados. A renda total dos cem maiores escritórios de advocacia dos Estados Unidos[59] chegou a 90 bilhões de dólares em 2017, enquanto a renda dos quatro maiores escritórios de contabilidade chegou a 134 bilhões[60] e a renda dos dez maiores bancos de investimentos ultrapassou os 250 bilhões.[61] O exercício de todas essas profissões dá aos ricos o direito de contornar as normas e, portanto, tiram dos demais o direito de submeter os ricos às leis. Elas são, além do mais, criações da meritocracia — da formação que a educação meritocrática oferece e das rendas astronômicas geradas pelo trabalho meritocrático. Dessa forma, a meritocracia produz diretamente um novo meio de corromper o governo democrático.

A ideologia dissimula essa alavanca de poder da elite. O senso comum acha que todos os donos de imóveis usufruem dos mesmos direitos e da mesma proteção — que possuem coisas da mesma forma —, seja qual for ou quanto valha sua propriedade. Desse ponto de vista,[62] a relação do Estado com a propriedade privada seria cega, de modo que as grandes fortunas e os pequenos patrimônios teriam a mesma proteção legal: um fundo de *hedge* bilionário seria dono da própria carteira exatamente da mesma forma que um professor do ensino médio é dono da própria casa. Mas, na verdade, o tamanho tem influência quantitativa e qualitativa sobre os direitos de propriedade. Uma pessoa da classe média é obrigada a cumprir todos os regulamentos determinados pelo Estado e a pagar todos os impostos exigidos. Quando o imposto da propriedade do professor aumenta, ele paga. Mas uma pessoa rica pode usar sua fortuna inflada para pagar profissionais qualificados e assim escamotear regulamentos e impostos, confrontando o Estado de igual para igual e até mesmo em vantagem.[63] Um bilionário que se depara com um novo imposto pode reestruturar seu patrimônio, usando recursos contábeis perfeitamente legais para deixar de pagar a maior parte da dívida, ou até mesmo toda ela. A classe média é o alvo das leis, o que deixa suas posses diretamente vulneráveis a regulamentos e impostos. Os ricos, pelo contrário, têm a opção de aceitar ou rejeitar a lei, o que protege suas propriedades da intervenção do governo.

A meritocracia reforça o poder da elite de desafiar o Estado. A desigualdade meritocrática cria incentivos para que os trabalhadores mais qualificados fiquem ricos ao dedicar-se a defender a fortuna de gente ainda mais rica contra a intrusão do governo. Ao inventar o setor de empregos privados supraordenados, a meritocracia dota uma categoria de trabalhadores — contadores, executivos de bancos e advogados — dos meios e dos motivos para bloquear as tentativas do Estado de se apropriar da riqueza da elite ou mesmo de impor-lhe regulamentos.

Esses empregos são novos — criação direta da meritocracia. Historicamente, o setor privado nunca valorizou competências administrativas e profissionais, e o Estado (que exigia essas competências) não tinha concorrente privado para a força de trabalho de elite. No início do século XX, servidores civis de alto escalão ganhavam de dez a vinte vezes a média salarial.[64] Até o meio do século, a renda dos funcionários de elite continuava equiparada à de seus congêneres do setor privado. Em 1969, um congressista ganhava mais do que poderia ganhar como lobista;[65] um juiz federal ganhava talvez a metade do que ganharia no comando de um escritório de advocacia;[66] e o secretário do

Tesouro recebia um salário menor mas comparável ao que ganharia trabalhando no setor financeiro.[67] Os trabalhadores mais preparados e mais capacitados, portanto, gravitavam em torno do governo ou de outros empregos públicos (como quando filhos não primogênitos da aristocracia, privados das terras herdadas somente pelo mais velho, entravam para as Forças Armadas ou para o clero),[68] simplesmente porque não tinham alternativa melhor nem tampouco confiável na iniciativa privada. Isso mantinha os reguladores à frente dos que deviam ser regulados e ajudava o Estado a controlar até os mais ricos.

A desigualdade meritocrática, pelo contrário, aumenta nitidamente os salários do setor privado, mesmo quando os melindres democráticos mantêm os salários públicos estagnados ou em queda. Juntos, esses desdobramentos reverteram por completo a antiga ordem, e assim os trabalhadores supraordenados ganham, hoje, muitas vezes mais no setor privado do que nos serviços públicos.[69] Tornando-se lobista, um congressista pode multiplicar seus rendimentos por dez, indo de 175 mil a possivelmente 2 milhões de dólares.[70] O presidente da Suprema Corte ganha em torno de 270 mil dólares anuais, enquanto os mais lucrativos escritórios de advocacia pagam, em média, mais de 5 milhões a seus sócios por ano, ou cerca de vinte vezes aquele salário (o bônus de assinatura de contrato pago a ex-assessores da Suprema Corte, depois de apenas dois ou três anos de formados em direito, está em 400 mil dólares).[71] Já o secretário do Tesouro ganha pouco mais de 200 mil dólares anuais, enquanto os CEOs do JPMorgan Chase, Goldman Sachs e Morgan Stanley têm renda média de 25 milhões por ano, valor superior em mais de cem vezes.[72]

Em números absolutos e mesmo relativos aos do setor público, os salários da elite no setor privado são astronômicos. Sobretudo, e essencialmente, a ruptura qualitativa entre o custo de vida de ricos e o do restante se encontra acima dos salários dos servidores públicos de elite, mas abaixo dos salários dos trabalhadores de elite do setor privado — lobistas, advogados, contadores, executivos de bancos — que exercem influência privada sobre as políticas públicas. (Isso é quase inevitável, já que o preço da moradia nos bairros de elite é determinado pelos salários dos trabalhadores de elite do setor privado que compram essas casas.) De certa forma, os trabalhadores públicos de elite ganham muito dinheiro — diversas vezes a renda média. Mas não se precisa de muita imaginação para entender que a vasta elite de servidores públicos ambiciona naturalmente

A GUERRA DE CLASSES IMINENTE

a sociedade de seus pares do setor privado: deseja morar nos mesmos bairros, mandar os filhos às mesmas escolas e, de modo geral, conviver em termos de igualdade com as pessoas que conheceram na faculdade ou na pós-graduação e com quem alternam na vida diária profissional. Funcionários públicos de elite não precisam ser mercenários ou corruptos para se apropriar de rendimentos mais elevados ou entrar para a sociedade dos ricos quando se apresentam oportunidades no setor privado.

E as oportunidades surgem invariavelmente. Servidores públicos de elite têm a exata formação e competência que o setor privado meritocrático valoriza. (A aversão da meritocracia ao preconceito estende esses incentivos a todos os trabalhadores de elite — a atual sócia-presidente do hiperelitista e conservador escritório de advocacia Cravath, por exemplo, é filha de imigrantes paquistaneses[73] —, de modo que já não existe um subconjunto de superqualificados forçado pelo chauvinismo a opor resistência aos ricos em vez de servi-los.) Os órgãos do governo tornaram-se, à sombra desses incentivos, "agências de emprego mal disfarçadas",[74] ligando servidores públicos a futuros empregadores privados. Mesmo ocupantes de cargos para os quais foram eleitos começaram a participar desse esquema. Em 1970, apenas 3% dos membros aposentados do Congresso se tornavam lobistas; hoje, 42% dos representantes e 50% dos senadores tornam-se lobistas ao deixar o serviço público.[75] (Essa transição é tão comum que se tornou esperada: quando Eric Cantor deixou o cargo de líder da maioria na Câmara de Representantes, por exemplo, o conselho editorial do *The New York Times* previu que ele aceitaria um cargo no setor financeiro. Com efeito, Cantor entrou para uma butique de investimentos, escolha que o *Wall Street Journal* achou normal, já que ele "era visto havia muito tempo como o elo entre o Partido Republicano e Wall Street".)[76]

Acima de tudo, o talento agora se encaminha para o setor privado em números tão grandes — em proporções demográficas — que chegam a transformar cidades inteiras. O mercado de trabalho de elite em Washington hoje é dominado não pelas contratações do governo, mas por uma iniciativa onipresente e inevitável do setor privado, que visa a atrair servidores públicos: descansos de mesa com anúncios de "Precisa-se" nos cafés de Washington — para empregos privados que pagam salários iniciais de 250 mil dólares anuais, ou mais, para funcionários de escalão intermediário — são vendidas com anos de antecedência.[77] Com efeito, Washington está hoje entre as cidades líderes em negócios de empresas de capital de risco.[78] E o talento que flui agora para empresas e profissões liberais que procuram exercer influência sobre medidas do governo é tanto que a área metropolitana de Washington recentemente acrescentou mais de 20 mil domicílios ao 1% mais rico da população — muitíssimo mais que qualquer outra cidade — e ganhou mais pessoas com ensino universitário do que qualquer outra área metropolitana.[79] Numa cidade onde outrora "empresários terceirizados da área da defesa sabiam que não deviam usar relógios mais preciosos que os dos almirantes", proliferam agora concessionárias de carrões e restaurantes cujos preços chegam a 200 dólares por pessoa, sem vinho.[80]

A meritocracia encaminha a maioria esmagadora desses talentos para servir o lado privado da interface entre a regulação do governo e os ricos — para proteger os interesses da elite econômica contra o Estado. Toda uma indústria agora se dedica a defender a renda e a riqueza da elite — combatendo, como disse recentemente um folheto do Citigroup dirigido a seus clientes de maior patrimônio líquido, "os meios de expropriação da riqueza"[81] praticados por "sociedades organizadas" para confrontar a "plutocracia". Essa indústria defensora da renda sobrepuja o Estado, às vezes literalmente. Um antigo assessor de assuntos econômicos de Donald Trump, Gary Cohn, diz que "só os babacas pagam imposto sobre herança".[82] O linguajar de Cohn pode ser grosseiro, mas resume um fato: o esforço sistemático da elite — que inclui uma estratégia de imprensa, contribuições de campanha, *lobby* e planejamento tributário — praticamente acabou com o imposto sobre herança. Uma mistura de altas isenções e generosas oportunidades de planejamento tributário permitiu que, em 2016, antes ainda que a reforma tributária de 2017 reduzisse ainda mais os impostos, menos de 5,3 mil famílias em todo o país pagassem imposto sobre herança.[83]

O caso do imposto sobre herança é extremo, mas não excepcional. O amplo complexo de advogados, contadores e banqueiros que orientam os ricos sobre paraísos fiscais é grande o suficiente para permitir às pessoas que, como se diz no setor, têm alto patrimônio líquido (são donas de mais de 30 milhões de dólares em ativos investíveis) movimentarem no total cerca de 18 trilhões de dólares em paraísos fiscais.[84] Além disso, ao longo das mesmas décadas em que a fatia da renda nacional que coube ao 1% mais rico quase dobrou, as alíquotas de imposto que essa população pagava caiu possivelmente um terço.[85] Quando Warren Buffett apregoa que paga impostos por uma alíquota menor que a de sua secretária,[86] refere-se não a um caso extraordinário, mas apenas limítrofe, de uma situação generalizada. Os ricos alavancaram seu poder econômico em ascensão para reformular o sistema fiscal norte-americano de modo que, em conjunto, um sistema outrora progressivo tornou-se de fato nivelado.[87] Mesmo quando são apanhados em flagrante, os ricos raramente são punidos. O Departamento de Justiça de Obama, por exemplo, não indiciou nenhum dos financistas que causaram a crise financeira de 2008, em parte porque os promotores encarregados do caso passaram para o setor privado.[88]

A ELITE EMPODERADA

Ao criar trabalhadores supraordenados, a meritocracia dá à elite uma ferramenta feita sob medida para torná-la ingovernável de fato. Essa situação evoca, singularmente, a Idade Média. A Coroa e cada um dos nobres locais deviam sua posição ao poder de combate de um pequeno número de cavaleiros fortemente armados. As normas sociais louvavam por igual a bravura militar, indiferentes ao fato de estar a serviço de um senhor local ou de um rei distante, e louvavam as virtudes cristãs de forma independente das distinções baseadas em divisões políticas seculares. Esse sistema permitia que os ricos competissem diretamente com o Estado pelos principais indicadores de poder e status, não apenas em termos materiais, mas também morais. A competição direta debilitava a Coroa e fortalecia os senhores locais.

Desde a era medieval até meados do século XX, uma série de acontecimentos interconectados conduziu o Estado e as elites privadas por caminhos distintos. O Estado monopolizou a força física, enquanto as elites dominaram a vida econômica, entre outros motivos, por deterem o capital — também os escravos e as máquinas industriais — do qual dependiam as rendas volumosas. E o Estado dominava a virtude pública, que assumia uma roupagem cívica ou mesmo patriótica, enquanto as elites davam destaque a virtudes baseadas numa ética de lazer extravagante. A divisão social do trabalho permitia que o Estado conseguisse o domínio na esfera pública, relativamente livre de concorrência privada direta.

Por fim, a meritocracia mais uma vez confronta o Estado e as elites privadas na disputa direta pelo mesmo ativo essencial (o capital humano dos trabalhadores supraordenados) e pelas mesmas virtudes essenciais (qualificação, esforço e capacidade de trabalho). E, assim como os reis no feudalismo lutavam para resistir à influência privada dos nobres que competiam diretamente pelo ativo que avalizava seu poder e status, o Estado norte-americano hoje luta para resistir à influência privada dos ricos que competem diretamente pelo trabalho supraordenado.

De todas essas maneiras, no atacado e no varejo, a meritocracia empodera a elite para que domine a política. Em vez de atender cidadãos "considerados politicamente iguais", o governo se impõe à classe média e faz concessões à elite meritocrática. A meritocracia corrói a democracia, elevando os ricos a uma classe dominante.

CORROMPIDA PELO MÉRITO

Além da distorção do processo político, a desigualdade meritocrática corrompe também os ideais políticos e degrada aqueles que praticam uma política democrática. A ofensa moral implícita na desigualdade meritocrática assombra a vida política, tornando os ricos complacentes e os demais, ressentidos. As elites se separam de uma sociedade de cujo apoio político já não necessitam e, sem constrangimento, se assumem como virtuosas. Enquanto isso, os trabalhadores e a classe média adotam o ódio populista e o ressentimento xenófobo, rejeitam o saber e as instituições e atacam tudo o que lhes parece estranho ou desconhecido. A desigualdade que é reconhecida como injusta pode recriminar seus beneficiários e enobrecer quem assume seu ônus, como quando Martin Luther King Jr. respondeu à intolerância ensinando que "o ódio não suprime o ódio, só o amor pode fazer isso".[89] Mas, hoje, a desigualdade que parece justificada degrada os dois lados da divisão meritocrática.

A meritocracia corrompe mais obviamente os valores da elite avalizando a opinião segundo a qual, como escreveu John Dryden, "ele, o mais meritório, sozinho deve reinar".[90] De um jeito não tão óbvio, mas com as mesmas consequências, a meritocracia também torna as elites ao mesmo tempo defensivas e complacentes: excessivamente sensíveis aos males associados à discriminação não meritocrática e indiferentes aos males produzidos pela meritocracia em si.

Por um lado, as elites meritocráticas transformam preconceitos destituídos do brilho meritocrático — baseados em raça, etnia, gênero ou sexualidade — em pecados capitais e irremissíveis, os quais devem ser totalmente suprimidos não importa a que preço. As normas amplamente aceitas que regem a vida cotidiana da elite, portanto, exigem certa medida de cuidado e moralismo em torno de políticas identitárias que não têm correspondente em outros aspectos da moral. A sociedade da elite perdoa (e até mesmo ignora) o egoísmo, o descontrole, a crueldade e outros defeitos sempre reconhecidos como tais, mas intolerância e preconceito, se expressos, podem pôr fim a uma carreira. Tal moralismo se mostra seletivo, destacado da solidariedade para com as dificuldades e desordens, e às vezes desproporcional aos males em questão. Pessoas decentes que não fazem parte da elite reconhecem que a intolerância é errada, mas tendem a enxergar o preconceito como um delito comum, como a cobiça ou a avareza, algo condenável, embora também compatível com a indulgência cabível para com as fraquezas humanas. A intolerância causa efetivamente enormes danos individuais e sociais, e, em geral, as acusações contra instituições de elite — sobretudo universidades — de sucumbir ao politicamente correto acontecem por motivos políticos ou então por má-fé. Mas elas encerram a importante verdade de que a denúncia do preconceito feita pela elite pode ser excessivamente dura e, até certo ponto por esse motivo, excessivamente friável.

A grande preocupação da elite com a diversidade e a inclusão também tem cheiro de interesse. Ao contrário de outras transgressões, o preconceito ataca os fundamentos morais da meritocracia, despertando a suspeita de que as vantagens se devem mais ao privilégio discriminatório do que ao mérito. A meritocracia exige apurada vigilância contra o preconceito para sustentar as desigualdades que ela tenta legitimar, apesar de seu tamanho e instabilidade cada vez maiores. A identidade política elaborada e frágil que governa a vida da elite decorre inexoravelmente das bases meritocráticas dessa elite.

Por outro lado, no que se refere às desigualdades que não podem ser atribuídas a uma identidade política, a meritocracia predispõe as elites ao desprezo chauvinista ou mesmo à crueldade. A correção política não inclui a denúncia contra quem chama as comunidades rurais de "atrasadas", os sulistas de "provincianos", os sertanejos de "escória branca" e grande parte dos Estados Unidos de "país de passagem". Com efeito, opiniões respeitadas da elite tanto racionalizam quanto condenam esses insultos: um ensaio muito lido publicado recentemente pela *National Review*, por exemplo, atacava comunidades de trabalhadores brancos como "ativos [...] economicamente negativos",[91] assim como "moralmente [...] indefensáveis", e como "escravos do vício e de uma cultura egoísta cujos principais produtos são a miséria e agulhas usadas para heroína", concluindo que "eles merecem morrer"; e um colunista do *The New York Times*, depois de observar que imigrantes superam norte-americanos natos na competição meritocrática, chamou cidadãos norte-americanos natos de "piscina estagnada em que nossas perspectivas nacionais correm risco de afogamento"[92] e propôs (agora num tom sarcástico) que só a deportação em massa de norte-americanos natos pode salvar os Estados Unidos. Até mesmo políticos — apesar do custo da ofensa causada — demonstram indisfarçável desprezo pelas classes trabalhadora e média: Paul Ryan dividiu o mundo entre "tomadores" e "fazedores";[93] Mitt Romney, igualmente, lamentou que os norte-americanos "dependentes do governo"[94] sejam contrários "a assumir responsabilidades pessoais e cuidar da própria vida"; Barack Obama indicou que conservadores "amargos" de classe média "apegam-se" a armas,[95] religião e preconceito para conservar o respeito por si mesmos diante do fracasso em se manter na concorrência econômica (leia-se meritocrática); e Hillary Clinton aplicou a metade dos partidários de Donald Trump o rótulo de "deploráveis".[96]

A meritocracia chega a estender esses insultos até mesmo aos poucos norte-americanos de classe média que conseguem ser admitidos na casta das instituições de elite. Os grupos de "profissionais de primeira geração" integrados por alunos de classe média nas melhores universidades intitulam-se de "grupos de afinidade" dentro do modelo de identidade política baseado em raça, gênero ou orientação sexual. Mas a classe média mantém com a elite uma relação de identidade nitidamente diferente da que se vê nesses outros grupos. Uma aceitação autêntica da diversidade e da inclusão permite a uma instituição de elite dizer a negros, mulheres e gays que, embora sua cultura não seja perfeita, ela se compromete a recebê-los em seus próprios termos e apoiando seu eu autêntico. Mas as grandes universidades não podem dizer nada parecido aos alunos de classe média. Na verdade, dizem o contrário: seus ideais meritocráticos e seu modelo de negócios exigem que elas apaguem a identidade original dos alunos de classe média para transformá-los em elite. Seria inacreditavelmente ofensivo que a Escola de Direito de Yale dissesse a seus alunos negros: "Venham estudar conosco, vamos transformá-los em brancos." Mas Yale — por motivos estruturais que não consegue evitar — se propõe abertamente a apagar a identidade de classe média de seus alunos que se tornarão profissionais de primeira geração.

A exclusão meritocrática, com suas consequências estatísticas, agora se aproxima da exclusão racial que contamina a vida norte-americana. Mesmo quando a meritocracia declara justas suas desigualdades, leva para as elites uma preocupação interminável com a política de identidade, obrigando-a a adotar atitudes que de inúmeras formas insultam categoricamente os trabalhadores ociosos e a classe média.

XENOFOBIA E POPULISMO NA CLASSE MÉDIA

A desigualdade meritocrática corrói também os valores políticos de fora da elite, gerando ressentimentos cujo perigo se equipara ao da complacência da elite. Os norte-americanos que não desfrutam os benefícios que a meritocracia confere à elite mesmo assim permanecem sujeitos ao charme da meritocracia. Sucumbem à admiração pela competência e pelo esforço, e pela associação meritocrática entre dedicação ao trabalho e honra, só que agora como ataque frontal a sua autoestima. Toda inovação meritocrática confronta a classe média como mais um instrumento de seu abandono, e toda adesão meritocrática da diversidade e da inclusão confronta a classe média reconfirmando sua exclusão.

A dignidade ferida corrompe os valores da classe trabalhadora e da classe média de modo que espelham quase perfeitamente a corrupção moral da elite. Enquanto as elites exageram nas políticas de identidade pessoal, os demais norte-americanos adotam a xenofobia. E enquanto as elites valorizam as credenciais e as instituições que constituem o sucesso meritocrático, os demais vituperam contra a ordem estabelecida e adotam o populismo.

Ao estabelecer que a desigualdade é justificada, a meritocracia priva os que estão abaixo dela de um opressor contra quem dirigir clamores de justiça. Além do mais, a admiração da elite meritocrática pelas políticas de identidade, ao lado do aberto desprezo pela força de trabalho semiqualificada, acende ressentimentos contra grupos minoritários que estão entre os brancos desrespeitados.

Uma virulenta xenofobia decorre inevitavelmente desse padrão, apropriando-se da posição ideológica dos que estão presos no extremo inferior da desigualdade meritocrática ascendente e levados pela meritocracia a se sentirem rejeitados na própria terra em favor de estrangeiros.[97] A xenofobia, como todo ressentimento, funciona como "anestesia" ou "narcótico",[98] atenuando a vergonha internalizada da exclusão social e econômica nominalmente justificada.

Para piorar as coisas, a meritocracia — exatamente porque justifica as desigualdades econômicas e dissimula as classes — nega aos norte-americanos comuns uma linguagem moral por meio da qual explicar e articular os males e erros de sua exclusão cada vez maior (e alimenta, nos brancos, temores raciais cujas raízes remetem à sociedade escravagista da era colonial).[99] Tornam-se "vítimas sem uma linguagem de vitimização".[100] Os que não conseguem ter êxito na competição meritocrática, portanto, dão a suas queixas a única moldura que a meritocracia permite, construindo uma identidade política por si mesmos. Declarações xenófobas cada vez mais frequentes vindas de uma identidade branca, masculina, heterossexual ou cristã — e as queixas de que a elite discrimina essas identidades — decorrem inevitavelmente das limitações da estrutura econômica e ideológica da desigualdade meritocrática.

Ao literalmente proibir-lhes de terem para onde ir, a meritocracia transforma os brancos que deixa para trás em xenófobos. Um eleitor branco de classe média em Indiana, falando da atração exercida por Donald Trump, explicou recentemente que "a própria ideia"[101] de privilégio branco irrita os que estão de fora da elite "porque eles nunca a experimentaram num nível que pudessem entender. Você ouve falar de privilégio e pensa em dinheiro e oportunidades, e eles não têm isso". A ideia meritocrática de que um homem branco que não consegue se sair bem deve ser deficiente atiça, de alguma forma, esse ódio (não menos porque o charme da meritocracia faz os que ficam de fora *sentirem-se* deficientes). E a fixação meritocrática na diversidade e na inclusão canaliza o ódio para uma identidade política xenófoba e sexista. O eleitor de Indiana prosseguiu: "E você vê gente chamando-os de estúpidos e deploráveis.[102] Bem, por quanto tempo você acha que pode xingar as pessoas de estúpidas e deploráveis antes que elas fiquem bravas?" Quando necessidades prementes são impedidas de se expressar em forma de exigência de justiça, elas se expressam como exigência de injustiça.[103]

A meritocracia produz espontaneamente não apenas xenofobia, mas também populismo — profunda e generalizada desconfiança em relação ao conhecimento e às instituições. Como a meritocracia associa qualificação e conhecimento às elites, ela condena os trabalhadores da classe média que valorizam conhecimento e qualificação a assumir a própria exclusão e degradação. A resistência à desigualdade meritocrática — e mesmo a autoestima diante da exclusão meritocrática — exige a rejeição das instituições e do conhecimento por meio dos quais a meritocracia opera.

Essa lógica ganha expressão concreta nos ressentimentos de classe nos Estados Unidos, mais direcionados a categorias profissionais do que aos super-ricos empreendedores ou herdeiros: não a oligarcas, mas, sim, a médicos, executivos de bancos, advogados e cientistas, pessoas que as classes trabalhadora e média percebem, nas palavras de um ensaio muito discutido, como "mais instruídas" e que "muitas vezes se acreditam superiores".[104]

Esse enfoque mistifica os profissionais, mas reflete com precisão a desigualdade meritocrática na estrutura econômica e social. As categorias profissionais, juntamente com as instituições (escolas e empresas) que qualificam e desenvolvem esses profissionais, administram o sistema meritocrático que exclui as classes trabalhadora e média da renda e do status. As categorias profissionais reconstroem o trabalho e a produção para relegar à desocupação todos os que não sejam trabalhadores supraordenados, ainda que valorizando o trabalho. A educação de elite, portanto, não apenas beneficia os que a recebem, como prejudica os que não a recebem, tornando improdutivas a qualificação e as técnicas da classe média. O brilho dos empregos brilhantes é responsável pela opacidade dos empregos opacos.

Cidadãos comuns entram em relacionamentos muito diferentes dos super-ricos. Está claro que o super-rico pode ter enriquecido sem merecimento (quando recebe herança) ou mesmo por meios condenáveis (ao explorar os vulneráveis). Mas qualquer peso que a riqueza deles lhes imponha permanece idiossincrático. Os oligarcas podem eventualmente explorar a classe média, mas não personificam as normas e os costumes que determinam a dominação sistemática dos ricos sobre os demais. E cidadãos comuns só encontram os super-ricos nas ilhas da fantasia das revistas de famosos e nos *reality shows* da TV. Deve-se dizer que os super-ricos se esquivam do ressentimento das classes trabalhadora e média exatamente porque abordam a meritocracia de um novo ângulo distorcido: o privilégio não se justifica pela ordem meritocrática que mantém a desigualdade generalizada, e assim as pessoas comuns podem objetá-la num registro menos apaixonado ou mais magnânimo, ou simplesmente decidir deixar as coisas como estão. A regra segundo a qual a desigualdade meritocrática gera raiva, resistência e mesquinhez exatamente porque se afirma justificada não se aplica aos oligarcas. Com efeito, abrir uma empresa permite sucesso econômico fora das instituições de elite, e sem traição de classe. Portanto, não é de surpreender que o ideal de prosperidade da classe média não seja tornar-se profissional, mas ter uma empresa própria.[105]

A desigualdade meritocrática leva a desconfiar não só de certas profissões e instituições, mas também da ideia geral de Estado de direito e do corolário segundo o qual tanto a vida pública quanto a privada devem ser reguladas por instituições e seus representantes, e não pela autoridade pessoal de um líder carismático. Os processos legais e o Estado de direito dão fundamento à visão imparcial da propriedade que a renda e a riqueza da meritocracia exploram com sucesso, incluindo a frustração das iniciativas democráticas no sentido de redistribuir impostos e regulamentos. A desigualdade meritocrática avançada, portanto, faz da própria elite meritocrática um grupo de interesse político e transforma o processo legal e o Estado de direito em ferramentas políticas manejadas pelas elites; na prática, como instrumentos da luta de classes. Mais uma vez, para o restante da sociedade, situar as instituições do Estado de direito acima do governo democrático significa, de fato, aceitar a legitimidade do próprio desempoderamento. O populismo não é uma erupção espontânea de ressentimento maligno, mas uma reação natural e até adequada à extrema desigualdade meritocrática.

A meritocracia, portanto, está longe de ser inocente na atual ascensão da xenofobia e do populismo. Pelo contrário, xenofobia e populismo representam uma reação à desigualdade meritocrática desencadeada pela meritocracia avançada. Xenofobia e populismo exprimem as mesmas forças ideológicas e psicológicas que estão por trás do aumento excessivo no uso de drogas,[106] overdoses e suicídios que derrubou a expectativa de vida dos trabalhadores brancos e da classe média. A analogia dá a medida do atual risco político. Essas forças vão se desencadear com não menos violência que aquelas contra as quais reagem.

A LUTA DE CLASSES ESQUENTA

A política do momento deixa às claras as patologias democráticas da desigualdade meritocrática. Uma elite excessivamente confiante e uma população desmoralizada, num esforço vão para atenuar a desigualdade meritocrática, adotaram durante décadas uma produção financeirizada e um consumo baseado no endividamento, o que culminou na recente crise financeira e na Grande Recessão que se seguiu. A meritocracia levou o presidente Barack Obama a tratar da crise pela excelência tecnocrática e sem um cálculo político — sem atribuir culpas por meio de indiciamento criminal e, mais importante, sem controlar o sistema financeiro ou suprimir a desigualdade meritocrática. Com efeito, a composição interna do governo Obama personalizou o ideal meritocrático: Obama teve origem modesta, ainda que não seja um *self-made man*, mas foi impulsionado para o sucesso por uma série de instituições de elite, entre elas a Columbia College e a Escola de Direito de Harvard.[107] No ministério estrelado de seu primeiro mandato,[108] predominaram os formados pela Ivy League, como bolsistas do Rhodes Trust e da Marshall Commission, e teve até mesmo um ganhador do prêmio Nobel. Essas credenciais, aliás, indicam competências reais. O governo, jogando para suas forças meritocráticas, fortaleceu a economia e restabeleceu o crescimento (o que incluiu, ainda que com mais lentidão, o crescimento do emprego).

O presidente Obama se reelegeu, e foi como se a elite, arrogante e gananciosa, que tinha sido amplamente responsabilizada pela crise, tivesse se redimido ao se comprometer mais uma vez com seus princípios elementares. A recessão acabou, a prosperidade ressurgiu e o ânimo do país se recuperou, reafirmando o conhecido otimismo dos Estados Unidos. Mesmo a oposição a Obama, que tinha ameaçado abrir uma trincheira populista na política norte-americana — com a inclusão de Sarah Palin na chapa do Partido Republicano, que concorreu às eleições presidenciais de 2008, e a ascensão do Tea Party —, parecia fazer as pazes com a ordem meritocrática. A chapa Romney-Ryan, derrotada por Obama em 2012, apresentou ao país alternativas que, à parte a discordância habitual de seus partidários, dificilmente teriam sido mais simpáticas à classe dominante. Por tudo isso, a reeleição de Barack Obama foi o ponto alto para a meritocracia norte-americana.

Mas a crise não tinha acabado, e a redenção meritocrática revelou-se ilusória. Bernie Sanders e Donald Trump — candidatos abertamente populistas que fizeram campanhas agressivas contra o *status quo* — tomaram a iniciativa nas primárias que levariam à eleição presidencial de 2016. Os políticos que em defesa própria debochavam da maré populista, chamando o período de "verão do absurdo",[109] estavam traindo a própria perplexidade confusa. Mesmo depois que Trump foi indicado candidato pelo Partido Republicano, o *establishment* contra o qual ele se manifestava continuou negando sua ascensão. As elites insistiam em que Trump não conseguiria reunir os votos necessários no colégio eleitoral. O diretor do Princeton Election Consortium, especializado em pesquisas eleitorais, declarou (nada menos do que na semana da eleição) que Trump não teria mais de 240 votos no colégio eleitoral, e jurou "comer um inseto" se ele conseguisse.[110] Mas os profissionais da política mostraram-se cegos à tribulação iminente, e uma elite autocentrada e desencantada não foi capaz de deter a onda populista que elegeu Trump presidente.

O repúdio de Trump à elite em exercício determinou a narrativa principal da eleição. Ele fez vibrar estridentes cordas xenófobas e populistas durante toda a campanha, e concluiu com um anúncio amplamente divulgado pela televisão contra "um sistema político corrupto e falido".[111] O repúdio de Trump teve êxito em desviar o contexto político — ganhando o debate eleitoral para criar uma nova política.

Na véspera da vitória de Trump, as Forças Armadas do país continuavam sem rivais no mundo e não enfrentavam desafios; os diplomatas e os negócios norte-americanos dominavam a ordem jurídica e econômica; o índice de pobreza chegava a níveis muito baixos; a criminalidade estava abaixo dos níveis históricos e o padrão de vida no país estava próximo do mais alto de todos os tempos.[112] Ainda que não estando em uma fase de *boom*, os Estados Unidos encontravam-se razoavelmente saudáveis, ganhando na comparação com outros países da atualidade e, muito importante, com seu próprio passado. Não obstante, Trump atacava incansavelmente a sociedade que ambicionava liderar. Lamentava o enfraquecimento do poderio militar norte-americano e denunciava fronteiras sem defesa. Acusava o governo de dilapidar o patrimônio e dissipar a riqueza da nação no resto do mundo. Descrevia um país assolado pela pobreza,[113] pelo declínio industrial, pelo fracasso da educação e pela epidemia de criminalidade. Condutas reprováveis — enredos secundários envolvendo hackeamento e interferência estrangeira — poderiam ter virado, à moda de Trump, essa eleição essencialmente amarrada. Mas isso exigiria que ele encontrasse o nó pelo qual começar. O mais notável sobre Trump não é que ele tenha vencido, mas que possa ter vencido — que tenha tido êxito em impor sua visão sinistra ao imaginário político do país mais poderoso e rico do mundo, contrariando muitas vezes a sabedoria popular, o senso comum e fatos objetivos.

No fim, Trump levou estados tradicionalmente democratas, atraindo forças decisivas de um grupo de eleitores que tinham apoiado Barack Obama.[114] A vitória de Obama em 2012 parecia pertencer a outra era. E o "absurdo" do qual as elites zombavam no verão de 2015 amadureceu, transformando-se num inverno de descontentamento, sem primavera à vista.

A chicotada que levou entre 2012 e 2016 confundiu a elite. A vitória de Trump deixou os observadores que achavam aquilo inimaginável com a sensação de que habitavam um mundo diferente do que pensavam habitar. O tom condenatório do discurso de posse de Trump levou o presidente republicano anterior, George W. Bush, a um xingamento confuso: "Foi uma merda estranha",[115] teria dito. Para se consolar, as elites recorreram às idiossincrasias da personalidade de Trump e trataram-no como uma exceção aos políticos comuns.

Mas a chicotada engana, e Trump mais espelha do que desafia as leis da política. Os presidentes Obama e Trump devem sua eleição não a forças diversas, provenientes de universos opostos, mas a um equilíbrio de forças entrelaçadas e firmemente atreladas umas às outras, vindas de um mesmo universo. Os dois governos nascem da mesma fonte — uma meritocracia anterior à entrada de Obama na cena política que vai durar muito tempo depois da saída de Trump. Especificamente, Obama e Trump são menos causas e mais consequências da meritocracia. Obama — produto superior da educação de elite — personificou o triunfo da meritocracia. Trump — "bilionário de macacão"[116] que proclama "adoro os pouco instruídos"[117] e se opõe abertamente à elite meritocrática — explora a persistente insatisfação com a meritocracia.

Trump mais surfou do que ergueu a onda de ódio que o elegeu. Sua campanha contestatória desmascarou as falsas esperanças na meritocracia e canalizou o profundo descontentamento com ela. A classe média degradada, a mais prejudicada pela desigualdade meritocrática, também estava ávida por um candidato que "[compreendesse] a profundidade de [sua] desilusão com [o] país".[118] Esses eleitores, como nota J. D. Vance, "acreditam que a meritocracia norte-americana moderna não foi feita para *eles*",[119] e se ressentem da opinião meritocrática da elite — por exemplo, os conselhos de Michelle Obama aos pais sobre a boa alimentação — "não por acharem que ela esteja errada, mas por saberem que está certa".

Quando esses eleitores ouvem a elite bipartidária condenando Trump por sua grosseria ou pela inaptidão para o cargo, acham que a elite pensa o mesmo deles.[120] E 64% dos eleitores de Trump concordam com sua afirmação, segundo a qual, "ao longo dos últimos anos, o norte-americano médio recebeu menos do que merece". Ao mesmo tempo, só 12% dos eleitores de Trump acreditam que, "ao longo dos últimos anos, os negros receberam menos do que merecem". (Contudo, 57% dos eleitores de Hillary Clinton concordaram com as duas afirmações.)[121] Um jornalista que entrevistou muitos eleitores de Trump em Ohio diz que todos eles mostravam um "profundo desdém pela superpróspera e disfuncional Washington, a qual viam radicalmente eliminada da vida deles".[122] Ou seja, os partidários políticos de Trump se sentem claramente maltratados e acreditam que pessoas sem méritos são mais bem tratadas que eles. Aproveitam a oportunidade de resgatar um passado saudoso — nas palavras de Trump, "tornar os Estados Unidos grandes de novo".

Trump se saiu melhor na votação entre eleitores brancos sem ensino superior por 39 pontos percentuais.[123] Ganhou também a maior parte dos votos de eleitores de todas as raças com ensino superior incompleto e dos eleitores de renda anual entre 50 mil e 100 mil dólares[124] — exatamente a classe média em condições precárias, que é a mais prejudicada pela desigualdade meritocrática. Trump ganhou nos cinquenta condados de menor instrução por cerca de 31% dos votos (10% mais que Romney na eleição de 2012),[125] mas perdeu nos cinquenta condados de maior instrução por uma margem de 26% (cerca de 9% menos que Romney em 2012). Enquanto os profissionais instruídos preferiram Hillary, que a identificavam como semelhante, e faziam chacota de Trump, a classe média repudiava a alta qualificação dela e simpatizava muito com a rejeição de Trump ao saber. Uma empresária trumpista de St. Clair Shores, comentando uma refutação da alegação comum sobre Trump ter sido o primeiro de sua classe quando estudava em Wharton, disse apenas: "Claro que não foi; ele é tão normal!"[126]

O trabalho influencia o voto tanto quanto a educação. Os trabalhadores cujo emprego exige trabalho rotineiro preferiram Trump em grande número, enquanto os que usam a criatividade e a análise especializada no trabalho preferiram Hillary também em grande número:[127] Trump ganhou com uma margem de 30% dos votos em condados nos quais 50% dos empregos são de rotina, e perdeu, mais ou menos pela mesma margem, em condados nos quais menos de 40% dos empregos são rotineiros. Ao exaltar os empregos de elite e degradar os de classe média, a meritocracia cria uma nova política partidária no trabalho — opondo as elites, cuja autoestima vem do trabalho, à classe média, cuja autoestima vem de fora do trabalho, até mesmo em oposição a ele.[128] O profissionalismo de Hillary conectou-se a um dos lados dessa política, enquanto o antiprofissionalismo de Trump conectou-se ao outro.

Não é de surpreender que o ódio manifesto que elegeu Trump tenha sido acompanhado do ódio reprimido que está por trás da mortalidade em ascensão entre a classe média. Muitos dos avanços de Trump em relação à votação de Mitt Romney em 2012 registraram-se em condados muito atingidos pela epidemia de drogas.[129] Uma St. Clair Shores otimista, que em 1960 deu a Kennedy a arrasadora vantagem de 25 pontos percentuais,[130] em 2016 deu a Trump uma vitória contrariada de 10 pontos percentuais.[131]

Finalmente, o trumpismo — e a própria ascensão de Trump — mostra o desdém meritocrático da elite pelo cidadão comum e pela fraqueza de seu desencanto. Ainda que as elites tenham se oposto resolutamente ao trumpismo, não tiveram a vitalidade necessária para sustentar uma visão alternativa e mais otimista da política norte-americana em grande escala. O esforço, a ansiedade e a vaidade do êxito meritocrático levam os ricos à egolatria e à cegueira para as preocupações e os ressentimentos da classe média. Quando Hillary Clinton chamou metade dos partidários de Trump de "cesta de deploráveis", deu voz ao que toda a elite, independentemente de partido, vinha pensando em silêncio havia muito. Com efeito, a ascensão de Trump não só confirmou, como redobrou a superioridade que as elites sentem em relação aos americanos excluídos pela meritocracia. O ensaio da *National Review* que chamou as comunidades brancas trabalhadoras de "ativos [...] economicamente negativos" também disse que "os discursos de Donald Trump fazem com que eles se sintam bem. Assim como o Oxycontin".[132] Trump chegou à presidência apesar de ter a menor proporção de votos de eleitores de formação universitária que qualquer outro candidato vencedor desde 1980.[133] Palo Alto deu a Hillary Clinton cerca de 70% dos votos.[134]

De todas essas formas, a desigualdade meritocrática inverte a relação entre a economia e a política que existia em meados do século XX — entre capitalismo e democracia.

Em meados do século XX, a igualdade em cada setor reforçava a igualdade no outro: cidadãos de índole democrática agiam como políticos e exigiam do governo medidas que promovessem a igualdade econômica e o bem comum. A propriedade dispersa e mais ou menos equitativa controlava o poderio privado e assim preservava a igualdade política. Esse foi o sonho de Thomas Jefferson,[135] expresso em 1776 no esboço de Constituição que escreveu para a Virgínia, no qual combinava o voto universal e concessões de terra constitucionalmente garantidas a todos os eleitores potenciais.

Hoje em dia, pelo contrário, as desigualdades de um setor agravam as de outro. Os mecanismos meritocráticos que impulsionam a desigualdade econômica também geram uma elite abrangente e politicamente empoderada. Diz-se que Louis Brandeis, falando sobre a desigualdade econômica de uma era anterior, teria afirmado que "podemos ter uma sociedade democrática ou ter a riqueza concentrada em poucas mãos. Não podemos ter as duas coisas".[136] O sonho de Jefferson está sendo substituído pelo pesadelo de Brandeis, à medida que um passado norte-americano nascido da esperança de unir a igualdade política à igualdade econômica converge rapidamente para um futuro norte-americano sem nenhuma delas.

A MERITOCRACIA SEM MÁSCARA

A cilada da meritocracia não tem um rosto único. Uma concorrência autêntica mas invencível exclui adultos da classe trabalhadora e da classe média do carismático centro da vida econômica, nega a eles a renda e a dignidade que acompanham a capacidade de ganhar a vida decentemente e priva os filhos dessas pessoas da educação necessária para conquistar os empregos inacessíveis a seus pais. Um redemoinho de qualificação, aptidões, capacidade de trabalho e renda mantém a elite em suspenso, sujeitando-a, da infância à aposentadoria, a

A GUERRA DE CLASSES IMINENTE · 113

uma incansável disciplina de produção meritocrática que aliena os trabalhadores supraordenados de seu trabalho, e dessa forma eles mais se exploram do que se realizam, e finalmente perdem as ambições genuínas que deveriam satisfazer. Uma teia de estranhamento e desconfiança isola os ricos dos demais e envolve ambas as categorias numa política embrutecida e vingativa na qual cada lado procura dominar o outro e a boa vontade se rende à má-fé. De todas essas formas, a desigualdade meritocrática gera descontentamento generalizado e profunda ansiedade.

Em conjunto, essas observações mostram a meritocracia a uma luz nova e reveladora. Elas enxergam através das simulações da meritocracia — promover o bem comum, distribuir as vantagens segundo o merecimento — e deixam exposto um núcleo corrupto.

Uma elite completamente isolada monopoliza não apenas o status e a renda, mas também o poder político. A elite transmite sua casta aos filhos, criando dinastias que se estendem ao longo de gerações. Além disso, um ciclo de retroalimentação conecta a educação de elite e o trabalho supraordenado — mecanismos pelos quais a elite meritocrática, ao mesmo tempo, sustenta e justifica seu privilégio. Inovadores superqualificados reestruturam o trabalho e a produção para favorecer as aptidões de uma elite de trabalhadores supraordenados; esses trabalhadores gastam seus enormes rendimentos em investimentos excepcionais na educação de seus filhos; os filhos tornam-se a geração seguinte de inovadores e trabalhadores supraordenados; e o ciclo continua indefinidamente. A retroalimentação cria aptidões de elite e mantém as condições que tornam as aptidões de elite tão produtivas e os trabalhadores supraordenados tão bem pagos.

As qualidades que a meritocracia entende e recompensa como mérito não são, entretanto, virtudes naturais nem necessárias. As aptidões de um alto executivo do Goldman Sachs, ou da Viacom, ou de um advogado do Wachtell, Lipton não teriam praticamente valor algum numa economia agrária. Eles eram muito menos valorizados em meados do século XX do que hoje. E hoje são tão valorizados em grande medida devido a desdobramentos — economia financeirizada, enxugamento administrativo e uma disputa dinâmica, fortemente juridicizada, pelo controle corporativo — que são produtos da desigualdade econômica (e, e alguns casos, inventados diretamente pelas empresas em que os trabalhadores atuam hoje). A força de trabalho supraordenada, portanto, produz valor econômico e considera méritos somente à sombra de um conjunto totalmente contingencial e bastante complexo de condições sociais e econômicas — com a condição prévia da desigualdade econômica em seu centro.

A meritocracia norte-americana transformou-se exatamente naquilo que deveria combater: um mecanismo de concentração e transmissão dinástica de riqueza, privilégios e castas através das gerações. Uma hierarquia social e econômica com essas características abrangentes, dinásticas e autorreferentes tem um nome: aristocracia. A meritocracia não desfaz a aristocracia, pelo contrário, renova-a, moldando uma nova ordem de castas, projetada para um mundo em que a riqueza consiste não em terras ou fábricas, mas em capital humano, no trabalho livre de trabalhadores qualificados.

A competência substitui o berço como campo do privilégio, e a educação meritocrática substitui a herança aristocrática como tecnologia dinástica central. Na nova ordem, a qualificação se conquista a duras penas, e a dedicação laboral dos trabalhadores supraordenados é real, assim como o berço e as boas maneiras no passado distinguiam os aristocratas. No entanto, assim como a aristocracia, a meritocracia se propõe a construir uma ordem social que não é apenas desigual, mas justificadamente desigual. E como fizeram outrora os ideais da aristocracia, as afirmações de virtude e merecimento da meritocracia de hoje convencem não apenas a elite privilegiada, mas também — ambígua e infelizmente — todos aqueles que a meritocracia exclui.

A atração do mérito, porém, é uma ilusão. Como as aptidões do meritocrata só têm valor contra um pano de fundo anterior de desigualdade econômica, todo esforço para justificar a desigualdade com base no valor ou no mérito dessas aptidões sucumbem ante a falácia do raciocínio circular. Da mesma forma que os valores aristocráticos que ele pretende substituir, o mérito não é uma virtude natural ou universal, mas, sim, uma decorrência de desigualdades já existentes. O mérito é uma construção artificial, erigida para valorizar a exploração do capital humano e, dessa forma, purificar uma distribuição de privilégios que de outra forma seria desprezível.

Parte II

Assim funciona a meritocracia

CAPÍTULO 4

RICOS QUE TRABALHAM

Durante os Anos Loucos, no mundo aristocrático dos romances de P. G. Wodehouse, alguém pergunta ao gentil cavalheiro Bertie Wooster se ele trabalha. "Como, 'se trabalho'?[1] Como numa labuta honesta, você quer dizer?", responde ele, perplexo. "Cortar madeira, carregar água, e assim por diante? Bem, já conheci algumas pessoas que trabalharam. Alguns deles absolutamente comprometidos com isso, alguns deles." No mundo de Wooster e Wodehouse — principalmente em Londres (ainda que em certa medida também em Nova York) —, era essencial usar a roupa certa, os homens adultos dedicavam suas melhores energias para criar salamandras ou colecionar vaquinhas de porcelana, e ninguém trabalhava. A elite transformou o trabalho em passatempo — um excêntrico spa, tomado como recreação. O trabalho verdadeiro era inconcebível.

Enquanto isso, as pessoas comuns trabalhavam duro sem recompensa alguma. A pobreza — privação quase absoluta, triturante, desumana — dominava a vida fora da elite. Na década de 1920, a pobreza generalizada transformou a ambição de ter "uma galinha em cada panela",[2] por modesta que pareça, num grito de guerra. A Grande Depressão trouxe filas para o pão, e estimativas razoáveis dizem que, no início da década de 1930,[3] mais da metade — e talvez mais de três quartos — dos norte-americanos estava na pobreza absoluta. Embora a Segunda Guerra Mundial e a recuperação econômica do pós-guerra tenham melhorado as condições para muita gente e trazido progresso em massa para lugares como St. Clair Shores, a pobreza continuava muito disseminada, até mesmo onipresente, em meados do século XX. Uma das estimativas diz que o índice de pobreza, em 1949, era de 40,5% da população.[4]

Nosso mundo é radicalmente diferente. Os ricos de hoje trabalham mais e com maior afinco do que nunca, e devem a maior parte de sua renda (responsável em grande parte pela desigualdade em crescimento) ao trabalho. O fato precede o valor, e a nova elite acata conscientemente a dedicação ao trabalho e se vê como muito trabalhadora. Hoje em dia, o difícil de imaginar é a desocupação sem culpa de Bertie Wooster. O centro de gravidade da desigualdade econômica subiu na escala da renda. Em meados do século XX, uma crise urgente fez com que o presidente Lyndon Johnson declarasse "guerra à pobreza".[5] Hoje, mesmo com o aumento da desigualdade, a pobreza é mais rara e menos grave (embora persista). No passado, inclusive em meados do século XX, a desigualdade se concentrava na miséria e na exclusão social dos pobres, mas agora se concentra nas extravagâncias e nos privilégios das elites. Hoje em dia, a desigualdade isola os ricos de todos os demais: não só dos pobres, mas também da classe média. A desigualdade econômica da atualidade diz respeito mais à riqueza do que à pobreza.

Os antigos ricos — rentistas indolentes que usavam a fortuna e o poder herdados para explorar o trabalho subalterno — foram alvo fácil dos paladinos da justiça econômica. A pobreza esmagadora e generalizada deu aos simpatizantes do igualitarismo um foco atraente. E a meritocracia proporcionou aos igualitaristas uma cura poderosa e eficaz para a desigualdade aristocrática.

Mas os argumentos contrários à exploração perdem força quando têm por alvo o advogado que trabalha cem horas por semana, com um empenho e dedicação absoluta que o imunizam contra as acusações de privilegiado por herança ou sem merecimento, e que explora a si mesmo. A preocupação humanitária perde força quando a pobreza é reduzida e as reivindicações principais de justiça econômica se fazem em nome da classe média. E quando os progressistas adotam a meritocracia como remédio para o privilégio hereditário, estão dando gás à máquina que agora comanda o aumento da desigualdade. As antigas alegações que no passado derrotavam a desigualdade aristocrática já não se aplicam a um sistema econômico baseado na recompensa do esforço e da competência.

A ascensão da meritocracia ao longo dos últimos cinquenta anos abriu uma fronteira sem precedente histórico na experiência humana. Ao mesmo tempo, a meritocracia puxou o tapete dos paladinos da igualdade econômica. O passado já não proporciona uma orientação confiável para o entendimento do presente, já que os princípios morais aprendidos e o mercado de ações não se combinam. Diagnósticos tradicionais de injustiça econômica erram o alvo a cada volta, e a meritocracia, que supostamente remediaria a desigualdade, tornou-se em si mesma a fonte da doença.

Com efeito, é como se a desigualdade meritocrática tivesse sido pensada especificamente para derrotar os argumentos e as medidas que outrora humilharam a classe ociosa e declararam guerra à pobreza. A transformação meritocrática exige, de modo geral, que os paladinos da igualdade justifiquem uma redistribuição que tome de uma elite mais trabalhadora para dar a uma classe média menos trabalhadora. Isso torna difícil a resistência à desigualdade meritocrática.

Difícil, mas não impossível. Um entendimento claro da meritocracia desmascara sua reivindicação de unir privilégio a merecimento. O primeiro passo para compreender isso vem do estudo dos ricos que trabalham: quem são e como ganham seu dinheiro.

DA OCIOSIDADE À DILIGÊNCIA

O sociólogo Thorstein Veblen[6] situa os ricos que trabalham num contexto histórico. Veblen nasceu em meados do século XIX e morreu em 1929, literalmente na véspera da Grande Depressão, que acabaria por destruir a ordem que ele definira com tanto acerto. Ele fez da antiga elite objeto de sua ácida sociologia da riqueza, na virada do século XIX para o século XX, no livro *A teoria da classe ociosa*.

Veblen dizia que, embora os pobres tenham trabalhado desde tempos imemoriais e a classe média tenha trabalhado desde que surgiu, as coisas foram muito diferentes para a elite. Na verdade, a ociosidade constituiu um indicador de status social desde os tempos dos bárbaros até sua época. "As classes superiores", diz Veblen, "estão pelo hábito liberadas ou excluídas das ocupações industriais",[7] e por isso ele entendia não apenas o trabalho nas fábricas, mas qualquer trabalho que represente "uma dedicação firme a uma rotina laboriosa".[8]

Além disso, os ricos não evitavam o trabalho por acaso ou por falta de iniciativa, mas afirmativamente e por conta do conceito que tinham de si mesmos e do senso de dignidade. Mesmo não conformistas ou outros personagens excepcionais que escolheram o trabalho dedicavam-se a ele com uma moderação que assombraria seus congêneres de hoje. Benjamin Franklin, por exemplo, levantava-se todas as manhãs e se perguntava "O que devo fazer de bom hoje?", e então, de acordo com o cronograma diário que publicou em 1766, dedicava não mais de oito horas ao trabalho e quatro horas inteiras "à música, à diversão ou à conversa".[9]

A ociosidade dos ricos não se devia, em palavras de Veblen, a "indolência ou imobilidade".[10] Pelo contrário, Veblen faz distinção entre duas atividades socialmente opostas. De um lado, diz ele, fica a *indústria*, a monotonia do trabalho comum, dedicado à "elaboração dos meios de vida materiais".[11] De outro, fica "o consumo não produtivo do tempo",[12] dedicado "a atividades às quais está vinculado certo grau de honra",[13] executadas como reafirmação de status. Veblen chamava esse tipo de atividade de *proeza*.[14] Numerosas atividades deviam ser consideradas proezas, explica, até mesmo, em tempos remotos, a guerra, os rituais, a caça (desde que praticada socialmente e não como subsistência), cultos públicos e até festividades públicas.[15] A elite, segundo Veblen, dedicava seu lazer à proeza — de modo tão completo que a palavra *lazer* foi identificada como proeza da elite.

Na época de Veblen, as típicas proezas bárbaras — guerra e torneios de cavalaria — tinham sido reduzidas ou mesmo abandonadas diante de novas formas sociais e econômicas. Mas Veblen continuava achando que a classe ociosa se mantinha avessa ao trabalho e atraída pela proeza como indicador social e inclusive como um pacto social. A forma social foi mantida, o que mudou foi seu conteúdo. Em lugar de rituais bárbaros, a nova classe ociosa cultivava uma erudição inútil (em línguas clássicas, por exemplo), passatempos (salamandras e porcelana), modos refinados e elaborados, e até mesmo o conspícuo arcaísmo e a dificuldade da ortografia inglesa.[16]

Todas essas atividades, nota Veblen, têm em comum com a proeza bárbara o fato de exigir muito tempo e atenção, sem produzir nada de útil. Adotando-as, a elite demonstrava irrefutavelmente que podia sustentar a ociosidade de uma forma que as massas não podiam. E a exibição da ociosidade, juntamente com a aversão ao trabalho, constituía o status social da elite. (A mera inatividade, facilmente adotada por qualquer pessoa, não pode exercer essa função distintiva.) Dessa forma, a elite constituiu-se como classe ociosa.

Veblen desconfiava que a classe ociosa estivesse encolhendo já na época em que ele a identificava, e que talvez já estivesse entrando em seu ocaso. Mas a ligação entre riqueza e ociosidade sobreviveria a ele, estendendo-se até meados do século XX.

A classe ociosa sobreviveu à Primeira Guerra Mundial (embora a luta ainda fosse entendida como proeza e muitos de seus membros tenham perecido em combate). Na década de 1920, como indicou Veblen ironicamente, até mesmo o uniforme da elite de Wall Street — cartola reluzente, sapatos de verniz e bengala — mostrava, com seu brilho frágil, que seus usuários não sujavam as mãos no trabalho.[17] E qualquer que tenha sido a lição que a elite aprendeu com o *crash* de 1929, sua aberta predileção pela ociosidade não se abalou. Pouco depois da morte de Veblen, por ocasião de uma das muitas investigações sobre o *crash* de Wall Street realizadas durante a Depressão, J. P. Morgan preveniu os repórteres: "Se vocês destruírem a classe ociosa, destruirão a civilização."[18]

Nem a Segunda Guerra Mundial aboliu completamente a classe ociosa. Os banqueiros, por exemplo, mantiveram o horário de trabalho bancário durante o século XX. Seu dia normal de trabalho "começava às dez e terminava às três, com intervalo de duas horas para uns aperitivos e almoço".[19] Em 1962, Martin Mayer ainda escrevia em seu clássico *Wall Street: Men and Money* [Wall Street: Homens e dinheiro] que "os bancos fecham às três horas[20] (embora algumas pessoas conseguissem se esgueirar para dentro até as três e meia se conhecessem a manha), os pagamentos fecham às três e meia [...] os que trabalham nos andares de pagamentos, membros e empregados, vão direto para casa [...] os executivos dão uma última olhadela nas cotações do índice Dow Jones e começam a partir rumo a suas casas no campo".

Às "cinco da tarde", prossegue Mayer, "as linhas telefônicas são ligadas na central" e o restante de "Wall Street vai para casa, como formigas, caminhando para o metrô". E "por volta das seis e meia chegam as faxineiras[21] e as luzes se acendem nos edifícios. Às oito elas vão embora e às nove até mesmo a mais movimentada das casas de corretagem está com as contas organizadas e fecha as portas para a noite". Em meados do século XX, as faxineiras eram quem fazia o trabalho mais pesado em Wall Street.

Mas nem todos bailavam conforme essa música, é claro. Na década de 1950, por exemplo, exímios e agressivos especialistas em assumir o controle de empresas visavam às que eram lideradas por ricos preguiçosos — como disse um deles, a "terceira geração de homens de Yale que passa as tardes bebendo martínis no clube".[22] Mas esses "invasores de empresas" que ameaçavam a classe ociosa eram "tratados como rufiões grosseiros",[23] censurados por investigadores do governo e ameaçados com sanções legais.[24] Mesmo na ruptura, as normas afirmavam e reforçavam os fatos da vida da elite ociosa.

A Wall Street de meados do século XX não era especial e não se destacava no gosto pela ociosidade. Os invasores de empresas já mencionados escolhiam como alvo empresas comandadas por administradores sossegados que, como observou um contemporâneo, se comportavam como se fossem cavalheiros de recursos próprios.[25] Os capitães da indústria da época chegavam ao trabalho "de terno mais adequado para o clube do que para a fábrica;[26] ocupavam um escritório que mais parecia uma sala de estar, onde não se via nem sinal de qualquer coisa vulgar quanto um computador digital". Eles até mesmo "se serviam de um armário de bebidas igual ao que tinham em casa".[27]

Profissionais de elite cumpriam jornadas de trabalho igualmente curtas. A Associação Americana de Advogados calculava, em 1962, que os advogados cumpririam apenas 1.300 horas de trabalho por ano, segundo um antigo consenso.[28] Ainda em 1977, o *American Bar Association Journal* publicou um ensaio intitulado "Financial Planning and Control for Lawyers" [Planejamento financeiro e controle para advogados], no qual constava que o advogado médio de um escritório hipotético faturava apenas 1,4 mil horas de trabalho anuais.[29] Esses não passam de casos pontuais, é claro, e em meados do século não se arrolavam dados sistemáticos.[30] Mesmo aplicando-se a regra de ouro segundo a qual um advogado deve trabalhar cerca de um terço mais do que as horas faturadas, chega-se a pouco mais de trinta horas de trabalho semanais no escritório. Não chega a ser um horário bancário, talvez, mas é bem pouco sacrificante.

Essas narrativas de mamatas da elite seriam irreconhecíveis hoje em dia. A epidemia de esforço da elite apresentada anteriormente é fundamentada por inúmeros e vívidos relatos, além de montanhas de dados.

Nos bancos de investimentos,[31] jovens executivos trabalham atualmente de oitenta a 120 horas semanais, muitas vezes chegando ao trabalho às seis horas da manhã e saindo não antes da meia-noite. Num caso conhecido de todos os que estão no ramo,[32] um analista de um banco de investimentos uma vez disse que tinha trabalhado 155 horas numa só semana, restando-lhe apenas treze horas para cuidar do resto de sua vida, inclusive dormir. Uma "piada disciplinar"[33] conhecida entre jovens executivos de bancos de investimentos diz que eles ficam felizes quando conseguem um dia de folga depois do dia do casamento. E essa carga horária não melhora necessariamente com o tempo. O "melhor negociador" do Morgan Stanley se vangloriava de ter "energia para trabalhar normalmente doze horas por dia e vinte horas direto durante grandes negócios, cochilando no sofá do escritório".[34] A expressão "horário bancário" deu espaço ao que se designa ironicamente como "horário bancário das nove às cinco",[35] que começa às nove da manhã de um dia e vai até as cinco da manhã seguinte.

Administradores de elite, que estão no centro da economia real, experimentaram aumentos semelhantes em suas jornadas. O "darwinismo intencional"[36] da Amazon e suas expectativas "irracionalmente altas" querem dizer, como seu fundador Jeffrey Bezos explicou certa vez aos acionistas, que você "pode trabalhar muito tempo, com afinco e muito bem, mas na Amazon.com você não pode escolher [só] duas dessas possibilidades".[37] Para levar à prática esse ideal, a Amazon implantou "um algoritmo de melhora contínua do desempenho de seu quadro de funcionários"[38] — uma espécie de monitoramento prisional que visa a eliminar trabalhadores menos produtivos.[39] A Amazon também se impõe de fato a seus administradores o tempo todo,[40] mandando e-mails depois da meia-noite seguidos de mensagens de texto em que pergunta por que eles não foram respondidos. A empresa não está sozinha nessa política. A Apple,[41] por exemplo, exige que seus executivos abram a caixa postal eletrônica durante as férias e, nas noites de domingo, até as duas da manhã seguinte.

De modo mais geral, a descansada e sociável "terceira geração de homens de Yale" que administrava grandes empresas em meados do século XX foi afastada há muito tempo em nome dos imperativos da eficiência e pelas fusões e aquisições por meio das quais essa eficiência vem sendo extraída dos trabalhadores das empresas norte-americanas.[42] A jornada de trabalho dos administradores aumentou sistematicamente ao longo da segunda metade do século XX.[43] Em 1990, a carga de trabalho deles havia aumentado a ponto de ultrapassar as quarenta horas semanais regulamentares, indo da sinecura ao trabalho árduo. A média de horas de trabalho dos altos executivos das empresas da Fortune 500 e Service 500 passa de 55 horas semanais.[44] Trabalham mais de sessenta horas por semana 60% dos CEOs.[45] Além disso, 62% dos CEOs disseram que a carga horária de seus subordinados imediatos aumentou durante a década de 1980.[46]

Com efeito, altos executivos geralmente afirmam que a grande capacidade de trabalho é um dos critérios de seleção para os cargos que ocupam. Um administrador de alto escalão de uma das quinhentas empresas da *Fortune* observou que "os membros do Comitê de Administração não são as pessoas mais inteligentes da empresa,[47] mas os que mais trabalham. Trabalhamos como escravos. Trabalhamos mais que os outros. Praticamos mais que eles. Qualificamo-nos mais que eles". O mesmo executivo aplica uma exigência de trabalho semelhante também aos que não estão no topo: "Não creio que possamos nos comprometer com menos de cinquenta ou sessenta horas por semana.[48] É o que outras empresas estão fazendo. Para sermos competitivos, é isso o que devemos fazer. A minha impressão é que não podemos fazer muito diferente." Uma pesquisa da *Harvard Business Review* sobre trabalhos extremamente exigentes confirma a intuição daquele administrador. Segundo a pesquisa, "62% das pessoas de alta renda trabalham mais de cinquenta horas por semana;[49] 35% delas trabalham mais de sessenta; e 10% trabalham mais de oitenta". Quase um quarto dos entrevistados de mais alta renda se enquadrava no que a revista classifica como trabalho extremo e cumpriam "jornadas ainda mais penosas": "A maior parte deles (56%) trabalha setenta horas ou mais por semana[50] e 9% trabalham cem horas ou mais."

Os profissionais de elite também tiveram suas horas de trabalho aumentadas. Atualmente, os médicos residentes trabalham tantas horas que o Conselho de Credenciamento para Educação Médica em Pós-Graduação pretendeu, com resultados limitados, restringir a jornada semanal para oitenta horas semanais, na média de quatro semanas.[51] A jornada dos advogados é igualmente extenuante. Por exemplo, entre 1984 e 1990, a porcentagem de advogados que trabalhavam mais de 55 horas semanais mais do que triplicou e os que trabalhavam mais de duzentas horas por mês aumentou quase 50%.[52] Em meados da década de 1990, nada menos de 70% dos advogados associados consultados numa pesquisa de uma grande cidade do nordeste dos Estados Unidos trabalhavam, pelo menos, meio dia num fim de semana normal e mais de 99% trabalhavam nos fins de semana em períodos de muito trabalho.[53] Hoje em dia, "semanas de trabalho de mais de sessenta horas são rotineiras na prática[54] e a semana de quarenta horas é considerada trabalho de jornada parcial".

Muitas vezes, os advogados trabalham ainda mais. Um advogado que preferiu o anonimato disse que "um dia cheio" ia das sete da manhã às 3h45 da manhã seguinte,[55] e em cada uma dessas horas fazia reuniões presenciais, atendia a telefonemas de clientes e respondia entre cinquenta e cem e-mails. Um dia não tão cheio começa às nove e meia da manhã e termina às 20h45, sem intervalo para pedir — nem para comer — almoço. As empresas de elite adotam expressamente e até fazem questão dessa devoção exclusiva ao trabalho. Um associado de uma grande empresa diz que recebeu um e-mail do chefe que dizia: "Quando você acordar de manhã,[56] não escove os dentes: verifique o telefone." Mais uma vez, a antiguidade no trabalho não traz alívio para as longas jornadas. O líder de outra grande empresa estava igualmente despreocupado com a jornada dos sócios, dizendo que "a única exigência quantitativa para os sócios[57] [...] era dedicar entre 2,5 mil e 3 mil horas por ano ao atendimento remunerado de clientes, aos negócios ou a qualquer forma de melhorar as práticas da empresa".

O aumento acentuado de esforço alcançou áreas que são aparentemente reduto da elite, no passado reservadas para a proeza. O maior atleta do mundo na virada do século XIX para o seguinte — um cavalheiro diletante chamado C. B. Fry — não compareceu às Olimpíadas de Paris de 1900 por não saber que estava sendo realizada.[58] E ainda na década de 1980, John McEnroe, como se sabe, não se dedicava ao treino.[59] Hoje em dia, a atitude de McEnroe seria impensável. Atletas profissionais treinam bastante, exaustivamente e durante muito tempo: os atletas olímpicos se dedicam de modo exclusivo ao treino durante muitos anos. Rafael Nadal treina cerca de sete horas por dia.[60] E não há atletas extraordinários. Os grandes *chefs*, outro grupo que outrora foi essencialmente amador, agora atendem às exigências dos críticos de restaurantes e trabalham de oitenta a cem horas semanais.[61] As celebridades também precisam trabalhar longas e intensas horas. Todas as supermodelos, como disse uma delas recentemente, "treinam como se fosse para[62] [...] as Olimpíadas". Mesmo os famosos, só por serem famosos, devem cultivar sua fama com regularidade e dedicação.[63]

Indícios sistemáticos e numerosíssimos confirmam esses testemunhos e demonstram que as cinco últimas décadas assistiram a uma revolução nos hábitos de trabalho da elite.

Naquilo que se tornou conhecido como *divisão do tempo*,[64] os trabalhadores se distanciaram da média de quarenta horas semanais em direção a extremos em cada um dos lados, de modo que parcelas cada vez maiores da população trabalham hoje menos de trinta horas semanais ou mais de cinquenta horas. Uma estimativa[65] concluiu que o número de empregados do gênero masculino que trabalham mais de 48 horas semanais aumentou mais ou menos 50% entre 1970 e 1990. Outra estimativa diz que a parcela da população que trabalha geralmente mais de 48 horas semanais aumentou 50% entre 1980 e 2005.[66] A tendência é mais pronunciada no extremo correspondente ao trabalho árduo. Entre 1970 e 2000, a porcentagem de casais (com e sem filhos) que trabalhavam juntos mais de cem horas semanais aumentou mais ou menos 50%.[67] O mesmo período gerou naturalmente uma divergência recíproca no tempo dedicado à imagem reversa do trabalho, o lazer:[68] a diferença entre horas dedicadas ao lazer para aqueles que estão no nonagésimo e no décimo percentis da distribuição do lazer aumentou em catorze horas semanais entre 1965 e 2003.[69]

A crescente desigualdade de renda coincide com a crescente desigualdade no trabalho e com uma tendência inversa no lazer.[70] Além disso, a desigualdade de renda e a divisão do tempo acabam sendo estreitamente correlacionadas e até entrelaçadas, de modo que as mesmas pessoas que captam as rendas crescentes também trabalham mais (e têm menos lazer). O aumento na jornada de trabalho tem se concentrado entre os trabalhadores mais bem pagos e mais instruídos,[71] e o aumento das horas de lazer, entre os mais mal pagos e menos instruídos. A combinação de altos ganhos com longas jornadas de trabalho[72] era mais estreita entre 2000-2002 do que entre 1983-1985. Ou seja, os ricos trabalham jornadas desproporcionalmente mais longas, e o restante, jornadas desproporcionalmente mais curtas.

As pesquisas focadas nos extremos do trabalho mostram um quadro ainda mais surpreendente. Por exemplo, entre 1979 e 2006, a proporção de trabalhadores do quintil superior da distribuição salarial que trabalharam em média mais de cinquenta horas semanais praticamente dobrou (de menos de um sexto para quase um terço), enquanto a quantidade de trabalhadores de longas jornadas no quintil inferior da distribuição salarial caiu cerca de um terço (de pouco mais de um quinto para mais ou menos um sétimo).[73] Em 1979, trabalhadores jovens cujo salário/hora os situava no quintil superior da distribuição salarial tinham probabilidades cerca de dois terços maiores de trabalhar mais de cinquenta horas numa semana normal de trabalho do que os trabalhadores jovens do quintil inferior. Em 2006, quem ganhava o melhor salário tinha mais do que o dobro de probabilidade de trabalhar longas jornadas do que quem ganhava o pior salário.[74] Em outras palavras, na segunda metade do século XX, em cerca de três décadas, a relação entre alta renda e longa jornada se inverteu. A tendência em relação ao lazer mais uma vez espelhou a do trabalho. Entre 1965 e 2003, homens que não tinham concluído o ensino médio tiveram um aumento de cerca de dez horas de lazer por semana, enquanto os homens de instrução universitária não tiveram ganho nas horas de lazer e registraram até perda.[75] (Estranhamente, a elite perdeu horas de lazer mesmo considerando que as novas utilidades domésticas e outros aparelhos aumentaram bastante o número de horas livres fora do trabalho.)

A relação entre altos salários e formação superior, por um lado, e longas jornadas de trabalho e queda no lazer, por outro, é menos pronunciada, embora ainda notável, no caso das mulheres.[76] Mas as mulheres que trabalham são, muitas vezes, provedoras secundárias nos domicílios de dois provedores, e a relação entre trabalho doméstico e renda dificilmente poderia ser mais acentuada. No início da década de 2000, 75% dos domicílios situados no quintil superior da distribuição de renda tinham dois ou mais provedores trabalhando fora de casa, enquanto no quintil inferior essa taxa era de apenas 5%.[77] E mais de 80% das mulheres com ensino superior trabalhavam fora, mas esse índice caía para cerca de 50% entre aquelas que abandonaram o ensino médio.[78]

Essa dinâmica de gênero cria um forte contraste entre os ricos de hoje e a classe ociosa de Veblen. Ele observou que, muito depois de o trabalhador homem da elite ter sido forçado a abrir mão de seu status ocioso e "obrigado, por circunstâncias econômicas, a ganhar a vida com ocupações muitas vezes de caráter industrial", as mulheres da elite econômica, principalmente as casadas, continuaram renunciando ao trabalho fora de casa, instituindo uma organização doméstica sob medida para mostrar que elas, pelo menos, mantinham o tempo livre que seus maridos haviam perdido.[79] A mulher não trabalhadora do homem rico era, em meados do século XX, a expressão final da proeza da elite, o último reduto da classe ociosa. Hoje em dia, esse subterfúgio foi abandonado.

A relação entre renda e dedicação vai subindo na escala do trabalho, sempre em direção ao topo.* Os trabalhadores situados entre os 70% inferiores da distribuição de renda cumprem hoje jornadas muito mais curtas do que na década de 1940 — mais ou menos 20% mais curtas. Trabalhadores situados nos 30% seguintes quanto à distribuição de renda (que ficam entre o sexagésimo e o nonagésimo percentil) vêm trabalhando efetivamente o mesmo número de horas nesse período (embora a jornada tenha caído desde a virada do milênio). Então, subindo ao decil superior da distribuição de renda, coortes cada vez maiores de trabalhadores da elite tiveram mais aumento na jornada de trabalho que as coortes situadas abaixo delas. Em particular, o 1% superior viu aumentadas suas horas de trabalho mais que qualquer outra coorte de renda durante as décadas de 1980 e 1990. Singularmente, essa coorte continuou aumentando suas horas de trabalho até mesmo na década de 2000. Os efeitos cumulativos dessa tendência são imensos. Em 1940, a típica jornada de trabalho semanal de um trabalhador situado nos 60% inferiores na escala de renda era cerca de quatro horas (ou 10%) maior que a jornada típica de um trabalhador do 1% superior. Em 2010, os trabalhadores de baixa renda dedicavam ao trabalho cerca de doze horas (ou 30%) menos que o trabalhador de alta renda. Em conjunto, essas tendências alteram o equilíbrio entre a força de trabalho comum e a de elite em cerca de dezesseis horas — o equivalente a dois dias regulamentares de trabalho — por semana. Esses números e proporções devem ser vistos com cuidado. Mas a história básica que eles contam é consistente, a despeito de variações sobre o método de coleta de dados referentes a horas de trabalho.[80] Os dados, se adequadamente esmiuçados, começam mais uma vez a contar histórias. O 1% superior na distribuição de renda — representando rendas domésticas de

---

* Uma representação dessas tendências é mostrada no Gráfico 1, p. 356.

mais de 475 mil dólares — é composto de apenas 1,5 milhão de domicílios.[81] Se considerarmos o número de vice-presidentes (ou ocupantes de cargos superiores) das 1.500 empresas da S&P (talvez 250 mil);[82] profissionais do setor financeiro,[83] incluídos os de fundos de *hedge*, capital de risco, participações privadas, bancos de investimentos e fundos mútuos (talvez 250 mil); profissionais das cinco principais empresas de consultoria administrativa (cerca de 60 mil);[84] sócios de escritórios de advocacia cujos lucros por sócio sejam superiores a 400 mil dólares anuais (cerca de 25 mil);[85] e médicos especialistas (cerca de 500 mil),[86] chegaremos talvez a 1 milhão de pessoas.

Essas pessoas não representam o total do 1%, mas fazem parte dele, representando talvez a metade — parcela considerável — do 1% total dos domicílios.[87] Em última instância, as pessoas que executam os trabalhos mencionados constituem uma parte importante, e não apenas marginal ou excêntrica, do 1% superior na distribuição de renda. São também, é claro, as pessoas de que falam os relatos jornalísticos sobre empregos extremos — ocupados por pessoas que normalmente cancelam sua programação de férias, passam a maior parte do tempo viajando, vivem em apartamentos de luxo e geralmente são absorvidas pelo trabalho, encontrando-se raramente com sua vida pessoal.

ALÉM DA OPOSIÇÃO CAPITAL *VERSUS* TRABALHO

Pelo menos desde que Marx desenvolveu sua teoria da exploração, os críticos da desigualdade econômica classificam os ricos como rentistas. Nessa perspectiva, as elites desocupadas desfrutam do retorno excessivo que obtêm com a combinação do capital que não acumularam pelo próprio esforço e da exploração do trabalho de outras pessoas. Os críticos modernos da desigualdade usam um método menos sistemático e um tom mais moderado, mas o senso comum até hoje aceita o antigo argumento, ou seja, uma variante do conceito marxista de rentismo.

Os críticos ainda relacionam a desigualdade à conhecida luta política e econômica entre capital e trabalho, associando os ricos ao capital e o aumento da desigualdade à dominância reiterada do capital.[88] *O capital no século XXI*, fantástico livro de Thomas Piketty, dá a essa visão sua afirmação agora canônica. As conhecidas lamentações sobre a decadência dos sindicatos,[89] o aumento do poder sobre o mercado exercido por grandes empregadores,[90] terceirização e globalização[91] também fazem parte dessa posição generalizada.

Essas queixas têm algo de verdadeiro. Nas últimas décadas, os sindicatos vêm sendo sistematicamente desmontados. O peso da força de trabalho na renda nacional caiu[92] — pouco mas consideravelmente — desde meados do século XX. E o preço das ações — que, *grosso modo*, agregam renda ao capital —, na verdade, superou de longe o salário dos trabalhadores comuns. Mas esses e outros desdobramentos são, isso ficará claro, muito pequenos para explicar o aumento astronômico das altas rendas e da participação na renda. Sobretudo um exame detalhado da renda da elite, baseado numa versão da distinção entre capital e trabalho que reflita com exatidão as ideias meritocráticas de prerrogativa e mérito, revela que os ricos, cada vez mais e atualmente em sua imensa maioria, devem seus enormes rendimentos à venda da própria força de trabalho — ao trabalho prolongado, intensivo e excepcionalmente bem remunerado.

Não é preciso derramar lágrimas pelos ricos. Mas seria igualmente enganoso ignorar o trabalho opressivo dos ricos nos dias atuais. A intensidade do trabalho da elite estrutura tanto a experiência vivida quanto o significado social das altas rendas. Agora, os ricos dominam os demais não com desídia, mas com esforço intenso, explorando a própria qualificação e a própria capacidade de trabalho. A desigualdade meritocrática surge, principalmente, não do conflito entre capital e trabalho, mas de um novo conflito — intrínseco ao trabalho — entre trabalhadores supraordenados e trabalhadores de classe média. A política da desigualdade econômica reflete inevitavelmente esse complexo de grande riqueza onerada por um grande esforço, e o senso comum, que desconsidera as raízes econômicas da desigualdade meritocrática, mais dissimula do que o revela.

A renda do trabalho atualmente figura com destaque mesmo no ápice extremo da distribuição de renda. Hoje em dia, oito em cada dez dos norte-americanos mais ricos[93] devem sua fortuna não à herança ou ao retorno de capital herdado, mas às compensações recebidas pelo trabalho empresarial ou administrativo, remunerado com ações preferenciais ou participação na sociedade. Uma visão um pouco mais ampla revela que, na lista da revista *Forbes* dos quatrocentos americanos mais ricos, o centro de gravidade também se deslocou das pessoas que devem sua riqueza a capital herdado para aquelas cuja riqueza tem raízes no próprio trabalho. Enquanto, no começo da década de 1980, só quatro de cada dez da Forbes 400 eram predominantemente *self-made men*, hoje são sete em dez.[94] E se em 1984 havia dez fortunas herdadas para cada fortuna acumulada,[95] em 2014 as fortunas exclusivamente acumuladas superavam as exclusivamente herdadas. Com efeito, a faixa das quatrocentas maiores rendas obtidas especificamente por meio de salários aumentou 50% entre 1961 e 2007,[96] e a faixa de renda das pessoas sem instrução universitária caiu cerca de dois terços entre 1982 e 2011.[97] O desvio que favorece a renda do trabalho no vértice da escala foi o bastante para alterar o equilíbrio entre setores nos quais os super-ricos fazem fortuna. Na primeira versão da lista da *Forbes*, em 1982, 15,5% dos integrantes deviam sua riqueza à produção industrial de capital intensivo e apenas 9% ao trabalho intensivo na área de finanças. Em 2012, somente 3,8% da lista provinham do setor produtivo e 24% vinham do setor financeiro.[98]

O trabalho também domina os casos de renda da elite no nível imediatamente inferior. Embora apenas três gestores de fundos de *hedge* tenham levado para casa mais de 1 bilhão de dólares cada um em 2017, mais de 25 deles levaram 100 milhões ou mais, e rendas anuais de 10 milhões são tão comuns que nem sequer saem nos jornais.[99] Trabalhadores de elite no setor financeiro, ainda que modestos, ganham muito dinheiro. Uma pesquisa mostrou que um gestor de investimentos de um fundo de *hedge* de tamanho médio ganha, em média, 2,4 milhões,[100] e o valor médio do bônus em Wall Street explodiu, indo de cerca de 14 mil dólares, em 1985, para mais de 180 mil em 2017, ano em que o salário médio total dos trabalhadores da área de seguros em Nova York ultrapassou os 420 mil dólares.[101]

Esses valores refletem o fato de que um banco de investimentos comum desembolsa mais ou menos a metade da receita obtida com cobrança de juros para pagar a seus profissionais (fazendo com que seja muito melhor ser um executivo de elite de um banco do que um dono de ações do banco).[102] Administradores de elite na economia real também se dão bem. A renda de um CEO — salários pagos ao mais alto executivo — normalmente chega a sete dígitos. Com efeito, a renda média dos CEOs das quinhentas empresas da S&P chegou perto de 14 milhões de dólares em 2017.[103] Num ano recente típico, a compensação total paga aos cinco funcionários mais bem pagos de cada uma das S&P 1.500 (7.500 trabalhadores no total) chega a 10% dos lucros globais das mesmas empresas.[104] Esses trabalhadores não são donos dos ativos que administram, sejam carteiras, sejam empresas. Sua renda vem de salários pagos em troca de trabalho administrativo, e não de retorno de capital investido. Esses pagamentos refletem aquilo que proeminentes analistas de empresas passaram a chamar de guerra entre talento e capital — uma guerra que o talento está ganhando.[105]

O domínio da força de trabalho se percebe mais generalizadamente entre os milhões de empregos listados pelo nome na discussão anterior sobre a jornada de trabalho da elite — profissionais de finanças, vice-presidentes das S&P 1.500, consultores empresariais de elite, sócios de escritórios de advocacia altamente lucrativos e médicos especialistas. Esses trabalhadores especificamente identificados formam uma parcela substancial — a metade — do 1%. Os termos dos acordos que regem seu trabalho — os acertos econômicos que estão por trás de suas rendas — são bem conhecidos. Esses trabalhadores não contribuem com capital para suas atividades e, mais uma vez, devem sua renda ao próprio trabalho dedicado, ou seja, a sua força de trabalho.

Dados abrangentes baseados em declarações de imposto de renda confirmam que a nova elite econômica deve sua renda não ao capital, mas, na origem, à venda da própria força de trabalho. Os dados em si podem ser técnicos e abstrusos, porém, ainda assim, uma clara mensagem emerge deles. Os dados confirmam que os meritocratas ricos (ao contrário de seus predecessores aristocratas) ganham dinheiro trabalhando.

Mesmo estimativas cautelosas, que recorrem a categorias fiscais que tratam certo tipo de trabalho como ganho de capital, mostram um nítido aumento do componente trabalho nas rendas mais altas. Segundo esse método de cálculo, o 1% mais rico recebia do capital nada menos que três quartos de sua renda em meados do século XX, enquanto o 0,1% mais rico recebia do capital mais de nove décimos da renda.[106] Essas proporções tiveram uma queda sustentada ao longo de quatro décadas, a partir do começo da década de 1960, chegando ao fundo em 2000,[107] ano em que tanto o 1% mais rico quanto o 0,1% mais rico recebiam do capital cerca da metade de sua renda (mais ou menos 49% e 53%, respectivamente).[108] A participação do capital nas altas rendas voltou a subir cerca de 10% ao longo da primeira década do novo milênio, mas depois, no início da segunda década (quando o conjunto de dados acaba), começou a cair novamente.[109]

Uma contabilidade meritocrática completa das vantagens obtidas é mais abrangente e acompanha o comportamento da renda desde suas fontes mais rasas a suas raízes profundas — para revelar que alguma renda formalmente atribuída ao capital, na verdade, provém do trabalho e deve ser contabilizada como ganho por esforço, aptidão e diligência. O empreendedor que vende participações preferenciais de sua firma; o executivo que realiza capital apreciado depois de remunerado com ações; o gestor de um fundo de *hedge* que recebe em pagamento uma parte dos lucros dos recursos que investe (mas que não lhe pertencem); todos eles declaram ganhos de capital.[110] Mas esses tipos de renda, em última instância, correspondem ao retorno do trabalho do sócio-fundador, do executivo ou do gestor e, como afirma o meritocrata, devem-se a esse trabalho. Uma análise semelhante se aplica às pensões e à aquisição de casa própria.[111] Toda essa renda é obtida de um modo que a distingue da verdadeira renda de capital do rentista herdeiro que vive, na ociosidade, do retorno de patrimônio herdado. Seja lá o que for que diga a prestação de contas aos órgãos fiscais, uma contabilidade meritocrática mais precisa atribuiria todos esses tipos de renda ao trabalho, não ao capital.

Essas não são categorias de renda marginais ou peculiares (embora a necessidade de transpor as categorias tributárias para categorias morais introduza inevitavelmente juízos e imprecisões a qualquer contabilidade). Ações preferenciais, juros incorridos e compensação em ações dão aos ganhos de capital um forte componente de renda do trabalho, principalmente entre os muito ricos. Para começar, cerca da metade das 25 maiores fortunas norte-americanas, segundo a revista *Forbes*, provém de partes beneficiárias ainda em poder dos fundadores das empresas.[112] Além disso, a fatia correspondente a ganhos totais de capital informada ao Tesouro, atribuível apenas a juros incorridos — ao trabalho de gestores de fundos de *hedge* —, multiplicou-se possivelmente por dez nas últimas duas décadas, e agora compreende uma participação material de todos os ganhos de capital informados pelo 1% mais rico.[113] E, ao longo dos últimos vinte anos, cerca de metade de todas as compensações pagas a CEOs das S&P 1.500 tomaram a forma de ações ou opções de compra de ações.[114] Fundos de aposentadoria e auxílio-moradia também contribuem bastante para as rendas mais altas de hoje em dia, chegando ao dobro do que representavam na década de 1960.[115] Mais uma vez, os dados não conduzem a medidas exatas, mas é plausível que todas essas formas de renda provenientes do trabalho representem mais ou menos um terço das rendas mais elevadas, situadas no extremo superior de mais ou menos a metade das rendas mais altas que podem ser atribuídas ao trabalho, mesmo numa abordagem conservadora.

Os dados confirmam, portanto — de cima para baixo —, a narrativa da renda do trabalho que brota de uma análise dos empregos de elite.[116] Atualmente, tanto o 1% quanto o 0,1% mais ricos recebem entre dois terços e três quartos de sua renda não em troca de terras, máquinas ou finanças, mas por empregar o próprio esforço e competência. Nos Estados Unidos, a mais rica de cada grupo de cem pessoas, e mesmo a mais rica de cada grupo de mil, hoje em dia, trabalha para ganhar a vida.[117]

Essa explosão da renda proveniente do trabalho da elite transformou não só a contabilidade interna dos domicílios ricos, mas também o balanço patrimonial da economia como um todo. Em sua trajetória, isso transformou o contexto do equilíbrio de vantagens econômicas entre os ricos e os demais.

A transformação foi inesperada e por isso mesmo muitas vezes negligenciada. A desigualdade aristocrática definia a justiça econômica em termos do conflito entre o capital e o trabalho — entre os que tinham coisas e os que trabalhavam —, associando o rendimento vindo do capital à desigualdade e a renda do trabalho, à igualdade. Esse contexto faz parecer estranho, do ponto de vista moral e intelectual, situar no trabalho as raízes da desigualdade econômica cada vez maior. É mais natural, sobretudo para os progressistas, explicar o crescimento da desigualdade em razão do desaparecimento do trabalho — em especial do trabalho organizado — e do ressurgimento do capital.

Esse ponto de vista continua sendo sedutor, mas é refutado pelos dados. Embora a renda nacional tenha mudado contra o trabalho e a favor do capital ao longo dos últimos cinquenta anos, esse viés é simplesmente muito pequeno — pequeno *demais* — para responder pelo aumento das rendas mais elevadas. O desvio do trabalho para o capital aumentou a porção da renda que cabe ao 1% superior em, no máximo, 2,5% da renda nacional total.[118] Mas a renda real do 1% aumentou em cerca de 10% da renda nacional, passando do patamar baixo de 10%, em meados do século XX, para aproximadamente 20% hoje.[119] Da mesma forma, somente cerca de um quarto do aumento pode ser atribuído à participação de domicílios ricos, como capitalistas, na transferência geral da renda do trabalho para o capital. O restante do aumento na participação da renda total (três quartos) veio da distribuição da renda do trabalho.

Esses cálculos constituem uma abordagem grosseira — até mesmo simplória — de dados complexos. Foram pensados para identificar consequências agregadas dominantes de uma forma mais intuitiva do que para quantificar com exatidão a distribuição da renda. Métodos mais refinados, ainda que menos abrangentes, reiteram a lição: a renda do trabalho da elite constitui a causa principal da elevação das altas rendas.[120] Entre 1960 e 2000, por exemplo, cerca de nove décimos do aumento da participação na renda total do decil superior, por volta de quatro quintos do aumento da participação na renda do 1% mais rico e de dois terços do aumento da participação na renda do 0,1% do topo vieram especificamente dos salários da elite — os salários astronômicos pagos a grandes advogados, executivos de bancos, administradores e assim por diante.[121] Claro que a renda do trabalho, principalmente para elites mais seletas, vai muito além dos salários — sócios de escritórios de advocacia têm participação nos lucros, os gestores de fundos de *hedge* recebem juros incorridos, CEOs recebem opções de ações etc. Esses números, no entanto, chegam a ser explicativos ao preço de serem incompletos e conservadores. Um levantamento mais completo (mas tão controverso quanto), que entende a renda do trabalho constituída por salário mais uma participação na distribuição de lucros e ganhos de capital, atribui mais de três quartos do aumento da renda do 0,1% superior à renda do trabalho de elite.[122]

Todas essas complexidades levam sempre a uma simples conclusão. A maneira tradicional de pensar o conflito entre os ricos e os demais — uma batalha entre capital e trabalho — já não dá conta de explicar o que está acontecendo. Em vez disso, as fontes dominantes das altas rendas individuais repousam no trabalho supraordenado. O peso esmagador do recente aumento na renda agregada do 1% mais rico se atribui não a um distanciamento da renda do trabalho em direção ao capital, mas a uma mudança interna na renda do trabalho, que se afastou da classe média para favorecer os trabalhadores de elite.

Os ricos que trabalham surgiram de um conflito de classes essencialmente transformador, ganhando a batalha entre o trabalho da elite e o trabalho da classe média. Atribuir a desigualdade meritocrática a privilégios obtidos pelo trabalho pode parecer um erro moral, mas se baseia em fatos econômicos.

UMA CULTURA DA DILIGÊNCIA

Pouco depois de nascer sua primeira filha, Mark Zuckerberg — que detém a quinta maior fortuna do mundo graças ao trabalho de criação do Facebook (pago a ele em forma de partes beneficiárias destinadas ao fundador) — escreveu uma carta aberta à recém-nascida.[123] Na carta, que expunha em detalhes as esperanças da elite meritocrática, ele louvava a inovação e a criatividade, lamentava a desigualdade e prometia doar 99% da fortuna para "o progresso do potencial humano e a promoção da igualdade para todas as crianças da próxima geração".[124] De imediato, a doação de Zuckerberg situou-o entre os maiores filantropos norte-americanos. Mas o mais notável sobre seu gesto não foi a proporção, mas as circunstâncias e a motivação. A carta de Zuckerberg traçava uma ligação direta entre a missão social da Fundação Facebook no apoio à educação, à inovação e à igualdade de oportunidades e a devoção dele à filha recém-nascida, em nome da qual ele criou o empreendimento e fez a doação.

Essa ligação teria sido literalmente impensável para uma elite anterior, que adotava a riqueza hereditária e a ociosidade como marcas de status social.[125] A velha aristocracia fundia terras e títulos numa unidade social, estabelecendo elaboradas fórmulas expressas para governar a sucessão dinástica.[126] Com a aristocracia, quando a ociosidade era obrigatória para a elite, um herdeiro deserdado era condenado ao ostracismo. Se o duque de Marlborough tivesse destituído sua única filha do palácio de Blenheim[127] (e da herança necessária para manter a ociosidade rentista), seu gesto teria sido entendido como rejeição profunda — da filha e talvez de toda a ordem aristocrática.[128] Isso relegava a privação do direito de herança ao terreno da ficção imaginativa, um recurso usado para aumentar a progressão de um enredo ou simbolizar um ideal. Teria sido excêntrico, disruptivo e até mesmo bizarro para uma pessoa de verdade deserdar um filho.

A desigualdade meritocrática dá à escolha de Zuckerberg um contexto inteiramente diverso. Ele de fato privou a filha de quase todo um imenso patrimônio, inclusive de todo o rendimento do capital que poderia integrar sua herança. Mas o que lhe restou de riqueza e posição social são mais do que suficientes para proporcionar a educação e a qualificação necessárias para que ela integre a elite dos trabalhadores de sua geração. Além do mais, a economia do trabalho de elite lhe dará preparo para usar sua qualificação no comando de uma alta renda própria, e a economia social do apreço permitirá que ela transforme a qualificação, o trabalho e a renda proveniente deste em seu próprio status social independente.

Portanto, ao abrir mão de sua fortuna, Zuckerberg não estará privando a filha de nenhum dos elementos essenciais de casta. Pelo contrário, deve até promover sua casta, pelo fato de protegê-la das tentações da ociosidade decadente que acompanha grandes riquezas herdadas e que, sabidamente, já levaram outras jovens herdeiras ao ridículo e ao declínio social, sobretudo nos casos em que circunstâncias sociais e econômicas eliminaram os caminhos da proeza honrosa desfrutados por elites anteriores. Ao deserdar a filha, Zuckerberg incentiva sua ambição e sua dignidade, protegendo-a de uma vida dissoluta.

Portanto, não é surpresa que Zuckerberg não esteja sozinho ou sendo excêntrico em sua doação. Até hoje, cinco das dez pessoas mais ricas dos Estados Unidos e cerca de 170 bilionários do mundo inteiro (que representam cerca de 10% do total) assinaram o compromisso proposto por Warren Buffett e Bill Gates de doar a maior parte de suas fortunas à filantropia, ainda em vida ou depois da morte.[129] A transformação econômica e social de uma sociedade liderada por uma elite hereditária ociosa em uma sociedade liderada por ricos que trabalham transformou em atitude racional, e até mesmo admirável, o que no passado teria sido bizarro. A doação de Zuckerberg mais adota do que rejeita a ordem social e econômica vigente.

A rede de ideais meritocráticos que estão na base da escolha de Zuckerberg hoje é tão espessa e densa quanto os ideais aristocráticos que no passado a condenariam. Os novos-ricos não trabalham apenas por altos salários, nem fazem seu trabalho com dedicação por preferirem ter coisas caras a tempo livre. Pelo contrário, os ricos agora buscam o trabalho intenso e bem pago de propósito e por conta própria, e a sociedade de elite organiza e consolida essas atitudes numa visão de mundo específica (que conduz tanto a Fundação Facebook quanto as esperanças de Zuckerberg na própria filha).

A classe ociosa de Veblen foi substituída não apenas no âmbito econômico, mas no que se refere a normas sociais — a cultura da ociosidade da velha elite deu lugar à cultura da diligência da nova elite. Da mesma forma que a aristocracia no passado, a meritocracia agora mantém práticas econômicas e princípios morais que se apoiam reciprocamente num modelo de equilíbrio. (As novas regras permitem até mesmo conciliar a lealdade paterna com o dever cívico e, como fez Zuckerberg abertamente e de boa-fé, transmitir sua casta a gerações posteriores.)

A diligência tornou-se obrigatória para a elite meritocrática da mesma forma que a ociosidade o foi para os aristocratas. Hoje em dia, as elites se vangloriam e até mesmo reclamam do fato de serem tão ocupadas por uma necessidade social, como um escudo contra qualquer insinuação de indolência ou falta de disposição, dizendo que seu trabalho deveria estar em maior oferta do que demanda. Um anúncio do *Wall Street Journal* diz: "Gente que não tem tempo arranja tempo para ler o *Wall Street Journal*."[130]

Essas formulações, assim como as atitudes que estão por trás delas, contaminaram a ideologia da elite. Uma pesquisa recente com estudantes de direito revelou que o estudante médio aceitaria trabalhar um máximo de setenta horas por semana,[131] mas alguns se disseram dispostos a trabalhar "todo o tempo que fosse necessário" ou, mais concretamente, 120 horas semanais. (Nunca, literalmente nunca, conheci um aluno de direito de Yale que justificasse ou explicasse um fraco desempenho dizendo que os estudos não deviam invadir tempo de lazer; e, em pesquisas anônimas com calouros de Yale, 80% deles disseram que os estudos tinham prioridade sobre atividades extracurriculares, e nenhum, nem sequer um, disse que a vida social poderia ser muito mais importante que os estudos.)[132] Os estudantes não descartam essa ideologia quando entram para a força de trabalho. Muito pelo contrário: cerca de metade dos entrevistados que trabalham mais de sessenta horas semanais se identifica como *workaholic*.[133] E nunca ouvi de nenhum sócio de grandes escritórios de advocacia, repito, nenhum, reivindicação por algum descanso no escritório. Na atualidade, vangloriar-se da indolência, à moda de Bertie Wooster, seria impensável.

Hoje em dia, o trabalho intenso é símbolo de excelência e dinamismo, do compromisso de executar, como expressou um alto funcionário de um banco de investimentos, "o que for preciso para que as coisas sejam feitas".[134] Os "trabalhadores extremos" de que fala a *Harvard Business Review*, portanto, "ostentam seus compromissos como um distintivo de honra"[135] e "vestem abertamente a camisa de sua extrema dedicação". Às vezes fazem isso literalmente. Enquanto os financistas de outrora usavam roupas finas e delicadas para deixar claro que não trabalhavam, um executivo de banco da atualidade disse a um antropólogo que os profissionais de Wall Street "não deveriam usar suspensórios para não parecer que dedicavam muito tempo à aparência, quando se espera que simplesmente trabalhem muito.[136] Não se deveria perder tempo vestindo suspensórios pela manhã".

A proeza reapareceu como diligência,[137] invertendo por completo a tendência de Bertie Wooster de tratar o trabalho como lazer. Muitos dos empregos mais exigentes e bem pagos de hoje, entre eles atividades tão diversas quanto a administração e os esportes, já foram vocações ou passatempos de cavalheiros, sujeitos a normas sociais que restringiam o esforço e a intensidade com que se buscavam esses objetivos. Mesmo a celebridade[138] — a fama por si mesma, a forma mais pura de proeza — agora se apresenta como um tipo de trabalho, como esforço aberta e notoriamente despendido nas redes sociais, para que todos vejam. O próprio tempo também impregnou-se de valor econômico, inclusive entre as elites que (como nunca antes) faturam e recebem por hora. Advogados e consultores, principalmente nas empresas mais elegantes, competem para acumular o maior número de horas faturadas e contam lorotas (e até histórias de pescador) sobre longuíssimas jornadas de trabalho como instrumento disciplinar.[139]

A elite meritocrática se apega a sua diligência, aceitando estoicamente que os salários astronômicos autorizem os empregadores a extrair deles um esforço quase sem limite e defendendo como justa a troca do imenso esforço pelos rendimentos que recebem. Alegam que seu trabalho e sua renda legitimam reciprocamente um esforço e uma desigualdade de outra forma intoleráveis.

Os empregadores, dizem eles, têm "o direito de esperar trabalho árduo",[140] portanto seria "descabido" para os trabalhadores de elite "exigir [...] um cronograma do tipo das nove às cinco, cinco dias por semana". Longas horas de trabalho representam aquilo que um destacado comentarista chamou de "uma troca justa [...] por salários inflados".[141] Em palavras de outro trabalhador da área de finanças, os clientes "nos pagam montes e montes de dinheiro para nos terem à disposição 24 horas por dia, sete dias por semana".[142]

Inversamente, jornadas extremas que raiam o limite da resistência humana dão fundamento ao pagamento de salários que, de forma análoga, raiam os limites da capacidade da economia. Os trabalhadores extremos da *Harvard Business*

Review "consideram seu esforço além dos limites[143] [...] uma demonstração de caráter [...] e, para eles, uma semana de trabalho de setenta horas é prova de seu merecimento". O destacado economista conservador (e ex-diretor do Departamento de Economia de Harvard) Gregory Mankiw afirma que os trabalhadores supraordenados devem receber enormes rendimentos porque fizeram jus a eles, aquilo que ele chama de recompensa "merecida" por seu empenho.[144]

Essas afirmações têm também um lado obscuro, já que a elite meritocrática não só respeita e admira a dedicação, como desrespeita e até despreza a ociosidade e o lazer. Executivos de bancos de investimentos reclamam do "mundo exterior [à elite]"[145] no qual "as pessoas saem do trabalho às cinco, seis da tarde [e] tiram uma hora de almoço" e "simplesmente não estão motivadas da mesma forma" que eles. De maneira mais clara, Lloyd Blankfein (que ganhou dezenas de milhões de dólares como CEO do Goldman Sachs) afirmou recentemente que a ociosidade desnecessária da aposentadoria precoce recomenda que se aumente a idade mínima da aposentadoria pela previdência.[146]

Trabalho árduo e longas jornadas *constituem* a condição de elite dos ricos que trabalham; a azáfama tornou-se em si mesma "o distintivo de honra".[147] A ordem social que Veblen descreveu,[148] depois de permanecer estável ao longo de um milênio, em um século mudou de direção: os aristocratas cederam espaço aos meritocratas e a elite ociosa, à classe trabalhadora supraordenada. As esperanças de Zuckerberg para a filha refletem a ordem social em que ela nasceu.

Outrora, o lazer era sinônimo de status; o trabalho "era, afinal,[149] o que dava nome à classe". Até mesmo a esquerda admite que, no movimento trabalhista, a classe trabalhadora reivindique seu nome subalterno como ideal político. Alexei Grigorievitch Stakhanov, mineiro soviético recordista em trabalho, tornou-se o garoto-propaganda do esforço de produtividade do trabalhador socialista.

Agora, as regras e os hábitos meritocráticos transformaram tanto os ricos quanto os demais. O bastão do esforço de trabalho foi passado, em grande medida, da classe média cada vez mais supérflua a um degrau superior na escada da renda. Essa fusão entre trabalho e honra explica por que a classe média percebe sua ociosidade forçada como ofensiva e degradante, e por que os ricos que trabalham se engajam numa dedicação epidêmica ao trabalho que a mera busca por riqueza não explica.

Os stakhanovistas de hoje estão dentro do 1%.

POBREZA E RIQUEZA

Toda economia pode ser entendida pensando em dois tipos de desigualdade: a do alto, que se refere à distância entre os ricos e a classe média; e a de baixo, ou a distância entre a classe média e os pobres. A desigualdade econômica, portanto, pode aumentar e diminuir ao mesmo tempo, já que a desigualdade do alto pode crescer enquanto a de baixo é reduzida. Quando isso ocorre, a forma da má distribuição se altera. Durante a maior parte da história, inclusive até meados do século XX, e desigualdade e a injustiça estavam concentradas na pobreza. Hoje, está concentrada na riqueza.

Ao término da Segunda Guerra Mundial, uma "colaboração entre grandes empresas, grande força de trabalho e grande governo"[150] reestruturou a sociedade norte-americana, criando literalmente a classe média moderna. A renda média real do americano do sexo masculino,[151] por exemplo, subiu de 25,7 mil dólares, em 1947, para 41.836 dólares em 1967 (em valores atualizados de 2018), e o número de famílias norte-americanas[152] que tinham casa própria cresceu mais de 40% entre 1940 e 1960. No fim da década de 1950, quando Galbraith publicou *A sociedade afluente*, a prosperidade da classe média era amplamente perceptível e penetrou na autoimagem da época — em St. Clair Shores e por todo o país.

No entanto, nem todos os norte-americanos eram representados pelas grandes empresas, pela grande força de trabalho e pelo grande governo. Minorias raciais e mulheres teriam de esperar várias décadas para que seus clamores de justiça fossem ouvidos com seriedade, e a população LGBTQ esperaria meio século. Além disso, os pobres não tinham participação nem voz em ramo algum do triunvirato que governou os Estados Unidos em meados do século XX e constituíam, como disse Galbraith, uma "minoria sem voz",[153] uma "presença silenciosa [...] deixada de fora desse idílio da classe média". A explosão da classe média reduziu radicalmente a desigualdade no alto, mas tanto a desigualdade quanto a pobreza persistiram na ponta inferior.

Em 1962, quando a renda do 1% superior chegava perto do mínimo de todos os tempos, entrou em cena outro livro, *A outra América*, de Michael Harrington, formado pela Escola de Direito de Yale, socialista,[154] ainda que democrata, e firmemente anticomunista. Arthur Schlesinger Jr. certa vez o chamou de "único radical responsável dos Estados Unidos".[155] Harrington passou grande parte do período correspondente ao *boom* da classe média no pós-guerra mergulhado na questão dos pobres nos Estados Unidos.[156] *A outra América* resulta dessa imersão. O livro descreve em vívidos detalhes aquilo que um crítico chamou de "alarmantes [...] bolsões de pobreza e fome nas áreas deprimidas dos Estados Unidos".[157] A pobreza negava a muitos cidadãos aquilo que Harrington definiu como "níveis mínimos de saúde,[158] habitação, alimentação e educação que nossa presente etapa de conhecimento científico especifica como necessários para a vida como ela é levada atualmente nos Estados Unidos". A "tese raivosa",[159] como disse outro crítico, dizia que "por trás da fachada brilhante da 'sociedade norte-americana da abundância' repousa um gueto de solidão e derrota habitado pelos pobres".

Harrington afirmava que o gueto era enorme,[160] compreendendo entre 40 e 50 milhões de cidadãos cuja privação material fazia deles exilados internos, excluídos da sociedade da abundância e, nesse sentido, praticamente prejudicados pelo *boom* da classe média. Ele não podia ser preciso porque o governo dos Estados Unidos não tinha estatísticas sobre a pobreza até 1963-1964 (depois que o livro de Harrington ficou famoso). Mas o autor podia ter certeza de que a pobreza — a privação material triturante — afligia grande parte dos norte-americanos. E, quando apareceram as estatísticas oficiais, cerca de um quarto da população vivia ainda na pobreza.[161]

Para Harrington, em todo caso,[162] essas estatísticas eram mais um meio do que um fim. "Eu pediria ao leitor", escreveu, "que esquecesse o jogo dos números. Seja qual for a calibragem exata, é óbvio que essas estatísticas representam uma quantidade enorme, uma quantidade inadmissível de sofrimento nesta terra. Eles deveriam ler com um sentimento de indignação". Harrington aspirava a tornar-se "um Dickens americano"[163] e, dessa forma, "registrar o cheiro, a textura e a condição" da pobreza generalizada em meio à abundância.

Outros escritores de meados do século XX também tinham essa sensibilidade e corroboravam o quadro pintado em *A outra América*. O livro *Wealth and Power in America: An Analysis of Social Class and Income Distribution* [Riqueza e poder nos Estados Unidos: uma análise de classes sociais e distribuição de renda], de Gabriel Kolko, publicado também em 1962 e muitas vezes lido junto com o de Harrington, proporciona detalhes frios e sem emoção, mas intensos: a família pobre, em média, "não tem telefone em casa,[164] mas [...] faz três ligações pagas por semana. Compra um livro por ano e escreve uma carta semanal. O pai compra um terno de lã grossa de dois em dois anos e um terno de lã mais leve a cada três; a mãe compra um conjunto de dez em dez anos ou uma saia a cada cinco anos [...]. Em 1950, a família gastou um total de 80 a 90 dólares (o equivalente a cerca de 850 dólares em 2015) em todo tipo de mobília, aparelhos elétricos e de lavagem de roupas [...]. A família toda consome um total de duas casquinhas de sorvete de 5 centavos, um doce de 5 centavos, duas garrafas de refrigerante e uma de cerveja por semana".

Para esses norte-americanos — e eles eram numericamente suficientes para constituir uma massa e não uma margem —, a abundância da classe média permanecia fora de alcance, e St. Clair Shores era outro país.

A GUERRA À POBREZA

A outra América recebeu críticas respeitosas, mas foi pouco lido e não teve tanto impacto de início.[165] Os críticos previram poucas vendas, e o próprio Harrington — dizendo que ficaria feliz se vendesse 2.500 exemplares — viajou para a Europa pouco depois da publicação.[166]

Mas, em janeiro de 1963, Dwight Macdonald comentou o livro numa matéria de cinquenta páginas publicada pela revista *The New Yorker* e intitulada "Our Invisible Poor" [Nossos pobres invisíveis].[167] A matéria, a mais longa de seu tipo na história da revista,[168] foi "muito mais lida que o livro de que falava"[169] e conquistou a opinião pública. Chamou também atenção da elite política, em especial do assessor econômico do presidente Kennedy, Walter Heller, que fez uma espécie de resumo do livro de Harrington e da resenha de Macdonald ao presidente.[170]

Kennedy levou a sério suas lições. "Acredito", escreveria Schlesinger mais tarde, "que *A outra América* ajudou a cristalizar a determinação [de Kennedy], em 1963, de acompanhar o corte de impostos de um programa de atendimento aos pobres".[171] Não ficou claro se o presidente Kennedy leu realmente o livro, mas "em Washington todo mundo presumia que sim".[172] O que se sabe ao certo é que, no início de 1963, em seu discurso anual para o Congresso, Kennedy citou uma página do livro a qual dizia que 32 milhões de norte-americanos estavam vivendo na "periferia da pobreza".[173] E em abril do mesmo ano ele propôs a fundação do Corpo de Serviço Nacional com uma mensagem que dizia "A pobreza em meio à abundância é um paradoxo que não deve continuar sem reação neste país".[174] Ele deveria ter acrescentado que o paradoxo punha em risco a autoridade moral de seu governo: como uma sociedade que condenou seus pobres à miséria material evitável e à exclusão social poderia esperar que eles permanecessem leais a suas instituições e obedecessem a suas leis?[175]

Em 19 de novembro de 1963, Heller recebeu de Kennedy a incumbência de incluir medidas de combate à pobreza no projeto legislativo do governo para 1964.[176] Kennedy foi assassinado três dias depois, mas a iniciativa de combate à pobreza foi a primeira ideia que Heller levantou com o recém-empossado presidente Johnson.[177] O programa apelava à sensibilidade de Johnson para com o New Deal,[178] como ele mesmo disse, e em sua primeira mensagem ao Congresso, em 27 de novembro de 1963, propôs "dar continuidade à luta contra a pobreza e a miséria, a doença e a ignorância, em outras terras e na nossa".[179] A imprensa popular assumiu essa convocação para a luta.[180] Em seu primeiro discurso anual ao Congresso, em 8 de janeiro de 1964, o presidente Johnson declarou sua "guerra incondicional à pobreza nos Estados Unidos",[181] que se tornaria notória.

O mais importante a entender sobre a guerra à pobreza é que ela de fato reduziu a pobreza. No entanto, a vitória não foi total, incondicional nem mesmo suficiente, é claro, e a pobreza continua, real e escandalosa. A guerra interrompeu-se no fim da década de 1970, e a pobreza se agravou em anos mais recentes,[182] como sempre acontece depois de reveses econômicos. Mas as principais conquistas da guerra à pobreza, de uma forma ou de outra permaneceram, mesmo diante da crescente desigualdade econômica.

Mesmo à sombra da Grande Recessão, a pobreza tornou-se, por qualquer parâmetro, mais restrita e menos profunda do que no passado, e a pobreza degradante continua irreconhecivelmente menos abrangente e profunda. Os reveses econômicos atingem os pobres com força, mas desta vez não há filas para o pão. Com efeito, a pobreza permanece radicalmente menos grave do que foi mesmo depois do *boom* posterior à Segunda Guerra Mundial e da Grande Compressão de meados do século XX, que os progressistas defendem de um jeito romântico como o pico da justiça econômica nos Estados Unidos. Hoje em dia, o aumento da desigualdade econômica não é conduzido predominantemente pela pobreza, mas pela concentração da riqueza.*

O índice oficial de pobreza caiu bastante durante a década de 1960, indo de 22,4%, em 1959, a um mínimo de 11,1% em 1973.[183] Desde então, flutuou entre 11% e 15%[184] (os dados mais recentes, de 2017, mostram um índice de pobreza de 12,3%). A redução real da pobreza é quase que com certeza muito maior. Uma Medida Suplementar de Pobreza,[185] proposta em 1992 e sancionada oficialmente em 2011, diz que a pobreza regrediu substancialmente mais do que registra a Medida Oficial.[186] Outras medições não oficiais registram quedas ainda mais pronunciadas.[187] Um destacado sociólogo radical disse recentemente que a pobreza medida pela renda, calculada com exatidão, caiu a menos de 5%.[188]

Uma abordagem alternativa da pobreza, que segue a recomendação de Harrington para focar na experiência de vida dos pobres e mede a pobreza diretamente em termos de consumo, registra uma redução ainda mais acentuada. Os índices de consumo dos pobres não vêm sendo rastreados há tanto tempo nem com metodologia tão confiável quanto seus índices de renda. Mas os melhores dados que se podem encontrar indicam que a pobreza medida pelo consumo caiu de cerca de 31%, na década de 1960, para aproximadamente 4,5% em 2010.[189] A pobreza extrema — condição das pessoas que vivem com recursos equivalentes à metade, ou menos da metade, do que demarca a linha de pobreza — também é acentuadamente menor quando medida em termos de consumo e não de renda. Enquanto o índice de pobreza extrema, em números oficiais (baseados na renda) de 2009 ficou em cerca de 6%,[190] a pobreza extrema avaliada pelo consumo caiu a menos de 1%.[191]

Adotando-se a exortação de Harrington a se focar em detalhes concretos e não em estatísticas abstratas, percebem-se as grandes melhoras que essas mudanças fizeram na experiência de vida dos pobres. Os pobres podem comprar, hoje,[192] em média, provavelmente 125% do que compravam em meados do século XX, e seu poder de compra para certos artigos de primeira necessidade — principalmente, alimentos — aumentou ainda mais. (Uma família pobre comum gasta na atualidade, em alimentação, a metade da porcentagem de sua renda que gastava na metade do século passado.)[193] Bens de consumo duráveis também aumenta-

---

* Uma representação dessas tendências é mostrada no Gráfico 2, p. 358.

ram notavelmente o bem-estar dos mais pobres. Em 1960, os pobres não tinham acesso a ares-condicionados, máquinas de lavar louça ou secadoras de roupa, e metade deles não possuía carro.[194] Em 2009, mais de 80% do quintil mais pobre dos domicílios norte-americanos tinham ar-condicionado, 68% tinham secadora de roupas, 40% tinham máquina de lavar louça e 75% tinham carro.[195]

Mesmo consumindo mais, os pobres prestam menos serviço em troca. Em 2010, norte-americanos do sexo masculino com ensino médio incompleto ou menos tinham quinze horas semanais a mais de "lazer" do que em 1965, e as mulheres com ensino médio incompleto ou menos ganharam dez horas a mais de "lazer" no mesmo período.[196] As aspas indicam que esse ganho é uma faca de dois gumes, já que reflete principalmente o desemprego involuntário e seus corolários nefastos.[197] Embora a desocupação forçada imponha uma carga bem pesada, o aumento do consumo combinado com redução do trabalho mostra uma queda na pobreza material absoluta.

Esses acréscimos aparentemente banais no consumo transformam vidas. Qualquer pessoa que já tenha lavado roupas a mão sabe que o "dia de lavar roupa" representava um dia inteiro de trabalho árduo, todas as semanas. E, entre 1960 e 2004, a disseminação do ar-condicionado doméstico reduziu mortes prematuras decorrentes do calor em nada menos que 75%.[198] Indicadores mais amplos de saúde mostram a expansão dessa tendência. A taxa de mortalidade infantil nos Estados Unidos caiu de 30,1 por mil nascidos vivos, em 1960, para 6,8 por mil nascidos vivos em 2015.[199] O índice de desenvolvimento humano da Organização das Nações Unidas (ONU) subiu cerca de 10%.[200] E a expectativa de vida dos norte-americanos pobres também aumentou, embora muito menos que a dos mais ricos.[201]

Nada disso demonstra que a pobreza tenha sido erradicada ou que a vida dos pobres remanescentes tornou-se fácil. A guerra contra a pobreza ainda não está ganha, e a vitória final continua preocupantemente distante. Mas as primeiras conquistas obtidas no governo Johnson não foram revertidas. Mesmo depois do retrocesso sofrido pelos programas da Grande Sociedade,* iniciado com a Revolução de Reagan e mantido até os dias atuais, e depois do colapso

---

* A Grande Sociedade refere-se a uma série de programas do governo do presidente norte-americano Lyndon Johnson para combater a pobreza e a "injustiça racial". (N. do E.)

econômico da Grande Recessão, a pobreza continua em níveis situados entre metade e um sexto do que era em meados do século XX, a depender do critério de medição.[202]

Apesar de suas falhas e da instauração de uma nova desigualdade econômica, o sistema econômico e político norte-americano hoje em dia atende às necessidades básicas de seus cidadãos numa proporção praticamente sem precedente. A privação absoluta, triturante e generalizada que impulsionou a busca de justiça econômica em meados do século XX já não domina o cenário do país.[203] A legítima indignação ante a pobreza remanescente não apaga nem deve obscurecer esse avanço.

Os Estados Unidos já não são aquele país de Michael Harrington. E isso é algo bom.

UMA NOVA RUPTURA

Um segundo desdobramento, este mais conhecido, é concomitante à queda da pobreza. Mais uma vez, a riqueza avançou, embora a pobreza tenha recuado:[204] a fatia da renda nacional apoderada pelo 1% de maior renda, hoje, representa mais que o dobro do que era em meados do século XX. A desigualdade no extremo superior aumentou, ainda que tenha caído no extremo inferior. Esses fatos, em conjunto, dão à desigualdade econômica um rosto novo sem precedentes.

Os coeficientes de renda produzem esses efeitos.* Em 1964, a renda de uma família típica de classe média (renda média) era de cerca de quatro vezes a renda de uma família típica pobre (renda média do quintil mais pobre); meio século depois, é de apenas três vezes.[205] E, em 1964, a renda (média no 1% superior) de um típico domicílio rico era de cerca de treze vezes a renda de um domicílio típico de classe média; meio século depois, tinha se tornado 23 vezes maior. Ou seja, a diferença de renda entre os pobres e a classe média encolheu cerca de um quarto desde meados do século XX, enquanto a diferença entre a classe média e os ricos praticamente dobrou no mesmo período.

Em outras palavras, os pobres e a classe média convergiram, enquanto os ricos deixaram a classe média muito para trás. Essas pressões comprimem a clas-

---

* Uma representação dessa tendência é mostrada no Gráfico 3, p. 359.

148 A CILADA DA MERITOCRACIA

se média a partir de seus dois extremos, desmontando a versão da ascensão da classe média, em St. Clair Shores e em todo o país, e esvaziando com firmeza aquilo que cada vez mais, num olhar retrospectivo, se mostra como uma bolha de classe média. Com efeito, 2015 foi o primeiro ano, desde a publicação do livro de Galbraith, em que a maioria dos norte-americanos não era de classe média[206] e a classe média remanescente já não era a mais rica do mundo.[207]

Uma medida abrangente da desigualdade — o coeficiente de Gini — traz a revolução para casa. Esse coeficiente representa a desigualdade por um número situado entre 0 e 1. Um coeficiente 0 representa a igualdade perfeita, em que todas as famílias têm rendas iguais. Um coeficiente 1 representa a desigualdade máxima, em que uma família fica com toda a renda da economia e as demais ficam com nada.

O coeficiente de Gini para a economia norte-americana subiu acentuadamente ao longo dos últimos cinquenta anos: de 0,38, em meados do século XX, para 0,49 na atualidade.[208] Esse aumento resume a convicção do senso comum, segundo a qual a desigualdade total mostrou um nítido aumento, de níveis semelhantes ao da Noruega naquela época a níveis atuais equivalentes aos da Índia.

Duas outras tendências são menos conhecidas, mas expõem com clareza o deslocamento do centro de gravidade da desigualdade econômica. Em primeiro lugar, o coeficiente de Gini para os 70% que estão na base da distribuição de renda nos Estados Unidos — obtidos não por alguma redistribuição de renda, mas simplesmente por descarte de toda a renda dos 30% superiores — caiu (cerca de 10%) desde meados do século XX. (Com efeito, o coeficiente de Gini para os 90% inferiores permaneceu achatado durante esse período, sem aumento acentuado da desigualdade dentro dos nove décimos inferiores da distribuição da renda.)[209] Em segundo, o coeficiente de Gini para os 5% superiores da distribuição de renda — agora obtidos por descarte de toda a renda dos 95% inferiores — disparou de 0,33 em meados do século XX para 0,5 hoje.*[210]

A desigualdade econômica caiu um pouco dentro dos sete décimos inferiores da distribuição de renda nos Estados Unidos e aumentou radicalmente dentro do vigésimo superior.[211] Na verdade, em alguns anos recentes, a desigualda-

---

* Uma representação dessas tendências é mostrada no Gráfico 4, p. 360.

de no interior dessa pequena elite ultrapassa a desigualdade na economia como um todo. Em outras palavras, a diferença entre os que são simplesmente ricos e os excepcionalmente ricos tornou-se tão grande que a desigualdade aumentaria ainda mais se os pobres e a classe média fossem eliminados da distribuição de renda. (Em alternativa, a desigualdade até certo ponto estável nas partes inferiores da distribuição de renda funciona agora como um lastro que evita a explosão da desigualdade no extremo superior.)

Essa situação teria sido inimaginável em meados do século XX. Na época, a principal cisão econômica era a que separava os paupérrimos da classe média emergente, e a desigualdade no extremo inferior dominava a má distribuição. Atualmente, a principal cisão econômica é a que separa os super-ricos de todos os demais, e a desigualdade dominante se dá no extremo superior. A desigualdade em aumento no extremo superior vem sendo acompanhada não apenas pela queda na pobreza, mas também pela manutenção, e até pela queda, da desigualdade no extremo inferior.

Por fim, o aumento da desigualdade no extremo superior vem sendo mais rápido que a queda da desigualdade no extremo inferior. É por esse motivo que o coeficiente de Gini para a distribuição total aumentou.

MUDANDO DE ALVO

Esses desdobramentos não são apenas curiosidades técnicas, confinadas à contabilidade nacional e a tabelas de distribuição, de interesse apenas de economistas e estatísticos. Pelo contrário, o aumento do número de ricos que trabalham transforma a experiência de vida e o significado social da desigualdade econômica. A meritocracia, em essência, muda o objeto da justiça econômica.

No passado, a riqueza dos indolentes junto com a pobreza generalizada dava aos críticos da desigualdade um alvo vulnerável. Era fácil condenar a prodigalidade dos aristocratas, e a sordidez da pobreza comovia. Agora, a ascensão dos ricos que trabalham e a queda da pobreza deram força à desigualdade meritocrática contra as alegações que desacreditavam a classe ociosa. Os trabalhadores supraordenados parecem quase admiráveis, e a classe média (mesmo com sua luta) não pede nem inspira caridade. A virada meritocrática frustra os paladinos da igualdade e dá uma dimensão moral à cilada da meritocracia.

Os trabalhadores supraordenados obtêm seus rendimentos a partir do trabalho, explorando o próprio esforço e a própria qualificação. Isso cria uma forte impressão de que os meritocratas fazem jus a suas vantagens, como reza o princípio de "merecimento justo", de Mankiw. Além disso, enquanto obviamente ninguém merece herdar uma propriedade ou uma fábrica, como ocorria entre aristocratas rentistas, os meritocratas podem alegar com razoabilidade que merecem a qualificação e o trabalho ético que produzem seus rendimentos. Um progressista olha para um latifundiário ou dono de fábrica da antiga elite e diz, convincentemente, como fariam Elizabeth Warren ou Barack Obama: "Você não construiu isso."[212] Mas é difícil dizer o mesmo a um trabalhador supraordenado da nova elite, que (sejam quais forem suas vantagens iniciais) deve seus imensos rendimentos à qualificação que cultivou por meio da diligência e esforço próprios. À primeira vista, negar que os meritocratas conquistam e merecem seus rendimentos implicaria negar que qualquer pessoa conquiste ou mereça coisa alguma.

A mudança da desigualdade do extremo inferior para o extremo superior fortalece ainda mais a desigualdade meritocrática em relação aos argumentos dos progressistas. A pobreza persiste, é claro, e aliviá-la continua sendo um imperativo moral.[213] Mas a guerra contra a pobreza, ainda que incompleta, transformou o cenário político. A política da igualdade agora está centrada no abismo cada vez maior entre o vértice e o meio e não na privação absoluta no extremo inferior — na frustração da classe média mais que na miséria dos pobres. (A nostalgia em relação à economia de meados do século XX, quando a classe média prosperava e os pobres sofriam, simboliza essa mudança.)

A desigualdade meritocrática naturaliza o novo foco. A vida da classe média é dura, e o contraste entre sua estagnação e o crescimento extravagante da elite, com ostensiva opulência, a torna ainda mais difícil. Mas a classe média é incapaz de suscitar a ampla e visceral solidariedade que os pobres suscitavam nos tempos de Harrington. Na época, a desigualdade do extremo inferior era uma catástrofe humanitária. Hoje, a desigualdade no extremo superior é uma injustiça política. Mais uma vez, a transformação meritocrática enfraquece a posição dos paladinos da igualdade.

Princípios morais convencionais simplesmente não dão conta da nova realidade econômica. Os argumentos que derrotaram a desigualdade aristocrática desviam as frentes de batalhas atuais e iluminam a desigualdade meritocrática com, no máximo, uma luz indireta. O ideal meritocrático segundo o qual a renda deve provir da diligência e não do berço, e que deu aos progressistas de meados do século XX uma arma poderosa para combater a desigualdade aristocrática, agora está na raiz de um novo mal, além de ser um refém moral que a redistribuição deve evitar prejudicar.

UM ADVERSÁRIO VALENTE

Desde o nascimento da democracia na Grécia Antiga até a invenção da democracia de massas com a fundação dos Estados Unidos, os pensadores políticos aceitaram uniformemente que a política democrática permite que as massas se unam para expropriar a riqueza de elites menos numerosas.[214]

A carreira recente da desigualdade econômica confunde essa previsão. Mesmo quando a desigualdade em aumento concentra cada vez maior renda numa elite cada vez menor, o governo recuou radicalmente da redistribuição econômica. As fatias correspondentes ao 1% superior, ao 0,1% superior e ao 0,01% superior praticamente dobraram, triplicaram e quadruplicaram nas últimas décadas. No mesmo período, a alíquota superior do imposto sobre a renda caiu mais de metade:[215] de mais de 90% na década de 1950 e início de 1960 para 70% quando Ronald Reagan assumiu a presidência em 1981; e menos de 40% na atualidade. Enquanto as elites ficam cada vez mais ricas, o governo fica com uma parte cada vez menor de sua renda e riqueza.

Os maiores perdedores, nessas circunstâncias, não são os pobres, que (mesmo numa democracia) enfrentam obstáculos à ação política organizada. A grande perdedora — que teve uma queda em sua fatia da renda nacional e, ao mesmo tempo, um aumento na carga tributária — foi a classe média em sentido amplo. Nesse grupo estão jornalistas, professores de todos os níveis, gerentes de escalão intermediário, servidores públicos, engenheiros e mesmo médicos de família. Não se trata de um grupo de pouca instrução ou desprovido de poder. Pelo contrário, ele pode influenciar e até controlar o sistema médico e científico, a imprensa, as universidades e até a burocracia mais importante.

A classe média tem formação política e acesso a estruturas políticas que a tornam capaz de proteger seus interesses por meio da ação democrática. Assim sendo, por que os norte-americanos de classe média não vêm se mobilizando há mais tempo para impedir as transformações econômicas e políticas que os prejudicam tão claramente? O que possibilitou que uma elite restrita, numa democracia, expropriasse de fato uma classe média muito mais ampla e um grande contingente de aspirantes à elite?

Há pouco tempo, um comentarista desapontado observou que mesmo com "avanços importantes nos últimos séculos em outras frentes de injustiça",[216] que tornaram fácil condenar "a escravidão, a exclusão racial, o domínio de gênero e a recusa da cidadania [...], a enorme riqueza pessoal [...] continua ideologicamente estruturada como se não fosse justo corrigi-la". Por que, durante as décadas em que praticamente todos os outros grupos marginalizados avançaram em direção à igualdade, apesar de estarem em minoria, o grupo muito mais numeroso de desprivilegiados, os 99% da população, admite ser cada vez mais extorquido? Essa situação sem precedente desafia milênios de sabedoria popular e põe em xeque quase todas as afirmações conhecidas da economia política sobre democracias de massa.[217] De certa forma, é um enigma ainda mais misterioso do que a razão de a erupção da classe média, quando finalmente aconteceu, ter assumido uma forma xenófoba e populista.

O charme da meritocracia dilui o enigma, fazendo com que a classe média aceite e defenda suas desvantagens cada vez maiores. Quando a desigualdade era aristocrática, ideais relacionados a solidariedade e direitos sustentavam o Estado de bem-estar social e a guerra contra a pobreza. Mas, hoje, a meritocracia justifica a desigualdade econômica em ascensão. Quem acha que trabalhou em tarefas produtivas reivindica maior direito a recompensa dos que acham que não trabalharam,[218] e, quando a riqueza é percebida como legítima, o apoio à redistribuição econômica decresce.[219] Mankiw resume isso ao observar que, "quando as pessoas veem com os próprios olhos que alguém com talento fez grande fortuna licitamente,[220] ficam propensas a não se incomodar com isso". Os ricos exigem alíquotas de imposto mais baixas, e os demais aceitam isso porque os dois grupos acham que a desigualdade meritocrática acompanha o mérito, enquanto a redistribuição prejudicaria injustamente os trabalhadores dedicados.[221]

A reviravolta meritocrática fortalece também os inimigos da igualdade ao atacar a redistribuição, culpando-a de favorecer o ressentimento dos indolentes, suscitado pelas recompensas que a meritocracia reserva aos dedicados.[222] Uma piada da época da Guerra Fria dizia que um comunista russo a quem lhe será concedido um desejo pede: "Meu vizinho tem uma vaca, eu não.[223] Quero que matem a vaca." Hoje em dia, Arthur C. Brooks, presidente do Instituto Americano do Empreendimento, destaca que muitos dos projetos específicos defendidos pelos progressistas (entre eles a previdência social, o Medicare e o crédito educativo subsidiado) distribuem uma parte importante dos lucros das empresas não aos pobres, mas à classe média. De modo ainda mais crítico, Brooks vê esses projetos como mera apropriação de recursos por um grupo de interesse, numeroso e por isso mesmo forte, ainda que insatisfeito. Brooks formula uma pergunta retórica: os programas sociais redistributivos devem simplesmente crescer sem parar até que a inveja da classe média se esgote?[224] Até mesmo os igualitaristas têm a preocupação de que os sentimentos dessa classe média, revelem-se mais usurpadores do que magnânimos.[225] Quando a desigualdade é meritocrática, segundo esses argumentos, a reivindicação de justiça econômica simplesmente lava o dinheiro dos desejos da classe média.[226]

Às vezes, todos esses sentimentos se manifestam ao mesmo tempo, e os ricos que trabalham trombeteiam abertamente seus direitos meritocráticos e seu desprezo pela classe média. Um e-mail circulou entre os trabalhadores do sistema financeiro, no auge do movimento Ocupe Wall Street, quando o presidente Obama propunha a taxação das grandes fortunas, expondo claramente a questão.

"Somos Wall Street",[227] dizia o e-mail. "Levantamo-nos às cinco da manhã e trabalhamos até as dez da noite ou mais. Estamos habituados a não nos levantar para urinar, quando temos um cargo. Não tiramos uma hora ou mais para almoçar. Não exigimos sindicato. Não nos aposentamos aos cinquenta anos. Só ganhamos pelo que produzimos."

A meritocracia dá munição aos ricos que trabalham para enunciar uma divisa moral que os defensores da igualdade não conseguem afastar ou ignorar.

Em vez disso, eles precisam encarar a meritocracia firmemente.

CAPÍTULO 5

A HERANÇA
MERITOCRÁTICA

Para a turma de formandos por volta de 1950 da Groton, escola de elite especializada no preparo para a universidade, "ser admitido na faculdade não acarreta nenhum elemento de insegurança ou nervosismo;[1] o menino e sua família simplesmente decidiam para onde ele pretendia ir e pronto. Todos os membros da turma entraram para a faculdade escolhida, menos um, que era tido como portador de lesão cerebral". Nesse aspecto, os egressos da Groton não eram exceção entre os que saíam do ensino médio preparatório. Yale, por exemplo,[2] admitiu 90% dos candidatos nos anos que precederam a Segunda Guerra Mundial e ainda admitia 60% deles em meados da década de 1950. Mesmo nas décadas de 1940 e 1950, as universidades de elite mantinham como política semioficial o princípio segundo o qual os filhos de ex-alunos deveriam ser admitidos desde que fossem minimamente capazes de acompanhar o curso. Privilégios herdados e os índices de sucesso que eles proporcionavam aos candidatos permeavam até mesmo a linguagem das admissões, já que os filhos das melhores famílias mais "se inscreviam" na escola preferida do que "se candidatavam" a ela. Os ex-alunos, principalmente, acreditavam "que a admissão de seus filhos era um direito".[3]

As faculdades tinham em comum essas atitudes referentes aos privilégios hereditários e achavam errados outros critérios de admissão. O corpo docente

A HERANÇA MERITOCRÁTICA

de Yale, em reação à "indisciplina" e ao "desleixo" dos alunos "mal-educados" que chegaram à universidade beneficiados pela lei de proteção a veteranos, adotou o uso obrigatório de terno e gravata.[4] Na década de 1950, o reitor de Yale A. Whitney Griswold "atacou com veemência a educação em massa" e recusou-se a ampliar a faculdade para atender à demanda da onda de *baby boomers*, dizendo que não ia permitir que o homem de Yale se transformasse "num intelectual carrancudo altamente especializado".[5] O escritório de admissões de Harvard advertiu abertamente os orientadores do ensino médio e candidatos de alta casta que pretendia preencher um "alegre quartil inferior"[6] de suas turmas com atletas, egressos medíocres das escolas preparatórias e filhos de ex-alunos. Universitários vindos das melhores famílias e das escolas mais pretensiosas continuaram ausentes das listas de admitidos.[7] Em Yale, eles estavam representados na Phi Beta Kappa por um em cada grupo de três alunos.[8]

Reformadores de meados do século, com motivação econômica e democrática, adotaram deliberadamente a meritocracia e seus acessórios — entre eles, testes de desempenho e admissões competitivas — para derrubar essa elite improdutiva e autocomplacente. James Bryant Conant, reitor da Universidade Harvard, foi quem começou a aplicar o Teste de Aptidão Acadêmica (SAT, na sigla em inglês) como critério de admissão às faculdades norte-americanas, para ajudar a filtrar os solicitantes de bolsas, como parte de uma iniciativa deliberada de levar a educação propiciada pela universidade de maior prestígio no país a novos grupos.[9] O economista progressista James Tobin, ganhador do prêmio Nobel, foi aprovado para a turma de 1939 de Harvard, apesar da formação modesta que trazia de Champaign, Illinois, e tornou-se um dos primeiros grandes sucessos do teste.[10] Depois da Segunda Guerra Mundial, Harvard ampliou sua estratégia de testes com resultados rápidos e profundos: no fim da década de 1940,[11] as turmas de Harvard tinham tantos alunos provenientes de escolas públicas quanto egressos das escolas preparatórias de elite, e a pontuação média dos calouros no SAT, a partir de 1952, teria situado esses alunos nos 10% inferiores da turma que entrou em 1960. Isso representava, segundo o antigo pró-reitor de admissões Wilbur J. Bender, "a maior mudança na admissão a Harvard[12] [...] na [...] história escrita". Princeton foi a seguinte, de modo que seu corpo discente atingiu a paridade entre graduados por escolas públicas e preparatórias em 1955.[13]

A revolução chegou por último a Yale. Entre 1951 e 1956, Yale admitiu apenas sete alunos da Escola Secundária de Ciências do Bronx, provavelmente a mais competitiva do ensino médio norte-americano da época, mesmo tendo aceitado 275 egressos da nada meritocrática Academia Phillips Andover.[14] Mas, quando a mudança chegou, trouxe uma vingança, e de uma forma que adotava expressamente o ideal meritocrático de uma elite construída com capital humano projetada para proporcionar trabalho supraordenado.

Griswold morreu em 1963, e Yale teve em Kingman Brewster um reitor novo e muito diferente. Brewster via a elite aristocrática como esclerosada. Declarando que não pretendia "dirigir uma escola de etiqueta no estuário de Long Island",[15] lançou-se à reforma de Yale. A meritocracia deu a Brewster, que se dizia "um banqueiro de investimentos intelectual",[16] o projeto da reforma. Selecionando seus alunos com base na aptidão e no aproveitamento,[17] Yale investiria sensatamente seus recursos educativos e maximizaria o retorno.

Em 1965, Brewster indicou R. Inslee "Inky" Clark Jr. para a pró-reitoria de admissões, com a incumbência de reformular o corpo discente de Yale com base num modelo meritocrático.[18] Clark, cujo nome aristocrático contrastava com uma educação no ensino público e uma mentalidade igualitária, demitiu praticamente todos os que trabalhavam em admissões e montou uma nova equipe comprometida com o recrutamento de alunos firmemente assentado sobre o desempenho e não sobre o berço. A Yale Corporation, por sua vez, adotou, em 1966, um sistema de admissão que desconsiderava os recursos financeiros do aluno, tornando-se a primeira universidade a cassar o direito de admissão baseado na capacidade de pagamento.[19]

A equipe encarregada das admissões montada por Clark rejeitava expressamente a elite hereditária, mesmo quando ela procurava aderir à nova meritocracia. Clark centrou as admissões naquilo que chamava de "busca de talentos", entendendo "talento" como a receptividade ao investimento em capital humano, perguntando "quem vai ser mais favorecido por estudar em Yale".[20] Ele chamava as escolas preparatórias ligadas ao modelo hereditário tradicional de "excrescências" e dispensava seus alunos:[21] em 1968, por exemplo, Harvard ainda aceitou 46% de seus alunos entre os egressos da Choate School; Princeton aceitou 57%; contra apenas 18% de Yale.[22]

A HERANÇA MERITOCRÁTICA   157

Resultados expressivos não se fizeram esperar. Em seu primeiro ano de trabalho, o escritório de admissões de Clark reduziu drasticamente a quantidade de candidatos de famílias de ex-alunos e chegou a rejeitar o filho do maior doador de Yale.[23] A nova política de admissões buscava, principalmente, substituir a prata da casa autocomplacente por gente de fora mais talentosa. A turma de 1970 tinha 50% mais de egressos do ensino público do que a turma de 1969.

Os recrutados com base no mérito superaram radicalmente em desempenho a elite hereditária que eles alijaram. Do ponto de vista acadêmico, a turma de 1970 tornou-se de longe a mais destacada da história de Yale: a média obtida no SAT[24] por seus alunos estaria no nonagésimo percentil para a turma de 1961 e no 75º percentil para a turma de 1966. As médias em Yale bateram um recorde.[25] Clark classificou os novos padrões de admissão a Yale como "uma declaração, realmente, sobre o que vai se tornar a liderança no país e de onde vão sair os líderes".[26] A velha elite entendeu o recado e tentou revidar. Os encarregados das admissões em Yale tiveram uma recepção gélida nas escolas preparatórias que no passado os recebiam tão bem. Os ex-alunos resmungavam, como fez William F. Buckley ao se queixar dos novos critérios, que preferiam "um mexicano-americano da El Paso High...[27] [a] Jonathan Edwards XVI, da Saint Paul". Um restolho da Yale Corporation resistiu: quando Clark fez uma apresentação à empresa sobre a construção de uma nova elite norte-americana baseada no mérito e não no berço, um de seus membros interrompeu-o dizendo: "Você está falando de judeus e de egressos das escolas públicas como líderes.[28] Olhe quem está nesta mesa a sua volta. São os líderes dos Estados Unidos. Aqui não há judeus. Aqui não há egressos da escola pública."

Mas tratava-se de uma batalha perdida. A ideia da velha elite sobre a admissão baseada na linhagem tinha sido substituída pela orgulhosa convicção meritocrática de que a admissão conquistada pelo desempenho era uma honra. O centro carismático da cultura tinha se voltado para os meritocratas. Como observara Brewster, a admissão de alunos sem recursos tornara-se, em 1970, um ponto de honra também para os que podiam pagar. Mesmo "os privilegiados se orgulham de saber que sua conquista se baseia no mérito, e não em algo chamado ambiguamente de 'origem'".[29]

A carreira da meritocracia na educação fortaleceu-se nas décadas que se seguiram à de 1970, à medida que o número de candidatos aumentava e os índices de admissão despencavam. Em 1990, as melhores faculdades e universidades dos Estados Unidos já admitiam cerca de 30% dos candidatos; hoje, admitem menos de 10% em média, e algumas admitem menos de 5%.[30] Da mesma forma, a qualificação acadêmica dos alunos de elite melhorou, como era de esperar.[31] A pontuação média no SAT entre os alunos de Harvard, Princeton, Stanford e Yale está atualmente acima do 95º percentil, e é provável que um quarto dos alunos tenha o SAT acima do 99º percentil.[32]

A revolução da qualificação meritocrática conquistou seus objetivos econômicos imediatos. Uma formação intensa e competitiva dá resultados fora do comum — literalmente excepcionais. Uma pesquisa sistemática sobre as aptidões de adultos em países desenvolvidos revela que os Estados Unidos têm a maior de todas as diferenças entre os cidadãos mais e menos qualificados.[33] Além disso, a origem dessas diferenças repousa — mais uma vez excepcionalmente — direto sobre a educação formal: em palavras da Organização para a Cooperação e Desenvolvimento Econômico (OCDE), os Estados Unidos "se destacam pela enorme distância[34] entre [adultos com educação de terceiro grau e os que não completaram o ensino médio] tanto em letras quanto em conhecimentos numéricos básicos".

A atual elite norte-americana, ao contrário do que aconteceu no passado e mais do que em praticamente todas as outras nações, tem uma qualificação excepcional por causa de uma escolarização fora do comum. A elite meritocrática emprega sua qualificação conquistada a duras penas, com intensa dedicação, nos empregos supraordenados cujos enormes salários formam hoje o 1% mais rico da população. Nesse sentido estrito, o produto da meritocracia vale o investimento.[35] O banco de investimentos intelectual de Brewster compensou.

Mas o sucesso econômico da meritocracia limitado a poucos acabou corroendo suas ambições democráticas mais amplas. A antiga elite sucumbiu rapidamente ao massacre meritocrático, como esperava Brewster e outros. Já a nova elite, forjada nos moldes da meritocracia, sabe melhor que ninguém como orientar a competição para beneficiar seus filhos. Os mesmos mecanismos que destruíram, no passado, as hierarquias e dinastias aristocráticas levantam, agora, as hierarquias e dinastias meritocráticas no lugar delas.

O Evangelho de Mateus diz que os ensinamentos de Jesus fundamentam-se em si mesmos: "Porque àquele que tem[36] se dará, e terá em abundância;

mas aquele que não tem, até aquilo que tem lhe será tirado." Um parecido "efeito Mateus"[37] é aplicável a aptidões laicas na meritocracia madura. O capital humano que constitui a elite meritocrática faz da educação um meio da própria reprodução, e a meritocracia, adotando esses meios, lançou uma "revolução na transmissão familiar da riqueza".[38] Abolindo os privilégios hereditários que sustentam as dinastias aristocráticas, ela adota uma nova tecnologia dinástica própria, a partir da educação. A nova elite recebe uma herança meritocrática que transmite privilégio e exclui a classe média das oportunidades, da mesma forma que a velha elite baseada na linhagem costumava fazer.

As dinastias não se criam todas da mesma forma, pois algumas cobram um preço aos que por meio delas garantem sua casta. Os aristocratas, que nasciam nessa condição, podiam transmiti-la automaticamente aos filhos, portanto sem custo. Mas os meritocratas se formam como tais, e por isso devem fazer face a imensos custos para manter a riqueza e o status. Uma educação exclusiva e exigente só pode construir capital humano dominando a vida dos que devem assimilá-la. A meritocracia mantém dinastias reconstruindo a família com base no modelo empresarial; o lar com base no modelo do ambiente de trabalho e os filhos com base no modelo do produto.

A herança meritocrática vem atrelada a cordas que agora ameaçam enredar a elite meritocrática nos seus nós. A lição bíblica é demasiado econômica em suas simpatias. Com certeza, a escassez é um fardo, e a meritocracia condena a classe média à negligência e à desvalorização. Mas a abundância nem sempre é uma bênção, e a qualificação excessiva e implacável pela qual a meritocracia constrói sua elite não eleva o espírito na mesma medida em que o esmaga.

ANTES DA CONCEPÇÃO

A herança meritocrática de uma criança da elite já começa a se formar antes de ela ser um brilho nos olhos de seus pais. Adultos jovens e ricos tomam duas decisões inter-relacionadas sobre com quem se casar e permanecer ou não casados, o que cada vez mais dá a seus filhos vantagens vedadas a crianças de fora da elite. Os ricos tomam essas decisões não separadamente, mas em conjunto, aninhados em comunidades nas quais outros ricos fazem escolhas parecidas. Filhos de pais ricos são gerados, gestados e nascidos em circunstâncias muito mais favoráveis do que as crianças da classe média.

Os membros da elite casam-se entre si com frequência cada vez maior.[39] A essa prática, os economistas deram o feio nome de "acasalamento preferencial", que se tornou comum nas últimas décadas do século XIX entre os aristocratas da Era Dourada, mas entrou em declínio na primeira metade do século XX. Em 1960, em apenas 3% dos casamentos norte-americanos, ambos tinham curso superior.

A desigualdade meritocrática reviveu a preferência da elite por parceiros de elite, de modo que, em 2010, em 25% dos casais, os dois cônjuges tinham diploma superior.[40] (Note-se que, como apenas pouco mais de 30% dos norte-americanos têm formação universitária, resta uma pequena minoria de diplomados que se casa com não diplomados.) Além disso, o número de casamentos nos quais os dois membros têm algum tipo de pós-graduação quintuplicou, indo de menos de 1%, em 1960, a mais de 5% em 2005.[41]

As razões mais óbvias para isso são naturais e em grande medida não intencionais: as faculdades e os cursos de pós-graduação, frequentadas majoritariamente por homens em 1960, hoje em dia apresentam um equilíbrio praticamente total entre os gêneros.[42] As universidades, particularmente e em conjunto, proporcionam um ponto de encontro óbvio entre homens e mulheres, e as páginas das revistas contemporâneas de ex-alunos estão cheias de notícias sobre casamentos celebrados entre colegas de classe e sobre filhos gerados por eles. Embora arranjados sem intenção, esses casamentos, tomados em conjunto, concentram imensamente a elite, tanto no interior de uma coorte geracional quanto, e mais ainda, ao longo de gerações.

O acasalamento preferencial aumenta a desigualdade econômica dentro da coorte de casadouros, funcionando literalmente como multiplicador da desigualdade, já aumentada devido à disparada da renda dos trabalhadores de ponta. Se a educação funcionasse como fator aleatório nos casamentos de 1960, isso não teria efeito notável sobre a desigualdade da renda familiar. Mas quando se casam dois trabalhadores supraordenados muito bem pagos, o casamento deixa de ser neutro. A substituição do modelo atual de acasalamento preferencial por uma formação aleatória de casais, ou o retorno ao nível mais baixo de acasalamento preferencial, ocorrido em 1960, reduziria a desigualdade geral em um quinto ou mais.[43]

Ademais, o acasalamento preferencial aumenta a desigualdade educacional na geração seguinte. Os membros da elite não só se casam entre si, como permanecem casados e criam filhos dentro de um casamento maduro e estável. Essa distinção afasta cada vez mais a elite não só dos pobres, mas também da classe média. E confere uma grande vantagem aos filhos de famílias ricas.

Para começar, as mulheres instruídas da elite cada vez mais vêm tendo filhos depois do casamento, ao contrário do que acontece com as mulheres que não pertencem à elite e menos instruídas.[44] Em 1970, os bebês fora do casamento representavam apenas cerca de 10% do total, para mulheres de todos os níveis de educação.[45] Hoje em dia, a educação determina a relação entre casamento e maternidade. Entre as mulheres graduadas e pós-graduadas, só uma em cada grupo de vinte tem filhos fora do casamento, e apenas uma de cada trinta crianças nascem nessas circunstâncias.[46] Em comparação, nos dois terços menos instruídos da população, em que as mulheres têm apenas o ensino médio ou menos, cerca de 60% das crianças nascem fora do casamento.[47] Em média, a mãe que tem apenas ensino médio ou superior incompleto tem filhos dois anos antes do casamento, enquanto a mãe universitária os tem depois de dois anos de casamento.[48]

Os casamentos da elite são cada vez mais duradouros do que os outros. Entre 1960 e 1980, os índices de divórcio praticamente triplicaram para todos os norte-americanos, mas, a partir de 1980, o casamento polarizou-se ao longo de linhas socioeconômicas. Os índices de divórcio persistiram e talvez tenham até aumentado um pouco nos três quartis inferiores da população quanto à distribuição econômica, mas, no quartil superior, o número de divórcios caiu, chegando aos níveis de 1960.[49] Atualmente, a mulher que não tem formação universitária se divorcia dentro dos dez anos posteriores ao casamento — mais do que o dobro das mulheres com formação superior: cerca de 35% contra mais ou menos 15%.[50] De modo mais geral, entre 1960 e 2010, o número de adultos casados caiu o dobro entre norte-americanos sem diploma superior em relação aos que tinham diploma (e a queda entre os que tinham curso superior incompleto praticamente iguala-se à queda dos que haviam apenas concluído o ensino médio).[51]

De todas essas formas, o casamento tornou-se um assunto de gente rica,[52] e os filhos de pais ricos e instruídos atualmente têm muito mais probabilidades do que outras crianças — não só as pobres, mas também as de classe média — de crescer num lar com os dois pais presentes. Entre 1970 e 2010, o número de filhos criados sem a presença de ambos os pais aumentou três vezes mais rápido em famílias situadas no terço médio da distribuição de renda do que entre as situadas no terço superior.[53] As diferenças hoje em dia são assombrosas.[54] Por exemplo, cerca de 55% das crianças de famílias cuja renda é de cerca de 25 mil dólares ao ano vivem com apenas um dos pais, comparadas a 25% em famílias com renda de cerca de 60 mil dólares e apenas 10% em famílias de renda superior a 100 mil dólares. Além disso, 90% das crianças que vivem nas áreas mais nobres dos Estados Unidos, que representam 5% do total, vivem com os pais biológicos.[55]

Esses padrões atendem bem à lógica interna econômica e, principalmente, dinástica da meritocracia. Quando a família se transforma em local de produção econômica — construindo o capital humano da próxima geração —, aumenta a pressão para a escolha de parceiros e a estruturação de casamentos que otimizam a produção. As elites usam a riqueza e o status para sustentar um modo de vida conservador e controlado e, assim, preservar sua casta. Os casamentos da elite garantem que a herança meritocrática que virão a construir a partir do nascimento dos filhos não seja dissipada, mas, sim, gere retornos excepcionais.

DA CONCEPÇÃO AO JARDIM DE INFÂNCIA

Filhos de pais ricos começam a amealhar sua herança meritocrática desde o momento da concepção. A extraordinária estabilidade das mães da elite favorece seus filhos ainda no ventre. A desigualdade meritocrática faz da segurança pessoal e econômica verdadeiros indicadores de elitismo. Talvez de forma mais notável, a desigualdade meritocrática atinge não apenas a renda, mas também a segurança financeira. (Divórcio e tensões financeiras andam de mãos dadas: os problemas de dinheiro desgastam o casamento[56] e o divórcio é caro, principalmente para as mulheres.)[57] À medida que a riqueza da elite aumenta, ela se torna mais durável. Em comparação, a renda da classe média não apenas estagnou, em média, mas também tornou-se, para famílias específicas, mais volátil.[58] As probabilidades de uma família de classe média precisar enfrentar um relevante revés financeiro (uma queda da renda anual de mais de 50%) dobraram entre 1970 e 2000.[59]

A HERANÇA MERITOCRÁTICA   *163*

Esses reveses estressam as famílias afetadas. Não apenas os pais, mas também as crianças. E o estresse atrapalha o desenvolvimento infantil.[60] Com efeito, o estresse materno pode prejudicar um filho até mesmo antes do nascimento, pelas ligações biológicas no útero, de modo que o estresse pré-natal materno reduz a capacidade educacional da criança e seu QI. As consequências são graves: crianças de sete anos que foram expostas a fortes descargas maternas de hormônios do estresse antes do nascimento apresentam 1,1 ano a menos de escolarização (mais da metade do desvio padrão) e QI verbal cinco pontos mais baixo (cerca da metade do desvio padrão) do que irmãos não afetados.[61] Finalmente, as pesquisas também mostram que mães instruídas são muito mais capazes de compensar os efeitos do estresse pré-natal depois do nascimento do bebê, de modo que os danos infligidos às crianças pelo estresse pré-natal são muito maiores quando o estresse recai sobre mães que não pertencem à elite.[62] Os bebês ricos vêm ao mundo, literalmente, em melhores condições que os de classe média.

Pais de elite não desistem de proporcionar vantagens a seus bebês quando nascem. Pelo contrário, pais ricos exploram o excepcional terreno que prepararam fazendo excepcionais investimentos diretos em seus filhos desde o momento do nascimento. Esses investimentos continuam e se multiplicam ao longo da primeira infância, começando pela casa e estendendo-se, por fim, ao mundo exterior.

Os ricos investem cada vez mais tempo que os outros pais no desenvolvimento do capital humano de seus bebês e crianças pequenas. A diferença no tempo que os pais ricos passam com os filhos em relação aos pais de outra classe social é maior quando as crianças são menores.[63] Nas décadas de 1960 e 1970, pais de qualquer grau de instrução dedicavam mais ou menos o mesmo tempo a atividades de incentivo ao desenvolvimento dos filhos.[64] A seguir, ao longo de cerca de quatro décadas, todos os pais começaram a investir mais tempo na educação dos filhos, mas pais e mães de formação superior aumentaram seu investimento mais rapidamente,[65] na verdade, duas vezes mais depressa, como mostra uma pesquisa.[66] Hoje em dia, os pais com formação universitária dedicam à educação de seus filhos mais de uma hora por dia a mais do que os pais que têm apenas o ensino médio.[67]

Para os pais da superelite, principalmente para as mães, a tendência ainda é mais radical. Cerca da metade das mulheres com MBAs por Harvard e Chicago e com dois ou mais filhos, por exemplo, deixaram a força de trabalho ou trabalharam em meio período para cuidar dos filhos.[68] E a maternidade leva tantas advogadas de elite a abandonar o trabalho que os maiores escritórios falam em "risco de fuga".[69] Muitos fatores — que vão da discriminação de gênero na atribuição de tarefas, salário e promoções até o aberto assédio sexual — contribuem para este comportamento, especialmente para o fato de muito mais mães do que pais abandonarem a força de trabalho. Mas as enormes demandas da paternidade da elite, junto com o imperativo meritocrático de construir capital humano para a próxima geração, tornam social e economicamente racional que um dos genitores abandone um trabalho de elite para qualificar os filhos do casal.

As normas meritocráticas aceitam esta lógica: uma mãe desprovida de uma educação de elite seria um constrangimento para uma família da elite, mas é socialmente aceitável para os meritocratas que uma esposa hiperqualificada deixe o trabalho para criar filhos. Na verdade, ela estaria prestigiando, e não abandonando, a lógica interna da produção meritocrática, ao mesmo tempo que garante a herança meritocrática de seus filhos e investe na sucessão dinástica.

Pais ricos, além do mais, se destacam não apenas pela quantidade, mas também pela qualidade do investimento que fazem nos filhos. A elite meritocrática adota um programa deliberado de "cultura planejada", especificamente pensado para promover a realização dos filhos na vida adulta. Pais da elite contribuem tanto com sua alta renda quanto com suas experiências de vida para o desenvolvimento do capital humano dos filhos, que eles constroem replicando a própria qualificação. Ser pai, no estilo da elite, exige o emprego de métodos e qualificação que os pais de fora da elite nem sempre conseguem identificar, muito menos igualar.[70]

Por exemplo, pais com diploma de nível superior têm o dobro de probabilidade de ler todos os dias para os filhos[71] em relação a pais com apenas ensino médio ou menos (e 1,5 vez mais probabilidades do que pais com ensino superior incompleto). Eles têm cerca de duas vezes mais probabilidades de levar os filhos a galerias de arte,[72] museus e sítios históricos, além de matriculá-los em cursos de arte.[73]

Com efeito, os ricos costumam conversar mais com os filhos,[74] e de forma muito mais interativa, do que os demais: um filho de três anos de pais com

A HERANÇA MERITOCRÁTICA

uma profissão terá ouvido cerca de 20 milhões de palavras mais do que uma criança de três anos filha de pais sem profissão definida, e mais de 30 milhões de palavras mais do que um filho de três anos de pais mantidos pela previdência social. Os ricos, além disso, falam com mais propriedade:[75] as palavras que os pais com profissão escolhem, os rituais e símbolos de que investem suas palavras e até mesmo o tom de voz que costumam empregar são qualitativamente mais educativos do que os usados por pais da classe trabalhadora. Parte das palavras é absorvida. Filhos de três anos de pais com uma profissão conhecem 49% mais palavras do que filhos de não profissionais,[76] e estes conhecem 43% mais palavras do que as crianças cujos pais vivem da previdência. (Uma experiência natural confirma claramente, ainda que de maneira trágica, essa circunstância: quando crianças que nasceram surdas têm restaurada a audição por meio de implante coclear, as ricas aprendem a falar mais rapidamente do que as pobres.)[77]

Até a psicologia moral da paternidade varia com a educação dos pais. Pais pós-graduados têm cerca da metade de probabilidade de bater nos filhos[78] do que pais com formação universitária básica, e cerca de um terço de probabilidade em relação a pais que têm apenas ensino médio ou menos. Muitas pesquisas mostram que pais ricos e instruídos geralmente demonstram mais afeto pelos filhos,[79] participam mais da vida deles e proporcionam uma disciplina mais consistente do que seus congêneres de classe média e, principalmente, pobres.

Esses investimentos diferenciados dão às crianças da elite recursos emocionais — extroversão, autoconfiança, disciplina e coragem — que as crianças pobres e de classe média não conseguem igualar. Pesquisas recentes sobre a relação entre aptidões não cognitivas e o sucesso na vida indicam que essas diferenças emocionais entre as crianças de elite e as de famílias comuns na primeira infância têm consequências ainda maiores do que as diferenças cognitivas, inclusive no que diz respeito ao aproveitamento acadêmico no longo prazo.[80]

Diferenças equivalentes separam os primeiros anos das crianças de elite dos primeiros anos das crianças comuns fora de casa, na educação infantil e nas creches. Crianças de três anos vindas de famílias cuja renda anual vai além dos 100 mil dólares frequentam a pré-escola duas vezes mais do que as crianças de três anos de famílias cuja renda anual fica abaixo de 60 mil dólares.[81] Não existem dados sistemáticos sobre a matrícula das crianças da elite na pré-escola, mas cada integrante do 1% mais rico da população sabe por experiência própria que, de fato, todas as crianças ricas de três anos frequentam a pré-escola. (As poucas exceções se devem à convicção dos pais, formada depois de uma análise minuciosa, de que um sistema domiciliar de cuidado dos filhos é melhor para eles.)

Além disso, a educação infantil comum e a da elite são totalmente diferentes. Uma pré-escola de classe média terá um cantinho de leitura e um de artesanato, e, se for boa, pessoal carinhoso e dedicado, ainda que sobrecarregado. Uma pré-escola de elite — como a Escola Fieldston de Cultura Ética, de Nova York — deve ter uma vasta biblioteca, com atendentes, além de departamentos separados de arte, música, língua estrangeira, ciências e estudos sociais, todos com professores e professores-assistentes de formação superior, e até mesmo pós-graduados por faculdades e universidades de elite. A escola deve ter um professor para cada sete alunos.

O programa acadêmico das escolas de elite representa apenas uma pequena parte das vantagens que elas conferem a seus alunos. Além das aptidões cognitivas que despertam nas crianças, as pré-escolas de elite se dedicam intensivamente ao desenvolvimento emocional e de caráter. Dão aos alunos atendimento individualizado com o objetivo — expressamente escolhido e buscado com empenho — de produzir crianças que se tornarão alunos disciplinados, motivados e autônomos, capazes de enfrentar e superar os desafios que a escola inevitavelmente trará.

Todo esse atendimento custa dinheiro, é claro. A anuidade no maternal da Fieldston custa mais de 50 mil dólares.[82] Cerca de 80% dos alunos pagam o valor integral,[83] e grande número de pacotes de ajuda é oferecido a famílias que são bastante ricas, com renda entre 100 e 149 mil dólares anuais.[84] Na verdade, os pais da elite disputam com unhas e dentes o privilégio de pagar — a mais competitiva escola de educação infantil admite apenas 5% dos candidatos (tornando o ingresso mais difícil do que em Harvard e Yale).[85] Essas taxas de aceitação criaram um mercado de "consultores educativos" que ajudam crianças ricas de quatro anos a ingressar. Os consultores não são baratos (seu pagamento pode chegar a 6 mil dólares),[86] e seguir sua orientação custa tempo e dinheiro. Um plano de ação típico recomenda a candidatura a dez jardins de infância,

A HERANÇA MERITOCRÁTICA

escrever "cartas de amor" (além das cartas de solicitação de ingresso) às três melhores e estudar as particularidades de cada escola para causar boa impressão em visitas a elas.[87]

A elite tem seus motivos para aceitar essa competição à primeira vista absurda. A educação infantil paga dividendos enormes: cada dólar investido nela representa o mais consistente investimento no capital humano de uma pessoa. As principais correntes do pensamento psicológico afirmam que o desenvolvimento na primeira infância exerce influência determinante na personalidade; há indícios de que a capacidade cognitiva, como a inteligência medida pelo QI (sem incluir, é claro, a educação em conhecimentos e qualificações específicas), está praticamente completa aos dez anos de idade;[88] e as mais destacadas diferenças no desempenho escolar decorrentes da renda já ficam claras nos testes de aptidão aplicados quando as crianças entram para o jardim.[89] As escolas de educação infantil conhecem e exploram essas associações, inclusive por meio de laços informais ou mesmo formais com escolas fundamentais e de ensino médio de elite (a Escola Fieldston de Cultura Ética, por exemplo, está vinculada à Escola Secundária Fieldston). Os sites das escolas de educação infantil anunciam as faculdades de elite frequentadas por seus ex-alunos.[90]

A quantidade e a qualidade são igualmente importantes para a educação: a prática não leva à perfeição; a prática perfeita leva à perfeição.[91] Como é do conhecimento de todos os pais da elite, o aprendizado na primeira infância dentro do modelo meritocrático é pessoal, intensivo e imersivo. O resultado do investimento desigual no capital humano de crianças pequenas feito por ricos e pelos demais fica igualmente claro: as crianças da elite chegam à escola já com enormes vantagens emocionais e acadêmicas. Aos cinco anos, filhos de famílias situadas no decil superior da classificação socioeconômica superam as crianças do decil inferior em cerca de 37, 35 e 39 meses de escolarização nos testes do Programa Internacional de Avaliação de Estudantes (PISA, na sigla em inglês) para matemática, língua e ciências, respectivamente, e superam os intermediários em cerca de 21, 19 e 23 meses.[92]

Essas diferenças são imensas. Além disso, a diferença entre a elite e a classe média é maior que a diferença entre a classe média e as classes inferiores, modelo que vai persistir e se intensificar na vida adulta.

OS ANOS ESCOLARES

As crianças de elite saem do jardim de infância para a escolarização formal com imensas vantagens sobre as de classe média e pobres.[93] Mesmo que os extraordinários investimentos no capital humano terminassem na porta da escola, os ricos superariam os demais em educação. As vantagens estruturais e as práticas parentais excepcionalmente eficientes dos ricos não desaparecem ou se cristalizam com o quinto aniversário da criança de elite. Pelo contrário, pais ricos dão continuidade e reforçam a busca diferenciada, metódica e disciplinada de educação para os filhos. Os anos escolares aumentam a herança meritocrática das crianças ricas.

Alguns hábitos da elite são tão corriqueiros que passam despercebidos: pais ricos, por exemplo, passam três horas semanais a mais que os pobres conversando com os filhos em idade escolar e muito mais tempo em atividades de lazer.[94] Ao longo de toda a infância, essas escolhas resultam num grande investimento direto na educação das crianças ricas. Ao fazer dezoito anos,[95] o filho de ricos terá acumulado um excedente de 5 mil horas sobre as crianças pobres em conversas, leituras, eventos culturais e museus, treinos esportivos e mais. Isso representa mais ou menos uma hora por dia na vida da criança, ou o equivalente ao tempo que um adulto dedica a seu emprego de período integral ao longo de dois anos. Seus congêneres mais pobres, nem é preciso dizer, não dedicarão o tempo livre a coisas tão úteis: ao chegar aos dezoito anos, os filhos de classe média terão passado cerca de 5 mil horas a mais vendo televisão ou jogando videogames do que as crianças ricas, e as crianças pobres terão passado cerca de 8 mil horas a mais diante de uma tela.[96]

À medida que os filhos crescem, e cada vez mais, os pais de elite complementam seus extraordinários investimentos pessoais diretos com investimentos igualmente extraordinários intermediados por outras pessoas por meio de aulas extracurriculares e, em particular, cursos. Essas atividades podem ocasionalmente resvalar para o farsesco, como no caso dos ricos de Manhattan que, ao perceber o interesse do filho de treze anos pela culinária, contrataram *chefs* profissionais para ensiná-lo.[97] Mais uma vez, eles seguem a tendência geral (na verdade, preponderante), nem casual nem frívola, mas reflexo de um projeto deliberado, determinado e eficaz de qualificação cognitiva e não cognitiva. Mesmo uma farsa pode se transformar rapidamente em qualificação séria e proporcionar retorno real a uma criança: o *chef* adolescente ganhou uma etapa de um concurso de culinária na televisão e abriu a própria empresa de alimentação,[98] duas conquistas que ajudam a aperfeiçoar competências e tornar um currículo atraente para faculdades e empregadores adultos.

A escola constitui provavelmente o mais importante alvo do investimento excepcional da elite norte-americana em seus filhos. A diferença entre a quantia anual gasta na escolarização formal de uma típica criança rica e de uma típica criança de classe média explodiu nas últimas décadas, subindo no mesmo ritmo que a diferença de renda entre o vértice e o meio.

As escolas particulares de elite tornam-se cada vez maiores, do ponto de vista econômico, no cenário educacional das famílias ricas, dando ao extraordinário investimento na educação formal dos filhos da elite seu rosto mais óbvio e aberto. A matrícula em escolas privadas não religiosas praticamente quadruplicou a partir de 1965[99] até hoje, indo de 341,3 mil alunos a 1,4 milhão na atualidade.[100] (Mesmo a educação domiciliar, velho anátema para os ricos, começou a desenvolver uma marca de elite: existem, hoje, empresas que montam programas personalizados de educação domiciliar para pais ricos ao custo médio anual, segundo o dono de uma dessas empresas, de 50 mil dólares por criança.)[101]

Enquanto um quarto das crianças cujos pais ganham mais de 200 mil dólares por ano frequenta escolas privadas, a proporção é de apenas uma criança em vinte para os pais que ganham menos de 50 mil.[102] Além disso, os alunos que frequentam essas escolas são preponderantemente ricos. Ao todo, 76% deles vêm do quartil superior da distribuição de renda e apenas 7%, da metade inferior.[103] As escolas de maior prestígio nesse grupo têm alunos ainda mais ricos. Segundo o presidente da Associação Nacional de Escolas Independentes (NAIS, na sigla em inglês), 70% dos alunos das melhores escolas privadas vêm dos 4% superiores na classificação por distribuição de renda.[104]

Essas escolas privadas de elite gastam quantias espetaculares com o ensino. O índice de alunos por professor de 7 para 1,[105] comparado ao das escolas públicas, que é de 16 para 1,[106] corresponde a um ensino intensivo e altamente personalizado, que não existe na escola pública. Um aluno de uma dessas escolas, guia em uma visita,[107] explicou a um visitante que certa vez perdeu uma aula de matemática para participar de uma prova de atletismo, e o professor simplesmente repetiu a aula só para ele numa hora livre. Além disso, os professores não são apenas numerosos e atenciosos, mas também pertencem à elite e têm uma ótima formação: três quartos dos professores das escolas secundárias preparatórias que a revista *Forbes* classifica como as vinte melhores dos Estados Unidos têm pós-graduação.

O amplo e qualificado corpo docente dessas escolas se vale de muitos recursos físicos na prática de ensino. Laboratórios de nível profissional, teatros, salas de artes, academias de ginástica, campos de atletismo e bibliotecas são comuns nas escolas particulares de ponta. A biblioteca da Academia Phillips de Exeter (projeto de Louis Kahn) é a maior do mundo em escolas de ensino médio, com 160 mil livros distribuídos em nove andares e espaço para mais 90 mil.[108]

As bibliotecas projetadas por Louis Kahn não saem baratas, e a educação proporcionada por esse modelo custa muito dinheiro. A anuidade astronômica da Fieldston não é extraordinária, pelo contrário, é totalmente normal. A anuidade média chega a mais de 50 mil dólares nos melhores internatos e de 40 mil dólares nos externatos de ponta.[109] As escolas de elite gastam bem mais do que isso ao ano por aluno, pois contam com dotações que representam mais renda para investir principalmente em infraestrutura. Muitas dessas dotações são exorbitantes: a dotação média dos internatos da lista da *Forbes* passa de 500 milhões de dólares, ou 700 mil dólares por aluno.[110] Os recursos provenientes dessas grandes dotações, junto do levantamento anual de recursos, resultam num subsídio que fica entre 15 mil e 25 mil dólares por aluno.[111] No total, portanto, um aluno do ensino médio numa escola privada de elite tem nada menos que 75 mil dólares por ano investidos em sua educação.[112]

As escolas privadas representam apenas um aspecto do excepcional investimento da elite norte-americana contemporânea na escolarização dos filhos. A média nacional anual de gastos por aluno nas escolas públicas é de pouco mais de 12 mil dólares,[113] mas mascara uma grande variação entre estados e distritos. Os governos estaduais e municipais contribuem com 90% do financiamento total das escolas públicas dos Estados Unidos,[114] e a segregação econômica em ascensão permite que a elite concentre seus recursos na educação dos próprios filhos, mesmo em escolas oficialmente públicas.

A desigualdade do investimento nos alunos de escolas públicas começa no âmbito estadual. Connecticut, um estado rico, gasta cerca de 18 mil dólares anuais por aluno, enquanto o Mississippi, estado pobre, gasta apenas 8 mil.[115] A

A HERANÇA MERITOCRÁTICA

desigualdade nas verbas das escolas públicas continua no interior dos estados, já que as cidades ricas gastam bem mais do que as outras.[116] As consequências acumuladas dessa situação são enormes, principalmente nos extremos: num ano recente, as escolas públicas do distrito escolar de Scarsdale, estado de Nova York (renda média domiciliar de 238 mil dólares anuais), gastaram cerca de 27 mil dólares por aluno, enquanto as do distrito escolar de Barbourville, no Kentucky (renda média domiciliar de 16.607 dólares anuais), gastaram apenas 8 mil.[117]

As escolas oficialmente públicas dos distritos de elite recebem cada vez mais verbas complementares provenientes de fontes privadas. As associações de pais e professores de classe média ou pobre são redes sociais e grupos de interesse com orçamento de poucos dólares por aluno.[118] Mas nas escolas e nos distritos mais ricos, essas associações, além de fundações municipais voltadas para a educação e grupos de incentivo, intermedeiam financiamento com peso suficiente para se destacar no orçamento total da escola.[119] Em Hillsborough, Califórnia, por exemplo, a School Foundation* pede explicitamente aos pais que contribuam com pelo menos 2.300 dólares por filho,[120] e uma escola primária de Chicago levantou recentemente 400 mil dólares numa única noite.[121] Essas quantias, na verdade, tornaram-se mais comuns do que excepcionais entre as escolas públicas ricas.[122] Em Nova York, o fenômeno é tão frequente que ganhou um nome coloquial: as escolas públicas que levantam mais de 1 milhão por ano são conhecidas como "escolas público-privadas".[123]

O nome é adequado em diversos aspectos. As escolas públicas mais ricas do país agora educam com o método de recursos intensivos usado pelas escolas privadas, com mais e melhores professores (a associação de pais e professores da Elementary School, Grattan, em São Francisco, pagou integralmente, ou em parte, os salários de seis funcionários num ano recente)[124] e instalações luxuosas[125] (vide a estação meteorológica de alta tecnologia em Newton, Massachusetts, e as impressoras 3-D de Coronado, Califórnia).

Finalmente, essas desigualdades de investimento nas escolas públicas, que refletem tendências econômicas mais amplas, cada vez mais decorrem do abis-

---

* As Schools Foundations são organizações que existem em várias cidades norte-americanas voltadas para a arrrecadação de recursos junto às próprias comunidades e destinadas à rede pública de ensino, principalmente ensino fundamental. (N. do E.)

mo que separa não os pobres da classe média, mas os ricos da classe média. A diferença entre os ricos e a classe média (entre Scarsdale e a média das escolas distritais) é cerca de quatro vezes maior do que a diferença entre os gastos da classe média e os dos pobres (entre a média das escolas distritais e Barbourville): em torno de 15 mil contra 4 mil dólares anuais por aluno.

Isso não é casual. Enquanto Barbourville recebe 81% de seu orçamento de fontes extramunicipais[126] (razão pela qual seus gastos podem chegar perto dos orçamentos de escolas de classe média), as verbas municipais respondem por grande parte da diferença de gastos no topo. As escolas de Scarsdale devem 89% de seu orçamento a impostos municipais, cobrados sobre casas cujo valor médio é de 1 milhão de dólares — e os gastos com juros de hipoteca e imposto predial chegam a cerca de 100 mil dólares por ano.[127] As verbas não municipais simplesmente não bastam para os gastos da escola, sustentada por essa base tributária. Para a classe média, Scarsdale continua sendo um mundo distante e diferente, fora do alcance e praticamente fora da vista. Suas escolas, como outras escolas das partes mais ricas do país, são públicas apenas nominalmente.

No fim das contas, portanto, uma criança pobre de um distrito pobre de um estado pobre deve custar cerca de 8 mil dólares em escolarização por ano; uma criança de classe média num distrito e num estado de renda média deve custar 12 mil dólares; uma criança de classe média num estado rico custa 18 mil dólares; uma criança rica num estado rico custa 27 mil dólares; e uma criança muito rica numa escola privada de elite custa 75 mil dólares por ano.

Essas diferenças — em especial a grande herança meritocrática do topo — não são normais. Elas divergem radicalmente do que foi a prática norte-americana no passado e dos padrões internacionais. Uma pesquisa recente feita em 34 economias avançadas, pela OCDE, mostra que os Estados Unidos são uma das apenas três nações em que as escolas públicas frequentadas por alunos ricos investem mais dinheiro por aluno e têm menos alunos por professor do que as que atendem estudantes pobres.[128] A distorção dos gastos nas escolas norte-americanas em favor das crianças ricas — sobretudo das mais ricas — é simplesmente assombrosa.

O extraordinário investimento da elite norte-americana nos filhos em idade escolar não se restringe à escolarização formal. Pelo contrário: os ricos investem muito mais do que os demais em atividades extracurriculares complementares para filhos em idade escolar, e, mais uma vez, a diferença aumentou claramente nas últimas décadas.

Muitos desses investimentos estão concentrados nas principais disciplinas acadêmicas ensinadas nas escolas: ciências e matemática, programação de computador, clubes de robótica, e assim por diante. Os pais ricos, como é de esperar, pagam também a professores particulares e estudos preparatórios para provas. Só o ramo dos cursinhos preparatórios para o exame de ingresso às faculdades, entre eles o SAT e o ACT, era praticamente inexistente em 1970, mas tornou-se um setor multibilionário na atualidade.[129]

Mais uma vez, as famílias que contratam professores particulares tendem predominantemente à riqueza.[130] Os pobres e a classe média não podem pagar pelo ensino particular intensivo, enquanto é difícil encontrar um filho de profissionais de elite que não tenha passado um bom tempo aos cuidados de professores particulares, muitos deles especializados. No extremo superior da distribuição de renda — 1% dos domicílios —, o que se gasta com professores particulares pode ser assombroso.

A Veritas Tutors Agency, que tem como diretor um pós-graduado por Princeton, é sediada em Manhattan, mas atende clientes de todo o país, cobrando 600 dólares pela hora/aula de matérias acadêmicas elementares. Normalmente, a família de um aluno da Veritas paga entre 5 mil e 15 mil dólares por seus serviços, e algumas famílias já pagaram nada menos que 100 mil dólares.[131] Surpreendentemente, a Veritas nem sequer está no extremo superior do mercado. Uma empresa de cursos preparatórios que atende estudantes da cidade de Nova York cobra 1,5 mil dólares por uma aula de noventa minutos pelo Skype e só aceita alunos que comprem pacotes de, no mínimo, catorze aulas. Outra empresa cobra 1,25 mil dólares por hora.[132] Uma terceira recruta professores formados pelas universidades da Ivy League para dar aulas individuais, pagando-lhes cerca de mil dólares a hora e cobrando bem mais aos alunos.[133] (Alguns professores, claro, aceitam o acordo.)[134] Outras famílias ricas contratam professores particulares em tempo integral. Além de salários de seis dígitos,[135] eles quase sempre recebem outros benefícios, como transporte, alimentação, hospedagem e até mesmo assistentes pessoais.

Pais ricos ficam ansiosos para matricular os filhos. A Veritas tem atualmente mais de cinquenta professores e, apesar dos preços, seus serviços são tão apreciados que alguns pais fazem reservas para os filhos com anos de antecedência.[136] Como diz o fundador da Veritas, "se você investiu meio milhão de dólares na educação de seu filho em escola particular"[137] e "vai gastar mais um quarto de milhão em seus quatro anos de faculdade [...] seja ela uma qualquer, seja Yale", então "você seria um idiota se não gastasse o que fosse para tê-lo numa universidade melhor [...] onde ele estará em ótima companhia e se sairá muito bem". Essa lógica explica o crescimento explosivo das aulas particulares e dos cursos preparatórios. No entanto, o setor ainda tem espaço para crescer — na Coreia do Sul, por exemplo, as aulas particulares correspondem a 12% do total de gastos familiares, e professores particulares milionários tornaram-se celebridades nacionais.[138] Segundo uma avaliação baseada em pesquisa, o rápido crescimento do mercado global para professores particulares em breve ultrapassará 100 bilhões de dólares.[139] O orçamento anual da Universidade Harvard, em comparação, chega apenas a cerca de 5 bilhões de dólares.[140]

Outras formas de enriquecimento cultural — no campo das artes, ou dos esportes — mais complementam do que repetem o currículo escolar. Filhos de famílias ricas, principalmente os que têm mães muito instruídas,[141] mais uma vez têm muito mais probabilidades de praticar essas atividades do que os pobres.[142] A diferença entre os investimentos em atividades extracurriculares feitos pela elite e pelas crianças comuns[143] vem crescendo consistentemente nas últimas décadas e já é imensa. Entre os pais situados no quintil superior da distribuição de renda e os situados no quintil inferior, essa diferença praticamente triplicou entre 1972 e 2005, chegando a 7,5 mil dólares por ano.[144]

As famílias do extremo superior da distribuição de renda gastam muitíssimo mais do que isso. Só as aulas de balé podem custar mais de 6 mil dólares anuais por filho nas escolas de ponta, e formar uma bailarina pode custar à família 100 mil dólares até o fim do ensino médio.[145] Uma família rica cujo filho "leve a sério" o aprendizado de um instrumento musical pode gastar facilmente 15 mil dólares por ano só em aulas.[146] Os instrumentos podem custar muito mais. Um desses pais relatou ter gastado meio milhão de dólares para desenvolver o talento pianístico do filho entre seis e dez anos de idade.[147] E o custo implícito de promover o apoio, a estabilidade e até mesmo o espaço físico silencioso necessário para os estudos regulares e corretos da criança podem custar mais do que qualquer outra coisa.

A HERANÇA MERITOCRÁTICA

De todas essas maneiras, os pais ricos gastam quantias cada vez maiores na qualificação de seus filhos,[148] a ponto de levar o gasto com educação a contribuir mais do que qualquer outro para a desigualdade no consumo.*[149] Esses investimentos não são frívolos nem marginais — estão na essência da acumulação de capital humano pelas crianças ricas. Escolas mais bem equipadas, com um número maior de professores mais qualificados, experientes e com melhor desempenho, apoiadas por programas de complementação cultural mais longos e mais bem projetados, têm como resultado alunos do mais alto aproveitamento.[150] Os gastos com atividades extracurriculares dão resultado. A Veritas oferece educação real, não truques ou macetes: seu fundador afirma que em lugar de ensinar a "passar na prova", ele torna seus alunos "melhores naquilo que a prova avalia[151] — [a] capacidade de ler e pensar, de processar números e de usar [a] cabeça com eficácia". E as crianças mais ricas — que passam as férias de verão com instrutores em acampamentos que incluem elementos de ensino — continuam a aprender durante as férias, enquanto as crianças mais pobres, que não exercem atividades culturais complementares, ficam estagnadas ou até retrocedem em leitura e matemática.[152] (Isso acontece muito nos Estados Unidos, onde as crianças passam menos tempo na escola do que as crianças de outros países ricos — apenas cerca de 180 dias por ano em sala de aula, comparados aos 240 dias letivos por ano no Japão,[153] por exemplo.) Outras atividades extracurriculares mais tradicionais — esportes, por exemplo, ou música e artes plásticas — também aumentam as oportunidades na vida muito depois de praticadas, e portanto não representam apenas consumo, mas investimento. Crianças envolvidas seriamente em atividades extracurriculares têm chances 70% maiores de entrar para a faculdade do que crianças que praticam essas atividades apenas ocasionalmente e 400% maiores do que as crianças que não praticam.[154]

Investimento sério, sistemático e de qualidade em capital humano compensam — educação e treino. Quando grupos de estudantes de alto desempenho se reúnem em escolas de orçamento extraordinário, cada aluno acrescenta muito mais valor a seu capital humano.[155] As diferenças cumulativas entre a escolarização de elite e a comum, em diversos contextos e épocas, conspiram para criar

---

* Uma representação dessa tendência é mostrada no Gráfico 5, p. 362.

grandes diferenças no desempenho acadêmico dos alunos, segundo a renda familiar de cada um, com a desigualdade maior no extremo superior.

A desigualdade educacional, portanto, aumentou notavelmente, em compasso com a desigualdade de renda. A diferença de pontuação nas provas prestadas por alunos de alta e baixa renda aumentou entre 40% e 50% ao longo dos últimos vinte anos, de modo que no oitavo ano escolar os filhos de famílias ricas estão quatro séries à frente dos filhos de famílias pobres.[156] A atual diferença de desempenho entre estudantes ricos e pobres dos Estados Unidos é maior do que a diferença entre brancos e negros, que é de três séries,[157] e do que a entre brancos e negros gerada pelas escolas racialmente segregadas em meados do século XX. As comparações internacionais são igualmente chocantes:[158] a diferença de desempenho entre ricos e pobres dentro dos Estados Unidos na atualidade é mais ou menos a mesma que a diferença de desempenho acadêmico entre os Estados Unidos e a Tunísia (cujo Produto Interno Bruto [PIB] *per capita* é doze vezes menor).

Há um outro desdobramento não menos importante, talvez até mais. A partir do fim da Segunda Guerra Mundial até por volta de 1970, a desigualdade econômica gerava diferenças educacionais principalmente entre a classe média e os pobres.[159] O aproveitamento escolar dos estudantes ricos diferia pouco do desempenho dos estudantes de classe média. Isso começou a mudar em meados da década de 1970, e desde então a mudança vem ganhando força. Hoje em dia, o aproveitamento dos ricos supera o dos alunos de classe média em maior medida que o dos alunos de classe média supera o dos pobres — na verdade, numa medida bem maior. Segundo uma pesquisa mais detalhada e sistemática, a diferença do desempenho escolar de ricos e de classe média começou a aumentar no início da década de 1970, equiparou-se à diferença entre a classe média e os pobres em meados da década de 1990 e atualmente está quase 25% maior que a diferença entre a classe média e os pobres.*

Essas diferenças no aproveitamento acadêmico — incluindo a diferença crítica entre crianças ricas e de classe média — revelam-se mais claramente no SAT, que, dada sua importância para o ingresso na faculdade, é quase com certeza a prova mais importante a que um estudante norte-americano se submete.

---

* Uma representação dessas tendências é mostrada no Gráfico 6, p. 364.

A influência das diferenças de renda e desempenho sobre os resultados no SAT é imensa.[160] Os estudantes de famílias que ganham mais de 200 mil dólares por ano (cerca dos 5% superiores da população) fazem 388 pontos a mais do que os de famílias de renda anual menor que 20 mil dólares (cerca dos 20% inferiores); e os estudantes cujos pais têm pós-graduação (cerca dos 10% superiores) fazem 395 pontos a mais do que os alunos cujos pais não terminaram o ensino médio (cerca dos 15% inferiores). Em cada caso,[161] essas diferenças na pontuação bruta situam o estudante médio de elite mais ou menos no quartil superior de todos os que fazem a prova e o estudante médio desfavorecido, no quartil inferior.

As diferenças mais chocantes, de novo, referem-se não a comparações entre os dois extremos, mas entre o meio e cada um dos extremos. No fim da década de 1990,[162] a diferença entre a pontuação dos alunos de classe média e pobres no SAT era maior do que a diferença entre ricos e classe média. A herança meritocrática da elite, porém, inverteu esse padrão.

Atualmente, os alunos cujas famílias se inserem mais ou menos no meio da escala norte-americana de distribuição de renda fazem apenas cerca de 135 pontos a mais que os estudantes pobres, mas 250 pontos a menos que os ricos.[163] Estudantes cujos pais se inserem mais ou menos no meio da escala norte-americana de distribuição da educação (com nível de tecnólogo, embora não grau de bacharel) fazem só cerca de 150 pontos a mais que os estudantes cujos pais abandonaram o ensino médio, mas 250 pontos a menos que os estudantes cujos pais têm pós-graduação.[164] Da mesma forma que na questão de casta e de aproveitamento escolar, nas provas de admissão à faculdade, a elite vem deixando rapidamente a classe média bem atrás, enquanto a classe média e os pobres aos poucos se aproximam.

A herança meritocrática torna esse modelo inevitável: na medida em que as altas rendas disparam, os pais ricos deixam os de classe média cada vez mais atrás em qualificação. E esse mecanismo funciona tão bem que, embora os números citados anteriormente correspondam a médias, muito poucos estudantes superam as expectativas associadas à condição de sua família. Em 2010, por exemplo, 87% dos estudantes que fizeram mais de setecentos pontos (marca dos 5% a 7% superiores) em leitura crítica e matemática, as partes decisivas do SAT (marcas dos primeiros 5%), tinham um dos pais com formação universitária, enquanto 56% tinham um dos pais com pós-graduação.[165]

Todos esses investimentos excepcionais — em aptidões cognitivas e não cognitivas, em atividades extracurriculares de longo prazo, em notas e pontuação nas provas — se combinam para estabelecer uma diferença qualitativa entre os egressos do ensino médio de elite e seus congêneres pobres ou de classe média. Como sempre, as diferenças se acumulam e se concentram no extremo superior da distribuição de renda, como se vê ao observar os resultados obtidos por escolas reconhecidamente superelitistas, cujos nomes todos conhecem. Uma escola pública de elite, como a Scarsdale, tem 97% de seus formandos do ensino médio aprovados no exame de ingresso à faculdade.[166] As escolas privadas de elite dão resultados ainda mais peneirados. As vinte melhores escolas privadas secundárias do país,[167] segundo a revista *Forbes*, têm, em média, 30% de seus egressos aprovados nas faculdades da Ivy League, em Stanford e no MIT. Essas escolas têm provavelmente dois terços de seus egressos aprovados por faculdades e universidades classificadas entre as 25 melhores em suas categorias pelo *U.S. News & World Report*.[168]

Os extraordinários investimentos em filhos das famílias ricas a partir do nascimento não terminam com o ensino médio. A herança meritocrática prepara e qualifica os egressos ricos do ensino médio para receberem uma educação e uma formação ainda mais excepcionais, na faculdade e depois dela. Dessa forma, a infância prolonga seu alcance direta e profundamente na vida adulta.

FACULDADE E UNIVERSIDADE

Em geral, não é mais difícil entrar para uma faculdade hoje do que era em 1960.[169] Na verdade, a concorrência pelo ingresso nas faculdades que estão entre as 90% inferiores (em termos de seletividade) se manteve igual ou ficou até mais fácil nos últimos cinquenta anos. No entanto, as faculdades de elite tornaram-se mais competitivas. A concorrência pelas vagas se acirrou na mesma proporção que a seletividade das faculdades, a partir do começo da década de 1960, com mais destaque nas escolas de ponta — Ivy League, Stanford, MIT e umas poucas outras —, nas quais as admissões muitas vezes são mais competitivas hoje do que eram para duas gerações anteriores.[170] A concorrência que domina a vida de pais e filhos da elite se concentra nessas faculdades e universidades de hiperelite.

A concorrência é vencida também pelas escolas de ensino médio de ponta. Quando as vinte melhores escolas secundárias, segundo a classificação da *Forbes*, encaminham 30% de seus egressos a Ivy League, Stanford e MIT, estão reivindicando para si cerca de um décimo de todas as vagas disponíveis nessas faculdades de elite.[171] Essas escolas, além disso, são praticamente indistintas de um pequeno grupo de outras que oferecem educação igualmente intensiva e de elite a um grupo muito similar de estudantes com resultados equivalentes. (A Fieldston, por exemplo, não figura entre as vinte melhores da *Forbes*, pelo menos no ano considerado, e a Scarsdale nunca entrará para a lista, por ser oficialmente pública.)

Considerando apenas as faculdades frequentadas por egressos das cem ou duzentas escolas secundárias de elite mais renomadas e conhecidas, chegaremos a um terço do corpo discente das mais prestigiadas faculdades do país.[172] Essas escolas secundárias formam, principalmente, filhos de pais muito ricos — talvez dois terços de seus egressos venham de famílias situadas nos 5% superiores da população em distribuição de renda. Mesmo um raciocínio superficial mostra claramente que as crianças mais ricas, vindas do melhor ensino médio, predominam no corpo discente de faculdades e universidades. A faculdade amplia a herança meritocrática, estendendo e exacerbando a desigualdade na educação recebida por filhos de pais ricos e filhos de pais de classe média.

O estudo sistemático confirma essa intuição. A porcentagem de norte-americanos que têm algum tipo de diploma superior aos 29 anos de idade aumentou substancialmente desde o fim da Segunda Guerra Mundial — de 6%, em 1947, para 24%, em 1977, e 32% em 2011.[173] Mas quase todo esse aumento ocorreu na metade de cima da distribuição de renda, e a diferença entre os grupos de ricos e pobres que se graduam cresceu 50% entre 1980 e 2010.[174] Hoje, cada novo aumento na renda dos pais eleva também, significativamente, as chances de um filho chegar à faculdade, tomando-se a distribuição de renda de baixo para cima.[175] O resultado da renda parental nas chances de conclusão do curso, e não apenas nas de chegar à faculdade, é ainda maior.[176] Além de entrar na faculdade, os ricos se diplomam numa proporção cada vez maior em relação aos demais — entre 2,5 e quatro vezes mais.

Em conjunto,[177] esses resultados levaram 58% dos norte-americanos criados em famílias situadas no quartil superior da distribuição de renda a se formarem aos 24 anos, em 2016, contra 41% dos que estão no quartil seguinte, 20% dos do terceiro quartil e apenas 11% dos situados no quartil inferior. Essas diferenças importam não só por serem tão grandes em termos absolutos, mas também por suas proporções relativas. Como ocorre com a distribuição do investimento ao longo do ensino médio, e também nos índices de graduação, a diferença entre estudantes ricos e os de classe média é maior do que a diferença entre os de classe média e os pobres. A disparidade entre ricos e classe média é de praticamente o dobro do que foi em 1970.[178]

Os ricos têm uma vantagem relativa ainda maior sobre o restante da população no que se refere a frequentar faculdades e universidades selecionadas e formar-se por elas, além de uma vantagem bem grande quanto às mais competitivas escolas de elite (embora em números absolutos os alunos destas pertençam majoritariamente a camadas inferiores quanto à distribuição de renda). Mesmo quando chegam à faculdade, os estudantes pobres passam a frequentar estabelecimentos cuja qualidade média se situa perto do 35º percentil de todas as faculdades; os de classe média frequentam estabelecimentos cuja qualidade média fica abaixo do 50º percentil; e os estudantes de famílias pertencentes ao 1% superior na escala de distribuição de renda frequentam escolas cuja qualidade média está próxima do 80º percentil.[179] Como sempre, a diferença entre os ricos e os de classe média supera — duplica — a diferença entre a qualidade média das faculdades frequentadas por alunos de classe média e pobres.

O padrão referente a faculdades que são não apenas seletivas, mas altamente seletivas, é ainda mais extremo. Nada pode garantir a um egresso do ensino de família rica uma vaga numa faculdade verdadeiramente de elite — as famílias ricas são muitas para poucas escolas de elite —; porém, a seletividade assegura que os egressos do ensino médio de famílias pobres ou de classe média não entrem em faculdades de fato de elite. Dos egressos do ensino médio em 2004, por exemplo, conseguiram entrar em faculdades superseletivas cerca de 15% dos alunos de alta renda, contra 5% dos de renda média e 2% dos de baixa renda.[180] São grandes diferenças, e, de novo, a diferença entre os ricos e os de classe média supera — em mais de três vezes — a diferença entre os de classe média e os pobres.

A proporção em que os pais de cada faixa de renda mandam seus filhos para a faculdade determina, é claro, a quantidade de alunos de cada faixa de renda. Portanto, não é de surpreender que a população universitária apresente um viés espetacular para a riqueza. Cerca de 37% de todos os universitários provêm

A HERANÇA MERITOCRÁTICA

atualmente de famílias situadas no quartil superior da distribuição de renda, enquanto 25% provêm dos dois quartis intermediários e 13% do quartil inferior.[181] O viés para a riqueza dentro do corpo discente das faculdades mais uma vez aumentou ao longo do tempo, principalmente a partir dos anos democráticos iniciais da meritocracia.[182] E como as taxas de formatura aumentam com a renda familiar, a tendência à riqueza entre os formandos é ainda maior que entre os estudantes. A taxa de diplomas de bacharelado concedidos a alunos originários do quartil inferior da distribuição de renda,[183] por exemplo, foi de apenas 10% em 2014 (depois de cair do patamar de 12% em 1970).

Essas desigualdades são ainda maiores nas universidades e faculdades de elite, e o viés para a riqueza entre seus alunos é impressionante. Nas cerca de 150 faculdades mais disputadas e seletivas do país — e portanto mais elitistas —, os alunos de famílias situadas no quartil superior da distribuição de renda aparecem à proporção de catorze para um em relação aos provenientes do quartil inferior, como mostra uma pesquisa;[184] nas 91 faculdades mais disputadas, o quartil superior supera o inferior à razão de vinte para um, segundo outra pesquisa. Esses números significam que 72% dos alunos de faculdades de elite vêm do quartil superior e apenas 3% do quartil inferior.

A ínfima participação do quartil inferior é preocupante, mas não surpreendente. Os pobres, com certeza, nunca figuraram com destaque na população das instituições sociais de elite.[185] No entanto, a tendência em favor dos ricos se revela chocante mesmo dentro da porção superior da escala de distribuição de renda. Nas faculdades mais seletivas, os alunos de famílias situadas no quartil de cima da distribuição de renda superam em número os dos dois quartis intermediários, numa proporção de oito para um e quatro para um, respectivamente.[186] Nas faculdades de elite,[187] os alunos ricos superam em número não apenas os pobres, mas os da classe média mais ampla. Esses desequilíbrios vêm aumentando com o tempo, em especial ao longo da história da meritocracia — o que não é surpresa, dada a desigualdade educacional em ascensão na primeira infância e no ensino médio. Segundo uma pesquisa, a diferença entre a representação dos ricos e a dos demais nas faculdades de elite aumentou cerca de 50% entre o fim da década de 1980 e o início dos anos 2000.[188] Os números abstratos refletem fatos sobre situações sociais concretas. Uma pesquisa de 2004 sobre as universidades privadas mais seletivas, por exemplo, encontrou mais calouros cujos pais eram médicos do que filhos de trabalhadores horistas, professores, religiosos, agricultores e soldados somados.[189]

O viés para a riqueza se torna mais agudo e mais perturbador no topo da hierarquia educacional. A administração das faculdades e universidades de elite não publica dados abrangentes e sistemáticos sobre a origem de classe de seus alunos, mas alguns deles começaram a reunir e relatar esses dados. Os relatórios preparados por alunos de Harvard e Yale mostram que, nas turmas mais recentes, o número de alunos de famílias situadas no quintil superior da distribuição de renda é 3,5 vezes maior do que o dos que vieram dos dois quintis inferiores juntos.[190] Mais preocupante ainda: dentro da Ivy League, da Universidade de Chicago, de Stanford, do MIT e da Duke há mais alunos de famílias situadas no 1% superior da distribuição de renda do que provenientes de toda a metade inferior.[191] A escala desse desvio para a riqueza é simplesmente bizarra. Até mesmo Oxford e Cambridge, antigos símbolos da intersecção entre classes sociais e educação de elite, têm, hoje em dia, corpos discentes com uma diversidade econômica bem maior que Harvard e Yale.[192]

Esses fatos, em conjunto, mostram um quadro geral desolador. Ser filho de pais ricos é praticamente o que basta para obter um diploma, e quase condição necessária (ainda que não suficiente) para receber esse diploma de uma faculdade de elite.[193] A faculdade domina a vida pós-ensino médio dos estudantes ricos e os filhos de pais ricos dominam o corpo discente das faculdades de elite. Quaisquer que sejam suas origens e seus objetivos, a meritocracia, hoje, faz da faculdade um assunto para ricos.

A própria faculdade exacerba a concentração da qualificação na elite — levando o foco especial nos ricos da educação para a vida adulta, aumentando a diferença entre seu investimento em capital humano e o da classe média e dos pobres. Enquanto, no caso de jovens norte-americanos pobres e de classe média, o investimento organizado em capital humano quase sempre se interrompe ao término do ensino médio, a faculdade é o início de uma nova rodada de investimento para quase toda a juventude rica. Os investimentos especiais associados à educação oferecidos pelas faculdades mais disputadas são dirigidos, quase que exclusivamente, aos jovens ricos. Esses investimentos, além de tudo, são volumosos.

Os investimentos peculiares que as faculdades fazem na educação dos alunos de origem rica vêm aumentando sistematicamente nas últimas décadas.

A HERANÇA MERITOCRÁTICA

A educação superior representa, hoje, 33% de todo o investimento público em educação nos Estados Unidos. Se a ele se somar o investimento privado, faculdades e universidades responderão por 45% do total de gastos com educação nos Estados Unidos.[194] As quantias são impressionantes, em termos absolutos e em relação ao resto da vida econômica: em 2014, os estabelecimentos de ensino superior gastaram 532 bilhões de dólares, ou 3,1% do PIB (comparados aos 142 bilhões, ou 2,2% do PIB em 1970).[195] O investimento total em educação nos Estados Unidos praticamente se equipara ao investimento total em capital físico não residencial.[196] Só a Universidade de Yale gasta atualmente muitas vezes mais do que todo o orçamento do Estado para a educação em 1840.[197] (Surpreendentemente, comparados a outros países da OCDE, os Estados Unidos gastam uma porcentagem do PIB um pouco abaixo da média na educação fundamental e média, mas quase o dobro em educação superior.)[198] Além disso, os gastos cresceram bem mais que as matrículas a partir de 1970,[199] o que implica um aumento do gasto real por aluno de cerca de 60%.[200]

Os gastos ascenderam mais depressa e as matrículas, mais devagar na maior parte das escolas de elite. Os gastos médios por aluno na Ivy League, por exemplo, aumentaram 80% só entre 2001 e 2015.[201] Faculdades disputadas em geral gastam muito mais na qualificação de seus estudantes, mais ricos em relação aos demais, do que faculdades menos disputadas com seus alunos relativamente menos ricos: 92 mil dólares por aluno por ano em projetos orientados para o estudante nas faculdades mais seletivas, contra apenas cerca de 12 mil dólares nas menos seletivas.[202] Essa diferença é cinco vezes maior do que a existente na década de 1960.[203]

Parte desses gastos inflados é custeada pelas rendas ascendentes dos pais de alunos que frequentam faculdades de elite.[204] Mas a maior parte deles, na verdade, vem de subsídios alheios às famílias dos alunos: das enormes dotações das faculdades ricas e de verbas públicas (incluídas isenções fiscais decorrentes de seu status de instituições caritativas). No total, os alunos dos 10% mais ricos das faculdades pagam apenas 20 centavos de cada dólar gasto em sua educação, enquanto os alunos geralmente pobres e de classe média dos 10% mais pobres das faculdades pagam 78 centavos para cada dólar em sua educação.[205] Finalmente, tanto o subsídio quanto a diferença — sobretudo a diferença — entre o que os alunos comuns e os de elite recebem aumentaram vertiginosamente ao longo dos últimos cinquenta anos. Em 1967, o subsídio anual médio por estudante era de cerca de 2,5 mil dólares nas faculdades menos seletivas e de 7,5 mil nas mais seletivas; em 2007, a média no extremo inferior tinha subido para apenas 5 mil dólares, enquanto os subsídios para escolas do 99º percentil em seletividade haviam disparado para cerca de 75 mil dólares.[206] Novamente, o viés em favor da riqueza entre os estudantes de elite implica que os maiores subsídios se destinem aos mais ricos.

Simplificando, o ensino superior não apenas concentra cada vez mais a qualificação nos alunos de famílias ricas, como, mais e mais, subsidia a qualificação dos ricos. O peso desses dois elementos da herança meritocrática é assombroso.

PÓS-GRADUAÇÃO E ESPECIALIZAÇÃO

Segundo uma visão comum, a conclusão da faculdade marca o fim da juventude e o começo da vida adulta séria.[207] O formando, assim, deixa para trás, e para sempre, o aconchego da escola. Seja o que for que aprenda, ou o que se torne, deve fazê-lo nas circunstâncias mais duras da vida "real".

A vida de hoje, no entanto, contesta essa visão, sobretudo para a elite econômica, e a distância entre imaginação e realidade vem crescendo consideravelmente. Pelo menos para os trabalhadores supraordenados, cada vez mais educados e treinados, a graduação abre caminho (se não de imediato, num futuro muito próximo) não para a vida "real", mas para mais escolarização. Com efeito, no entendimento do típico estudante das mais elitistas universidades norte-americanas, a faculdade serve apenas como encaminhamento para a pós-graduação, quase da mesma forma como no passado o ensino médio levava à faculdade. Essa educação suplementar centraliza ainda mais o investimento em capital humano numa elite cada vez mais qualificada, mas também cada vez mais exígua, potencializando a diferença entre os investimentos em capital humano de filhos de famílias ricas e dos demais estudantes. Os cursos de pós-graduação e especialização prolongam a herança meritocrática para a já bem avançada idade adulta.

A educação no nível de pós-graduação ou especialização é um fenômeno relativamente recente, e sua importância para os trabalhadores da elite é nova. Com efeito, a qualificação nesse nível, até há muito pouco tempo, não

A HERANÇA MERITOCRÁTICA

era requerimento indispensável para empregos de elite ou para o exercício de profissões liberais.[208] As escolas que formavam profissionais do direito ou da medicina em geral, por exemplo, não ofereciam cursos de pós-graduação (que exigem diploma universitário como pré-requisito) até o começo do século XX.[209] Mais importante ainda — por se tratar de trabalhadores tão numerosos e tão bem pagos —, consultores e executivos de bancos e empresas, durante muito tempo, exerceram seu ofício sem nenhuma qualificação formal em administração. Como observou Nitin Nohria, reitor da Escola de Administração de Harvard (2010-2020), a elite administrativa norte-americana em meados do século XX se constituía não com base em diplomas universitários, mas em redes familiares e laços religiosos. Em 1900, menos de um quinto dos líderes empresariais tinha curso superior.[210]

A elite profissional norte-americana se virava sem pós-graduação porque recebia de seus empregadores extenso treinamento no dia a dia do trabalho. Os médicos aprendiam técnicas especializadas ao tratar seus pacientes. Os advogados aprendiam em estágios e salas de audiência com colegas experientes e juízes. E o mais importante, uma vez mais: os administradores, entre eles, os executivos da elite, recebiam treinamento consistente e sistemático no trabalho, à medida que subiam na elaborada hierarquia administrativa que dirigia as empresas do país em meados do século XX.[211]

Na IBM, por exemplo, a formação dos novos executivos começava no centro de treinamento intensivo de Armonk e, de certa forma, nunca acabava. Os funcionários administrativos dedicavam como norma dois anos do início da carreira a uma prática rotativa em diferentes cargos gerenciais em Armonk. Depois, recebiam mais três semanas de treinamento por ano, também em Armonk, ao longo de toda a carreira, além de treinamento de campo. Um funcionário de carreira da IBM, ao se aposentar depois de quarenta anos de serviço, teria passado quatro anos, ou 10% de sua vida laboral, sendo treinado por seu empregador.[212] Na Kodak, outra líder entre as empresas norte-americanas em meados do século XX, os novos empregados recebiam um treinamento tão pesado que a empresa nunca recrutava pessoas de mais de 25 anos.[213] Essas empresas não eram exceção. A principal pesquisa sobre executivos da época concluiu que os novos trabalhadores procuravam treinamento no trabalho, escolhiam as empresas com base nos seus treinamentos e que as empresas correspondiam a suas expectativas: o programa básico de treinamento para executivos nas empresas consultadas na pesquisa durava dezoito meses completos.[214]

Hoje em dia, as empresas não proporcionam nada parecido. Quando a IBM abandonou o modelo de emprego para toda a vida baseado em treinamento interno, no começo da década de 1990, foi tão grande o choque que foi preciso pedir aos donos de lojas de armas que fechassem as portas.[215] E a Kodak pretende atualmente preencher não mais do que um terço de seus cargos administrativos com trabalhadores treinados internamente.[216] A transformação se encaixa na visão contemporânea da administração — recentemente, um grupo de executivos de meia-idade da área de seguros recordou que o próprio treinamento, uma geração atrás, em geral durava um ano inteiro, enquanto hoje nenhuma das empresas em que eles trabalham oferece programa de treinamento.[217] Essa visão reflete a realidade, medida por dados: no total, a empresa norte-americana atual investe, em média, menos de 2% de sua folha de pagamento em treinamento.[218]

O treinamento no trabalho dava combustível para o clássico plano de carreira de meados do século XX, centrado na mobilidade dentro de uma mesma empresa — "da sala de correspondência ao escritório envidraçado",[219] como se dizia. (Uma pesquisa da revista *Fortune* encomendada em 1952 concluiu que dois terços dos executivos mais velhos estavam trabalhando na mesma empresa havia mais de duas décadas.)[220]

Hoje em dia, o combustível evaporou. O caráter do trabalho de elite mudou, reduzindo o valor dos conhecimentos específicos de cada empresa e aumentando o peso dos conhecimentos de aplicação geral. No mesmo período, a estrutura do mercado de trabalho de elite mudou, com a redução do compromisso entre as empresas e seus empregados. A hierarquia laboral, hoje, se organiza mais por função do que por empresa ou mesmo por setor.[221] E os empregadores abandonaram as promessas implícitas, habituais entre administradores, de que o trabalho competente merecia um emprego para a vida toda e promoções progressivas. Em lugar disso, oferecem, nas palavras de uma declaração da Apple a seus empregados, "uma viagem realmente bacana enquanto vocês estiverem aqui" durante "uma boa oportunidade para nós e para vocês que é provavelmente finita".[222]

Todas essas mudanças conspiram para fazer do diploma universitário, e não do treinamento no próprio trabalho, o meio definitivo de acesso e progresso

A HERANÇA MERITOCRÁTICA   187

ocupacionais. Com efeito, todo jovem médico ambicioso procura fazer não apenas a residência de um ano tradicionalmente obrigatória para poder praticar a medicina, mas residências médicas mais prolongadas e intensivas, algumas das quais (em neurocirurgia, por exemplo) duram nada menos do que sete anos. Muitas especialidades exigem atualmente uma preparação em tempo integral que vai muito além da residência.[223] De modo análogo, jovens advogados também precisam de três anos de qualificação pós-universitária antes de poderem exercer a advocacia, e as escolas de direito dos Estados Unidos vêm formando, em média, 40 mil novos Juris Doctors (JD) por ano nas duas últimas décadas.[224] Trabalhadores de elite nas áreas de finanças, consultoria e administração passam, hoje em dia, geralmente dois anos depois de formados em escolas de administração, de onde saem 100 mil novos MBAs por ano.[225] Enquanto uma pesquisa pioneira feita em 1932 concluiu que 55% dos mais altos executivos de empresas nunca tinham pisado numa faculdade,[226] nove de cada dez, hoje, têm curso superior completo,[227] e a imensa maioria dos administradores de elite tem MBAs ou JDs.[228] Esse padrão se firmou de modo tão generalizado — e enraizou-se de tal forma — no plano de carreira dos trabalhadores supraordenados que é tido como natural, nada além do que se espera da elite. Mas na verdade ele corresponde a uma grande inovação — tem apenas uma ou duas gerações de idade.

Essa transformação tem importantes consequências sobre a distribuição da qualificação — de investimento em capital humano — dentro da sociedade norte-americana. A qualificação em nível de pós-graduação representou, durante muito tempo, um investimento adicional de peso no capital humano dos trabalhadores, em particular dos trabalhadores de elite. Em meados do século XX, os empregadores norte-americanos que proporcionavam anos de treinamento formal ao longo de uma carreira de elite gastavam nisso quantias consideráveis. Os cursos de pós-graduação e especialização fazem investimentos ainda maiores em seus alunos: o gasto anual por aluno na Escola de Administração de Harvard passa de 350 mil dólares.[229]

Ao se transferir a qualificação necessária ao trabalho de elite do lugar de trabalho para a universidade, muda-se a composição socioeconômica do grupo que recebe essa qualificação e o investimento em capital humano que ela exige. Provavelmente, a qualificação oferecida pelo empregador sempre se inclinou para a riqueza, já que os melhores empregos para iniciantes, os que ofereciam mais qualificação, ficavam com candidatos vindos de faculdades de elite — portanto, das famílias mais ricas.[230] Mas a qualificação acadêmica se inclina ainda mais para o lado da riqueza, já que a desproporção entre estudantes ricos e os demais nos cursos de pós-graduação e especialização se equipara — e por vezes excede — ao desequilíbrio socioeconômico existente entre os alunos da graduação. (A única forma de qualificação no lugar de trabalho que sobrevive e até prospera em nossos dias — o estágio não remunerado — também favorece jovens trabalhadores de origem rica, que têm condições muito melhores para trabalhar de graça.)

Isso pode não surpreender. De forma mais imediata, os cursos de pós-graduação e especialização são competitivos do ponto de vista acadêmico, e a maior parte dos cursos de elite são imensamente competitivos — na verdade, mais do que a maior parte das faculdades de elite. O aluno médio da Escola de Direito de Yale, por exemplo, é aquele que só teve notas A na faculdade (para uma pontuação de 3,9 no GPA)* e ficou acima do 99º percentil na prova de admissão, LSAT. O aluno médio da Escola de Administração de Harvard teve 3,7 no GPA e ficou no 96º percentil na prova de admissão, a GMAT. E o aluno médio da Escola de Medicina de Stanford teve 3,85 no GPA e ficou no 97º percentil da prova de admissão, a MCAT.[231] Além disso, a imensa maioria desses estudantes vem de uma formação universitária em faculdades de elite; e os alunos das escolas mais elitistas de pós-graduação e especialização, em sua imensa maioria, provêm das faculdades mais elitistas. Quarenta por cento dos alunos da Escola de Direito de Yale são egressos de faculdades da Ivy League e 25%, de Harvard, Princeton ou Yale.[232] O corpo discente dessas faculdades, é claro, propende com força para a riqueza. E as escolas de pós-graduação e especialização que se alimentam de alunos dessas faculdades não podem senão replicar o viés.

Além disso, as escolas de pós-graduação e especialização são caras. Custos diretos indispensáveis e incontornáveis — anuidades e taxas — nessas escolas de elite são iguais ou mais elevados que os das faculdades de elite: a anuidade chega a 60 mil dólares na Escola de Direito de Yale e 70 mil dólares na Escola de Administração de Harvard.[233] Esses valores correspondem apenas às anui-

---

* Grade Point Average (GPA) é a média geral das notas do estudante universitário, calculada numa escala entre 0 e 4. (N. do E.)

dades, sem contar alojamento e alimentação. Todas essas despesas somadas, a Escola de Direito de Yale calcula que um aluno deve gastar mais de 80 mil dólares pelos nove meses que integram o ano escolar, e a Escola de Administração de Harvard calcula o custo desses nove meses em mais de 105 mil dólares.[234] (Os alunos contam que uma vida social plena acrescenta 20 mil dólares ao custo do MBA, e evitá-la acarreta o risco de exclusão de vantagens intelectuais e de contatos da vida estudantil.)[235] O custo indireto de oportunidade de uma especialização, medido pela renúncia à renda do trabalho ao longo dos anos complementares de escolarização, se equipara ou até supera os custos diretos.[236]

Essas condições, certamente combinadas a outras não identificadas, geram um desequilíbrio socioeconômico praticamente inconcebível no corpo discente das escolas de pós-graduação e especialização da elite. São poucos os dados gerais e sistemáticos: o desvio para a riqueza é acentuado demais para ser captado por conjuntos de dados públicos, que em geral consideram a elite como uma única categoria econômica e, portanto, frustram as tentativas de especificar diferenças dentro da pequena porcentagem de pessoas situadas no topo da distribuição de renda; e as próprias universidades preferem não divulgar uma tendência que elas veem, com razão, como constrangedora.[237] Mas fontes não oficiais têm opiniões cada vez mais confiáveis sobre a riqueza familiar dos estudantes. Alunos da Escola de Administração de Harvard, ao discutir o custo da participação na vida social, disseram que chegava "a apenas 20 mil dólares",[238] o que dá uma boa ideia de sua origem rica. E uma pesquisa sistemática recente sobre a origem familiar, feita por alunos de direito de Yale, confirma o franco desvio para a riqueza: o número de alunos da Escola de Direito de Yale criados em famílias situadas no 1% superior da distribuição de renda (cerca de 12%) supera o número dos oriundos de toda a metade inferior (9%); o aluno médio da escola foi criado num domicílio cuja renda era de cerca de 150 mil dólares por ano (ou seja, situada no quintil superior da população em distribuição de renda); e menos de 3% foram criados na pobreza ou em suas proximidades.[239]

É difícil imaginar um corpo discente mais elitista do ponto de vista socioeconômico. Embora microdados precisos sobre outros cursos de pós-graduação e especialização não sejam públicos, nada leva a crer que a Escola de Administração de Harvard e a Escola de Direito de Yale sejam exceções.[240] Pelo contrário, uma ampla pesquisa sobre cursos de direito revela que, no mínimo, dois terços dos alunos das escolas de primeira linha têm ao menos um dos pais com pós-graduação ou especialização e mais de um terço tem os dois pais nessa condição.[241]

No passado, a qualificação no ambiente de trabalho se baseava nos mesmos impulsos democráticos que os primeiros meritocratas levaram à educação na idade adulta, permitindo que os trabalhadores subissem na hierarquia de uma empresa, qualquer que fosse sua origem. Mas a história posterior da meritocracia traiu esses impulsos. Hoje, ela abandonou a qualificação pelo trabalho em favor da qualificação pela universidade. Atualmente, os cursos de pós-graduação e especialização estendem até a vida adulta o forte investimento em capital humano dos estudantes ricos e concentram esses investimentos numa elite socioeconômica quase que inconcebivelmente exclusiva — aumentando e restringindo a herança meritocrática. Com isso, a concentração da qualificação e da educação nos Estados Unidos é como uma pequena ponta de alfinete.

A AVALIAÇÃO DA HERANÇA DA ELITE

Um meritocrata que não nasce nessa condição pode ser feito, mas não se faz sozinho.

A educação da elite e a das pessoas comuns diferem em quase tudo o que se possa imaginar: pessoas, ambientes, estilos, objetivos e programas de estudos adotados. As diferenças se acumulam para orientar os filhos de pais ricos meticulosamente educados para um modo de vida específico — em tudo consentâneo com o modo de vida adotado pelos adultos da classe dos trabalhadores supraordenados. Não se pode abranger plenamente os indícios próprios desse modo de vida numa caracterização simples, e não há uma escala única que dê conta de medir a distância entre a educação de elite e a dos demais. Nesse aspecto, a educação de elite que envolve as crianças ricas não difere do trabalho supraordenado que domina a vida dos adultos ricos.

A relação entre a educação de elite e o trabalho supraordenado indica, no entanto, que uma medição sumária da distância que separa a educação dos ricos da recebida pelos demais pode resumir a essência da desigualdade educacional — da mesma forma que a renda do 1% superior na escala de distribuição de renda mostra a desigualdade econômica entre os adultos. A ligação entre educação de elite e renda do trabalho supraordenado dá uma orientação para se obter a estatística. A renda do trabalho representa um retorno pelo capital humano de um trabalhador, e a educação — com inclusão de todos os seus aspectos — acumula e aumenta o capital humano de um estudante.

Para obter uma medida resumida da educação excepcional ministrada aos filhos de pais ricos, portanto, é preciso deixar de lado todo o contexto cultural e institucional no qual se insere a educação de elite e ignorar o investimento direto, pessoal e em espécie que os pais de elite fazem na criação e na qualificação de seus filhos. A educação deve ser tratada como investimento em capital humano, passível de quantificação em dinheiro. Depois, deve se perguntar quanto se investe a mais na educação de uma criança rica normal em relação ao que se investe na educação de uma criança normal de classe média — quanto se investe na educação de uma criança pertencente ao 1% das famílias de Palo Alto a mais do que na educação de uma criança de classe média de St. Clair Shores. O detalhamento da questão sustenta estimativas aproximadas (mas conservadoras) das quantias em dólar: 10 mil a 15 mil, por ano, na educação infantil; 20 mil a 25 mil, por ano, no ensino fundamental; 50 mil a 60 mil, por ano, no ensino médio; e 90 mil, por ano, na faculdade e na especialização.

Finalmente, ao se expressar numa única quantia esses investimentos ano a ano ao longo da infância de uma criança de elite, situa-se o investimento atual da elite em capital humano em sua perspectiva histórica. A antiga classe ociosa devia sua renda e seu status principalmente ao retorno de capital físico e financeiro acumulado. Os pais de elite, inseridos na velha ordem social e econômica, dedicavam muito menos recursos à educação dos filhos (tanto em termos absolutos quanto relativos à classe média). A antiga elite garantia a renda e o status dos filhos e a transmissão dinástica da riqueza e do privilégio por meio de doações de capital físico e financeiro — terras e fábricas, ações e títulos. Normalmente, essas doações se faziam por testamento dos pais em favor dos filhos herdeiros. O velho modo de transmissão dinástica de riqueza refletia a forma dominante da riqueza transmitida.

A elite meritocrática, pelo contrário, se caracteriza não pela ociosidade e pela renda do capital, mas pelo trabalho supraordenado. Hoje, os pais de elite, inseridos na nova ordem, oferecem aos filhos as bases sociais e econômicas para que integrem a classe dos trabalhadores supraordenados. O investimento em capital humano, feito enquanto os pais estão vivos, substituiu a herança de capital físico e financeiro como meio dominante de transmitir o status de elite às gerações seguintes. Basta reunir num total esses investimentos para calcular o tamanho da herança tradicional que eles substituem.

Para isso, imagine-se que a diferença entre os recursos dedicados à qualificação de um filho de uma família típica do 1% superior e os recursos dedicados à qualificação de um típico filho de classe média seja investida num fundo fiduciário para ser entregue ao filho rico depois da morte dos pais. Calcule-se depois o tamanho do legado. O resultado exato desse exercício depende de diversas suposições, portanto, o resultado pode não ser obtido com precisão. Mas uma estimativa razoável (robusta em face das variações nas suposições iniciais) pode ser obtida, e os resultados do exercício são verdadeiramente assombrosos: o investimento excedente em capital humano feito por uma típica família rica — superior ao investimento em educação feito não apenas pelas famílias pobres, mas também pela classe média — equivale, hoje, a uma herança tradicional de cerca de 10 milhões de dólares por filho.*

Dez milhões de dólares por filho. Essa soma é o que vale a herança meritocrática de um filho da elite. Herança, porque vai de pais para filhos e promove as ambições dinásticas de uma família de elite. Meritocrática, em dois sentidos. Primeiro, a educação comprada pela herança promove e recompensa, repetidamente, o desempenho: pais, instrutores e professores de elite envolvem a criança com o objetivo deliberado de formar competências e obter conquistas; e as escolas de elite promovem uma acirrada competição por vagas e, depois da admissão, por notas. Segundo, a herança de um filho o qualifica para o mundo do trabalho meritocrático, implacavelmente competitivo e baseado no desempenho.

O enorme investimento da elite na educação dos filhos (enorme tanto em termos absolutos quanto em termos relativos aos gastos da classe média) representa uma tecnologia da sucessão dinástica nova e claramente meritocrática, uma verdadeira "revolução na transmissão familiar de riqueza".[242] Pais ricos e filhos ricos gravitam naturalmente em torno do capital humano como meio preferencial de transmissão de renda e status às gerações seguintes. É por isso que hoje em dia os gastos totais com educação, para a faixa de alta renda, vêm au-

---

* Os cálculos que levaram a essa estimativa são mostrados nos Quadros 1 e 2, pp. 375 e 377.

mentando mais rápido do que os gastos em qualquer outra categoria de consumo, e também por isso a desigualdade em gastos com educação aumentou mais rápido do que a própria desigualdade de renda.[243] Com efeito, o domínio do imaginário meritocrático sobre a elite de hoje é tão poderoso que até os super-ricos — que têm capital físico e financeiro suficiente para garantir a sucessão dinástica por meio da herança tradicional — preferem, em geral, transmitir aos filhos uma herança meritocrática, mesmo como seu principal ou único legado (caso de Mark Zuckerberg).

A transformação econômica e social de uma sociedade liderada por uma elite hereditária ociosa numa sociedade liderada por ricos que trabalham raciona-liza essas práticas. A herança meritocrática — os imensos investimentos feitos no capital humano dos filhos, muito mais do que recebem os filhos da classe média — domina a sucessão dinástica no mundo meritocrático. A educação de elite intermedeia a transferência dinástica. A renda proporcionada pelo trabalho da elite paga o valor da herança meritocrática construída pela educação.

O FIM DA OPORTUNIDADE

Embora no passado a meritocracia tenha aberto as portas da elite a recém-chegados, a herança meritocrática agora abriu uma fenda entre a meritocracia e a oportunidade.

À medida que a família se torna uma área de produção em vez de consumo, e os filhos se tornam acumuladores de capital humano, as diferenças entre a elite e a classe média na criação dos filhos tornam-se mais econômicas do que meramente culturais ou estéticas — e, além de tudo, se projetam até o começo da vida adulta. Essa ordem de coisas faz da meritocracia uma máquina de privilégio dinástico, excluindo filhos de pobres e da classe média dos fundamentos da renda e do status futuros. Apesar dos motivos que levaram a sua implantação, a meritocracia já não promove igualdade de oportunidades sociais ou econômicas, como se pretendia e esperava. Pelo contrário, as desigualdades sociais e econômicas que ora pesam sobre os Estados Unidos têm raízes claramente meritocráticas.

A história inicial da meritocracia correspondia às esperanças que levaram Brewster e outros reformadores de meados do século XX a adotá-la. A elite aristocrática que a meritocracia estava destinada a destronar não tinha motivos nem capacidade para qualificar os filhos de modo a que tivessem sucesso num mundo competitivo. Mas foi inevitável que a meritocracia madura sabotasse essas esperanças (e só o charme perene da meritocracia faz disso uma surpresa). Os meritocratas que constituem a nova elite, tendo conquistado seu status ganhando a concorrência em suas escolas superexigentes e em seus trabalhos supraordenados, têm um apreço pela qualificação dos filhos e um talento para isso sem precedentes.

Como qualificação e educação dão certo, as crianças ricas sistematicamente rendem mais do que as outras — mais uma vez, não só em relação aos pobres, mas à classe média — em cada etapa de sua educação. Em cada momento da infância, investimentos extraordinários no capital humano das crianças ricas geram um aproveitamento excepcional dessas crianças, que então passam a interagir com critérios meritocráticos de seleção na etapa seguinte, aprofundando e ampliando o investimento superlativo e suas excepcionais conquistas à medida que avançam, durante a infância, a juventude e a idade adulta. O resultado desse mecanismo é que, no fim do processo, a nova geração de trabalhadores supraordenados será composta em sua imensa maioria por filhos da geração atual. E a cada etapa, os pais de elite garantem essas vantagens para os filhos, principalmente, aplicando e não evitando os padrões e métodos da meritocracia. As dinastias de hoje se constroem a partir da herança meritocrática.

É certo que estudantes academicamente qualificados da classe pobre e também da classe média enfrentam obstáculos sociais e financeiros para se formar numa faculdade — principalmente para obter graduações de elite — que os de famílias ricas não enfrentam. Por causa disso, os estudantes pobres e os de classe média egressos do ensino médio muitas vezes não concluem — ou nem tentam — a formação superior para a qual estão habilitados pelo aproveitamento no ensino médio.[244] Mas esse descompasso, embora real, é pequeno demais para ser responsabilizado pelo desvio para a riqueza que se encontra entre os universitários — principalmente na maior parte das escolas de elite, as que mais contribuem para o capital humano da geração seguinte de trabalhadores supraordenados.

A educação desigual que precede o SAT determina simplesmente que não há egressos do ensino médio de alto desempenho que venham de fora da elite

A HERANÇA MERITOCRÁTICA

em número suficiente para exercer um impacto nas faculdades mais seletivas;[245] e há egressos de dentro da elite em número suficiente para afastar qualquer viés que não seja para a riqueza.[246] Mesmo o mais competente e ambicioso estudante oriundo da classe trabalhadora ou média — que combine uma educação derivada da atenção generosa e decidida de uns poucos professores dedicados, além da própria energia e engenhosidade, como aconteceu com o estudante de Los Angeles Sul que aprendeu sozinho "sobre o mundo assistindo ao programa televisivo *Jeopardy*"[247] — não consegue competir em pé de igualdade com os milhares de horas e milhões de dólares investidos nos filhos de ricos. Com efeito, nem a melhora do desempenho escolar dos egressos de baixa renda do ensino médio registrada nas últimas décadas reduziu o descompasso. Atualmente, tampouco uma equiparação total no ensino médio aumentaria a proporção de alunos provenientes de famílias de baixa renda nas faculdades de elite.[248]

A composição da elite em ascensão confirma essa conclusão e demonstra que, na desigualdade meritocrática, riqueza e desempenho caminham juntos, e assim os estudantes de melhor desempenho e os mais ricos são, em sua esmagadora maioria, os mesmos. O corpo discente de elite tende não apenas para a riqueza, mas para o bom desempenho acadêmico. As melhores universidades captam a grande maioria dos estudantes mais capazes. Cerca de 80 mil estudantes fazem mais de setecentos pontos na prova de interpretação de texto do SAT num ano normal.[249] As vinte melhores faculdades, segundo o ranking do *U.S. News & World Report*, absorvem a quarta parte deles.[250] E as cinco melhores escolas de direito absorvem cerca de dois terços dos candidatos situados no 99º percentil do LSAT.[251]

Os velhos aristocratas tornaram-se vulneráveis à concorrência meritocrática porque formaram sucessores medíocres, mas os novos meritocratas formam sucessores proficientes — portanto, dominam a concorrência meritocrática.[252] A principal causa da distorção que favorece a riqueza observada entre os universitários, sobretudo entre alunos das faculdades mais disputadas, é acadêmica e não estritamente financeira ou mesmo cultural. A distorção não decorre da derrota da meritocracia, mas de seu triunfo.[253] A intensificação da desigualdade educacional revela a lógica interna da desigualdade meritocrática em ação.

Finalmente, a abordagem meritocrática da sucessão dinástica confere à elite mais uma vantagem, que distingue a herança meritocrática de sua antecessora aristocrática. Enquanto a riqueza física e financeira herdada induz ao esbanjamento e, portanto, à própria dissolução — daí o famoso ditado de início do século XX que dizia "pai rico, filho nobre, neto pobre"[254] —, o capital humano resiste ao esbanjamento por parte daqueles que o recebem.

A autodisciplina no estudo que um jovem precisa adotar para participar da construção do próprio capital humano inspira-o a não desperdiçá-lo na idade adulta. A lei, mais do que qualquer outra coisa, apoia essa inclinação: o dono do capital humano só consegue extrair renda desse capital incluindo-o na força de trabalho contemporânea; e o regime legal que governa o trabalho — permitindo o trabalho assalariado, mas não o trabalho escravo — evita que os donos do capital humano o vendam sem que antes o convertam em trabalho. Como os filhos não herdam as dívidas dos pais, o capital humano é também uma garantia contra o esbanjamento da geração anterior. Por fim, como a maior parte da educação é paga quando os alunos ainda são crianças, a transferência de capital humano fica efetivamente isenta de imposto sobre herança ou doação.

O capital humano, portanto, em franco contraste com o capital físico e financeiro, é acumulado — tanto no aspecto psicológico quanto no econômico e mesmo legal — para resistir à dissipação por parte de seus donos. Finalmente, as estruturas que nasceram em torno da classe de trabalhadores supraordenados — as práticas e instituições sociais da educação de elite já analisadas — apoiam não apenas o uso comedido do capital humano recebido dos pais, mas também a transmissão de capital humano a seus filhos da geração seguinte da linhagem dinástica.

Em todos esses aspectos, a abordagem meritocrática da construção de uma dinastia imita o verdadeiro direito de nascença aristocrático que durante séculos dominou a vida da elite. A educação assume, na meritocracia, o papel que o berço desempenhava no regime aristocrático, e o trabalho supraordenado assume o papel que pertencia à propriedade fundiária no passado.[255] (O regime de meados do século XX, no qual pessoas formalmente iguais se distinguiam não pelo berço, mas por herança contingente de capital físico e financeiro, revela-se, sob essa luz, mais um interregno do que um passo no caminho do progresso.)[256]

O monopólio cada vez mais estrito que as famílias de elite exercem sobre os caminhos que levam à renda e ao status, e a exclusão cada vez maior da qualificação de elite imposta não apenas aos filhos de pobres, mas também aos de classe média, mais materializa do que corrige os valores meritocráticos: o caráter dinástico do privilégio não reflete uma corrupção do regime meritocrático, mas sua consumação. (Até mesmo as raras exceções a esse monopólio, vistas quando filhos excepcionalmente talentosos ou afortunados de pais que não são ricos irrompem na elite instruída, servem sobretudo para legitimar a meritocracia, diferençando-a de um regime baseado diretamente no berço, e talvez para fermentar o pão meritocrático com alguma energia vinda de fora.)[257] Ao que tudo indica, a meritocracia está preparada para criar um sistema de privilégio intergeracional mais duradouro do que os mecanismos de meados do século XX, que envolviam a herança do capital físico e financeiro, derrotados e substituídos pela meritocracia, numa estrutura dinástica muito semelhante, em forma e talvez em longevidade, à da antiga aristocracia hereditária.

Não surpreende, portanto, que Kingman Brewster — acusado de traidor pela classe ociosa endinheirada de meados do século XX — seja aclamado hoje em dia como o melhor reitor da história de Yale.[258] É um herói da nova elite meritocrática criada por suas reformas e agora sustentada por elas, sem mudança no horizonte visível.[259]

Não surpreende, mas é uma ironia que o regime inaugurado por Brewster agora oprima a mesma elite que tanto privilegiou.

UM CALVÁRIO EXCLUSIVO

A escola secundária ligada à Hunter College de Manhattan, conhecida como Hunter High, é uma das escolas públicas mais elitistas e disputadas do país. Frequentar a Hunter High aumenta imensamente as chances de sucesso acadêmico na candidatura à faculdade e de sucesso econômico na vida para um aluno do sistema público de ensino em Nova York: 25% de seus egressos entram para faculdades da Ivy League.[260] Por isso, a Hunter High tem dez candidatos por vaga.[261] Ao longo de décadas, ela vem admitindo seus alunos com base exclusivamente no resultado de um rigoroso exame de ingresso — ou seja, por puro mérito.

O sistema de exame, como em toda meritocracia, beneficia os candidatos mais preparados, e a maior parte dos aprovados fez cursinhos preparatórios que ajudaram a melhorar suas notas para o ingresso.[262] Esse preparo custa caro, e portanto favorece os ricos. Com efeito, o corpo discente que a Hunter High forma vem sendo integrado cada vez mais por filhos de famílias ricas: só 10% dos alunos da Hunter vêm de famílias pobres (renda familiar de menos de 45 mil dólares por ano) e recebem merenda escolar subsidiada, comparados aos 75% nas escolas públicas da cidade de Nova York em geral.[263] Além disso, a composição racial da escola mudou: entre 1995 e 2010, a porcentagem de negros e latinos na turma inicial caiu quatro e seis vezes, respectivamente.[264]

Quando os nova-iorquinos começaram a perceber que a meritocracia obstrui a igualdade de oportunidade, a Hunter High viu-se no centro de um redemoinho político. Muitos de seus alunos e professores, assim como seu diretor, concluíram que a saúde da escola dependia de uma flexibilização na concorrência pelo ingresso, para levar em conta fatores alheios ao resultado do exame. O reitor da Hunter College, que supervisiona a escola secundária, discordou. Assim, semanas antes que fosse confirmada a indicação de Elena Kagan, ex--aluna da Hunter High, para a Suprema Corte, o diretor da escola renunciou, deixando a Hunter em busca de seu quarto diretor em cinco anos.[265]

O conflito na Hunter High teve também uma outra dimensão, talvez mais polêmica e com consequências igualmente importantes. Mesmo os filhos da elite, a cujos interesses as práticas meritocráticas da escola atendiam, começaram a reclamar, já que a carga de trabalho, a pressão e a estratificação tornaram-se opressivas. No ano seguinte, a escola precisou testar uma "folga de dever de casa" para aliviar o estresse dos alunos.[266] Mas o descontentamento da elite no interior da escola esfriou até certo ponto o entusiasmo dos meritocratas e sua autoconfiança na polêmica sobre o ingresso. Os ajustes feitos pela Hunter em favor dos alunos sabotavam sua posição meritocrata em princípio. Como a escola justificaria a exclusão de estranhos que supostamente não estavam à altura, se estava pronta a relaxar quando os de dentro precisavam de proteção contra sua rigidez?

A querela bairrista sobre a Hunter High seguiu a dinâmica nefasta que se aplica à educação meritocrática em geral. "O valor de minha educação",[267] disse certa vez um conhecido economista, "depende não só de quanta educação eu tenho, mas também de quanto tem o homem que está à minha frente na fila do emprego." Isso continua sendo assim, seja qual for a formação (em termos absolutos) que a pessoa à minha frente e eu tenhamos. A educação meritocrática — na Hunter High e em todo o país — mostra as consequências de sua lógica peculiar, com efeitos devastadores.

A HERANÇA MERITOCRÁTICA

Por um lado, e em contraste com os bens comuns, quando as elites compram uma educação extraordinária, estão reduzindo proporcionalmente a educação que todos os demais recebem. Quando os ricos compram chocolates caros, não levam o chocolate barato consumido pela classe média a ter gosto pior. Mas quando fazem investimentos excepcionais em escolarização, reduzem de fato o valor da qualificação e dos diplomas comuns da classe média. Os pais que pagam cursinhos preparatórios para os filhos estão, de fato, reduzindo as chances de outros alunos entrarem para a Hunter High, e a educação intensiva que a Hunter High oferece a seus alunos reduz, para todos os demais, as chances de entrar para Harvard. Todo sucesso meritocrático cria necessariamente um lado simétrico de fracasso.

Por outro lado, a concorrência na educação dentro das elites neutraliza um importante freio do consumo que funciona para restringir a demanda de bens comuns gerada pelas rendas em ascensão. Os ricos ficam saciados quanto ao chocolate, mas não quanto à escolarização.[268] Pelo contrário, investem cada vez mais na educação dos filhos, no esforço de superar os demais. O limite só é determinado pela pressão física e psicológica sobre a capacidade de absorver ensinamentos — num extremo mais grosseiro, pelo fato de escolas e pais que pagam por elas poderem contratar apenas um professor por vez para reter a atenção dos alunos e estes, por sua vez, só poderem estudar um número limitado de horas por dia. A educação meritocrática engendra inevitavelmente uma corrida armamentista educacional, perdulária e destrutiva que, afinal, não beneficia ninguém, nem mesmo os vitoriosos.

Nesses dois aspectos, a educação meritocrática nos Estados Unidos está chegando ao limite. A maior parte das escolas e universidades de elite atende quase que exclusivamente filhos de famílias muito ricas que podem arcar com o custo da escolarização no extremo; e, em termos humanos, o atendimento é cada vez pior.

Os alunos da Hunter High (como os da Academia Phillips de Exeter, e os de Harvard, e os de Yale) encaram sua escolarização com uma fixação compulsiva na concorrência de que participam e nos prêmios que buscam. Não são apenas os jogos descontraídos e os divertimentos decadentes que estão se tornando curiosidades históricas, mas também a reflexão profunda e o amor ao saber — lembranças de uma vida além da cilada da meritocracia. Hoje em dia, os jovens ricos estudam com aplicação e se qualificam com obstinação, com um olho sempre posto nos testes e na concorrência pela admissão, determinados a adquirir e depois a demonstrar o capital humano necessário para mantê-los como trabalhadores supraordenados na vida adulta. Seus pais, principalmente, organizam grande parte da vida adulta em torno da concorrência pela preservação da casta: eles leem, estudam, treinam, preocupam-se e até se casam e continuam casados em função dos filhos e em função das ambições que têm para os filhos. A supervigilância sobre os filhos não passa de trabalho supraordenado aplicado ao projeto de reprodução de status num regime meritocrático.

A tensão suscitada por todo esse esforço competitivo provoca prejuízos significativos com o tempo. Nos bairros ricos de Seul, onde os estudantes dão duro mais do que em qualquer outro lugar do mundo, o número de desvios na coluna vertebral mais que dobrou na última década, e os médicos deram nome a uma nova doença — "síndrome do pescoço de tartaruga"[269] — em que "a cabeça da criança se projeta para a frente em consequência da ansiedade". Na Escola de Direito de Yale, 70% dos entrevistados numa pesquisa — alunos cujas perspectivas profissionais e materiais nunca foram melhores — disseram ter "experimentado riscos à saúde mental"[270] quando estavam em Yale. Todas as queixas principais — ansiedade, depressão, ataques de pânico e insônia crônica — tinham a ver com uma ou outra forma de esgotamento nervoso.[271] Se no passado uma educação do nível Ivy League era um verniz que dava brilho a uma elite hereditária despreocupada, hoje tornou-se uma luta declarada para obter ou manter o status de elite, que pode ser ganho mas pode ser perdido.

A educação meritocrática provoca também danos menos mensuráveis, mas não menos importantes. Uma vida dominada pela competição contamina os estudantes com ambições rasas e com um medo profundo e penetrante do fracasso. A contaminação tornou-se tão grave que existe, hoje, todo um gênero dedicado a descrevê-la. Os críticos dão aos estudantes de elite qualificativos diversos, como "muito inteligentes" mas "completamente confusos", sem "a menor ideia do que fazer em seguida",[272] "zumbis",[273] ou, com aquela que talvez seja a mais memorável expressão do gênero, "ovelhas de excelência".[274] Quando perguntaram a um grupo de alunos de um curso de especialização de elite quais deles gostariam de passar quinze horas por semana dedicadas a uma tarefa intrinsecamente inútil só para ganhar uma vantagem na carreira, todos eles disseram que sim e, além disso, mostraram-se surpresos com a pergunta.[275]

Os críticos da educação de elite em geral classificam seus defeitos como reflexos da fraqueza e até de vícios na elite. Alguns críticos expressam suas queixas em termos abertamente moralistas, acusando pais egoístas, preciosistas e sufocantes de criar filhos mercenários e sem sentimentos.[276] Outros destacam as falhas intelectuais e acusam os ricos de falta de perspectiva, autoconhecimento ou preocupação adequada com o próprio desenvolvimento humano — porque, como David Foster Wallace notoriamente acusou, eles aprenderam e, com complacência, acreditam "que o eu é uma coisa que você tem e pronto".[277] Essas contestações assemelham-se às acusações antes consideradas que atribuem as altas rendas ao rentismo e à fraude. Os dois ataques sucumbem ao charme da meritocracia, aceitando por instinto que qualquer mal observado na órbita da meritocracia deve refletir uma corrupção ou perversão da ordem meritocrática.

Na verdade, o que está em jogo de novo é uma lógica mais profunda e obscura. As falhas na educação de elite não surgem porque pais e filhos ricos sejam extraordinariamente vulgares, estúpidos ou imaturos. Elas decorrem da dinâmica interna da desigualdade meritocrática. Quando a escolarização é tão competitiva e o desempenho escolar determina tanta coisa, só marginalizados podem se permitir ignorar as funções instrumentais para focar no valor intrínseco da educação. Santos (que são indiferentes a renda e status) e gênios (que ganham a corrida meritocrática mesmo sem competir) podem buscar a educação meritocrática para seu próprio bem. Mas estudantes de virtudes e aptidões comuns precisam ter os olhos pregados no prêmio meritocrático.

A maturidade determina a agenda da infância, e o trabalho refaz a família a sua imagem. A imitação que a escola faz do ambiente de trabalho — que já levou críticos radicais a acusar a escolarização, no capitalismo norte-americano, de ter como objetivo treinar os filhos da classe trabalhadora para aceitarem a dominação pelo capital quando entram para a força de trabalho — ainda está viva.[278] Só que o padrão agora se aplica com mais força à elite. A escolarização da elite está meticulosamente calibrada para treinar os alunos a não ceder às distrações de suas circunstâncias imediatas e resistir à pressão de buscar seus interesses autênticos e peculiares em favor de se moldar de maneira obstinada para servir a fins fixados externamente pelo sistema meritocrático. Longe de supor que o eu é algo que uma pessoa simplesmente tem, a educação meritocrática estrutura expressamente a infância da elite como esforço consciente de construir um eu que garanta o sucesso pelo mérito. A escolarização de elite — calibrada com precisão para construir e medir o eu como capital humano — treina os trabalhadores de elite na arte meritocrática de instrumentalizar e explorar a si mesmos.

Mais uma vez, os ricos — que arrebatam a vultosa recompensa da própria exploração — não ficam em posição de emitir queixas morais. Mas a educação meritocrática é um mecanismo dispendioso de transmissão dinástica de privilégio, de geração para geração (e sua eficácia não cobre seus custos). A negligência benevolente dos pais e a livre brincadeira para os filhos foram substituídas por supervisão constante e esforço intenso. Pais cuja vida doméstica girava em torno da sociedade adulta no passado, agora organizam suas tarefas domésticas em torno da qualificação dos filhos. E filhos que outrora viviam despreocupados no presente, agora se preparam ansiosamente para garantir o futuro. A família rica, antes dedicada ao consumo, tornou-se em si mesma objeto de investimento e produção, voltada para a construção do capital humano da geração seguinte.

Os 10 milhões de dólares da herança meritocrática dão uma medida do custo financeiro do novo regime. A inautenticidade exausta e ansiosa imposta aos estudantes dá a medida de seu custo humano.

Nos dois aspectos, as injustiças praticadas pelos pais são revisitadas pelos filhos, geração após geração.[279]

CAPÍTULO 6

EMPREGOS OPACOS
E EMPREGOS BRILHANTES

Um artigo publicado pelo jornal universitário *Harvard Crimson* intitulado "The Jobless Class of '72" [A turma de 72 desempregada] declarava informalmente que, "por escolha ou acaso,[1] mais da metade da turma de 1972 não tinha para onde ir nem o que fazer depois da formatura". Isso não causou surpresa: em 1959, só um em cada grupo de dez formandos por Harvard, Yale e Princeton procurava emprego assim que terminava os estudos. Somente em 1984 a maior parte desses graduados de elite passou a procurar emprego de imediato.[2]

Quando enfim começavam a trabalhar, os graduados de elite de meados do século XX entravam, em geral, para empresas que garantiam um emprego para toda a vida, nas quais o salário "dependia mais dos anos de trabalho na empresa do que do esforço individual".[3] Nem mesmo o "CEO [numa empresa em meados do século XX][4] precisava ser especialmente inteligente ou particularmente brilhante. Não precisava ser implacável, ou compulsivamente orientado para o sucesso". Em vez disso, a cultura de empregos de elite, como escreveu William Whyte no best-seller *The Organization Man* [O homem de empresa], em meados do século passado, continuava dominada pelo coletivismo, pela aversão ao risco e por um isolamento tolerante em relação aos adversários.[5] O motivo era direto — uma sociedade e uma economia lideradas por uma elite aristocrática ociosa não era particularmente competitiva: "Os rivais não assustam."[6]

A meritocracia pôs fim a essa cultura aristocrática do ambiente de trabalho. Agora que a dedicação é vista como honrosa, e as rendas mais elevadas vêm do trabalho, as normas valorizam o desempenho e a concorrência implacável. A elite do trabalho hoje fetichiza a qualificação e o esforço extremos. A superqualificação (e portanto também a educação e os títulos que conferem e caracterizam qualificação) torna-se cada vez mais essencial para garantir alta renda e alto status, mas também para evitar baixa renda e baixo status. A concorrência feroz domina os empregos de ponta. E o mercado de trabalho mais amplo, outrora caracterizado por uma sucessão de modelos de emprego com centro de gravidade constituído por uma grande massa de empregos semiqualificados de classe média, deixou de se constituir dessa forma. Os empregos de classe média foram substituídos por empregos de baixa qualificação na base e de altíssima qualificação no vértice. Ao mesmo tempo, a divergência entre a produtividade e a recompensa nos empregos do topo e de todos os demais aumentou desenfreadamente — daí a luta para chegar ao topo e nele permanecer.

A nova ordem laboral reflete uma lógica econômica e social, e não um ajuste passageiro nos hábitos comerciais e de escritório, ou um descaminho nascido de um cálculo político equivocado e da cobiça da elite. Os empregos do topo pagam tão bem porque uma quantidade de novas tecnologias transformou a essência do trabalho, tornando a superqualificação muitíssimo mais produtiva do que no século passado e a qualificação comum, relativamente menos produtiva. Essas inovações favorecem e muito os trabalhadores supraordenados, desfavorecendo na mesma proporção os trabalhadores semiqualificados. O caminho da transformação varia de setor para setor e de ramo para ramo. Mas o padrão de trabalho e remuneração, no fim da estrada tecnológica, se repete interminavelmente.

Por convenção, os economistas chamam esses fenômenos de *polarização do mercado de trabalho*[7] e *mudança tecnológica voltada para a qualificação*.[8] Os que são dotados de uma alma mais poética dizem que o mercado de trabalho está cada vez mais dividido entre empregos "medíocres", que exigem baixa qualificação, envolvem tarefas simples e pagam baixos salários, e empregos "charmosos", que necessitam de educação refinada, são ofícios interessantes e complexos e pagam muito bem.[9]

Esse lirismo, no entanto, ignora os males mais importantes impostos pela transformação do mercado de trabalho. Passa por cima de um fato fundamental: os empregos medíocres não são apenas tediosos e mal pagos, mas também conferem baixo status, especificamente devido à polarização, e não proporcionam perspectivas realistas de progresso. Obscurece também a insatisfação que a meritocracia gera na própria elite — a carga imposta pelas horas intermináveis de trabalho e a autoinstrumentalização generalizada que os empregos ditos charmosos exigem.

Portanto, seria mais adequado dizer que o mercado de trabalho está dividido entre empregos opacos e brilhantes: opacos porque não oferecem nenhuma recompensa imediata nem esperança de promoção; e brilhantes porque seu fulgor externo dissimula o desconforto interior.

A sombra da tecnologia, lançada sobre o trabalho semiqualificado, é responsável pela obscuridade que envolve os empregos opacos de hoje, enquanto a luz metálica da tecnologia dá aos empregos brilhantes um falso resplendor. Finalmente, à medida que a tecnologia avança, cada vez mais empregos ficam sujeitos a sua influência redutora de salários e cada vez menos pessoas aproveitam seus efeitos expansivos. Bons empregos, ao longo de décadas, foram transformados em empregos opacos e brilhantes, a maioria em opacos.

REVOLUÇÃO TECNOLÓGICA DO TRABALHO

Cafés, lanchonetes e outros estabelecimentos que trabalham com comida informal têm um longo passado de atuação destacada na produção de alimentos e na vida social. Durante a maior parte de sua história, esses estabelecimentos pertenceram a pessoas independentes, e neles trabalhavam donos-gerentes, lancheiros e outros trabalhadores semiqualificados de classe média. As redes de *fast-food* que apareceram em meados do século XX padronizaram a produção, mas não rejeitaram em sua essência o modelo de classe média.

Ed Rensi, que dirigiu o McDonald's na década de 1990, lembra que, nos anos 1960, "tudo se fazia manualmente",[10] de modo que uma franquia típica empregava de setenta a oitenta trabalhadores para preparar a comida que servia. Além disso, e de modo quase inconcebível para observadores da atualidade, o McDonald's de meados do século XX proporcionava a seus empregados um treinamento sistemático e elaborado — chegando a ponto de abrir a própria escola, onde preparava os empregados para subirem na hierarquia administrativa da empresa. A escola, que a empresa chamava de Universidade do Hambúrguer, foi aberta em 1961 no subsolo de uma franquia em Elk Grove Village, Illinois, e ampliou-se durante as décadas de 1960 e 1970, capacitando cada vez mais trabalhadores para abrirem lanchonetes próprias.[11] Rensi era, ele mesmo, resultado do modelo daquela época: tendo entrado para a rede de *fast-food* como fritador em 1966, ascendeu até se tornar CEO em 1991.[12] Poucos trabalhadores sobem tanto ou tão rápido quanto Rensi, mas o caso dele está longe de ser excepcional.[13] Para jovens norte-americanos de meados do século XX, o trabalho inicial no McDonald's era, ao mesmo tempo, um bom emprego e um ponto de partida confiável para uma sucessão de promoções e melhores cargos.

Hoje em dia, *fast-food* se faz e se vende de outra forma. No McDonald's — e em todas as redes similares — a comida chega à lanchonete quase totalmente preparada e pré-embalada, precisando apenas de um aquecimento para ser servida. As franquias de hoje empregam muito menos trabalhadores — no McDonald's, o número caiu pela metade.[14] A pré-fabricação também exige menos qualificação para preparar a comida; e os empregos em redes de *fast-food* agora se traduzem em pouco menos do que abrir pacotes e apertar botões.

As lanchonetes também pagam salários menores — quase sempre, um salário mínimo —, e Rensi agora adverte que as campanhas em prol da elevação do salário mínimo para 15 dólares a hora levará o McDonald's a abandonar o trabalho humano em favor de robôs.[15] Além disso, o McDonald's de hoje praticamente não oferece treinamento. Embora a Universidade do Hambúrguer ainda exista, ela agora qualifica gerentes e executivos em exercício, em vez de recrutar novos operadores de franquia.[16] A escola está cada vez mais voltada para o treinamento no exterior,[17] tendo aberto sucursais em Londres e Munique, em 1982, e depois em Sydney (1989), São Paulo (1996) e Xangai (2010). Até seu *campus* nos Estados Unidos[18] — transferido para a sede administrativa da rede em Oak Brook, Illinois — agora ensina em 28 idiomas e atende mais donos de franquias no exterior do que trabalhadores norte-americanos.

EMPREGOS OPACOS E EMPREGOS BRILHANTES

Todas essas mudanças transformaram radicalmente o trabalho no ramo de *fast-food*. Técnicas de processamento aprimoradas e máquinas mais eficientes afastaram os trabalhadores comuns da produção. O trabalho humano é desempenhado, mais e mais, por uma nova classe de trabalhadores que projeta e administra a produção e a distribuição centralizadas. Nas palavras de Rensi, "uma parte cada vez maior do trabalho foi empurrada para cima".[19]

Esse caminho transformou o perfil da força de trabalho do McDonald's. A sucessão de cargos semiqualificados que Rensi escalou foi substituída por uma força de trabalho polarizada, composta de trabalhadores subalternos e supraordenados que não têm praticamente nada em comum.

Por um lado, o trabalho básico com *fast-food* degradou-se, e hoje consiste em tarefas medíocres que exigem pouca qualificação. Muitos dos trabalhadores do McDonald's ganham o salário mínimo federal de 7,25 dólares a hora; o salário médio de um empregado da rede que tenha entre cinco e oito anos de experiência é de apenas 9,15 dólares a hora; e isso, inacreditavelmente, ainda é um pouco mais do que se paga no Burger King e na Wendy's.[20] Virar hambúrgueres tornou-se o típico emprego sem perspectiva de ascensão.

Por outro lado, o trabalho da elite nessas empresas foi elevado, já que agora trabalhadores superqualificados do topo projetam e põem em prática processos de produção que eliminam a necessidade de trabalhadores comuns semiqualificados.[21] O atual CEO do McDonald's tem formação universitária, pós-graduação em contabilidade e nunca executou trabalho não administrativo na área de restaurantes.[22] Além disso, o salário da elite explodiu. Num ano normal do fim da década de 1960, o CEO do McDonald's ganharia 175 mil dólares por ano (o equivalente a cerca de 1,2 milhão em dólares de 2018),[23] ou pouco menos de setenta vezes a renda de um trabalhador de período integral que ganhasse salário mínimo.[24] Já em meados da década de 1990, o CEO ganhava cerca de 2,5 milhões (correspondente a mais ou menos 4 milhões em dólares de 2018),[25] ou mais de 250 salários mínimos;[26] na década atual, o CEO recebe cerca de 8 milhões de dólares,[27] ou mais de quinhentos salários mínimos.[28]

A tecnologia que agora se emprega para cozinhar e servir *fast-food* explica essa evolução. Ela suprime diretamente os salários de trabalhadores subalternos — como Rensi adverte sobre a relação entre elevação de salários e maior mecanização. Embora seja menos óbvio, a tecnologia também aumenta o salário dos trabalhadores superiores, e as novas tecnologias de administração respondem pelos enormes salários dos CEOs.[29]

A história recente do trabalho no McDonald's ilustra um fenômeno muito mais generalizado. Ao longo dos últimos cinquenta anos, um conjunto de novas tecnologias mudou a produção de bens e serviços, transfigurando a natureza do trabalho e do mercado para os trabalhadores.[30] Grandes e pequenas inovações combinadas deram forma aos empregos, determinando as tarefas que a produção exige e agrupando-as em pacotes, de modo a serem executadas por uma só pessoa. O desenvolvimento tecnológico também influencia o número de vagas abertas para cada tipo de trabalho e, portanto, os salários que os trabalhadores recebem para desempenhar essas tarefas diversas.

Desses casos surge um padrão. A maré de avanço tecnológico não elevou todos os barcos igualmente, sequer elevou todos os barcos. Muito pelo contrário: neste ou naquele setor, a inovação tecnológica desviou o centro da produção econômica do ponto médio da distribuição de qualificação para os extremos.

Por um lado, as novas tecnologias substituíram trabalhadores humanos semiqualificados e eliminaram os empregos de classe média que dominavam a economia de meados do século XX. Por outro, as novas tecnologias complementam o trabalho, tanto para trabalhadores não qualificados quanto para os superqualificados, e aumentam a demanda por ambos, principalmente pelos mais qualificados, criando os muitos empregos opacos e os poucos empregos brilhantes que prevalecem na produção de hoje. A inovação desloca o corte tecnológico que separa os trabalhadores de elite de todos os demais cada vez mais para cima na distribuição de qualificação. (A ideia segundo a qual um diploma universitário garante um lugar na elite tornou-se quase uma lembrança de épocas passadas.) Isso aumenta acentuadamente o retorno econômico da superqualificação nascida da qualificação intensiva e, ao mesmo tempo, reduz o retorno econômico do trabalho semiqualificado de classe média. A classe dos trabalhadores supraordenados deve sua ascensão — assim como a classe média, seu declínio — às influências divergentes da tecnologia.[31]

As novas tecnologias mais conhecidas, entre elas, a que produziu as máquinas de cozinhar empregadas pelo McDonald's, decorrem das ciências naturais e da engenharia e se referem a artefatos, hardware e software. Muitas outras inovações menos conhecidas, mas igualmente importantes, envolvem novas estruturas institucionais e mesmo desdobramentos culturais ainda mais que ciência e engenharia. Os novos métodos de gestão permitem que os administradores de elite coordenem e controlem legiões de trabalhadores da produção, e dessa forma diminuem a oferta dos tradicionais empregos de colarinho-branco de classe média, de arquivistas a gerentes intermediários. Novas técnicas legais permitem que a elite financeira invista e administre mais dinheiro com maior precisão, à condição de eliminar trabalhadores semiqualificados da área financeira. As inovações sociais e culturais — incluída nelas, em especial, a própria meritocracia — também têm grande importância. A enorme qualificação e a ética de trabalho intensivo instiladas pela meritocracia permitem que a elite de hoje afaste os trabalhadores de classe média do centro da produção, para dirigir ela própria o leme do trabalho na economia, como as elites aristocráticas do passado provavelmente não poderiam ter feito.

Juntas, essas inovações desmerecem e desprivilegiam trabalhadores semiqualificados de classe média para dar ênfase e privilégio à classe trabalhadora supraordenada. Sem essas características, a desigualdade meritocrática não seria economicamente viável nem socialmente sustentável. Os administradores do McDonald's precisam de todas elas para serem capazes de comandar a empresa da nova maneira.

As mudanças aparecem em toda parte, em praticamente todos os setores do mercado de trabalho. Outros estudos de caso, que pesquisaram setores inteiros e não apenas uma empresa em particular, mostram que o caso do McDonald's não é extraordinário, mas ilustra o padrão apresentado no exemplo. Os setores analisados pelo estudo de caso — finanças, gerenciamento, varejo e produção — estão situados sabidamente no epicentro da desigualdade econômica em ascensão. As elites financeira e administrativa personificam a classe trabalhadora supraordenada; os trabalhadores do varejo personificam o novo trabalho subalterno; e os trabalhadores da produção personificam a classe média em extinção. Os estudos de caso, portanto, cobrem uma porção importante dos empregos opacos e, principalmente, dos empregos brilhantes na economia como um todo.

Uma lição que se repete, em diferentes contextos, tende a captar uma verdade geral. A polarização do mercado de trabalho se aplica a toda a economia. Trabalhadores semiqualificados de classe média geralmente caem vitimados pela mudança tecnológica, que favorece a elite; e a inovação, em geral, condena esses trabalhadores a empregos de renovada opacidade, enquanto eleva os trabalhadores superqualificados a empregos de brilho renovado. Dessa forma, a escola também remodela o trabalho a sua imagem, e a nova ordem laboral mais uma vez se completa dentro da lógica interna da meritocracia.

O SISTEMA FINANCEIRO

Em 1963, a revista *The Economist* perguntava: "O sistema financeiro tem futuro?" Sua resposta, referida à Grã-Bretanha, mas igualmente aplicável aos Estados Unidos, começava dizendo que os bancos eram "o setor em decadência mais respeitável do mundo".[32] Numa dimensão difícil de se acreditar na atualidade, a elite de meados do século XX passava longe das finanças: em 1941, apenas 1,3% dos pós-graduados pela Escola de Administração de Harvard ia trabalhar em Wall Street.[33] A classe média preenchia as lacunas deixadas pela elite, de modo que, desde o fim da Segunda Guerra Mundial até a década de 1970, os trabalhadores do sistema financeiro não eram muito mais qualificados, mais produtivos ou mais bem pagos do que o restante da força de trabalho no setor privado.[34] O trabalho nos bancos tinha se tornado, em meados do século XX, tedioso, banal e medíocre — um beco sem saída.

O prognóstico da *The Economist* não poderia ter sido mais equivocado. Pouco depois de sua previsão pessimista, bancos e empresas de investimentos começaram a passar por um *boom* praticamente ininterrupto que duraria meio século. Uma porção de inovações referentes a instrumentos financeiros, tecnologia da informação, marcos regulatórios, leis e instituições aumentaram vertiginosamente a participação do setor financeiro na economia. Hoje, nenhum setor se encontra mais associado aos empregos brilhantes do que o financeiro: seus trabalhadores — com diplomas de elite, jornadas exigentes e rendas enormes — exemplificam bem a desigualdade meritocrática.[35]

Entre os norte-americanos muito mais ricos, a parcela correspondente a trabalhadores do setor financeiro aumentou cerca de dez vezes desde a década de 1970,[36] e agora pertencem a esse setor cerca de um quarto dos cinquenta norte-americanos mais ricos.[37] Aproximadamente um quinto de todos os bilionários trabalha em finanças,[38] assim como dois quintos dos 40 mil norte-americanos que possuem ativos investíveis superiores a 30 milhões de dólares.[39]

Um grupo ainda maior de trabalhadores do setor financeiro recebe pagamentos mais elevados do que astronômicos. Em média, o bônus pago a um diretor de banco de investimentos num ano recente típico chega a 950 mil dólares; o de um vice-presidente pode chegar a 715 mil e o de um jovem administrador com três anos de carreira pode chegar a 425 mil dólares.[40] Em 2005, o Goldman Sachs instituiu um fundo de bônus de cerca de 10 bilhões de dólares, ou 500 mil dólares por profissional empregado.[41] Mesmo os analistas do banco — em geral garotos de 22 anos saídos diretamente da faculdade — poderiam ganhar 150 mil dólares num bom ano.[42] Não surpreende, portanto, que, considerando-se essas rendas, os trabalhadores do setor financeiro recebam, em média, cerca de 70% mais que outros trabalhadores. E não surpreende que, acima de tudo,[43] a ascensão dos trabalhadores de elite do setor seja responsável por uma porção substancial — nada menos do que 15% a 25% — do aumento da desigualdade salarial na economia como um todo.[44] (Enquanto isso, os salários dos trabalhadores do setor financeiro mais mal pagos, que agora têm empregos opacos, vêm caindo.)[45]

O sistema financeiro se vale de uma ampla variedade de tecnologias, usadas por trabalhadores de níveis diversos de qualificação, para a prestação de seus serviços. Durante os últimos cinquenta anos, tanto as principais tecnologias empregadas pelo setor quanto o perfil profissional de seus trabalhadores mudaram radicalmente: um setor outrora dominado por tecnologias que favoreciam trabalhadores de classe média semiqualificados agora emprega tecnologias que favorecem trabalhadores superqualificados, supraordenados. Uma grande massa de funções semiqualificadas foi eliminada, dando lugar a empregos brilhantes relativamente menos numerosos, confiados a profissionais de elite superqualificados, e a pessoal de apoio não profissional, de baixa qualificação, em empregos opacos, desempenhando funções complementares. O mercado de trabalho no setor financeiro se polarizou.

O crédito habitacional ilustra bem a transformação. O sistema hipotecário canaliza capital para o setor habitacional, permitindo que as pessoas tomem empréstimos para comprar e ocupar casas que serão pagas com sua renda futura. Os bancos que oferecem crédito garantido por hipoteca devem decidir quanto devem emprestar e a quais tomadores. Os métodos usados no processo dessas decisões determinam quantos trabalhadores, e de que tipo, eles vão empregar.

O financiamento garantido por hipoteca, em meados do século XX, era concedido por bancos que geravam as hipotecas e, ao mesmo tempo, arcavam com os empréstimos. O crédito sob hipoteca era decidido por um funcionário tradicional da área financeira: um trabalhador semiqualificado de classe média que formava um juízo isento sobre os recursos econômicos e a confiabilidade dos tomadores de empréstimo, além do valor das casas, para garantir que cada empréstimo se fizesse em termos corretos. Ele baseava seu juízo não apenas em fatos objetivos (rendimentos tributáveis do tomador, a proporção entre o valor do empréstimo e o da propriedade), mas também na consciência situacional geral referente ao caráter do tomador e a sua posição na comunidade.[46]

Os agentes de crédito tradicionais exerciam um autêntico discernimento e assumiam bastante responsabilidade. O *Loan Originator's Guide* [O guia do agente de crédito], publicado pela Agência de Financiamento Imobiliário da Carolina do Norte em 1977, por exemplo, afirma que sua "orientação para a subscrição de crédito"[47] foi pensada "para fazer as considerações adequadas à definição da credibilidade de um solicitante", acrescentando em seguida que "essa orientação não se refere a exigências ou regras aplicáveis a todos os casos". Mesmo a margem de comprometimento da renda do tomador com o pagamento da hipoteca era discutida em termos do que era "normal" e "adequado", depois de "consideração especial".[48] Os agentes de crédito poderiam aplicar essa orientação simplesmente conhecendo seus tomadores. Por exemplo, o agente de crédito do Marquette Savings Bank de Erie, Pensilvânia — instituição que manteve o método tradicional no novo milênio e só agora está desistindo dele —, acompanhado de um dos representantes do banco, visitava cada candidato a crédito hipotecário no sábado seguinte à apresentação do pedido de empréstimo, para avaliar a viabilidade da operação.

Os bancos pagam por juízos prudentes e discernimento, buscando a correção de cada decisão sobre crédito. A carreira de um agente de crédito pode disparar ou quebrar em função do pagamento ou calote dos empréstimos aprovados por ele. Finalmente, os agentes de crédito tradicionais tinham uma formação acadêmica e uma inserção social compatíveis com seu sólido status de classe média.[49]

Hoje em dia, o crédito imobiliário funciona de modo muito diverso, e essa transformação se deu de duas maneiras.

Por um lado, os bancos reduziram bastante o número de agentes de crédito incumbidos de processar certa quantidade de solicitações,[50] e os agentes remanescentes são clara e radicalmente menos qualificados. Fazem pouco mais do que ajudar tomadores em potencial a se informar e a preencher formulários: são mais coletores de dados, que serão processados por máquinas, do que agentes de crédito; não precisam usar praticamente nenhum conhecimento ou imaginação; e o trabalho consiste mais em repetir de maneira mecânica uma rotina do que em emitir juízos com isenção.[51]

Os bancos atuais, que "baseiam os bônus por desempenho [de seus agentes de crédito hipotecário] unicamente no volume" e não levam em conta nada que se refira ao acerto das decisões na concessão dos créditos,[52] normalmente abandonam até a pretensão de que esses trabalhadores comuns exerçam aptidões profissionais, emitam juízos ou operam de algum modo que fuja ao modelo da linha de montagem.[53] As linhas de crédito "na hora", que pretendiam reduzir em três quartos o tempo requerido para o processamento da solicitação, inviabilizaram qualquer outro procedimento.[54] Como disse um alto executivo numa entrevista para a revista *Forbes*, "o agente de crédito de um banco ou financeira é normalmente o rosto sorridente da instituição[55] — seu trabalho consiste em aceitar a solicitação preenchida pelo tomador e passá-la ao departamento de análise de risco". Os bancos recrutam seus agentes de crédito numa massa amorfa de candidatos. Documentos apresentados à Justiça num processo decorrente da recente crise financeira revelam, por exemplo, que o Bank of America empregava agentes de crédito "previamente considerados incompetentes até para responder a perguntas dos tomadores".[56]

Por outro lado, o crédito hipotecário de hoje envolve também um novo quadro de funcionários de elite superqualificados. Os bancos que concedem crédito hipotecário, na imensa maioria dos casos, não retêm esses créditos, que são transferidos para seguradoras. O seguro sobre hipoteca criado nesse processo reúne num pacote o direito de receber pagamentos de amortização das hipotecas de grande número de tomadores, e depois divide o pacote em parcelas (títulos) com diferentes prioridades de pagamento, cada qual com seu equilíbrio entre risco e retorno. Isso permite que o seguro seja avaliado pelas agências de crédito e vendido a investidores.

O processo de securitização é imensamente complicado, e os trabalhadores que criam, precificam e comercializam papéis lastreados em hipotecas não são apenas semiqualificados, mas superqualificados. Hoje em dia, os agentes de crédito hipotecário comuns não têm a mais pálida ideia dos instrumentos financeiros construídos a partir dos contratos de financiamento que eles ajudam a fechar.

As raízes dessa transformação estão na tecnologia financeira usada pelos bancos para dar condições ao público de financiar a casa própria por meio de hipotecas. A evolução do marco regulatório na área dos contratos permitiu que fossem emitidos e negociados títulos lastreados em hipotecas;[57] a evolução econômica que favoreceu modelos de precificação de ativos tornou possível atribuir valor a esses títulos;[58] novas tecnologias da informação tornaram possível negociar ativos complexos em quantidade;[59] e novas tecnologias sociais do trabalho de elite possibilitaram e viabilizaram que as empresas financeiras alimentassem as instituições que administram a securitização.[60] O manejo do risco por meio da securitização seria impossível sem todas essas inovações.

Essas inovações tecnológicas transformaram os empregos sustentados pelo crédito hipotecário. A securitização exige trabalhadores superqualificados para criar e comercializar os títulos, o que aumenta muito as oportunidades de emprego para trabalhadores supraordenados com formação específica. Ao mesmo tempo, as inovações, uma vez aplicadas, reduzem os empregos para os agentes de crédito tradicionais semiqualificados. Os erros de origem podem ser corrigidos ao longo do processo de securitização, o que torna o seguro mais barato do que no caso de empréstimos em separado. As mesmas inovações tecnológicas que superqualificam os trabalhadores supraordenados da área de investimentos também subqualificam, ainda que indiretamente, os agentes de crédito hipotecário comuns.

O exército de profissionais semiqualificados que outrora atuavam como agentes de crédito hipotecário foi eliminado e substituído por uma força de trabalho polarizada. Os poucos empregos opacos que sobraram na Main Street são ocupados por trabalhadores que se limitam a coletar dados para preencher

EMPREGOS OPACOS E EMPREGOS BRILHANTES 215

formulários padronizados de solicitação de crédito. E uma reduzida elite de trabalhadores brilhantes de Wall Street "corrige" as inexatidões das decisões iniciais sobre o crédito, reempacotando-o em complicados derivativos que quantificam, contrabalançam e redistribuem os riscos advindos da imprevidência na concessão do crédito. Embora formalmente pertençam ao mesmo setor, os dois tipos de trabalhador desempenham tarefas que em nada se parecem, fazendo do crédito imobiliário um modelo da polarização do mercado de trabalho provocada pela tecnologia.

Transformações análogas causadas pela inovação reaparecem em todo o setor financeiro. (Alguns empregos — por exemplo, os dos ajustadores de reivindicação de seguro — repetem o padrão nos mínimos detalhes.)[61] Uma análise da intensidade das tarefas com o uso do *Dictionary of Occupational Titles* [antiga publicação do Departamento de Trabalho dos Estados Unidos que categorizava os tipos de ocupação no país] revela que, enquanto a produção em meados do século XX equilibrava tarefas simples e complexas de maneira mais ou menos equitativa (com pouca diferença do resto do setor privado não agrário), a atividade financeira de hoje está centrada em tarefas complexas, excluindo as tarefas mais simples.[62] Particularmente, o setor financeiro exige competências em comunicação, análise e tomada de decisões mais complicadas do que em outros setores.[63]

Os trabalhadores semiqualificados de classe média, que predominavam no sistema financeiro em meados do século XX, tornaram-se cada vez menos adequados à complexidade crescente das tarefas na área de finanças, e os novos métodos financeiros atraíram trabalhadores superqualificados para a produção. Na área financeira, o total de horas trabalhadas por funcionários administrativos caiu, em termos relativos, de cerca de 60%, em 1970, para escassos 30% em 2005, enquanto a proporção de horas trabalhadas pelo pessoal de nível gerencial e profissional subiu de 25% para 45% na comparação do mesmo período.[64] A distância educacional entre os trabalhadores do setor financeiro e outros trabalhadores aumentou sete vezes desde 1980.[65]

Ao longo desse processo, a faixa de trabalhadores que experimentou o crescimento mais rápido foi a dos subgrupos de elite dentro da força de trabalho do setor financeiro: a quantidade de trabalho desempenhado por especialistas em computadores e em matemática multiplicou-se por seis entre 1970 e 2005 e, no caso de *traders* de ativos, aumentou cerca de trinta vezes.[66] A concentração da qualificação no topo da força de trabalho financeira é assombrosa. A maior parte das empresas financeiras de elite, que pagam os melhores salários, recruta a imensa maioria de seus trabalhadores nas mais disputadas e exclusivas universidades.[67]

Os bancos anunciam sua condição de estabelecimentos de elite nos discursos de recrutamento, afirmando, por exemplo, que "só contratamos superestrelas"[68] e "alunos de cinco escolas", dizendo ainda aos novos empregados que eles são "*la crème de la crème*", ou seja, a nata da nata. Os pós-graduados de elite retribuem o apreço dos bancos: cerca da metade das turmas de pós-graduação em Harvard, Princeton e Yale faz entrevistas em empresas de Wall Street ou suas afiliadas, e provavelmente um terço desses pós-graduados vai trabalhar em finanças.[69] Apenas 1,3% da turma de 1941 da Escola de Administração de Harvard empregou-se no setor financeiro, contra cerca de 30% na atualidade (mais do que em qualquer outro setor).[70]

A transformação orienta o crescimento do setor e, finalmente, repercute na renda de seus trabalhadores. Em meados do século XX, o sistema financeiro era um reflexo da economia geral — com trabalhadores de qualificação comum, produtividade comum e salários comuns — e crescia devagar, acrescentando mais trabalhadores para executar as tarefas já conhecidas. A partir da década de 1970, porém, a participação do setor financeiro no PIB cresceu vertiginosamente, mas as novas tecnologias, somadas à maior qualificação dos trabalhadores, aumentaram a tal ponto a produtividade que o setor manteve ou até reduziu a proporção de seus trabalhadores em relação à força de trabalho total.[71] Quando menos trabalhadores produzem mais, os salários aumentam. Hoje, os trabalhadores da área de finanças são muito mais qualificados e muito mais bem pagos do que os trabalhadores de outros setores privados.* Com efeito, são mais bem pagos até do que outros trabalhadores de elite. Os salários pagos a ex-alunos da Escola de Administração de Harvard em seu primeiro ano de trabalho são cerca de um terço mais altos do que em qualquer outro setor.[72] E o potencial de crescimento da renda é astronômico — os maiores gestores de fundos de *hedge* ganham, literalmente, bilhões de dólares por ano.[73]

---

* Uma representação dessas tendências é mostrada no Gráfico 7, p. 366.

O setor financeiro, em geral, replica o trajeto descrito pelo setor de crédito hipotecário. A produção financeira, outrora um empreendimento amplamente democrático de qualificação mediana, como foi referido pela *The Economist*, transformou-se no campo que personifica a classe trabalhadora supraordenada mais claramente que nenhum outro.

ADMINISTRAÇÃO

A administração seguiu o caminho das finanças. De altamente democrática, em meados do século XX, tornou-se atualmente meritocrática: tanto o trabalho gerencial quanto sua remuneração, outrora distribuídos, estão agora concentrados numa elite cada vez menor. As novas tecnologias transformaram o comando das empresas da atualidade, substituindo a massa de "homens da empresa" de classe média por muitos trabalhadores subalternos em cargos opacos e uns poucos executivos supraordenados em cargos brilhantes.

Os administradores chegaram bastante tarde à força de trabalho norte-americana. Nos primeiros anos de república, as relações entre empresas e trabalhadores eram demasiado breves para que uma administração se ocupasse delas. Já no fim da década de 1900, a rotatividade de trabalhadores industriais nos Estados Unidos continuava sendo de quase 100% ao ano.[74]

Os metalúrgicos do século XIX, por exemplo, trabalhavam como terceirizados ou até mesmo como subcontratados, sendo pagos por tonelada de aço produzida. Donos de minas de carvão e mineiros contratavam em separado a mineração de cada face da rocha.[75] Nem mesmo a indústria manufatureira tinha muita administração. A Durant-Dort Carriage Company (provavelmente a principal vendedora de carruagens e depois de automóveis do fim do século XIX, e predecessora da Buick, depois Chevrolet e finalmente General Motors) não construía quase nada e tinha poucos empregados. Durante a maior parte dos primeiros anos de sua história, ela se dedicava à venda de produtos que encomendava a terceiros.[76]

Ao longo de grande parte do século XIX, a economia norte-americana teve de se virar praticamente sem administradores.[77] Embora as tecnologias mecânicas e a escala da produção tenham se tornado industriais, o modelo institucional de trabalho continuava artesanal. Trabalhadores autônomos assumiam muitas responsabilidades industriais a distância, por meio de contratos para produtos específicos, em vez de vender sua força de trabalho como empregados.[78] Os executivos do século XIX, por sua vez, eram mais donos das empresas do que verdadeiros administradores — o equivalente aos capitalistas de risco de hoje —, mais concentrados nas finanças do que na administração, no monitoramento do trabalho e no controle de qualidade.[79] Sem empregados para coordenar e comandar, não poderia haver administração nem administradores.

O estado da tecnologia da época explica por que quase não havia gestores. Os bens e serviços que dominavam a economia continuavam sendo relativamente simples e, portanto, fáceis de detalhar em termos de contrato e precificação. As tecnologias de coordenação administrativa — instrumentos de escritório como telefone, arquivos verticais, edifícios comerciais modernos (hoje muitas vezes arranha-céus) e, claro, o computador — ainda não haviam sido inventadas.[80]

Isso mudou radicalmente entre 1850 e 1950, período em que um conjunto de inovações tecnológicas interligadas revolucionou a vida econômica e introduziu a administração nas empresas norte-americanas. Quando a revolução se completou, a administração passou a saturar as empresas, e de modo tão eficaz que praticamente todo trabalhador tornou-se até certo ponto um gerente em termos funcionais. A economia de meados do século XX deve muito de seu caráter democrático a essa evolução. A ampla difusão da função gerencial em toda a força de trabalho (inclusive em funções em geral consideradas "de trabalho" e não "de gerência") foi o que basicamente formou a classe média de meados do século XX.

Por um lado, a complexidade cada vez maior dos produtos manufaturados e a produção industrial em grande escala elevaram os custos da coordenação efetuada por meio de contratos e geraram a necessidade de uma alternativa gerencial. À medida que as máquinas de costura se tornavam mais complexas, por exemplo, a empresa Singer[81] percebeu que não seria capaz de garantir qualidade, confiabilidade e uniformidade se continuasse comprando peças no mercado. Assim, começou a produzi-las, e essa produção interna das peças exigiu que a Singer instituísse uma hierarquia administrativa cada vez mais elaborada para monitorar e coordenar a produção interna, garantindo a qualidade, a confiabilidade e a uniformidade de que a empresa precisava.[82] Esse padrão repetiu-se entre as empresas durante a Revolução Industrial, a ponto de ninguém menos do que Frederick Winslow Taylor observar que a produção em massa de bens complexos "envolveria uma nova e pesada carga" para a administração das empresas industriais.[83]

Por outro lado, as inovações na tecnologia gerencial aumentaram bastante o alcance da coordenação do trabalho, possibilitando que os administradores acompanhassem e dirigissem um número maior de trabalhadores e mais detalhadamente. As inovações na organização das empresas alavancaram essas tecnologias. Exércitos de gerentes intermediários minuciosamente escalonados coordenavam a produção de empregados estáveis, ensinados por meio de treinamento interno a adaptar suas aptidões aos processos de produção específicos da empresa, fidelizados e dispostos a aceitar a vulnerabilidade decorrente de um treinamento sob medida para um único empregador em troca de um emprego vitalício e das grandes oportunidades de progresso interno.

Até mesmo os sindicatos, que organizavam e protegiam esses empregados vitalícios — que no pico de meados do século XX representavam um terço da força de trabalho norte-americana no setor privado[84] —, constituíam, em sua estrutura interna, uma espécie de coordenação gerencial (ou "autogoverno industrial",[85] como disse a Suprema Corte dos Estados Unidos em 1960). Os próprios líderes sindicais eram uma espécie de gerentes intermediários. E o operário sindicalizado acabou sendo transformado, pelo emprego vitalício e pelo treinamento interno, em um gerente de escalão inferior. Em sentido estrutural, o trabalhador vitalício da produção — o levantador de pinos/metalúrgico de St. Clair Shores — era responsável por desenvolver ou administrar seu capital humano para maximizar seu valor de longo prazo para a empresa.

Esses desdobramentos desembocaram na empresa americana baseada no empregado, hierarquizada e de administração complexa, que chegou ao ápice durante o *boom* da classe média em meados do século XX. Com efeito, cada empregado, desde o operário ao CEO, pertencia a um contínuo gerencial sem fissuras, no qual cada emprego se parecia muito com os outros mais próximos. Legiões de gerentes intermediários, capazes de coordenar independentemente a produção, dividiam entre si não apenas o ônus e as responsabilidades, mas também a renda obtida com o comando da empresa em que trabalhavam. (Sindicatos fortes estenderam esse efeito aos trabalhadores da produção, organizando os escalões inferiores da hierarquia de uma empresa em um centro de controle alternativo.)[86] E os altos executivos abriam mão de parte dessa renda em troca do modo de vida fácil e confortável adotado pela classe ociosa da qual faziam parte.

A Durant-Dort Carriage Company tornou-se General Motors, cujos tamanho e força de trabalho, basicamente de classe média, levaram o CEO Charles Erwin Wilson (ele mesmo um alpinista empresarial que tinha escalado toda a cadeia administrativa da firma) a declarar, em 1953, que "o que é bom para o país é bom para a General Motors, e vice-versa".[87] A Container Corporation of America chegou a expressar essa ideia em forma de arte, encomendando a importantes artistas contemporâneos uma série de cartazes publicitários intitulada Grandes Ideias do Homem Ocidental.[88] Como diria Tom Wolfe em um artigo sobre os cartazes, "os anúncios dessa série transmitem uma mensagem: 'Na verdade não fazemos o que realmente fazemos (como, por exemplo, latas). O que produzimos é dignidade'".[89] O gerenciamento tornou-se surpreendentemente democrático, comprimindo a distribuição de renda e status dentro dos limites da empresa. Talvez mais do que qualquer outro, esse tipo de gerenciamento contribuiu para a formação de uma vasta classe média.

Na segunda metade do século XX, a roda tecnológica deu outro giro. O fim da década de 1970 e, principalmente, a década seguinte representaram uma terceira era na administração norte-americana, na qual as empresas voltaram ao modelo do século XIX atualizado à luz de tecnologias do século XX. Hoje, os avanços tecnológicos em medição, supervisão, comunicação e análise de dados confere aos gestores de alto escalão um poder de observação e comando imenso e sem precedentes.

Um executivo de elite, ainda que trabalhe na sede da maior das empresas, pode quase que sem demora montar um organograma detalhado do trabalho desempenhado por praticamente todas as unidades da empresa, por pequenas que sejam, e até mesmo de cada trabalhador. Os algoritmos da Uber, por exemplo, permitem que um pequeno quadro de altos executivos (embora a Uber esteja avaliada em mais de 50 bilhões, tem apenas 16 mil empregados)[90] coordene diretamente o trabalho de centenas de motoristas que jamais conhecerão seus gerentes intermediários.[91] Os executivos do Walmart conseguem saber quantas latas de bolas de tênis uma filial no subúrbio de Albuquerque tem em estoque e quantas delas foram vendidas na semana anterior. O comando da Amazon consegue saber quantas caixinhas de música seu centro de atendimento de Brei-nigsville, Pensilvânia, embarcou semanalmente nos seis meses anteriores. E os chefes da GE conseguem se informar sobre a produtividade de cada linha de montagem.[92]

Além disso, os executivos de elite não apenas monitoram, mas também orientam trabalhadores da produção, chegando muitas vezes aos mínimos de-talhes do trabalho. A administração do armazém da Amazon — na qual deci-sões tomadas de cima para baixo regulam os movimentos dos trabalhadores da produção até o nível de cada passo individual — é apenas um exemplo particu-larmente mais ilustrativo de uma prática generalizada.

Essas inovações eliminam a função gerencial dos cargos semiqualificados e privam os trabalhadores de classe média da renda e do status que essas respon-sabilidades gerenciais proporcionavam. As empresas já não precisam de gerên-cias intermediárias para levar as estratégias traçadas pela alta direção aos traba-lhadores da produção que as implementarão. E o processo de produção, que outrora exigia que cada trabalhador exercesse algum tipo de critério gerencial, atualmente pode ser quebrado em partes constituintes a serem desempenhadas de forma mecânica por trabalhadores sem poder que são coordenados de cima.

À medida que a função gerencial intermediária se torna supérflua, a hierar-quia da empresa perde suas posições médias. A partir da década de 1980, uma onda de reestruturações corporativas sem precedente racionalizou as empresas norte-americanas. Até meados daquela década, era quase impossível encontrar um caso qualquer de redução de quadro,[93] e algumas grandes empresas chega-ram a adotar medidas expressas de "não demissão".[94] No entanto, a atual reor-ganização tenta eliminar explicitamente aquilo que o investidor corporativo Carl Icahn chamou de gerentes intermediários "incompetentes" e "tapados", "camadas de burocratas que se reportam a outros burocratas".[95]

O abate foi radical: a AT&T, por exemplo, reestruturou uma de suas unida-des com o objetivo declarado de reduzir a proporção de gerentes, que era de um para cinco trabalhadores, a um para trinta.[96] Com as reestruturações das déca-das de 1980 e 1990, o número de gerentes intermediários caiu cerca de duas vezes mais do que o de trabalhadores comuns.[97] E a parcela de todos os gerentes de idade situada entre 45 e 64 anos, que até então permaneciam no cargo por mais de quinze anos, perdeu um quarto de seus membros nas duas décadas que transcorreram entre 1987 e 2006.[98] O processo continua. O algoritmo das empresas de consultoria gerencial procura agora, expressamente, "não automatizar as funções de trabalhadores da linha de montagem, mas automatizar as funções do gerente intermediário".[99]

Todo esse redimensionamento é orientado mais por considerações estruturais do que por preocupação econômica específica da empresa: atinge empresas lucrativas e não lucrativas[100] prossegue tanto durante *booms* econômicos quanto durante períodos de baixa[101] e chegou ao ponto máximo durante o *boom* econômico épico da década de 1990.[102] Essa limpeza corporativa em massa, deliberadamente planejada, que extingue as gerências intermediárias surgiu devido a novas tecnologias administrativas, que tornaram supérfluo um grande número de trabalhadores rejeitados.

Ao longo do mesmo período, as empresas norte-americanas suprimiram também as funções residualmente gerenciais desempenhadas por trabalhadores nominalmente dedicados à produção. Com o colapso dos sindicatos — a parcela de trabalhadores do setor privado filiados a algum sindicato caiu de cerca de um terço do total para menos de 1/16 hoje[103] —, os empregos vitalícios e mesmo simples empregos de tempo integral foram substituídos por empregos de curto prazo e de tempo parcial. A empresa de logística United Parcel Service (UPS), por exemplo, há muito conhecida por não empregar funcionários em tempo parcial e enfatizar a promoção interna dentro de uma elaborada hierarquia corporativa, mudou sistematicamente para modelo de emprego em tempo parcial em 1993. A empresa enfrentou uma greve poderosa e muito popular em 1997, comandada pelo Sindicato dos Caminhoneiros, sob a palavra de ordem "Os Estados Unidos não funcionam em tempo parcial". No entanto, a UPS contratou, a partir de 1993, mais de meio milhão de trabalhadores nesse modelo, dos quais apenas 13 mil ascenderam na empresa. Em meados do século XX, a mão de obra sindicalizada gerenciava seu próprio desenvolvimento dentro da empresa.[104] Hoje, trabalhadores de tempo parcial e de curto prazo, contratados em termos muito mais controlados,[105] já não gerenciam coisa alguma. Em vez disso, eles vendem habilidades específicas ou produtos específicos.[106]

Muitas vezes, os mesmos empregados afastados pelo redimensionamento retornam como terceirizados, num deslocamento direto e literal do gerenciamento em direção à terceirização como método de coordenação. Depois das demissões em massa da IBM na década de 1990, por exemplo, um quinto dos demitidos voltou a trabalhar para a empresa como consultor.[107]

Outras empresas se construíram a partir do zero dentro do modelo terceirizado. Os motoristas da Uber não são pagos por seu esforço ou por seu tempo, mas por corrida.[108] A varejista de vestuário United Colors of Benetton tem apenas 1,5 mil empregados, mas recorre a terceirizados que empregam 25 mil pessoas.[109] Há vinícolas que adquirem uvas de uma empresa, contratam outra para a vinificação, outras para o engarrafamento e outras para a distribuição. Ou seja, não têm empregado algum.[110] Recentemente, a Volkswagen montou uma fábrica em que praticamente só trabalham empregados de seus terceirizados.[111]

No caso extremo, novas tecnologias apagam a distinção entre empregados e terceirizados, de modo que pessoas nominalmente contratadas para vender sua força de trabalho, na verdade, vendem seu produto. As tecnologias de atendimento da Amazon agora estão perto desse estado de coisas. A mercadoria é armazenada em depósitos segundo um padrão algoritmicamente otimizado chamado "alocação caótica" por parecer aleatório à primeira vista. Um mapa feito por equipamentos de rastreamento e sensores indica uma sequência exata de movimentos que localizam cada mercadoria nas prateleiras e as colocam em caixas.[112] Dessa forma, a Amazon substitui trabalhadores de classe média, que tradicionalmente se ocupavam da administração dos depósitos, por um sistema administrativo bastante centralizado, quebrando o processo de produção em partes constitutivas e comprando depois cada parte em separado.[113] A Amazon pretende usar a tecnologia para eliminar completamente a administração humana nos depósitos, e para tal investiu cerca de 1 bilhão de dólares na compra da empresa Kiva Systems,[114] fabricante de robôs. Enquanto isso, a empresa chinesa JD.com (que firmou uma parceria estratégica com o Google) já construiu um armazém na periferia de Xangai no qual centenas de robôs embalam a mercadoria e despacham cerca de 200 mil caixas por dia, com apenas quatro trabalhadores humanos.[115]

É claro que a função gerencial não desapareceu. Entretanto, o controle administrativo retirado dos trabalhadores da produção e dos gerentes intermediários concentrou-se num pequeno quadro de executivos de elite, separados dos trabalhadores da produção mais por diferença de qualidade do que de nível.[116] As tecnologias que garantem essa concentração do poder gerencial — não só os sistemas de informação que monitoram as empresas, reúnem e manipulam dados, mas também as ideias e os contextos analíticos empregados para interpretá-los — são imensamente complexas. Só gerentes de excelente formação têm a possibilidade de adquirir a sofisticação necessária para implementar as tecnologias de comando capazes de coordenar uma produção sem as muitas camadas de gerenciamento intermediário que administravam as empresas em meados do século XX.

A nova elite administrativa, portanto, tem uma educação refinada. Executivos de meados do século XX podiam, como fez Ed Rensi, abrir caminho para o topo da hierarquia de uma empresa por seu trabalho, e não por terem frequentado uma universidade. Mas os altos executivos de hoje (como o atual CEO do McDonald's)[117] têm uma formação de elite que geralmente inclui MBAs ou pós-graduação equivalente.[118] E, quando precisam de assistência administrativa, esses altos executivos recorrem a uma consultoria gerencial, não a gerentes intermediários: consultores externos contratados para funções outrora executadas internamente.[119] Os consultores, por sua vez, constituem uma hiperelite de formação intensiva. A principal empresa norte-americana de consultoria, McKinsey & Company, exalta suas "competências como as de uma universidade" e exemplifica dizendo que sua pesquisa exclusiva permite que a empresa, "ao apertar um botão,[120] identifique as cinquenta maiores cidades do mundo em que provavelmente se venderão fraldas nos dez anos seguintes".

Finalmente, o progresso tecnológico que concentra o gerenciamento numa pequena elite executiva também contribui para inflar o valor econômico dessa elite. À medida que os altos executivos monopolizam a função administrativa, e as empresas se tornam dependentes deles para a coordenação interna, eles captam praticamente todo o retorno econômico do gerenciamento. O fluxo de renda que, em meados do século XX, se distribuía entre todos os gerentes intermediários de classe média de uma empresa concentrou-se em executivos de elite. O status e a renda dos CEOs e outros administradores de elite — inclusive no McDonald's — agora situam esses administradores ao lado dos executivos do sistema financeiro no panteão da desigualdade meritocrática.

Em um ano recente comum,[121] o CEO norte-americano mais bem pago embolsou quase 100 milhões de dólares e a renda média dos duzentos CEOs mais bem pagos foi de cerca de 20 milhões. A proporção de trezentas vezes a renda média do trabalho, que se aplica hoje à renda recebida por CEOs de grandes empresas,[122] é quinze vezes maior que essa proporção em 1965. Uma elite gerencial um pouco maior, que inclui as camadas situadas imediatamente abaixo do topo, também recebe altas rendas: os cinco funcionários mais bem pagos das 1,5 mil empresas que figuram no índice da Standard & Poors — com 7,5 mil trabalhadores ao todo — têm uma renda conjunta equivalente a 10% dos lucros das empresas do S&P 1500.[123]

As reorganizações corporativas que dizimaram a classe média, portanto, não se limitaram a melhorar a administração norte-americana, incentivando os administradores a se desenvolverem e a manterem a administração magra e harmônica. Elas também reconstituíram as empresas, inserindo novas formas de hierarquia que, numa frase memorável, tornaram a administração gorda e cruel.[124]

A administração norte-americana, em sua terceira era, retoma em grande medida o modelo artesanal de trabalho adotado em sua primeira idade. Trabalhadores da produção e administradores se veem ligados não a um empregador em particular, mas a um conjunto de tarefas e competências.[125] E um sistema renovado de guildas — formado fora das escolas e universidades que hoje dominam a educação e a qualificação da elite — proporciona a qualificação que compatibiliza trabalhadores e tarefas, determinando status e remuneração.[126]

A administração, que desempenhou papel central na construção da classe média em meados do século XX, hoje em dia eviscera essa classe média. Muitos trabalhadores, que frequentemente nem são empregados, se ocupam das funções opacas da produção no nível inferior; no topo, uns poucos executivos supraordenados, funcionando em uma hierarquia organizacional e sem camadas, exercem grande poder de comando, ocupando funções que, polidas pelas novas tecnologias, ganharam um brilho radiante.[127]

O VAZIO DO MEIO

As áreas de finanças e administração não foram as únicas a sucumbir a essa nova divisão do trabalho. Outros setores da economia também abriram mão dos empregos semiqualificados e polarizaram a força de trabalho.

No comércio varejista de meados do século XX, por exemplo, dominavam as pequenas lojas independentes. Em 1967,[128] empresas constituídas por uma única loja ainda eram responsáveis por 60,2% das vendas (enquanto as grandes redes respondiam por apenas 18,6%). Essas lojas empregavam trabalhadores semiqualificados. Como disse o *The New York Times* em 1962, "no pequeno estabelecimento independente, cujo dono desempenha duplo papel como vendedor e comprador,[129] ele muitas vezes obtém uma alta produtividade em vendas". Modelos alternativos, como o jornal também observou, tinham dificuldade para competir: "Nos estabelecimentos maiores,[130] os varejistas muitas vezes encontram problemas devido à baixa qualificação geral do pessoal."

Hoje em dia, o comércio varejista é dominado por imensas redes[131] compostas de grandes lojas com nomes conhecidos por todos os que fazem compras: Dollar General, Family Dollar, Walgreens, CVS, 7Eleven, Kroger e, claro, Walmart e Amazon. As grandes redes empregam novas tecnologias de vendas que dispensam trabalhadores semiqualificados, substituindo-os por uma massa de funções opacas e uma elite brilhante. Trabalhadores comuns e subalternos do varejo agora desempenham tarefas restritas e predominantemente banais: encarregados da arrumação de prateleiras, caixa, zelador ou recepcionista (no Walmart) e trabalhadores de depósitos automatizados (na Amazon). Ganham pouco: o Walmart (hoje o maior empregador do país) paga um salário médio de apenas 17,5 mil dólares anuais, segundo uma estimativa, e 19.177 dólares anuais, segundo outra.[132] Não é de surpreender que a empresa tenha empregados em tempo integral situados abaixo da linha de pobreza, dependentes de ajuda até mesmo para alimentos obtidos por meio de doações que, ironicamente, têm postos de coleta nas próprias lojas do Walmart.[133] Uma loja de Oklahoma, por exemplo, recebia latas de alimentos num cesto que trazia uma etiqueta com os dizeres VAMOS TER SUCESSO/NA DOAÇÃO A COLABORADORES NECESSITADOS.[134] Enquanto isso, em 2017, o CEO do Walmart ganhou 1.118 vezes o salário médio da empresa.[135]

Trabalhadores supraordenados no varejo empregam novas tecnologias para centralizar as tarefas que o sucesso nas vendas exige — elas vão da análise de dados gerais sobre o comportamento do consumidor, que hoje em dia é oferecida por empresas como a Percolata, do Vale do Silício,[136] a programas de otimização de preços, que dão descontos ou elevam preços com base no comportamento do consumidor,[137] passando por técnicas de reconhecimento de marcas que ajudam o consumidor a identificar produtos sem ajuda da loja.[138] Os trabalhadores de elite que criam e administram essas inovações são, como

EMPREGOS OPACOS E EMPREGOS BRILHANTES 227

se espera, muito bem formados e altamente qualificados. Jeff Bezos, fundador e CEO da Amazon e a pessoa mais rica da história moderna,[139] pós-graduado com louvor e membro da Phi Beta Kappa de Princeton, nos primeiros tempos de sua empresa recrutou seus empregados entre os bolsistas da American Rhodes Scholars que estudavam em Oxford.[140]

Empregos burocráticos semiqualificados — como telefonistas, datilógrafos e digitadores, agentes de viagem e técnicos em contabilidade — também estão desaparecendo, já que os trabalhadores de elite usam computadores para executar pessoalmente algumas tarefas burocráticas e delegam outras a trabalhadores subalternos.[141] Os escritórios de advocacia, ao longo dos quinze últimos anos, eliminaram mais de 100 mil cargos de apoio para trabalhadores com menos de dois anos de faculdade, embora tenham criado o mesmo número de empregos para trabalhadores com JD e grau de bacharel.[142] E softwares de design expulsaram desenhistas semiqualificados e habilitaram arquitetos e engenheiros superqualificados a produzir desenhos mais complexos e criativos.[143]

Nenhum setor está imune. Mesmo no campo das artes e do entretenimento, as novas tecnologias permitem que umas poucas "superestrelas" conquistem plateias globais, alijando muitos intérpretes um pouco menos qualificados que anteriormente atendiam públicos locais, por serem os melhores a seu alcance.[144] Em 2017, Beyoncé, LeBron James e J. K. Rowling ganharam, cada um, cerca de 100 milhões de dólares,[145] o que equivale possivelmente a cem vezes mais do que seus congêneres de meados do século XX.[146] É mais ou menos mil vezes mais do que *backing vocals*,[147] jogadores das categorias de base da NBA[148] e roteiristas de televisão[149] — pessoas qualificadas, perto do auge profissional — ganham hoje.[150]

Finalmente, é claro, a tecnologia transformou a produção industrial. A sabedoria popular convencional destaca que a tecnologia destruiu os tradicionais empregos para trabalhadores semiqualificados que em meados do século XX ajudaram a construir a classe média, não só em St. Clair Shores, mas em todo o país. A General Motors, maior empregadora do país na época, pagava 60 mil dólares por ano a seus trabalhadores sindicalizados, além de generosos benefícios.[151] Hoje em dia, a indústria automobilística norte-americana emprega mais de 1,2 mil robôs para 10 mil empregados, e a tendência à robotização da produção é crescente.[152] (Os robôs têm papel ainda maior na indústria manufatureira da Europa e da Ásia.)[153] No total, os Estados Unidos perderam cerca de 8 milhões de empregos industriais desde o fim da década de 1970.[154] E, para empregar hoje na indústria manufatureira norte-americana a mesma porcentagem da força de trabalho total dedicada ao setor em meados da década de 1960, a economia teria de criar possivelmente 25 milhões de novos empregos.[155]

Ao mesmo tempo, embora o fato seja menos conhecido, as novas tecnologias criaram um grupo de empregos brilhantes ocupados por trabalhadores industriais superqualificados que projetam, programam e administram os processos de produção automatizados. Embora o emprego na indústria manufatureira tenha caído cerca de um terço entre 1992 e 2012, o número de empregos no setor para trabalhadores com nível universitário aumentou 2,4%, enquanto para pós-graduados o crescimento foi de 44%.[156]

Esses trabalhadores superqualificados são mais produtivos — muito mais produtivos — do que os trabalhadores semiqualificados que vieram a substituir, e sua produtividade fez com que a participação da indústria manufatureira no produto interno bruto permanecesse igual mesmo com a queda de empregos no setor.[157] Eles também são mais bem pagos: entre 2007 e 2012, a renda média dos trabalhadores na indústria manufatureira subiu mais de 15%.[158] Em casos extremos, a transposição dos empregos semiqualificados para empregos brilhantes pode se equiparar ao que aconteceu no setor financeiro. A Kodak, no auge, empregava 140 mil trabalhadores semiqualificados na produção de câmeras e filmes; seu fundador, George Eastman, ficou famoso por adotar o modelo de trabalho de classe média de meados do século XX, oferecendo empregos para a vida toda e muitas oportunidades de treinamento no trabalho e de promoções. Atualmente, a empresa foi desbancada por alternativas digitais como o Instagram, que empregava um total de treze trabalhadores superqualificados quando foi vendido ao Facebook por 1 bilhão de dólares.[159] Nem precisa dizer que essas treze pessoas ficaram fabulosamente ricas.[160]

Todos esses exemplos (além de muitos outros não mencionados aqui) contam e recontam basicamente a mesma história, como muitas variações sobre um mesmo tema. O regime democrático que governava o trabalho norte-americano em meados do século XX deu lugar à desigualdade meritocrática de agora. Uma série de inovações tecnológicas suprimiu a massa de empregos semiqualificados de classe média, que antes dominavam a produção, e os substituiu por combinações diversas de empregos opacos e brilhantes.

O setor econômico associado mais de perto ao trabalho de classe média de meados do século XX — a indústria — sofreu uma queda vertiginosa no emprego, em termos tanto absolutos quanto relativos. E os setores ligados mais de perto ao trabalho subordinado e supraordenado de hoje — o comércio varejista de um lado e o setor financeiro do outro — sofreram grande expansão. Além disso, o trabalho se polarizou dentro de cada setor: operadores de crédito semiqualificados deram espaço a funcionários administrativos subalternos e a analistas supraordenados; gerentes intermediários deram lugar a terceirizados e a executivos supraordenados; varejistas independentes semiqualificados deram lugar a grandes redes que empregam caixas subalternos e desenvolvedores de software para o comércio eletrônico supraordenados; torneiros mecânicos semiqualificados deram lugar a robôs e engenheiros supraordenados.

Dados complementares confirmam e quantificam o esvaziamento geral do setor médio do mercado de trabalho.* Nas três décadas e meia desde 1980, a quantidade de empregos dedicados principalmente a tarefas semiqualificadas caiu em velocidade acelerada: cerca de 5% ao longo da década de 1980, mais ou menos 7% na década seguinte e em torno de 15% a partir de 2000. No mesmo período, a quantidade de empregos dedicados principalmente a tarefas superqualificadas subiu cerca de 10% a cada década e a fatia dedicada em especial a tarefas não qualificadas também cresceu, sobretudo a partir de 2000.[161] A partir de 1980, desapareceu nada menos do que um quarto dos empregos semiqualificados no total, o número de empregos ocupados específica e exclusivamente por trabalhadores superqualificados aumentou mais de um terço,[162] e, a partir de 1950, a parcela da força de trabalho total composta por técnicos e profissionais mais do que dobrou, chegando hoje a cerca de 20%.[163] Além do mais, a comparação entre os estados norte-americanos indica que a ascensão dos ricos e a estagnação da classe média andam de mãos dadas — a ascensão das altas rendas (como se vê pela proporção da renda total abocanhada pelo 1% mais rico) gera queda na renda da classe média.[164] A tendência não se verifica apenas nos Estados Unidos. A meritocracia corrói a igualdade democrática no trabalho em todas as sociedades ricas do mundo.[165]

---

* Uma representação dessas tendências é mostrada no Gráfico 8, p. 368.

Essas tendências se tornam mais pronunciadas com o passar dos anos. Os empregos que pagam salários altos e baixos, mais uma vez, aumentaram ao longo da primeira década do milênio, enquanto os empregos de salários médios caíam.[166] Ocorreu algo parecido durante a Grande Recessão e depois, durante a recuperação: os empregos de classe média sofreram na recessão perdas três vezes maiores do que os ganhos na retomada, enquanto o trabalho subalterno e o supraordenado tiveram mais ganhos do que perdas.[167] A Secretaria de Estatísticas Trabalhistas prevê que, durante a próxima década, as categorias que mais encolherão serão as de trabalho semiqualificado, e as que mais crescerão serão de qualificação muito baixa ou muito alta.[168] O McKinsey Global Institute — braço de pesquisa da firma de consultoria McKinsey & Company — prevê uma transformação ainda mais radical, na qual cerca de um terço da força de trabalho norte-americana, sobretudo a semiqualificada, será substituída pela automação até 2030.[169]

Em conjunto, todas essas tendências constituem não uma ondulação, mas um maremoto — ou virada.[170] O mercado de trabalho, *grosso modo*, abandonou o centro democrático da força de trabalho de meados do século XX, o que transformou radicalmente a natureza do trabalho.

Enquanto, em meados do século XX, o trabalho avalizava a conveniente autoimagem dos Estados Unidos como uma economia e uma sociedade dominadas por uma vasta classe média, hoje ele avaliza a noção igualmente própria de uma divisão crescente entre os ricos e os demais. Em meados do século XX, o trabalho unia os norte-americanos em torno de uma experiência comum e democrática, e os trabalhadores sindicalizados de classe média da General Motors personificavam o mercado de trabalho. Hoje em dia, o trabalho divide os norte-americanos em um mercado de trabalho resumido pelos recepcionistas do Walmart e executivos do Goldman Sachs.

A QUALIFICAÇÃO COMPENSA

O trabalho democrático que imperava na economia de meados do século XX servia bem aos hábitos da classe média norte-americana. A grande quantidade de empregos semiqualificados e as oportunidades de treinamento a eles associadas, que outrora caracterizavam o ambiente de trabalho, ligavam entre si

EMPREGOS OPACOS E EMPREGOS BRILHANTES   *231*

trabalhadores de diferentes níveis de qualificação e diferentes posições. Quando os levantadores de pinos de St. Clair Shores conseguiam empregos para toda a vida — com salários de classe média, treinamento no trabalho e oportunidades de progresso —, uma formação de elite mais elaborada e competitiva não se fazia necessária.

Em comparação, o ambiente de trabalho meritocrático que prevalece na economia de hoje serve bem aos hábitos da elite norte-americana. O esvaziamento atual do meio do mercado de trabalho segrega os trabalhadores por tipo, isolando especialmente os superqualificados em relação a todos os demais.[171] As famílias ricas enfrentam as agruras da educação de elite (que substituiu o treinamento contínuo no ambiente de trabalho pela graduação oferecida pelas universidades)[172] para dar aos filhos a excepcional formação necessária para obter e conservar empregos supraordenados, ficando, assim, do lado certo da divisão meritocrática.[173]

A formação de elite funciona. Os investimentos feitos pelas famílias ricas no capital humano de seus filhos compensam. Os filhos da quinta parte mais rica das famílias têm aproximadamente sete vezes mais chances de ir parar no quintil superior da distribuição de renda na idade adulta do que a quinta parte mais pobre, e mais ou menos doze vezes mais probabilidades de chegar ao quintil superior em distribuição da educação.[174]

A educação tornou-se o mecanismo de classificação preferido do mercado de trabalho, e os retornos econômicos da escolarização, principalmente nas melhores escolas, tornaram-se astronômicos. A educação, portanto, mapeia quase que à perfeição a linha de falha que separa trabalhadores subalternos e supraordenados no novo mercado de trabalho polarizado, classificando-os pela renda em camadas que dificilmente se sobrepõem. A educação intensiva e os empregos brilhantes andam juntos; a desigualdade meritocrática faz dos estudantes de elite e trabalhadores supraordenados pessoas iguais.[175]

A profundidade da segmentação é assombrosa.* O trabalhador médio com formação universitária vai ganhar mais dinheiro ao longo da vida do que 93% dos trabalhadores sem ensino médio e do que 86% dos trabalhadores que têm ensino médio; o trabalhador médio com uma especialização vai ganhar mais

---

* Uma representação dessas tendências é mostrada no Gráfico 9, p. 369.

dinheiro do que cerca de 99% dos que abandonaram o ensino médio, 98% dos que têm apenas o ensino médio e 83% dos que têm apenas a graduação.[176] Isso significa que apenas um de cada grupo de cinquenta trabalhadores situados na metade inferior da distribuição da educação ganhará mais do que o trabalhador médio do decil superior.[177] Os números absolutos em questão são enormes. O trabalhador médio do gênero masculino com apenas ensino médio ganha cerca de 1,5 milhão de dólares ao longo da vida;[178] o trabalhador médio do gênero masculino com diploma universitário ganha cerca de 2,6 milhões; e o trabalhador médio do gênero masculino com especialização ganha mais de 4 milhões ao longo da vida. Para as mulheres, os números correspondentes são de 1,1 milhão, 1,9 milhão e pouco mais de 3 milhões de dólares, respectivamente. Os números relativos também são altos, sejam eles referidos ao passado norte-americano, sejam a outros países ricos da atualidade. O maior retorno proporcionado por um diploma universitário representa hoje, possivelmente, o dobro do que era em 1980,[179] e se descontarmos dele o custo do diploma, representado pelo valor líquido das anuidades, chega a ser três vezes maior hoje do que em 1965.[180] (O índice puramente econômico de retorno pela formação universitária — uma estimativa respeitada fala em 13% a 14% de retorno por ano de faculdade — é cerca do dobro do retorno de longo prazo proporcionado pelo mercado de ações.)[181] O retorno proporcionado pela formação universitária é 1,5 vez maior nos Estados Unidos do que na Grã-Bretanha e na França e três vezes maior do que na Suécia.[182]

Como acontece com notas e testes de avaliação, a distância entre a renda de toda a vida do segmento superior e a do segmento médio é muito maior que a diferença entre o médio e o inferior. Um olhar mais detido lançado a elites de educação mais requintada aumenta esse padrão.[183] Diplomas concedidos por escolas ainda que medianamente conceituadas elevam a renda entre 10% e 40% em relação aos diplomas de escolas de baixo conceito[184] e praticamente dobram a taxa de retorno da anuidade.[185] Os diplomas de superelite turbinam ainda mais a renda, mais do que dobrando os ganhos propiciados por um diploma mediano,[186] e as maiores rendas proporcionadas por escolas de superelite mais do que triplicam a renda dos melhores salários com diplomas medianos.[187] (Apenas seis anos depois da graduação, os 10% mais bem pagos de graduados por Harvard estão ganhando um salário médio de 250 mil dólares por ano.)[188]

EMPREGOS OPACOS E EMPREGOS BRILHANTES   233

Uma pesquisa recente e mais ampla mostra — inacreditavelmente — que cerca de 50% dos líderes corporativos dos Estados Unidos, 60% dos líderes financeiros e 50% dos mais altos funcionários de governo estudaram em apenas doze universidades.[189]

A pós-graduação e, principalmente, a especialização proporcionam retornos ainda maiores. Em 1963, a diferença entre o retorno de uma pós-graduação e o de uma graduação era zero.[190] Hoje, em comparação, o retorno da pós-graduação é cerca de 30% mais elevado, mesmo no caso de uma pós-graduação genérica. A diferença do retorno de uma pós-graduação ou especialização de elite é ainda muito maior.[191] Profissionais com especialização do 75º percentil de renda ganham ao longo da vida cerca de 6,5 milhões de dólares, ou quatro vezes a média do trabalhador que só tem o ensino médio.[192] E as especializações em escolas de elite proporcionam rendas ainda mais elevadas.

Os enormes ganhos dos advogados, que já mencionamos — milhões de dólares para os sócios principais e centenas de milhares para os principais advogados associados —, se concentram em empresas de elite dominadas por ex-alunos de escolas de elite. A receita média no primeiro ano de trabalho dos pós-graduados pelas dez melhores escolas de direito chega perto de 200 mil dólares;[193] uma pesquisa recente com pós-graduados pela Escola de Direito de Harvard após dez anos de carreira (ou seja, aos trinta e tantos anos) encontrou uma renda anual média para os homens de cerca de 400 mil dólares;[194] e 96% dos sócios do mais rentável escritório de advocacia (com faturamento de 5 milhões de dólares anuais) eram pós-graduados pelas dez melhores escolas.[195] Ao todo, os formados pelas dez melhores escolas de direito ganham, em média, 25% mais que os formados por escolas classificadas entre a 11ª e a vigésima posição, e 50% mais que os formados por escolas classificadas entre a 21ª e a centésima.[196] Esses resultados geram grande estratificação mesmo dentro da profissão. Elevam também a diferença interna de retorno em 15% a 30%, a depender da ajuda financeira recebida pelo estudante.[197]

Nas escolas de administração, os egressos dos cinco principais programas de pós-graduação têm salários médios de 215 mil dólares anuais após quatro anos de formados, enquanto os recém-pós-graduados mais bem pagos recebem mais de 1 milhão de dólares.[198] Os melhores programas de pós-graduação duplicam ou triplicam a renda propiciada pelo programa classificado na quinquagésima posição.[199] Os empregos que os melhores pós-graduados conseguem explicam mais uma vez seus altos ganhos. Na Escola de Administração de Harvard — onde 1,3% da turma de 1941 empregou-se no setor financeiro — nada menos do que 28% da turma de 2016 passaram a trabalhar em Wall Street e 25% em firmas de consultoria.[200] Da mesma forma que na área do direito, os melhores MBAs se pagam quase que de imediato: o ganho maior em cinco anos obtido por pós-graduados vindos das cinco melhores escolas de administração — alto salário, menos anuidades, taxas e renúncia salarial durante os anos de estudo — passa hoje de 75 mil dólares.[201]

Esses números também enfatizam o estrito contexto de desigualdade meritocrática em que viceja a classe dos trabalhadores supraordenados — e como são poucos os empregos realmente brilhantes. Um simples diploma universitário — que já situa seu portador na terça parte mais instruída dos norte-americanos — pode evitar que um trabalhador caia para o limite inferior do mercado de trabalho polarizado, mas não vai levá-lo a nem perto do topo (nem poderia, já que o aumento da renda se concentra nos 5% superiores, no 1% superior e em um décimo do 1% superior). Como diz o CEO da CareerBuilder.com, "o diploma o leva até a porta[202] — não há muito desemprego para pessoas com faculdade —, mas não permite que seu salário aumente como você esperaria". Pode-se dizer que um diploma comum, que não é de elite, está sendo superado por progressos tecnológicos como qualificações mais baixas foram superadas por progressos anteriores, inclusive aqueles que deram ao grau universitário seu valor.

A ideia de que um diploma superior genérico representa um passaporte para a elite é menos um símbolo da polarização do mercado do que reminiscência de uma visão de trabalho mais democrática, anterior à polarização — na verdade, uma ideia de meados do século XX.

DESOCUPADOS, MAS EXCLUÍDOS DO LAZER

Em 1883, Paul Lafargue (genro de Karl Marx) escreveu um tratado intitulado *O direito à preguiça*.[203] Nas primeiras décadas do século XX, na esteira das primeiras vitórias na luta pela semana de quarenta horas, alguns sindicatos começaram a defender uma redução ainda maior na carga de trabalho. A reivindicação da semana de trinta horas tornou-se cada vez mais frequente,[204] e alguns

EMPREGOS OPACOS E EMPREGOS BRILHANTES 235

sindicatos mais radicais pediam redução ainda maior (os Trabalhadores Industriais do Mundo chegaram a imprimir camisetas com o dístico QUATRO DIAS POR SEMANA, QUATRO HORAS POR DIA).[205] Observadores independentes levaram essas propostas a sério. Ninguém menos que John Maynard Keynes, por volta de 1930, previu que a inovação tecnológica acabaria eliminando as longas (e até mesmo moderadas) jornadas de trabalho humano, imaginando que dentro de um século seria possível implantar um dia de trabalho de três horas.[206]

Keynes e outros esperavam que essa evolução desembocasse em algo semelhante a uma utopia — um novo mundo em que todos teriam um modo de vida que, naquele mundo, só as elites podiam se permitir. Essas esperanças eram normais naquele tempo. O trabalho continuava penoso e o lazer ainda era um privilégio. A ideia de que, com a industrialização, a energia das máquinas aliviaria as classes trabalhadoras do jugo do trabalho seduzia os sonhadores esperançosos.[207]

Muito do que se previa na verdade aconteceu, mas não da maneira esperada, e teve resultados mais desastrosos do que utópicos.

A inovação tecnológica liberou realmente a classe operária e a classe média de grande parte de sua carga de trabalho. A infância e a aposentadoria passaram a ocupar períodos mais longos da vida, e a participação na força de trabalho recaiu sobre adultos entre 25 e 54 anos.[208] Os empregos também passaram a ocupar menos horas do dia, ao menos fora da elite. A semana de sessenta horas que dominava a vida dos trabalhadores em 1900 está praticamente desaparecida, e mesmo a de quarenta horas está mais rara para trabalhadores de classe média do que em meados do século XX. O trabalho não qualificado ou semiqualificado tornou-se incomparavelmente menos penoso e perigoso do que no passado.[209] Ao mesmo tempo, os norte-americanos de classe média e operária estão mais ricos do que nunca.[210] De modo geral, os dois terços inferiores da distribuição econômica despendem hoje muitíssimo menos esforço no trabalho do que seus antecessores, trabalham em condições menos árduas e têm um conforto material que no passado nem sequer se imaginava. Essa evolução não chega tão longe quanto Keynes e outros imaginaram, mas deu passos largos na direção da utopia.

Se a utopia continua fora de alcance, é porque Keynes e outros fizeram previsões totalmente erradas quanto a valores — sobre como o futuro avaliaria a honra.

Todos os utópicos acreditavam, como Keynes explicitou, que dias de trabalho mais curtos trariam não apenas prosperidade, mas também mais lazer e lazer bem mais distribuído — entendendo-se lazer no sentido amplo associado à aristocracia de proeza que confere honra e status. Acreditavam, em outras palavras, que a tecnologia permitiria às massas ter sua parte numa forma de vida que na época deles era a da elite. A inovação, segundo essa visão, aliviaria as massas não só da carga material do trabalho, mas também das restrições sociais e da degradação inerentes a sua condição. O mundo nascido da revolução tecnológica não seria beneficente, e sim inclusivo. Com maior ou menor igualdade econômica, a nova ordem aboliria as grandes diferenças de casta ou classe e sustentaria a dignidade e a participação social de todos os seus membros. A generalização da ociosidade — mais uma vez entendida não apenas como o fim do trabalho penoso, mas como a prática de recreação digna — daria ao mesmo tempo a garantia e a medida da igualdade que estava a caminho. Isso foi o que tornou utópica essa visão.

A ideia utópica da ociosidade universal caiu no primeiro obstáculo. A inovação tecnológica não mudou apenas os fatos em si a respeito de como as pessoas empregam seu tempo. Na mesma tacada, também refez significados sociais. Ao revolucionar o trabalho concentrando a produção na elite, fundiu trabalho e lazer, de modo que diligência e proeza se tornam uma coisa só.

Mesmo tendo sido liberadas do trabalho penoso, as massas trabalhadoras foram também, pelo mesmo mecanismo, excluídas da diligência. O mercado de trabalho polarizado deixa a classe média praticamente sem nada para fazer. Mais uma vez, a desocupação forçada — nela incluídos não só o desemprego, mas o subemprego involuntário e a desistência do mercado de trabalho — que a desigualdade meritocrática impõe a trabalhadores semiqualificados quase se equipara, em tamanho e em abrangência, à desocupação forçada que a discriminação de gênero impunha às mulheres em meados do século XX.[211]

Como a diligência no trabalho agora constitui uma virtude, a desocupação já não se confunde com a ociosidade que atribui status, pelo contrário: é identificada com indolência, falta de iniciativa e com a degradação intrínseca. Mesmo quando o trabalhador de classe média consegue trabalho, os empregos cada vez mais opacos — sujeitos a controle e vigilância invasivos, tensos e degradantes

EMPREGOS OPACOS E EMPREGOS BRILHANTES

— não são capazes de trazer a dignidade e a posição social que os trabalhadores supraordenados têm. Os trabalhadores do depósito da Amazon têm todos os movimentos rastreados e regulados passo a passo. A empresa patenteou uma pulseira que orienta pelo tato as mãos dos trabalhadores que estão preenchendo caixas e identifica em que momento eles usam o banheiro, se coçam ou se mexem.[212] Os motoristas da Uber são obrigados a aceitar pedidos de corridas, para destinos desconhecidos, em até vinte segundos depois de recebê-los.[213]

A desocupação dentro da meritocracia tem praticamente o mesmo significado que o trabalho extenuante para a aristocracia (e o significado oposto ao que tinha a ociosidade outrora): assim como o trabalho penoso era a antítese da dignidade num mundo aristocrático que cultuava a ociosidade, a desocupação tornou-se a antítese da dignidade no mundo meritocrático de hoje, que cultua a dedicação ao trabalho. Empregos opacos geram vidas opacas. A amargura, o desânimo e o ressentimento que a cilada da meritocracia impõe à classe média têm raízes profundas na lógica econômica e social da desigualdade meritocrática.

É por isso que o declínio do trabalho da classe média deu lugar ao oposto do florescimento pelo qual Keynes e outros ansiavam — e assim os norte-americanos de hoje entendem, com razão, que a desocupação da classe média representa mais uma grave enfermidade social do que uma feliz expansão do privilégio, anunciando mais um futuro de inferno que de paraíso. Até mesmo as fantasias tecnológicas de agora tendem não para a utopia, mas para o seu oposto.

A desigualdade meritocrática perpetra um ataque generalizado e em duas frentes contra a classe média, porque a nova realidade econômica a destitui de trabalho e as novas regras a destituem de sua dignidade. A lógica essencial da meritocracia concentra o privilégio e demoniza a desvantagem como decorrente de falhas individuais de competência ou esforço, como uma insuficiência. Isso explica a misteriosa raiva e a revolta que cada vez mais dominam a sociedade: o populismo que engole a política, mesmo em períodos de expansão econômica, e as mortes autoinfligidas (dependência de drogas, overdose, suicídio), que aumentam a mortalidade total mesmo sem peste ou guerra. Essas duas reações se concentram em pessoas que têm renda de classe média, sem diploma universitário[214] — exatamente o grupo que a desigualdade meritocrática condena a ser supérfluo.

Os empregos opacos envolvem com uma mortalha aqueles que devem suportá-los. E a meritocracia transforma a qualificação num fetiche — objeto de desejo, dotado de poderes mágicos, que frustra os que não conseguem alcançá-lo.

ASSOBERBADOS PELO TRABALHO

A organização do trabalho que no passado engendrou a classe média norte-americana — emprego vitalício em tarefas respeitáveis de trabalho semiqualificado, ascensão suave por uma hierarquia que permitia promoções pequenas mas certas — simplesmente já não existe. Agentes de crédito, corretores da bolsa, gerentes intermediários, comerciantes independentes e vendedores de alto nível estão desaparecendo. O vazio do meio cria uma "relação não linear entre ganhos e horas"[215] e, mais genericamente, entre a condição de elite e o trabalho, de modo que "um cronograma flexível quase sempre tem um alto preço".[216] A única alternativa real à exploração intensiva do trabalho supraordenado é o trabalho subalterno, e membros da elite que se rebelam contra os empregos brilhantes se condenam a empregos opacos. Assim, emerge uma "sociedade do tudo ou nada",[217] na qual a distribuição da renda e do status tem a forma não de uma encosta, mas de um penhasco abrupto.

Em meados do século XX, o aumento sustentado dos salários na parte inferior da escala de distribuição de renda levou cada degrau para mais perto do degrau superior. Em 1970, a ascensão do quinquagésimo para o 75º percentil da distribuição da renda, ou do 75º para o 99º, e principalmente do 99º para o 99,9º fazia tão pouca diferença que todos os norte-americanos, da classe média à elite, sentiam-se seguros, com muito pouco a perder se caíssem para o degrau inferior e muito pouco a ganhar se subissem um degrau.[218]

Desde então, o forte aumento das rendas da parte superior da escala aumentou também a distância entre os degraus, situando as maiores distâncias entre os degraus superiores.[219] Com isso, intensificou-se a disputa pelos degraus superiores da escada, na qual subir do nonagésimo para o 99º percentil, ou do 99º para o 99,9º (ou, aliás, do 99,9º para o 99,99º), representa a diferença entre a estagnação econômica e a riqueza astronômica, entre a classe média em dificuldades e a aristocracia de nossos dias. Na verdade, não basta que um meritocrata

EMPREGOS OPACOS E EMPREGOS BRILHANTES 239

derrote 99 de cem concorrentes para ter êxito; deve derrotar 99 dos cem que já derrotaram 99 de cem. Os meritocratas de maior sucesso, portanto, tornam-se os mais inseguros. A pressão dentro da gaiola em encolhimento da meritocracia aumenta inexoravelmente.

Num mercado de trabalho com essa distribuição de empregos, o equilíbrio entre trabalho e vida privada não está no cardápio. Para recuperar a ociosidade, uma pessoa precisa abandonar o trabalho supraordenado, a renda e o status proporcionados por esse emprego e sair da elite. Além disso, o alto custo da educação de elite fará com que essa escolha desça em cascata sobre as gerações seguintes. Um trabalhador supraordenado que rejeita a autoexploração faz com que todo o seu mundo desabe — em cima de seus filhos.[220] Portanto, a parada abrupta à beira do penhasco põe forte pressão sobre aqueles cuja escolha seria viver no ponto médio de uma colina, mas diante do abismo precisam se agarrar com unhas e dentes a fim de não ser empurrados para baixo.

Os mecanismos da produção meritocrática põe ainda mais pressão sobre o empenho da elite, levando os trabalhadores supraordenados a despender um esforço ainda mais intenso e horas mais longas de trabalho — mais do que qualquer pessoa realmente deseja — naquilo que os economistas chamam de *equilíbrio da corrida de ratos*.[221] Remadores de competição ilustram esse efeito em ação. Os remadores do single *skiff*, ao cruzarem a linha de chegada vitoriosos, costumam comemorar ruidosamente; já nos barcos de oito remadores, os atletas vencedores, assim que cruzam a linha de chegada, mergulham num estado visível de total exaustão. Os remadores individuais mostram, dentro do espírito de Veblen, que não esgotaram toda a capacidade para chegar à vitória, mas que ganharam brincando, como se diz. Mas o barco normal de oito remos dissimula a contribuição de cada um dos remadores para a velocidade do barco. A exaustão visível indica a produtividade quando a produtividade não pode ser medida diretamente.[222]

Os trabalhadores supraordenados, na execução de tarefas sofisticadas e difusas, enfrentam o mesmo problema. Quando o esforço individual influencia a produção do grupo, mas os empregadores não conseguem medir diretamente a produtividade de cada um, usam as longas horas como parâmetro,[223] chegando até a suprimir por completo os empregos de jornadas menos longas e, consequentemente, os trabalhadores menos esforçados ou menos produtivos.[224] O efeito de corrida de ratos sobre os trabalhadores é tão poderoso que, quando uma empresa de elite, preocupada com o excesso de trabalho de seus empregados, concede férias ilimitadas, eles na verdade tiram férias mais breves.[225]

Juntos, esses mecanismos elevam as horas de trabalho da elite. As comparações mostram que a jornada de trabalho, principalmente para as elites, é mais longa em países de maior desigualdade econômica.[226] A influência comparativa entre os países é substancial: por exemplo, segundo uma estimativa, a diferença entre a desigualdade econômica dos Estados Unidos e a da Suécia responde por cerca de 60% das jornadas de trabalho mais longas nos Estados Unidos.[227] Uma situação similar ocorre dentro dos Estados Unidos, mas entre setores: o aumento da jornada de trabalho corresponde ao aumento da desigualdade de renda dentro do setor.[228] Além disso, o efeito de corrida de ratos já foi demonstrado empiricamente, por exemplo, na jornada de trabalho que os escritórios de advocacia de elite exigem de seus advogados associados para faturar o exigido de modo a se tornarem sócios. Um estudo em especial estimou que cerca da metade dos advogados associados trabalha um número excessivo de horas em decorrência desses perversos incentivos.[229]

Os ricos como classe não tiram proveito de nada disso, já que uma elevação do status de cada pessoa impõe perda de status a todos os demais. A dedicação competitiva ao trabalho institui um dilema do prisioneiro, no qual a elite em conjunto consome demais e deve trabalhar demais para financiar os excessos. As histórias de sobrecarga de trabalho obviamente autodestrutiva já contadas podem se multiplicar a tal ponto — na verdade, indefinidamente — que acabaram se tornando uma metáfora popular entre meritocratas. Diretores-gerais, CEOs e sócios de empresas de profissionais liberais dizem ter apartamentos caríssimos mobiliados apenas com um colchão e um saco de dormir, porque não têm tempo de receber uma entrega de mobília.[230] Os apartamentos vazios falam à imaginação por simbolizarem vidas vazias de tudo o que não seja trabalho.

Com efeito, quase não se espera que atualmente os trabalhadores de elite tenham vida pessoal. David Solomon, CEO e presidente do banco Goldman Sachs, diz que, enquanto os executivos de bancos já trabalhavam longas horas na década de 1980, era aceitável que saíssem do escritório à noite e só de manhã recebessem suas mensagens de voz. Agora, "se alguém manda uma mensagem e você não responde dentro de uma hora, começam a pensar que você pode ter sido atropelado".[231] Praticamente nenhuma parte da vida pessoal da elite meritocrática está livre da invasão do trabalho. Um importante relatório da Associação Americana de Advogados diz que "os casos de advogados fechando negócios ou rabiscando documentos na sala de espera das maternidades são perturbadoramente comuns",[232] assim como a ausência às apresentações dos filhos e ao casamento de irmãos, por conta de prazos, e a funerais de parentes para fazer reuniões.[233]

Essas e outras cargas semelhantes se acumulam. Uma etnografia de Wall Street conta o caso significativo de um "cara alegre da faculdade"[234] que entrou para o Morgan Stanley, engordou quinze quilos e tornou-se "um cara agitado [...] bem desagradável para se ter ao lado [... que] nunca sorria". E uma pesquisa entre altos executivos de bancos mostrou que recém-formados "ávidos e enérgicos"[235], ao serem contratados, tornaram-se, depois de quatro anos, "um desastre", sofrendo de "alergias e vícios" e até de "problemas de saúde crônicos, como mal de Crohn, psoríase, artrite reumatoide e transtornos da tireoide".

Explodiram as solicitações de indenização relativas ao estresse — principalmente vindas de trabalhadores de elite —, triplicadas na primeira metade da década de 1980.[236] A Fundação Médica de Palo Alto, com seu consultório móvel que percorre as áreas ocupadas por muitos dos maiores empregadores do Vale do Silício, detectou uma epidemia de distúrbios relacionados ao estresse e à ansiedade entre trabalhadores de elite, e geralmente diagnostica deficiência de vitamina D, num clima que tem 260 dias de sol por ano.[237]

Até iniciativas que tendem a combater a sobrecarga de trabalho de elite apenas destacam a amplitude do problema. A financeira UBS chegou a pedir a seus jovens executivos que tirassem duas horas por semana para tratar de "assuntos pessoais".[238] O Goldman Sachs agora recomenda a seus estagiários de verão que não passem a noite trabalhando e aos analistas que tirem folga aos sábados.[239] E o Morgan Stanley rebatizou as férias com o nome de quatro semanas "sabáticas" remuneradas, esperando que seus vice-presidentes as tirem, e comprometeu-se a monitorar um esquema para que os empregados não sejam vistos como "fracos" por tirar um período de descanso.[240]

Esses casos mostram trabalhadores que não fazem quase nada além de trabalhar, atendendo a necessidades que devem ser supridas para manter a capacidade de trabalho. Levando tudo em conta, não há renda — ou riqueza — que compense o peso que essas jornadas impõem ao florescimento humano. Enquanto a renda e o consumo adicionais proporcionam cada vez menos bem-estar,[241] as horas de trabalho em excesso impõem um peso cada vez maior, forçando os trabalhadores a suprimirem atividades essenciais de sua vida.

Aos poucos, os trabalhadores supraordenados estão entendendo isso. Depoimentos de quem trabalha mais de sessenta horas por semana, mas gostaria de trabalhar em média 25 horas a menos, documentam a experiência ampla e profunda da sobrecarga de trabalho da elite.[242] Cerca de 90% das mulheres e 80% dos homens que trabalham mais de cinquenta horas semanais admitem que prefeririam trabalhar menos.[243] Da mesma forma, homens com formação universitária, ou superior, dizem trabalhar 11,6 horas semanais a mais do que gostariam, e trabalhadores do gênero masculino das áreas gerencial, profissional e técnica informam cerca de doze horas de sobrecarga semanal de trabalho.[244] Para as mulheres da elite, essa sobrecarga é ainda mais extrema: as mulheres de formação superior trabalham em torno de quinze horas semanais a mais do que gostariam, e nas áreas gerenciais, profissional e técnica declaram treze horas de sobrecarga por semana.[245] (Os trabalhadores que não pertencem à elite declaram uma sobrecarga bem menor: tanto homens quanto mulheres que não concluíram o ensino médio declaram apenas umas cinco horas semanais de sobrecarga.)[246]

Em ambientes menos formais e em momentos menos refinados, as elites tratam a ideia de que a alta renda compensa a sobrecarga de trabalho como um total absurdo. Recentemente, um jovem profissional comparou sua condição de renda e trabalho a ganhar 3 milhões de dólares para lutar contra o Mike Tyson.[247] Outros membros da elite sobrecarregada chamam seu esforço de "doentio e louco",[248] dizem que aquilo "não é vida",[249] ou "nem pensar em ter filho".[250] As queixas mais exemplificadas são também ainda mais impressionantes. Analistas de bancos como o JPMorgan e o DLJ comparam as exigências de seu trabalho à Marcha da Morte de Bataan, à escravidão e ao Holocausto.[251] O fato de serem comparações ofensivas não minimiza as experiências a que se referem. Os trabalhadores supraordenados de hoje trabalham geralmente um número de horas que os reformadores trabalhistas condenavam como cruel e desumano quando exigidas aos pobres no passado.

Finalmente, os meritocratas não só trabalham muito e com afinco; trabalham também do modo errado — com a motivação e as tarefas erradas.

O trabalho que se executa com autenticidade, como uma vocação que reflete os verdadeiros interesses e ambições do trabalhador, pode ser lugar de expressão e também de realização. Ultrapassado certo ponto, a jornada prolongada transforma a vida numa confusão, independentemente de como o trabalho seja organizado: semanas frequentes de cem horas de trabalho são incompatíveis com o casamento, a paternidade, a amizade ou qualquer tipo de interesse, seja como for que se imagine o trabalho. Mas a ideia de vocação mantém o poder de humanizar o trabalho, permitindo que ele seja um meio de expressão e não de alienação da personalidade. Uma vocação integra o trabalho a outras partes da vida de uma pessoa, formando um todo unificado.

Cada vez mais, a desigualdade meritocrática impede os trabalhadores supraordenados de entenderem o trabalho como vocação. A meritocracia transforma a qualificação num fetiche também para as elites — objeto de um poderoso desejo que proporciona satisfação apenas superficial quando conquistado. As elites, presas ao paradoxo do capital humano, investem em demasia na qualificação — grande parte de sua riqueza total é constituída de capital humano — para se permitirem conferir autenticidade ao trabalho. Quando o trabalho determina a renda e a diligência determina o status, um trabalhador que se permita ambições e gostos que não os do mercado — deixando de lado os salários para trabalhar por outros fins — estará se excluindo (e a seus filhos) da elite. O sucesso meritocrático exige que o trabalho fornecido pelas elites seja não apenas intenso, mas também alienado.

Essa situação tornou-se tão dominadora que as elites agora dão a sua alienação a roupagem suntuosa de ambição autêntica, fazendo do próprio status seu objetivo. Com isso, os empregadores da elite podem explorar aquilo que um recém-contratado por um banco de investimentos chamou de "desejo de encontrar o 'Harvard' de tudo", e outro chamou de "emprego à moda de Princeton", incentivando uma cultura na qual os que abrem mão de um cargo de alto salário em favor de lazer, liberdade e de um trabalho satisfatório são vistos como acomodados, menos ambiciosos e "menos astutos".[252] Ao mesmo tempo, os que desempenham funções que proporcionam um trabalho satisfatório, mas recebem salários menores — professores, servidores públicos, até mesmo militares e ministros religiosos —, sofreram uma queda acelerada em seu status no curso da carreira da meritocracia.

Mas o trabalho alienado continua alienado por mais que seja executado com dedicação. O próprio léxico da vida supraordenada admite isso: a ideia de equilíbrio entre trabalho e vida, tão comum entre os meritocratas de hoje, indica que o trabalho envolve não vocação e sim alienação.

A cilada da meritocracia ludibria a elite com uma reviravolta do destino. As antigas associações entre ociosidade e status e entre trabalho e subordinação — as regras que estão por trás da classe ociosa de Veblen — estabeleciam uma espécie de acerto coletivo da elite, um código de conduta que protegia contra o excesso de trabalho, a exploração e a alienação. Privilegiando a ociosidade em vez do consumo de bens materiais, essas regras protegiam o tempo e a atenção da elite. E considerando degradado o trabalho árduo voltado para o consumo material, incentivavam a elite a se dedicar a seus verdadeiros interesses, apoiando a ideia de vocação.

A ideologia da ociosidade constituiu uma espécie de guilda da classe alta, que protegia a elite não apenas de intrusos, mas também dela própria — ajudando a classe ociosa a evitar ou, pelo menos, atenuar a pressão do torniquete destrutivo do trabalho, cada vez maior e mais explorador.

Para que a desigualdade meritocrática se imponha, a ideologia da ociosidade deve ser destruída. Os empregos brilhantes do mercado de trabalho polarizado da atualidade simplesmente não poderiam cumprir sua função econômica se seus ocupantes não fossem imensamente qualificados, psicologicamente dispostos e socialmente incentivados a trabalhar sem trégua. A reforma da cultura da elite que substituiu a ociosidade pelo trabalho extremo como distintivo de honra é a principal inovação, que possibilita e sustenta todas as demais.

As aflições características do trabalhador supraordenado — exaustão e alienação — sucedem a essa inovação assim como a noite sucede ao dia. Bem no momento histórico em que o trabalho virtuoso pode sustentar uma recompensa justa, o trabalho (especialmente o trabalho da elite) tornou-se alienado. Logo quando a perspectiva de uma vocação teria se tornado mais atraente e valiosa do que nunca para a elite, uma transformação na natureza do trabalho tornou esse conceito quase pitoresco. A lógica interna da competição e da recompensa meritocráticas — e a economia social do status meritocrático — aponta inexoravelmente para a autoexploração alienada.

Os meritocratas, portanto, são ao mesmo tempo vencedores e vítimas do aumento da desigualdade econômica, e nunca recuperam plenamente o privilégio aristocrático. Os trabalhadores supraordenados não são os senhores do universo, mas trabalhadores compulsórios de alta classe. Condenados ao trabalho intenso e alienado pela própria ascendência. Vítimas colaterais do próprio sucesso.

Parte III

Uma nova aristocracia

CAPÍTULO 7

UMA DIVISÃO ABRANGENTE

William Jefferson Clinton e George Walker Bush nasceram no verão de 1946 com cinquenta dias de diferença e eventualmente se tornariam o 42º e o 43º presidentes dos Estados Unidos.[1]

Embora ambos tenham chegado à presidência, vinham de diferentes segmentos da sociedade norte-americana de meados do século XX. A família de Bill Clinton era de classe média. Seu pai era representante de vendas e morreu num acidente de automóvel pouco antes do nascimento do filho. Sua mãe voltou para a casa dos pais com o propósito de estudar enfermagem (depois casou-se novamente com um vendedor de carros) e o jovem Clinton foi criado pelos avós, que tinham uma pequena mercearia.[2]

A família de George Bush, pelo contrário, era indiscutivelmente rica, até mesmo nobre. Ele nasceu quando o pai (que também seria presidente) estudava na Universidade de Yale. E o avô de Bush, Prescott Bush (que seria senador federal), na época fazia parte da Yale Corporation e era sócio do prestigiado e lucrativo banco Brown Brothers Harriman & Co.[3]

Surpreendentemente, essas disparidades entre as duas famílias fizeram pouca diferença para a experiência de vida dos dois na infância.

Por um lado, embora a família do jovem Bill fosse qualquer coisa menos rica, esse fato não foi determinante para sua vida de criança. Sua casa de infância, no número 117 da South Hervey Street, em Hope, Arkansas (que seus avós alugavam desde 1938 e compraram no ano de seu nascimento), ficava numa comunidade pacata de classe média perto do centro agitado da pequena cidade. A modesta casa de madeira dava de frente para a grande casa de alvenaria de Vince Foster, cujo pai era incorporador imobiliário, e, apesar das diferenças econômicas entre as duas famílias, os dois meninos tornaram-se amigos para a vida toda. Na infância, Bill aproveitou as oportunidades que sua cidade natal proporcionava: teve uma excelente educação formal de ensino médio na escola pública local, que o preparou bem para a faculdade, e entrou para associações cívicas ativas, como a Boys Nation, da American Legion's Boys Nation, pela qual foi senador estudantil e viajou a Washington, quando se encontrou com o presidente Kennedy e passou a se interessar pela vida pública. Finalmente, Clinton frequentou uma faculdade privada de elite, com ajuda de bolsas de estudo, e outras bolsas o ajudaram a frequentar a Universidade de Oxford e a Escola de Direito de Yale, onde conheceu Hillary Rodham, de uma família mais rica, com quem se casaria.[4]

Por outro lado, embora a família Bush fosse inquestionavelmente rica, o impacto dessa condição sobre a experiência cotidiana do jovem George Bush foi relativo. A fortuna da família era pequena para os padrões de hoje, e eles viviam de acordo com essa realidade. A casa de infância de Bush, no número 1412 da West Ohio Avenue, em Midland, Texas, era uma propriedade modesta de 130 metros quadrados, situada, como a casa de infância de Clinton, num bairro pacato de classe média.[5] A igreja da infância de Bush era frequentada por ricos e pobres. Ele conheceu sua mulher, Laura, uma bibliotecária de classe média, num churrasco de fundo de quintal. Em seu casamento, Laura Bush usou um vestido comprado pronto (como faria Hillary Clinton), e o casal fez uma viagem de lua de mel relativamente modesta a Cozumel, no México.[6]

Clinton e Bush nasceram como membros plenos de uma sociedade norte-americana economicamente muito mais integrada do que em qualquer época anterior, e que, devido ao *boom* econômico e à revolução nos direitos civis dos anos pós-guerra, tornar-se-ia ainda mais integrada. Os salários em alta e os sindicatos fortes deram ao proletariado um papel central na vida norte-americana de meados do século XX. Além disso, a aprovação de uma lei que amparava os veteranos da Segunda Guerra Mundial, a G. I. Bill of Rights, levou à faculdade

UMA DIVISÃO ABRANGENTE

uma geração que de outra forma não teria acesso a ela, abrindo caminho para empregos de classe média a pessoas de origem operária.[7]

A elite econômica, por sua vez, tinha rendas apenas moderadas. A razão entre os salários dos CEOs para trabalhadores da produção — assim como entre médicos e enfermeiros, advogados e secretárias, presidentes de bancos e caixas — ficava entre metade e 1/20 dos valores atuais.[8] Essas rendas comparativamente modestas enfrentavam impostos nada modestos — percentagens acima de 90% durante a década de 1950, comparada a possivelmente 40% hoje.[9] Finalmente, a elite era não apenas modesta, mas também geograficamente dispersa, já que os salários regionais convergiram entre 1950 e 1970.[10]

Esses fatos econômicos deram espaço a hábitos e normas sociais que estabeleciam pontos de contato entre a elite e a classe média, sustentando uma cultura economicamente integrada em meados do século XX.

A elite de meados do século XX tinha poucos recursos para destacar-se por seu modo de vida. As extravagâncias e os luxos que a elite econômica atualmente se permite ainda não existiam, pelo menos não na escala atual. Uma refeição no restaurante mais caro de uma grande cidade norte-americana no início da década de 1960 custava provavelmente o dobro do que num restaurante médio. Os vinhos mais caros que estavam à venda custavam apenas o equivalente a 50 dólares de hoje, e os carros mais caros eram menos do que o dobro de um carro comum.[11] As casas também seguiam esse padrão. Em média, uma casa situada em algum dos bairros mais elegantes do país custava o dobro do preço médio de todas as casas construídas num ano típico de meados do século XX.[12] Até mesmo o design de meados do século XX, que adotava o modernismo, a simplicidade e a produção em massa, contribuiu para elevar uma estética de classe média aos pináculos do bom gosto, mesmo entre as elites.[13]

Da mesma forma, a elite não procurava evitar a classe média — nem poderia — buscando refúgio em espaços físicos, sociais ou culturais que separassem os ricos em geral do restante da sociedade. Os Estados Unidos da década de 1950 estavam cheio de instituições que de alguma forma estendiam pontes sobre a pequena distância entre a classe média e os ricos. A Boys Nation, que levou o jovem Clinton de classe média a conhecer o presidente Kennedy, não era uma entidade fora do comum. Uma quantidade de grandes organizações da sociedade civil (a Legião Americana, a maçonaria, o Departamento Agrícola, a

União das Mulheres Metodistas e outras) recrutava seus membros cruzando as fronteiras de classe, inclusive para cargos de liderança.[14] De modo geral, a elite e a classe média compartilhavam uma única sociedade integrada. Em meados do século XX, todos os Estados Unidos se pareciam com St. Clair Shores.

Os norte-americanos de meados do século XX também tinham consciência de que a ordem econômica vigente levava os ricos a convergir para o todo, adotando e celebrando os ideais que estavam por trás dessa convergência e de sua sociedade sem classes, mesmo na cultura popular. A revista *Fortune*, falando da vida diária dos mais altos executivos dos Estados Unidos em 1955, dizia que um membro típico dessa elite "vive numa escala econômica não muito diversa daquela em que vive o homem situado um degrau abaixo dele na renda".[15] A revista fundamentava essa afirmação com detalhes retirados da experiência. Jack Warner, por exemplo, "chefe operacional" de uma empresa que produzia 5 milhões de sacolas de papel em 1954 e atendia a um quinto de todo o mercado norte-americano, "morava numa despretensiosa casa de alvenaria em Tuscaloosa,[16] perto do *campus* da Universidade do Alabama". E quando Bill Stephenson tornou-se presidente da maior rede bancária da região Nordeste, "comprou um novo Ford,[17] que dirige até hoje; a senhora Stephenson usa um Buick de três anos. Os Stephenson foram obrigados a sair mais vezes, mas ficaram firmes em sua casa de sete cômodos e continuaram satisfeitos com sua faxineira de meio período".

A revista *Fortune* concluiu que esses casos eram uma tendência. "A casa do executivo, hoje, é provavelmente despretensiosa e relativamente pequena[18] — talvez sete ambientes, dois banheiros e um lavabo." Da mesma forma, "à medida que as casas dos executivos diminuíam de tamanho, aconteceria o mesmo com suas festas", e "o grande iate também afundou". A frugalidade material pela qual a elite convergia para a classe média estava tão estabelecida em meados do século XX que se tornou norma, e os que a violavam eram alvo de críticas que raiavam a zombaria. A *Fortune* fez uma comparação expressa entre a elite socialmente integrada de meados do século XX e sua predecessora elite de mais alto padrão de vida e socialmente isolada da época que antecedeu a Depressão. Levando para o lado pessoal sua antipatia pelo luxo desbragado, a revista disse: "O executivo que acha,[19] como parece acontecer com Robert R. Young, que para ser completamente feliz precisa de uma casa de férias de quarenta ambientes em Newport e uma mansão de 31 ambientes em Palm Beach é uma ave rara nestes tempos." E acrescentou: "O fato de Young ter pagado apenas 38 mil dólares por sua casa de Newport, Fairholme, cuja construção custou ao banqueiro da Filadélfia John R. Drexel quase um quarto de milhão em 1905, demonstra a queda do preço de mercado dessas enormes mansões." O próprio Stephenson foi mais diplomático, mas não menos enfático: "'Espera-se que os altos executivos[20] [...] não saiam da curva', querendo dizer com isso que eles não devem se destacar com tanta ousadia dos demais."

Fundamentos econômicos geram práticas culturais de longo e profundo alcance na vida das pessoas, influenciando não apenas seu modo de vida, mas também o que eles pensam sobre como vivem, e construindo um campo imaginário. Como diz o sociólogo William Julius Wilson, em meados do século XX simplesmente "não havia sinal das influências de classe sobre [a estrutura social norte-americana] que se comparasse às influências de raça".[21] Durante toda a Grande Compressão, os ricos se fundiam com a classe média quase que sem solução de continuidade. Na medida em que a diferença de renda impôs uma divisão à sociedade norte-americana, ela ficava entre a classe média e os pobres.

Fora da pobreza, a desigualdade econômica em meados do século XX apresentava-se como um borrão social. A afirmação de Fitzgerald, sobre muito ricos serem diferentes das pessoas comuns, pode ter atraído românticos e nostálgicos, mas, em meados do século XX, a contestação debochada de Hemingway expunha a verdade nua e crua. Como mostram Clinton, Bush e seu contexto social, a única diferença real entre os ricos e os demais, naquele período, era que os ricos tinham, discretamente, mais dinheiro.

INTERPÕE-SE UMA LINHA

As coisas parecem bem diferentes hoje.

A desigualdade econômica ameaça dividir os Estados Unidos contra si. Em outras palavras, ameaça romper os mecanismos pelos quais o capitalismo norte-americano manteve a solidariedade social no passado e transformar o país numa sociedade de castas.

A desigualdade econômica não é o único eixo de subordinação nos Estados Unidos. A intolerância racial — o pecado original dos Estados Unidos — persiste, e a questão da raça continua sendo uma linha divisória da sociedade norte-americana, que não é deslocada pela questão de classe[22] — elas se manifestam lado a lado. Mas a questão de classe agora fornece um princípio organizador para a estratificação social e econômica, que tem uma força equivalente (como o sociólogo William Wilson reconheceu).[23] A afirmação anterior sobre a maior influência da classe no desempenho acadêmico em comparação com a raça — na verdade tão maior que se equipara à influência da raça no tempo das leis segregacionistas de Jim Crow — destaca apenas um caso entre muitos.[24] A comparação não deve obscurecer a questão da raça, mas iluminar a questão de classe.

A clara linha divisória que a desigualdade meritocrática insere atualmente entre a elite e a classe média (substituindo o borrão de meados do século XX) não é simples metáfora, mas consiste em fatos concretos e mensuráveis. A classe média está realmente encolhendo: a quantidade total de famílias que podem ser chamadas com propriedade de "classe média" caiu cerca de um quinto a partir do pico e a participação na renda total caiu cerca de um terço.[25] Essas tendências explicam por que a maioria absoluta dos norte-americanos já não é de classe média[26] e por que a classe média sobrevivente já não se destaca pela sua riqueza.[27] O declínio da classe média reverbera em toda a sociedade dos Estados Unidos: o centro da distribuição econômica — cujo peso, em meados do século XX, mantinha juntas a distribuição e a sociedade — já não se sustenta como tal.

A cultura de classe média está perdendo o comando sobre o imaginário da sociedade norte-americana como um todo. St. Clair Shores já não representa o ideal norte-americano — foi substituída por Palo Alto. Inevitavelmente, portanto, as formas de solidariedade que vinham crescendo em meados do século XX agora estão minguando. Hoje em dia, a desigualdade meritocrática determina praticamente todos os aspectos da vida dos cidadãos que vivem afetados por ela. Os ricos e os demais trabalham, vivem, se casam e se reproduzem, fazem compras, comem, brincam e rezam de maneira diferente e em mundos sociais em grande medida separados. A desigualdade gera uma classe de elite internamente coesa e externamente isolada, cuja experiência de vida é determinada por sua condição de elite meritocrática.

Hoje em dia, ricos e não ricos levam vidas tão diferentes que um deles dificilmente reconheceria — nem poderia entender — a do outro. A desigualdade econômica organiza as castas por meio de padrões, práticas e visões de mundo que raramente se cruzam, apenas interagem o mínimo para fins específicos e ficam cada vez mais distantes, estranhas e mutuamente insensíveis.

TRABALHO

Um fosso entre o trabalho compulsivo e o ócio forçado separa cada vez mais os ricos dos demais. Cada grupo ajusta seus comportamentos de modo a tornar toleráveis suas circunstâncias, e assim os valores de um e outro se distinguem lado a lado com os fatos. Os ricos valorizam as longas jornadas, que consideram heroicas (e até másculas), enquanto desprezam a ociosidade. Os demais consideram a dedicação excessiva ao trabalho uma espécie de narcisismo.[28] Dessa forma, as divisões econômicas impostas pela desigualdade meritocrática levam diretamente a um conflito moral.

As diferenças entre o trabalho da elite e o da classe média exacerba esse conflito. Em um sentido formal, ligado à oposição entre capital e trabalho, tanto ricos quanto os demais devem trabalhar para ganhar seu sustento. No entanto, eles trabalham em campos diferentes, tão distantes quanto continentes.

Os empregadores de meados do século XX contratavam sem muita preocupação. O caso dos levantadores de pinos de St. Clair Shores era típico. Na década de 1960, a Ford Motor Company — que pagava bons salários na época — renunciava abertamente a selecionar candidatos, pelo menos para o trabalho na produção: nas palavras de um de seus gerentes, "quando tínhamos uma vaga,[29] olhávamos para a sala de espera da fábrica em busca de alguma alma viva que estivesse por ali. Se houvesse alguém que parecesse estar fisicamente bem e não fosse obviamente um alcoólatra, era contratado". Até mesmo os candidatos a empregos administrativos eram pouco examinados. Para a maior parte dos trabalhadores de meados do século XX, conseguir trabalho não exigia propriamente candidatar-se a ele, no sentido competitivo do termo.

As empresas da época reuniam trabalhadores de todos os níveis de qualificação. Os métodos gerenciais dispersos de meados do século XX, pelos quais trabalhadores de qualificações diferentes atuavam lado a lado em funções que se complementavam, garantiam o resultado. O treinamento no próprio trabalho proporcionava a qualificação relativamente pobre de que os trabalhadores precisavam para subir na hierarquia da empresa. Os trabalhadores não eram classificados por competência nas empresas ou nos seus setores: recordemos que mesmo os trabalhadores da área de finanças não eram tão mais qualificados, em média, do que os demais.[30] Com efeito, a economia de meados do século XX reunia de forma tão generalizada trabalhadores qualificados e não qualificados no ambiente de trabalho que eles também se reuniam em casa. Em 1970, pessoas com formação universitária estavam "notavelmente distribuídas em partes iguais" pelo país: entre áreas urbanas e rurais, entre regiões geográficas e mesmo nas cidades.[31]

Hoje em dia, o trabalho se organiza metodicamente em torno de gradações de competência. As empresas investigam a fundo cada candidato na contratação e depois instalam trabalhadores de elite e de fora da elite em espaços físicos separados.[32]

Só os pagadores de baixíssimos salários, que buscam trabalhadores sem nenhuma qualificação, contratam ao acaso.[33] Os empregadores de funcionários de classe média examinam os candidatos usando testes cognitivos formais e demoradas entrevistas.[34] E os empregadores de trabalhadores de elite examinam a fundo seus candidatos, recrutam os integrantes de um grupo seleto e gastam milhões de dólares para submeter os candidatos a diversas rodadas de entrevistas que podem durar dias seguidos.[35]

A seleção dá certo, sobretudo no topo da hierarquia meritocrática. A adequação dos trabalhadores a suas funções pelo nível de aptidões e qualificação vem se tornando cada vez mais precisa com o tempo.[36] E os empregadores mais elitistas (como os dos escritórios de advocacia mais lucrativos) contratam majoritariamente, e às vezes em caráter exclusivo, graduados pelas faculdades e universidades mais elitistas.

O escrutínio na contratação permite que as empresas segreguem empregados qualificados e não qualificados no lugar de trabalho. As empresas têm também um forte estímulo para a segregação, o que lhes permite adotar técnicas de produção que requerem especificamente trabalhadores qualificados. A combinação de meios e motivação promoveu a segregação como vingança.

A supressão dos níveis intermediários de gerência — e a eliminação dos escalões na carreira que outrora relacionavam os trabalhadores entre si por meio da hierarquia empresarial interna — segrega decididamente administradores qualificados e trabalhadores da produção menos qualificados dentro de cada

UMA DIVISÃO ABRANGENTE

empresa. Mais radicalmente, a produção norte-americana vem segregando cada vez mais trabalhadores qualificados e não qualificados em empresas separadas por completo.[37] Torna-se cada vez menos provável que trabalhadores de formação universitária trabalhem para empresas que também empregam trabalhadores sem essa formação.[38]

Não apenas empresas, mas setores inteiros chegaram a se especializar em trabalhadores pouco qualificados ou muito qualificados. O comércio varejista e a área de finanças, em meados do século XX, empregavam os mesmos tipos de trabalhadores e preferiam a qualificação média, mas atualmente o comércio é exemplo de mão de obra com baixa qualificação, e a área financeira, exemplo de mão de obra superqualificada. A ideia de que uma pessoa poderia iniciar a carreira como empregado do Walmart e terminar como diretor-geral do Goldman Sachs hoje parece ser absurda. Até o salto da produção para a administração dentro da mesma empresa — no modelo da carreira de Ed Rensi no McDonald's — hoje em dia é implausível.

Na atualidade, trabalhadores sem qualificação e trabalhadores qualificados pertencem a tribos separadas. Nem sequer as Forças Armadas continuam reunindo pessoas de origens diversas. Durante muito tempo, elas recrutaram cidadãos de toda a sociedade. A mobilização para a Segunda Guerra Mundial e a subsequente lei de proteção aos veteranos fizeram do serviço militar um motor de mobilidade social. Mas, hoje, as Forças Armadas não atraem praticamente ninguém da elite instruída.[39]

A transformação se revela mais aguda nos memoriais dos mortos em guerra. Praticamente todas as grandes universidades dos Estados Unidos têm um muro com uma longa lista de ex-alunos que serviram e morreram nas guerras norte-americanas, desde a Guerra Civil até a Guerra da Coreia, passando pelas duas guerras mundiais. Mas atualmente as listas são mais curtas. A oposição ideológica da elite à Guerra do Vietnã, junto com a dispensa dos universitários do serviço militar, manteve a maior parte dos ricos longe daquela guerra e de outras, mais recentes, como as guerras no Iraque e no Afeganistão, na qual a elite ficou quase que totalmente de fora, ainda que tenha apoiado o esforço de guerra. A tendência é tão forte que, durante a Guerra do Golfo (1990-1991), mais alunos de Yale foram assassinados na cidade de New Haven (onde fica a instituição) do que mortos no Iraque.[40]

Quando trabalhadores semiqualificados e superqualificados — classe média e elite — são contratados a partir de diferentes grupos, escolhidos por critérios distintos e segregados em empresas e setores separados, torna-se inevitável que as duas categorias adotem culturas de trabalho diferentes e até mesmo opostas. A reverência da elite e o ceticismo da classe média quanto à ambição extrema simplesmente resumem ou completam as profundas diferenças na experiência da vida laboral dos dois grupos.

Os empregos de elite submetem os trabalhadores supraordenados a exigências alienantes e exploradoras. Mas (até certo ponto devido a sua intensidade expansiva) essas exigências se expressam numa linguagem de camaradagem mais do que de comando. Os trabalhadores de elite, cada vez mais, preferem a informalidade à sobriedade: nomes de batismo substituíram títulos, as roupas são mais informais ou pelo menos servem como meio de expressão pessoal (não se ouve falar de uniformes, nem mesmo aquele de flanela cinza conhecido como terno). Os empregadores de elite diluem cada vez mais a linha que separa o trabalho da vida, criando um "mundo social do setor privado" centrado no lugar de trabalho.[41] É ainda mais significativo que os empregadores de elite valorizem a responsabilidade e estimulem a iniciativa em todos os níveis da força de trabalho de elite — desde o empregado mais recente ao mais experiente —, e que os empregados achem que trabalham para chefes meramente nominais. O trabalho de elite de hoje se estrutura mais em torno da reciprocidade do que da submissão.

Todas essas práticas decorrem diretamente da estrutura econômica e ideológica da meritocracia. Quando a qualificação cria valor e a dedicação é vista como honra, o trabalho adquire naturalmente o brilho que acompanha a proeza. O brilho dos empregos de elite é superficial, mas real, e seus locais de trabalho são cuidadosamente selecionados para preservar essa aura.

Os ambientes de trabalho que não são de elite adotam uma posição praticamente oposta em cada uma de suas dimensões. Não é só a compensação financeira, mas também uma cultura de não elite, que espelha a condição subalterna dos trabalhadores semiqualificados. O uso de uniforme é comum e serve mais para coibir a expressão pessoal e inserir os trabalhadores numa hierarquia do que para a segurança e a eficiência (como ocorria com as roupas de trabalho dos artesãos). Um antigo empregado de fábrica diz que os empregos que agora pode conseguir exigem que "se ponha na cabeça um chapéu ridículo".[42] Os locais de

UMA DIVISÃO ABRANGENTE 259

trabalho obrigam a uma distinção rígida entre trabalho e vida privada, já que os empregadores limitam rigorosamente o tempo dedicado a intervalos e a assuntos pessoais durante a jornada e, em alguns casos — como no depósito da Amazon —, exercem um controle quase absoluto sobre o trabalho dos empregados.

Ao destituir os trabalhadores da produção das funções gerenciais, os empregadores ressaltam ainda mais sua separação em relação aos trabalhadores supraordenados, que agora desfrutam com exclusividade das prerrogativas administrativas. Como os empregadores controlam os mínimos detalhes do trabalho semiqualificado, estão comprando, em essência, o produto desse trabalho, e não a qualificação e o esforço de quem o desempenha. Assim, enquanto o trabalho de elite valoriza a independência e a iniciativa, os demais trabalhadores são reduzidos quase que literalmente a ferramentas manipuladas pela gerência.

De todas essas formas, a cultura do trabalho fora da elite nega o mérito dos que o executam e reforça a opacidade expressa pelas baixas remunerações.

Essas condições geram uma diferença de qualidade entre o trabalho supraordenado e o trabalho subalterno, mais pronunciada nos extremos, que também evidenciam com mais clareza, ainda que nem sempre, o que está em jogo no andamento comum dos casos.

Por um lado, no vértice superior dos empregos extremos da elite já descritos, o trabalho subordina a vida completamente. O trabalhador extremo se mostra interessado apenas em sua produtividade e na honra que nela encontra, submergindo todo o seu eu no trabalho. O brilho dos empregos extremos é muito forte mas superficial, e o florescimento do trabalhador extremo se limita às virtudes rasas e instrumentais que a meritocracia comporta.

Por outro lado, a meritocracia afasta em absoluto uma classe grande e em crescimento de pessoas subalternas do status que o trabalho confere. Mais claramente, cerca de 20 milhões de pessoas que foram presas ou condenadas — de apenas 2,5 milhões em 1960 — estão excluídas de qualquer tipo de emprego que não seja marginal, destinadas a viver à sombra nebulosa da associação entre trabalho e dignidade.[43] A existência desse grupo deve-se à parcialidade racial que se percebe nas investigações policiais, nos processos penais e no código penal; e o número de não brancos e, principalmente, de afro-americanos nesse grupo é tão desproporcional que o encarceramento em massa e suas consequências já foram chamados de Nova Lei Jim Crow.[44]

A ideia meritocrática de que o trabalho confere dignidade lança uma nova e reveladora luz sobre o trabalho nessa ordem de castas que vai além da prisão. Como a condenação exclui a possibilidade de emprego futuro, a desigualdade meritocrática induz uma assombrosa inversão da ordem racial norte-americana. Na escravidão, quando a ociosidade era sinônimo de status, a subordinação racial era imposta por meio do trabalho compulsório previsto em lei. Agora que o trabalho confere status, a subordinação racial é imposta pela desocupação legalmente forçada.

FAMÍLIA

Os aristocratas do passado acreditavam estar acima da moralidade convencional e zombavam da severidade burguesa dos hábitos sexuais da classe média.[45] Uma vez casados, os membros da elite aristocrática davam pouco mais do que riqueza e *pedigree* aos filhos, em geral criados por empregados e mantidos a distância. Mesmo depois que a aristocracia começou a murchar, ter uma esposa decorativa, como observou Veblen, continuou sendo um dos últimos símbolos de status da velha classe ociosa — uma demonstração de que o marido era rico o bastante para manter a família sem o trabalho dela.[46]

Hoje, a situação se inverteu. As elites meritocráticas, homens e mulheres, levam uma vida pessoal conservadora e mantêm casamentos estáveis. Dedicam muita atenção direta à criação dos filhos nesses casamentos. E ter uma esposa instruída e bem-sucedida aumenta o status social de um trabalhador supraordenado, enquanto ter uma mulher pouco ou nada instruída provoca desconforto social.

A desigualdade meritocrática explica essa mudança. A meritocracia remodela as famílias de elite e as torna locais de produção de capital humano para a geração seguinte de trabalhadores de elite. Essas forças transformaram as famílias de elite, que hoje diferem profundamente das famílias de classe média, tanto na composição quanto na estrutura legal e nos hábitos domésticos.

A propensão de casar-se entre si, manter o casamento e criar filhos, que caracteriza os ideais familiares dos meritocratas, atende os interesses da sucessão dinástica. Pais instruídos, principalmente mães instruídas, são mais aptos para ensinar os filhos. O divórcio é dispendioso, tanto por si só quanto pelo fato de desviar a atenção do trabalho supraordenado e dificultar a missão de criar filhos de alto desempenho, sendo, portanto, mais raro entre os ricos do que entre os demais.[47] Os filhos nascidos fora do casamento aumentam essas complicações — logo, quase não existem.[48]

Os ideais domésticos da elite, principalmente, se adaptaram para dar expressão emocional e mesmo moral a esses imperativos meritocráticos. Filhos carregam o peso da sucessão dinástica, já que suas realizações se tornam o veículo das ambições meritocráticas dos pais. A competição meritocrática torna até as rivalidades entre irmãos claramente mais intensas do que em famílias de classe média.[49]

Para os pais, a meritocracia domina as atitudes referentes ao próprio casamento. Enquanto, em 1970, os casais tanto da classe trabalhadora quanto de profissionais tinham mais ou menos a mesma probabilidade de se considerar "muito felizes" no casamento, hoje, a quantidade de casamentos "muito felizes" da classe trabalhadora caiu um terço, enquanto a quantidade de casamentos "muito felizes" entre profissionais, depois de uma rápida queda na década de 1980, permanece igual.[50] Da mesma forma, o número de mulheres de formação universitária que opinam "ser o divórcio normalmente a melhor solução quando um casal não consegue lidar com os problemas do casamento" caiu um quarto entre 2002 e 2012.[51] As elites meritocráticas associam sexo a casamento: as mulheres ricas concebem e dão à luz dentro do casamento, e a taxa de aborto entre as mulheres ricas caiu cerca de 30% nas duas últimas décadas, enquanto aumentou cerca de 20% entre mulheres pobres.[52]

Ou seja, o casamento mantém um poder nitidamente ideológico para os meritocratas. As elites podem rejeitar a moral tradicional e afirmar a liberdade sexual quando se trata de um princípio político abstrato. Mas vivem em castidade, como libertinos não praticantes.

As famílias de elite participam de suas comunidades de modo cada vez mais específico. As atividades extracurriculares, por exemplo, foram criadas, no fim do século XIX, "exatamente [...] para ensinar habilidades pessoais aos norte-americanos da classe trabalhadora".[53] Embora cumprissem essa função em meados do século XX, essas atividades estão cada vez mais dominadas pela elite. Entre a coorte de nascidos entre 1954 e 1986, as distâncias entre a quantidade de alunos do último ano do ensino médio do quartil mais alto e do mais baixo de nível socioeconômico a participar de atividades extracurriculares não esportivas, praticar esportes e liderar equipes esportivas aumentaram 240%, 40% e 130%, respectivamente.[54]

Da mesma forma, a diferença entre o tempo que crianças ricas e crianças pobres empregam na participação em serviços religiosos e na prática de trabalho voluntário nas respectivas comunidades quase triplicou.[55] E a diferença entre a quantidade de membros de cada grupo que afirma que "a maior parte das pessoas é confiável"[56] também triplicou, enquanto uma medida generalizada de conectividade social (construída a partir de respostas a perguntas de pesquisa sobre solidão, amizade e apoio interpessoal) aumentou imensamente no quartil superior e nada no inferior.[57]

Progressivamente, as famílias de elite — pais e filhos — estão investindo na ordem social meritocrática e se envolvendo com ela, do ponto de vista acadêmico, vocacional e emocional, mais do que as famílias de fora da elite.

Até mesmo a dinâmica de gênero nas famílias de elite é peculiar, ainda que de maneiras surpreendentemente complexas e mesmo contraintuitivas. As elites são socialmente mais liberais que outros norte-americanos e, portanto, mais propensas a rejeitar as regras de gênero tradicionais, segundo as quais o lugar da mulher é em casa, como esposa e mãe, e até fazem pouco do sexismo do norte--americano comum.[58] Mas a estrutura econômica das famílias de elite está em franca contradição com seus ideais (por muito que as práticas sexuais da elite não levem em conta a moral abstrata dela própria).

Por um lado, os grandes empregos de elite, os mais bem pagos, estão entre os mais dominados por homens. Apenas 14% dos altos executivos (e apenas 8% dos mais bem pagos) das quinhentas empresas da lista da *Fortune* são mulheres e mais de um quarto dessas empresas não tem mulheres no alto escalão administrativo;[59] Wall Street continua estritamente dominada por homens;[60] as mulheres representam apenas 18% dos sócios dos escritórios de advocacia norte-americanos;[61] e a diferença de renda entre médicos e médicas aumentou nos últimos anos.[62]

O intenso envolvimento pessoal que a educação de elite exige agora, sobreposto às regras de gênero que atribui às mulheres a criação dos filhos, racionaliza esse modelo. A jornada de trabalho exigida pelo trabalho supraordenado é incompatível com ter e, principalmente, criar filhos.[63] As mulheres de elite, portanto, já não ficam em casa para demonstrar ociosidade, como Veblen imaginava, mas para trabalhar duro na qualificação dos filhos. Na tentativa de incentivar trabalhadoras supraordenadas a adiar a maternidade e a continuar na força de trabalho, empregadores como o Facebook e a Apple pagarão dezenas de milhares de dólares para custear o congelamento de óvulos.[64] Mas os imperativos meritocráticos da sucessão dinástica prevalecem sobre essas tentativas.

Por outro lado, a maior parte dos empregos ocupados por homens de classe média — principalmente na produção — desapareceu ou sofreu depreciação salarial, considerando que muitos dos ofícios na área de serviços que os substituíram normalmente são ocupados por mulheres de classe média.[65] (Na verdade, a redução da diferença de salário por gênero decorre da queda de salários para homens sem formação superior.)[66]

Os homens mais pobres têm menos sucesso do que as mulheres pobres na aquisição da instrução necessária para ter empregos melhores no mercado de trabalho meritocrático: os homens representam apenas 42% dos estudantes universitários cuja renda familiar anual se situa em menos de 30 mil dólares.[67] A lógica de Veblen aplica-se também à classe média, embora com um giro tristemente irônico: nas famílias de classe média, o trabalho das mulheres indica a insuficiência atual do salário masculino.[68]

Juntas, essas características determinam um aumento progressivo da diferença de salários entre homens e mulheres dentro da elite e uma redução dela na classe média e entre os pobres.[69] Nas famílias com dois provedores e renda situada no quintil superior, apenas 29% das mulheres ganham mais que o marido;[70] enquanto nas famílias com dois provedores situadas no quintil inferior, 69% das mulheres ganham mais que o marido. Esse quadro contribui para a queda do número de casamentos fora da elite, já que o casamento é mais difícil de se concretizar quando a mulher ganha mais que o homem, situação que responde por 23% da queda geral no número de casamentos e se concentra firmemente na faixa inferior da distribuição econômica.[71] De todas essas formas, a desigualdade meritocrática interfere nas relações de gênero e no equilíbrio de poder econômico no interior da família.

As divisões são tão profundas e disseminadas que influenciam não apenas os hábitos domésticos, mas também os ideais de vida doméstica sob cujas bandeiras se firmam os hábitos. A desigualdade meritocrática faz com que os ricos imaginem as dificuldades do presente e as esperanças do futuro referentes à vida doméstica baseados em termos absolutamente distintos dos demais.

Para a elite, a questão central do casamento nesta era tem a ver com o casamento entre pessoas de mesmo sexo. A rápida aceitação do casamento entre pessoas de mesmo sexo é um triunfo que prevê um futuro brilhante (ainda que temperado, talvez, pela surpresa com a disposição de norte-americanos de fora da elite para aceitar a igualdade no casamento, mesmo conservando opiniões tradicionais sobre outras questões da moral sexual, principalmente o aborto).

Os norte-americanos de fora da elite, em comparação, focam no colapso do casamento de pessoas de sexos opostos, o que não podem evitar. Para eles, as bases institucionais da vida familiar estão se esfacelando. E a questão sobre a possibilidade de uma instituição em colapso se expandir para acomodar casais do mesmo sexo parece distante e até acadêmica.[72]

CULTURA

Quando perguntaram a Sigmund Freud de que maneira uma pessoa poderia florescer, ele respondeu: "amor e trabalho [...] trabalho e amor, isso é tudo [...] amor e trabalho são as pedras angulares de nossa humanidade."[73] Ao organizar o trabalho e a família, a meritocracia retorna às nascentes da vida e canaliza os ricos e os demais para cursos diferentes. Em que pese a afirmação de Freud, as pessoas se dedicam a outras coisas além do amor e do trabalho. Praticam cultos, fazem política, socializam, comem, fazem compras e se divertem. Em conjunto, esses e outros comportamentos se combinam com o trabalho e a família para construir uma cultura. E como acontece com a família e com o trabalho, a desigualdade meritocrática faz com que os ricos e os outros cada vez mais integrem culturas bem diferentes.

Atualmente nos Estados Unidos as religiões são notavelmente segregadas pela educação e pela renda. Em relação à média nacional, anglicanos/episcopais, judeus e hinduístas[74] têm o dobro de probabilidades de conquistar um diploma universitário e ter renda familiar acima de 200 mil dólares anuais, um quarto das probabilidades de abandonar o ensino médio e a metade das probabilidades de ter renda familiar de menos de 30 mil dólares anuais. (Os presbiterianos são apenas um pouco menos instruídos e menos ricos.) Em comparação, Testemunhas de Jeová, membros da Igreja de Deus em Cristo[75] e membros das denominações integrantes da Convenção Batista Nacional têm menos da metade das probabilidades da média nacional de conquistar um diploma universitário ou ter renda familiar acima de 100 mil dólares, e apenas 1,5 vez menos probabilidade de abandonar o ensino médio e ter renda familiar inferior a 30 mil dólares anuais. (Curiosamente, os católicos ficam bem perto da média nacional tanto em renda quanto em educação,[76] talvez por causa da longa história de sua Igreja, seu amplo alcance e sua marca institucional, que geraram muitas subdenominações dentro da hierarquia, o que permite uma segregação interna.)

A política também está se tornando cada vez mais segregada por casta, e as francas hostilidades que vieram à tona com o populismo de Trump refletem divisões preexistentes muito maiores.

Um aluno da Academia Phillips de Exeter, uma das escolas preparatórias de elite já comentada anteriormente, respondeu a uma pesquisa recente sobre os valores da elite dizendo: "Moralmente sou democrata, mas minha carteira diz que sou republicano."[77] Ele conhece sua casta. De modo mais geral,[78] os norte-americanos da elite, independentemente de partidos políticos, são mais progressistas no âmbito social e mais conservadores no âmbito econômico do que os cidadãos de classe média e da classe trabalhadora.

Muitos indícios sustentam a opinião comum segundo a qual os ricos são socialmente progressistas. Uma metapesquisa sobre centenas de amplas pesquisas sobre os valores norte-americanos[79] concluiu que os norte-americanos situados no quintil superior da população em distribuição de renda apresentam posições mais liberais do que seus compatriotas menos favorecidos em relação a homossexualidade, aborto e separação entre Igreja e Estado (para dar uns poucos exemplos).

Não é fácil documentar as opiniões da elite econômica mais restrita (já que os verdadeiramente ricos são mais difíceis de identificar e, uma vez detectados, são mais ocupados e mais preocupados com a privacidade e, portanto, menos inclinados a participar de pesquisas de opinião). Mas, à medida que o interesse acadêmico pela elite restrita aumenta, em consonância com a desigualdade, um quadro mais claro das posições dos verdadeiramente ricos está começando a aparecer. Esse quadro confirma, em geral, que a elite restrita partilha com a elite mais ampla as opiniões sociais progressistas. Segundo uma pesquisa recente, os norte-americanos que frequentaram cursos de pós-graduação e especialização têm seis vezes mais probabilidades, em relação aos que só têm o ensino médio ou menos, de ter posições "coerentemente liberais".[80] A pesquisa da Academia Phillips de Exeter[81] revelou que nove em dez de seus alunos se identificam como liberais em questões sociais. Por fim, uma pesquisa-piloto centrada nas famílias verdadeiramente ricas de Chicago[82] (renda anual de 1 milhão, fortuna de 14 milhões) revela também posições claramente progressistas num amplo espectro de questões referentes a religião, cultura e valores morais.

O conservadorismo econômico da elite é menos conhecido: permanece oculto aos olhos da população por uma sinédoque indevida, que toma uns poucos ricos progressistas em questões econômicas — com perfis de alta exposição midiática, mas opiniões excêntricas — como representantes de uma elite econômica mais ampla, que na verdade pensa de modo muito diferente. No entanto, nem por isso o conservadorismo econômico da elite ampla é menos perceptível ou real.

A grande pesquisa de opinião que consultou norte-americanos integrantes do quintil superior da população em distribuição de renda revelou não só o característico liberalismo social, mas também um conservadorismo econômico ainda mais característico: o quintil mais rico dos norte-americanos é muito mais hostil à taxação progressiva do que os quatro quintis restantes, também à regulação econômica e aos gastos em bem-estar social.[83] Os norte-americanos do decil superior da população em distribuição de renda mostram opiniões econômicas igualmente conservadoras: comparados aos norte-americanos médios, os ricos são bem mais hostis a elevar as alíquotas dos impostos, bem mais favoráveis a reduzir os impostos sobre herança e ganho de capital, bem menos favoráveis a aumentar o salário mínimo e os direitos trabalhistas e bem mais céticos quanto à regulação governamental das empresas e da indústria.[84] A pesquisa da Academia Phillips revelou também que a proporção entre estudantes conservadores em questões econômicas e conservadores em questões sociais é de três a cinco vezes.[85]

Norte-americanos realmente ricos, se possível, são ainda mais conservadores do ponto de vista econômico. Os consultados do 1% superior pela pesquisa de Chicago revelaram-se três vezes menos favoráveis a políticas voltadas para garantir o emprego e aumentar salários para norte-americanos da classe trabalhadora do que os norte-americanos como um todo, entre uma grande variedade de medidas específicas. Mostraram-se 50% menos propensos a apoiar aprovisionamento do governo para oferecer saúde e educação de qualidade (escola, faculdade e reciclagem laboral públicas) a todos os norte-americanos e um terço menos propensos a favorecer a redistribuição direta promovida pelo governo para reduzir a desigualdade de renda. Opuseram-se firmemente à regulamentação das grandes empresas, defendida por ampla maioria da população, mostraram-se cerca de quatro vezes mais inclinados a considerar a dívida pública a questão mais urgente para a nação e apenas um quarto mais propensos a achar que o emprego é o tema mais urgente.[86] Além disso, os muito ricos entre os ricos — o decil superior do 1% —, comparados aos simplesmente ricos da amostra, foram os mais conservadores, preferindo menos regulação econômica e o corte dos programas de bem-estar social, em especial a previdência.[87]

Finalmente, embora as pesquisas de opinião entre super-ricos sejam raras, o estudo de áreas adjacentes confirmam o resultado: os extremamente ricos são extremamente conservadores em matéria econômica: um estudo experimental recente revela que os alunos da Escola de Direito de Yale (renda média dos pais de cerca de 150 mil dólares por ano; salário esperado no primeiro emprego permanente em advocacia de cerca de 180 mil dólares na época da pesquisa)[88] pensam muitíssimo mais na eficiência do que na igualdade, comparados aos norte-americanos comuns.[89] Esses estudantes declaram preferir o Partido Democrata numa proporção de dez para um, mas os democratas da Escola de Direito de Yale se comportam como os republicanos no âmbito nacional, em sua relutância a sacrificar a eficiência em favor da redistribuição. A Escola de Direito de Yale não é uma exceção nesse aspecto. Uma pesquisa mais abrangente descobriu que o fato de frequentar uma faculdade cujo corpo discente é rico é mais determinante para o conservadorismo do aluno do que sua raça, gênero, religião, desempenho acadêmico ou motivações declaradas de ganhar dinheiro ou conhecimentos.[90] A pesquisa concluiu que faculdades ricas levam seus alunos a se tornarem mais conservadores do ponto de vista econômico e que essa influência é mais forte entre os estudantes mais ricos, ainda que haja muitos indícios de que as faculdades de elite estimulam opiniões progressistas em assuntos sociais.[91]

Essas divisões em conjunto constituem uma visão particular da elite, que separa dos demais as inclinações naturais e o entendimento imaginativo dos norte-americanos ricos. Essa visão de mundo combina ideias tradicionalmente progressistas quanto a privacidade, diversidade e pluralismo com ideias tradicionalmente conservadoras quanto a trabalho, produtividade e responsabilidade individual. Os ricos são mais propensos a aceitar casamentos entre pessoas de mesmo sexo, direitos das mulheres e ações afirmativas e a se opor à oração nas escolas e ao endurecimento das leis punitivas. São mais propensos que os demais a defender impostos mais baixos e o livre comércio e a se opor a gastos sociais e sindicatos. Essa visão de mundo reflete o que um comentarista chamou de uma "maior atração que o livre mercado exerce sobre os abastados"[92] — levando em conta a indiferença do livre mercado à religião e ao moralismo e sua hostilidade à regulação estatal e à redistribuição.

Ou seja, os norte-americanos de elite são mais tendentes a acatar — e as classes média e trabalhadora a rejeitar — aquilo que os historiadores chamam de liberalismo clássico (nele incluída a variante neoliberal mais estrita e mais contemporânea). Essa ideologia — o que não passa de um rodeio para dizer que as hierarquias meritocráticas estão bem e todas as demais não estão — atrai as elites de todas as profissões. Já levou Steve Jobs à famosa afirmação de que "o Vale do Silício é uma meritocracia";[93] leva o Goldman Sachs a proclamar em vez de esconder sua agressiva luta pela riqueza;[94] e a Universidade de Yale a aceitar alunos não brancos, mas combater a formação de agremiações de funcionários e de alunos de pós-graduação.[95] Finalmente, a ideologia une as elites acima da barreira partidária. Não surpreende, portanto, que Donald Trump, que combina populismo xenófobo e conservadorismo social com hostilidade ao comércio e ao livre mercado, seja tão rejeitado pela elite meritocrática.

Os ricos e os demais se distanciam cada vez mais não só em prática religiosa e em política, mas também nos passatempos do dia a dia. De início, os norte-americanos cuja renda familiar ultrapassa 100 mil dólares anuais gastam 40% menos de tempo em descanso passivo do que os de renda inferior a 20 mil dólares.[96] (Mesmo entre desempregados, os homens pouco instruídos passam mais ou menos onze horas por semana a mais vendo televisão e dormindo do que os mais instruídos.)[97] Em comparação, os ricos passam mais tempo se exercitando: o quintil superior dedica o dobro do tempo semanal ao exercício do que

UMA DIVISÃO ABRANGENTE

o quintil médio e cinco vezes mais que o quintil inferior. Assim, a boa forma física passou a ser símbolo de status.[98]

Mesmo depois de se adaptar a jornadas de trabalho mais prolongadas, os ricos passam mais tempo sozinhos e menos tempo socializando que os demais. Quando socializam, sua alta renda permite que escolham companhia, gravitando em torno de amigos (os que estão no quartil superior de renda passam 5,2 mais noites por ano com amigos do que os do quartil inferior), enquanto os demais preferem estar com família e vizinhos (os que estão no quartil inferior, em relação ao superior, passam 4,6 mais noites por ano com a família e 8,3 mais noites por ano com vizinhos).[99]

Os ricos e os demais têm redes de contatos sociais bastante diferentes: as redes dos ricos são vastas (nacionais e até mesmo internacionais), mas superficiais, e respondem a um eu "móvel, até migratório" ou "cosmopolita", enquanto a classe trabalhadora e a classe média têm redes menores, porém mais profundas, e respondem a um "eu enraizado".[100] Até atividades rotineiras, como cozinhar e conversar, separam os ricos dos demais. As elites preparam novidades culinárias para impressionar pessoas que gostariam de "conhecer melhor", geralmente para fins de contato profissional; a classe média, em comparação, prepara comida conhecida para dividir com a família e velhos amigos.[101] Os ricos tendem a hábitos formais e corteses de conversa, enquanto os demais se orgulham da franqueza e de ir direto ao ponto.[102]

Os ricos e os demais têm passatempos muito diversos. Os primeiros relatórios de comportamento na internet mostram quanto as preocupações são divergentes: os ricos pesquisam sobre tecnologia, vida fitness e viagens, enquanto os pobres pesquisam sobre doenças crônicas, armas e religião.[103] A busca virtual encontra expressão paralela no mundo real. Organizações estudantis na elitista Universidade da Califórnia em Berkeley e na Universidade Estadual da Louisiana, de classe média, mostram o tamanho da diferença. Entre as organizações estudantis de Berkeley, que não encontram equivalente na Louisiana, estão a Anistia Internacional, a Coalizão Antitráfico, a Construção Sustentável, a Associação Estudantil de Ciências Ambientais e a Embaixada Global de Estudantes. As organizações estudantis da Universidade Estadual da Louisiana, que não encontram equivalentes em Berkeley, são a Irmandade Cristã do Campo de Petróleo, o Clube do Agronegócio e a Sociedade de Jogos de Guerra e do RPG.[104]

CONSUMO

As diferenças entre os ricos e os demais chegam até os mais banais objetos de consumo cotidiano — roupas, utilidades domésticas, carros, eletrônicos e tudo o que as pessoas têm, os serviços que usam, os alimentos que consomem e os lugares onde compram todas essas coisas.[105] Banais, mas importantes. O consumo doméstico nos Estados Unidos responde por cerca de 70% do PIB, e os bens de consumo, portanto, dão o tom da sociedade como um todo.[106]

Em meados do século XX, o tom era igualitário: a classe média podia manter seu estilo de vida florescente, e o bom gosto (até mesmo a virtude) exigia que os ricos emulassem a classe média. Hoje, pelo contrário, o consumo segrega os ricos dos demais, e tanto o gosto quanto a moral afirmam cada vez mais o luxo. A separação é tanta que as marcas que uma pessoa compra agora revelam mais sobre sua renda do que sobre sua raça.[107]

Durante a maior parte da história, as elites e as massas tiveram e consumiram coisas diferentes, não apenas em quantidade, mas em qualidade. Na ordem feudal, a posse da terra era prerrogativa de uma pequena casta e atribuía status de elite.[108] A propriedade absoluta da terra cabia exclusivamente ao monarca soberano situado no pináculo da elite. As leis suntuárias regulavam uma infinidade de hábitos de consumo, proibindo, por exemplo, qualquer pessoa que não fosse da elite de usar tecidos ou cores extravagantes e de comer alimentos nobres.[109]

As revoluções burguesas provocaram a erosão dessa ordem de consumo por casta (algumas leis suntuárias procuraram deter a maré, tendo como objetivo declarado dar mostra de riqueza comercial e não mais de aristocracia).[110] No começo do século XX, o capitalismo acelerou o processo, de modo que, em meados do século, a distinção de casta entre os hábitos de consumo do vértice e do meio tinha de fato se dissolvido.

No que diz respeito à terra e à habitação nos Estados Unidos, os programas de governo de apoio à aquisição da casa própria elevaram os índices de propriedade de 44%, em 1940, a 63%, em 1970.[111] (Desde então, não houve mais aumentos importantes.)[112] Carros, refrigeradores, fogões, lavadoras e secadoras de roupa e ares-condicionados já eram de uso comum pela classe média na década de 1980.[113] Os norte-americanos de meados do século XX compravam igualmente carros e relógios simples e comiam nos mesmos restaurantes simples. Compravam produtos das mesmas marcas nas mesmas lojas. Na década de 1970, três quartos dos adultos entravam numa loja Sears pelo menos uma vez por ano e a metade das famílias norte-americanas tinha um cartão de crédito da loja.[114]

O gosto — e até a moral — veio para endossar fatos econômicos. As casas que em meados do século XX formaram St. Clair Shores e inúmeros subúrbios parecidos, junto com a mobília modernista que havia dentro delas, empregavam deliberadamente materiais, design e técnicas mais adequados à prosperidade discreta de uma vasta classe média do que ao luxo dos ricos e à simplicidade dos pobres. Até mesmo os carros que tornaram possível a vida nos subúrbios eram projetados e construídos para caber no orçamento da classe média. A famosa prática de Henry Ford, que pagava a seus trabalhadores o bastante para se tornarem seus fregueses, exigia também que ele produzisse carros para o mercado de massa e não carros exclusivos, de modo que sua qualidade e seu preço fizessem os trabalhadores desejarem e poderem comprar os carros.[115] Em meados do século XX, os padrões estéticos que estavam por trás dessas práticas tinham colonizado a cultura e se tornado exemplares. Sua influência era tanta que se aplicava até mesmo à elite, como ocorreu quando a revista *Fortune* ridicularizou os poucos líderes empresariais da época que — fosse em casarões de Newport, fosse em mansões em Palm Beach — ainda almejavam uma vida no estilo da Era Dourada.

Hoje, a desigualdade meritocrática inverte essa tendência. A desigualdade no consumo — entendida em termos de quantias de dinheiro bruto — acompanha a desigualdade de renda, até mesmo no topo da distribuição de renda.[116] O consumo também separa os ricos e os demais para além dos números. Cada vez mais, os ricos e a classe média compram coisas diferentes em lojas diferentes. Chegam até a pagar por métodos diferentes.

Artigos baratos, *pechinchas* que atraem pessoas que batalham na obscuridade da desigualdade econômica, estão cada vez mais presentes no consumo da classe média. O varejo barato vende bens de consumo convencionais a famílias forçadas a fazer economia. E o crédito barato permite à classe média, cujos salários estagnados já não atendem a suas necessidades, financiar o consumo com empréstimos.

O varejo barato — supermercados de baixos preços, lojas de 1,99 e grandes redes — aumentou astronomicamente nas últimas décadas. O Walmart, que tinha uma só loja em 1962, chegou a faturar 300 bilhões de dólares nos Estados Unidos em 2016. E as redes Dollar General e Family Dollar experimentaram um crescimento anual médio de 9% e 7%, respectivamente, nos últimos anos.[117] Os clientes dessas três marcas ganham bem menos — no caso da Family Dollar, cerca de 40% menos — que os clientes de outras grandes redes menos populares, como a Target.[118] E a diferença de renda em relação aos clientes de alta renda de lojas menos populares é muito maior. (Quando as grandes redes substituem os trabalhadores semiqualificados do varejo por trabalhadores não qualificados, contribuem diretamente para aumentar a demanda dos produtos que vendem. Assim como a decisão de Henry Ford de pagar a seus empregados o bastante para desejar e poder comprar seus carros, símbolo da economia igualitária da Grande Compressão, a prática do Walmart de pagar tão pouco a seus empregados que eles não possam comprar fora dos varejistas baratos é símbolo da economia desigual de hoje.)[119]

O crédito barato também aumentou rapidamente, tornando-se parte inseparável da vida da classe média. O crédito consignado, com desconto em folha, ilustra claramente esse padrão e atende obviamente a pessoas incapazes de se sustentar, mesmo semana a semana.[120] A obviedade da insuficiência confere ao negócio um cheiro pútrido, o que não impediu seu aumento. O setor de empréstimos consignados aumentou de menos de quinhentas lojas, no começo da década de 1990, para 12 mil, em 2002, e 22 mil em 2016.[121] Atualmente, há mais lojas de crédito nos Estados Unidos do que franquias McDonald's e Starbucks juntas.[122] Em 2012, os norte-americanos gastavam 7,4 bilhões de dólares em empréstimos consignados.[123]

Essa exposição escancarada do crédito barato é apenas a ponta de um enorme iceberg. As famílias de classe média de meados do século XX tinham uma poupança de peso, e, até o fim da década de 1970, os 90% inferiores na distribuição de renda ainda tinham uma taxa de poupança de 5% a 10%.[124] Mas a partir de então a poupança desapareceu e o crédito substituiu a renda, em boa medida, como fonte de financiamento do consumo em ascensão.[125] O endividamento familiar aumentou rápido para esse grupo, chegando a ultrapassar a renda no fim da década de 1990, com o endividamento acumulado mais elevado entre o quinquagésimo e 75º percentis.[126] O dinheiro dos empréstimos não é gasto em supérfluos, mas vai sobretudo para despesas socialmente legítimas (ou até

UMA DIVISÃO ABRANGENTE

mesmo necessárias) que, não obstante, excede a renda que o trabalho semiqualificado pode obter.[127] Setenta por cento das famílias de renda média e baixa admitem que usam o cartão de crédito como "rede de segurança" para pagar gastos indispensáveis como despesas médicas e reparos da casa e do carro.[128] As famílias de classe média muito comumente subsistem com base em consignados, necessários para cobrir a diferença cada vez maior entre as necessidades e as reservas.

Quando observado contra o pano de fundo dos ganhos cada vez mais incertos,[129] o endividamento contraído para financiar o consumo projeta um espectro inevitável de catástrofe. Como dizia Mr. Micawber, personagem de Charles Dickens, "renda anual, 20 libras; gasto anual, 19 libras, 19 shillings e 6 pence; resultado, felicidade. Renda anual, 20 libras; gasto anual, 20 libras e 6 pence; resultado, desgraça".[130] Micawber foi preso por dívidas, como ocorreu com o pai de Dickens.[131] Mais recentemente, os norte-americanos de classe média enfrentam uma onda sem precedentes de execuções judiciais e falências.[132]

A quantidade de cobranças judiciais chama a atenção: num ano recente, só na cidade de Nova York, foram levados aos tribunais 320 mil casos de dívidas de consumo, número quase igual a todos os casos apresentados em todos os tribunais federais naquele ano.[133] Mesmo tendo sido afastada a ameaça de prisão, o endividamento continua sendo um pesadelo para a classe média. E, assim como a prisão, as execuções judiciais e falências lançam uma sombra para a vida inteira e até sobre gerações seguintes, rompendo casamentos e desorientando filhos. Suas consequências são de tal monta que alguns chegam a chamar a classe média por um novo nome: *precariado*.[134]

Já os *artigos de luxo* — que atraem os que estão no topo, à luz da desigualdade econômica — dominam cada vez mais os gastos dos ricos e dão forma a sua autoimagem. As normas e os hábitos que constituíam o contexto da sensibilidade da *Fortune* em meados do século XX naufragaram sob a pressão da lógica interna da desigualdade meritocrática; a elite meritocrática de hoje valoriza os excessos que a revista censurava então. O gosto e a moral, alinhados com os novos fundamentos econômicos, desdenham agora de coisas comuns, sem destaque ou simplesmente adequadas, e valorizam a opulência distinta e extravagante.

A meritocracia tornou essa mudança inevitável. Quando a dedicação ao trabalho é vista como honra, as elites meritocráticas não têm tempo de cultivar os hábitos de lazer descritos por Veblen, e (juntamente com o trabalho intenso ostentatório) os artigos de luxo mais que a exploração se tornam o principal caminho para se estabelecer a casta social e econômica.[135] Os ricos agora consomem com ostentação para fazer brilhar sobre sua fortuna a luz da desigualdade em ascensão. Objetos finos e caros tornam-se expressões físicas de honra: uma materialização do trabalho e da personalidade alienada da elite; a virtude meritocrática em carne e osso.

Isso fica mais evidente com as marcas que declaram abertamente sua luxuosa exclusividade. Carros que custam dez vezes mais que um veículo comum são encontrados sem dificuldade e até bastante comuns nas grandes cidades de hoje.[136] A Bentley Motors vendeu mais carros de preço superior a 150 mil dólares em 2014 do que toda a indústria automobilística em 2000.[137] Nos últimos anos, o Salão do Automóvel de Genebra trouxe um número sem precedentes de carros de mais de 1 milhão de dólares (inclusive um modelo da Lamborghini de 4 milhões de dólares). Uma pesquisa recente feita pela Brand Finance concluiu que a Ferrari se tornou a marca "mais poderosa" do mundo.[138] Da mesma forma, existem, hoje, lojas especializadas em relógios de dezenas de milhares de dólares.[139] Fornos e refrigeradores de luxo — produzidos por empresas como a Viking, Sub-Zero, Bertazzoni e La Cornue — custam de dez a cem vezes mais que seus congêneres mais comuns. Um jantar nos melhores restaurantes de Nova York, Washington e São Francisco pode custar facilmente cinquenta vezes mais que um jantar comum — o French Laundry, aberto na década de 1990 para concretizar o "velho sonho culinário" de seu *chef*, que era "estabelecer um endereço para a boa cozinha francesa no Napa Valley", custa pelo menos 310 dólares por pessoa, sem contar o vinho de 5 mil dólares a garrafa, prontamente encontrado em sua adega.[140]

No todo, as vendas no varejo de artigos luxuosos convencionais cresceram mais ou menos quatro vezes mais rápido que a economia como um todo, em média 10% ao ano a partir de 1990.[141] O Goldman Sachs prevê que as vendas vão continuar superando o crescimento econômico daqui para a frente, dobrando na próxima década.[142] O preço de cada artigo transporta os dados consolidados de vendas para vidas particulares em concreto. Enquanto os preços dos artigos de luxo em meados do século XX eram possivelmente acessíveis à classe média, em ocasiões especiais e mesmo quando alguém desejava muito ter algo desse tipo (como um amante de carros, por exemplo), os preços atuais

UMA DIVISÃO ABRANGENTE 275

levam os artigos de luxo para longe do alcance da classe média. Em meados do século XX, o sargento O'Leary, da música de Billy Joel, podia pretender trocar seu Chevy por um Cadillac.[143] Mas, hoje, uma pessoa sensata de classe média não pode sonhar com um Bentley, ou usar um relógio Blancpain, ou cozinhar num fogão La Cornue, ou comer no French Laundry.

O luxo expandiu radicalmente seu campo de ação. Uma grande variedade de artigos que outrora estavam voltados para o consumo de massa ou da classe média se transformou em artigos de luxo. O preço médio de um ingresso para um show de Beyoncé em sua última turnê passava de 350 dólares,[144] e os ingressos para jogos dos Los Angeles Lakers, Dallas Cowboys e New York Yankees podem chegar facilmente a 200 dólares.[145] Além disso, estão sendo produzidos e vendidos tipos inteiramente novos de artigos de luxo: navios de cruzeiro criam andares de elite com *concierge* privada e piscinas de acesso proibido aos demais passageiros (ainda que pretendam usar pontos dos programas de fidelidade);[146] os resorts implantam ingressos de acesso exclusivo para atrações de público limitado que custam dez vezes mais que um ingresso comum;[147] as companhias aéreas aumentam o luxo da primeira classe e transportam em Porsches, entre os terminais aeroportuários, os passageiros que pagam mais, pois os aeroportos constroem terminais separados, sem fila, para esses passageiros;[148] negócios todos novos reivindicam bens nominalmente gratuitos para explorá-los — estacionamentos públicos (Monkey Parking) ou reservas em restaurantes (Reservation Hop) — para os que podem pagar.[149] (Esses novos negócios desencadeiam ressentimentos especialmente fortes, como ocorre, quiçá de propósito, com a primeira classe dos aviões: a presença da cabine de primeira classe aumenta a incidência de agressividade entre os que viajam na classe econômica numa intensidade equivalente à de um atraso de nove horas e 29 minutos no voo. Quando os passageiros na classe econômica passam pela primeira classe para chegar a seus lugares, sua agressividade equivale à de um atraso de quinze horas.)[150]

Outros artigos e, principalmente serviços, que as pessoas em geral não associam ao luxo — porque não envolvem volúpia hedonista — são também consumidos pelos ricos.

Escolas e faculdades privadas de elite são apenas um exemplo entre muitos outros. O atendimento médico de *concierge*, que cobra uma quantia fixa por ano, paga pelo próprio cliente e livre do teto de preço estipulado pelos planos de saúde, oferece serviços de luxo personalizados.[151] Os altos honorários permitem a seus médicos atenderem mais ou menos um quarto dos pacientes atendidos pelos médicos comuns, dar longas consultas (ao contrário do hábito comum dos 15,7 minutos de duração média da visita)[152] e atender no mesmo dia da solicitação, mesmo em fins de semana.[153] Alas hospitalares para esse tipo de atendimento oferecem instalações semelhantes às de hotéis de luxo — roupa de cama requintada, cardápios que incluem presunto de Parma e escalope de vitela e mordomo pessoal — para clientes endinheirados que podem pagar milhares de dólares por noite pelos cuidados médicos mais caros.[154] (Existem até mesmo dentistas de luxo: um francês chamado Bernard Touati, por exemplo, conserta os dentes de oligarcas e *pop stars* como Madonna num consultório em Paris instalado entre as butiques Chanel, Dior e Prada. Cobra cerca de 2 mil dólares por uma simples obturação, embora Diane von Furstenberg tenha pagado com um vale para retirar dois vestidos em sua butique.)[155] Advogados, contadores e assessores de investimento, também contratados dentro do modelo de *concierge* e sem intervenção de seguro,[156] oferecem serviços legais e financeiros de luxo (inclusive elisão de impostos) a clientes ricos.[157] Até as compras de supermercado das famílias de elite são diferentes. Os norte-americanos de alto status socioeconômico consomem alimentos mais saudáveis (frutas, verduras, peixe, frutas secas, grãos integrais e feijões) do que os de classe média, que por sua vez consomem alimentos mais saudáveis do que os de baixa condição socioeconômica. Ambas as diferenças estão aumentando, e, como de costume, a distância entre o topo e o meio é maior do que entre o meio e a faixa inferior.[158]

Todos esses bens e serviços são consumidos quase que de forma exclusiva pelos ricos e, certamente, como prática consciente da condição de elite que o consumo revela. Se as elites veem o consumo como responsável (frutas e verduras), necessário (atendimento médico) ou mesmo virtuoso (educação), isso apenas mostra com que profundidade os ideais se apropriaram da ideia de luxo.

Finalmente, todas essas tendências juntas se reforçam mutuamente e acumulam efeitos, de modo que cada vez mais os ricos e os demais compram não apenas artigos diferentes, mas de marcas diferentes, em lojas diferentes e pagam de formas diferentes.

Assim como ocorreu com o mercado de trabalho, a porção intermediária do mercado de consumo está sendo literalmente esvaziada, enquanto o comércio se volta para os extremos da simplicidade e do luxo. Restaurantes de classe média como o Olive Garden e o Red Lobster lutam para sobreviver, enquanto redes de *fast-food* como a Taco Bell e restaurantes grã-finos como o French Laundry prosperam.[159] Hotéis de classe média (Best Western) avançam a um ritmo equivalente à metade do ritmo das marcas de luxo (Four Seasons e St. Regis). E supermercados e lojas de departamentos (Sears e J. C. Penney) entram em crise, enquanto lojas de pechinchas (Price Chopper, Dollar Tree, Family Dollar) e de luxo (Whole Foods, Nordstrom, Barneys e Neiman Marcus) se expandem, muitas vezes usando os mesmos locais físicos que as marcas de classe média abandonaram. (A Barneys, como se sabe, abriu uma filial no local ocupado anteriormente pela icônica loja de rua da Loehmann no Chelsea, em Nova York.)[160]

Até no caixa as elites se comportam de outra forma, usando salário ou poupança (o 1% mais rico poupa talvez um terço do que ganha)[161] em vez de crédito. E quando tomam empréstimos, os ricos usam a dívida (por exemplo, uma hipoteca a pagar em trinta anos a juros fixos) para alavancar, não substituir sua renda, e multiplicar o retorno financeiro de seus investimentos.

Quando se acumulam dessa forma, as diferenças geram não apenas distinção, mas segregação. As escolas e universidades de elite separam alunos ricos de alunos de classe média. O atendimento médico de *concierge* elimina a sala de espera e até mesmo a experiência compartilhada de esperar numa sala comum. Mesmo para compras aparentemente banais, lojas segmentadas não têm clientes nem produtos em comum.

A divisão de alimentos da Big Lots não tem adega de queijos, não vende carnes nobres nem sorvete artesanal, enquanto a Whole Foods não vende Coca-Cola, cachorro-quente ou ketchup Heinz. A Family Dollar e a Neiman Marcus não têm um só estilista em comum.[162] E a Taco Bell e o French Laundry não usam nenhum ingrediente em comum, nem mesmo o sal.[163] Até quanto aos ingredientes, os dois restaurantes têm modos de proceder separados por um oceano. O site da Taco Bell diz que seus ingredientes "não têm nomes esquisitos", mas são todos "seguros e aprovados pela Food and Drug Administration (FDA)".[164] Uma pergunta sobre ingredientes enviada ao French Laundry teve como resposta um livro de cinquenta páginas, com fotos coloridas e autografado pelo *chef*, contando a história pessoal de cada fornecedor. A manteiga, segundo o livro, vem de uma fazenda de Vermont cujo dono declara: "Para fazer manteiga, é preciso que se esteja disposto a sacrificar um tanto de livre-arbítrio e viver de acordo com as necessidades dos animais."[165]

A desigualdade meritocrática transformou o consumo de tal forma que consumidores de elite e de classe média têm cada vez menos espaços e experiências em comum. Tudo na vida se transforma segundo o modelo das cabines segregadas de avião.[166]

LUGARES

A prosperidade de St. Clair Shores e a de Palo Alto, que pouco têm em comum, exemplificam a geografia econômica dos Estados Unidos de meados do século XX. Outras cidades eram parecidas. Em Sigmona Park,[167] na periferia de Washington, D.C., por exemplo, um jornalzinho de bairro publicado sem interrupção desde meados do século XX revela que, no começo da década de 1970, um agrimensor, um major da Marinha, um decorador, um cabeleireiro, um policial, um trabalhador da manutenção e um secretário moravam lado a lado na Overbrook Street.

A maior parte dos norte-americanos morava em comunidades semelhantes de classe média, com diferenças determinadas mais pela cultura do que por renda e casta, e os bairros deviam sua noção de pertencimento ao clima, à história e até a personagens que moravam neles, muito mais do que a características econômicas.

A renda por região passou a convergir de forma sustentada entre o fim da Segunda Guerra Mundial e o fim da década de 1970 (e essa convergência foi provavelmente responsável por 30% da redução generalizada da desigualdade entre os salários que o país experimentou ao longo daqueles anos).[168] Enquanto a região mais rica tinha uma renda *per capita* de mais ou menos o dobro que a região mais pobre em 1945, a distância caiu cerca de dois terços entre 1945 e 1979.[169] Inclusive a riqueza se distribuía com equilíbrio pelo mapa: em meados da década de 1960, entre as 25 regiões metropolitanas mais ricas do país estavam Rockford, Illinois; Milwaukee, Wisconsin; Ann Arbor, Michigan; e Cleveland, Ohio.[170]

Essas tendências expressavam a lógica econômica da produção de meados do século XX em termos geográficos. A elite rentista tinha razões econômicas para viver perto dos ativos físicos que sustentavam sua renda. Tanto as terras agrícolas quanto as máquinas industriais e fábricas estavam geograficamente dispersas, muitas vezes por necessidade. Isso levava os donos do capital a se distribuírem por todo o país, expandindo seu espaço físico. E, como as elites de meados do século XX se diluíam — pós-graduados, por exemplo, estavam distribuídos de maneira mais ou menos uniforme entre as cidades[171] —, a classe média predominava em praticamente toda parte. A geografia econômica tornou inevitável a convergência entre a elite de meados do século XX e a classe média, já que a diluição da elite e a tênue hierarquia levavam à mistura social através das linhas de classe. Assim como a infância de Bill Clinton e a de George Bush se replicavam em diferentes bairros por todo o país, impôs-se um "padrão de vida norte-americano único".[172]

Atualmente, a desigualdade meritocrática inverte essas forças. Trabalhadores supraordenados levam consigo seu capital humano, e só podem encontrar empregos que paguem salários de elite trabalhando juntos em estreita proximidade física. Assim, a produção intensiva se beneficia da economia de aglomeração e em especial da transferência de conhecimento.[173] A nova elite exige, ainda, uma estrutura de formação coletiva, compreendendo escolas e locais de atividades extracurriculares que transmitam com eficácia seu capital humano aos filhos. Finalmente, os artigos de luxo que a elite prefere só podem ser oferecidos em locais onde haja uma grande concentração de consumidores ricos, como nas grandes cidades prósperas. Essas forças concentram a nova elite geograficamente e segregam os Estados Unidos agora pela renda.[174]

Para começar, a elite está trocando o campo pela cidade. (A classe média, pelo contrário, fica onde está, de modo que a mudança atualmente é uma marca da elite.)[175] Em 1970, os norte-americanos das áreas urbanas e rurais tinham níveis de instrução semelhantes; no novo milênio, adultos jovens das áreas rurais tinham menos da metade da probabilidade de ter diploma superior, na comparação com os adultos jovens das cidades médias.[176] E a diferença se acentuou a partir de então.[177] Isso representa uma fuga de cérebros do campo comparável à emigração que retarda o desenvolvimento econômico em muitos países pobres.[178]

280　　　A CILADA DA MERITOCRACIA

A migração da elite está gerando diferenças na educação e no perfil de renda mesmo dentro das cidades, já que os pós-graduados e os que ganham altos salários se concentram em algumas grandes metrópoles.[179] Na virada do milênio, havia 62 regiões metropolitanas nas quais menos de 17% dos adultos tinham diploma superior e 32 regiões nas quais mais de 34% tinham pós-graduação.[180] Algumas cidades muito conhecidas têm ainda mais força para atrair ou repelir trabalhadores qualificados. Menos de 10% dos moradores de Detroit têm diploma de curso superior;[181] em comparação, em média 50% dos moradores de Austin, Boston, São Francisco, San Jose e Washington, D.C. têm.[182] A cidade de Nova York teve um crescimento de 73% no número de trabalhadores com educação superior entre 1980 e 2010, enquanto o número de trabalhadores sem diploma de curso superior caiu 15%.[183] E cerca da metade dos casais em que ambos têm formação superior mora numas poucas cidades grandes.[184]

A renda, na meritocracia, acompanha a educação. Com efeito, só a diferença entre a concessão de patentes (um excelente indicador da educação da população) responde por cerca de um terço da variação de salários entre as diversas regiões.[185] Portanto, não surpreende que, entre 1980 e 2012, a proporção entre a renda média das cidades e a média nacional tenha aumentado cerca de 50% em Nova York, 40% em Washington e cerca de 30% em São Francisco.[186] De modo mais geral, a partir de 1990, as dez regiões metropolitanas de mais alto nível de instrução tiveram o dobro do aumento na renda *per capita* comparadas às dez regiões metropolitanas de mais baixo nível de instrução.[187] E os trabalhadores das cidades de maior nível de instrução recebem salários equivalentes, em média, ao dobro dos salários na cidades de mais baixo nível de instrução.[188]

O valor dos imóveis e aluguéis acompanha a tendência.[189] A possibilidade de uma casa num ponto de elite de Boston, Nova York, São Francisco ou Washington, ou mesmo Palo Alto, custar apenas o dobro do preço de uma casa média nova na área rural — ou em St. Clair Shores — tornou-se absurda. Até o aluguel nesses lugares está fora do alcance da classe média: os aluguéis em Los Angeles, São Francisco, Miami e Nova York custam hoje, respectivamente, 49%, 47%, 44,5% e 41% da renda já elevada nessas cidades (comparados a 34,1%, 24,7%, 26,5% e 23,7% em 2000).[190] Para cada aumento de 1% na proporção entre pós-graduados e não pós-graduados numa cidade, os aluguéis sobem 0,6%.[191] A classe média na atualidade simplesmente não pode bancar a moradia em cidades de elite.

O isolamento geográfico das classes continua ainda mais estrito, já que ricos e não ricos ficam cada vez mais separados, mesmo dentro de uma mesma cidade. Em 1970, cerca de dois terços dos norte-americanos moravam em bairros de classe média, enquanto eles são apenas dois quintos hoje.[192] No mesmo período, a quantidade de norte-americanos que viviam em bairros ricos ou pobres dobrou.[193] De modo geral, tanto ricos quanto pobres ficaram bem mais concentrados por área censitária nos últimos quarenta anos:[194] os índices demográficos da segregação residencial por renda e instrução aumentaram em pelo menos 25% e 100%, respectivamente, a partir de 1970.[195] Até os bairros mistos tornaram-se menos mistos: entre 1970 e 1990, a quantidade de vizinhos de uma família pobre média que também eram pobres e a de vizinhos de uma família média rica que também eram ricos dobrou e aumentou um quinto, respectivamente.[196]

A segregação socioeconômica é particularmente extrema no topo da distribuição de renda. No Upper East Side, em Nova York, a quantidade de adultos com diploma universitário mais do que triplicou entre 1960 e 2006, chegando a 74%.[197] Da mesma forma, entre os 9,1 milhões de norte-americanos com 25 anos ou mais que vivem nos 5% dos bairros de mais alta renda e mais instrução,[198] 63% têm diploma de curso superior e a renda média domiciliar é de 141 mil dólares anuais. Os bairros próximos aumentam ainda mais o isolamento da elite. Cerca de 80% dos moradores de bairros situados nos 5% de mais alta renda e mais instrução vivem em guetos, e normalmente os bairros que rodeiam esses bairros de elite situam-se, por sua vez, no 86º percentil por renda e instrução. A associação entre a elite e certos bairros é uma via de mão dupla: lembremos que metade dos ex-alunos de Harvard, Princeton e Yale mora nos 5% dos bairros mais ricos e de maior instrução.[199] Profissionais de elite pós-graduados[200] moram em lugares ainda mais prósperos. Três quintos dos pós-graduados pela Escola de Administração de Harvard moram nos 5% dos bairros mais ricos.

A segregação física catalisa outros tipos de segregação. Educação e renda, juntas, trazem conforto e qualidade de vida em geral — para dar uma forma geográfica à divergência cultural já mencionada. As cidades mais ricas e mais instruídas se orgulham de sua maior expectativa de vida, baixos índices de criminalidade, menos poluição e mais influência política.[201] Talvez mais importante: pais meritocráticos se valem da segregação econômica para blindar os filhos contra a disfuncionalidade e a desintegração familiar que são fatos da vida para as camadas menos estáveis no restante da sociedade. Noventa por cento das crianças dos bairros de elite que são criadas por casais permanentes constituídos por seus pais biológicos praticamente não têm amigos ou vizinhos que não sejam como elas. Os portões e os seguranças que controlam o crime nos bairros ricos devem receber a maior parte da atenção daqueles que deploram a desigualdade. Mas o mecanismo de maior impacto gerado pela autossegregação da elite não é de segurança, e sim o valor dos aluguéis e das casas.

É difícil reunir todos esses componentes numa única estrutura, mas, segundo uma estimativa, a qualidade do entorno e outras comodidades associadas a cidades ricas e instruídas levam a desigualdade referente ao bem-estar a ser 30% mais elevada do que a desigualdade da renda em dólares.[202] A desigualdade econômica gera ecossistemas totalmente diferentes para ricos e não ricos. Portanto, não surpreende que tenha transformado não apenas os fatos da mobilidade geográfica, mas também os motivos que estão por trás disso: enquanto os norte-americanos no passado mudavam de cidade em busca de um clima melhor, agora se mudam para ter a sua volta gente como eles.[203]

Por fim, esses desdobramentos atingem não apenas aspectos da vida, mas são transmitidos a gerações. Bairros pobres dificultam e bairros ricos facilitam a educação adequada para que os filhos cheguem à idade adulta como elite. Mais uma vez, essas influências são importantes e se aplicam a todas as faixas de distribuição de renda. No segmento inferior, a mobilidade social é mais alta nas cidades em que os pobres se encontram dispersos entre famílias de classe média e ricas, em bairros habitados por pessoas de rendas diversas, que estão em vias de extinção.[204] E, subindo na escala da distribuição de renda, bairros ricos apresentam a extraordinária distância entre a educação do topo e a do segmento médio, que está na raiz do imenso desvio para a riqueza que favorece os alunos das universidades de elite.

Cada cidade e cada bairro replicam essas tendências a seu modo, refletindo padrões que geralmente nascem de seu próprio senso de lugar. Mas, ao contrário do que ocorria em meados do século XX, os dados referentes a renda e casta agora revelam e determinam muita coisa sobre um lugar. Inclusive cidades que continuam sendo de classe média, como St. Clair Shores, tornaram-se o que são hoje de maneiras distintas e não homogêneas — literalmente notáveis por terem poucos moradores de fato ricos e poucos de fato pobres. E muitas cidades subiram ou desceram na ordem de castas para tornarem-se identificadas como ricas ou pobres. Tendências econômicas, e não traços de personalidade, determinam como são os lugares agora.

A Overbrook Street, por sua vez, seguiu o mesmo caminho de Palo Alto. Atualmente, a renda média familiar anual em Sigmona Park é de mais de 100 mil dólares e 60% de seus adultos residentes têm diploma universitário. A Overbrook Street é habitada por advogados, médicos e servidores públicos de alto escalão.[205]

FITZGERALD E HEMINGWAY REDIVIVOS

Na cultura norte-americana de meados do século XX, as diferenças econômicas entre as duas famílias não faziam com que a experiência de vida de Bill Clinton e de George Bush na infância fosse tão diferente — eles viviam numa sociedade de classe média, assim como a maior parte de sua geração.

Já a vida da filha de Bill Clinton, Chelsea, e as das filhas de Bush, Barbara e Jenna, foram determinadas pela nova condição de elite de suas famílias, o que as tornou irreconhecíveis tanto para os filhos da classe média de hoje quanto para a elite da geração de seus pais. Chelsea Clinton frequentou uma escola particular no ensino médio (antes dela a última criança a morar na Casa Branca, Amy, filha de Jimmy Carter, frequentava uma escola pública) e depois as universidades Stanford, Colúmbia e Oxford.[206] Depois de concluir os estudos, ela trabalhou na McKinsey & Company, de consultoria empresarial, e na multinacional de investimentos Avenue Capital Group.[207] O marido de Chelsea — filho de dois membros da Câmara dos Representantes que ficaram amigos dos pais dela em Washington — também estudou em Stanford e Oxford, trabalhou para o banco Goldman Sachs e depois fundou seu fundo de *hedge*.[208] Eles se conheceram num retiro de fim de semana para convidados seletos em Hilton Head Island; casaram-se em Astor Court, propriedade de vinte hectares construída durante a última Era Dourada, num promontório debruçado sobre o rio Hudson (Chelsea usou um vestido assinado por Vera Wang); e gastaram mais de 10 milhões de dólares num apartamento (como era de esperar, em Manhattan).[209]

Barbara Bush formou-se pela Universidade de Yale e trabalhou em museus de design e em organizações internacionais de desenvolvimento. Jenna Bush também trabalhou para organizações filantrópicas internacionais, publicou um livro sobre seu trabalho e foi correspondente da NBC. O marido de Jenna — cujo pai teve ocupações diversas como secretário-assistente de educação, vice-governador da Virgínia e presidente do Partido Republicano na Virgínia — trabalha para a Kohlberg Kravis Roberts, grande firma de participações privadas, especializada em compra e venda de empresas endividadas. Eles se casaram num altar de pedra em cruz especialmente encomendado para a ocasião.[210]

Nenhuma das filhas de Clinton ou Bush viveu num ambiente de classe média. E, assim como Bill Clinton e George Bush exemplificaram os Estados Unidos de meados do século XX, suas filhas são o reflexo de sua geração e dos novos tempos: típicas da elite de hoje, no máximo um caso extremo de uma tendência mais ampla, mas em nenhum caso excepcional.[211]

As consequências da desigualdade meritocrática sobre a vida dos ricos e dos demais já não se limitam a renda e riqueza, entendidas como quantias abstratas de dinheiro. A meritocracia constitui um sistema de castas, que divide os ricos e os demais em mundos separados e estranhos. Não é de estranhar que, como os ricos e os demais trabalham, se casam, têm filhos, praticam sua religião e se reúnem de maneiras diversas, abra-se entre eles uma enorme brecha — separando-os não apenas quanto aos hábitos externos, mas em sua vida interior, gerando neles esperanças e receios diferentes. Os norte-americanos de menos instrução exibem menos confiança, têm menos participação na vida cívica e maior pessimismo quanto ao futuro do que seus concidadãos mais instruídos. E essas diferenças são maiores nos Estados Unidos do que na maior parte (em algumas dimensões, em praticamente todas) das outras economias avançadas.[212]

Os poucos migrantes de classe que cruzam a barreira meritocrática na atualidade mostram o tamanho da brecha, e as pressões pelo fato de serem estranhos atingem os grandes aspectos e os pequenos detalhes da vida deles. Até no interior das faculdades de elite, alunos de origem mais pobre casam-se com colegas em menor proporção do que os estudantes de origem mais rica, por exemplo.[213] E os serviços exigidos aos bolsistas, geralmente na execução de tarefas convencionalmente tidas como da classe trabalhadora, são executados como pequenas humilhações. (A afronta se intensifica ainda mais porque os estudantes de elite estão tão voltados para a riqueza que muitos dos que recebem ajuda financeira vêm de famílias ricas o bastante para compreenderem a prestação de serviços não apenas como algo distante de suas aspirações, mas também de sua experiência de classe.)[214] Um aluno da Yale College que recebe ajuda financeira reclamou recentemente que "a Yale tem a capacidade de levar as pessoas a fazer coisas desagradáveis e a agradecer por isso[215] — serviços de escritório, de biblioteca, todos aqueles que executei contra a minha vontade, mas não pude evitar, porque não sou rico o bastante para ser dono de meu próprio tempo". O tom preocupado e até mesmo rude da queixa enfatiza ainda mais a insustentável posição de classe do aluno: um estranho que não pode bancar a vida que tanto seus professores quanto seus pares esperam dele. Grupos de afinidade dos alunos menos privilegiados — os da Escola de Direito de Yale são chamados "profissionais de primeira geração" — tentam absorver as tensões desse dilema.[216] Mas a meritocracia tem tal poder ideológico que esses grupos não conseguem decidir se querem pôr abaixo a estrutura de classes ou abrir para seus membros o caminho que leva à elite. As universidades enfrentam a imagem espelhada desse problema: querem afirmar a origem de seus alunos da classe trabalhadora e de classe média, mas, ao contrário do que acontece em relação a outras minorias, elas não podem pretender desmontar a hierarquia meritocrática cuja constituição é sua missão principal.[217]

O enclausuramento meritocrático da elite tornou-se tão generalizado que os migrantes de classe agora se definem em termos de sua relação com a elite (como nem Bill Clinton nem George Bush precisaram fazer). Nas palavras de um formando quando retornou a sua comunidade de origem: "Eu me sinto como se tivesse trocado de time em algum jogo muito importante."[218]

A metáfora da mudança de time resume a essência da experiência de vida da desigualdade geral. Como a meritocracia não admite superposição entre a vida dos ricos e a dos demais, não há terreno intermediário que as classes possam compartilhar, ou mesmo onde possam se encontrar.

Uma última e mais literal medida da desigualdade geral diz respeito à saúde e à longevidade dos ricos e dos que vivem do outro lado. Esses dados não podem proporcionar uma dimensão exata, está claro, mas oferecem "um bom indicador geral do privilégio acumulado".[219] Os dados clínicos levam ao resultado do privilégio meritocrático.

Os ricos e instruídos relatam limitações muito menores na atividade física decorrentes de problemas de saúde, distúrbios de visão, doenças cardíacas, alterações psicológicas, obesidade e mal-estares generalizados do que os pobres e a classe média (e a diferença entre os ricos e a classe média se equipara à diferença entre a classe média e os pobres).[220] Os norte-americanos de elite estão fumando muito menos que os demais — o número de fumantes entre os que frequentaram alguma faculdade é de mais ou menos a metade dos que têm apenas o ensino médio ou abandonaram o ensino médio (entre estes dois últimos grupos, a taxa de fumantes é praticamente a mesma).[221] Além disso, quando ficam doentes, os norte-americanos de elite recebem tratamento médico diferenciado, separado não apenas em relação aos pobres, mas também à classe média.[222] Até mesmo os dentes agora indicam renda e status, mais ou menos como a altura no Antigo Regime. Os ricos gastam mais de 1 bilhão de dólares por ano em odontologia cosmética, enquanto os pobres, e os de classe média recorrem cada vez mais a clínicas dentárias de caridade (e mesmo à emergência hospitalar), de forma que um quinto dos norte-americanos de mais de 65 anos já não tem nenhum dente natural. Ter bons dentes tornou-se aquilo que um paciente de classe média de uma clínica de caridade chamou de "revelador sinal ostensivo de riqueza".[223]

Essas e outras diferenças no âmbito da saúde geram diferenças enormes e cada vez maiores na expectativa de vida. Entre 1999 e 2003, a mortalidade entre brancos não latinos de meia-idade e ensino médio ou menos subiu, mas permaneceu estável entre os que tinham ensino superior incompleto e continuou em queda entre os que tinham ensino superior ou mais.[224] Com efeito, a mortalidade dos norte-americanos menos instruídos subiu a tal ponto que superou a queda da mortalidade entre os instruídos, de modo que a mortalidade geral subiu cerca de 0,5% ao ano, revertendo duas décadas de queda de 2% ao ano.[225]

De modo mais geral, entre 1980 e 2010, a expectativa de vida (aos cinquenta anos) dos dois quintis inferiores da população quanto à distribuição de renda permaneceu estável ou caiu levemente para os homens, mas caiu significativamente para as mulheres (a queda chegou a cerca de quatro anos para as mulheres do quintil inferior); a expectativa de vida dos dois quintis intermediários subiu para os homens e continuou estável ou caiu levemente para as mulheres; e a expectativa de vida do quintil superior subiu bastante para homens e mulheres.[226] A diferença da expectativa de vida entre o quintil superior e o quintil inferior aumentou sete anos para homens (de cinco para doze anos) e nove anos (de quatro para treze) para as mulheres.[227]

Até na elite, os muito ricos vivem mais do que os apenas ricos, e a diferença entre muito ricos e ricos vem aumentando. Tanto para homens quanto para mulheres, a diferença de expectativa de vida aos 25 anos, entre pessoas com diploma superior ou mais e pessoas com ensino superior incompleto, é maior do que a diferença entre as pessoas com ensino superior incompleto e as que têm apenas o ensino médio.[228] Com efeito, tanto para homens quanto para mulheres, a taxa de mortalidade é acentuadamente menor no 1% mais rico do que dentro nos 5% mais ricos, e menor nos 5% superiores do que entre os 10% superiores.[229] Essas diferenças têm aumentado. Entre o começo da década de 1980 e meados da década de 2000, a diferença que separa o 1% mais rico dos 10% mais ricos praticamente dobrou.[230]

Por fim, e inevitavelmente, considerando os lugares onde vivem os ricos e os demais, essas tendências tomam um forma geográfica: a diferença na expectativa de vida entre quem nasce num estado rico como Connecticut e num estado pobre como o Mississippi está perto de seis anos. Enquanto[231] a duração da vida aumenta continuamente em lugares ricos, declina em lugares pobres. A duração da vida das mulheres no leste do Kentucky, por exemplo, caiu mais de um ano entre 2007 e 2011.[232]

Para entender o tamanho dessa vantagem meritocrática agregada, considere-se que a diferença na expectativa de vida nos Estados Unidos e na Nicarágua é de cerca de quatro anos[233] e que a cura de todos os pacientes com câncer aumentaria a expectativa de vida apenas nessa mesma proporção.[234]

Embora Hemingway tenha vencido a discussão com Fitzgerald em meados do século XX, a desigualdade meritocrática cada vez mais avaliza a opinião de Fitzgerald. Um estilo de vida perpassa o corpo de uma pessoa da mesma forma que a carne nos envolve com suas decisões.[235] Hoje em dia, até o corpo dos ricos é diferente do corpo dos demais.

A diferença é tão grande que os ricos e os demais poderiam muito bem viver em países distintos.

CAPÍTULO 8

A BOLA DE NEVE
DA DESIGUALDADE

A partir da década de 1970, a classe média norte-americana, surpreendida pela estagnação dos salários, ficou sem dinheiro e começou a fazer empréstimos para manter o padrão de vida.

Mesmo com o salário médio congelado, imperativos econômicos e sociais determinavam que o consumo da classe média devia continuar aumentando. Ideais de progresso nacional profundamente enraizados criaram a necessidade de que cada geração melhorasse em relação à geração precedente. E o consumo progressivo da classe média continuou necessário para manter a demanda agregada de que dependem o emprego e o crescimento numa economia baseada no consumo.[1] Ao mesmo tempo, a Revolução de Reagan rejeitava uma redistribuição direta que favorecesse a classe média em detrimento dos ricos, e os impostos tornaram-se de fato menos progressivos.

A colisão entre o imperativo esmagador que incentivou o consumo da classe média a superar o nível capaz de ser mantido pelos salários estagnados e a implacável objeção à redistribuição definitiva deixaram poucas alternativas. Uma pessoa que não tem aumento de renda só pode aumentar seu consumo se roubar, mendigar ou pedir emprestado. Como o roubo generalizado estava fora de questão e a caridade tinha chegado ao limite, a junção entre a inflexível determinação de tornar os impostos menores e não progressivos e a exigência imperiosa de que o consumo médio devia aumentar mesmo com a renda média estacionada levou a uma expansão do endividamento privado.[2] Enquanto isso, o aumento das rendas mais elevadas produzia um excesso de poupança para a nova elite econômica, gerando uma pronta disponibilidade de dinheiro para emprestar, mesmo no caso de gente rica ideologicamente contrária à redistribuição definitiva.[3] Quando a renda estagnada se defronta com a determinação de manter a elevação do consumo sem que haja redistribuição, segue-se, por uma lógica praticamente atuarial, o inexorável endividamento.[4] Dessa forma, a maior desigualdade econômica aumentou radicalmente a demanda de uma reengenharia financeira, e essa nova demanda (somada a outras razões)[5] fez com que o setor financeiro crescesse rápido.

O governo apoiou ativamente os dois lados dessa equação, no atacado e no varejo. Uma política monetária frouxa, a tolerância a bolhas de ativos e a promessa de proteger os investidores quando as bolhas estourassem favoreceram o consumo da classe média fundado em endividamento.[6] Outras medidas atendiam aos mesmos objetivos em contextos específicos. O governo Clinton, por exemplo, modificou as regras hipotecárias federais para promover "estratégias de financiamento alimentadas pela criatividade[7] e recursos dos setores público e privado" que pudessem "superar [...] as barreiras financeiras à aquisição da casa própria".[8] O governo se sentia particularmente motivado a incentivar o crédito a pessoas a que "faltava [...] numerário suficiente para dar a entrada exigida"[9] e que "não tinham renda suficiente para os pagamentos mensais" dos financiamentos tradicionais.

Essa política deu certo — quase sempre de imediato. Quando as baixas taxas de juros inflaram o preço dos imóveis, por exemplo, as famílias tomaram emprestados entre 25 e 30 centavos para cada dólar da valorização do preço da moradia.[10] Em conjunto, essas políticas transformaram as bases do consumo da classe média. Esta, em meados do século XX, financiava com renda seu padrão de vida em ascensão. Mas, a partir da década de 1970, o consumo da classe média passou a ser financiado pelo endividamento.

O padrão é inequívoco. A renda média dos 90% inferiores da população em distribuição de renda subiu com firmeza (mais ou menos em consonância com o consumo) entre 1940 e 1975, e nesse ponto parou de subir quase que por completo, enquanto o consumo continuava seu lento crescimento. A dívida média, em comparação, subiu menos do que a renda entre 1940 e 1975, mas, poucos anos depois de a renda parar de aumentar, deu um grande salto (mais uma vez, em consonância com o consumo). Em outras palavras, o endividamento da classe média descreveu uma curva ascendente enquanto sua renda se achatava, e o endividamento aumentou para cobrir a brecha aberta entre renda e consumo quando as famílias de classe média tiveram os salários estagnados.* A escala do endividamento acompanhou a transposição da renda do meio para o topo.[11]

Como observou o economista Joseph Stiglitz, ganhador do prêmio Nobel, "o impacto negativo da estagnação da renda real e o aumento da desigualdade de renda[12] [...] foram em larga medida compensados pela inovação financeira [...] e pela política monetária leniente que aumentou a capacidade de consumo das famílias por meio do crédito [...]. Assim, a base de apoio da bolha foi a política monetária expansionista aliada a uma inovação do setor financeiro, que levou a preços cada vez mais altos os ativos que proporcionaram às famílias um acesso virtualmente ilimitado ao crédito". Se o padrão de vida nos Estados Unidos em meados do século XX era sustentado pela renda, e o padrão de vida da classe média europeia cada vez mais é sustentado pela redistribuição de renda promovida pelos governos, a classe média norte-americana cada vez mais se apoia em empréstimos. A afirmação segundo a qual o poder de compra domiciliar tornou-se funcionalmente equivalente ao crédito consignado é uma verdade literal.

Na crista dessa onda de crédito induzido pela desigualdade, o setor financeiro chegou à importância que tem hoje e estendeu-se à macroeconomia norte-americana, que atraiu dinheiro novo para o setor — não em gotas, sequer como um rio, mas como um gêiser. A parte do Produto Interno Bruto (PIB) correspondente a serviços financeiros praticamente dobrou a partir de 1970.[13] As finanças contribuem com cerca de um décimo dos resultados econômicos nacionais e começam a adquirir o mesmo peso da indústria manufatureira no PIB.[14]

Esses desdobramentos transferiram o centro de gravidade da economia norte-americana da Main Street, identificada com empreendimentos que envolvem produtos físicos, para a Wall Street das grandes transações financeiras.

---

* Uma representação dessas tendências é mostrada no Gráfico 10, p. 370.

A BOLA DE NEVE DA DESIGUALDADE

Atividades econômicas como agricultura, comércio atacadista e varejista e manufatura, que produzem bens e serviços, tornaram-se relativamente menos importantes comparadas a serviços bancários, mercado de títulos, gestão de investimentos e seguros, que criam e transferem a demanda de dinheiro.[15] Até grandes potências industriais tradicionais acabaram dominadas por seus subprodutos financeiros. A mais lucrativa divisão da General Motors, nos anos que levaram à crise, era sua subsidiária financeira, a GMAC.[16] Na General Motors, o consumo da classe média baseado em endividamento asfixiou a produção industrial da Main Street.[17]

Ao todo, cerca de um quarto do excepcional crescimento do setor financeiro deve-se diretamente ao aumento do crédito pessoal induzido pela desigualdade, em especial à explosão das hipotecas residenciais — embora o crédito ao consumidor, nele incluídos os cartões de crédito e débito, também tenham contribuído bastante para esse crescimento.[18] A metade do crescimento do setor financeiro veio de um outro lado da desigualdade econômica, através dos aumento dos lucros do mercado de títulos.[19] A explosão do mercado de títulos foi impulsionada sobretudo pelo crescimento dos serviços de gestão de ativos — com crescimento particularmente rápido nas empresas de participações privadas, empresas de capital de risco e fundos de *hedge* — que por sua própria índole atendem os ricos cujos ativos elas gerenciam. Com efeito, o mais rápido crescimento dentro da área de gestão de ativos deu-se na renda fixa, normalmente produzida pela securitização — só as hipotecas residenciais securitizadas responderam por mais ou menos metade de todos os títulos lastreados em ativos emitidos entre 2000 e 2008[20] — o que evidencia o lado oculto do endividamento familiar em ascensão.[21] Em contraste, as funções que tradicionalmente geravam lucros para o setor de títulos nos tempos mais igualitários de meados do século XX — tarifas e comissões comerciais, ganhos no comércio e taxas de subscrição de títulos — passaram a responder por parcelas menores do PIB nesse período.[22]

Não seria exagero dizer, fazendo coro a um destacado comentarista, que, na época da crise de 2007, "todo o edifício" do mercado financeiro norte-americano "repousava sobre o mercado habitacional".[23] O mercado habitacional, por sua vez, repousava no endividamento. E o endividamento, mais uma vez, repousava sobre a desigualdade econômica.[24]

Mais ou menos no mesmo momento histórico em que a demanda no setor financeiro explodiu, chegou a Wall Street uma nova força de trabalho superqualificada. Esses trabalhadores supraordenados transformaram o modo como se faziam negócios no âmbito financeiro, trazendo inovações que favoreciam suas técnicas de elite.

Quando a primeira leva de trabalhadores das finanças superqualificados chegou a Wall Street, no fim da década de 1970, eles foram chamados de "cientistas de foguete" (*rocket scientists*) pelos mais antigos (ainda calcados sobre o modelo semiqualificado típico de meados do século XX). E eles eram isso mesmo. Imperativos militares associados à Segunda Guerra Mundial e à Guerra Fria — à invenção do radar, ao Projeto Manhattan de construção da bomba atômica, às armas e à corrida espacial — tinham convencido os Estados Unidos da época de que físicos e engenheiros de altíssima qualificação eram essenciais para a prosperidade e a segurança da nação. O Departamento de Defesa e o Departamento de Energia começaram a financiar com liberalidade a pesquisa de ponta, aumentando em tamanho e qualidade o corpo docente acadêmico durante as décadas de 1950 e 1960.[25]

No entanto, depois que os Estados Unidos ganharam a corrida espacial, houve uma distensão com a hoje extinta União Soviética e a corrida armamentista perdeu força, enquanto a impopularidade do conflito no Vietnã levava a opinião pública a se opor à "ciência a serviço da guerra".[26] A maré se voltou contra as aplicações militares que tinham impulsionado a pesquisa científica, o governo cortou o financiamento e a pesquisa cessou.[27] Toda uma geração de novos ph.D.s em física e engenharia ficou sem emprego acadêmico.[28] A nova leva de trabalhadores superqualificados ficou sem demanda.

De início, empresas da área de energia e de comunicações, principalmente a Exxon e os Bell Labs, absorveram a nova força de trabalho superqualificada.[29] Mas, em 1980, Wall Street reconheceu que físicos e engenheiros seriam capazes de criar e empregar novas tecnologias financeiras e passou a convocá-los — muitas vezes literalmente. Um físico que de início entrou para o setor financeiro e acabou se tornando diretor-geral do Goldman Sachs lembra que recebeu uma porção de ofertas de emprego "que pagavam mais de 150 mil dólares anuais [...] um dinheirão, na época, para um ex-físico que ganhava menos de 50 mil".[30]

Quando os cientistas de foguete chegaram a Wall Street, transformaram radicalmente o *modus operandi* do setor. De uma hora para outra, a nova força de trabalho superqualificada fez com que técnicas financeiras complexas — muitas delas já conhecidas em teoria, mas difíceis demais para serem usadas por trabalhadores semiqualificados — se tornassem viáveis. A combinação entre a força de trabalho de que o setor financeiro precisava para se reconstruir e os serviços que os físicos e engenheiros podiam oferecer foi de uma felicidade incrível: a matemática financeira se parece muito com a matemática usada pela física, e a ética de trabalho pragmática dos físicos e engenheiros faz com que se disponham especialmente a incursionar por outras subdisciplinas que não as suas, descobrir soluções improvisadas para problemas práticos e seguir em frente.[31] O setor financeiro tinha encontrado um novo tipo de capital humano — "matemáticos, profissionais de modelagem financeira e programadores de computador que se orgulhavam da capacidade de se adaptar a novos campos e pôr em prática seus conhecimentos"[32] — que servia perfeitamente as suas necessidades em ascensão.

Tudo isso desencadeou inovações que havia muito estavam latentes. Os avanços teóricos fundamentais que embasam o sofisticado setor financeiro moderno (o modelo de precificação de ativos financeiros e o modelo de Black-Scholes, nos quais se baseiam a alocação de ativos para a formação de uma carteira e a determinação do preço de opções e outros derivativos) foram realizados entre a década de 1950 e o começo da década de 1970, um quarto de século antes de o setor financeiro ser transformado em setor superqualificado capaz de implementar esses avanços.[33] (Na verdade, as ideias básicas que estão por trás desses modelos, relacionadas a quantificação, classificação e reestruturação do risco, existem desde a época em que Pascal e outros matemáticos franceses inventaram a moderna teoria da probabilidade — curiosidade desencadeada pelas solicitações de jogadores da aristocracia que pretendiam avaliar e manipular suas chances de acertar apostas.)[34] Agora, depois de dormentes por um quarto de século (ou três séculos) na condição de possibilidades apenas meramente teóricas, essas ideias encontraram uma força de trabalho financeira capaz de saber lidar com elas e uma sociedade ávida pelos serviços que possibilitaram.[35]

As inovações práticas vieram em seguida, com quarenta produtos e práticas financeiras essencialmente novos introduzidos entre 1970 e 1982.[36] Os inovadores ficaram ricos. No começo da década de 1980, por exemplo, trabalhadores superqualificados do banco de investimentos Drexel Burnham Lambert inauguraram o mercado de títulos de alto rendimento: "Não havia no mundo outra empresa que soubesse precificar um *junk bond*", lembra um membro da Drexel, o que tornou imensamente lucrativo o negócio com esses títulos de renda fixa de alta volatilidade.[37] Os lucros atraíram a concorrência de novos trabalhadores superqualificados, e a concorrência estimulou mais inovação, inclusive títulos hipotecários que foram tão lucrativos no começo da década de 2000 e nas plataformas de negociações de alta frequência quanto são hoje.[38]

Essas inovações expulsaram do setor financeiro os trabalhadores semiqualificados de classe média, que foram substituídos por trabalhadores superqualificados. A securitização, mais uma vez, levou os bancos a dispensarem os operadores de crédito tradicionais, a gerenciarem o risco agregado e a adotarem a cobertura de riscos de crédito específicos, tornando dispensáveis as decisões tomadas pelos operadores de crédito tradicionais.[39] Com efeito, praticamente todo o aumento do crédito hipotecário ao longo das três últimas décadas ocorreu sem a colaboração de funcionários semiqualificados, com uso de tecnologia financeira, securitização e venda a sistemas bancários paralelos (*shadow banks*) e a outros investidores.[40] O crédito pessoal agregado concedido por bancos dentro do modelo de meados do século XX representava a mesma porcentagem do PIB em 2007 e 1980, apesar do endividamento pessoal em massa.

O casamento entre educação de elite e sistema financeiro estava celebrado. O modelo modorrento, semiqualificado e de classe média do setor deu lugar ao crescimento rápido, à inovação constante e a uma força de trabalho de superelite (altamente qualificada e extraordinariamente remunerada). A transformação foi tão generalizada que mudou a cultura e a linguagem do setor: trabalhadores à moda antiga e autodidatas, como analistas técnicos e *tipsters*, foram superados por novos analistas quantitativos com instrução formal e títulos concedidos por universidades. Wall Street começou a dominar as contratações dos formados pela Ivy League, e os grandes grupos financeiros passaram a ser controlados por físicos, matemáticos e engenheiros, muitos deles com ph.D.[41] O setor financeiro nunca mais seria o mesmo.

Ao abandonar o modelo de crescimento de meados do século XX, que contratava mais trabalhadores semiqualificados, a participação do setor financeiro no PIB cresceu, simultaneamente a uma queda na oferta de empregos. Com

A BOLA DE NEVE DA DESIGUALDADE

trabalhadores de alta qualificação, em menor número e capazes de gerar mais receita, os lucros do setor começaram a subir e seus trabalhadores de elite ficaram ricos. Hoje, "o talento é a *commodity* mais preciosa em Wall Street;[42] é o que [os bancos] vendem, portanto é por ele também que têm de pagar". Os salários consomem cerca da metade da receita líquida de uma típica empresa de Wall Street.[43] O trabalhador médio do sistema financeiro ganha, hoje, 70% mais que o trabalhador médio de outros setores (as vantagens salariais na área financeira para os que têm formação universitária equivalem a cerca do dobro das vantagens dos demais trabalhadores).[44] E os trabalhadores das finanças são maioria no grupo dos realmente ricos. Hoje, as enormes rendas dos trabalhadores de elite do setor exacerbam a desigualdade econômica, aumentando as necessidades que o setor atende.

Essa visão estilizada passa por cima de muitas complexidades, mas capta uma importante verdade central aplicável não apenas ao setor financeiro, mas a toda a economia. As tecnologias exigentes em termos de qualificação, responsáveis pelos salários astronômicos dos trabalhadores supraordenados, não saíram do nada — de fora do sistema meritocrático. Pelo contrário, o próprio surgimento dos trabalhadores superqualificados *induziu* as inovações que agora favorecem sua formação de elite. Uma oferta cada vez maior de meritocratas estimula sua demanda.

A desigualdade meritocrática aumenta. E a meritocracia monta e reforça sua cilada por meio de uma série de retroalimentações. A mais importante delas é a que liga os dois pilares básicos da desigualdade meritocrática: a educação excepcional que as crianças ricas recebem na escola e os salários extraordinários que essa qualificação de elite sustenta no trabalho.

O retorno da qualificação racionaliza a obsessão da elite pela instrução. Pais e filhos aceitam uma educação opressiva para garantir empregos brilhantes, evitar empregos opacos e transmitir sua casta às gerações seguintes. Dessa forma, o trabalho reconstrói a família a sua imagem.[45]

A excepcional qualificação da elite, por sua vez, racionaliza o fetiche do mercado de trabalho pela qualificação. Mais obviamente, a meritocracia promove a inovação. Os inovadores precisam de preparo, muito preparo, e a abrangência e a escala da pesquisa e do desenvolvimento aumentam quando a educação meritocrática forma uma categoria de inovadores — os físicos que chegaram a

Wall Street — e cria um "setor de pesquisa e desenvolvimento".[46] Menos óbvio, mas não menos importante: a meritocracia orienta a inovação, determinando não só quantas novas tecnologias são inventadas, mas quais e de que categorias. A meritocracia orienta a inovação tecnológica para a qualificação porque trabalhadores supraordenados minuciosamente preparados e intensamente motivados podem usar as inovações voltadas para a qualificação de modo particularmente produtivo e rentável, em nítido contraste com a elite aristocrática. (Imagine-se pedir a Bertie Wooster que lide com obrigações de dívida colateralizadas.) A educação meritocrática simultaneamente cria inovadores e lhes oferece um propósito a buscar. Dessa forma, a família também reconstrói o trabalho a sua imagem.

A retroalimentação entre a educação de elite e o trabalho de elite não é responsável por toda a desigualdade econômica, claro, nem mesmo por toda a desigualdade meritocrática. Não obstante, é o mecanismo central que domina a vida social e econômica da atualidade. A desigualdade meritocrática não se impõe autocorreção nem limites; pelo contrário, assim que sobe um degrau, novas desigualdades decorrem inevitavelmente das anteriores. O fetiche do trabalho pela qualificação induz os pais de elite a darem aos filhos uma educação excepcional, e os trabalhadores supraordenados orientam o arco da inovação para que o fetiche pela qualificação aumente.

O ciclo continua, e a desigualdade meritocrática cresce como bola de neve ao longo das gerações, ganhando tamanho, massa e impulso enquanto rola pela encosta da história.

A REINVENÇÃO DA ADMINISTRAÇÃO

A rede de supermercados Safeway foi fundada pelo filho de um ministro da Igreja Batista que implantou o comércio de gêneros alimentícios por autoatendimento, estimulado pela percepção de que as mercearias que vendiam a crédito aumentavam os preços, incentivando o endividamento e a dependência para as famílias.[47] O fundador, M. B. Skaggs, diria tempos depois que, "em 1919, eu nunca tinha visto uma loja de autoatendimento,[48] mas o plano fazia sentido. A medida de meu progresso seria dada pela possibilidade de oferecer melhores serviços, reduzir o desperdício, satisfazer as necessidades de meus clientes

A BOLA DE NEVE DA DESIGUALDADE

e beneficiá-los com essa economia". Durante décadas — passando por expansões, contrações e reestruturações —, a Safeway (nome que significa "caminho seguro" ou "jeito certo") anunciou-se com slogans como "Pegue o Safeway"; "Compre do Safeway"[49]; e "Safeway dá segurança".[50]

Ao longo desse período, a empresa funcionou dentro do modelo de meados do século XX, adotando o que a revista *Fortune*, numa matéria de 1940 ilustrada pelo fotógrafo Ansel Adams, chamou de "fórmula simples de sucesso:[51] ela se comporta como se fosse operada para favorecer seus produtores, empregados e consumidores". Essa fórmula não era uma frase vazia. Os relatórios anuais da empresa em 1939, 1940 e 1941, por exemplo, anunciavam com orgulho que, embora a cada ano diminuísse o número de lojas Safeway em funcionamento, nenhum funcionário da empresa tinha sido demitido.[52] Em 1968, a Safeway empenhou-se em salvar uma cooperativa de alimentos concorrente que atendia ao bairro Bayview-Hunters Point[53] em São Francisco. Em 1972, ficou em primeiro lugar entre os varejistas da área de alimentos "pela responsabilidade social e pela atenção ao interesse público".[54] E, no começo da década de 1970, concedeu licença remunerada a um diretor e a um vice-presidente para que trabalhassem com a Aliança Nacional de Empresários num programa de emergência que pretendia criar meio milhão de bons empregos para trabalhadores de minorias carentes.[55]

Nesse período, os mais altos executivos da Safeway mantinham ligação estreita com o restante da empresa. O relatório anual de 1965, que celebrava o quadragésimo aniversário da empresa, anunciava com orgulho que o presidente da Safeway tinha trabalhado para ela durante todos esses quarenta anos, tendo começado como atendente em meio período em 1926, ano da incorporação da empresa, e subido até chegar à presidência.[56] A política da Safeway permitia e até incentivava essa trajetória: "Pregamos e vivemos o desenvolvimento das pessoas",[57] anunciava a empresa; "prevemos sistematicamente a necessidade de gerentes treinados e experientes; nós os identificamos e lhes damos o treinamento e a experiência que os qualificam para as exigências complexas da atualidade; e criamos oportunidades de ascensão para eles." As oportunidades realmente apareciam: em 1939, todos os gerentes de divisão da Safeway, com exceção de dois, tinham começado como caixas da empresa. Das duas exceções, um tinha começado como técnico em contabilidade e o outro como auxiliar de padaria.[58]

A folha de pagamento da Safeway era bastante equilibrada: um gerente de divisão podia levar para casa, entre salário e bônus, a metade dos vencimentos do CEO.[59] E os CEOs eram bem pagos, mas sem exagero: entre 1956 e 1964, a Safeway pagou anualmente a seu CEO, Robert Magowan, 135 mil dólares, o equivalente a 1,2 milhão em valores de 2018[60] — uma boa quantia, mas muito menos do que ganha um CEO hoje em dia. A revista *Fortune*, resumindo a cultura da empresa, declarou que "a Safeway racionalizou sua técnica com um conceito de negócio tão saudável que, quando atua em consonância consigo mesma, faz um exercício de relações públicas".[61]

Finalmente, a política da Safeway é adequada a suas circunstâncias sociais. A força de trabalho do século XIX — com baixos índices de alfabetização, poucos trabalhadores com ensino médio e praticamente ninguém com formação universitária — não tinha a qualificação necessária para assumir ou ensinar tarefas gerenciais, e as empresas da época (como a Durant-Dort Carriage Company), portanto, se arranjavam sem gerentes. Mas no século XX, com o ensino médio universalizado, a explosão do ensino universitário no pós-guerra e o treinamento oferecido no próprio trabalho contribuíram para a formação de uma vasta categoria de trabalhadores capazes de desempenhar funções administrativas básicas.[62] Na época, a valorização da ociosidade pelas elites e a mediocridade das universidades pouco disputadas produziram altos executivos sem disposição e sem capacidade de assumir uma carga administrativa excepcional. A tecnologia administrativa dispersa e as hierarquias corporativas rígidas adotadas pela Safeway (e por outras empresas de meados do século XX, entre elas a GM) mais uma vez combinaram perfeitamente com o perfil de sua força de trabalho.

Contra esse pano de fundo, a partir do fim da década de 1970 e com uma aceleração na década seguinte, uma série de inovações interligadas — na área de finanças, do direito e na própria administração — reformulou a corporação norte-americana e inaugurou um novo estilo de administração: mais meritocrático do que democrático, com a renda firmemente concentrada no extremo superior.

Em primeiro lugar, as empresas mudaram a forma de financiar seus negócios. Em meados do século XX, as empresas investiam a maior parte dos lucros em suas próprias atividades em vez de distribuí-los aos acionistas ou pagar a credores.[63] Essa prática permitia que as empresas financiassem praticamente todos os seus investimentos a partir de recursos internos e não de dinheiro levantado nos

A BOLA DE NEVE DA DESIGUALDADE

mercados de capitais.[64] Mas, com a financeirização generalizada da economia, as empresas começaram a levantar capital operacional por empréstimos.[65] Em geral, as empresas de capital aberto de hoje retêm uma pequena parcela de seus ganhos e financiam menos de um quarto dos gastos com lucros passados.[66]

Essa mudança exige que as empresas de hoje dirijam seus lucros ao pagamento de credores em obediência a um cronograma fixo. Com efeito, parte da questão do financiamento da dívida (principalmente se combinada com a recompra de ações) consiste em obrigar os administradores a produzir as receitas necessárias para o pagamento de credores e a dar preferência aos donos e não aos demais acionistas.[67] Os altos executivos perderam a liberdade de ação garantida por uma grande reserva e um fluxo constante de ganhos, e agora enfrentam novas pressões para aumentar os resultados financeiros da empresa, em particular por enxugamento da folha de pagamento, que atinge todos os que estejam abaixo deles. Em meados do século XX, o distanciamento das empresas em relação ao mercado de capitais era tão efetivo que o princípio da "separação entre propriedade e controle"[68] tornou-se o ideal organizador da administração na época. Hoje, a estrutura de capital das empresas responsabiliza em grande medida a administração ante os investidores ativos.

Em segundo lugar, as novas tecnologias jurídicas criaram o mercado de controle corporativo de que se valem os invasores corporativos (*raiders*) — normalmente e não apenas em casos excepcionais — para disciplinar a administração que fracasse na maximização dos proventos do acionista.[69] A disciplina chega por muitos mecanismos, dentre os quais o mais importante seja talvez a compra alavancada — uma situação na qual alguém que procura adquirir o controle de uma empresa usa os ativos da própria empresa-alvo para garantir o empréstimo que lhe permitirá comprar suas ações. A partir da década de 1980, as compras alavancadas aumentaram muito a pressão a que os invasores corporativos em potencial submetiam os administradores.[70]

Escritórios de advocacia como Wachtell, Lipton, Rosen & Katz e Skadden, Arps, Slate, Meagher & Flom criaram o arcabouço legal para implementar o investimento ativista* em grande escala.[71] E bancos de investimentos,

---

* Quando o investidor busca controlar uma parte suficientemente grande de uma empresa para poder influenciar as decisões da companhia. (N. do E.)

como o Drexel Burnham Lambert, e empresas de participações privadas, como a Kohlberg Kravis Roberts & Company, adotaram e ampliaram as táticas dos primeiros *raiders* corporativos, levando esses personagens das margens excêntricas do sistema financeiro ao centro sedutor de Wall Street. O volume em dólares de fusões e aquisições nos Estados Unidos — que dá uma boa medida, ainda que aproximada, do total do ativismo dos acionistas — aumentou cerca de 200% entre 1982 e 1987 (anos comparáveis no ciclo empresarial)[72] e depois cerca de 500% entre 1988 e 1999.[73] Em 1990, um terço das quinhentas empresas da lista da revista *Fortune* tinha sido alvo de uma oferta de compra hostil, e dois terços delas acharam essa oferta ameaçadora o bastante para justificar a implementação de medidas de prevenção contra a compra alavancada.[74]

Em terceiro lugar, essas inovações financeiras e jurídicas induziram inovações administrativas, por meio das quais as empresas substituíram as tecnologias democráticas de administração aplicadas em meados do século XX pelas tecnologias meritocráticas que dominam a administração de hoje. A mudança quanto ao comando dos resultados da empresa levou a uma transformação imensa, concreta e prática no ambiente de trabalho corporativo.[75]

O mercado de controle corporativo não incentiva diretamente os trabalhadores de fora da alta administração da empresa. Os acionistas ficam muito distantes das operações internas da empresa para poder monitorar ou controlar diretamente esses trabalhadores; na verdade, é o distanciamento que os faz acionistas e não administradores.[76] Ao mesmo tempo, o mercado de controle corporativo cria fortes incentivos para altos executivos: os acionistas podem monitorar o desempenho dos altos executivos e aplicar o método de punição (a ameaça de demissão)[77] e recompensa (pacotes de ações e opções como pagamento)[78] para forçar a liderança de uma empresa a maximizar seu valor. Essa lógica mostra a distinção administrativa entre trabalhadores que não pertencem à elite, vistos como um custo para os acionistas, e a elite dotada de capacidade gerencial, que, adequadamente estimulada, é vista como lucro.[79] O mercado de controle corporativo, portanto, induz as inovações na tecnologia administrativa que acabaram com a função administrativa dispersa do regime vigente em meados do século XX em favor da concentração da governança no topo da hierarquia corporativa já achatada.

Essas inovações entrelaçadas transformaram a empresa norte-americana, substituindo práticas democráticas pela hierarquia meritocrática.[80] O sistema

A BOLA DE NEVE DA DESIGUALDADE

financeiro remodelou a governança corporativa a sua imagem, levando o fetiche da qualificação a empresas de fora da área financeira. Seria possível dizer, informalmente, que a própria governança corporativa se financiou.[81]

Assim como as inovações transformadoras no setor financeiro, as inovações em cascata que estão por trás da revolução administrativa não surgiram espontaneamente. Pelo contrário, todas e cada uma delas foram geradas no interior da meritocracia, pelo novo contingente de trabalhadores superqualificados — e para ele — que saiu das novas escolas e universidades meritocráticas.

Os instrumentos financeiros pelos quais os invasores corporativos conseguem seus objetivos, como outras inovações financeiras já enumeradas, exigem trabalhadores superqualificados que os construam, precifiquem e negociem. (Não é coincidência que a explosão de aquisições tenha se dado com a ascensão dos *traders* em bancos como o Drexel Burnham Lambert.)

As novas tecnologias jurídicas que criaram o mercado de controle corporativo precisaram de advogados superqualificados para desenvolvê-las e levá-las à prática. Os escritórios de advocacia mais coerentes na criação e no desenvolvimento dessas inovações — Wachtell, Skadden — eram fortemente meritocráticos. Em meados do século XX, eles se situaram deliberadamente longe da elite jurídica aristocrática, rejeitando a discriminação baseada em berço e religião que as firmas da época praticavam.[82] Hoje em dia, o Wachtell converteu-se na personificação da advocacia meritocrática de elite, que contrata apenas os melhores pós-graduados das escolas de ponta.[83] Seus concorrentes mais próximos também cultivam uma reputação meritocrática e disputam ativamente os talentos da área jurídica.[84]

O mais importante: um invasor corporativo consegue melhorar o desempenho econômico de uma empresa-alvo ou elevar o preço de suas ações apenas se puder substituir seus administradores por profissionais especialistas habilidosos. Toda a ideia de ativismo acionista depende dessa capacidade administrativa aumentada de elite, que dá aos invasores seu fundamento econômico. Isso requer um pronto contingente de administradores stakhanovistas superqualificados e competentes, dispostos a exercer efetivamente os imensos poderes de comando que uma empresa requer (sem o auxílio de gerentes intermediários).

Portanto, não foi por acaso que a explosão de fusões e aquisições da década de 1980 tenha coincidido com a expansão e o reposicionamento das instituições produtoras de competência administrativa. Os principais funcionários da área chegaram a se destacar justamente nesse período e levaram a perspectiva dos mercados financeiros para suas empresas.[85] Tanto as escolas de administração que conferem MBAs quanto as empresas de consultoria administrativa — com maior destaque para a McKinsey, Bain & Company e o Boston Consulting Group (BCG) —, por meio das quais os MBAs dão apoio técnico essencial aos altos executivos na hierarquia corporativa achatada, experimentaram um crescimento transformador.

A consultoria administrativa, em especial, mudou a ponto de ficar irreconhecível. O setor de consultoria amadurecia[86] ao longo da Segunda Guerra Mundial e adotou plenamente as normas elásticas da elite aristocrática.[87] Inclusive a McKinsey continuou sendo uma organização aristocrática. Só veio a contratar seu primeiro MBA por Harvard em 1953 e continuou exigindo a seus consultores que usassem chapéu de feltro até que o presidente Kennedy deixou de usá-lo.[88]

Na época, à medida que a economia de meados do século XX se esgotava, a McKinsey deu início a uma campanha para garantir sua condição de elite. Em 1965 e 1966, pôs anúncios no *The New York Times* e na revista *Time* com o propósito expresso de atrair milhares de candidatos que pudessem ser rejeitados;[89] e, ao longo da década de 1970, passou a aplicar a seus próprios negócios métodos de análise estritamente baseados em produtividade.[90] Na mesma década, Bruce Henderson, "conhecido elitista" do Boston Consulting Group, anunciou no jornal da Escola de Administração de Harvard que pretendia contratar "não apenas os convencionais, mas os bolsistas — titulares de bolsas de estudos Rhodes, Marshall, Baker (os 5% melhores da categoria)".[91] Atualmente, 25% dos pós-graduados pelas melhores escolas de administração entram para empresas de consultoria de elite,[92] e o principal tópico de discussão nos painéis de orientação profissional nos cursos de pós-graduação é a opção entre "bancos de investimentos ou consultoria".[93]

O talento que inundou a consultoria administrativa fez da gerência intermediária seu alvo preferencial, procurando abertamente "fomentar uma estratificação nas empresas e na sociedade",[94] induzida não "pela experiência dos cabelos brancos no setor, mas pelo brilho das ideias e pela óbvia incandescência das pessoas que as expunham,[95] ainda que essas pessoas tivessem 28 anos de idade". Os consultores atacaram a gerência intermediária com uma vertiginosa bateria de métodos analíticos registrados e muitas vezes exclusivos.

A Escola Sloan de Administração do MIT, em parceria com o braço de consultoria da Computer Sciences Corporation, desenvolveu um processo chamado "reengenharia corporativa", com o qual se pretendia "desmembrar uma organização em suas partes componentes e voltar a reunir algumas delas para criar uma nova máquina".[96] As partes que sobram e ficam de fora da nova máquina em geral correspondem a gerências intermediárias. E muitas empresas, como a GTE, a Apple e a Pacific Bell, mencionam expressamente a reengenharia como responsável pelo enxugamento de pessoal.[97] A McKinsey, por sua vez, criou a "análise de valor dos custos gerais",[98] que a firma considera expressamente uma resposta ao excesso de gerenciamento intermediário[99] na empresa de meados do século XX. A McKinsey reconhece que seu "processo, embora ágil, não é indolor.[100] Como normalmente de 70% a 85% dos custos gerais referem-se a pessoal, a maior parte de sua redução decorre de cortes da força de trabalho [não ligada à produção], o que exige decisões cruéis".

O mantra da consultoria administrativa permaneceu decididamente meritocrático, legitimando o corte de empregos. Nas palavras de um historiador, os consultores enfatizam que "estamos nisso todos juntos,[101] mas alguns caras são mais espertos que outros e merecem mais dinheiro". Dessa forma, a administração meritocrática "contribuiu para o sabor mais amargo do capitalismo de hoje".[102] Banqueiros, advogados e consultores superqualificados incentivaram as inovações administrativas que favorecem a superqualificação.

Por fim, todas essas inovações administrativas mais uma vez têm raízes no perfil de qualificação dos executivos norte-americanos.[103] A educação meritocrática criou um quadro de trabalhadores superqualificados capazes de dirigir empresas, mesmo grandes e complexas, sem recorrer a uma hierarquia estruturada sobre o gerenciamento intermediário, dispostos ainda a trabalhar com uma dedicação que as elites do passado teriam achado degradante. Esses trabalhadores incubaram as inovações nas áreas financeira, jurídica e administrativa, que subtraem poder e renda dos trabalhadores comuns para concentrá-los nos altos executivos.[104]

A Safeway, por exemplo, mostra também essa evolução recente na administração. A personalidade da empresa mudou radicalmente em 1986, quando, apesar de um franco aumento no preço de suas ações e nos dividendos pagos e de seu lucro recorde, sucumbiu a uma transação alavancada.[105] A nova declaração de princípios da empresa, anunciada no saguão de suas instalações, substituiu os antigos slogans pela promessa de "retornos direcionados sobre o investimento".[106]

Divisões da empresa foram extintas, levando ao fechamento de lojas (muitas vezes em comunidades empobrecidas) e custando empregos.[107] Quando a divisão de Dallas foi fechada, cerca de 9 mil empregados foram demitidos (com tempo médio de dezessete anos na empresa).[108] O gerenciamento intermediário foi radicalmente reduzido — a Safeway dispensou de sua sede muitos empregados reconhecidamente "muito bons" e acabou pagando milhões de dólares por demissões ilícitas.[109]

A governança de elite vem cada vez mais de fora da empresa. O CEO atual da Safeway tem formação em contabilidade e conseguiu o cargo depois de dirigir a empresa concorrente que adquiriu a Safeway por meio de uma fusão.[110] Seu antecessor chegou à empresa depois de vinte anos nos setores de transporte e energia.[111] Os principais executivos da empresa ficaram acentuadamente ricos. O salário anual do CEO da Safeway aumentou 40% no ano seguinte à fusão; seu bônus praticamente triplicou, passando de 40% a 110% sobre o salário-base.[112] O aumento dessas compensações tornou-se constante e só cresceu ao longo do tempo.[113] Em 2014, o CEO da Safeway recebeu 8.982.429 de dólares no total, cerca de dez vezes o que recebia seu antecessor na década de 1960.[114]

POR QUE A INOVAÇÃO ATUAL FAVORECE A QUALIFICAÇÃO

As novas tecnologias nem sempre favoreceram trabalhadores qualificados. Quando a renda da elite ainda dependia do capital, a inovação pesava contra o trabalho qualificado. As tecnologias que inauguraram a Revolução Industrial substituíram a produção artesanal por métodos de fabricação que consistiam em desdobrar tarefas complexas em passos mais simples a serem executados por trabalhadores de menor especialização. Os artesãos qualificados entenderam isso e resistiram. No fim do século XVIII, em Leeds, Inglaterra, os artesãos da tecelagem perceberam que o uso sistemático de teares automatizados faria com que fossem substituídos por trabalhadores menos qualificados e com baixos salários. Os tecelões se organizaram (num grupo que passou a ser conhecido como "luddistas") e publicaram petições contra as "geringonças" nos jornais da cidade. Ao perceberem que seus argumentos eram impotentes para defender os empregos, eles fizeram uma campanha de sabotagem e manifestações contra os teares mecânicos.[115]

A tendência à substituição de mão de obra especializada aprofundou-se com firmeza na industrialização, à medida que "muitos dos grandes avanços tecnológicos do século XIX[116] [...] trocaram artesãos altamente qualificados por capital físico, matérias-primas e força de trabalho não qualificada". Na fabricação de armas, por exemplo, a madeira barata das florestas norte-americanas, em conjunto com os tornos mecânicos, permitiu que os fabricantes substituíssem a mão de obra especializada, que as produzia manualmente, pela produção em massa, executada por trabalhadores não qualificados que montavam peças pré-fabricadas.[117]

E as armas não eram exceção: "Açougueiros, padeiros, sopradores de vidro, sapateiros e ferreiros também tiveram seu trabalho artesanal substancialmente alterado pelo sistema fabril, pelas máquinas e pela automação."[118] A tendência que prejudicava os artesãos qualificados continuou no começo do século XX. Na década de 1910, por exemplo, a utilização da linha de montagem permitiu que a Ford Motor Company construísse carros sem os mecânicos artesãos que antes predominavam na produção.[119]

Em meados do século XX, quando a sindicalização dos trabalhadores de fábricas começou a enfrentar o capital e a sustentar a prosperidade da classe média, os defensores da igualdade chegaram a receber bem a inovação. Os pensadores da época supunham que a inovação tecnológica favoreceria os trabalhadores de classe média e desviariam a renda do capital para o trabalho. Além disso, como disse Joseph Spengler numa matéria de 1953 para o *American Journal of Sociology*, eles acreditavam que "um decréscimo na parte da renda nacional que iria para a propriedade,[120] somado a um aumento da parte referente a salários, tende a vir acompanhado de uma queda na desigualdade de renda". Quando as linhas do combate econômico foram traçadas, com base na disputa entre capital e trabalho semiqualificado, os defensores da igualdade passaram a ver a inovação com simpatia.

A história recente do sistema financeiro e da administração mostra por que a inovação mudou de rumo e agora é contrária à igualdade econômica.[121] Nos dois casos, uma oferta cada vez maior de trabalho supraordenado, representado pela nova educação meritocrática da elite, alterou a curva da inovação em favor da qualificação desses trabalhadores. Quando as linhas de combate foram retraçadas devido ao novo conflito entre trabalhadores semiqualificados e superqualificados, a inovação mudou de rumo, favorecendo a qualificação e promovendo desigualdade.

Essa mudança decorre de uma lógica interna compreensível. Os inovadores não são pessoas imparciais: trabalham num meio social e têm interesses econômicos e humanos. O contexto em que vivem determina quais pensamentos e ideias, dentre um imenso conjunto de possibilidades imaginativas, escolherão para desvendar e então tirar da prancheta para desenvolver e pôr em prática.[122] Isso se aplica principalmente a inovações da produção que, pela própria índole, não são buscadas pelo amor ao saber (mesmo que isso fosse possível), mas em resposta a questões práticas e a oportunidades de lucro.[123]

Inovadores com interesses definidos adaptam as tecnologias que inventam de modo a atender a condições de seu cenário econômico, em especial o recurso básico de sua sociedade — o vasto conjunto de ativos que as novas tecnologias devem explorar. Isso é assim desde os primórdios da inovação, na verdade desde a invenção da agricultura. Nas primeiras economias agrárias, por exemplo, uma sociedade radicada numa região árida podia criar a irrigação por gotejamento, enquanto outra, de uma região com muitos rios, podia desenvolver o cultivo irrigado por inundação. A posterior abundância de trabalho escravo no mundo antigo é considerada muitas vezes a razão pela qual até sociedades muito avançadas nunca se industrializaram. (Heron de Alexandria chegou a criar um mecanismo pelo qual o vapor fazia girar uma esfera, mas ninguém aplicou essa tecnologia a máquinas produtivas.)[124] Mais recentemente, culturas nas quais a força de trabalho era escassa em relação à terra (como os Estados Unidos) desenvolveram técnicas agrícolas muito diferentes de outras em que a terra era escassa em relação à mão de obra (como o Japão).[125]

Outro importante recurso que toda sociedade tem é a qualificação e a iniciativa — o capital humano — de seus trabalhadores. Depois de milênios em que tanto a riqueza quanto a produção econômica foram ligadas à terra, e possivelmente durante o primeiro século de trabalho executado em sua maioria por máquinas industriais,[126] o capital humano tornou-se a maior fonte de riqueza nas nações ricas do mundo. E assim como o caminho da inovação se adaptou aos recursos naturais ou físicos de cada sociedade, ele agora se adapta aos recursos humanos da sociedade, em particular ao perfil de qualificação da força de trabalho.

A tendência antiqualificação da Revolução Industrial — o uso da tecnologia industrial para substituir o trabalho artesanal qualificado pela produção em série — mostra esse efeito em ação. Ao longo da primeira metade do século XIX, a Inglaterra testemunhou uma migração em massa sem precedente de trabalhadores não qualificados do campo (e da Irlanda assolada pela fome) para a cidade. Entre 1811 e 1911,[127] a região metropolitana de Londres passou de 1 milhão de habitantes para mais de 7 milhões; a de Manchester, de cerca de 400 mil para 2,5 milhões; a de Birmingham, de cerca de 250 mil para 1,75 milhão; e a de Liverpool, de cerca de 150 mil para 1,4 milhão.

As principais inovações da produção industrial eram voltadas para a exploração — e ao mesmo tempo para o estímulo — dessa nova força de trabalho. A produção de um novo tipo visava à obtenção de artigos padronizados, compostos de partes intercambiáveis, que permitiam fragmentar o processo de manufatura, até então integrado, em passos distintos. Com isso, trabalhadores não qualificados podiam executar tarefas simples e repetitivas, coordenadas por engenheiros industriais, para produzir bens que antes demandavam o trabalho integrado de um artesão qualificado. Com o tempo, as inovações substituíram os velhos métodos artesanais e alijaram os trabalhadores altamente qualificados que os praticavam.[128]

Nos primórdios da indústria, a tendência antiqualificação da tecnologia correspondia diretamente ao tipo de recursos humanos que ela empregava — ao equilíbrio entre trabalho qualificado e não qualificado encontrado na Inglaterra que se industrializava —, da mesma forma que as técnicas agrícolas primitivas correspondiam ao equilíbrio dos recursos hídricos naturais que empregavam.

A tendência que atualmente prevalece, em favor dos trabalhadores qualificados, reflete igual mecanismo. Mas agora os incentivos para a inovação empurram no sentido oposto. A explosão da educação universitária, que teve início na década de 1960, provocou um forte incremento na oferta de mão de obra qualificada, e a subsequente (e ainda vigente) afirmação de uma extraordinária concentração de capacidade oferecida pelas universidades e por cursos de pós-graduação de ponta provocou um aumento ainda mais agudo na capacitação de superelite e no número de trabalhadores supraordenados, capazes de desempenhar funções de complexidade sem precedente.[129] Ao mesmo tempo, a transformação das normas sociais, que passaram a valorizar o trabalho dedicado e a deplorar a ociosidade, levou os trabalhadores recém-superqualificados a empregarem sua formação com absoluto empenho.[130] O grande número e a tenacidade dos novos trabalhadores de elite fazem com que a força de trabalho superqualificada e as tecnologias por ela empregadas se influenciem e se reconstruam reciprocamente.[131]

Essas tendências oferecem terreno fértil para novas tecnologias que podem se misturar produtivamente ao trabalho superqualificado intensivo. Inovadores interessados correspondem ao novo cenário — à nova oferta de força de trabalho que tornará lucrativas as inovações voltadas para a qualificação. Suas invenções focaram nas novas qualificações da elite, que eles chegavam a fetichizar. Em simultâneo, negligenciaram a qualificação mais comum na qual se baseava antes a produção.[132] O capital, naturalmente atraído para o trabalho supraordenado que poderia explorar, financiou as inovações.[133] (A concentração de empresas de capital de risco no Vale do Silício é apenas a instância mais óbvia desse fenômeno.)

A inovação não tirou do nada o seu atualmente famoso viés pró-qualificação, nem o tirou de uma lógica inseparável da tecnologia; adquiriu-o rastreando e até perseguindo a nova oferta de qualificação que a educação meritocrática proporcionou. As inovações voltadas para a qualificação — nas finanças e na administração, mas também no comércio varejista, na manufatura e em toda a economia — concentraram a produção em torno do trabalho superqualificado. Com isso, chegou-se à supressão dos salários de classe média e ao aumento dos salários da elite. A desigualdade tornou-se a suprema marca registrada da meritocracia.

No fim da Revolução Industrial, Sterling Bunnell observou com sarcasmo que "os homens altamente qualificados precisam de pouco além de sua caixa de ferramentas"[134] para serem produtivos, enquanto "os homens baratos precisam de máquinas caras". A trajetória recente das inovações virou essa observação de cabeça para baixo. Hoje, não apenas no sistema financeiro e na administração, mas em toda a economia, trabalhadores caros induzem a inovação a criar máquinas que barateiam outros trabalhadores.[135]

O crescimento da oferta de qualificação sofreu uma aceleração a partir mais ou menos da década de 1970, já que o aumento súbito da natalidade depois da Segunda Guerra Mundial e o investimento em educação superior se conjugaram para produzir uma coorte de formandos de número sem precedente.[136] Na década seguinte, os prêmios salariais, como se poderia esperar, caíram vertiginosamente, já que a nova oferta de qualificação superior excedia a demanda. Mas então, no início da década de 1980, os prêmios salariais deram uma virada surpreendente, crescendo rápido e quase sem interrupção até os dias atuais. As remunerações continuaram subindo acentuadamente nas décadas posteriores, mesmo com um aumento relativo da oferta de qualificação superior (com uma discreta redução no ritmo de crescimento). Isso indica uma maior demanda repentina de qualificação universitária, que começou mais ou menos uma década após a expansão da oferta de trabalhadores com formação universitária. (Uma estimativa independente afirma que a demanda de qualificação universitária aumentou mais de uma vez e meia mais rápido na década de 1980 do que nas quatro décadas anteriores.)[137]

A melhor explicação para esse padrão — a defasagem na demanda da formação universitária — é que a oferta em ascensão de trabalhadores com formação universitária induziu as inovações que valorizariam sua qualificação e elevou o prêmio salarial o qual usufruem.[138]

Esses padrões e relações se repetem no vértice da distribuição de renda, nos prêmios recebidos por trabalhadores superqualificados com diplomas universitários de elite ou especializações.[139] A reforma meritocrática nas universidades de ponta, acompanhada da recente identificação da elite com o trabalho no lugar da ociosidade, fez com que a oferta de mão de obra superqualificada explodisse a partir do começo da década de 1970. Mais uma vez, a nova oferta de início reduziu o retorno da superqualificação, e a faixa do 1% superior na distribuição de renda chegou ao mínimo depois de meados do século XX, caindo de cerca de 12%, no fim da década de 1960, para 10,4% em 1976.[140] Depois disso, e a partir do fim da década de 1970, as altas rendas aumentaram rapidamente, sofrendo uma aceleração radical a partir do começo da década de 1980 (de modo que, em 1988, a fatia do 1% superior na distribuição de renda cresceu 50%, chegando perto de 15%), e continuou a aumentar no novo milênio.[141] A economia como um todo repete as micro-histórias do setor financeiro e da administração ensaiadas no passado. A melhor explicação para esse comportamento, mais uma vez, é que a inovação conduz o trabalho e os salários para a superqualificação induzida pela nova oferta de trabalhadores superqualificados, criada pela revolução meritocrática na educação da elite.[142]

Finalmente, comparações internacionais corroboram a lição histórica que relaciona a inovação voltada para a qualificação à ascensão de uma força de trabalho superqualificada.[143] A divisão do trabalho entre empregos opacos e brilhantes é mais nítida nos Estados Unidos do que em outros países ricos, e é a nação onde a educação de elite é mais intensiva e excepcional. As desigualdades meritocráticas no trabalho e na escola se alimentam reciprocamente.

Entre os países grandes, a Alemanha é o mais rico do mundo depois dos Estados Unidos, considerando-se o PIB *per capita*. Tem uma população de cerca de oitenta milhões de habitantes e um PIB *per capita* de quase 50 mil dólares.[144] Com efeito, os Estados Unidos e a Alemanha são os únicos países do mundo com mais de cinquenta milhões de habitantes e PIB *per capita* de cerca de 50 mil dólares.[145] Mas apesar de serem os únicos membros desse clube exclusivo, a história recente da educação e do trabalho na Alemanha e nos Estados Unidos mostra que ambos os países trilharam caminhos diferentes. A comparação das diferenças abre uma janela para a relação entre qualificação e trabalho, em particular entre a educação de elite e o retorno econômico da superqualificação.

Por um lado, nos Estados Unidos e na Alemanha, a educação tem como alvos populações diferentes por meios diferentes. Os Estados Unidos concentraram seu investimento em educação numa elite progressivamente mais exígua e transferiram a educação cada vez mais para o ambiente universitário, eliminando de fato o treinamento pelo trabalho. A Alemanha, em comparação, popularizou a educação de maneira crescente, atingindo segmentos cada vez maiores da população.[146] Além disso, todos os membros da elite alemã recebem uma educação equivalente: a Alemanha praticamente não tem escolas ou universidades privadas e, embora existam corpos docentes de elite no ensino superior, praticamente inexistem corpos discentes excepcionalmente competi-

A BOLA DE NEVE DA DESIGUALDADE 311

tivos ou elitizados. A Alemanha também proporciona treinamento vocacional intensivo para os que estão fora da elite de formação universitária.[147] Por fim, o Estado promove e custeia uma educação igualitária desde a primeira infância, garantida por lei. Em Berlim, por exemplo, o governo municipal chegou a ponto de assegurar a creche em tempo integral para todos os moradores da cidade e tornar ilegal a creche de elite, proibindo a cobrança de mais de 90 euros mensais aos pais, por mais ricos que sejam.[148]

Por outro lado, nas últimas décadas, os empregadores norte-americanos e alemães vêm concentrando seus investimentos e inovações em segmentos distintos do mercado de trabalho. As empresas norte-americanas dirigem seus novos investimentos em grande medida para instalações e máquinas que complementam o trabalho altamente qualificado.[149] As empresas alemãs, pelo contrário, canalizam o capital novo para setores da produção em que predomina a mão de obra não qualificada ou semiqualificada.[150]

Quando uma empresa adquire novos equipamentos, os trabalhadores que os usam tornam-se mais produtivos e, assim, seus salários aumentam. Dessa forma, as decisões sobre o investimento em equipamentos usados por trabalhadores semiqualificados ou superqualificados influenciam diretamente a remuneração desses setores e, portanto, também o salário médio que acompanha o treinamento e a qualificação. Entre 1975 e 1991, por exemplo, os novos investimentos — aumento da intensidade do capital — na produção manufatureira e no comércio varejista nos Estados Unidos aumentaram em cerca de 8% a média salarial do trabalho qualificado. Na Alemanha, pelo contrário, o aumento da intensidade de capital nesses setores reduziu as diferenças salariais. Em geral, o aumento da intensidade de capital nos Estados Unidos está associado ao aumento da dispersão salarial e a um maior retorno para o trabalho qualificado, enquanto na Alemanha está associado à compressão salarial e à queda dos retornos do trabalho qualificado. Essa situação se verifica também no setor bancário. Os bancos norte-americanos caçam talentos de elite e são um dos setores de maior desigualdade salarial do mundo. Mas, na Alemanha, os novos investimentos do setor bancário buscaram trabalhadores semiqualificados e reduziram a desigualdade salarial no setor nada menos do que em um terço.[151]

Quando se adiciona outros países a esse grupo, a relação entre a desigualdade educacional e a desigualdade no trabalho fica ainda mais clara, evidenciando com mais ênfase que a escolarização excepcional da elite norte-americana e os excepcionais salários que recebe se realimentam de maneira mútua. Em economias desenvolvidas, o salário médio do portador de diploma universitário e a distância entre o investimento da elite e o da classe média em educação tendem a subir ou a cair em consonância.*[152] Quando a educação concentra a qualificação, as empresas focam seus investimentos em trabalhadores superqualificados e aumentam o valor de seus salários em relação aos salários de trabalhadores menos qualificados. Mas quando a educação dispersa a qualificação, as empresas focam seus investimentos em trabalhadores semiqualificados e reduzem a desigualdade salarial. A meritocracia no ensino e a meritocracia no trabalho caminham em compasso. Uma elite trabalhadora meritocrática, por sua própria existência, estimula a demanda de sua qualificação. O fetiche da qualificação que impera no mercado de trabalho na atualidade é uma resposta contingente e projetada à evolução meritocrática na educação de elite.[153] Assim, a elite gasta suas rendas astronômicas na educação excepcional de seus filhos, cuja qualificação induzirá inovações voltadas para o aproveitamento dessa qualificação. E o ciclo continua. Um conhecido comentarista chegou a ponto de se perguntar — mais como especulação do que literalmente — se "o recrutamento para a Guerra do Vietnã e o alto índice de matrículas nas faculdades de legiões de *baby boomers*[154] [...] não teriam levado à invenção dos computadores". Em termos mais simples, os empregos brilhantes foram criados em resposta ao surgimento dos trabalhadores supereducados que deveriam ocupá-los.

A desigualdade meritocrática aumenta pela sua retroalimentação.

A MALDIÇÃO DOS RECURSOS HUMANOS

Se a sociedade é uma escada, as oportunidades de chegar ao topo podem ser desiguais de duas maneiras.

Em primeiro lugar, as chances que uma pessoa tem de chegar aos degraus de cima dependem do degrau de onde ela parte. Quando a educação meritocrática concentra a qualificação nos filhos de ricos e desvia da riqueza a massa de demais estudantes, ela própria prejudica a igualdade de oportunidades. Fi-

---

* Uma representação desse padrão é mostrada no Gráfico 11, p. 372.

lhos de ricos excluem filhos de classe média das escolas de elite e trabalhadores supraordenados tornam supérfluos os semiqualificados. As oportunidades para a elite são os obstáculos para a classe média, e a elite bloqueia a classe média com o propósito de praticar, e não de trair, os ideais meritocráticos.

Em segundo lugar, o valor de uma escalada qualquer depende da distância que separa os degraus da escada econômica e social — do tamanho das diferenças absolutas de renda e status entre as classes sociais. Estar confinado ao estrato social de nascimento numa sociedade de distribuição econômica bem comprimida, em que as diversas classes levam vidas material e socialmente parecidas, é uma coisa. Outra coisa é o confinamento num dos estratos de uma sociedade amplamente dispersa, em que mesmo estratos adjacentes vivem em condições materiais e sociais que tornam suas vidas mutuamente irreconhecíveis. Ao polarizar o trabalho e substituir os empregos de classe média por empregos opacos e brilhantes, a meritocracia aumenta a distância entre os degraus da escada. Separam-se não somente as pessoas, mas castas inteiras. Esta segunda instância agrava muito a desigualdade de oportunidades.

As retroalimentações que impulsionam a desigualdade meritocrática reúnem essas duas falhas. Os mecanismos pelos quais a meritocracia estica a escada econômica e social, aumentando a distância entre os degraus, também fazem as chances de ascensão dependerem do ponto de partida. (A divisão entre empregos opacos e brilhantes leva a elite a fazer os extraordinários investimentos necessários para que seus filhos tenham empregos brilhantes.) A distância entre os degraus também aumenta muito com os mecanismos por meio dos quais a meritocracia faz com que as chances de ascensão dependam do ponto de partida. (A ascensão de uma elite de educação sofisticada induz inovações que levam o trabalho e a renda a favorecerem a qualificação que a elite tem.)

Juntos, esses dois efeitos exercem um impacto devastador sobre a mobilidade social em termos absolutos — as chances de alguém ter uma renda maior que a de seus pais. Como ocorre com grande parte do ônus imposto pela meritocracia, o maior declínio se concentra mais uma vez na classe média em sentido amplo.

Praticamente todos os integrantes da geração de 1940, que chegaram à idade adulta durante o *boom* da classe média no pós-guerra, ficaram mais ricos que seus pais. A esse respeito, também, todos os Estados Unidos se assemelhavam a

314 A CILADA DA MERITOCRACIA

St. Clair Shores. Um membro da geração do *baby boom* teria de nascer dentro do decil das famílias mais ricas para que suas chances de ficar mais rico que os pais caíssem para menos de nove em dez, e teria de nascer no 1% mais rico para que suas chances caíssem pela metade.

A geração nascida em 1980 enfrentou um futuro muito mais sombrio. Só os pobres tinham uma chance melhor de ficar mais ricos que os pais. Além disso, e de modo determinante, o declínio intergeracional na mobilidade absoluta é muito maior para filhos de pais cuja renda se situa entre o 20º e o 95º percentis da distribuição de renda — ou seja, para a classe média em sentido amplo. Esse é o grupo cujas oportunidades mais se expandiram pela educação aberta e democrática de meados do século XX e cujos resultados mais se beneficiaram do crescimento econômico compartilhado.* A classe média em sentido amplo é também, naturalmente, o grupo cujas queixas de exclusão são mais contestadoras e soam mais alto. Essa lente dirige a atenção para a ordem de castas criada pela desigualdade meritocrática. O privilégio da elite e a exclusão da classe média não são preocupações individuais, mas essencialmente coletivas. A ampla divisão que já definimos em termos estáticos tem também uma expressão dinâmica. Quando a meritocracia conduz a inovação de modo a favorecer meritocratas, a elite cerra fileiras. A educação exclusiva e o fetiche da qualificação favorecem os meritocratas enquanto indivíduos, e a retroalimentação entre os dois movimentos favorece a elite meritocrática enquanto classe.

Poderosas forças sociais e econômicas impulsionam esse processo. Os críticos da desigualdade geralmente acusam as elites de, uma vez enriquecidas, empurrarem a escada da oportunidade para baixo.[155] Mas isso não é exato. Pelo menos, não capta a objeção central à desigualdade meritocrática.

As críticas com certeza são justas ao afirmarem que os meritocratas de elite não são mais honrados do que qualquer outra pessoa e empreendem todo tipo de conduta de favorecimento próprio ou de sua família. Contudo, o principal mecanismo que existe por trás da bola de neve da desigualdade meritocrática são escolhas por si sós louváveis — educar os filhos, trabalhar com afinco, inovar — que se acumulam e se realimentam, de modo a causar um mal cole-

---

* Uma representação dessas tendências é mostrada no Gráfico 12, p. 373.

A BOLA DE NEVE DA DESIGUALDADE 315

tivo. Destacar separadamente cada uma dessas escolhas é ignorar as profundas estruturas dentro das quais as pessoas agem. A ênfase na moralidade pessoal desvaloriza a política.

Uma visão estrutural mais profunda revela que a desigualdade meritocrática reencena um paradoxo econômico muito conhecido, mas agora em um cenário novo.

Os economistas há muito se perguntam por que países ricos em recursos naturais — como petróleo, ouro ou diamantes — são quase sempre menos ricos do que os com menos recursos. Isso se explica em parte pela distorção que a posse de recursos naturais causa na economia. Estes países centram sua produção no extrativismo, que obtém recursos a partir da perfuração, da mineração e assim por diante. Essas atividades tendem a concentrar riqueza e poder numa pequena casta de proprietários das terras e dos recursos minerais, e demandam uma vasta classe de trabalhadores oprimidos para executar o trabalho penoso e arriscado de extrair a riqueza natural.

Os países ricos em recursos naturais, portanto, não investem em educação de massa e até suprimem o comércio e as profissões, de modo que nunca formam uma classe média produtiva e dinâmica. Tendem a dar origem a instituições sociais e políticas antidemocráticas e até corruptas, feitas sob medida para proteger os interesses de uma elite poderosa à custa do bem público. Devido a isso, os países ricos em recursos naturais crescem mais lentamente do que os demais — nem sempre, mas com frequência suficiente para os economistas falarem em uma "maldição dos recursos naturais".[156]

As retroalimentações que impulsionam a desigualdade meritocrática apresentam uma versão sem precedente dessa maldição. Nos Estados Unidos de hoje, o recurso maldito não é o petróleo, o ouro, os diamantes ou qualquer outro tipo de riqueza física, mas o capital humano. A qualificação excepcional dos trabalhadores supraordenados distorce as economias que nela se baseiam. O capital humano concentrado leva a inovações que centralizam a produção em setores e funções — financeiro, administração de elite — baseados no trabalho supraordenado. E esses setores concentram riqueza e poder numa casta cada vez mais restrita de trabalhadores meritocráticos, que desempenham funções brilhantes e dominam uma vasta classe de trabalhadores subalternos relegados aos empregos opacos. São atividades que caracterizam de fato uma indústria extrativista, com a particularidade de extrair renda não da riqueza natural, mas do capital humano de trabalhadores supraordenados.

Portanto, os países meritocráticos também concentram a educação e o comércio numa elite restrita, que cerra fileiras como as castas de proprietários de terra fazem. O circuito de retorno entre a educação excludente e a inovação baseada na qualificação consolida e expande os privilégios da elite, encolhendo e marginalizando a classe média. As patologias que reconhecidamente assolam as sociedades ricas em recursos naturais — estratificação econômica e social, política antidemocrática, corrupção e baixo crescimento — virão inexoravelmente.

A desigualdade meritocrática inventou a "maldição dos recursos humanos".

CAPÍTULO 9

O MITO DO MÉRITO

A palavra *meritocracia*[1] é um pouco mais antiga do que as práticas definidas por ela. Foi cunhada pelo sociólogo britânico Michael Young na sátira *The Rise of the Meritocracy* [A ascensão da meritocracia], de 1958.[2]

Young denuncia duramente a meritocracia. *The Rise of the Meritocracy* é um grito de alerta, não uma canção de louvor. Uma correnteza de agouro e inclusive de violência perpassa a narrativa. E o próprio Young vê o livro como uma fantasia distópica, na linha de *1984*, de George Orwell, ou, em termos mais próximos, de *Admirável mundo novo*, de Aldous Huxley.

Young imaginou que a meritocracia empregaria testes cada vez mais exatos e precoces para medir a inteligência natural e classificar as pessoas para escolas, universidades e finalmente empregos. A classificação teria como resultado uma estratificação social em massa, estável e absoluta, segundo a aptidão de cada um.

Dessa forma, segundo a proposta de Young, a perfeita igualdade formal de tratamento — em que as pessoas com talento natural equivalente teriam educação, renda e status equivalentes — geraria desigualdades enormes e fundamentais na distribuição do privilégio social e econômico. Em última instância, as desigualdades se tornariam grandes demais até mesmo para o poder ideológico da meritocracia, gerando violência revolucionária e violência indiscriminada.

Young tinha razão para se preocupar, como se viu, embora pelos motivos errados. Por acreditar mais na natureza do que na cultura, ele achava que mesmo os meritocratas nasciam nessa condição. Isso fez com que sua fantasia se equivocasse quanto à tecnologia que seria empregada pela desigualdade meritocrática. Na verdade, a meritocracia moderna funciona não com base na seleção cada vez mais exata de talentos naturais, aplicada cada vez mais cedo, mas pelo cultivo intensivo do talento, estendido por cada vez mais tempo.

Além do mais, Young subestimou a transformação absoluta que a meritocracia imporia à sociedade. Imaginou que ela mudaria as condições pelas quais a sociedade confere privilégios econômicos e sociais sem transformar também os valores — ideais morais e políticos — pelos quais a distribuição do privilégio é julgada. E não viu que a meritocracia inclinaria a curva da inovação para favorecer a qualificação produzida por ela própria, de modo que a educação e o trabalho meritocráticos chegariam a se racionalizar e a se exigir reciprocamente. Young subestimou tanto o poderoso charme da meritocracia quanto a longa sombra que a desigualdade meritocrática lançaria sobre os aspectos econômicos, sociais e éticos da vida.

A sátira de Young errou feio. O termo que ele cunhou passou a ser muito mais acatado do que rejeitado. Ele próprio lamentaria esse curso dos acontecimentos pelo resto da vida.[3]

NOVAS REGRAS PARA NOVOS FATOS

As transformações de uma época não podem ser criticadas segundo regras de um regime passado.[4] A meritocracia reconstruiu tão profundamente a sociedade — desencadeando rupturas entrelaçadas na vida doméstica e no trabalho, na vida prática e na imaginação — que os ideais igualitários herdados por Young não poderiam dar conta do mundo que ele imaginou.

Os ideais de hoje referentes a justiça, direitos e mérito foram gestados pela meritocracia e carregam seus genes. Ela construiu um mundo que a faz parecer, em todos os seus aspectos — até na desigualdade meritocrática —, necessária, tanto na esfera prática quanto na esfera moral. É essa tirania de falta de alternativas que torna difícil escapar à cilada da meritocracia.

O MITO DO MÉRITO

Para chegar a um acordo com os novos fatos criados pela meritocracia — entre eles, os padrões peculiares da desigualdade meritocrática — são necessárias novas regras, projetadas e estruturadas com o mundo meritocrático em mente. É necessário um novo contexto imaginativo — que reconheça o charme da meritocracia — para esclarecer e justificar as queixas dos descontentes e eventualmente fugir da cilada.

O trabalho de Young ajuda a construir o novo contexto, ainda que seus argumentos contra a meritocracia não sejam capazes de preenchê-lo. Ele se viu obrigado a criar a palavra *meritocracia* porque o termo natural para o governo do "mais virtuoso" — aristocracia — já tinha sido usado e, depois de séculos de ativismo político e trabalho ideológico, adquiriu uma conotação pejorativa. Assim, para cunhar o termo, Young substituiu o radical grego *aristo*, que significa "os melhores", pelo radical latino *merito*, que significa "ganho".[5]

O conceito de Young e sua construção tiveram precedentes históricos. George Bernard Shaw (de quem Young era admirador) já havia escrito sobre aquilo que chamava alternadamente de "democracia aristocrática" ou "aristocracia democrática",[6] expressão com a qual tentava dizer que um bom governo exige hierarquia, desde que baseada na competência e não no berço. Pouco antes, o francês Émile Boutmy criara a Grande École Sciences Po (que foi frequentada por seis dos sete últimos presidentes da França)[7] especificamente para escorar a elite ante o esfacelamento das prerrogativas aristocráticas — de modo que, como ele dizia, as "classes superiores [pudessem] manter a hegemonia política[8] [...] invocando os direitos dos mais capazes". E Thomas Jefferson (mais distante do que Bernard Shaw da mentalidade socialista fabiana de Young[9] e menos frio e cínico do que Boutmy) chegou a defender uma "aristocracia natural" cujas bases estavam não "na riqueza e no berço", mas "na virtude e no talento".[10] O jogo de palavras de Young foi menos revolucionário do que uma tentativa de dar nome a um espírito existente — que procurava substituir uma hierarquia aristocrática, que o capitalismo democrático moderno tinha tornado despropositada e até mesmo ridícula, por outra hierarquia compatível com o novo sistema.

Embora o senso comum veja meritocracia e aristocracia como uma oposição, as origens da palavra *meritocracia* revelam (como até mesmo Young acreditava) que as duas ordens sociais são parentas próximas. Essa ideia dá mais munição contra a meritocracia do que o raciocínio explícito de Young.

A analogia com a aristocracia entrelaça todos os fios do argumento contra a desigualdade meritocrática numa potente crítica unificada da visão meritocrática de mundo.

A meritocracia, como a aristocracia, isola totalmente uma casta de elite do restante da sociedade e permite que essa casta transmita seus privilégios às gerações seguintes. A educação meritocrática favorece estudantes ricos; os empregos brilhantes favorecem trabalhadores instruídos; e as retroalimentações entre qualificação e trabalho garantem que essas duas formas de privilégio se apoiem mutuamente e cresçam. A característica dinástica — que funciona tanto no âmbito de cada família quanto no de casta de elite — é o segredo para entender em que ponto a meritocracia é disfuncional.

As dinastias aristocráticas, baseadas na propriedade hereditária das terras, foram viáveis enquanto a terra representava o ativo econômico mais valioso e por meio dela a riqueza perdurava naturalmente por gerações.[11] Mas, como observou Roscoe Pound (reitor da Escola de Direito de Harvard) em 1922, "a riqueza, numa era comercial, se constitui em grande parte de promessas",[12] entre elas, principalmente, as contidas nos contratos de trabalho. E o capital humano, que está na base do valor da força de trabalho, deve ser laboriosamente reconstruído por cada próxima geração.

Os ordenamentos jurídicos estruturados para sustentar as dinastias aristocráticas no Antigo Regime — que incluíam o direito de primogenitura (e assim mantinham as propriedades em mãos de um único dono) e a concessão hereditária inalienável (empecilho para alienar as propriedades da família) — tornaram-se inadequados às novas condições. Outros fatores — taxação de herança e guerras (que confiscam e destroem a riqueza física) — se somaram à mudança estrutural e contribuíram para acelerar a morte da aristocracia. A terra perdeu valor, as famílias aristocráticas não tinham qualificação nem flexibilidade para se adaptar às novas condições e os Estados burgueses exterminaram todo e qualquer vestígio remanescente do legado aristocrático.

Atualmente, a meritocracia renova o impulso dinástico para esse novo mundo. A educação meritocrática transmite capital humano às gerações seguintes, e a qualificação de elite prepara cada nova geração para resistir à indolência e à decadência, preservando sua casta.[13] As escolas e empresas de elite controlam a casta para instituir, na verdade, uma versão meritocrática do *Debrett's Peerage and Baronetage* [Pariato e baronato de Debrett]. Dessa vez, também, a lei protege a sucessão dinástica. As normas legais blindam os filhos contra as dívidas dos pais, evitando que uma geração hipoteque o capital humano da seguinte, numa versão meritocrática da concessão hereditária inalienável que no passado mantinha as terras da aristocracia na família.[14] Ao investir na educação dos filhos, e assim na formação de seu capital humano, a taxação sobre heranças e doações não incide sobre a substancial transferência de riqueza feita pelos pais em favor dos filhos dependentes. A herança meritocrática é o equivalente contemporâneo da transmissão aristocrática da nobreza.

O privilégio dinástico reconstruído pela meritocracia pode não ser tão garantido quanto na aristocracia (embora o distanciamento histórico atribua à aristocracia uma aparência de estabilidade que ela não teve na experiência real). Com certeza, ele custa bem caro às elites. Cada nova geração de meritocratas deve reconquistar seu privilégio por meio de trabalho verdadeiramente árduo. E a renda dos meritocratas depende da exploração de si próprio, não de outrem.

Embora isso explique por que as elites acabam por aderir às fileiras dos descontentes com a meritocracia, não torna a desigualdade meritocrática menos hierárquica nem os meritocratas menos propensos à dinastia. A mudança da dinastia aristocrática para a meritocrática não reflete tanto uma rejeição da hierarquia social quanto uma adaptação ou correção amigável para preservar a hierarquia em face das mudanças econômicas e sociais que tornaram a ordem aristocrática insustentável.[15]

O DESCRÉDITO DO MÉRITO

Se alguém perguntasse a um aristocrata do Antigo Regime por que razão ele teria direito a uma parcela desproporcional de riqueza, status e poder, ele diria, seguindo Aristóteles, que era por ser dono da maior virtude.[16] Ele daria essa resposta de boa-fé — talvez fosse até convincente, dadas as circunstâncias gerais da época.

O aristocrata tinha a relação correta com a riqueza e particularmente com a terra. Uma economia agrária, em que o capital imobilizado não sustentava um

---

* Publicação que registra nascimentos, casamentos e mortes de integrantes da nobreza britânica, além de conter breve histórico de cada família citada. (N. do E.)

crescimento real, degradava o comércio (reduzido a transações do tipo perde--ganha).[17] Ao mesmo tempo, esse regime econômico exigia que a terra fosse administrada visando ao longo prazo, mais do que explorada para ganhos imediatos. O lugar dinástico da terra (determinado por fatores que incluem as estruturas jurídicas associadas ao direito de propriedade hereditária) garantia que cada geração de aristocratas aceitasse a visão de longo prazo, administrando suas terras "nos interesses da posteridade, personificada pela própria família".[18]

O aristocrata, como essa formulação indica, também equilibrava corretamente a lealdade à família e a lealdade à nação (pelo menos em tese). Uma sociedade que estava evoluindo — de uma organização local, praticamente baseada em clãs, para o Estado-nação ou para o império multinacional — precisava de uma instituição de transição que ampliasse as antigas formas locais de solidariedade social, levando-as a funcionar em espaços sociais e físicos maiores. A convergência aristocrática entre família e nação proporcionou exatamente esta ponte (cuja sombra está presente ainda hoje, como se vê, por exemplo, no uso do adjetivo "doméstico" para qualificar tanto as questões referentes à família quanto os assuntos internos de uma nação).[19]

Finalmente, as maneiras aristocráticas orientaram satisfatoriamente a transição do governo pessoal para o impessoal. À medida que a sociedade aumentava, o governo tinha que ir se separando do carisma pessoal de líderes e adquirindo aos poucos a autoridade impessoal racional e burocrática. As maneiras corteses propiciaram um estilo administrativo intermediário para promover a transição — desapegado das pessoas, mas sem exigir as elaboradas instituições de qualificação profissional e certificação que se tornariam responsáveis por atribuir a autoridade burocrática que ainda não existia.[20]

O autoconhecimento da aristocracia como repositório de virtude parece inacreditável hoje em dia, é claro. Até certo ponto, um compromisso cada vez maior com a igualdade de oportunidades condenava o caráter injusto do direito de nascença, uma loteria que inevitavelmente ocorre quando a casta é determinada pela herança. Muito mais importantes foram as revoluções burguesas, com a afirmação da economia mercantilista e a revisão da questão das virtudes aristocráticas, que passaram a ser vistas, no melhor dos casos, como absurdas, e no pior, como infundadas. O conservadorismo renitente em relação à terra impede o crescimento numa economia baseada na troca, na inovação e no trabalho qualificado.

O MITO DO MÉRITO 323

A obsessão com o *pedigree* torna-se autorreferente numa sociedade que define o pertencimento em termos de nação ou mesmo de um ideal. Assim, a cortesia e a etiqueta parecem amadorísticas ou inúteis quando o treinamento intensivo e a imensa qualificação priorizam a administração trabalhosa e competente.

Os aristocratas passaram a ser escarnecidos e desprezados devido aos mesmos traços de caráter que outrora sustentavam sua autoridade. No início do século XVII, Cervantes já ridicularizava a cavalaria;[21] no fim daquele século, La Rochefoucauld ridicularizaria a vaidade e a cobiça dos aristocratas.[22] A aristocracia se saiu muito pior nas revoluções dos séculos XVIII e XIX, como não podia deixar de ser. No século XX, um desprezo pela aristocracia cada vez mais explícito permeou toda a vida social e econômica, e as próprias virtudes aristocráticas passaram a ser vistas como pretensiosas e corruptas. Invasores corporativos começaram a visar a empresas comandadas pela "terceira geração de homens de Yale".[23] Os encarregados da admissão às universidades da Ivy League já não se satisfaziam em admitir a "alegre quarta parte inferior" de estudantes saídos de famílias tradicionalmente ricas dos cursos preparatórios aristocráticos.[24] O comentário de Brewster sobre a nova preferência até dos privilegiados — pelo mérito e não pelo berço — deu o selo de aprovação da Ivy League a uma revolução já concluída.[25]

Os meritocratas afastaram os aristocratas, de modo que o charme da meritocracia explica por que a concepção aristocrática de virtude nos parece inverossímil hoje. A qualificação intensiva e a racionalidade burocrática ocuparam o lugar do berço e da cortesia; a responsabilidade democrática substituiu o servilismo do patriciado; e, acima de tudo, o capital humano substituiu a terra. As virtudes meritocráticas tornaram-se tão dominantes que, principalmente aos olhos da elite, parecem articular uma concepção natural e necessária de excelência humana — tão enraizada quanto a concepção que dominava outrora a vida aristocrática.

Mas a virtude quase sempre depende de um contexto para sua validação. Em alguns casos, basta um momento de reflexão para que isso fique claro. A competência atlética de um arremessador de beisebol é ilustrativa: obviamente, um produto do jogo que forma seu contexto,[26] inadequada para outros jogos e sem valor se o contexto muda radicalmente ou desaparece.[27] As virtudes aristocráticas dependiam de um contexto de maneira menos óbvia, mas nem tão diferente, e de forma análoga tornaram-se inúteis (ou pior que isso) quando o contexto social e econômico mudou.

Com o andar da carruagem, as virtudes meritocráticas enfrentam agora um destino similar. A elite meritocrática de hoje lembra muito a analogia com o arremessador de beisebol. Certamente, a qualificação e as competências que tornam os trabalhadores supraordenados tão produtivos no mundo atual não teriam muito valor numa sociedade de caçadores-coletores,[28] nem numa sociedade dedicada à agricultura de subsistência, à produção artesanal ou à produção industrial nos moldes que predominaram nas nações ricas entre a invenção da máquina a vapor e meados do século XX.

Nem sequer é preciso ir tão longe para perceber que o valor das virtudes meritocráticas depende do contexto não apenas de modo geral, mas de maneira muito particular. Tanto a educação que cria a qualificação de elite quanto as formas de produção que tornam essa qualificação tão valiosa no mercado de trabalho contemporâneo só podem existir depois de um longo ciclo de retroalimentações em que a qualificação de elite e o fetiche da qualificação se estimulam reciprocamente. A qualificação de elite só pode existir e determinar a renda da elite sob condição de se assentar sobre uma vasta desigualdade econômica preexistente. As virtudes meritocráticas são produto da desigualdade econômica da mesma forma que as virtudes do arremesso são produto do beisebol.[29]

Essa ideia reformula basicamente a compreensão da desigualdade meritocrática, transformando o significado literal do próprio mérito. De forma mais imediata, derruba o principal argumento dos inimigos da igualdade: a desigualdade meritocrática, embora infeliz, e às vezes até lamentável, deve ser tolerada em favor do direito dos trabalhadores de elite a salários proporcionais ao que produzem. Só que — ainda admitindo-se que a alta renda corresponda mais ao mérito do que ao rentismo ou à fraude — o trabalho supraordenado só pode ser produtivo depois que a desigualdade generalizada distorceu a educação para concentrar a qualificação e trabalhou para fetichizar o treinamento de elite. Mas nem mesmo a imensa produtividade pode justificar uma desigualdade que na verdade deriva e depende dela. A justificativa proposta descreve um círculo, portanto não justifica coisa alguma.

Ainda que os trabalhadores supraordenados mereçam a qualificação obtida a duras penas, certamente não fizeram por merecer o contexto desigual que

O MITO DO MÉRITO

torna essa qualificação tão valiosa no aspecto econômico. Quando esse raciocínio é aceito, cai por terra o argumento politicamente mais poderoso a favor da desigualdade meritocrática, resumido no princípio de Mankiw do justo merecimento.

Além disso, e mais profundamente, o reconhecimento de que a imensa produtividade que permite aos trabalhadores superordenados obter enormes rendas é por si própria produto da desigualdade econômica lança dúvidas sobre a ideia de habilidade ou mérito. A dúvida pode ser articulada de duas maneiras: por um raciocínio abstrato e por uma parábola.

Para o senso comum, o produto de um trabalhador específico — sua contribuição para a produção — é dado pela diferença entre a produção total com e sem a contribuição desse trabalhador, sendo que todos os demais trabalham da mesma forma, com ou sem a participação dele. Essa diferença representa a medida convencional do mérito. Os mercados determinam salários de acordo com esse modelo de produtividade, que permite aos trabalhadores supraordenados abocanhar enormes rendas. O modelo explica por que a desigualdade provocada por essas rendas é normalmente considerada meritocrática.

Mas uma contabilização melhor — mais justa e mais exata — do produto de um trabalhador leva a uma outra questão. A contabilização se baseia na diferença entre a produção total com e sem sua contribuição, mas agora permitindo que, em sua ausência, todos os demais reorganizem sua produção da maneira que acharem melhor.[30] Essa abordagem alternativa leva a um resultado menor para o produto do trabalhador (devido à contribuição dos demais, que se reorganizaram para suprir a ausência). A diferença entre os dois critérios de medida torna-se particularmente grande quando a presença do trabalhador altera as condições da produção, sobretudo o modo como os demais trabalham. E a medida alternativa torna-se especialmente atraente quando o trabalhador impede que os demais se reorganizem e otimizem a produção sem sua contribuição.

Nesse caso, o trabalhador pode ser imensamente produtivo de acordo com a avaliação do senso comum, mas nada produtivo — pode até ter um produto negativo —, segundo a avaliação alternativa. Isso vai acontecer sempre que os ganhos diretos produzidos por ele, com o trabalho de todos os seus demais dependentes, forem superados pelas perdas indiretas que ele causa ao impedir que os demais trabalhem mais produtivamente (como fariam sem a presença dele).[31]

Hoje em dia, a elite meritocrática como classe está nessa exata posição. O trabalho supraordenado é essencial para a produção devido às condições atuais da tecnologia, que leva o mercado de trabalho a fetichizar a qualificação de elite. Isso implica que a produção total seja muito maior quando as elites trabalham do que quando os trabalhadores menos qualificados tentam empregar as tecnologias atuais sem a elite. Agentes de crédito não qualificados provavelmente não conseguiriam administrar o moderno crédito hipotecário sem trabalhadores superqualificados que promovam a securitização desses créditos. E trabalhadores superqualificados que administram a securitização esperam receber pagamento compatível com os ganhos da securitização, que veem como um produto seu. Da mesma forma, os trabalhadores da linha de montagem em empresas submetidas a enxugamento de pessoal, destituídos da própria capacidade gerencial, agora dependem de altos executivos para coordenar a produção. E os executivos de elite que monopolizaram o gerenciamento congratulam a si mesmos por seus amplos e produtivos poderes de comando, novamente esperando serem pagos nessa medida. Trabalhadores supraordenados de todas as faixas afirmam que a desigualdade promovida por seus salários é meritocrática.

Mas as tecnologias que agora fetichizam a qualificação cada vez maior não são naturais ou inevitáveis. Mais exatamente, elas são induzidas pela concentração cada vez maior da qualificação numa elite cada vez menor — como revelam as retroalimentações entre a educação de elite e a inovação voltada para a qualificação. Nesse caso, os trabalhadores supraordenados impedem, enquanto classe, que qualquer outra pessoa trabalhe, utilizando tecnologias alternativas, de maneiras que seriam ótimas sem eles. A securitização do crédito hipotecário desvalorizou e acabou suprimindo o agente de crédito semiqualificado. Os supergerentes de elite desvalorizaram e acabaram suprimindo os gerentes intermediários.

Os ganhos que os trabalhadores de elite produzem num mundo meritocrático — no qual a inovação indutora de desigualdade orientou a produção para a qualificação específica deles — deveriam, portanto, sofrer um desconto equivalente à produtividade reduzida que essas inovações impõem a trabalhadores não pertencentes à elite. É claro que o equilíbrio exato entre ganho e perda continua sendo especulativo, mas há fortes indícios de que o verdadeiro produto da elite pode estar próximo de zero. Apesar de todas as inovações, o sistema financeiro moderno não dá sinais de ter reduzido o custo total de transação da

O MITO DO MÉRITO

intermediação financeira ou a porção de risco econômico fundamental suportado pela família comum, por exemplo.[32] E a administração moderna parece não ter melhorado o desempenho total das empresas norte-americanas (embora possa ter aumentado o retorno especificamente para investidores). De modo mais geral, a crescente desigualdade meritocrática não veio acompanhada de uma aceleração no crescimento econômico ou do aumento na produtividade.[33]

Uma parábola pode apresentar o mesmo raciocínio com menos precisão, mas com mais clareza. Imagine-se que uma sociedade seja composta de agricultores — acolhedores e prestativos — e guerreiros — hábeis e fortes. Durante décadas, a sociedade vive em próspera harmonia com seus vizinhos, enquanto os agricultores cuidam de suas lavouras e os guerreiros mantêm a paz. Mas, um dia, alguns guerreiros resolvem começar uma escaramuça fronteiriça que, depois de provocações subsequentes, leva as hostilidades a aumentarem até que, finalmente, a harmonia é substituída por uma guerra permanente e generalizada.

Depois que a sociedade adotou uma postura de guerra, os agricultores tornaram-se cada vez mais improdutivos e os guerreiros passaram a ser cada vez mais essenciais para manter a segurança e o bem-estar. Os guerreiros agora exigem status, riqueza e poder, alegando que merecem vantagens particulares proporcionais a sua maior contribuição para o bem público. A isso os agricultores poderiam responder que os guerreiros não seriam tão produtivos se não tivessem começado a guerra. O verdadeiro produto dos guerreiros deve considerar os custos da guerra, principalmente por impedir a agricultura.

O mecanismo de bola de neve que está por trás da desigualdade meritocrática deixa os trabalhadores de classe média no papel dos agricultores e os trabalhadores supraordenados no papel de guerreiros. Apenas depois de os ricos concentrarem a qualificação em seus filhos, as tecnologias da produção se adaptaram ao fetiche da qualificação da elite. E os trabalhadores supraordenados que desejam justificar sua imensa renda invocando seu mérito produtivo omitem, como os guerreiros da parábola, que a elite não seria tão excepcionalmente produtiva se, por meio da educação intensiva que proporciona aos filhos, não tivesse deflagrado a guerra da qualificação, pondo em ação suas consequências. Como os guerreiros, do verdadeiro produto da elite devem ser descontados os custos da desigualdade meritocrática, referentes, principalmente, à supressão da produção semiqualificada e de classe média obtida por indução da inovação que fetichiza a qualificação.

Isso levanta uma analogia final e fatal entre a meritocracia contemporânea e a aristocracia do Antigo Regime. Não é difícil esquecer que a aristocracia foi, dentro do contexto social e moral de seu tempo, fiel a seu nome — que liga a casta a uma ideia de virtude ou excelência, e dessa forma as elites aristocráticas eram donas da maior parte ou de quase toda a virtude. O Antigo Regime acabou desacreditado não só porque as ideias aristocráticas sobre a hereditariedade criaram uma loteria do direito de nascimento que violava a igualdade de oportunidades, mas porque as revoluções burguesas revelaram a concepção aristocrática de excelência e virtude, no melhor dos casos, como sendo ridícula e, na verdade, uma farsa.

É igualmente fácil aceitar a concepção de mérito que está no cerne da meritocracia contemporânea como uma contribuição social autêntica e uma conquista. Mas o que já se disse sobre a concentração da competência e o fetiche da qualificação, além da forma como as retroalimentações fazem da desigualdade meritocrática uma bola de neve, desmascara essa presunção. A realização meritocrática normalmente festejada hoje, não menos que a virtude aristocrática aclamada no Antigo Regime, é uma fraude.

O problema com a desigualdade econômica não é, como costumam dizer os progressistas, que as elites usem a força, a fraude ou alguma forma de má-fé para que suas rendas excedam seus méritos. O problema também não é, como também dizem os progressistas, que os integrantes da elite não tenham conquistado por si mesmos o treinamento (obtido a partir dos pais, das escolas e das faculdades) que está por trás da qualificação e das condições que o trabalho supraordenado exige. Na verdade, nenhuma versão da ideia segundo a qual a vida econômica atual não corresponde à verdadeira meritocracia capta o erro básico da crescente desigualdade econômica.

A desigualdade meritocrática é errada por conta da própria meritocracia — mesmo quando plenamente compreendida, especialmente nesse caso —, e o conceito de mérito é a viga mestra do erro. O que se convencionou chamar de mérito é, na verdade, um conceito ideológico, criado para tornar aceitável uma distribuição de privilégio injusta em seus fundamentos. A meritocracia é apenas a instância mais recente das leis de ferro da oligarquia. É o análogo comercial e republicano da aristocracia, renovado para um mundo no qual o prestígio, a riqueza e o poder não derivam da terra, mas da qualificação — o capital humano dos trabalhadores livres.

UM NAUFRÁGIO COLOSSAL

Essas reflexões transformam o debate sobre a desigualdade econômica. Deixam de lado as difíceis questões do mérito individual e evitam o foco moralizante em defeitos particulares, que contamina a crítica progressista convencional da desigualdade meritocrática. Em lugar de atacar os meritocratas, elas atacam a própria ideia de mérito. Esse novo ponto de partida conduz a discussão por outro caminho, que leva a uma conclusão diferente.

Fica cada vez mais claro que a meritocracia — imensa qualificação, esforço e iniciativa dos trabalhadores supraordenados — não atende aos interesses de ninguém. Torna supérfluas para as exigências da atividade econômica tanto a classe média quanto a classe trabalhadora, que no passado ocupavam o carismático centro da vida econômica. Impõe a desocupação à massa de cidadãos, condenados a integrar um lumpemproletariado numeroso e cada vez maior. Ao mesmo tempo, a meritocracia condena os trabalhadores supraordenados a serem rentistas do próprio capital humano, que unem ao próprio trabalho alienado, e submete as crianças ricas aos rigores e aflições de uma educação de elite instrumental e implacável. A desigualdade meritocrática divide a sociedade em inúteis e esgotados.

Em conjunto, esses fatores constituem um mecanismo eficaz mas imensamente caro de transmissão dinástica de casta: eficaz porque nega aos cidadãos comuns uma oportunidade real de ascender à elite e caro porque obriga a elite a um esforço constante, exaustivo e incerto de preservação de sua casta. Nesse processo, a desigualdade meritocrática corrói a solidariedade social e corrompe a independência política democrática. Cada vez mais, a meritocracia fracassa inclusive em promover o crescimento econômico. Todos esses custos surgem, principalmente, não devido a transgressões particulares ou a um fracasso coletivo na realização do ideal meritocrático, mas direta e especificamente em razão das propostas estruturais da meritocracia.

O meritocrata afirma que todos esses imensos custos — cuja realidade e origem meritocrática ele não nega — devem ser suportados em favor da base moral do mérito: trabalhadores supraordenados merecem uma renda compatível com sua alta qualificação e produção; a justiça exige que se pague pela busca de resultados e pelo mérito; e é errado favorecer a classe média menos produtiva e menos dedicada ao trabalho em detrimento dos ricos mais produtivos e dedicados. A desigualdade meritocrática deve ser aceita e louvada, apesar de todo o sofrimento que impõe.

Mas o tamanho do ônus meritocrático submete tais justificativas do princípio da desigualdade — e a ideia de mérito no centro dessas justificativas — a enorme pressão. E o conceito de mérito, uma vez que se revela uma farsa, não é capaz de resistir à pressão.

Todo o edifício da desigualdade meritocrática — feito de areia, como a estátua de Ozymandias — se esfacela.

CONCLUSÃO

O que devemos fazer?

Ao transformar a desigualdade econômica, a meritocracia transformou também a política. Os defensores da igualdade demoraram a reconhecer a transformação, e ainda não a entenderam cabalmente. Isso gera uma abertura política preenchida por oportunistas que perceberam instintivamente a mudança e passaram a explorar as insatisfações da meritocracia.

Demagogos inflamam os ressentimentos da classe média ao protestar contra um sistema corrupto e atacar alvos externos vulneráveis. Com tais ataques, prometem restabelecer uma mítica idade de ouro. O presidente Trump diz que abandonar o Estado de direito e deportar milhões de trabalhadores sem documentos e suas famílias tornarão "os Estados Unidos grandes de novo". Nigel Farage, ex-líder do UKIP, partido pró-Brexit, afirma que o fechamento da fronteira com a União Europeia restabelecerá a independência e a autoestima dos britânicos. Os populistas alemães, procurando recuperar "mil anos de história alemã de sucesso",[1] acusam Angela Merkel de trair o país ao aceitar refugiados.

Enquanto isso, charlatães fazem fila para vender a uma elite cansada remédios fáceis para males profundos. Bancos de investimentos e outros empregadores de elite prometem restabelecer o equilíbrio entre o trabalho e a vida privada, montando academias e salas de repouso no local de trabalho,[2] pagando o transporte de leite materno de mães em viagens de trabalho e até reembolsando os custos de congelamento de óvulos para estender a duração da fertilidade.[3] Faculdades anunciam que vão incluir comportamentos éticos e colaborativos nos critérios de admissão, como trabalho comunitário.[4] E *coaches* ensinam a viver no presente ou a pôr em prática resoluções de Ano-Novo sobre trabalhar menos em vez de cortar o álcool.[5]

Ninguém crê realmente nessas promessas, nem mesmo os que as adotam em algum momento. Tanto os ricos quanto os demais desconfiam, de verdade, que seus autodeclarados defensores não oferecem salvação real e podem inclusive estar lhes fazendo de bobos.

Um empresário de St. Clair Shores partidário de Trump duvidava das promessas do presidente e fazia pouco de seu discurso durão.[6] E cerca da metade dos eleitores de Trump, numa pesquisa feita depois de sua vitória, achava que a vida em suas comunidades continuaria igual ou pioraria.[7] De modo análogo, quando a empresa de consultoria Bain & Company perguntou a mais de mil trabalhadores de elite o que seria necessário para conseguir uma promoção, a grande maioria, desprezando o equilíbrio entre trabalho e vida privada, respondeu que seria "um compromisso inabalável com longas jornadas e trabalho constante".[8]

No entanto, os falsos profetas ganham apoio porque pessoas muito descontentes preferem ser ouvidas e não apenas ajudadas. Eles sobem para o único barco que reconhece a tempestade.

Os populistas não podem restabelecer as glórias do passado da classe média, mas reconhecem que uma forma de vida se perdeu. Valorizam a perda como sendo um custo moral e fazem dela o centro de sua política. Os projetos trabalho/vida pessoal nunca entrarão em equilíbrio, mas eles reconhecem que os trabalhadores supraordenados fornecem trabalho alienado; que nenhuma renda pode compensar uma pessoa por se consumir, por explorar um recurso que no fim se esgotará.

Os progressistas não conseguem responder porque continuam subservientes à meritocracia. São cativos que abraçam seu captor, numa espécie de síndrome de Estocolmo ideológica. Assim, os progressistas exacerbam problemas que nem sequer enxergam.

Quando focam na identidade política e no combate à pobreza, os progressistas consideram enganosa a insatisfação da classe média. Para os progressistas,

CONCLUSÃO   *333*

a nostalgia da classe média da ascensão e da segurança que St. Clair Shores proporcionava em meados do século XX — ou da inquestionável abundância — é apenas uma reminiscência de uma forma de vida que já não é viável, ou de um privilégio perdido (branco e masculino). Com efeito, a classe média entende que não pode se igualar.

Devido ao foco na purificação das instituições de elite de caráter não meritocrático — sobre diversidade e inclusão —, os progressistas reduzem a insatisfação da elite ao tédio causado pelo luxo. Para os progressistas, os torneios de admissão hipercompetitivos e as jornadas de trabalho stakhanovistas só são errados quando discriminam minorias ou mães trabalhadoras, ou quando dissimulam o funcionamento de redes de iniciados e capital cultural, e não por serem simples, direta e generalizadamente desumanos. Na verdade, isso recomenda à elite que continue trabalhando à exaustão para validar seu privilégio.

As duas reações renovam a aposta nos elementos mais ofensivos e alienantes da meritocracia. E assim os progressistas lançam a classe média nos braços dos demagogos e levam a elite a recorrer a truques ineficazes. Quando forças do bem não conseguem ver o desespero que olha em seus olhos, a política se torna obscura.

As ideias convencionais sobre como corrigir a desigualdade econômica só intensificam o problema político.

A política ortodoxa afirma que a redistribuição econômica é fundamentalmente uma questão competitiva: um benefício só pode ser obtido pelo restante da sociedade se seu custo for extraído dos ricos, e o custo invariavelmente é maior que o benefício. Como escreveu Arthur Okun (que foi presidente do Conselho de Assessores Econômicos de Lyndon Johnson) sobre a guerra à pobreza, todos os mecanismos de redistribuição "levam dinheiro dos ricos para os pobres num balde furado".[9] Parte do dinheiro redistribuído "vai simplesmente desaparecer no caminho,[10] e assim os pobres não receberão todo o dinheiro tomado aos ricos".

Esse modo de pensar reafirma que o socorro à classe média, hoje, obriga a lesar a elite — e que o dano vai necessariamente exceder o socorro. Além disso, como os ricos são poucos, o dano seria concentrado. A pobreza deve ser eliminada, mesmo com baldes furados, atribuindo-se a uma vasta classe emergente um ônus que, dividido entre muitos, representará uma carga individual pequena. A guerra à pobreza não visava a ninguém nem exigia grandes sacrifícios em St. Clair Shores. Mas a desigualdade extrema, por sua índole, não pode ser reduzida de outra forma que não o despojamento dos ricos. Uma nova guerra à desigualdade, reafirma o acordo comum, só poderá reconstruir a classe média se atacar a elite. Acabar com a desigualdade meritocrática, ao que parece, exige devastar Palo Alto.

A opinião ortodoxa não pode convocar a vontade política nem elaborar medidas que curem a desigualdade meritocrática. Os progressistas inflamam o ressentimento da classe média e desencadeiam a resistência à elite, enquanto demagogos e charlatães monopolizam e exploram as insatisfações com a meritocracia. Assim, a desigualdade meritocrática induz não apenas um profundo descontentamento, mas também um pessimismo generalizado que beira o desespero.

Um livro recentemente publicado divulgou a previsão de dez economistas de destaque, entre eles, quatro ganhadores do prêmio Nobel, sobre como seria a vida daqui a um século. Nenhum deles disse que a desigualdade econômica se reduziria, e vários chegaram a duvidar da capacidade da sociedade de promover "uma redistribuição de renda em grande escala",[11] porque "os que estão se dando bem se organizarão para proteger o que têm,[12] inclusive de forma a se beneficiar à custa da maioria". Um cientista político, depois de rever a desigualdade ao longo de toda a experiência humana, descobriu um único caso em que uma sociedade desfez, sem perder uma guerra ou sucumbir a uma revolução, concentrações de renda e riqueza tão grandes quanto as que os Estados Unidos sofrem atualmente.[13] Uma pesquisa parecida levou um destacado historiador a supor que "só [uma] guerra termonuclear total poderia reformular em essência a atual distribuição de recursos".[14]

No entanto, apesar de tudo, há lugar para a esperança. O "único exemplo" de recuperação ordenada de uma situação de extrema desigualdade ocorreu nas décadas de 1920 e 1930 nos Estados Unidos, que reagiram à Grande Depressão com o New Deal, e esse foi o contexto em que se erigiu a classe média de meados do século XX.[15] De qualquer forma, a experiência humana é limitada demais para sustentar leis de ferro (o registro histórico cobre um período de apenas cinquenta vezes a duração da vida humana). Há grandes coisas ocorrendo pela primeira vez. Quando o presente é excepcional, o passado nem sempre precisa ser prólogo.[16]

CONCLUSÃO

E o mais importante: o contexto ortodoxo está errado — tanto na política quanto nas decisões. Os progressistas podem falar convincentemente e de forma direta aos descontentes da meritocracia. A cilada da meritocracia pinta um quadro muito mais atraente das frustrações da classe média e da alienação da elite do que os demagogos e *coaches* poderiam fazer.

Esse quadro revela que a meritocracia transformou não apenas a desigualdade, mas também a redistribuição, de modo que já não existe a questão competitiva. Para restaurar a classe média não é preciso esgotar a elite nem, com certeza, usar baldes furados. O descontentamento com a meritocracia dá aos ricos e aos demais um interesse comum no desmonte da desigualdade. As aspirações da classe média quanto a recuperar a renda e o status perdidos e as aspirações da elite de reimplantar a liberdade autêntica não se opõem; na verdade, se harmonizam. A classe média e a elite têm aflições diferentes, mas um mesmo opressor.

Os ricos e os demais não podem escapar separadamente, mas somente juntos. Para isso, devem desmontar a hierarquia meritocrática e construir a igualdade democrática — uma ordem social e econômica que atenda todos e na qual o status de cada um tenha valor precisamente *porque* é de todos.

DOIS CAMINHOS PARA A REFORMA

Os progressistas já lutaram por um ideal como esse. No Antigo Regime, reis e príncipes viam seus súditos como inferiores; na escravidão, mais tarde com Jim Crow e ainda hoje de muitos modos, os brancos veem negros como inferiores. Os progressistas sabem que os democratas olham no olho do outro como seu igual. Sabem também, como destacaram os abolicionistas e militantes pelos direitos civis,[17] que a igualdade eleva a humanidade de todos. Agora, os progressistas devem aplicar esse conhecimento à vida econômica, para desmontar a cilada da meritocracia que atribui insatisfações diferentes aos ricos e aos demais e construir uma economia na qual todos possam florescer juntos.

Reverter a desigualdade meritocrática é "obra de uma civilização".[18] Exige um ajuste abrangente — governo, associações privadas, hábitos culturais e consciência individual — numa escala equivalente à das mudanças que geraram a desigualdade meritocrática. A cilada da meritocracia foi montada ao longo de gerações e vai precisar de gerações para ser desmontada. No entanto, a análise da cilada da meritocracia mostra o caminho para a reforma. Os reformadores progressistas devem visar a ambos os mecanismos que produzem a desigualdade meritocrática. Essa ideia básica abre dois caminhos para a mudança.

Em primeiro lugar, a educação — que agora se concentra nos filhos supereducados de pais ricos — deve se tornar aberta e inclusiva. A admissão deve tornar-se menos competitiva e a qualificação, menos absoluta, mesmo nas melhores escolas e universidades.

Em segundo lugar, o trabalho — que agora se divide em empregos opacos e brilhantes — deve reconduzir a mão de obra semiqualificada ao centro da produção econômica. O trabalho que está concentrado numa classe de trabalhadores supraordenados deve ser distribuído amplamente para a classe média.

É claro que esses preceitos não dão instruções sobre como sanar por inteiro a desigualdade meritocrática. Como todo projeto que abrange gerações, a campanha pela igualdade democrática não pode ser programada com antecedência. Vai exigir uma ação comprometida, flexível e oportuna, em diversas frentes simultâneas, num movimento que se desenvolve e se adapta à medida que cresce. Seria tolice tentar expressar uma reforma completa em um só lugar — na lista de tarefas de um estrategista ou no programa de um político — antes de empreender qualquer atitude para adotar algum de seus elementos. Os dois preceitos são importantes não por especificarem uma agenda de reformas do começo ao fim, mas porque indicam aos interessados por onde começar, e porque — ao atacar a desigualdade meritocrática pela raiz — mostram que é possível fazer progressos significativos.

Para atacar de frente a desigualdade meritocrática, os reformadores da educação devem começar por usar em seu favor, do ponto de vista político e prático, a óbvia injustiça do *status quo*.[19]

A herança meritocrática na atualidade é totalmente isenta dos tributos que em geral incidem sobre os bens tradicionais: o alto investimento que os pais ricos fazem na educação dos filhos simplesmente não é incluído entre bens e propriedades.[20] Além disso, as escolas e faculdades privadas são tributadas como se fossem instituições de caridade, dedicadas ao interesse público:[21] as doações de ex-alunos podem ser abatidas do imposto de renda, e as instituições não pagam imposto sobre as doações.

CONCLUSÃO   337

Essas práticas fazem da educação meritocrática um guarda-chuva fiscal que só as elites podem explorar. Quando a renda dos pais e a educação determinam o desempenho acadêmico dos filhos, mesmo as admissões puramente meritocráticas enchem as escolas e faculdades de alunos cujos pais têm também formação de elite (mesmo que não tenha sido obtida nas mesmas escolas de seus filhos).

Embora as escolas e faculdades de elite sejam tributadas como instituições de caridade, a desigualdade meritocrática as torna clubes exclusivos. Os benefícios fiscais que as favorecem são análogos meritocráticos dos dotes concedidos pela aristocracia a príncipes e princesas. As famílias de classe média pagam pela educação de elite que seus filhos nunca receberão.

O guarda-chuva fiscal é amplo. A herança meritocrática transfere cerca de 10 milhões de dólares livres de impostos a cada criança rica. Num ano recente, a isenção de impostos da Universidade Princeton chegou a um subsídio de 105 mil dólares por aluno, enquanto a educação pública gastava 12,3 mil por aluno na Universidade Estadual de Nova Jersey, em Rutgers, e 2,4 mil por aluno na Faculdade do Condado de Essex em Newark.[22] (Esses números levaram à afirmação cínica de que Harvard, Yale e Princeton são "fundos de *hedge* com universidades anexas".)[23]

Finalmente, o guarda-chuva continua se estendendo. Em conjunto, as dez maiores dotações de universidades chegam a mais de 180 bilhões de dólares, e vêm crescendo a um ritmo de 7% ao ano, mais que o dobro do crescimento da riqueza líquida das famílias norte-americanas em geral.[24] As universidades se programam para o longo prazo: Yale, que construiu dois colégios maiores* no último ano, projetou os edifícios para durarem indefinidamente.[25] Mas se esse índice de crescimento prosseguir no futuro, entrando no segundo século da meritocracia, as dez universidades mais ricas — mesmo formando em sua maioria os filhos de pais ricos e instruídos — serão donas de todo o país.

Alguma coisa realmente precisa ser feita.

Esses fatos dão ao governo um enorme poder sobre as escolas e universidades de elite, inclusive — na verdade, principalmente — sobre as faculdades privadas mais ricas. (Nos últimos anos, Princeton tirou nada menos do que quatro quin-

---

* Construções que promovem a convivência entre universitários e corpo docente, oferecendo moradias, refeitórios, bibliotecas, academias etc. (N. do E.)

tos de suas receitas totais de doações livres de impostos e doações dedutíveis do imposto de renda a pagar de ex-alunos, e as vinte principais universidades tiram um terço de suas receitas dessas fontes.)[26] As reformas deveriam usar essa vantagem tática para quebrar o clube, alegando que escolas e universidades deveriam ser tributadas como instituições de caridade se realmente funcionassem como tal — ou seja, aberta e inclusivamente para educar o público em geral.

Há muitas maneiras de tratar isso, mas a melhor é a mais direta.

Em primeiro lugar, as escolas e universidades privadas deveriam perder a condição de entidades livres de impostos a menos que no mínimo a metade de seus alunos viesse de famílias situadas nos dois terços inferiores da distribuição de renda.[27] Em segundo lugar, as escolas deveriam ser incentivadas (inclusive por meio de subsídios públicos) a cumprir essa exigência ampliando o número de matrículas.[28]

Em conjunto, essas reformas trocariam a elite exclusiva, restrita e prodigamente instruída da meritocracia, por um sistema inclusivo, amplo e ainda assim eficiente na educação. As reformas distribuiriam a riqueza que a herança meritocrática concentra agora, repartindo a educação "elitista" entre uma população muito maior, melhorando a educação em geral e reduzindo o fluxo de recursos dirigido à elite. Dessa forma, a brecha educacional entre os ricos e os demais se reduziria drasticamente.

As duas pontas da reforma se completam, já que a segunda proporciona um mapa da mina para a primeira. O custo da educação de elite tornou-se tão exorbitante que as escolas podem financiar o crescimento;[29] e as escolas que mais precisariam crescer (porque seus alunos de hoje estão mais voltados para a riqueza) são também as mais ricas. As universidades da Ivy League poderiam ter condições de manter seu status de organização sem fins lucrativos se dobrassem o número de matrículas (atraindo uma maioria de novos alunos de fora da elite) e ainda assim gastar por estudante o mesmo que gastavam em 2000.[30] As faculdades, em geral, poderiam aumentar o número de vagas em 50% e continuar gastando a mesma quantia por aluno que gastavam em 1970.[31] E as escolas privadas poderiam dobrar o número de matrículas e continuar tendo uma proporção de alunos por professor superior à das escolas públicas.[32] Verbas públicas pagas como subsídio ao aumento do número de alunos dariam ainda mais apoio ao crescimento já administrável. Com certeza, as mudanças que hoje são necessárias para tornar inclusiva a educação de elite não são maiores do que a

CONCLUSÃO

revolução feita na década de 1960 pelas escolas e universidades de elite, ao abraçar a meritocracia e desencadear, com isso, a ascensão da desigualdade meritocrática. Instituições que já se transformaram podem se transformar outra vez.[33]

Os populistas já estão visando à educação particular, sobretudo à das universidades de elite (que condenam como sendo caldo de cultivo do liberalismo e do "politicamente correto") — e seus esforços começam a dar resultado. Depois de anos em que propostas semelhantes deram em nada, a mais recente reforma tributária prevê a cobrança de um pequeno imposto sobre o consumo que incide sobre a renda de universidades muito ricas.[34] Os populistas que afirmam que faculdades e universidades são ruins para os Estados Unidos devem ter motivos estritamente políticos,[35] mas uma compreensão clara da desigualdade meritocrática mostra que eles não estão errados.

As elites, por sua vez, também deveriam apoiar a reforma educacional. Apesar de todos os subsídios financeiros que confere, o regime vigente deixa as elites feridas, marcadas e vulneráveis. A concorrência meritocrática extrema submete os estudantes ricos a um alto custo humano, ao lado do massacrante e desumano torneio de admissão, cada vez mais insuportável. E os rigores da competição cada vez mais fazem com que nenhuma criança, por mais que seus pais pertençam à elite, esteja a salvo da exclusão.

As reformas que tornariam inclusiva a educação pela ampliação do corpo de estudantes não exige o afastamento de ninguém que pertença à elite atual e até (inevitavelmente e ao mesmo tempo deliberadamente) aumentaria um pouco o número de alunos ricos nas escolas mais competitivas. (Nesse aspecto, as reformas se espelhariam nas reformas que levaram as mulheres às universidades de elite, de um modo que a inclusão de mulheres não exigiu a exclusão de homens.)[36] Um pequeno aumento no número de vagas disponíveis para estudantes ricos pode atenuar radicalmente a concorrência entre candidatos ricos.[37] E o aumento da liberdade autêntica que esse novo espaço de respiração permite é muito mais valioso para as elites do que qualquer declínio concomitante na renda ou no status conferidos por diplomas. Palo Alto se transformaria pela educação inclusiva, mas no fim das contas o resultado seria positivo — alívio e bem-estar para as pessoas que vivem lá. A lição da St. Clair Shores de meados do século XX se aplica à Palo Alto de hoje: o bem duradouro e verdadeiro é melhor que a grandeza passageira e falsa.

Por fim, embora as escolas de elite defendam com unhas e dentes sua isenção de impostos diante da menor iniciativa que ameace essa condição,[38] elas incorrem em erro. A educação inclusiva reabriria os caminhos através dos quais as escolas e universidades promoviam a mobilidade social e reacenderia o brilho que mesmo as escolas mais exclusivas tinham na imaginação geral. Assim, as reformas, na verdade, fariam avançar a missão central das escolas. Onde alguma coisa tem de se fazer — dez universidades nunca serão donas dos Estados Unidos —, essas reformas certamente seriam mais aceitáveis para os educadores do que alternativas mais populistas.

Uma agenda política paralela que pudesse ser adotada ao mesmo tempo buscaria reformar o trabalho — para reequilibrar a produção, distanciando-a dos trabalhadores supraordenados e dirigindo-a à força de trabalho de classe média. O modo mais direto de promover a força de trabalho de classe média é encontrar meios de produzir bens e serviços que favoreçam trabalhadores semiqualificados. A política econômica atual ignora solenemente essa possibilidade, que deveria estar na frente e no centro do avanço.

O governo procura por todos os meios influenciar a produção de bens e serviços de modo a garantir a satisfação das necessidades básicas e a segurança de quem os consome. As políticas de saúde pública, por exemplo, promovem o acesso a serviços médicos; as normas jurídicas promovem o acesso à justiça; as normas sobre governança corporativa protegem os investidores; e a regulação financeira protege os consumidores da exploração e o sistema financeiro, de crises.

Mas todas essas regras determinam também quais empregos existem nos setores regulamentados e de que forma são pagos os que neles trabalham. Essa característica geralmente desatendida tem enormes consequências. A saúde, por exemplo, responde por cerca de um sexto do PIB e o setor financeiro, por cerca de um décimo.[39] A administração, o sistema financeiro, a medicina e a advocacia empregam, juntos, possivelmente a metade dos trabalhadores situados no 1% mais rico da população.[40] Reformas que incentivem a produção semiqualificada nessas áreas, portanto, dariam uma contribuição importante na busca geral da igualdade.

Já existem modelos de aproveitamento do trabalho semiqualificado. Na área da medicina, por exemplo, o projeto de saúde universal de São Francisco

CONCLUSÃO

dá maior destaque ao trabalho dos enfermeiros,[41] e algumas clínicas nos estados do Oregon e Wisconsin estão empregando dentistas, experimentalmente, para detectar problemas de saúde em geral diagnosticados por médicos.[42] Na área do direito, o estado de Washington está fazendo uso experimental de técnicos em direito semiqualificados em lugar de doutores em direito superespecializados para a prestação de serviços de rotina.[43] No sistema financeiro, certas regras que limitam a engenharia financeira exótica e favorecem Main Street sobre os bancos de Wall Street também estão orientando os empregos do setor para o trabalho semiqualificado. E, na administração, modelos de governança que põem um freio ao controle corporativo, ou favorecem o emprego de longo prazo em detrimento da terceirização, estão dispersando as funções administrativas e voltando as remunerações para uma grande categoria de gerentes intermediários.

Os debates convencionais sobre todas essas reformas estão centrados nas consequências que elas terão sobre a quantidade, a qualidade e o preço dos bens e serviços. São preocupações legítimas. Mas as reformas influenciam também a divisão da produção em empregos opacos e brilhantes ou a unificação em torno de empregos semiqualificados. A saúde pública pode ser oferecida por uns poucos médicos especialistas que usam máquinas de alta tecnologia, secundados por técnicos menos qualificados, ou por uma massa de médicos de família e técnicos de enfermagem. É claro que a escolha da melhor abordagem para o paciente tem sua importância. Mas, quando a saúde está em jogo, a escolha entre subordinar um sexto da economia à desigualdade meritocrática ou promover a igualdade democrática por meio de trabalho semiqualificado também tem importância. Na verdade, importa tanto quanto.

Os políticos, portanto, deveriam dar atenção ao impacto que suas decisões exercem sobre o equilíbrio entre os empregos de elite e os semiqualificados. Uma revisão obrigatória desse impacto — em analogia com a exigência de uma análise de custo/benefício,[44] válida para todas as novas regras federais — ajudaria a implantar e coordenar tais reformas graduais. Simplificar o processo regulatório também poderia promover igualdade, já que muitos fatos indicam que procedimentos administrativos burocratizados aumentam a influência exercida pelos ricos sobre os resultados regulatórios que se atinge com esses procedimentos.[45]

342   A CILADA DA MERITOCRACIA

Uma segunda reforma seria o incentivo fiscal aos empregadores para a criação de empregos semiqualificados. A atual estrutura tributária — inacreditavelmente — promove a desigualdade meritocrática, incentivando os empregadores a substituir trabalhadores semiqualificados por superqualificados. Uma simples reforma nos encargos trabalhistas reverteria esses incentivos, favorecendo trabalhadores semiqualificados de classe média. Essa reforma ainda produziria novas receitas, e algumas delas poderiam ser usadas em mais incentivos à criação de empregos de classe média.

O imposto federal sobre salários — em especial, o desconto de 12,4% para rendimentos até 132,9 mil dólares anuais, que financia a previdência — é nitidamente regressivo, a depender do montante que excede esse teto na renda da pessoa à qual se aplica.[46] Durante a maior parte dos últimos cinquenta anos, a regressão do imposto sobre salários superou a progressão do imposto sobre a renda,[47] o que significa que o imposto federal sobre salários, quando aplicado aos trabalhadores de classe média baixa, obedece às mesmas alíquotas que o imposto cobrado aos milionários; e quando aplicado à classe média alta, obedece a alíquotas bem mais altas. As consequências disso foram graves e persistentes. Ao longo das décadas que geraram a desigualdade meritocrática, um casal em que cada um dos cônjuges ganhasse o equivalente a cerca de 100 mil dólares anuais (em valores de 2018) poderia facilmente se enquadrar na alíquota mais alta dos impostos federais,[48] mas tanto seu rendimento de capital quanto sua renda do trabalho supraordenado pagam alíquotas que são a metade da mais alta.[49] No total, a atual estrutura tributária faz do trabalho da classe média o fator de produção mais pesadamente tributado de toda a economia.

Um exemplo simples ilustra o ônus especial que o imposto sobre salários impõe especificamente ao trabalho da classe média. Se um banco empregar tecnologias financeiras de meados do século XX para conceder crédito hipotecário, usando vinte agentes de crédito semiqualificados que ganham 100 mil dólares por ano, o custo dos impostos sobre os salários para o banco e para os trabalhadores chegará a 306 mil dólares. Em comparação, se o banco adotasse o modo de produção atual e substituísse os vinte agentes de crédito semiqualificados por um único *trader* de Wall Street que receba 2 milhões de dólares anuais, o custo em impostos para ele e para o banco chegaria a apenas 90 mil

CONCLUSÃO

dólares.[50] Quando duas tecnologias de produção são economicamente equivalentes, mas uma delas requer vinte trabalhadores semiqualificados e a outra, um único trabalhador superqualificado, a primeira pagará um imposto em média dez pontos percentuais mais elevado do que a segunda, o que triplica o valor dos encargos trabalhistas.

Em outras palavras, o imposto sobre salários suprime empregos e salários para trabalhadores semiqualificados e incentiva empregos e salários para superqualificados. (Com efeito, se o trabalhador superqualificado conseguir que sua renda seja tratada como ganho de capital, dando-lhe a forma de ações preferenciais ou juros incorridos, seu imposto de renda cai em cerca de vinte pontos percentuais.) Mais uma vez, os trabalhadores de classe média subsidiam empregos supraordenados que jamais terão.

Eliminar o teto salarial para encargos previdenciários promoveria o trabalho de classe média. Os novos impostos acabariam com o substancial subsídio à produção do atual regime, que favorece o trabalho superqualificado. Imediatamente, essa medida reduziria a vantagem de se organizar a produção em torno de trabalhadores superqualificados e aumentaria a vantagem de organizá-la em torno de trabalhadores semiqualificados.

A eliminação do teto também geraria receita. Não se sabe exatamente quanto poderia ser arrecadado, já que a reforma influenciaria tanto o mercado de trabalho em particular quanto a economia em geral. Não existe um modelo dinâmico completo que leve em conta todas essas influências, mas o Escritório de Orçamento do Congresso dos Estados Unidos montou diversos modelos semidinâmicos. Segundo esses modelos, a supressão do teto, de início, levantaria novas receitas num valor entre 150 e 200 bilhões de dólares, e no longo prazo aumentaria as receitas obtidas com encargos trabalhistas a 1,1% do PIB.[51]

São quantias elevadas. Equivalem a mais ou menos sessenta vezes o orçamento total da Administração do Emprego e Treinamento, do Departamento do Trabalho em anos recentes (cerca de noventa vezes seu orçamento de 2018),[52] e a cerca de um terço do orçamento total de todas as universidades e faculdades públicas e privadas dos Estados Unidos.[53]

O governo poderia usar essas receitas adicionais para criar empregos de classe média. O modelo ideal de gastos dependeria de uma análise cuidadosa e experimentação. Mas imagine-se, como exemplo, o direcionamento de metade desse dinheiro para a criação de empregos semiqualificados, pagando subsídios a empregadores que contratassem trabalhadores semiqualificados,[54] e a outra metade direcionada para a expansão do corpo discente de escolas e universidades privadas, tornando a educação aberta e inclusiva. A combinação do subsídio de salários e aumento do salário mínimo pode ajudar a evitar que os empregadores embolsem os subsídios.[55]

O subsídio aos salários já está ganhando apoio político. Políticos e empresários de destaque, entre eles alguns convencionalmente reconhecidos como conservadores, estão começando a aceitar o subsídio para salários de classe média. Na esquerda, o senador Mark Warner vem defendendo uma legislação que apoie empregos e salários de classe média,[56] e o Plano Marshall para os Estados Unidos, recentemente lançado pelo Centro para o Progresso Americano, inclui a proposta de criar 4,4 milhões de empregos públicos a um custo de aproximadamente 150 bilhões de dólares por ano.[57] Na direita, o guru de liderança Peter Georgescu e o bilionário Ken Langone, da Home Depot, estão fazendo campanha em favor do investimento em trabalhadores de classe média e em formas de produção que aproveite essa mão de obra. Georgescu chega mesmo a apoiar o subsídio de salários pelo governo.[58]

Finalmente, os dois pilares dessa agenda de reformas nascem direto do diagnóstico da desigualdade meritocrática e se encaixam com perfeição. Eles vão ao cerne da desigualdade meritocrática e, principalmente, se reforçam de maneira mútua, causando um impacto conjunto muito maior do que a soma de suas partes. Juntos, eles pretendem confiscar e reverter os mecanismos que impulsionam a desigualdade meritocrática.

Uma educação aberta e inclusiva criaria uma elite maior e menos excepcional. A maior abertura aumentaria também a mobilidade social dentro da elite, reinstituindo os caminhos da oportunidade que tradicionalmente ligavam os norte-americanos de elite e de classe média. E a maior oferta de trabalhadores instruídos reduziria de imediato as rendas e as jornadas de trabalho dos empregos de elite, ao longo de toda a escala de renda.

A reforma nas contribuições trabalhistas e o subsídio salarial reverteriam o atual privilégio tributário dos trabalhadores supraordenados, beneficiando a força de trabalho de classe média.[59] Uma nova demanda aguardaria a nova oferta de trabalhadores instruídos, principalmente na ampla faixa média da

CONCLUSÃO

distribuição de qualificação (sobre a qual a legislação vigente impõe a carga tributária mais pesada).

As consequências indiretas das duas reformas poderiam ser ainda maiores. Elas ofereceriam a inovadores interessados um incentivo para desviar o arco da inovação das tecnologias que favorecem os trabalhadores supraordenados para as que favorecem os trabalhadores de classe média. Portanto, a inovação reduziria também o retorno da qualificação extraordinária e aumentaria o retorno da qualificação consistente. Isso diminuiria o interesse pela qualificação elaborada, tornando a educação ainda mais aberta e inclusiva. Um círculo virtuoso de igualdade que revigora a si mesma substituiria a bola de neve da desigualdade criada pela meritocracia.

A reforma da educação e a do trabalho, juntas e com o tempo, poderão restabelecer o papel central da classe média na vida econômica e social. A versão peculiar do bem estável que imperava em St. Clair Shores em meados do século XX está perdida para a história, é claro. Mas o diagnóstico da desigualdade meritocrática identifica um conjunto de medidas que novamente colocam ao nosso alcance — para todos — uma versão do bem estável para o século XXI.

UMA NOVA POLÍTICA DE IGUALDADE DEMOCRÁTICA

Em 1968 — a última vez que o mundo experimentou inquietação e rebeldia generalizada contra o *status quo* —, alunos radicais da London School of Economics imprimiram um cartaz no qual se via um capitalista fumando charuto e um estudante lutando pelo controle de um carro que tinha o símbolo da libra e um cifrão nos faróis, além da frase LEIS DE GREVE, AUMENTO DE ALUGUÉIS E REPRESSÃO ESTUDANTIL escrita na placa, e o lema MESMOS CHEFES, MESMA LUTA.[60]

O lema era uma mentira, ou, no melhor dos casos, um conto de fadas no qual até os autores só acreditavam pela metade. O regime aristocrático que ainda prevalecia em 1968 determinava que estudantes ricos e trabalhadores pobres não tinham os mesmos chefes nem estavam, com certeza, na mesma luta. Os estudantes ricos ainda tinham esperança de integrar a classe ociosa, desfrutando de uma renda confortável como rentistas ou pelo menos como homens de negócios corporativos, enquanto os trabalhadores pobres sofriam privações de todo tipo nas mãos do capital.

A classe média, que aprendera a se ressentir do capital e prosperava no *boom* do pós-guerra, não tinha as angústias dos estudantes e se sentia alternadamente confusa e distante. Deve ser perdoada por suspeitar que até certo ponto a rebelião dos estudantes ricos expressava uma percepção intuitiva, crescente, mas ainda inconsciente e desarticulada, de que a revolução meritocrática que ganhava força os submeteria a pressões indesejáveis — que a meritocracia poderia não acabar bem para a elite.

A maior ironia com respeito ao cartaz é que seu lema, falso quando foi lançado, se transformaria em verdade devido àquelas forças ainda imperceptíveis na época. Com o tempo, a meritocracia transformaria radicalmente a política da desigualdade econômica. A transformação abre novas possibilidades para uma versão atualizada — e agora adequada — da grande aliança proposta pelo cartaz.[61]

Hoje em dia, a desigualdade meritocrática não favorece ninguém: nem os muitos que a meritocracia exclui da renda e do status, nem os poucos que ela aprisiona numa competição destrutiva de exploração de seu capital humano por meio do trabalho intenso, opressivo e generalizadamente alienado.

Mas existe abertura para uma nova política que leve em conta as reais necessidades e lhes dê resposta, o que agora está sendo explorado por demagogos, charlatães e outros falsos profetas. Ao mostrar o mérito como uma farsa, o diagnóstico da desigualdade meritocrática penetra a ideologia que leva a elite a agarrar seus privilégios e a classe média a dirigir seus ressentimentos contra pessoas inocentes. Uma coisa é suprimir a própria humanidade para proteger vantagens reais; outra é fazer isso a serviço de uma ilusão.

Uma visão clara da meritocracia mostra também que todas as suas insatisfações, embora não pareçam relacionadas, na verdade provêm de uma fonte comum: a excessiva concentração de capital humano e iniciativa numa elite cada vez menor que condena os ricos a um excesso de trabalho autoimposto e obriga os demais à ociosidade. Uma ordem econômica e social mais igualitária deixaria todo mundo — tanto os ricos quanto os demais — em melhores condições.

A igualdade democrática, ademais, é o único remédio contra a insatisfação da meritocracia. Os meritocratas que esperam comer o bolo sem dividi-lo —

CONCLUSÃO

reivindicando o lazer perdido e a liberdade autêntica sem abrir mão da renda e do status — estão simplesmente iludidos. Eles ignoram a lógica triturante da produção meritocrática — a sua própria custa. Quando o capital humano financia a renda e a diligência é vista como honra, não há espaço para que uma pessoa domine ou faça sombra a outras, como ocorre atualmente com os trabalhadores supraordenados, e continue sendo verdadeira para si mesma. É impossível enriquecer a partir do capital humano sem se explorar e empobrecer a vida interior. Da mesma forma que cada cidadão deve olhar nos olhos do próximo para encontrar respeito cívico por si mesmo, os trabalhadores devem repartir renda e trabalho para se libertar e se transformarem neles mesmos. A meritocracia não permite chegar à dominação a não ser pela destruição do eu autêntico.

Uma sociedade mais igualitária beneficiaria a todos. A elite pode reivindicar liberdade e lazer em troca de uma redução na renda e no status facilmente suportável. Palo Alto, embora fique um pouco mais pobre, seria aliviada de uma carga pesada demais, e seus moradores, ainda muito ricos, poderão recuperar a liberdade. A classe média poderia se livrar da desocupação forçada, renovar sua renda e seu status e, em troca, abandonar ressentimentos que de qualquer forma não trazem nenhuma satisfação. St. Clair Shores recuperaria sua riqueza, restauraria sua dignidade e voltaria a ocupar um lugar central na narrativa da vida norte-americana.

A metáfora correta para a redistribuição, hoje em dia, não é o balde furado de Okun — uma perda conjunta —, mas o ganho mútuo. Onde a meritocracia madura causa insatisfação universal, a igualdade democrática torna-se um negócio com o qual todas as partes ganham — e para o qual se exige cooperação entre ricos e demais, que só podem escapar à cilada meritocrática trabalhando juntos.[62]

Os dois grupos terão vantagem se aceitarem o negócio, e isso torna o discurso político novamente propício aos progressistas.

Uma vitória, qualquer que seja, decorrerá de uma luta prolongada e difícil. A batalha deve ser travada nas ruas — por meio de agitação e organização —, e não nas páginas de um livro. Mas um livro pode ajudar pessoas instruídas a descobrir quais são seus verdadeiros interesses e, a partir daí, a quais movimentos políticos aderir.[63] A meritocracia ofusca as pessoas, conduzindo-as a armadilhas ideológicas que as aprisionam — criando falso orgulho nos ricos e falsos ressentimentos nos demais, o que obscurece os danos que a desigualdade impõe aos dois grupos. A reflexão revela tais danos e, dessa forma, sugere igualdade a um amplo espectro de cidadãos por meio da divisão meritocrática. Mostra também que os ricos e os demais só podem escapar da cilada meritocrática em conjunto: ainda que privilégios mesquinhos os situem em campos opostos, somente unidos eles podem de fato satisfazer seus verdadeiros interesses.

Atualizando um antigo slogan: trabalhadores do mundo — agora incluídos os de classe média e os superiores —, uni-vos. Não tendes nada a perder a não ser as correntes, e um mundo inteiro a ganhar.[64]

AGRADECIMENTOS

A cilada da meritocracia foi escrito ao longo de duas décadas, durante as quais acumulei inúmeras dívidas de gratidão. É impossível relacionar todas e difícil retribuir algumas delas. Mas não há razão para não tentar.

Eu me interessei pela desigualdade econômica — inclusive pelos problemas peculiares que surgem quando a desigualdade se constrói sobre capital humano — na época em que estudava filosofia no curso de pós-graduação com Bernard Williams, Derek Parfit, Ronald Dworkin e G. A. Cohen. Todos eles tinham opiniões marcantes e distintas sobre a justiça distributiva. E, provavelmente mais importante, todos eles ensinavam como é difícil pensar com clareza sobre questões complexas e expressar ideias que se comuniquem diretamente com a experiência vivida. Pouco depois que publiquei algumas questões iniciais sobre a desigualdade, uma troca de ideias com Elizabeth Anderson me convenceu de que essas ideias tinham fracassado em abranger a vida real. A busca de uma abordagem melhor me pôs no caminho que me levou a este livro.

O percurso em si foi tudo menos direto, e me vali de incontáveis conversas com colegas e amigos, tanto em Yale como fora dela, muitas das quais comentei nas primeiras versões deste livro. Entre essas pessoas estão Muneer Ahmad, Anne Alstott, Ian Ayres, Monica Bell, Yochai Benkler, Phillip Bobbitt, Dani

Botsman, Khiara Bridges, Steve Brill, Rick Brooks, John Buretta, Guido Calabresi, Jessica Cattelino, Bob Ellickson, Dan Esty, Crystal Feimster, Owen Fiss, James Forman, Robert Frank, Bryan Garsten, David Grewal, Oona Hathaway, Geneviève Helleringer, Robert Hockett, Michael Kades, Paul Kahn, Amy Kapczynski, Al Klevorick, Issa Kohler-Hausmann, Roy Kreitner, Doug Kysar, John Langbein, Marc Lipsitch, Zach Liscow, Yair Listokin, Ian Malcolm, Benjamin Markovits, Inga Markovits, Julia Markovits, Rebecca Markovits, Richard Markovits, Stefanie Markovits, Noah Messing, Sam Moyn, David Owens, Przemek Palka, Ben Polak, Robert Post, Asher Price, Claire Priest, Jed Purdy, Aziz Rana, Rob Reich, Judith Resnik, Susan Rose-Ackerman, Scott Shapiro, Dan Sharfstein, Peter Schuck, Vicki Schultz, Reva Siegel, Tim Snyder, Kevin Stack, Tom Tyler, Rory Van Loo, Sharon Volckhausen, Philippe Wells, Leif Wenar, Patrick Wolff, Noah Zatz e Taisu Zhang. Amy Chua e Jed Rubenfeld me deram uma ajuda especialmente ampla e intensa, e o livro (de verdade) não existiria se não fosse por eles.

Também apresentei as ideias desta obra em ocasiões muito mais formais, nas quais as perguntas formuladas aprimoraram tanto minha apresentação do tema quanto o próprio tema. Recebi esse tipo de ajuda dos seguintes eventos de instituições: Seminário de Bolsas de Estudos Jurídicos Progressistas, da Sociedade da Constituição Americana; Série de Branford sobre Dinheiro, Poder e Política; Banco do Japão; Universidade de Mulheres Ewha; Faculdade de Direito da Universidade Nacional de Cingapura; Centro Interdisciplinar de Herzliya; Faculdade de Direito Buchmann da Universidade de Tel-Aviv; Centro Heidelberg de Estudos Americanos; Universidade Pompeu Fabra; Universidade de Bolonha; Centro de Estudos da Lei Contratual Europeia da Universidade de Amsterdã; Universidade Humboldt de Berlim; Salão Círculo Polar; Colóquio Interdisciplinar sobre Mercados da Inter--Universidade de Berlim; Seminário Direito em Contexto; Yale Clube do Chile; Faculdade de Direito da Universidade do Chile; Simpósio Conversas sobre Dinheiro em Yale; Programa Harvard de Estudos do Capitalismo; Faculdade de Direito James E. Rogers da Universidade do Arizona; Centro de Direito e Filosofia da Universidade do Arizona; Projeto de Assistência em Imposto de Renda da Yale College; Colégio Universitário Internacional de Turim; Instituto de Estudos Sociais e Políticos da Universidade de Yale e Con-

AGRADECIMENTOS

ferência sobre Desigualdade, Política e Prosperidade do Centro Washington para o Crescimento Igualitário; Oficina de Docentes da Escola de Direito de Yale; discurso de formatura na Escola de Direito de Yale; Escola de Direito da Universidade de Toronto; Escola de Direito da Universidade do Texas; Conferência sobre Direito e Desigualdade da Sociedade da Constituição Americana; fim de semana de ex-alunos da Escola de Direito de Yale; Centro de Direito da Universidade de Georgetown; Cegla Center; Escola de Direito da Universidade da Califórnia em Los Angeles; Escola de Direito de Colúmbia; Conferência sobre Desigualdade e Direitos Humanos da Universidade do Texas; Dartmouth College; Escola de Direito de Cornell; Reunião da Yale College; Seminário na América Latina de Teoria Constitucional e Política; Programa Comenius; Fundação Cariplo; Instituto de Humanidades de Nova York; Escola de Direito da Universidade de Nova York; Escola de Direito da Universidade Vanderbilt; Conseil d'État; Escola de Direito da Universidade de Buenos Aires; Sociedade Federalista; Escola de Direito da Universidade da Carolina do Norte; Projeto Lei e Economia Política; Instituto Federal de Tecnologia de Zurique e Instituto de Estudos Avançados de Toulouse; Instituto de Ciências Sociais da Universidade Humboldt; Centro Baldy da Universidade de Buffalo; Escola de Direito da Universidade Pritzker do Noroeste; Escola de Direito Brooklyn; Profissionais de Primeira Geração da Escola de Direito de Yale; e Sociedade Italiana de Direito e Economia.

Os participantes de diversos seminários dedicaram à penúltima versão do livro comentários e sugestões inestimáveis no momento em que eu terminava a tarefa básica de escrever. Entre eles, estão Giacomo Corneo, Felix Koch, Bertram Lomfeld, Christoph Möllers, Frauke Peter, Friedbert Rueb e Jürgen Schupp, da Universidade Livre de Berlim; Oriana Bandiera, Lucy Barnes, Thorsten Bell, Richard Blundell (que sugeriu o título), Jeff King, Julian Le Grand, George Letsas, Philippa Malmgren, Claire Maxwell, Avia Pasternak, Prince Saprai e Paul Segal, do University College London; Bruce Ackerman, David Brooks, Michael Graetz, Anthony Kronman, Rick Levin, Meira Levinson, Alec MacGillis, Jennifer Nedelsky, Alan Schwartz, John Witt, Portia Wu e Gideon Yaffee, da Escola de Direito de Yale; e Emily Bazelon, Nicholas Dawidoff, Jacob Hacker e Annie Murphy Paul, do grupo de leituras sobre desigualdade de New Haven.

A Biblioteca de Direito de Yale e seus incomparáveis funcionários — em especial, Julian Aiken e Michelle Hudson — proporcionaram um estupendo apoio à pesquisa. E um grupo totalmente excepcional de pesquisadores assistentes coletou, avaliou e organizou montanhas de dados e outros fatos. Entre eles, Yusef Al-Jarani, Matthew Ampleman, Molly Anderson, Kossi Anyinefa, Jessica Baker, Aaron Bartels-Swindells, Sarah Jane Bever-Chritton, Taly Bialostocki, Samuel M. Brill, John C. Calhoun, Michael Coenen, Ignacio Cofone, Jane Cooper, Lindsey Counts, Marcu DeWitt, Alexandra Eynon, Rhea Fernandes, Eric Fish, Edward Fox, Miguel Francisco de Figueiredo, Rueven Garrett, William Gaybrick, Adrian Gonzalez, Nathan Goralnik, Rohit Goyal, Casey Graetz, April Hu, Leora Kelman, Jeremy Kessler, David Kim, Daniel Knudsen, Dylan Kolhoff, Craig Konnoth, Chelsea Lane-Miller, Arthur Lau, Jeff Lingwall, Daniel Listwa, Catherine Logue, Lucas Mac-Clure, Marianna Mao, Virginia McCalmont, Catherine McCarthy, Alex Mechanick, Marian Messing, Stratos Pahis, Jeremy Pilaar, Valida Prentice, Devin Race, Ravi Ramanathan, Conor Dwyer Reynolds, Eva Rigamonti, Rachel Rolnick, Claire Saint-Amour, Jackson Salovaara, Jonathan Sarnoff, George Shen, Erik Stegemiller, Emily Stolzenberg, Lilian Timmermann, Hong Tran, Jessica Vosburgh, Ting Wang, Megan Wright, Jeffery Zhang, Katherine Zhang e Carleen Zubrzycki. Nesse grupo fora de série destacam-se dois colaboradores pela dimensão de seu compromisso com o livro: Jeff Zhang, no começo e no meio do trabalho, e Catherine McCarthy, no fim.

A Escola de Direito de Yale e os reitores Anthony Kronman, Harold Koh, Robert Post e Heather Gerken possibilitaram a redação intensiva ao longo de muitos anos; o Instituto de Estudos Avançados de Berlim deu apoio durante um ano; e a Biblioteca Britânica proporcionou um lugar aberto e agradável para escrever e pensar durante muitos períodos mais curtos. Patty Milardo organizou e alimentou habilmente minha vida profissional durante esse tempo todo.

Tina Bennett, Tracy Fisher, Elizabeth Sheinkman, Fiona Baird e Svetlana Katz representaram o livro com elegância e estilo. Tina, em especial, pegou um discurso, transformou-o numa proposta aceitável e depois ajudou a transformar um original desconexo em livro. Eu não poderia imaginar uma agente melhor.

Ann Godoff e Will Heyward, da Penguin de Nova York, e Stuart Proffitt e Ben Sinyor, da Penguin de Londres, editaram o livro com incrível cuidado,

AGRADECIMENTOS

competência e sensatez. Passaram horas discutindo o manuscrito comigo e muitas outras lendo-o e pensando no assunto. A dedicação deles transformou minhas primeiras iniciativas em algo totalmente novo e radicalmente melhor. Yuki Hirose avaliou o original com dedicação solidária. E Casey Denis, Gail Brussel, Bruce Giffords e toda a equipe de produção da Penguin fizeram um livro fisicamente lindo, cujas apresentação e linguagem visual reforçam as ideias que ele contém.

Finalmente, minha mulher, Sarah Bilston, leu e ajudou a reescrever rascunhos intermináveis, combinando a crítica sincera e até severa com uma generosidade sem limites. Sua voz está em cada página. E em diversas contingências cruciais, meus três filhos (invertendo a ordem natural e adequada das coisas) deixaram de lado as próprias necessidades para me ajudar a escrever.

Obrigado a todos.

Gráficos e quadros

GRÁFICO 1

Média de horas semanais trabalhadas por faixa de renda
(médias móveis de dez anos)[1]

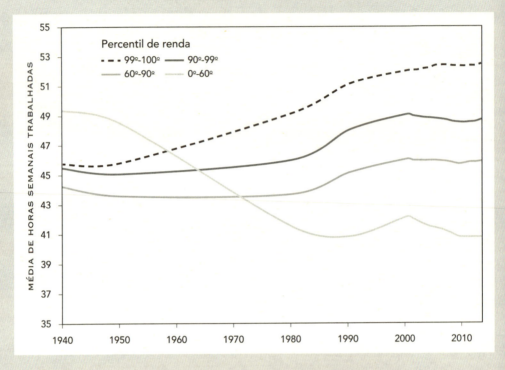

O Gráfico 1 mostra a relação entre renda e trabalho durante os três últimos quartos de século. Os trabalhadores situados entre os 60% inferiores da distribuição de renda trabalham cerca de dez horas a menos por semana que em 1940, uma redução de cerca de 20%. Os trabalhadores dos 30% seguintes na distribuição de renda (que ficam entre o 60º e 90º percentis) trabalharam um mesmo número de horas no período. As horas trabalhadas pelos 10% superiores da distribuição de renda, em comparação, aumentaram, com crescimentos maiores à medida que a renda sobe para uma elite restrita. O 1% superior, em especial, acrescentou cerca de sete horas à jornada de trabalho, mais do que qualquer coorte de baixa renda. Singularmente, as horas de trabalho do 1% superior continuaram aumentando já nos anos 2000. Os efeitos cumulativos dessa tendência são imensos. Em meados do século XX, o 1% superior trabalhava entre três e quatro horas a menos por semana que os trabalhadores dos 60% inferiores. Hoje, trabalha cerca de doze horas semanais a mais. Os dois componentes desse realinhamento (com o 1% trabalhando doze horas semanais a mais em

GRÁFICOS E QUADROS

vez de três ou quatro menos) chegam a cerca de dezesseis horas semanais, ou duas jornadas regulares completas, por semana. Por fim, é quase certo que esses números — que consideram apenas homens adultos jovens, que trabalham em período integral e com vínculo empregatício — subestimem as verdadeiras tendências. E o mais importante: eles não levam em conta as tendências no desemprego e principalmente a segmentação da força de trabalho, que mais uma vez desvia o trabalho da classe média na direção da elite.

GRÁFICO 2

***Renda dos pobres, consumo dos pobres e apropriação da renda pelo 1% superior (médias móveis de cinco anos)*[2]**

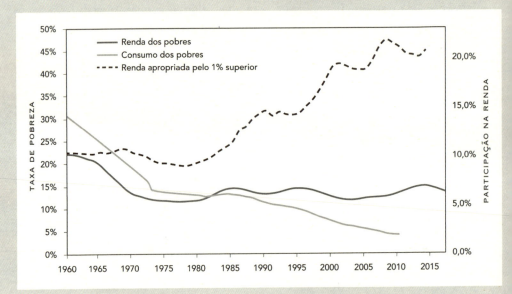

O Gráfico 2 mostra as tendências para a renda e o consumo dos pobres (no eixo esquerdo) e a participação na renda do 1% superior (no eixo direito) a partir de 1960, no centro da Grande Compressão, até já avançado o novo milênio. As duas linhas contínuas referentes aos pobres se inclinam para baixo. Embora a precisão de cada tendência dependa de como é verificada, os níveis para os pobres caíram entre metade e um sexto em relação a 1960. As taxas de renda dos pobres caíram de 22% para cerca de 12%. As taxas de consumo dos pobres caíram de cerca de 31% para menos de 5%. Em comparação, a linha tracejada que representa a participação dos ricos na renda mostra uma ascensão pronunciada: o primeiro 1% praticamente dobrou sua fatia proporcional na renda total a partir de 1960 — refletindo um aumento absoluto de cerca de 10% para algo em torno de 20% para os ricos.

GRÁFICO 3

Proporções representativas de alta, média e baixa rendas ao longo do tempo (médias móveis de cinco anos)[3]

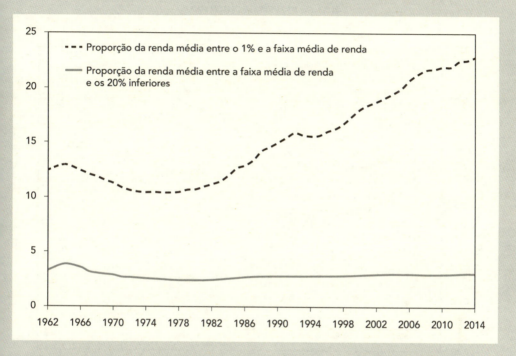

O Gráfico 3 mostra as tendências nas proporções entre as faixas de renda, descontados impostos, para toda a distribuição de renda.[4] A linha tracejada ascendente mostra que a distância entre a renda média do 1% superior e a renda média da classe média (definida como 50º percentil) aumentou. Ou seja, os ricos estão ficando mais ricos em relação à classe média — estão deixando a classe média para trás — e cada membro do 1% superior capta hoje mais de vinte vezes o salário médio atual do que nas décadas de 1960 e 1970. A linha contínua mostra a proporção entre a renda média e a renda média dos 20% mais pobres. A leve inclinação para baixo revela que o trabalhador da classe média atualmente recebe um pouco menos de renda em relação aos pobres se comparado com a realidade de meados do século XX — ou seja, que a classe média e os pobres estão se aproximando.

GRÁFICO 4

*Coeficientes de Gini para o extremo superior, o extremo inferior e geral nos Estados Unidos ao longo do tempo
(médias móveis de cinco anos)*[5]

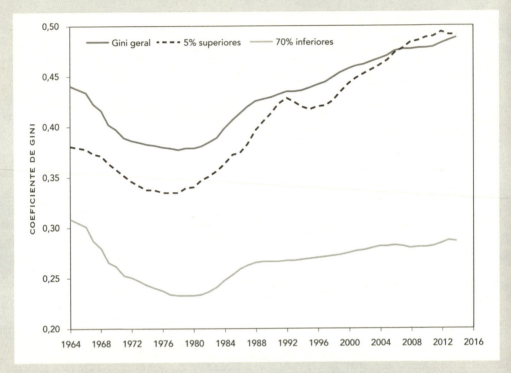

O Gráfico 4 mostra os coeficientes de Gini para os Estados Unidos calculados de três formas.[6] A linha contínua ascendente cinza-escura mostra o coeficiente de Gini para toda a economia norte-americana. Sua ascensão pronunciada reflete a ideia comum de que a desigualdade sofreu um nítido aumento a partir de níveis equivalentes aos da Noruega em 1964 a níveis equivalentes aos da Índia hoje. A linha contínua cinza-clara é menos conhecida. Mostra o coeficiente de Gini para os 70% inferiores na distribuição de renda nos Estados Unidos[7] e foi obtida pelo descarte de toda a renda dos 30% superiores das famílias, e não pela redistribuição de renda. O gráfico revela que o coeficiente de Gini para o extremo inferior caiu (cerca de 10%) desde meados do século XX, de modo que houve uma discreta redução na desigualdade dentro dos sete décimos inferiores da distribuição de renda nos Estados Unidos. Finalmente, a linha tracejada com a inclinação mais abrupta para cima

GRÁFICOS E QUADROS

representa o coeficiente de Gini para os 5% superiores da distribuição de renda, obtida a partir do descarte de toda a renda dos 95% inferiores. Essa linha mostra que a desigualdade entre os ricos disparou. Além disso, a diferença entre a desigualdade na grande porção inferior e na restrita porção superior — a diferença entre a linha tracejada e a linha cinza-clara — permaneceu mais ou menos igual entre 1964 e 1984, mas aumentou nitidamente a partir de 1984. O centro de gravidade da desigualdade econômica está subindo na distribuição de renda. Com efeito, a linha tracejada e a linha cinza-escura se cruzaram recentemente: a desigualdade entre os ricos agora excede a desigualdade na economia como um todo, o que teria sido impensável em meados do século XX, quando a divisão econômica principal se dava entre os pobres e a classe média.

GRÁFICO 5

*Proporção de gastos com educação por renda e educação
(médias móveis de cinco anos)*[8]

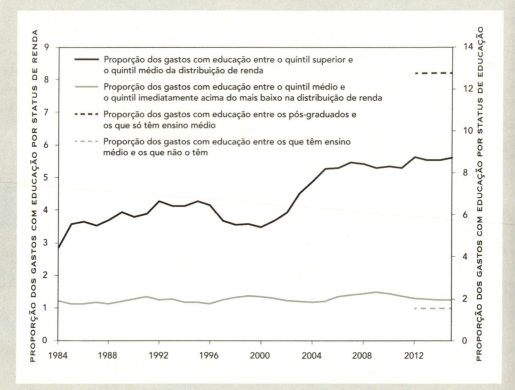

O Gráfico 5 mostra as tendências nas proporções de gastos de consumo especificamente em educação entre os ricos e a classe média, de um lado, e entre a classe média e os pobres, de outro. As curvas revelam um forte aumento nos investimentos das famílias ricas na educação dos filhos em relação aos investimentos da classe média. Ao mesmo tempo, os investimentos feitos por famílias de renda média não aumentaram em relação aos investimentos das famílias pobres. Uma segunda série, muito mais breve — que mostra a proporção dos gastos em educação entre famílias superinstruídas e simplesmente instruídas e entre as simplesmente instruídas e as nada instruídas —, confirma a lição da primeira. A série sobre educação também seleciona uma elite mais restrita que a série sobre renda e, surpreendentemente, revela um investimento em educação ainda mais desproporcional comparado ao da classe média.

GRÁFICOS E QUADROS

Note-se a correspondência entre a proporção de gastos e a proporção de renda mostrada no Gráfico 3. Em cada caso, a ordem relativamente estável de meados do século XX, em que as principais desigualdades se referiam a diferenças entre a classe média e os pobres, dá lugar (a partir de algum momento da década de 1980) a uma nova ordem na qual as camadas superiores se separam das camadas médias, enquanto as camadas médias e as inferiores convergem aos poucos.

GRÁFICO 6

Diferenças no aproveitamento em leitura e matemática para as razões 90/50 e 50/10 da distribuição de renda[9]

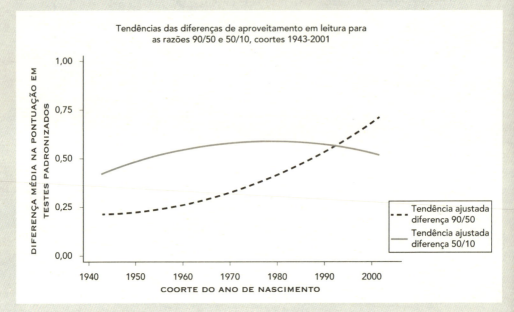

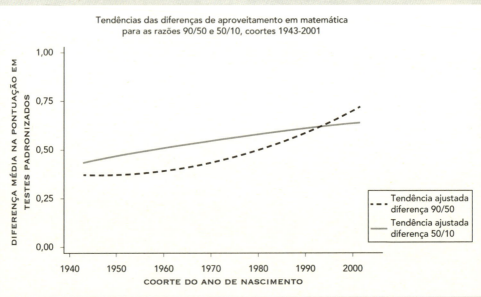

GRÁFICOS E QUADROS

O Gráfico 6 (de cima e de baixo), traçado pelo sociólogo Sean Reardon,[10] mostra a diferença entre o aproveitamento escolar em leitura (de cima) e matemática (de baixo) entre o 90º e o 50º percentis da distribuição de renda, de um lado, e entre o 50º e o 10º percentis, do outro. Esse exercício revela que as diferenças dos 90/50 vêm subindo desde meados do século XX e cada vez mais claramente a partir do início da década de 1970. As diferenças dos 50/10, em comparação, vêm subindo muito mais devagar e (para leitura) começaram até mesmo a cair. Em conjunto, as duas tendências implicam que, enquanto as diferenças 50/10 em meados do século XX eram de praticamente o dobro das diferenças 90/50 em leitura e cerca de um terço maiores em matemática, em meados da década de 1990 as diferenças 90/50 se equipararam às 50/10. Além disso, as diferenças 90/50 continuaram aumentando desde então, enquanto as diferenças 50/10 se nivelaram e até começaram a cair. Hoje, as diferenças no aproveitamento escolar entre os filhos de ricos e os de classe média estão entre um quarto e um terço maiores que as diferenças entre a classe média e os pobres.

Note-se, mais uma vez, a correspondência entre as diferenças no aproveitamento e a proporção de renda mostrada no Gráfico 3. Em cada caso, uma ordem relativamente estável em meados do século XX, na qual as principais desigualdades se referem a diferenças entre a classe média e os pobres, dá lugar (a partir de algum momento na década de 1980) a uma nova ordem em que o segmento superior se distancia do segmento intermediário, enquanto este e o segmento inferior convergem lentamente.

GRÁFICO 7

Participação no PIB, participação no emprego, renda relativa e educação para finanças, 1947-2005
(médias móveis de cinco anos)[11]

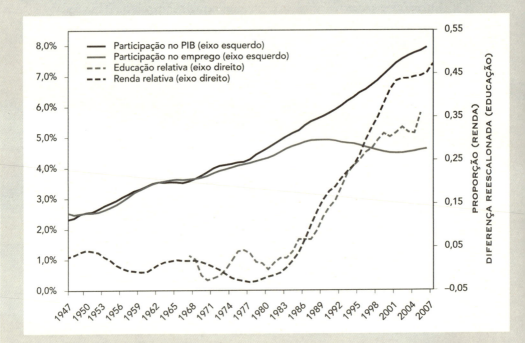

O Gráfico 7 mostra dois pares de tendências — produto e emprego no eixo esquerdo e renda relativa e educação no eixo direito[12] — no setor financeiro nos últimos setenta anos. A partir do fim da Segunda Guerra Mundial até o fim da década de 1970, o setor financeiro prestava serviços semiqualificados e crescia com a contratação de novos trabalhadores. A participação do setor no PIB e no emprego total aumentou durante esse período. Em consonância com sua produtividade média, os trabalhadores do setor financeiro não eram mais instruídos ou mais bem pagos que seus congêneres nos demais setores privados.[13] Mas, a partir da década de 1980, a participação do setor financeiro no PIB passou a crescer mais rápido, mesmo considerando que os empregos se estabilizaram e até começaram a cair um pouco.[14] Além disso, o aumento da produtividade dos trabalhadores do setor financeiro (em consequência um número relativamente menor de trabalhadores passou a contribuir relativamente mais para o PIB) foi, como se esperava, acompanhado pelo crescimento

GRÁFICOS E QUADROS

de sua educação relativa e de sua renda relativa.[15] Note-se que, embora a série não esteja incluída no gráfico, o total de remunerações pagas pelo setor subiu consistentemente junto com sua participação no PIB ao longo dos dois períodos. Em outras palavras, os trabalhadores do setor financeiro não abocanhavam uma fatia maior do resultado de sua produção. Em vez disso, eles se tornaram cada vez mais bem pagos, porque dividiram a mesma fatia de um bolo em crescimento entre um número menor de trabalhadores de elite em expansão.[16]

GRÁFICO 8

Mudanças percentuais na oferta de emprego para qualificação de rotina e qualificação flexível[17]

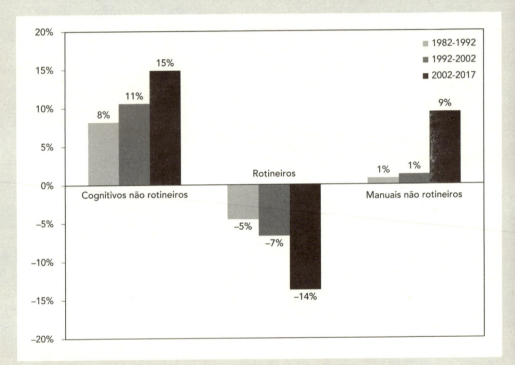

O Gráfico 8, traçado pelos economistas Nir Jaimovich e Henry Siu, mostra que cada uma das três últimas décadas assistiu a uma fuga do trabalho semiqualificado de rotina intensiva, acompanhada de um discreto aumento no trabalho manual flexível de baixíssima qualificação e um grande aumento no trabalho cognitivo flexível de alta qualificação. No total, quase um quarto dos empregos semiqualificados desapareceu a partir de 1980 e a quantidade de empregos específicos e exclusivos de trabalhadores altamente qualificados aumentou cerca de um terço.

GRÁFICO 9

Segmentação de ganhos pelo nível educacional (dados homogeneizados)[18]

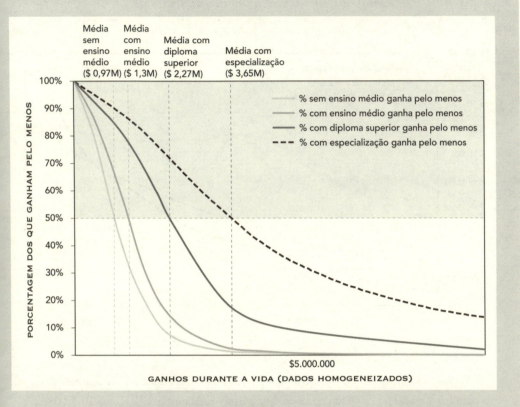

O Gráfico 9 mostra a segmentação da renda segundo a educação. A proporção da segmentação é surpreendente. Só 7,3% dos trabalhadores sem ensino médio e só 14,3% dos que têm ensino médio ganham o equivalente à renda média de uma pessoa com diploma de curso superior. Apenas 1,3% dos trabalhadores que abandonaram o ensino médio, 2,4% dos que só têm o ensino médio e 17,2% dos que têm diploma de curso superior ganham tanto quanto a média do profissional com especialização. Esses números revelam que trabalhadores instruídos e não instruídos vivem em mundos totalmente separados que nunca se encontram. Os menos instruídos enfrentam uma luta constante e desanimadora para encontrar algum trabalho, enquanto (ao contrário do que diz a lenda popular sobre diplomados que moram no porão da casa dos pais) os mais instruídos têm pleno emprego. Quando encontram trabalho, apenas um em cinquenta trabalhadores da metade inferior da distribuição da educação ganha tanto quanto o trabalhador médio do vigésimo superior.[19]

GRÁFICO 10

Rendimentos dos 90% inferiores, consumo **per capita** *e endividamento ao longo do tempo (médias móveis de dez anos)*[20]

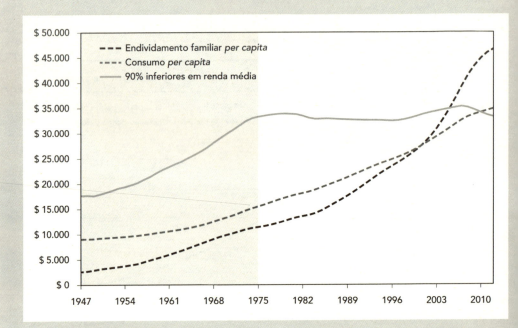

O Gráfico 10 mostra o endividamento familiar, o consumo *per capita* e a renda média das famílias situadas nos 90% inferiores da distribuição de renda entre 1947 e 2010. O consumo aumentou acentuadamente ao longo dessas sete décadas. As tendências para a renda e o endividamento, em comparação, mostram giros claros que formam uma espécie de imagem espelhada. A renda média dos 90% inferiores subiu consistentemente (mais ou menos no mesmo ritmo do consumo) entre 1947 e cerca de 1975, e nesse ponto parou de subir quase que por completo, enquanto o consumo continuou aumentando. A dívida média, em comparação, subiu mais devagar que a renda entre 1947 e cerca de 1975, mas, poucos anos depois de a renda parar de crescer, iniciou uma escalada firme (mais ou menos no mesmo ritmo que o consumo, ainda em crescimento). O paradigma é inconfundível: o padrão de vida da classe média era financiado por sua renda em ascensão, mas, a partir de cerca de 1975, e até os dias atuais, a renda estagnou e o endividamento aumentou claramente. Diante da desigualdade em ascensão no mercado, os Estados Unidos financiaram o padrão de vida de sua classe média não pela redistribuição, mas pelo endividamento.[21] O

GRÁFICOS E QUADROS

crédito impulsiona o consumo quando a renda não basta.[22] O crédito concedido a famílias de classe média torna-se cada vez mais um tapa-buraco, oferecido à sombra da desigualdade econômica e no mesmo modelo do crédito consignado.[23]

GRÁFICO 11

Retorno da qualificação e investimentos desiguais em educação[24]

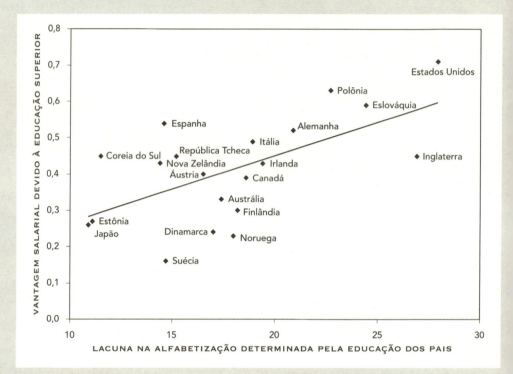

O Gráfico 11 mostra a relação entre os retornos da qualificação e a desigualdade dos investimentos educacionais dentro da OCDE. O eixo vertical mostra a vantagem salarial conferida pela faculdade, medida direta do retorno econômico proporcionado pela qualificação, expressa pela proporção entre salários médios por hora de trabalhadores com e sem diploma de curso superior. O eixo horizontal mostra a influência da condição dos pais sobre a qualificação dos filhos (dada por um teste internacional que mede a facilidade para "entender e usar textos, refletir sobre eles e dialogar com eles, para atingir objetivos, desenvolver os conhecimentos e o potencial e participar da sociedade").[25] Como a educação dos pais se relaciona intimamente com o investimento na educação dos filhos, é um excelente indicador do grau da concentração da qualificação numa dada sociedade. A correlação entre a vantagem salarial pela educação superior dos pais e as consequências de sua educação sobre a qualificação dos filhos revela que o fetiche da qualificação e a concentração da educação variam de país para país, não separadamente, mas juntas.

GRÁFICO 12

As mudanças na probabilidade de os filhos ganharem mais que os pais[26]

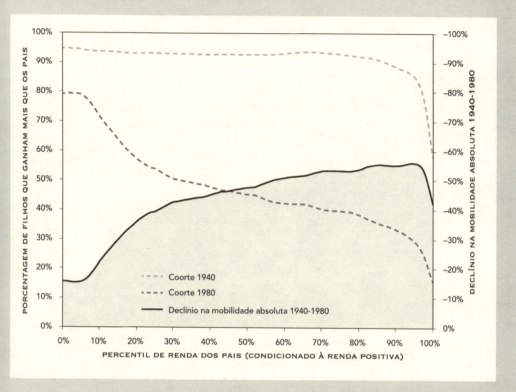

O Gráfico 12 mostra a porcentagem de filhos que ganhavam mais do que os pais em meados do século XX e hoje, segundo a classificação de renda dos pais. A linha tracejada cinza-clara mostra esse indicativo de mobilidade social em meados do século XX, para filhos nascidos em 1940. Surpreendentemente, quase todos esses filhos — para toda a escala de distribuição de renda — chegaram a ganhar mais que os pais, com a única exceção dos filhos de pais de mais alta renda, para os quais o teste determinou um ponto de partida muito alto. A linha tracejada cinza-escura mostra a mesma relação para os nascidos em 1980. Ela é toda mais baixa, simplesmente devido ao crescimento econômico mais lento das últimas décadas, mas também apresenta uma forma bem diferente. Para os nascidos em 1980, as chances de ganhar mais que os pais caem à medida que a renda dos pais sobe para escapar à pobreza, logo se estabilizam um pouco, até começar a cair bruscamente para filhos de pais muito ricos (mais uma vez, devido ao alto ponto de partida determinado pela renda dos pais). Finalmente, a linha preta contínua deixa em nítido relevo as consequências da desigualdade meritocrática sobre a mobilidade absoluta. Essa linha mostra a queda na mobilidade absoluta para as duas coortes, de novo para qualquer nível de renda dos pais. A queda é de longe maior para filhos cujos pais estão situados, aproximadamente, entre o 20º e o 95º percentis da distribuição de renda — ou seja, para a ampla classe média mais castigada pela estagnação de salários.

GRÁFICOS E QUADROS

QUADRO 1

Investimento da elite e investimento médio na educação dos filhos por idade (em dólares)

Fase da vida	Investimento da elite	Investimento médio	Diferença
Educação infantil	2 anos de educação infantil a 15 mil/ano	1 ano de educação infantil a 5 mil/ano	15 mil aos 3 anos 10 mil aos 4 anos
Ensino fundamental e médio	7 anos de ensino fundamental (Jardim aos 6 anos) a 25 mil/ano	7 anos de ensino fundamental (Jardim aos 6 anos) a 10 mil/ano	15 mil/ano dos 5 aos 11 anos
	6 anos de ensino fundamental e médio a 60 mil/ano	6 anos de ensino fundamental e médio a 10 mil/ano	50 mil/ano dos 12 aos 17 anos
	13 anos de atividades extracurriculares a 9 mil/ano	13 anos de atividades extracurriculares a 1,5 mil/ano	7,5 mil/ano dos 5 aos 17 anos
Faculdade	4 anos a 90 mil/ano	zero: o norte-americano médio não faz faculdade	90 mil/ano dos 18 aos 21 anos
Especialização e pós-graduação	2 a 7 anos a 90 mil/ano	zero: o norte-americano médio não faz especialização ou pós-graduação	90 mil/ano entre 22 e 28 anos

O Quadro 1 mostra, em números aproximados e conservadores, a diferença entre o investimento típico em capital humano do 1% mais rico e o da classe média para cada ano da vida de um filho. As quantias mostradas no quadro com certeza subestimam a verdadeira diferença entre a educação comum e a de elite. Elas abrangem apenas as contribuições em dinheiro, não em espécie, e medem quantidades, não qualidade. Não atribuem valores em dinheiro ao estresse neonatal menor, a bairros residenciais mais seguros ou ao tempo e à educação que os pais ricos dedicam aos filhos, por exemplo, ou ao fato de serem rodeados por outros filhos meticulosamente educados, ou à qualidade e à eficácia que pais ricos e instruídos imprimem à educação dos filhos. Mas se esses números forem entendidos como indicadores de quantidades aproximadas e não exatas, resumirão nitidamente os investimentos excepcionais que a elite moderna dedica à própria reprodução.

QUADRO 2

Cálculo da herança meritocrática

Idade do filho à época da despesa	Anos que faltam para a morte dos pais	Fator de atualização		Diferença nas despesas	Quantia cedida até a morte	
		8%	6%		8%	6%
3	47	37,2	15,5	15.000	558.000	232.500
4	46	34,5	14,6	10.000	345.000	146.000
5	45	31,9	13,8	22.500	717.750	310.500
6	44	29,6	13,0	22.500	666.000	292.500
7	43	27,4	12,3	22.500	616.500	276.750
8	42	25,3	11,6	22.500	569.250	261.000
9	41	23,5	10,9	22.500	528.750	245.250
10	40	21,7	10,3	22.500	488.250	231.750
11	39	20,1	9,7	22.500	452.250	218.250
12	38	18,6	9,2	57.500	1.069.500	529.000
13	37	17,2	8,6	57.500	989.000	494.500
14	36	16,0	8,1	57.500	920.000	465.750
15	35	14,8	7,7	57.500	851.000	442.750
16	34	13,7	7,3	57.500	787.750	419.750
17	33	12,7	6,8	57.500	730.250	391.000
18	32	11,7	6,5	90.000	1.053.000	585.000
19	31	10,9	6,1	90.000	981.000	549.000
20	30	10,1	5,7	90.000	909.000	513.000
21	29	9,3	5,4	90.000	837.000	486.000
22	28	8,6	5,1	90.000	774.000	459.000
23	27	8,0	4,8	90.000	720.000	432.000
24	26	7,4	4,5	90.000	666.000	405.000
25	25	6,8	4,3	90.000	612.000	387.000
Total equivalente a herança					16.841.250	8.773.250

O Quadro 2 retoma os números do Quadro 1 para o cálculo da herança meritocrática, levando em conta todos os gastos dedicados à educação de elite e transformando-os em valores que poderiam ser poupados, investidos e transmitidos aos filhos com a morte dos pais.

Isso requer suposições sobre o tempo que os estudantes de elite levam para se formar e especializar e, mais importante, sobre a etapa da vida em que os pais ricos têm filhos, com que idade morrem e que retorno podem obter de seus investimentos. Enquanto o Quadro 1 considera uma duração de dois a sete anos para a graduação e a especialização, o Quadro 2 emprega uma média aproximada de quatro anos. Além disso, o modelo de referência no Quadro 2 parte da suposição de que os pais de elite têm filhos aos trinta anos, morrem aos oitenta e obtêm 8% ao ano de retorno do investimento. Um teste de robustez levaria em conta uma média mais baixa, de 6% de retorno.

São suposições conservadoras. A média de idade de uma mulher com diploma superior no primeiro parto[27] é de aproximadamente trinta anos; e a expectativa média de vida[28] para os norte-americanos situados no 1% superior na distribuição de renda é de aproximadamente 87 anos para os homens e 89 para mulheres. Com o reinvestimento dos dividendos, o retorno médio nominal de 1980 a 2018, segundo a S&P 500,[29] teria sido de cerca de 11,5% ao ano e o retorno real, de cerca de 8%. Da mesma forma, a taxa anual de retorno real para todo o mercado de ações dos Estados Unidos de 1926 a 2015, segundo os índices CRSP 1-10 e CPIU, foi de 8,6%.[30]

NOTAS

Introdução

1. Essa formulação vai na esteira da definição do *Oxford Dictionary of Sociology*. Ver John Scott e Gordon Marshall (orgs.), *A Dictionary of Sociology*, 3ª ed., rev. (Oxford: Oxford Paperback Reference, 2009), p. 464 ("Meritocracy"). Daqui em diante, citado como Scott e Marshall, *A Dictionary of Sociology*.

2. Neste livro, o termo *classe média* se aplica ao segmento da população que não é pobre nem integra a elite meritocrática e, portanto, inclui muitas pessoas que em outros contextos seriam vistas como da classe trabalhadora. Trata-se mais de uma implicação do tema geral do livro do que de uma definição, ou seja, o pertencimento a uma classe depende de onde cada pessoa está inserida na sociedade em relação à desigualdade meritocrática.

3. Bacharelado em matemática em Yale em 1991; mestrado em economia e matemática econômica na London School of Economics em 1992; bacharelado em filosofia e doutorado em filosofia em Oxford em 1994 e 1999; e um Juris Doctor (JD) na Escola de Direito de Yale em 2000. Passei dois anos em Harvard como bolsista visitante da pós-graduação, mas não me inscrevi para obter um título formal.

4. "Mission, Vision, and History", Harvard College. Disponível em: <https://college.harvard.edu/about/mission--vision-history>. Acesso em: 29 jul. 2018. Doravante citado como "Mission, Vision, and History", Harvard College.

5. "Mission, Vision, and History", Harvard College.

6. Karen Ho, *Liquidated: An Ethnography of Wall Street* (Durham, Carolina do Norte: Duke University Press, 2009), p. 39. Doravante citado como Ho, *Liquidated*.

7. "People and Culture", Goldman Sachs. Disponível em: <www.goldmansachs.com/whoweare/peopleandculture/index.html>. Acesso em 29 jul. 2018; "Goldman Sachs Is Committed to Progress", Goldman Sachs. Disponível em: <www.goldmansachs.com/whoweare/progress/>. Acesso em: 29 jul. 2018.

8. Ver *Oxford English Dictionary*, verbete "meritocracy", Oxford University Press, mar. 2018. Disponível em: <www.oed.com/view/Entry/116806>. Acesso em: 29 jul. 2018; e *Oxford English Dictionary*, verbete "merit", Oxford University Press, mar. 2018. Disponível em: <www.oed.com/view/Entry/11679>. Acesso em: 29 jul. 2018. O substantivo "meritocracia" deriva de "mérito", cuja etimologia remete ao latim *meritum*, que significa "ganho, lucro, proveito, merecimento".

9. "Yale's 309th Commencement", *YaleNews*, 19 mai. 2010. Disponível em: <https://news.yale.edu/2010/05/19/yales-309th-commencement>. Acesso em: 29 jul. 2018.

10. "Vice President Joe Biden to Be Yale's Class Day Speaker", *YaleNews*, 4 mai. 2008. Disponível em: <https://news.yale.edu/2015/04/08/vice-president-joe-biden-be-yale-s-class-day-speaker-0>. Acesso em: 29 jul. 2018.

11. As juízas Ginsburg e Sotomayor fizeram discursos inesperados na Escola de Direito ao receberem títulos honorários da universidade.

12. Alain Renaut, "The Role of Universities in Developing a Democratic European Culture", in *The Heritage of European Universities*, Nuria Sanz e Sjur Bergan (orgs.) (Estras-

burgo: Council of Europe Publishing, 2002), p. 119.

13 *The New Revised Standard Version Bible* (Oxford: Oxford University Press, 1989). Daqui em diante, citado como *The New Revised Standard Bible*. Os evangelhos dizem que quando se põe vinho novo em odres velhos, estes se corrompem e entorna-se o vinho. Ver Mateus 9:14-17, Marcos 2:21-22 e Lucas 5:33-39. De forma análoga, a meritocracia corrompe as formas sociais que ela preenche, derramando seu conteúdo, destruindo a ordem social herdada e corrompendo a si mesma.

14 Apesar dessa circunstância histórica, embora até mesmo observadores políticos respeitados geralmente confundam meritocracia e igualdade de oportunidades, a possibilidade abstrata de que as duas ideias se distingam foi admitida durante algum tempo por filósofos da moral. Bernard Williams, "The Idea of Equality", in *Philosophy, Politics and Society* (Oxford: Basil Blackwell, 1969), p. 126 (discutindo o modelo de "sociedade dos guerreiros"); Pierre Rosanvallon, *The Society of Equals*, tradução de Arthur Goldhammer (Cambridge, Massachusetts: Harvard University Press, 2013), p. 254.

15 A frase remete à "insuperável máquina lenta que faz o que você terá", de Philip Larkin. Ver Philip Larkin, "The Life with a Hole in It", in *The Complete Poems* (Nova York: Farrar, Straus & Giroux, 2012), p. 114. Doravante citado como Larkin, *The Complete Poems*.

16 Ver Constituição dos Estados Unidos, art. II, seção 1. Para o parecer sobre idade e experiência, ver, por exemplo, Max Farrand, *The Records of the Federal Convention of 1787*, vol. 1, Max Farrand (org.) (New Haven, Connecticut: Yale University Press, 1911), p. 396. (George Mason alega que a exigência de 25 anos como idade mínima para a Câmara devia-se à sua experiência. "Se indagado [ele deveria] ser obrigado a declarar que suas opiniões políticas aos 21 anos eram primitivas e errôneas demais para merecer ter influência em medidas públicas.") James Madison, *Federalist*, n. 62. (O documento discute a necessidade de senadores serem mais velhos que os membros da Câmara. Madison observa que os senadores precisam de "maior quantidade de informação e estabilidade de caráter [...] que o senador deveria ter chegado a uma etapa da vida mais propícia a apresentar essas vantagens". Madison, casualmente, discute também o receio de que as famílias poderosas tentem levar os filhos a ocupar cargos por meios dinásticos.) James Monroe, "Observations upon the Proposed Plan of Federal Government. With an Attempt to Answer Some of the Principal Objections That Have Been Made to It", *Virginia Gazette*, 2 abr. 1788. (Monroe faz eco à ideia de que a exigência de idade mínima ajuda a evitar as dinastias: "A Constituição determina que nenhuma pessoa deve ser escolhida para o cargo se não tiver 35 anos de idade; e que no curso natural poucos pais sustentam um filho que tenha chegado a essa idade.")

17 Ver Susan Sturm e Kinga Makovi, "Full Participation in the Yale Law Journal", relatório divulgado em parceria com o *Yale Law Journal* (2015), p. 5. Disponível em: <www.yalelawjournal.org/files/FullParticipationin-theYaleLawJournal e929dpx1.pdf.> Acesso em: 29 jul. 2018. Doravante citado como Sturm e Makovi, "Full Participation".

18 Ibid., p. 9.

19 William Shakespeare, *Hamlet, Prince of Denmark*, Philip Edwards (org.) (Cambridge: Cambridge University Press, 1985), ato 4, cena 5, versos 77-78, p. 196.

20 Donald Trump, "The Inaugural Address", página oficial da Casa Branca, 20 jan. 2017. Disponível em: <www.whitehouse.gov/briefings-statements/the-inaugural-address/>. Acesso em: 29 jul. 2018. Daqui em diante, citado como "The Inaugural Address". Outras frases significativas do texto são: "[Nós] subsidiamos os exércitos de outros países enquanto permitíamos um lamentável empobrecimento de nossas Forças Armadas"; "Vínhamos defendendo as fronteiras de outros países e ao mesmo tempo recusando-nos a defender as nossas"; "Tornamos ricos outros países enquanto a riqueza, a força e a segurança de nosso país desapareciam no horizonte"; e "A riqueza de nossa classe média foi arrancada de seus lares e redistribuída no mundo inteiro".

21 Idem.

22 À pergunta "Independentemente de sua intenção de voto, você acha que o discurso de Trump reflete ou não a forma como você pessoalmente vê as coisas nos Estados Unidos de hoje?", 60% dos brancos sem diploma universitário disseram que o discurso "refletiu nossos sentimentos" e 34% afirmaram que não refletiu. Entre os brancos com diploma universitário, essas porcentagens foram de 39% e 53%, respectivamente. Ver Greg Sargent, "This Is the Single Most Depressing Finding in Today's Polls Showing Trump Ahead", *The Washington Post*, 25 jul. 2016. Disponível em: <www.washingtonpost.com/blogs/plum-line/wp/2016/07/25/this-is-the-single-most-depressing-finding-in-todays-polls-showing-trump-ahead/>. Acesso em: 29 jul. 2018.

23 Ver "Sharp Partisan Divisions in Views of National Institutions", Pew Research Center, 10 jul. 2017. Disponível em: <www.people-press.org/2017/07/10/sharp-partisan-divisions-in-views-of-national-institutions/>. Acesso em: 29 jul. 2018.

24 A ideia de que a desigualdade econômica gerou "dois Estados Unidos" foi um tema importante para o político progressista John Edwards, levantado em suas duas campanhas pela indicação de seu nome como candidato do Partido Democrata à presidência da República e usado no conhecido discurso em que ele aceitou a indicação do partido à vice-presidência em 2004. Ver John Edwards, "Vice Presidential Nomination Speech", Convenção Nacional Democrata, realizada em Wells Fargo Center, Filadélfia, Pensilvânia, em 28 jul. 2004; e John Edwards, "Two Americas", discurso realizado na Prefeitura de Reno, 23 jun. 2007.

25 *Coming Apart* é o título de um livro do cientista político conservador Charles Murray. Ver Charles Murray,

Coming Apart: The State of White America, 1960-2010 (Nova York: Random House, 2013). Doravante citado como Murray, *Coming Apart*.

26 Ver Simon Szreter e Anne Hardy, "Urban Fertility and Mortality Patterns", in *The Cambridge Urban History of Britain, 1840-1950*, Martin Daunton (org.) (Cambridge: Cambridge University Press, 2000), p. 671: "As décadas de 1830 e 1840 bem podem ter sido as piores da história em expectativa de vida desde a Peste Negra para os condados que agora estão vivendo a industrialização."

Capítulo 1: A revolução meritocrática

1 Hans-Joachim Voth, "The Longest Years: New Estimates of Labor Input in England, 1760-1830", *Journal of Economic History* 61, n. 4 (2001), p. 1074. Doravante citado como Voth, "The Longest Years".

2 U.S. Census Bureau, *Historical Statistics of the United States, 1789-1945* (Washington, D.C., 1949), p. 67. Disponível em: <https://www2.census.gov/prod2/statcomp/documents/HistoricalStatisticsoftheUnitedStates1789-1945.pdf>. Acesso em: 24 mai. 2018.

3 Thorstein Veblen, *The Theory of the Leisure Class: An Economic Study of Institutions* (Nova York: Macmillan, 1899) [*A teoria da classe ociosa: Os economistas*, São Paulo: Nova Cultural, 1988], p. 19. Doravante citado como Veblen, *Theory of the Leisure Class*.

4 Formulação emprestada de Voth em "The Longest Years", pp. 1066, 1075.

5 Ver Capítulo 6.

6 Ver Steven F. Hipple, "Labor Force Participation: What Has Happened Since the Peak?", *Monthly Labor Review*, set. 2016, Quadro 3 (pp. 10-1). Disponível em: <www.bls.gov/opub/mlr/2016/article/pdf/labor-force-participation-what-has-happened-since-the-peak.pdf>. Acesso em: 17 nov. 2018.

7 Ver Capítulo 4.

8 Ver Capítulo 4.

9 Em 2010, por exemplo, Steven Kaplan e Joshua Rauh revelaram que um diretor executivo de Wall Street normalmente ganhava 500 mil dólares por ano e um sócio de um dos grandes escritórios de advocacia do país ganhava, em média, 1 milhão de dólares por ano. Ver Steven N. Kaplan e Joshua Rauh, "Wall Street and Main Street: What Contributes to the Rise in the Highest Incomes?", *Review of Financial Studies* 23, n. 3 (2010), pp. 1004-50. Disponível em: <www.jstor.org/ stable/40604776>. Acesso em: 17 nov. 2018. Doravante citado como Kaplan e Rauh, "Wall Street and Main Street". Robert S. Khuzami ganhava mais de 5 milhões de dólares por ano quando era sócio do escritório de advocacia Kirkland & Ellis, de 2013 a 2018. Ver Ben Protess e Peter Lattman, "A Legal Bane of Wall Street Switches Sides", *The New York Times*, 23 jul. 2013. Disponível em: <https://dealbook.nytimes.com/2013/07/22/a-legal-bane-of-wall-street-switches-sides/>. Acesso em: 2 jun. 2018. A remuneração anual total dos duzentos executivos mais bem pagos dos Estados Unidos vai de 10 milhões a cerca de 100 milhões de dólares. Ver "The Highest-Paid CEOs in 2017", *The New York Times*, 25 mai. 2018. Disponível em: <www.nytimes.com/interactive/2018/05/25/business/ceo-pay-2017.html>. Acesso em: 2 jun. 2018. No período do 2015-2017, o então CEO da Amazon, Jeff Bezos, recebeu anualmente mais de 1,6 bilhão de dólares. Ver Amazon.com, Inc., Declaração de procuração, Reunião anual de acionistas, 30 mai. 2018. Disponível em: <www.sec.gov/Archives/edgar/data/1018724/000119312518121077/ d514607ddef14a.htm>. Acesso em: 2 jun. 2018.

10 Ver Capítulo 4.

11 Esta formulação segue a definição de Scott e Marshall em *A Dictionary of Sociology*.

12 O termo vem de Jonathan Gershuny, "Busyness as the Badge of Honor for the New Superordinate Working Class", *Social Research* 72, n. 2 (2005), pp. 287-314. Disponível em: <www.jstor.org/stable/40971766>. Acesso em: 2 jun. 2018. Doravante citado como Gershuny, "Busyness as the Badge of Honor".

13 Ver a série Yale Law School Digital Repository Special Collections, "Lives of Lawyers". Disponível em: <https://digitalcommons.law.yale.edu/ylslol/>.

14 "The Best Law Schools in America, Ranked", *U.S. News & World Report*, 2018. Disponível em: <www.usnews.com/best-graduate-schools/top-law-schools/law-rankings?int=9c0f08>. Acesso em: 5 jun. 2018.

15 A turma de 2020 da Escola de Direito de Yale teve um GPA (média geral de todas as disciplinas do aluno ao longo do ensino médio norte-americano) de 3,91 e uma pontuação média de 173 no LSAT (o teste de admissão das escolas de direito). Dos alunos que fizeram o LSAT entre junho de 2016 e fevereiro de 2017, 99,2% marcaram menos de 173 pontos. Ver Lisa Anthony, "Score Distribution — Law School Admission Test", Conselho de Admissão de Escolas de Direito, 20 jun. 2017. Disponível em: <www.lsac.org/docs/default-source/data-(lsac-resources)-docs/lsat-score-distribution.pdf>. Acesso em: 5 jun. 2018; "Entering Class Profile", Escola de Direito de Yale, 2018. Disponível em: <https://law.yale.edu/admissions/profiles-statistics/entering-class-profile>. Acesso em: 5 jun. 2018.

16 Para ser preciso, 85% dos novos pedidos e 83% dos pedidos totais de admissão foram aceitos em 2018. Ver "Entering Class Profile", Escola de Direito de Yale, 2018. Disponível em: <https://law.yale.edu/admissions/profiles-statistics/entering-class-profile>. Acesso em: 5 jun. 2018.

17 O ABA Standard 509 solicitou uma licença para que as cinco principais escolas de direito divulgassem a proporção de aprovados, o número total de admitidos e o tamanho das turmas para a coorte de alunos aceitos em 2017: Yale — 8,4%, 240, 205; Stanford — 9,9%, 392, 180; Harvard — 15,8%, 900, 560; Chicago — 21,5%, 958, 188; Colúmbia — 20,4%, 1.188, 389. A média de aceitação dessas cinco escolas foi de 15,2% naquele ano. Ver "ABA Required Disclosures: Standard 509 Disclo-

sure", Associação Americana de Advogados, Seção de Educação Jurídica e Admissão à Advocacia, 2018. Disponível em: <www.abarequireddisclosures.org/Disclosure509.aspx>. Acesso em: 6 jun. 2018.

18 A média GPA entre alunos matriculados nas cinco principais escolas de direito foi de 3,7 a 3,91 em 2017. A pontuação média no LSAT ficou entre 170 e 173, ou entre o 97,5º e o 99,2º percentis. Ver Lisa Anthony, "Score Distribution — Law School Admission Test", Conselho de Admissão de Escolas de Direito, 20 jun. 2017. Disponível em: <www.lsac.org/docs/default-source/data-(lsac-resources)-docs/lsat-score-distribution.pdf>. Acesso em: 5 jun. 2018. Ver também "ABA Required Disclosures: Standard 509 Disclosure", Associação Americana de Advogados, Seção de Educação Jurídica e Admissão à Advocacia, 2018. Disponível em: <http://www.abarequireddisclosures.org/Disclosure509.aspx>. Acesso em: 6 jun. 2018.

19 Estimativa do autor.

20 Ver Capítulo 5. A concorrência pelas vagas nas faculdades de elite mais ampla se intensificou, ainda que a partir de uma base mais inferior. Entrar para a Universidade de Chicago hoje, por exemplo, é mais de cinco vezes mais difícil do que há apenas vinte anos.

21 Ver Capítulo 5.

22 Ver Capítulo 5.

23 John F. Manning, "Dean's Welcome", Escola de Direito de Harvard, 2018. Disponível em: <https://hls.harvard.edu/about/deans-welcome/>. Acesso em: 6 jun. 2018.

24 Robert Post, "Yale Law School Graduation Speech", 18 mai. 2015. Disponível em: <https://law.yale.edu/system/files/area/department/studentaffairs/document/postspeech.pdf>. Acesso em: 6 jun. 2018.

25 Ver Capítulo 6.

26 Ver Capítulo 6.

27 Ver Capítulo 6.

28 Ver Capítulo 6.

29 Comitê de Economia da Prática Jurídica da Associação Americana de Advogados, *The Lawyer's Handbook* (St. Paul, Minnesota: West Publishing Company, 1962), p. 287.

30 Deborah L. Rhode, *Balanced Lives: Changing the Culture of Legal Practice* (Comissão da Associação Americana de Advogados para Mulheres na Profissão, 2001), p. 14. Disponível em: <http://womenlaw.stanford.edu/pdf/balanced.lives.pdf>. Doravante citado como Rhode, *Balanced Lives* apud Edward Fennell, "The Lure of the Yankee Dollar", *Times* (Londres), 18 jul. 2000 (citando Andrew Wilkinson, sócio-administrador do escritório Cadwalader, Wickersham & Taft, de Londres).

31 Ver "bankers' hours, n.", OED On-line. Disponível em: <www.oed.com/view/Entry/15246?rskey=aod4XK&result=2&cisAdvanced= false#eid>. Acesso em: 7 jun. 2018. As primeiras menções pretendiam contrastar a ociosidade da elite com o esforço intenso dos trabalhadores. Como disse um jornal, "o milionário não traba-

lha oito horas direto todos os dias, como o pobre, mas vamos considerar, hipoteticamente, o horário bancário — das dez às três, com uma hora de almoço — como quatro horas de trabalho". John T. McCutcheon, "The Pipe Dreamer's Club — Session N. 3: Where the Millionaire Has the Better of the Poor Man", *Indianapolis News*, 12 jul. 1902, p. 15. Já em 1963, o *The Washington Post* achou pertinente mencionar, com admiração, que "é sabido que o secretário da Defesa, Robert McNamara, não cumpre horário bancário no Pentágono". Winzola McLendon, "This Early Bird Beats Boss's Record at Pentagon", *The Washington Post*, 30 jun. 1963, F11. Esses exemplos foram encontrados na pesquisa especializada de Fred Shapiro na Biblioteca de Direito de Yale.

32 William H. Whyte Jr., *The Organization Man* (Nova York: Simon & Schuster, 1956), p. 3.

33 Ho, *Liquidated*, p. 89.

34 Ibid., p. 97.

35 Sylvia Ann Hewlett e Carolyn Buck Luce, "Extreme Jobs: The Dangerous Allure of the 70-Hour Workweek", *Harvard Business Review*, dez. 2006, pp. 49-59. Doravante citado como Hewlett e Luce, "Extreme Jobs".

36 Ibid., p. 51.

37 Em 2010, 62% das famílias pertencentes ao 1% superior na distribuição de renda tinham pelo menos uma pessoa que trabalhava mais de cinquenta horas semanais (contra mais de 46% em 1983). Isso ocorria em apenas 4% das famílias do quintil inferior. Ver Conselho de Governadores do Federal Reserve System, Pesquisa sobre Finanças do Consumidor. Disponível em: <www.federalreserve.gov/econres/scfindex.htm>. Esses dados se baseiam em entrevistas prolongadas, estruturadas e investigativas — por isso são extraordinariamente confiáveis. Ademais, a pesquisa investiga grande número de amostras referentes às famílias mais ricas. Por esses dois motivos, a pesquisa dá uma medida incomumente fidedigna do trabalho da elite.

38 Ver Capítulo 4.

39 Ver Capítulo 4 e Gershuny, "Busyness as the Badge of Honor".

40 Martha Neil, "First-Year Associate Pay Will Be $180K at Multiple BigLaw Firms Following Cravath's Lead", *ABA Journal*, 8 jun. 2016. Disponível em: <www.abajournal.com/news/article/cravath_raises_first_year_associate_pay_to_180k_effective_july_1>. Acesso em: 8 jun. 2018.

41 Gina Passarella Cipriani, "The 2018 Am Law 100 Ranked by Profits Per Equity Partner", *American Lawyer*, 24 abr. 2018. Disponível em: <www.law.com/americanlawyer/2018/04/24/the-2018-am-law-100-ranked-by-profits-per-equity-partner/>. Acesso em: 8 jun. 2018.

42 Com flutuações de ano para ano, as cinco melhores universidades dos Estados Unidos, segundo a classificação do *U.S. News & World Report*, variam entre seis instituições; já as dez melhores são de um grupo de catorze universidades. São elas: Yale, Harvard, Stanford,

NOTAS

Chicago, Colúmbia e Universidade de Nova York (as "cinco mais"), somadas a Pensilvânia, Michigan, Virgínia, Duke, Northwestern, Berkeley, Cornell e Georgetown (com as quais se completa a lista das "dez mais"). Convencionalmente, os lucros dos escritórios de advocacia são calculados de três formas: lucros totais, lucros por advogado e lucros por sócio. O terceiro método — lucros por sócio — é o mais usado e o mais relevante para nossos fins, já que os sócios são os trabalhadores mais bem pagos dos escritórios. Em 2015, os cinco escritórios mais lucrativos dos Estados Unidos foram: Wachtell, Lipton, Rosen & Katz; Quinn Emanuel Urquhart & Sullivan; Paul Weiss; Sullivan & Cromwell e Kirkland & Ellis. Ver Gina Passarella Cipriani, "The 2018 Am Law 100 Ranked by Profits Per Equity Partner", *American Lawyer*, 24 abr. 2018. Disponível em: <www.law.com/americanlawyer/2018/04/24/the-2018-am-law-100-ranked-by-profits-per-equity-partner/>. Acesso em: 8 jun. 2018. Em 2018, 80% dos sócios do Wachtell tinham diploma de uma das cinco melhores escolas de direito, enquanto 96% deles eram formados em uma das dez melhores. Em 2018, 36% dos sócios do Quinn Emanuel eram formados em uma das cinco melhores escolas de direito, enquanto 53%, em uma das dez melhores. Em 2018, 63% dos sócios do Paul Weiss tinham diploma de uma das cinco melhores escolas de direito, enquanto 79%, de uma das dez melhores. Em 2018, 57% dos sócios do Sullivan & Cromwell tinham diploma de uma das cinco melhores escolas de direito, enquanto 72% deles haviam se formado em uma das dez melhores. Em 2018, 30% dos sócios do Kirkland & Ellis tinham diploma de uma das cinco melhores escolas de direito, enquanto 57% eram formados em uma das dez melhores. Ver "Best Law Schools", *U.S. News & World Report*. Disponível em: <www.usnews.com/best-graduate-schools/top-law-schools/law-rankings?int= 9c0f08>, acesso em: 25 jul. 2018; "Attorney Search", Wachtell, Lipton, Rosen & Katz, disponível em: <www.wlrk.com/Attorneys/List.aspx?LastName=>, acesso em: 25 jul. 2018; "Attorneys", Quinn Emanuel Trial Lawyers, disponível em: <www.quinnemanuel.com/attorneys>, acesso em: 25 jul. 2018 "Professionals", Paul Weiss, disponível em: <www.paulweiss.com/professionals>, acesso em: 25 jul. 2018; "Lawyers", Sullivan & Cromwell LLP, disponível em: <www.sullcrom.com/lawyers>, acesso em: 25 jul. 2018; "Lawyers", Kirkland & Ellis LLP, disponível em: <www.kirkland.com/sitecontent.cfm?contentID=184>, acesso em: 25 jul. 2018. Os escritórios de advocacia mais lucrativos não mudam muito de ano para ano. Os cinco escritórios acima mencionados estiveram entre os oito mais lucrativos todos os anos entre 2012 e 2016. Outros escritórios que aparecem com frequência entre os "cinco mais" — por exemplo, Cravath, Swaine & Moore e Cahill, Gordon & Reindel — têm composição societária semelhante.

43 Ho, *Liquidated*, pp. 11-2.

44 Ver Capítulo 6.

45 Ver Capítulo 6.

46 Ver Capítulo 6.

47 Ver Hewlett e Luce, "Extreme Jobs".

48 Ver Capítulo 6.

49 Vem se tornando cada vez mais frequente, principalmente entre progressistas, insistir que a desigualdade em ascensão tem pouco a ver com qualificação ou tecnologia e muito a ver com o predomínio de políticas direitistas (mais precisamente neoliberais), que atacam os sindicatos e desregulamentam a economia, desviando a renda da classe trabalhadora e da classe média para as elites. Ver, por exemplo, Jared Bernstein, "It's Not a Skills Gap That's Holding Wages Down: It's the Weak Economy, Among Other Things", *American Prospect*, 7 out. 2014. Disponível em: <http://prospect.org/article/it's-not-skills-gap-that's-holding-wages-down-its-weak-economy-among-other-things>. Acesso em: 13 jun. 2018. Essa ideia é análoga à anterior, segundo a qual a desigualdade em ascensão decorre de um desvio da renda do trabalho para o capital. Como antes, o argumento é mais impreciso quanto à qualificação do que equivocado, muito limitado quanto à tecnologia e muito raso quanto às causas. É impreciso quanto à qualificação porque foca exclusivamente no retorno proporcionado por um diploma universitário geral. Mesmo que tenham parado de crescer nos últimos anos, os retornos proporcionados por faculdades, especializações e pós-graduações de elite continuam aumentando e determinam cada vez mais a desigualdade econômica. Essa visão é limitada no que se refere à tecnologia porque não reconhece que muitas das políticas que critica (e as regras sociais associadas a elas) podem ser entendidas como sendo elas mesmas inovações tecnológicas, produzidas por uma nova oferta de trabalhadores superqualificados. E é demasiado rasa porque não procura as causas que estão na raiz da influência desproporcional da elite atual sobre a política, ela mesma uma consequência de novos modelos de qualificação, trabalho e remuneração.

No fim das contas, essa expressão da opinião progressista retoma os erros da ideia anterior, segundo a qual a desigualdade econômica radica do desvio da renda do trabalho para o capital. Isso leva à moralização da desigualdade como produto de escolhas individuais e de defeitos particulares, em vez de buscar as estruturas econômicas e sociais que determinam os comportamentos das divisões econômicas.

50 Dados fiscais de 2015 indicam que um membro comum do 1% superior devia 56,4% de sua renda tributável ao trabalho. Ver Facundo Alvaredo et al., World Inequality Database. Disponível em: <https://wid.world/data/> (ver "Average Fiscal Labour Income", código wid.world afilin992t, e "Average Fiscal Income", código wid.world afiinc992t, por unidade fiscal para adultos). Acesso em: 3 jul. 2018. No entanto, esse número está subestimado para o componente trabalho da renda total porque gran-

de parte daquilo que os formulários do fisco chamam de "rendimentos de capital" (como se verá no Capítulo 4) na verdade provém do trabalho.

51 Segundo uma estimativa, em 2015, o 1% do topo da distribuição de renda recebeu 22,03% de toda a renda nos Estados Unidos e o decil superior desse 1% recebeu 10,9%. Ver Thomas Piketty e Emmanuel Saez, "Income Inequality in the United States, 1913-1998", Updated Series (2015), Quadro A3. Disponível em: <https://eml.berkeley.edu//~saez/index.html>. Acesso em: 3 jul. 2018. Doravante citado como Piketty e Saez, "Income Inequality in the United States". Outra estimativa reduz discretamente a renda do 1% do topo para 20,2% do total. Ver World Inequality Database, United States/Pre-tax national income/P99-P100/Share. Disponível em: <https://wid.world/country/usa/>. Acesso em: 29 out. 2018.

52 Entre 1950 e 1970, o 1% superior na distribuição de renda recebeu, em média, 10,6% de toda a renda nos Estados Unidos, menos da metade do que recebe hoje. O decil superior desse 1% ganhou, em média, 3,5%, menos de um terço da porcentagem atual. Ver Piketty e Saez, "Income Inequality in the United States", Quadro A3. Disponível em: <https://eml.berkeley.edu//~saez/index.html>.

53 Ver Capítulo 4.

54 Ver Capítulo 4.

55 Ver Quadro 5 em Carola Grün e Stephan Klasen, "Growth, Inequality, and Well-Being: Intertemporal and Global Comparisons", Discussion Paper n. 95, Instituto Ibero-Americano para a Pesquisa Econômica, Ibero-Amerika Inst. Für Wirtschaftsforschung, Göttingen (2003), pp. 21-3 (que dá os coeficientes de Gini de 1960 a 1998 para mais de 150 países).

56 Os coeficientes de Gini mais recentes para esses países são: Estados Unidos, 41,5 (2016); Índia, 35,1 (2011); Marrocos, 39,2 (2006); Indonésia, 39,5 (2013); Irã, 38,8 (2014); Ucrânia, 25,0 (2016); Vietnã, 34,8 (2014). Ver Banco Mundial, Grupo de Pesquisa do Desenvolvimento, "GINI index (World Bank estimate)", Grupo Banco Mundial, 2018. Disponível em: <http://data-bank.worldbank.org/data/reports.aspx?source=2&series=SI.POV.GINI&country=> e <http://data.worldbank.org/indicator/SI.POV. GINI>. Acesso em: 13 jun. 2018.

57 A Pesquisa de Comunidades Americanas do U.S. Census Bureau [Departamento de Censo dos Estados Unidos] estima que o condado de Fairfield tinha um coeficiente de Gini de 53,52 em 2011. O coeficiente de Gini naquele ano para Bangcoc, segundo a ONU, foi de 40,0. Ver U.S. Census Bureau, "2007-2011 American Community Survey". Disponível em: <https://factfinder.census.gov/faces/nav/jsf/pages/index.xhtml>. Acesso em: 13 jun. 2018; e Programa das Nações Unidas de Assentamentos Humanos, Urbanização e Desenvolvimento: Futuros Emergentes, Relatório Mundial das Cidades 2016(2016), pp. 206-7, Quadro C.1. Disponível em: <http://wcr.unhabitat.org/wp-content/uploads/2017/02/WCR-2016-Full-Report.pdf>. Acesso em: 13 jun. 2018.

58 Ver Stephen M. Hedrick, "The Acquired Immune System: A Vantage from Beneath", *Immunity* 21, n. 5 (2004), pp. 607-15. Disponível em: <www.sciencedirect.com/science/article/pii/S1074761304003073?via% 3Dihub>. Acesso em: 13 jun. 2018. "Selecionando parasitas cada vez mais desviantes [trabalhadores supraordenados], o sistema imune [bola de neve da desigualdade] é a causa de sua própria necessidade." John Fabian Witt sugeriu essa analogia.

59 Ver Capítulo 8.

60 Ver Roberto Mangabeira Unger, *The Left Alternative* (Londres: Verso, 2009), p. 1.

61 Na esquerda, esse ponto de vista surge em algumas discussões do movimento Ocupe Wall Street voltadas para o público. (Internamente, o movimento adotou uma forma de vida coletiva participativa radicalmente igualitária, que se aproxima muito mais da rejeição à meritocracia do que a expressão pública do movimento admitia.) Na direita, tal visão se mostra em algumas ramificações do trumpismo. (Outras vertentes têm uma orientação muito mais elitista e até mesmo oligárquica.)

62 Ver, por exemplo, Lani Guinier, *The Tyranny of the Meritocracy* (Boston: Beacon, 2015), p. 21; e Richard D. Kahlenberg, "Affirmative Action for the Rich", *The New York Times*, 10 mai. 2013. Disponível em: <www.nytimes.com/roomfordebate/2011/11/13/why-do-top-schools-still-take-legacy-applicants/affirmative-action-for-the-rich>. Acesso em: 14 jun. 2018.

63 Ver, por exemplo, Lauren Rivera, *Pedigree: How Elite Students Get Elite Jobs* (Princeton, Nova Jersey: Princeton University Press, 2015), pp. 15-25. Doravante citado como Rivera, *Pedigree*. Ver também Bourree Lam, "Recruitment, Resumes, Interviews: How the Hiring Process Favors Elites", *The Atlantic*, 27 mai. 2015. Disponível em: <www.theatlantic.com/business/archive/2015/05/recruitment-resumes-interviews-how-the-hiring-process-favors-elites/394166/>. Acesso em: 14 jun. 2018.

64 Ver, por exemplo, Russell Sobel, "Crony Capitalism Pays Well for Rent-Seeking CEOs", *Investor's Business Daily*, 9 jul. 2014. Disponível em: <www.investors.com/politics/commentary/political-activity-and-connections-dont-make-business-profitable/>. Acesso em: 14 jun. 2018.

65 Ver Thomas Piketty, *Capital in the Twenty-First Century*, tradução de Arthur Goldhammer (Cambridge, Massachusetts: Belknap Press of Harvard University Press, 2014) [*O capital no século XXI*, Rio de Janeiro: Intrínseca, 2014]. Doravante citado como Piketty, *O capital*.

66 Além da obra de Piketty, outros textos canônicos nessa linha são o de Joseph E. Stiglitz, *The Price of Inequality* (Nova York: W.W. Norton, 2012) [*O preço da desigualdade*, Rio de Janeiro: Bertrand, 2013], e o de Anthony B. Atkinson, *Inequality: What Can Be Done?* (Cambridge, Massachusetts: Harvard University Press, 2015) [*Desigualdade — o que pode ser feito?*, Rio de Janeiro: LeYa, 2015].

67 Ver Capítulo 5.

68 Ver Capítulo 5.

NOTAS

69 Ver Thomas J. Espenshade, Chang Y. Chung e Joan L. Walling, "Admission Preferences for Minority Students, Athletes, and Legacies at Elite Universities", *Social Science Quarterly* 85, n. 5 (dez. 2004), pp. 1422-46, 1443, Gráfico 1. Ver também Douglas S. Massey e Margarita Mooney, "The Effects of America's Three Affirmative Action Programs on Academic Performance", *Social Problems* 54, n. 1 (2007), pp. 99-117, 100 ("A única análise abrangente de todas [as admissões preferenciais] que procurou controlar a variação na qualificação é a de Espenshade e associados [2004].")

70 Ver Capítulo 5.

71 O Abacus Flipbook do Goldman Sachs está acessível na webpage do diretor de matemática financeira do Instituto Courant de Ciências Matemáticas da Universidade de Nova York. Ver ACA Management, LLC, Abacus 2007-AC1, 26 fev. 2007. Disponível em: <www.math.nyu.edu/faculty/avellane/ABACUS.pdf>. Acesso em: 19 jun. 2018. Para mais informações sobre o Abacus, ver Louise Story e Gretchen Morgenson, "S.E.C. Accuses Goldman of Fraud in Housing Deal", *The New York Times*, 16 abr. 2010. Disponível em: <www.nytimes.com/2010/04/17/business/17goldman.html>, acesso em: 19 jun. 2018; Dan Wilchins, Karen Brettell e Richard Change, "Factbox: How Goldman's Abacus Deal Worked", *Reuters*, 16 abr. 2010, disponível em: <www.reuters.com/article/us-goldmansachs-abacus-factbox/factbox-how-goldman-s-abacus-deal-worked-idUSTRE63F5CZ20100416>, acesso em: 27 jan. 2019; Comissão de Títulos e Câmbio, "Goldman Sachs to Pay Record $550 Million to Settle SEC Charges Related to Subprime Mortgage CDO", 15 jul. 2010, disponível em: <www.sec.gov/news/press/2010/2010-123.htm>, acesso em: 27 jan. 2019; e Michael A. Santoro e Ronald J. Strauss, *Wall Street Values: Business Ethics and the Global Financial Crisis* (Cambridge: Cambridge University Press, 2012), pp. 116-7, 134-6.

72 Para 2015, o Goldman Sachs informou lucros líquidos de 6,08 bilhões de dólares, receitas líquidas de 33,82 bilhões e média global de ativos líquidos principais de 199 bilhões. Para 2016, o grupo informou lucros líquidos de 7,40 bilhões, receitas líquidas de 30,61 bilhões e média global de ativos líquidos principais de 226 bilhões. Para 2017, os lucros líquidos foram de 4,29 bilhões, as receitas líquidas foram de 32,07 bilhões e a média global de ativos líquidos principais foi de 211 bilhões. The Goldman Sachs Group, Inc., Informes Anuais de Lucros, 20 jan. 2016; 18 jan. 2017; 17 jan. 2018. Disponíveis em: <www.goldmansachs.com/media-relations/press-releases-and-comments/archive/index.html>. Acessos em: 19 jun. 2018.

73 Ver Capítulo 4.

74 Ver Capítulo 4.

75 Ver Capítulo 4.

76 Em 1965, o CEO de uma grande empresa norte-americana típica ganhava cerca de vinte vezes a renda do trabalhador médio da produção; em 2014, o CEO de uma empresa desse tipo levava para casa cerca de trezentas vezes a renda do trabalhador médio da produção. Lawrence Mishel e Alyssa Davis, *Top CEOs Make 300 Times More Than Typical Workers: Pay Growth Surpasses Stock Gains and Wage Growth of Top 0.1 Percent* (Washington, D.C.: Economic Policy Institute, 2015). Disponível em: <www.epi.org/publication/top-ceos-make-300-times-more-than-workers-pay-growth-surpasses-market-gains-and-the-rest-of-the-0-1-percent/>. Acesso em: 1º jun. 2018.

77 Enfermeiras particulares cobravam entre 14 e 27,50 dólares por dia em 1965. O salário mensal médio de uma enfermeira, em 1964, ficava entre 350 e 397 dólares. O salário anual médio de uma enfermeira do serviço público de saúde contratada por um governo municipal era de 5.313 dólares em 1964.

Não há dados sobre a renda dos médicos por especialidade para meados da década de 1960, mas médicos especialistas contratados pelo governo federal em 1965 recebiam salários iniciais entre 10.420 e 12.075 dólares anuais — quatro vezes o salário de uma enfermeira do serviço público de saúde — e a renda líquida dos médicos no setor privado era de, em média, 19 mil dólares em 1963. Ver Departamento do Trabalho dos Estados Unidos, Secretaria de Estatísticas Trabalhistas, *Occupational Outlook Handbook 1966-67*, pp. 117-25. Disponível em: <https://fraser.stlouisfed.org/files/docs/publications/bls/bls_14_50_1965_1.pdf>. Acesso em: 21 jun. 2018.

78 Em 2017, o salário anual médio de uma enfermeira com registro profissional era de 70 mil dólares. Ver Departamento do Trabalho dos Estados Unidos, Secretaria de Estatísticas Trabalhistas, "Registered Nurses", *Occupational Outlook Handbook*, atualizado em 13 abr. 2018. Disponível em: <www.bls.gov/ooh/healthcare/registered-nurses.htm>. Acesso em: 21 jun. 2018. O salário médio de um cardiologista do sexo masculino passa de 500 mil dólares. Ver Reshma Jagsi et al., "Work Activities and Compensation of Male and Female Cardiologists", *Journal of the American College of Cardiology* 67, n. 5, p. 535, 2016.

79 Segundo o *Occupational Outlook Handbook* publicado pela Secretaria de Estatísticas Trabalhistas (BLS, na sigla em inglês), a secretária média (em todo tipo de empresa) ganhava 99,50 dólares por semana, ou cerca de 5 mil dólares por ano, em 1963-64. Ver Departamento do Trabalho dos Estados Unidos, Secretaria de Estatísticas Trabalhistas, 1966-67, p. 283. Disponível em: <https://fraser.stlouisfed.org/files/docs/publications/bls/bls_1450_1965_2.pdf>. Acesso em: 21 jun. 2018. Segundo a Pesquisa Nacional de Salários de Profissionais, Empregados Administrativos, Técnicos e Clérigos, realizada pelo BLS em 1965, os advogados da mais alta faixa de renda tinham salário anual de 24.804 dólares. Ver Departamento do Trabalho dos Estados Unidos, Secretaria de Estatísticas Trabalhistas, Pesquisa Nacional de Salários de Profissionais, Empregados Administrativos, Técnicos e Clérigos 1965. Disponível em: https://fraser.stlouisfed.org/content/?item_id=498147&filepath=/

files/docs/publications/bls/bls_1469_1965.pdf. Acesso em: 21 jun. 2018.

80   Segundo o *Occupational Outlook Handbook* do BLS para 2018, o salário anual médio de uma secretária ou de um assistente administrativo era de 37. 870 dólares. Ver Departamento do Trabalho dos Estados Unidos, Secretaria de Estatísticas Trabalhistas, "Secretaries and Administrative Assistants", *Occupational Outlook Handbook*, atualizado em 13 abr. 2018. Disponível em: <www.bls.gov/ooh/office-and-administrative-support/secretaries--and-administrative-assistants.htm>. Acesso em: 21 jun. 2018. O lucro médio por sócio dos cem maiores escritórios de advocacia classificados por receita bruta pelo *American Lawyer* foi de 1,55 milhão de dólares. Ver "The AmLaw 100: A Special Section", *American Lawyer* (maio 2015), pp. 92-3. Disponível em: <www.siia.net/archive/neals/2016/filez/442072/688_1732_442072_e9f58f-fe-510d-40fb-9133-5863e7854558_82357_3_1.pdf>.

81   O salário de Rockefeller era normal para a época. Rudolph Peterson ganhava um salário-base de aproximadamente 137.500 dólares mais 37.500 em remuneração diferida como CEO do Bank of America em 1963; Thomas Gates ganhava cerca de 267.250 dólares como presidente da Morgan Guaranty Trust Company em 1968; e Walter Wriston recebia 128.139 dólares como presidente e CEO do Citibank em 1967. Ver Nomi Prins, *All the Presidents' Bankers: The Hidden Alliances That Drive American Power* (Nova York: Nation Books, 2014), pp. 271-2. O salário dos caixas de banco ia de 45 a 150 dólares por semana em 1964, a depender da região metropolitana em que trabalhassem. Ver Departamento do Trabalho dos Estados Unidos, Secretaria de Estatísticas Trabalhistas, *Occupational Outlook Handbook 1966-67*, p. 618. Disponível em: <https://fraser.stlouisfed.org/files/docs/publications/bls/bls_1450_1965_4.pdf>. Acesso em: 21 jun. 2018.

82   Dimon recebeu 29,5 milhões de dólares como remuneração total de seu trabalho em 2017. Ver Anders Melin, Hugh Son e Jenn Zhao, "JPMorgan Boosts Dimon's Pay 5.4% to $29.5 Million for 2017", Bloomberg, 18 jan. 2018. Disponível em: <www.bloomberg.com/news/articles/2018-01-18/jpmorgan-boosts--dimon-s-pay-5-4-to-29-5-million-for-last-year>. Acesso em: 21 jun. 2018. No mesmo ano, a média salarial anual de um caixa de banco foi de 28.110 dólares. Ver Departamento do Trabalho dos Estados Unidos, Secretaria de Estatísticas Trabalhistas, "Tellers", *Occupational Outlook Handbook*, atualizado em 13 abr. 2018. Disponível em: <www.bls.gov/ooh/office-and-administrative-support/tellers.htm>. Acesso em: 21 jun. 2018.

83   Ver Capítulo 4.

84   Ver Capítulo 4.

Capítulo 2: Os males da meritocracia

1   Ver Capítulo 4.

2   Um filho de pais de renda média nascido em 1940 tinha 93% de chance de ganhar mais que seus pais. Em 1980, um filho de um casal de renda média tinha 45% de chance de ganhar mais que os pais. Ver Raj Chetty et al., "The Fading American Dream: Trends in Absolute Mobility Since 1940", *Science* 356, n. 6336, pp. 398-406, abr. 2017.

3   Morador anônimo em conversa com o autor em St. Clair Shores, Michigan, maio 2018.

4   "Groundbreaking Today: 750 Apartments in Shores Project", *Detroit Free Press*, 31 jul. 1962, A3, e Proctor Homer Warren, Inc., "With Every Great Apartment and Sky House, We'll Throw in a Great Lake Free", anúncio no *Detroit Free Press*, 19 nov. 1970. O edifício pode ser avistado de Detroit e é tão destacado que é chamado de 9 Mile Tower pelos moradores da cidade.

5   Ver John Kenneth Galbraith, *The Affluent Society* (Boston: Houghton Mifflin, 1958) [*A sociedade afluente*, São Paulo: Pioneira; Novos Umbrais, 1987]. Doravante citado como Galbraith, *The Affluent Society*.

6   A renda anual familiar média em St. Clair Shores é de 69.878 dólares, segundo estimativa do U.S. Census Bureau para 2012-2016. A média nacional é de 67.871 dólares. A renda média anual *domiciliar* em St. Clair Shores é de 54.590 dólares; a média nacional é de 55.322 dólares. Ver U.S. Census Bureau, 2012-2016 American Community Survey 5-Year Estimates, *Selected Economic Characteristics in the United States*, St. Clair Shores, Michigan. Disponível em: <www.census.gov/programs--surveys/acs/>. Acesso em: 21 jun. 2018.

7   O domicílio médio em St. Clair Shores compõe-se de dois a três moradores. Em 2016, a linha de pobreza para uma família média de três pessoas era de 19.105 dólares, menos de um terço da renda média familiar em St. Clair Shores. Ver U.S. Census Bureau, 2012-2016 American Community Survey 5-Year Estimates, *Selected Social Characteristics in the United States*, St. Clair Shores, Michigan. Disponível em: <www.census.gov/programs-surveys/acs/>. Acesso em: 21 jun. 2018. Ver também U.S. Census Bureau, *Poverty Thresholds for 2016 by Size of Family and Number of Children*. Disponível em: <www.census.gov/data/tables/time-series/demo/income-poverty/historical-poverty-thresholds.html>. Acesso em: 21 jun. 2018.

8   O índice nacional de pobreza é de 15,1% para todos e de 11,0% para famílias. O índice de St. Clair Shores é de 9,1% para todos e de 6,4% para famílias. Ver U.S. Census Bureau, 2012-2016 American Community Survey 5-Year Estimates, *Selected Economic Characteristics*, Estados Unidos e St. Clair Shores, Michigan. Disponível em: <www.census.gov/programs-surveys/acs/>. Acesso em: 21 jun. 2018.

9   Mais da metade das 144 casas unifamiliares à venda pela imobiliária Zillow em St. Clair Shores, em meados de junho 2018, tinha entre noventa e 150 metros quadrados de área e dois terços delas tinham três dormitórios. Zillow. Disponível em: <www.zillow.com/homes/forsale/Saint-Clair-Shores-MI/>. Acesso em: 21 jun. 2018. A média nacional para casas unifamiliares novas vendidas em 2017 era de 230 metros quadrados. Ver U.S. Cen-

NOTAS

sus Bureau, *Highlights of Annual 2017 Characteristics of New Housing*. Disponível em: <www.census.gov/construction/chars/highlights.html>. Acesso em: 23 jun. 2018.

10 Moradores anônimos em conversa com o autor em St. Clair Shores, Michigan, maio 2018. Uma moradora contou que levou uma multa do município por pintura descascada, e que o mesmo ocorreria se tivesse telhas soltas, calçada irregular ou deixasse de remover a neve. Um casal disse que um vizinho mais velho foi advertido por alimentar aves.

11 Existem atualmente 32 organizações de voluntários inscritas no *Boards, Commissions & Committees Handbook* de St. Clair Shores, entre elas, uma Comissão de Atividades, uma Comissão de Ética e uma Comissão de Parques Caninos. *Boards, Commissions & Committees Handbook*, 2000, rev. 2012. Disponível em: <www.scsmi.net/DocumentCenter/View/11/Boards-and--Commissions-Committees?bidId=>. Acesso em: 23 jun. 2018.

12 Morador anônimo em conversa com o autor em St. Clair Shores, Michigan, 3 mai. 2018. Ver também Mitch Hotts, "Olympic Figure Skater Nancy Kerrigan to Appear at St. Clair Shores Memorial Day Parade", *Macomb Daily*, 2 mai. 2018. Disponível em: <www.macombdaily.com/general-news/20180502/olympic--figure-skater-nancy-kerrigan-to-appear-at-st-clair-shores-memorial-day-parade>. Acesso em: 23 jun. 2018.

13 Ver Mitch Hotts, "Harper Charity Cruise Ready to Roll Down the Avenue", *Macomb Daily*, 29 ago. 2016. Disponível em: <www.macombdaily.com/article/MD/20160829/NEWS/160829618>. Acesso em: 23 jun. 2018.

14 Moradores anônimos em conversa com o autor em St. Clair Shores, Michigan, 3 mai. 2018.

15 Ver Monica Davey e Mary Williams Walsh, "Billions in Debt, Detroit Tumbles into Insolvency", *The New York Times*, 18 jul. 2013. Disponível em: <www.nytimes.com/2013/07/19/us/detroit-files-for-bankruptcy.html>. Acesso em: 23 jun. 2018.

16 Segundo estimativas de 2016, 24,4% dos moradores de St. Clair Shores com 25 anos ou mais tinham diploma universitário, comparados a 30% do restante do país, e 8,3% tinham pós-graduação ou especialização, comparados a 11,5% do restante do país. U.S. Census Bureau, 2012-2016 American Community Survey 5-Year Estimates, *Educational Attainment*, Estados Unidos e St. Clair Shores, Michigan. Disponível em: <https://factfinder.census.gov/faces/tableservices/jsf/pages/productview.xhtml?pid=ACS165YRS1501&src=pt>. Acesso em: 28 jun. 2018.

17 Morador anônimo em conversa com o autor em St. Clair Shores, Michigan, 3 mai. 2018. Segundo o *IRS's Statistics of Income Bulletin* para o inverno de 2018, a renda mínima bruta ajustada do 1% superior quanto à restituição de imposto de renda no ano fiscal de 2015 foi de 480.930 dólares. Ver Adrian Dungan, "Individual

Income Tax Shares, 2015", *IRS Statistics of Income Bulletin, Winter 2018*. Disponível em: <www.irs.gov/pub/irs-soi/soi-a-ints-id1801.pdf>. Acesso em: 28 jun. 2018.

18 "Menu", Gilbert's Lodge. Disponível em: <www.gilbertslodge.com/menu/0/menus.aspx>. Acesso em: 28 junho 2018.

19 Morador anônimo em conversa com o autor no Gilbert's Lodge, em St. Clair Shores, Michigan, 2 mai. 2018.

20 Morador anônimo em conversa com o autor no Gilbert's Lodge, em St. Clair Shores, Michigan, 2 mai. 2018. Ver também Mitch Hotts, "Gilbert's Lodge Re-opens After Two Fires", *Macomb Daily*, 9 jul. 2014. Disponível em: <www.macombdaily.com/article/MD/20140709/NEWS/140709659>. Acesso em: 28 jun. 2018.

21 Em 2002, a biblioteca tinha 24 funcionários, em tempo integral e em meio período. Ver "History of City", St. Clair Shores, Michigan, *Comprehensive Annual Financial Report with Supplemental Information Prepared by the Department of Finance for the Fiscal Year Ended June 30, 2006* (St. Clair Shores, Michigan: 2006), p. 108. Em 2018, o pessoal da biblioteca tinha se reduzido a 16,5 funcionários em tempo integral e meio período. "History of City", St. Clair Shores, Michigan, *Comprehensive Annual Financial Report for the Fiscal Year Ended June 30, 2018* (St. Clair Shores, Michigan: 2018), pp. 6-20. Sobre cargos em meio período e redução de pessoal, ver Kristyne E. Demske, "Shores Council Debates Additional Money, Staffing for Library", *St. Clair Shores Sentinel*, 3 mai. 2017. Disponível em: <https://www.candgnews.com/news/council-debates-additional--money-staffing-library-101124>. Acesso em: 17 mar. 2019. Para a dependência de doações particulares, ver Kristyne E. Demske, "Friends Promoting Buy a Chair Campaign for Library", *St. Clair Shores Sentinel*, 3 mar. 2015. Disponível em: <https://www.candgnews.com/news/friends-promoting-buy-chair-campaign--library-81642>. Acesso em: 17 mar. 2019. A queixa sobre mesas e cadeiras velhas foi feita por um funcionário anônimo em conversa com o autor em St. Clair Shores, Michigan, 3 mai. 2018.

22 St. Clair Shores aparece pela primeira vez no censo norte-americano em 1930, com população de 6.745 habitantes, que aumentou rapidamente até chegar ao pico em meados do século XX, com 88.093 em 1970. A partir de então, a população passou a cair lenta mas continuamente. O censo de 2010 registrou 59.715 habitantes. Ver U.S. Census Bureau, "Decennial Census of Population and Housing". Disponível em: <www.census.gov/programs-surveys/decennial-census/decade/decennial-publications.2010.html>. Acesso em: 28 jun. 2018.

23 Ver "History of City", St. Clair Shores, Michigan. Disponível em: <www.scsmi.net/98/History-of-City>. Acesso em: 28 jun. 2018.

24 O Shore Pointe Motor Lodge foi registrado no Michigan em 1967 com o nome de Shorian Motor Inn e mudou de nome por volta de 1980. Ver Departamento de

Licenciamento e Regulação do Michigan, "Summary for Shorian Motor Inn, Incorporated", *LARA Corporations Online Filing System*. Disponível em: <https://cofs.lara.state.mi.us/CorpWeb/CorpSearch/CorpSummary.aspx? ID=800022201>. Acesso em: 28 jun. 2018.

25 Ver Capítulo 6.

26 Em 1975, a renda domiciliar média era de 47.879 dólares (em moeda de 2016). Em 2016, a renda domiciliar média era de 59.039 dólares (em moeda de 2016). Isso representa um aumento de 23,3%. Em 2000, a renda domiciliar média era de 58.544 dólares em moeda de 2016. Entre 2000 e 2016, as rendas médias aumentaram menos de 1%. U.S. Census Bureau, "Historical Income Tables: Households", Current Population Study, modificado pela última vez em 28 ago. 2018, Quadro H-5. Disponível em: <www.census.gov/data/tables/time-series/demo/income-poverty/historical-income-households.html>. Acesso em: 28 jun. 2018.

Em 1975, a renda média (incluídos ganhos de capital) de um domicílio situado no 1% superior da distribuição de renda era de 345.565 dólares (em moeda de 2014). Em 2014, a média era de 1.283.775 (em moeda de 2014), o que representa um aumento de 271,5%. Ver Facundo Alvaredo et al., World Inequality Database, distribuído por WID.world. Disponível em: <https://wid.world/data/>, Average Fiscal Income (wid.world código afiinc992t, por unidade fiscal para todos os adultos). Acesso em: 3 jul. 2018.

27 Ver, por exemplo, Dominic J. Brewer, Eric R. Eide e Ronald G. Ehrenberg, "Does It Pay to Attend an Elite Private College? Cross-Cohort Evidence on the Effects of College Type on Earnings", *Journal of Human Resources* 34, n. 1 (inverno de 1999), pp. 104-23, 114.

28 "A Macomb prepara a força de trabalho que mantém nossas comunidades saudáveis, seguras e protegidas", diz um comercial de televisão enquanto mostra imagens de estudantes usando uniformes de bombeiro. Macomb College, "Macomb: Comcast Advertisement", vídeo no YouTube, 0:30, 17 jan. 2012. Disponível em: <www.youtube.com/watch?v=v99EWhqhvP0>. Acesso em: 28 jun. 2018. Ver também Pat Vitale e Joe Petroskey, "The Community College Corner", anúncio de rádio da Macomb Community College.

29 Niche.com permite que alunos do ensino médio informem para que faculdade pretendem ir. As faculdades com mais de cem interessados entre os alunos do ensino médio público de St. Clair Shores, em jul. 2018, eram a Universidade Estadual de Sagibaw Valley, Universidade Estadual de Grand Valley, Universidade do Leste do Michigan, Universidade do Oeste do Michigan, Universidade do Centro do Michigan, Universidade de Oakland, Universidade Estadual do Michigan, Universidade Estadual de Wayne, Faculdade Comunitária de Macomb e Universidade do Michigan em Ann Arbor. Só a última delas é de elite. Ver "Lake Shore High School", Niche.com, disponível em: <www.niche.com/k12/lake-shore-high-school-saint-clair-shores-mi/>, acesso em: 25 jul. 2018; "Lakeview High School", Niche.com, disponível em: <www.niche.com/k12/lakeview-high-school-saint-clair-shores-mi/academics/>, acesso em: 25 jul. 2018; e "South Lake High School", Niche.com, disponível em: <www.niche.com/k12/south-lake-high-school-saint-clair-shores-mi/>, acesso em: 25 jul. 2018.

30 Morador anônimo em conversa com o autor em St. Clair Shores, Michigan, 2-3 maio 2018.

31 Ver Capítulo 5.

32 Ver Capítulo 5.

33 Ver Capítulo 5.

34 Em 2015, 12% dos norte-americanos adultos declararam ter completado uma pós-graduação. Ver Camille L. Ryan e Kurt Bauman, "Educational Attainment in the United States: 2015", U.S. Census Bureau, Current Population Reports n. P20- 578 (mar. 2016), p. 2, Quadro 1. Disponível em: <www.census.gov/content/dam/Census/library/publications/2016/demo/p20-578.pdf>. Acesso em: 30 jun. 2018.

35 No ano fiscal de 2013-14, o Lakeview Public Schools, um dos três distritos escolares que atendem St. Clair Shores, gastou um total 10.309 dólares por aluno. Os distritos escolares mais ricos do Michigan gastaram o dobro disso (por exemplo, o Bloomfield Hills Schools, 24.166 dólares por aluno). Os distritos escolares mais ricos do país gastaram três vezes essa quantia (por exemplo, o Cold Spring Harbor Central School District, 32.540 dólares por aluno). Ver Centro Nacional de Estatísticas em Educação, *Common Core of Data (CCD)*, distribuído pelo Instituto de Ciências da Educação. Disponível em: <https://nces.ed.gov/ccd/districtsearch/index.asp>. Acesso em: 30 jun. 2018.

36 Morador anônimo em conversa com o autor em St. Clair Shores, Michigan, 2 mai. 2018.

37 Robert Reich, "Back to School, and to Widening Inequality", *Robert Reich*, 25 ago. 2014. Disponível em: <http://robertreich.org/post/95749319700>. Acesso em: 30 jun. 2018. Doravante citado como Reich, "Back to School".

38 Motoko Rich, "Nation's Wealthy Places Pour Private Money into Public Schools, Study Finds", *The New York Times*, 21 out. 2014. Disponível em: <www.nytimes.com/2014/10/22/us/nations-wealthy-places-pour-private-money-into-public-schools-study-finds.html>. Acesso em: 17 nov. 2018.

39 Sharon Jank e Lindsay Owens, Centro de Pobreza e Desigualdade de Stanford, "Inequality in the United States: Understanding Inequality with Data", slide 16 (referenciando Demetra Kalogrides e Susanna Loeb para o Centro de Análise de Políticas Educacionais, Universidade Stanford, 2012, Dados do Pessoal Administrativo do Distrito Escolar do Condado de Miami-Dade 2003-2011). Disponível em: <https://nces.ed.gov/pubs2017/2017094.pdf> e <https:// inequality.stanford.edu/sites/default/files/Inequality_SlideDeck.pdf>. Acesso em: 30 jun. 2018. Doravante citado

NOTAS

como Jank e Owens, "Inequality in the United States".

40 Morador anônimo em conversa com o autor em St. Clair Shores, Michigan, 2 mai. 2018.

41 Ver Capítulo 5.

42 A proporção aluno/professor nas escolas privadas de elite é de cerca de 7:1, enquanto a média para as escolas públicas em todo o país é de 16:1. Ver Thomas D. Snyder, Cristobal de Brey e Sally A. Dillow, *Digest of Education Statistics: 2016* (fev. 2018): p. 149, Quadro 208.10. Disponível em: <https://nces.ed.gov/pubs2017/2017094. pdf>. Acesso em: 3 jul. 2018. Ver também Departamento da Educação dos Estados Unidos, Centro Nacional de Estatísticas para a Educação, "Pupil/Teacher Ratio of Private Schools, by School Level and Selected School Characteristics: United States, 2013-14", *Private School Universe Survey (PSS)*. Disponível em: <https://nces.ed.gov/surveys/pss/tables/table_2013_12.asp>. Acesso em: 3 jul. 2018.

43 No ranking da revista *Forbes* das vinte melhores escolas preparatórias, a porcentagem média de professores pós-graduados é de 76,3%. Ver Raquel Laneri, "America's Best Prep Schools", *Forbes*, 29 abr. 2010. Disponível em: <www.forbes.com/pictures/fl45mj/america-best-prep-sc/#7ce0256e4ea0>. Acesso em: 3 jul. 2018.

44 Para os nascidos entre as décadas de 1940 e 1960, a diferença no aproveitamento escolar entre crianças negras e brancas era muito maior que entre os estudantes mais ricos e os mais pobres. Para os nascidos nas duas últimas décadas, a diferença no aproveitamento das crianças mais ricas e mais pobres ao entrar no jardim de infância é de "duas a três vezes maior que a diferença entre brancas e negras no mesmo período". Ver Sean F. Reardon, "The Widening Academic Achievement Gap Between the Rich and the Poor: New Evidence and Possible Explanations", in *Whither Opportunity? Rising Inequality and the Uncertain Life Chances of Low-Income Children*, Richard Murnane e Greg Duncan (orgs.) (Nova York: Russell Sage Foundation, 2011), p. 99. Doravante citado como Reardon, "The Widening Academic Achievement Gap". Sean Reardon, "No Rich Child Left Behind", *The New York Times*, 27 abr. 2013, disponível em: <https://opinionator.blogs.nytimes. com/2013/04/27/no-rich-child-left-behind/>. Acesso em: 3 jul. 2018. Doravante citado como Reardon, "No Rich Child Left Behind".

45 Ver Capítulo 5.

46 Ver Capítulo 5.

47 Ver Capítulo 5.

48 Ver Capítulo 5.

49 Ver Gary Solon, "Intergenerational Mobility in the Labor Market", in *Handbook of Labor Economics*, v. 3, Orly Aschenfelter e David Card (orgs.) (Amsterdã: Elsevier, 1999).

50 Ver Isabel Sawhill e John E. Morton, "Economic Mobility: Is the American Dream Alive and Well?", Economic Mobility Project, 2007. Disponível em: <www. economicmobility.org/reports_and_research/mobi-

lity_in_america>; Miles Corak, "Do Poor Children Become Poor Adults? Lessons from a Cross Country Comparison of Generational Earnings Mobility", *Research on Economic Inequality* 13 (2006), pp. 143-88; Anders Bjorklund e Markus Jäntti, "Intergenerational Income Mobility in Sweden Compared to the United States", *American Economic Review* 87, n. 5 (1997), pp. 1009-18; Markus Jäntti et al., "American Exceptionalism in a New Light: A Comparison of Intergenerational Earnings Mobility in the Nordic Countries, the United Kingdom and the United States", Documento de Discussão IZA 1938, Institute for the Study of Labor (IZA) (2006); Miles Corak, "Income Inequality, Equality of Opportunity, and Intergenerational Mobility", *Journal of Economic Perspectives* 27, n. 3 (2013), pp. 79-102; Simon Boserup, Wojciech Kopczuk e Claus Kreiner, "Intergenerational Wealth Mobility: Evidence from Danish Wealth Records of Three Generations", Universidade de Copenhague texto mimeografado (2013), disponível em: <http://web.econ.ku.dk/eprn_ epru/Seminar/WealthAcrossGen.pdf>; e Emily Beller e Michael Hout, "Intergenerational Social Mobility: The United States in Comparative Perspective", *Future Child* 16, n. 2 (2006), pp. 19-36.

51 Ver Capítulo 8.

52 O restaurante Canlis, em Seattle, para dar apenas um exemplo, oferece uma única possibilidade para o jantar, de quatro pratos, por 125 dólares. Uma cerveja custa mais de 136 dólares e um vinho sai por mais de 22.500 dólares (embora esse valor possa comprar uma garrafa com o dobro do conteúdo normal). Canlis, "Menu", disponível em: <https://canlis.com/menu>; Canlis, "Wine List", disponível em: <https://canlis.com/uploads/Canlis%20Wine%-20List%206.19.18.pdf>. Acessos em: 1º ago. 2018.

53 Morador anônimo em conversa com o autor em St. Clair Shores, Michigan, 2 mai. 2018.

54 Morador anônimo em conversa com o autor em St. Clair Shores, Michigan, 3 mai. 2018.

55 Morador anônimo em conversa com o autor em St. Clair Shores, Michigan, 3 mai. 2018.

56 Morador anônimo em conversa com o autor em St. Clair Shores, Michigan, 3 mai. 2018.

57 Morador anônimo em conversa com o autor em St. Clair Shores, Michigan, 3 mai. 2018.

58 Morador anônimo em conversa com o autor em St. Clair Shores, Michigan, 2 mai. 2018.

59 Morador anônimo em conversa com o autor em St. Clair Shores, Michigan, 3 mai. 2018.

60 Ver Robert H. Frank, *Choosing the Right Pond: Human Behavior and the Quest for Status* (Nova York: Oxford University Press, 1987), e Richard Wilkinson e Kate Pickett, *The Inner Level: How More Equal Societies Reduce Stress, Restore Sanity, and Improve Everyone's Well-Being* (Londres: Penguin Press, 2019). Devo essa formulação do pensamento — melhor estar no centro de sua própria sociedade do que marginalizado na sociedade alheia — a Maisie Bilston.

61 Ver discurso de Dennis Quaid no filme *O vencedor*, de 1979: "Sabe como é, eu achava que era um grande *quarterback* quando estava no ensino médio. E ainda acho. Não me permito nem acender um cigarro porque fico pensando que tenho de continuar em forma. Mas sabe o que me chateia mesmo? Quer dizer, aqui estou eu, continuo morando nesta cidade de merda e fico lendo no jornal sobre um menino que é o máximo, o novo astro do time da faculdade. Todo ano aparece um novo. E todo ano, nunca serei eu." Steve Tesich, *O vencedor*, DVD, direção de Peter Yates, Los Angeles: 20th Century Fox, 1979.

62 Morador anônimo em conversa com o autor em St. Clair Shores, Michigan, 3 mai. 2018.

63 Em 1999, a taxa de mortalidade na meia-idade para brancos não latinos parou de cair e começou a subir, ainda que os índices para pessoas mais velhas e outros grupos étnicos e raciais continuassem em queda. Anne Case e Angus Deaton observam que as "mortes por desespero" — relacionadas a overdose, suicídio e intoxicação alcoólica — respondem por grande parte desse aumento. Foram considerados casos de suicídio, overdose e intoxicação alcoólica num grupo de 100 mil homens e mulheres brancos não latinos entre cinquenta e 54 anos de diferentes níveis de escolaridade. Para homens com ensino médio ou menos, a taxa aumentou 130% entre 1998 e 2015; para homens com diploma universitário ou mais, aumentou 44%. Para mulheres com ensino médio ou menos, a taxa aumentou 381%; para mulheres com diploma universitário ou mais, aumentou 70%. Case e Deaton acreditam que as perspectivas de emprego em queda e a insegurança econômica são as explicações mais convincentes para essa tendência. Ver Anne Case e Angus Deaton, "Mortality and Morbidity in the 21st Century", *Brookings Papers on Economic Activity* (primavera de 2017). Disponível em: <www.brookings.edu/bpea-articles/mortality-and-morbidity-in-the-21st-century/>. Acesso em: 5 jul. 2018. Doravante citado como Case e Deaton, "Mortality and Morbidity". David Autor, David Dorn e Gordon Hanson demonstram uma correlação similar entre o abalo na atividade industrial e a queda nas taxas de casamentos e fertilidade. Ver David Autor, David Dorn e Gordon Hanson, "When Work Disappears: Manufacturing Decline and the Falling Marriage Market Value of Young Men", NBER Working Paper n. 23173 (jan. 2018). Disponível em: <www.nber.org/papers/w23173>.

64 Ver Capítulo 5.

65 Para o aumento da mortalidade entre norte-americanos brancos de meia-idade, ver Anne Case e Angus Deaton, "Rising Morbidity and Mortality in Midlife Among White non-Hispanic Americans in the 21st Century", *Proceedings of the National Academy of Sciences of the United States of America* 112, n. 49 (dez. 2015), pp. 15078-83, disponível em: <www.pnas.org/content/pnas/ 112/49/15078.full.pdf>. Acesso em: 5 jul. 2018. Doravante citado como Case e Deaton, "Rising Morbidity". Para a queda na expectativa de vida dos norte-americanos, ver Kenneth D. Kochanek et al., "Mortality in the United States", NCHS Data Brief n. 293 (dez. 2017), pp. 1-2. Disponível em: <www.cdc.gov/nchs/data/databriefs/db293.pdf>. Acesso em: 5 jul. 2018.

66 Mais recentemente, em 1993, a epidemia de aids provocou queda de um ano na expectativa de vida. Ver Elizabeth Arias, Melonie Heron e Jiaquan Xu, "United States Life Tables, 2014", *National Vital Statistics Reports* 66, n. 4 (ago. 2017), pp. 45-46. Disponível em: <www.cdc.gov/nchs/data/nvsr/nvsr66/sr66_ 04.pdf>. Acesso em: 5 jul. 2018.

67 Peguei a estrada em 2 mai. 2018.

68 Ver Jameson Cook, "Deaths from Heroin and Opioid Overdoses Rise in Macomb County, State", *Macomb Daily*, 24 abr. 2017. Disponível em: <www.macombdaily.com/article/MD/20170424/NEWS/170429741>.

69 Ver Case e Deaton, "Rising Morbidity". Se as taxas de mortalidade de brancos de meia-idade tivessem continuado a cair ao ritmo de 1979-98, dizem Case e Deaton, teria sido evitado 1 milhão de mortes entre 1999 e 2013 — quantidade comparável à de mortes na epidemia de aids até 2015.

70 Frase cunhada por Case e Deaton e popularizada pela cobertura midiática de sua pesquisa de 2017. Ver Drake Baer, "Economic Forces Making US Men Less Appealing Partners, Researchers Say", CNN, 28 set. 2017. Disponível em:<www.cnn.com/2017/09/28/health/american-men-less-marriageable-partner/index.html>, acesso em: 6 jul. 2018; Joel Achenbach e Dan Keating, "New Research Identifies a 'Sea of Despair' Among White, Working-Class Americans", *The Washington Post,* 23 mar. 2017. Disponível em: <www.washingtonpost.com/national/health-science/new-research-identifies-a-sea-of-despair-among-white-working-class-americans/2017/03/22/c777ab6e-0da6-11e7-9b0d-d27c98455440_ story.html?hpid =hp_ hp-top-table-main_whitedeaths-1am-1%3Ahomepage%2Fstory&utm_ term=.04bad358697c>. Acesso em: 6 jul. 2018.

71 Uma pesquisa com 4.317 estudantes de dez boas escolas públicas e privadas de comunidades de classe média alta concluiu que os estudantes passavam em média 3,11 horas por noite fazendo o dever de casa. Os alunos de uma dessas dez escolas disseram passar 3,59 horas por noite fazendo o dever de casa. Ver Mollie Galloway, Jerusha Conner e Denise Pope, "Nonacademic Effects of Homework in Privileged, High-Performing Schools", *Journal of Experimental Education* 81, n. 4 (2013), p. 498. Disponível em: <www.tandfonline.com/doi/pdf/10.1080/00220973.2012.745469#.Ux-3fF_ldXTo>. Acesso em: 10 jul. 2018. Ver também o relato citado por Denise Pope em *"Doing School": How We Are Creating a Generation of Stressed Out, Materialistic, and Miseducated Students* (New Haven, Connecticut: Yale University Press, 2001), p. 83. Um dos alunos com quem Pope conversou numa escola de elite

NOTAS

da Califórnia passava "pelo menos cinco horas" por dia fazendo o dever de casa.

72 Ver, por exemplo, Anne G. Wheaton, Daniel P. Chapman e Janet B. Croft, "School Start Times, Sleep, Behavioral, Health, and Academic Outcomes: A Review of the Literature", *Journal of School Health* 86, n. 5 (maio 2016), pp. 363-81. Disponível em: <https://stacks.cdc.gov/view/cdc/38887/cdc_38887_ DS1.pdf>. Acesso em: 10 jul. 2018. Wheaton et al. mencionam o dever de casa como um dos poucos fatores importantes de privação de sono em adolescentes, citando Mary A. Carskadon, "Factors Influencing Sleep Patterns of Adolescents", in *Adolescent Sleep Patterns: Biological, Social, and Psychological Influences*, M. A. Carskadon (org.) (Cambridge: Cambridge University Press, 2002), pp. 8-9.

73 Advogado anônimo em conversa com o autor. E-mail arquivado pelo autor.

74 Ho, *Liquidated*, p. 87.

75 Arlie Russell Hochschild, *The Time Bind: When Work Becomes Home and Home Becomes Work* (Nova York: Metropolitan Books, 1997), p. 56. Doravante citado como Hochschild, *The Time Bind*. O executivo disse ainda: "Falta muito para chegar o dia em que alguém vai se tornar CEO de uma empresa dizendo 'Vou ser uma pessoa magnificamente equilibrada' — simplesmente porque há muitos outros que não são assim. O ambiente aqui é muito competitivo." (pp. 56-7).

76 Jerry Jacobs e Kathleen Gerson, *The Time Divide: Work, Family, and Gender Inequality* (Cambridge, Massachusetts: Harvard University Press, 2004), pp. 65-6. Doravente citado como Jacobs e Gerson, *The Time Divide*. Cerca de dois terços de todos os trabalhadores reduziriam sua semana de trabalho numa média de dez horas. Steven Ginsberg, "Raising Corporate Profits by Reaching Out to Families", *The Washington Post*, 19 abr. 1998, H7; Sue Shellenbarger, "Study of U.S. Workers Finds Sharp Rise Since 1992 in Desire to Reduce Hours", *The Wall Street Journal*, 15 abr. 1998, A10. Para uma discussão sobre a mudança geracional nas prioridades nos escritórios de advocacia e contabilidade, com o desejo expresso tanto de homens jovens quanto de mulheres de ter mais tempo com a família, ver Douglas McCracken, "Winning the Talent War for Women: Sometimes It Takes a Revolution", *Harvard Business Review*, nov.-dez. 2000, pp. 159, 161; Bruce Balestier, "'Mommy Track' No Career Derailment", *New York Law Journal*, 9 jun. 2000, p. 24; Terry Carter, "Your Time or Your Money", *ABA Journal*, fev. 2001, p. 26. Uma pesquisa do Harris Interactive e do Radcliffe Public Policy Center concluiu que quase três quartos dos homens de trinta e poucos anos, comparado com apenas um quarto dos homens com mais de 65 anos, estariam dispostos a ganhar salários mais baixos em troca de poder passar mais tempo com a família. Kirstin Downey Grimsley, "Family a Priority for Young Workers: Survey Finds Changes in Men's Thinking", *The Washington Post*, 3 mai. 2000, E1. Ver Bruce Tulgan, *The Manager's Pocket Guide to Generation X* (Pelham, Massachusetts: HRD Press, 1997).

77 Cerca de três quartos disseram que o trabalho interfere em sua capacidade de manter a casa, 58% viviam o trabalho como um obstáculo para relações mais próximas com os filhos, 46% disseram que o trabalho obstruía as boas relações com o cônjuge (45% afirmaram estar cansados demais ao encontrar o cônjuge no fim de um dia de trabalho para que pudesse conversar sobre o que quer que fosse) e 50% disseram que o trabalho tornava impossível ter uma vida sexual satisfatória. Hewlett e Luce, "Extreme Jobs".

78 Associação Americana de Advogados, *The Report of "At the Breaking Point", a National Conference on the Emerging Crisis in the Quality of Lawyers' Health and Lives, Its Impact on Law Firms and Client Services* (American Bar Association, 1991), p. 3.

79 Consultores para admissão à educação infantil, cujos honorários chegam muitas vezes a centenas de dólares a hora, dizem que algumas escolas de elite de Manhattan aceitam apenas 4% a 5% dos candidatos por ano. Ver Elyse Moody, "Confessions of a Preschool Admissions Coach", LearnVest, 18 jun. 2013, disponível em: <www.learnvest.com/2013/06/confessions-of-a-preschool--admissions-coach>; e Emily Jane Fox, "How New York's 1% Get Kids into Preschool", CNN Money, 19 jun. 2014, disponível em: <http://money.cnn.com/2014/06/10/luxury/preschool-new-york-city/>. Em comparação, a taxa de aceitação para as turmas de 2021 em Harvard, Yale e West Point foi de 5,2%, 6,9% e 9,5%, respectivamente. Ver "Admissions Statistics", Universidade Harvard, disponível em: <https://college.harvard.edu/admissions/admissions-statistics>; "Class of 2021 Is One for the Record Books", *Yale-News*, 16 mai. 2017, disponível em: <https://news.yale.edu/2017/05/16/class-2021-one-record-books>; e "Class of 2021— By the Numbers", Academia Militar dos Estados Unidos, disponível em: <www.usma.edu/parents/SiteAssets/RDayWelcomeBrief2017.pdf>. Acessos em: 10 jul. 2018.

80 Ver "An Hereditary Meritocracy", *The Economist*, 24 jan. 2015, disponível em: <www.economist.com/briefing/2015/01/22/an-hereditary-meritocracy>, sobre a prática de Jennifer Brozost, da consultoria educacional Peas. Ver também David Kirp, *The Sandbox Investment: The Preschool Movement and Kids-First Politics* (Cambridge, Massachusetts: Harvard University Press, 2009), doravante citado como Kirp, *The Sandbox Investment*; e Liz Moyer, "The Most Expensive Preschools", *Forbes*, 19 set. 2007, disponível em: <www.forbes.com/2007/09/18/education-preschool-kindergarden-biz-cx_lm_0919preschool.html>. Acessos em: 10 jul. 2018.

81 Ver Leslie Brody, "Who Got into Stuyvesant and New York's Other Elite Public High Schools", *The Wall Street Journal*, 7 mar. 2018. Disponível em: <www.wsj.com/articles/who-got-into-stuyvesant-and-new-yorks-other--elite-public-high-schools-1520465259>.

82 Em 1991, por exemplo, a Universidade Colúmbia, o Instituto de Tecnologia de Massachusetts (MIT, na sigla em inglês) e o Instituto de Tecnologia da Califórnia (Caltech) admitiram 32%, 31% e 30% dos candidatos, respectivamente; em 2016, admitiram 6%, 8% e 8%. Entre as "dez melhores" universidades, a média de aceitação em 1991 foi de 27%. Em 2016 foi de 8%. As "dez melhores" universidades para tal propósito são: Caltech, Colúmbia, Dartmouth, Duke, Harvard, MIT, Princeton, Stanford, Universidade de Chicago, Universidade da Pensilvânia e Yale. A lista é obviamente inexata, mas essas onze instituições aparecem normalmente (com pouquíssimas flutuações) entre as dez melhores universidades na classificação do *U.S. News & World Report*. Para as taxas de aceitação em 1991, ver *Peterson's Guide to Four-Year Colleges*, 13ª ed. (Princeton, Nova Jersey: Peterson's Guides, 1993). Para as taxas de aceitação em 1995, ver *America's Best Colleges 1997* (Washington, D.C.: *U.S. News & World Report*, 1996-1997). Para as taxas de aceitação em 2016, ver "National University Rankings", *U.S. News & World Report*. Disponível em: <www.usnews.com/best-colleges/rankings/national-universities?sort=acceptance-rate&sort-direction=asc>. Acesso em: 26 jul. 2018.

83 Ver Debra Cassens Weiss, "These BigLaw Firms Had the Highest Spreads in Partner Compensation", *ABA Journal Daily News*, 19 jun. 2013, disponível em:<www.abajournal.com/news/article/these_biglaw_firms_had_the_highest_spreads_in_partner_compensation/>; e Aric Press, "Revealed: Compensation Spreads of the American Law 200", *American Lawyer*, 17 junho 2013, disponível em: <www.law.com/americanlawyer/almID/1202600641230/>. Acessos em: 13 jul. 2018.

84 Ver Joe Patrice, "Biglaw Partners on the Hot Seat: Firms Are Demoting Partners Hand over Fist", *Above the Law*, 11 out. 2016, disponível em: <https://abovethelaw.com/2016/10/biglaw-partners-on-the-hot-seat-firms-are-demoting-partners-hand-over-fist/>; e Sara Randazzo, "Law Firms Demote Partners as Pressure Mounts over Profits", *The Wall Street Journal*, 10 out. 2016, disponível em: <www.wsj.com/articles/law-firms-demote-partners-as-pressure-mounts-over-profits-1476137818/>. Acessos em: 13 jul. 2018.

85 Ver Kevin Roose e Susanne Craig, "It's Goldman Bonus Day", *The New York Times*, 19 jan. 2012, disponível em: <https://dealbook.nytimes.com/2012/01/19/its-goldman-sachs-bonus-day/>, e Susanne Craig, "It's Bonus Week on Wall Street", *The New York Times;* 15 jan. 2013, disponível em: <https://dealbook.nytimes.com/2013/01/15/its-bonus-week-on-wall-street/>. Acessos em: 16 de jul. de 2018.

86 Ver, por exemplo, "Ascending to the C-Suite", McKinsey & Company, abr. 2015. Disponível em: <www.mckinsey.com/featured-insights/leadership/ascending-to-the-c-suite>. Acesso em: 16 jul. 2018.

87 Ver Capítulo 4.

88 Ver Robert Frank e Philip Cook, *The Winner-Take-All Society: Why the Few at the Top Get So Much More Than the Rest of Us* (Nova York: Penguin, 1995). Doravante citado como Frank e Cook, *The Winner-Take-All Society*.

89 Ver, por exemplo, Marc Galanter e Thomas Palay, *Tournament of Lawyers: The Transformation of the Big Law Firm* (Chicago: University of Chicago Press, 1991).

90 Na verdade, o poder libertador da riqueza convencional aumentou com o tempo, à medida que as estruturas sociais e econômicas foram separando cada vez mais a propriedade do capital de seu controle. Um aristocrata latifundiário, no Antigo Regime, devido a um conjunto de instituições jurídicas e sociais, era obrigado a administrar suas terras ativamente e de maneira específica, com determinados agricultores vendendo a mercados determinados. O surgimento de uma economia comercial na verdade mercantilizou o capital físico — principalmente a terra, mas também ferramentas e materiais usados nas atividades tradicionais baseadas em guildas. Dessa forma, a economia comercial tirou a riqueza de seu contexto rígido e os donos do capital físico ou financeiro das obrigações que outrora pesavam sobre aristocratas e artesãos.

A sociedade por ações nos Estados Unidos de meados do século XX, pertencente a acionistas dispersos e gerida por administradores (modestamente) assalariados, cuja renda era independente dos lucros da empresa, foi o ponto alto dessa separação. Ver Adolf Berle e Gardiner Means, *The Modern Corporation and Private Property* (Piscataway, Nova Jersey: Transaction Publishers, 1991); e Walther Rathenau, *In Days to Come*, tradução de Eden e Cedar Paul (Londres: G. Allen & Unwin Ltd., 1921). A riqueza assim constituída liberta seu dono de toda ligação próxima e pessoal com seus bens e de toda exigência de tempo e atenção que esses bens possam ter apresentados anteriormente. O único caminho racional — na verdade, o único possível — para um proprietário de tal riqueza é permitir passivamente que o dinheiro chegue até ele em forma de renda e dedicar suas energias a quaisquer projetos ou paixões que despertem suas legítimas ambições. A mercantilização da riqueza física e financeira emancipa os ricos.

91 O termo *capital humano* está intrinsecamente ligado à carreira da meritocracia. Por muito tempo tido como grosseiro, ganhou destaque na década de 1960, quando a meritocracia hoje frondosa foi concebida, pelo menos como empreendimento sério. Na verdade, o termo entrou para o pensamento dominante por meio do economista Gary Becker — o mais formidável ideólogo da meritocracia, para o bem e para o mal —, que o usou no título de um livro publicado em 1964. Ver Gary Becker, *Human Capital: A Theoretical and Empirical Analysis with Special Reference to Education* (Nova York: Columbia University Press, 1964). Os termos *frondosa* e *concebida* foram tomados de empréstimo de Philip Larkin, "Long Lion Days", in Larkin, *The Complete Poems*, p. 323.

92 Ver Anton Tchekhov, *The Cherry Orchard*, in *Anton Chekhov, Plays*, tradução de Elisaveta Fen (Nova York: Viking Penguin, 1959), p. 363.

93 Kevin Roose, *Young Money: Inside the Hidden World of Wall Street's Post-Crash Recruits* (Nova York: Grand Central Publishing, 2014), p. 35; e "Human Capital Management", Goldman Sachs. Disponível em: <www.goldmansachs.com/careers/divisions/human-capital-management/>. Acesso em: 16 jul. 2018.

94 Ver os cálculos em Daniel Markovits, "How Much Redistribution Should There Be?", *Yale Law Journal* 112 (2003), pp. 2311-3.

95 Essa metáfora alcança uma profundidade surpreendente. Já se observou que uma das mais arraigadas patologias da escravidão foi transformar toda a excelência humana — inteligência, força e beleza — em mais uma fonte de vulnerabilidade para o escravizado, um novo convite e um novo caminho para a exploração implacável pelo escravista. A desigualdade meritocrática baseada no trabalho supraordenado soma a esse regime a propriedade de si mesmo, o que faz uma grande diferença moral: permite que o trabalhador supraordenado colha os benefícios da autoexploração. Mas colher esses benefícios não apaga o ônus, e a propriedade de si mesmo insere a exploração na própria vida da elite. A propriedade de si mesmo não é uma simples metáfora, mas um fato econômico e social literal, com consequências imediatas e concretas. O dono do capital humano não é apenas a pessoa que possui, mas a que é possuída.

96 Esta formulação foi tomada de empréstimo de Koestler, *Darkness at Noon*, tradução de Daphne Hardy (Nova York: Macmillan, 1941), p. 174. Nessa tradução, lê-se "Honra é ser útil sem vaidade". O ensaio de George Orwell sobre Koestler usa a palavra "alarde" [*fuss*].

97 Ver Sturm e Makovi, "Full Participation", p. 37.

98 Ver John Updike, *Rabbit, Run* (Nova York: Alfred A. Knopf, 1960), p. 48. "Oh, Harry", reclama o velho técnico de basquete do protagonista, "você não é capaz de entender a fome de um velho, você come e come e nunca é a comida certa. Você não é capaz de entender isso".

99 Essas formulações se baseiam numa discussão com Julieta Lemaitre.

100 Frase emprestada de Philip Larkin, "Nothing Significant Was Really Said", in Larkin, *The Complete Poems*, p. 178.

101 Uma reflexão sagaz e oportuna sobre por que isso é assim encontra-se em Robert Skidelsky e Edward Skidelsky, *How Much Is Enough? Money and the Good Life* (Nova York: Other Press, 2013). Doravante citado como Skidelsky e Skidelsky, *How Much Is Enough?*.

102 Essa frase segue Tony Schwartz e Christine Porath, "Why You Hate Work", *The New York Times*, 30 mai. 2014. Disponível em: <www.nytimes.com/2014/06/01/opinion/sunday/why-you-hate-work.html>. Acesso em: 17 jul. 2018.

103 Ver Frank Bruni, "Naked Confessions of the College-Bound", *The New York Times*, 14 jun. 2014. Disponível em: <www.nytimes.com/2014/06/15/opinion/sunday/frank-bruni-oversharing-in-admissions-essays.html>. Acesso em: 17 jul. 2018.

104 Ver Julie Scelfo, "Suicide on Campus and the Pressure of Perfection", *The New York Times*, 27 jul. 2015, disponível em: <www.nytimes.com/2015/08/02/education/edlife/stress-social-media-and-suicide-on-campus.html?mcubz=0>. Acesso em: 17 jul. 2018.

105 Ver Boris Groysberg e Robin Abrahams, "Manage Your Work, Manage Your Life", *Harvard Business Review*, mar. 2014. Disponível em: <https://hbr.org/2014/03/manage-your-work-manage-your-life>. Ver também Anne Weisberg, "The Workplace Culture That Flying Nannies Won't Fix", *The New York Times*, 24 ago. 2015, disponível em: <www.nytimes.com/2015/08/24/opinion/the-workplace-culture-that-flying-nannies-wont-fix.html?mcubz=0>. Acessos em: 17 jul. 2018.

106 Ver U.S. Census Bureau, American Community Survey 5-Year Estimates 2012-2016, *Educational Attainment*, Palo Alto, Califórnia. Disponível em: <https://factfinder.census.gov/faces/tableservices/jsf/pages/productview.xhtml?src=CF>. Acesso em: 17 jul. 2018. Segundo essas estimativas, 80% da população adulta de Palo Alto têm diploma universitário e 51,5% têm especialização ou pós-graduação.

107 A renda familiar média em Palo Alto chega perto do triplo da média nacional, e o valor das casas é de cerca de dez vezes a média nacional.

A renda familiar média em Palo Alto é de cerca de 176 mil dólares. Ver U.S. Census Bureau, American Community Survey 5-Year Estimates 2012-2016, *Selected Economic Characteristics,* Palo Alto, Califórnia. Disponível em: <https://factfinder.census.gov/faces/tableservices/jsf/pages/productview.xhtml?src=CF>. A média nacional é de cerca de 68 mil dólares. Ver U.S. Census Bureau, American Community Survey 5-Year Estimates 2012-2016, *Selected Economic Characteristics,* Estados Unidos. Disponível em: <https:// factfinder.census.gov/faces/tableservice/jsf/pages/productview.xhtml? src=CF>.

Segundo o U.S. Census Bureau, o preço médio das casas em Palo Alto e St. Clair Shores, para o período 2012-2016, ficava em 1.702.100 de dólares e 102.400 dólares, respectivamente. Ver U.S. Census Bureau, American Community Survey 5-Year Estimates 2012-2016, *Selected Housing Characteristics*, Palo Alto, Califórnia, e St. Clair Shores, Michigan. Disponível em: <https://factfinder.census.gov/faces/nav/jsf/pages/index.xhtml>. Acesso em: 17 jul. 2018. Segundo a imobiliária Zillow, o valor médio de uma casa em Palo Alto em julho de 2018 era de 2.572.300 dólares. Ver "Palo Alto CA Real Estate", Zillow. Disponível em: <www.zillow.com/homes/for_sale/Palo-Alto-CA/26374_rid/globalrelevanceex_sort/71.483085,-113.07129,24.407137,-173.188477_rect/3_zm/>. E, segundo a Realtor, o preço médio das casas à venda em Palo Alto em 18 jul. 2018 era de 2.390.000 de dólares — de sete a dez vezes a média nacional. Ver "Palo Alto, CA Real Estate & Homes for Sale", Realtor.com, disponível em: <www.realtor.com/realestateandhomes-search/Palo-Alto_CA>; "United States

Home Prices & Values"; Zillow, disponível em: <www.zillow.com/home-values/>; e U.S. Census Bureau, "Median Sales Price of Houses Sold for the United States", Federal Reserve Bank de St. Louis, atualizado em 24 abr. 2018, disponível em: <https://fred.stlouisfed.org/series/MSPUS>. Acessos em: 18 jul. 2018.

Além disso, o Vale do Silício envolve Palo Alto num manto de riqueza e educação que se estende de São Francisco a San Jose. As empresas de tecnologia e de capital de risco que predominam na economia local — como a Apple e o Google, e a New Enterprise Associates e a Sequoia Capital — pagam salários astronômicos a uma força de trabalho que está entre as mais instruídas e mais elitizadas já reunidas em todos os tempos e em todos os lugares.

108 Segundo estimativas baseadas em dados do ano escolar de 2013-2014, o distrito escolar de Lakeview, em St. Clair Shores, gasta 10.309 dólares anuais por aluno. O distrito escolar unificado de Palo Alto gasta 18.795 dólares anuais por aluno. Ver Centro Nacional de Estatísticas para a Educação, *Common Core of Data (CCD)*, distribuído pelo Instituto de Ciências Educacionais. Disponível em: <https://nces.ed.gov/ccd/districtsearch/index.asp>. Acesso em: 30 jun. 2018.

109 Em 2017, o aluno médio da Escola Secundária Henry M. Gunn fez 663 pontos (perto do 90º percentil nacional) na parte de leitura, escrita e interpretação de texto do novo SAT e 706 (perto do 95º percentil nacional) em matemática. O estudante médio da Escola Secundária Palo Alto fez 664 pontos em leitura, escrita e interpretação de texto e 680 em matemática (ambos perto do 90º percentil no âmbito nacional). Ver Palo Alto High School, *Palo Alto High School 2017-2018 School Profile*, disponível em: <https:// paly.net/sites/default/files/Paly1718_ profile_ and_ grading_key.pdf>; Henry M. Gunn High School, *Henry M. Gunn High School 2017-18 School Profile*, disponível em: <https://gunn.pausd.org/sites/default/files/2017-2018%20Gunn%20School%20Profile.pdf>; e College Board, *SAT: Understanding Scores 2017*, disponível em: <https://collegereadiness.collegeboard.org/pdf/understanding-sat-scores.pdf>. Acessos em: 18 jul. 2018.

110 Ver Kai Oda e Edan Sneh, "College Acceptance Rates for PALY Students", *The Campanile*, 25 jan. 2017. Disponível em: <https://thecampanile.org/2017/01/25/collegeinfo/>. A exatidão desses números foi verificada pela comparação com diversos relatórios on-line publicados em fóruns de estudantes e outros que informam sobre admissões às faculdades e fofocas.

111 Ver Hanna Rosin, "The Silicon Valley Suicides: Why Are So Many Kids with Bright Prospects Killing Themselves in Palo Alto?", *The Atlantic*, dez. 2015. Disponível em: <www.theatlantic.com/magazine/archive/2015/12/the-silicon-valley-suicides/413140/>. Acesso em: 18 jul. 2018. Doravante citado como Rosin, "The Silicon Valley Suicides".

112 Idem.

113 Ver Suniya Luthar e Karen D'Avanzo, "Contextual Factors in Substance Use: A Study of Suburban and Inner-City Adolescents", *Development and Psychopathology* 11, n. 4 (dez. 1999), pp. 845-67.

114 Ver Suniya Luthar, "The Culture of Affluence: Psychological Costs of Material Wealth", *Child Development* 74, n. 6 (nov.-dez. 2003), pp. 1582.

115 Ver Vicki Abeles, "Is the Drive for Success Making Our Children Sick?", *The New York Times*, 2 jan. 2016. Disponível em: <www.nytimes.com/2016/01/03/ opinion/sunday/is-the-drive-for-success-making-our-children-sick.html>. Acesso em: 18 jul. 2018. A pesquisa foi feita por Stuart Slavin, da Escola de Medicina da Universidade de Saint Louis.

116 A proporção absoluta é grande: cerca de 20% hoje para cerca de 10% em 2000. Ver American College Health Association, *National College Health Assessment Institutional Data Report — Spring 2000* (Baltimore: American College Health Association, 2000), disponível em: <www.acha-ncha.org/docs/ACHA-NCHA_Reference_Group_Report_Spring2000.pdf>; e American College Health Association, *National College Health Assessment Undergraduate Student Reference Group Data Report — Fall 2017* (Hanover, Maryland: American College Health Association, 2018), disponível em: <www.acha-ncha.org/docs/NCHA-II_FALL_2017_REFERENCE_GROUP_DATA_REPORT_UNDERGRADS_ONLY.pdf>.

Surpreendentemente, a sistematização de dados sobre a saúde mental de estudantes universitários é uma invenção recente, e por isso as comparações com períodos do milênio anterior são difíceis. Não obstante, algumas faculdades informaram um aumento significativo nos problemas de saúde mental de seus alunos a partir de meados da década de 1990. Em 2002, Colúmbia informou que o uso dos serviços de saúde mental aumentou 40% a partir do ano acadêmico de 1994-1995. Em novembro de 2001, o MIT informou um aumento de 50% no uso dos serviços de saúde mental entre 1995 e 2000. E, em 2002, a Universidade Estadual de Nova York em Purchase informou um aumento de 48% nos três últimos anos. Ver Leslie Berger, "The Therapy Generation", *The New York Times*, 13 jan. 2002, disponível em: <www.nytimes.com/2002/01/13/education/the-therapy-generation.html>. De forma análoga, em 2002, a Universidade de Cincinnati informou um aumento de 55% no número de alunos que procuraram aconselhamento durante os seis anos anteriores e a Universidade Xavier informou um aumento de 40% nas visitas de aconselhamento no ano anterior, sendo a depressão o problema mais comum. Ver Kristina Goetz, "Counseling Demand Overwhelms Colleges", *Cincinnati Enquirer*, 18 mar. 2002. Disponível em: <http://enquirer.com/editions/2002/03/18/loc_counseling_demand.html>. Ver também Martha Anne Kitzrow, "The Mental Health Needs of Today's College Students: Challenges and Recommendations", *NASPA Journal*

NOTAS

41, n. 1 (outono de 2003): pp. 167-81. Disponível em: <www.tandfonline.com/doi/abs/10.2202/1949-6605. 1310?journalCode=uarp19>. Acessos em: 18 jul. 2018.

117 Ver Universidade da Pensilvânia, *Report of the Task Force on Student Psychological Health and Welfare* (Filadélfia: Universidade da Pensilvânia, 2015). Disponível em: <https://almanac.upenn.edu/archive/volumes/v61/ n23/pdf/task-force-psychological-health.pdf>. Ver também Julie Scelfo, "Suicide on Campus and the Pressure of Perfection", *The New York Times*, 27 jul. 2015. Disponível em: <www.nytimes.com/2015/08/02/education/edlife/ stress-social-media-and-suicide-on-campus.html>. Acessos em: 18 jul. 2018.

118 Ver Frank Bruni, "Rethinking College Admissions", *The New York Times*, 19 jan. 2016. Disponível em: <www. nytimes.com/2016/01/20/opinion/rethinking-college-admissions.html?mcubz=0>. Acesso em: 18 jul. 2018.

119 Ver Dawn Kopecki, "Young Bankers Fed Up with 90-Hour Weeks Move to Startups", Bloomberg, 9 mai. 2014, disponível em: <www.bloomberg.com/news/articles/2014-05-09/young-bankers-fed-up-with-90-hour-weeks-move-to-startups>. Acesso em: 18 jul. 2018.

120 Elie Mystal, "In Re the Passing of a Skadden Associate", *Above the Law*, 30 jun. 2011. Disponível em: <https:// abovethelaw.com/2011/06/in-re-the-passing-of-a-skadden-associate/?rf=1>. Acesso em: 18 jul. 2018. Doravante citado como Mystal, "In Re the Passing of a Skadden Associate".

121 Idem.

122 Ver Andrew Ross Sorkin, "Reflections on Stress and Long Hours on Wall Street", *The New York Times*, 17 jun. 2015. Disponível em: <www.nytimes.com/2015/ 06/02/business/dealbook/reflections-on-stress-and-long-hours-on-wall-street.html>. Acesso em: 18 jul. 2018.

123 Tom Pedulla, "Giants' Jason Pierre-Paul Should Be Able to Overcome Loss of Finger, Former Players Say", *The New York Times*, 9 jul. 2015. Disponível em: <www.nytimes.com/2015/07/10/sports/football/giants-jason-pierre-paul-should-be-able-to-overcome-loss-of-finger-former-players-say.html>. Acesso em: 18 jul. 2018.

124 Ver Amazon, "Leadership Principles". Disponível em: <www.amazon.jobs/principles>. Acesso em: 18 jul. 2018. Doravante citado como Amazon, "Leadership Principles".

125 Idem.

126 Jodi Kantor e David Streitfeld, "Inside Amazon: Wrestling Big Ideas in a Bruising Workplace", *The New York Times*, 15 ago. 2015. Disponível em: <www.nytimes. com/2015/08/16/technology/inside-amazon-wrestling-big-ideas-in-a-bruising-workplace.html>. Acesso em: 18 jul. 2018. Daqui em diante, citado como Kantor e Streitfeld, "Inside Amazon".

127 Idem.

128 Ver, por exemplo, David Auerbach, "I've Worked Insanely Demanding Tech Jobs — and I Really Doubt Amazon Is Much Worse Than Google — or Even Microsoft", *Slate*, 17 ago. 2015, disponível em: <www.slate.com/ articles/technology/bitwise/2015/08/amazon_abuse_of_white_collar_workers_i_worked_at_microsoft_and_google_and.html>; Anne Weisberg, "The Workplace Culture That Flying Nannies Won't Fix", *The New York Times*, 24 ago. 2015, disponível em: <www.nytimes.com/2015/08/24/opinion/the-workplace-culture-that-flying-nannies-wont-fix.html?mcubz=0>; "Depiction of Amazon Stirs a Debate About Work Culture", *The New York Times*, 18 ago. 2015. Disponível em: <www.nytimes.com/2015/08/19/technology/ amazon-workplace-reactions-comments.html>. Acessos em: 18 jul. 2018.

129 A linguagem da competição entre trabalhadores muda de empresa para empresa e também com o tempo. As frases mencionadas são, principalmente, da Amazon. No entanto, as empresas norte-americanas estão constantemente lançando seus administradores uns contra os outros, em todos os níveis de hierarquia, promovendo os melhores e suprimindo os piores. Na década de 1990, a GE já empregava o método da curva de vitalidade, internamente chamado de *ranking and yanking*. Herman Aguinis e Charles A. Pierce, "Enhancing the Relevance of Organizational Behavior by Embracing Performance Management Research", *Journal of Organizational Behavior* 29, n. 1 (jan. 2008), p. 142. A Microsoft adotava um sistema análogo, que chamava de *stack ranking*, na década de 2000. Ver Margaret Heffernan, "Lose the Competition", *RSA Journal* 160, n. 5558 (2014), p. 42. E a Netflix aplica o *keeper test*. Ver Netflix, "Netflix Culture". Disponível em: <https://jobs.netflix.com/culture>. Acesso em: 18 jul. 2018.

Embora algumas dessas práticas tenham caído em descrédito por serem aviltantes ou por criarem incentivos perversos (evitar correr riscos no trabalho ou prejudicar colegas em vez de apoiá-los), a ideia básica de separar o joio do trigo na avaliação de desempenho dos trabalhadores de elite necessariamente perdura.

130 Numa pesquisa recente com líderes corporativos seniores, quase todos os participantes diagnosticaram sintomas de exaustão na vida deles próprios, e um terço deles disseram que essa exaustão era extrema. Ver Leslie Kwoh, "When the CEO Burns Out: Job Fatigue Catches Up to Some Executives Amid Mounting Expectations", *The Wall Street Journal*, 7 mai. 2013. Disponível em: <www.wsj.com/articles/SB10001424127887323687 6045784691240085 24696>. Ver também Tony Schwartz e Christine Porath, "Why You Hate Work", *The New York Times*, 30 maio 2014. Disponível em: <www. nytimes.com/2014/06/01/opinion/sunday/why-you-hate-work.html?mcubz=0&_r=0>. Acesso em: 18 jul. 2018.

131 Kantor e Streitfeld, "Inside Amazon".

132 Reed Abelson, "A Survey of Wall St. Finds Women Disheartened", *The New York Times*, 26 jul. 2001. Disponível em: <www.nytimes.com/2001/07/26/business/

a-survey-of-wall-st-finds-women-disheartened.html>. Acesso em: 18 jul. 2018.

133 Hochschild, *The Time Bind*, p. 56.

134 Ver, por exemplo, Brigid Schulte, *Overwhelmed: Work, Love, and Play When No One Has the Time* (Nova York: Farrar, Straus & Giroux, 2014).

135 Hewlett e Luce, "Extreme Jobs".

136 Ver John Thornhill, "A Universal Basic Income Is an Old Idea with Modern Appeal", *Financial Times*, 14 mar. 2016. Disponível em: <www.ft.com/content/a9758f1a-e9c0-11e5-888e-2eadd5fbc4a4>. Acesso em: 18 jul. 2018.

137 Larry Kramer, "From the Dean", *Stanford Lawyer* 77 (outono de 2007). Disponível em: <https://law.stanford.edu/stanford-lawyer/articles/from-the-dean-15/>. Acesso em: 18 jul. 2018.

Capítulo 3: *A guerra de classes iminente*

1 Ver, por exemplo, Alan Hunt, *Governance of the Consuming Passions: A History of Sumptuary Law* (Basingstoke, Reino Unido: Macmillan, 1996).

2 Os pobres eram exceção a essa regra, mesmo em meados do século XX — na verdade, mais naquela época do que hoje. Para mais informação sobre a história recente da pobreza nos Estados Unidos, ver Capítulo 4.

3 Ver "The Grateful Dead: Making the Scene in Palo Alto", Palo Alto History. Disponível em: <www.paloaltohistory.org/the-grateful-dead.php>. Acesso em: 18 jul. 2018.

4 Ver, por exemplo, "Crow's Nest East", The Concert Database, disponível em: http:// theconcertdatabase.com/venues/crows-nest-east. Acesso em: 18 jul. 2018.

5 Em 1960, a renda média familiar em St. Clair Shores era cerca de um sétimo menor do que a de Palo Alto, e o preço médio das casas em St. Clair Shores era de um terço a menos à metade dos preços de Palo Alto. Para a renda, ver U.S. Census Bureau, "General Social and Economic Characteristics: Michigan", in 1960 Census of Population, p. 182, Quadro 33. Disponível em: <www2.census.gov/library/publications/decennial/1960/population-volume-1/37722966v1p24ch4.pdf>. Ver também U.S. Census Bureau, "General Social and Economic Characteristics: California", in 1960 Census of Population, p. 224, Quadro 33. Disponível em: <www2.census.gov/library/publications/decennial/1960/population-volume-1/vol-01-06-f.pdf>. Para o preço das casas, o um terço vem do U.S. Census Bureau. Ver U.S. Census Bureau, "Michigan", in 1960 Census of Housing, p. 6, Quadro 1. Disponível em: <https://www2.census.gov/library/publications/decennial/1960/housing-volume-1/41962442v1p5ch2.pdf>; e U.S. Census Bureau, "California", in 1960 Census of Housing, p. 5, Quadro 1, disponível em: <https://www2.census.gov/library/publications/decennial/1960/housing-volume-1/41962442v1p2ch4.pdf>. A referência à metade do preço vem da comparação dos preços médios de 62 casas de Palo Alto anunciadas para venda no *San Fran-*

cisco Chronicle em 1960 e do preço médio de sessenta casas em St. Clair Shores anunciadas para venda no *Detroit Free Press* no mesmo ano.

6 Brian Edwards, *University Architecture* (Milton Park, Reino Unido: Taylor & Francis, 2014), p. 19.

7 "Groundbreaking Today: 750 Apartments in Shores Project", *Detroit Free Press*, 31 jul. 1962, A3; e Proctor Homer Warren, Inc., "With Every Great Apartment and Sky House, We'll Throw in a Great Lake Free", anúncio no *Detroit Free Press*, 19 nov. 1970.

8 Bill Bishop, *The Big Sort: Why the Clustering of Like-Minded America Is Tearing Us Apart* (Boston: Houghton Mifflin Harcourt, 2008), p. 130. Doravante citado como Bishop, *The Big Sort*. Ver também Christopher Berry e Edward Glaeser, "The Divergence of Human Capital Levels Across Cities", *Papers in Regional Science* 84, n. 3 (2005), pp. 407-44. Disponível em: <www.nber.org/papers/w11617>. Acesso em: 26 jul. 2018. Doravante citado como Berry e Glaeser, "The Divergence of Human Capital".

9 Ver também Berry e Glaeser, "The Divergence of Human Capital".

10 Em 1965, os norte-americanos compraram 90,7% de seus carros dessas companhias. Ver Gráfico B: Participação de cada montadora no total da indústria automobilística norte-americana 1961-2014, em Joel Cutcher-Gershenfeld, Dan Brooks e Martin Mulloy, *The Decline and Resurgence of the U.S. Auto Industry* (Washington, D.C.: Economic Policy Institute, 2015). Disponível em: <www.epi.org/publication/the-decline-and-resurgence-of-the-u-s-auto-industry/>. Acesso em: 18 jul. 2018. O Corvette, da General Motors, vendido por cerca de 3 mil dólares em 1956. Ver Richard Prince, *Corvette Buyers Guide, 1953-1967* (Minneapolis: Motorbooks International, 2002), p. 39. Ver também "How Much Cars Cost in the 60s", *The People History*. Disponível em: <www.thepeoplehistory.com/60scars.html>. Acesso em: 7 out. 2018.

11 Ver Sears, "Kenmore Chronology". Disponível em: <www.searsarchives.com/brands/detail/kenmore/1950s.htm>; Chris Isidore, "Here's What's Killing Sears", CNN, 12 fev. 2018. Disponível em: https://money.cnn.com/2018/02/12/news/companies/sears-downfall/index.html. Acessos em: 29 jan. 2019.

12 Ver Amy Glasmeier, *Manufacturing Time: Global Competition in the Watch Industry, 1795-2000* (Nova York: Guilford Press, 2000), pp. 189-192; "Corporations: Watches for an Impulse", *Time*, 15 mar. 1963. Disponível em: <http:// content.time.com/time/magazine/article/0,9171,870225,00.html>. Acesso em: 19 nov. 2018; Timex, "Every Third Watch Sold Is a Timex", anúncio, *Life*, 7 dez. 1959.

13 "Deixe-me lhe contar sobre os muito ricos", escreveu Fitzgerald em 1924. "Eles são diferentes de mim e de você. Eles têm e aproveitam isso desde cedo, o que faz alguma coisa com eles, torna-os suaves onde somos duros, céticos onde somos confiantes, de um modo que, a me-

NOTAS

nos que você tenha nascido rico, é muito difícil entender. Eles acham, do fundo do coração, que são melhores que nós porque temos de descobrir as compensações e os refúgios da vida por nós mesmos. Até quando eles penetram profundamente em nosso mundo ou mergulham dentro de nós, continuam pensando que são melhores que nós. Eles são diferentes." F. Scott Fitzgerald, "The Rich Boy", in *The Rich Boy* (Londres: Hesperus Press Limited, 2003), p. 3. Doze anos depois, Hemingway publicava "The Snows of Kilimanjaro" [As neves do Kilimanjaro] na *Esquire*. "Os ricos eram chatos e bebiam demais, ou jogavam gamão sem parar. Eram chatos e repetitivos. Ele lembrava o coitado do Scott Fitzgerald e sua admiração romântica por eles e como uma vez ele começou um conto em que diz: 'Os muito ricos são diferentes de mim e de você.' E como alguém tinha dito a Scott, sim, eles têm mais dinheiro. Mas isso não tinha graça para Scott. Ele achava que eram uma raça glamorosa especial, e, quando descobriu que não eram, isso o arruinou tanto quanto qualquer outra coisa que o arruinasse." Ernest Hemingway, "The Snows of Kilimanjaro", *Esquire*, agosto 1936, p. 200.

14 Ver Capítulo 4.

15 Ver Murray, *Coming Apart*, p. 62. Ver também Christine Schwartz e Robert Mare, "Trends in Educational Assortative Marriage from 1940 to 2003", *Demography* 42, n. 4 (nov. 2005), pp. 629-60 (informando que as duas partes têm dezesseis ou mais anos de escolarização em 3,95% dos casados em 1960 e em 18,02% dos casados em 2000).

16 Ver Capítulo 5.

17 Ver "Spin to Separate: Sweating on Purpose Is Becoming an Elite Phenomenon", *The Economist*, 1ª ago. 2015. Disponível em: <www.economist.com/news/united-states/21660170-sweating-purpose-becoming-elite-phenomenon-spin-separate>. Acesso em: 19 jul. 2018.

18 Ver Caryle Murphy, "The Most and Least Educated U.S. Religious Groups", Pew Research Center, 4 nov. 2016. Disponível em: <www.pewresearch.org/fact-tank/2016/11/04/the-most-and-least-educated-u-s-religious-groups/>. Doravante citado como Murphy, "The Most and Least Educated U.S. Religious Groups". David Masci, "How Income Varies Among U.S. Religious Groups", Pew Research Center, 11 out. 2016. Disponível em: <http:// www.pewresearch.org/fact-tank/2016/10/11/how-income-varies-among-u-s-religious-groups/>. Doravante citado como Masci, "How Income Varies Among U.S. Religious Groups". Acessos em: 19 jul. 2018.

19 Ver David Leonhardt, "In One America, Guns and Diet. In the Other, Cameras and 'Zoolander'", *The New York Times*, 18 ago. 2014. Disponível em: <www.nytimes.com/2014/08/19/upshot/inequality-and-web-search-trends.html>. Acesso em: 19 jul. 2018.

20 A renda domiciliar média em Palo Alto e St. Clair Shores, para o período 2012-2016, era de 137.043 dólares e 54.590 dólares, respectivamente. Ver U.S. Census Bu-reau, American Community Survey 5-Year Estimates 2012-2016, *Selected Economic Characteristics*, St. Clair Shores, Michigan, e Palo Alto, Califórnia. Disponível em: <https:// factfinder.census.gov/faces/tableservices/jsf/pages/productview.xhtml? src=CF>. Segundo o U.S. Census Bureau, o preço médio das casas em Palo Alto e St. Clair Shores para o período 2012-2016 era de 1.702.100 dólares e 102.400 dólares, respectivamente. U.S. Census Bureau, American Community Survey 5-Year Estimates 2012-2016, *Selected Housing Characteristics*, St. Clair Shores, Michigan, e Palo Alto, Califórnia. Disponível em: <https:// factfinder.census.gov/faces/tableservices/jsf/pages/productview.xhtml? src=CF>. Segundo a imobiliária Zillow, o preço médio das casas em Palo Alto e St. Clair Shores em julho de 2018 era de 2.709.700 dólares e 132 mil dólares, respectivamente. Ver "Palo Alto Real Estate", Zillow, disponível em: <www.zillow.com/homes/for_sale/Palo-Alto-CA/26374_rid/37.375477,-21.949273,37.053944,-122.191315_rect/11_zm/>; e "St. Clair Shores Real Estate", Zillow, disponível em: <www.zillow.com/homes/for_sale/Palo-Alto-CA/26374_rid/37.375477,-121.949273,37.053944,-122.191315_rect/11_zm/>. E, segundo a imobiliária Realtor, o preço médio de casas à venda em Palo Alto e St. Clair Shores em julho de 2018 era de 2,4 milhões de dólares e 150 mil dólares, respectivamente. Ver "Palo Alto, CA Real Estate & Homes for Sale", Realtor.com. Disponível em: <www.realtor.com/realestateandhomes search/Palo-Alto_CA>; e "St. Clair Shores, MI Real Estate & Homes for Sale", Realtor.com. Disponível em: <www.realtor.com/realestateandhomes-search/Saint-Clair-Shores_MI>. Acessos em: 19 jul. 2018.

21 Ver U.S. Census Bureau, American Community Survey 5-Year Estimates 2012-2016, *Educational Attainment*, St. Clair Shores, Michigan, e Palo Alto, Califórnia. Disponível em: <https://factfinder.census.gov/faces/tableservices/jsf/pages/productview.xhtml?src=CF>. Acesso em: 19 jul. 2018.

22 Bishop, *The Big Sort*, p. 132.

23 Ver Dora L. Costa e Matthew E. Kahn, "Power Couples: Changes in the Locational Choice of the College Educated, 1940-1990", *Quarterly Journal of Economics* 115, n. 4 (nov. 2000), pp. 1287-315. Disponível em: <http://econ2.econ.iastate.edu/classes/econ321/orazem/costa_dual- career.pdf>. A partir daqui, citado como Costa e Kahn, "Power Couples". Surgem tendências similares no âmbito internacional. Em todo o planeta, cerca de um quarto das pessoas com dois anos ou mais de faculdade mora nas cem maiores cidades do mundo. A proporção de moradores dessas cidades com essa instrução é o dobro da proporção que se verifica no mundo todo e tornou-se um sexto maior (de 18% a 21%) apenas no período de 2005 a 2014. Ver Emily Badger, "A Quarter of the World's Most Educated People Live in the 100 Largest Cities", *The Washington Post*, 18 jul. 2014. Disponível em: <www.washingtonpost.

com/news/wonk/wp/2014/07/18/a-quarter-of-the-worlds-most-educated-people-live-in-the-100-largest-cities/?utm_term=.2e8e2e0ce30c>; e Ugne Saltenyte, "One Quarter of the World's Educated Population Resides in Just 100 Cities", *Euromonitor International*, 15 jul. 2014, disponível em: <https://blog.euromonitor.com/2014/07/one-quarter-of-the-worlds-educated-population-resides-in-just-100-cities.html>. Acessos em: 19 jul. 2018.

24 Ver Murray, *Coming Apart*, pp. 78, 82, 87 e Apêndice B. Ver também Charles Murray, "Charles Murray, Author of *Coming Apart*, Examines Demographic Shifts in This New Decade", Debate This Book, 25 abr. 2013. Disponível em: <http://debatethisbook.com/2013/04/25/charles-murray-author-of-coming-apart-examines-demographic-shifts-in-this-new-decade/>. Acesso em: 19 jul. 2018.

25 Uma pesquisa longitudinal baseada em dados do período de 1979-1996 concluiu que 19,2% dos adultos jovens com ensino médio se mudavam dentro do estado, enquanto 36,6% dos que tinham faculdade e 45% dos que tinham mais que faculdade migravam para outro estado. Ver Yolanda K. Kodrzycki, "Migration of Recent College Graduates: Evidence from the National Longitudinal Survey of Youth", *New England Economic Review*, jan.-fev. 2001, p. 15. Ver também Costa e Kahn, "Power Couples"; Bishop, *The Big Sort*.

26 Ver Costa e Kahn, "Power Couples"; Bishop, *The Big Sort*, pp. 130-3.

27 Ver, por exemplo, Janelle Jones, "The Racial Wealth Gap: How African-Americans Have Been Shortchanged out of the Materials to Build Wealth", Economic Policy Institute, 13 fev. 2017. Disponível em: <https://www.epi.org /blog/the-racial-wealth-gap-how-african-americans-have-been-shortchanged-out-of-the-materials-to-build-wealth/>. Acesso em: 19 jul. 2018.

28 Em 1960, 34,5% dos afro-americanos tinham casa própria, por exemplo; hoje, 34,9% das famílias de baixa renda têm casa própria. Ver U.S. Census Bureau, Censo Habitacional, "Historical Census of Housing Tables: Ownership Rates". Disponível em: <www.census.gov/hhes/www/housing/census/historic/ownrate.html>, acesso em: 31 out. 2018; Felipe Chacon, "The Home Ownership Gap Is on the Wane", Trulia, 10 ago. 2017, disponível em: <www.trulia.com/research/homeownership-gap/>.

Em 1970, a taxa de desemprego para afro-americanos era de 9,2%; em 2017, a taxa de desemprego para norte-americanos de baixa renda era de 13%. Ver Robert W. Fairlie e William A. Sundstrom, "The Racial Unemployment Gap in Long-Run Perspective", *American Economic Review* 87, n. 2 (maio 1997). Disponível em: <www.jstor.org/stable/2950936?seq=1#metadata_info_tab_contents>; Janet L. Yellen, "Addressing Workforce Development Challenges in Low-Income Communities", Federal Reserve Bank, 28 mar. 2017. Disponível em: <www.federalreserve.gov/newsevents/speech/yellen20170328a.htm>.

29 Ver Becky Pettit e Bruce Western, "Mass Imprisonment and the Life Course: Race and Class Inequality in U.S. Incarceration", *American Sociological Review* 69, n. 2 (abr. 2004), p. 162.

30 Benjamin Disraeli, *Sybil, or The Two Nations* (Londres: Henry Colburn, 1845), p. 149.

31 Ver, por exemplo, Christopher Hayes, *Twilight of the Elites: America After Meritocracy* (Nova York: Broadway Books, 2012), doravante citado como Hayes, *Twilight of the Elites*; e Jacob Hacker, *The Great Risk Shift* (Oxford: Oxford University Press, 2006), daqui em diante citado como Hacker, *The Great Risk Shift*.

32 Ver, por exemplo, Joseph E. Stiglitz, *The Price of Inequality* (Nova York: W. W. Norton, 2012).

33 Ver Capítulo 7.

34 Andrew Carnegie, "The Gospel of Wealth", in *The Gospel of Wealth and Other Timely Essays* (Cambridge, Massachusetts: Belknap Press of Harvard University Press, 1962 [publicado originalmente pela Century Company, Nova York, 1900]), p. 14.

35 Ver Robert Dahl, *Democracy in the United States: Promise and Performance* (Skokie, Illinois: Rand McNally, 1972), p. 309.

36 Robert Dahl, *Polyarchy: Participation and Opposition* (New Haven, Connecticut: Yale University Press, 1971), p. 1. A formulação geral exige muita complementação. Por um lado, a simples contagem de votos — mesmo quando todos os votos têm o mesmo peso — não pode sustentar por si mesma uma democracia. As pesquisas de opinião deveriam incluir preferências dos cidadãos, mas sem instituições democráticas — partidos políticos, campanhas, debates e imprensa política — as urnas simplesmente equilibram preferências particulares. Não podem sustentar ou orientar uma escolha coletiva. Por outro lado, os processos de comprometimento coletivo que a democracia exige necessariamente permitem que alguns cidadãos — privilegiados, ou apenas qualificados ou confiáveis e, portanto, extraordinariamente persuasivos — exerçam influência muito maior sobre os assuntos públicos do que outros (ainda que todos os votos tenham o mesmo valor e, logo, mantenham o mesmo impacto direto nas eleições). Assim, os mesmos processos necessários à política para sustentar as escolhas coletivas sabotam a igualdade individual. Quase todos os mais intrincados enigmas no pensamento democrático acabam remetendo a esse dilema. Para a diferença entre influência e impacto sobre decisões democráticas, ver Ronald Dworkin, "What Is Equality? Part 3: The Place of Liberty", *Iowa Law Review* 73, n. 1 (out. 1987), pp. 1-50.

37 O 1% mais rico dos norte-americanos é responsável por mais da metade das doações de campanha (o quartil mais rico responde por cerca de um terço). Martin Gilens, *Affluence and Influence: Economic Inequality and Political Power in America* (Princeton, Nova Jersey: Princeton University Press, 2012), p. 242 (citando Lynda Powell e dados da Congressional Campaign Study,

NOTAS

sem referência específica). Doravante citado como Gilens, *Affluence and Influence*. Em 1990, o quartil mais rico respondia por cerca de três quartos das contribuições de campanha. O quintil mais pobre respondia por apenas um quinto das contribuições. Ver Sidney Verba, Kay Lehman Schlozman e Michael Brady, *Voice and Equality: Civic Voluntarism in American Politics* (Cambridge, Massachusetts: Harvard University Press, 1995), p. 194. Ver também Henry E. Brady, Sidney Verba e Kay Lehman Schlozman, "Beyond SES: A Resource Model of Political Participation", *American Political Science Review* 89, n. 2 (jun. 1995), pp. 271-84, e Larry Bartels, *Unequal Democracy: The Political Economy of the New Gilded Age* (Princeton, Nova Jersey: Princeton University Press, 2008). Doravante citado como Bartels, *Unequal Democracy*.

38 Vinte delas apoiavam democratas e 138 apoiavam republicanos. Ver Nicholas Confessore, Sarah Cohen e Karen Yourish, "The Families Funding the 2016 Presidential Election", *The New York Times*, 10 out. 2015. Disponível em:<www.nytimes.com/interactive/2015/10/11/us/politics/2016-presidential-election-super-pac-donors.html?r=0>. Acesso em: 19 jul. 2018.

39 Ver Jane Mayer, *Dark Money: The Hidden History of the Billionaires Behind the Rise of the Radical Right* (Nova York: Doubleday, 2016). Divulgando suas intenções, os irmãos Koch puderam usar seu dinheiro para exercer influência muito antes de gastar o primeiro dólar. Ver Matea Gold, "Koch-Backed Network Aims to Spend Nearly $1 Billion on 2016 Elections", *The Washington Post*, 26 jan. 2015, e posteriormente "Correction". Disponível em: <www.washingtonpost.com/politics/koch-backed-network-aims-to-spend-nearly-1-billion-on-2016-elections/2015/01/26/77a44654-a513-11e4-a06b-9df2002b86a0_story.html>. Bilionários progressistas também gastam suntuosamente. Tom Steyer pretendia gastar mais de 100 milhões de dólares nas eleições parlamentares de 2018. Ver Edward-Isaac Dovere, "Tom Steyer's $110 million Plan to Redefine the Democrats", *Politico*, 31 jul. 2018, disponível em: <www.politico.com/story/2018/07/31/steyer-democrats-millions-midterms-751245>. Acessos em: 1º ago. 2018.

40 Enquanto em 1981 havia cerca de 7,5 mil lobistas registrados em Washington, hoje eles são cerca de 13 mil. Ver Matthew P. Drennan, *Income Inequality: Why It Matters and Why Most Economists Didn't Notice* (New Haven, Connecticut: Yale University Press, 2016), p. 31. Doravante citado como Drennan, *Income Inequality*. Drennan menciona Lee Drutman, "The Business of America Is Lobbying: The Expansion of Corporate Political Activity and the Future of American Pluralism" (dissertação de ph.D., University of California, Berkeley, 2010), p. 141. Disponível em: <https://cloudfront.escholarship.org/dist/prd/content/qt1mh761v2/qt-1mh761v2.pdf?t= mtgaay>.

41 Ver Lee Drutman, *The Business of America Is Lobbying: How Corporations Became Politicized and Politics Beca-* *me More Corporate* (Oxford: Oxford University Press, 2015), p. 8. Doravante citado como Drutman, *The Business of America Is Lobbying*.

42 Ver Jeffrey Milyo, David Primo e Timothy Groseclose, "Corporate PAC Campaign Contributions in Perspective", *Business and Politics* 2, n. 1 (2000), p. 83.

43 Ver Drutman, *The Business of America Is Lobbying*, pp. 11-2.

44 Ver Marianne Bertrand et al., "Tax-Exempt Lobbying: Corporate Philanthropy as a Tool for Political Influence", NBER, Working Paper n. 24451 (mar. 2018). Disponível em: <www.nber.org/papers/w24451>. Acesso em: 20 jul. 2018.

45 Ver, por exemplo, Motoko Rich, "A Walmart Fortune, Spreading Charter Schools", *The New York Times*, 25 abr. 2014, disponível em: <www.nytimes.com/2014/04/26/us/a-walmart-fortune-spreading-charter-schools.html>. Acesso em: 20 jul. 2018; Valerie Strauss, "The 'Walmartization' of Public Education", *The Washington Post*, 17 mar. 2016, disponível em: <www.washingtonpost.com/news/answer-sheet/wp/2016/03/17/the-walmartization-of-public-education/?utm_ term=.01a53a2035db>, acesso em: 20 jul. 2018. Para mais informação sobre filantropia como forma de poder político, ver, por exemplo, Iain Hay e Samantha Muller, "Questioning Generosity in the Golden Age of Philanthropy", *Progress in Human Geography* 38, n. 5 (2014), pp. 635-53; Lenore Ealy, "The Intellectual Crisis in Philanthropy", *Society* 51, n. 1 (fev. 2014): pp. 87-96; Kenneth Saltman, "From Carnegie to Gates: The Bill and Melinda Gates Foundation and the Venture Philanthropy Agenda for Public Education", in *The Gates Foundation and the Future of U.S. "Public" Schools*, Philip Kovacs (org.) (Nova York: Taylor & Francis, 2011), pp. 1-20; Robin Rogers, "Why Philanthro-Policymaking Matters", *Society* 48, n. 5 (set. 2011): pp. 376-81; Ben Williamson, "Mediators and Mobilizers of Curriculum Reform: Education Policy Experts of the Third Sector", documento apresentado na University of Stirling School of Education, 5 dez. 2012; Georgia Levenson Keohane, *Social Entrepreneurship for the 21st Century: Innovation Across the Nonprofit, Private, and Public Sectors* (Nova York: McGraw Hill Education, 2013); e Amy Brown, "Philanthrocapitalism: Race, Political Spectacle, and the Marketplace of Beneficence in a New York City School", in *What's Race Got to Do with It? How Current School Reform Policy Maintains Racial and Economic Inequality* (Nova York: Peter Lang, 2015), pp. 147-66.

46 Ver, por exemplo, Nicholas Confessore e Jonathan Martin, "G.O.P. Race Starts in Lavish Haunts of Rich Donors", *The New York Times*, 28 fev. 2015. Disponível em: <www.nytimes.com/2015/03/01/us/politics/gop-race-starts-in-lavish-haunts-of-rich-donors.html>. acesso em: 20 jul. 2018.

47 Ver Ezra Klein, "The Most Depressing Graphic for Members of Congress", *The Washington Post*, 14 jan. 2013. Disponível em: <www.washingtonpost.com/news/wonk/

wp/2013/01/14/the-most-depressing-graphic-or--members-of-congress/?utm_term=.072d62e69b40>. Acesso em: 20 jul. 2018. Doravante citado como Klein, "The Most Depressing Graphic".

48 Idem.

49 Ver, por exemplo, David Jolly, entrevista concedida a Norah O'Donnell, "Dialing for Dollars", *60 Minutes*, CBS, 24 abr. 2016.

50 Ver James Hohmann, "The Daily 202: Mick Mulvaney's Confession Highlights the Corrosive Influence of Money in Politics", PowerPost (blog), *The Washington Post*, 25 abr. 2018. Disponível em: <www.washingtonpost.com/news/powerpost/paloma/daily-202/2018/04/25/daily-202-mick-mulvaney-s-confession-highlights-the-corrosive-influence-of-money-in-politics/5adfea2230fb043711926869/? utm_term=.0bf524639cc0>. Acesso em: 20 jul. 2018.

51 Ver Richard Hall e Alan Deardorff, "Lobbying as Legislative Subsidy", *American Political Science Review* 100, n. 1 (fev. 2006): pp. 69-84. Para o *lobby* em geral, ver Beth Leech, "Lobbying and Interest Group Advocacy", in *The Oxford Handbook of the American Congress*, Frances Lee e Eric Schickler (orgs.) (Nova York: Oxford University Press, 2011); e Beth Leech, "Lobbying and Influence", in *The Oxford Handbook of American Political Parties and Interest Groups*, Jeffrey Berry e L. Sandy Maisel (orgs.) (Nova York: Oxford University Press, 2010). Ver também Anthony Nownes, *Total Lobbying: What Lobbyists Want (and How They Try to Get It)* (Nova York: Cambridge University Press, 2006).

52 Motoko Rich, "A Walmart Fortune, Spreading Charter Schools", *The New York Times*, 25 abr. 2014, disponível em: <www.nytimes.com/2014/04/26/us/a-walmart--fortune-spreading-charter-schools.html>. Da mesma forma, a convicção de que as escolas pequenas incentivam a competição levou a Fundação Gates a criar mais de trezentas escolas pequenas na cidade de Nova York em uma década. Ver Jessica Shiller, "City Prep: A Culture of Care in an Era of Data-Driven Reform", in *Critical Small Schools: Beyond Privatization in New York City Urban Educational Reform*, Maria Hantzopoulos e Alia Tyner-Mullings (orgs.) (Charlotte, Carolina do Norte: Information Age Publishing, 2012), p. 4.

Exemplos semelhantes se multiplicam interminavelmente. Em Illinois, em tempos recentes, um candidato de fortes tendências antissindicais desbancou um governador em exercício com a doação de apenas dez pessoas, mas equivalente a toda a verba de campanha do governador, e uma só família contribuiu com uma quantia maior do que o total recebido pelo governador de 244 organizações trabalhistas. O novo governador eleito implantou de imediato uma agenda agressivamente antissindical. Ver Nicholas Confessore, "A Wealthy Governor and His Friends Are Remaking Illinois", *The New York Times*, 29 nov. 2015. Disponível em: <www.nytimes.com/2015/11/30/us/politics/illinois-campaign--money-bruce-rauner.html>. Acessos em: 20 jul. 2018.

53 Ver, por exemplo, Edward Wyatt e Eric Lichtblau, "A Finance Overhaul Fight Draws a Swarm of Lobbyists", *The New York Times*, 19 abr. 2010, disponível em: <www.nytimes.com/2010/04/20/business/20derivatives.html>, acesso em: 26 de jul. de 2018; e Binyamin Appelbaum e Eric Lichtblau, "Banks Lobbying Against Derivatives Trading Ban", *The New York Times*, 9 mai. 2010, disponível em: <www.nytimes.com/2010/05/10/business/10lobby.html>, acesso em: 26 jul. 2018. A iniciativa deu frutos, e as propostas de proibição total de certas formas de negócio com derivativos foram limitadas a restrições parciais. Ver Edward Wyatt, "For Securities Industry, Finance Law Could Bring New Light to Derivatives", *The New York Times*, 15 de jul. de 2010. Disponível em: <www.nytimes.com/2010/07/16/ business/16deriv.html?action=click&contentCollection=Business% 20Day&module=RelatedCovera&region=Marginalia&pgtype=article>. Acesso em: 1º ago. 2018.

54 Ver Constituição dos Estados Unidos 26 §§ 1441(c)(11) e 871(j).

55 Gilens, *Affluence and Influence*, p. 82. (O coeficiente de regressão para o 70º percentil é pequeno e estatisticamente insignificante.)

56 Ibid., pp. 84-5.

57 Para mais informações sobre a indústria de defesa da renda e sua relação com o Estado de direito, ver Jeffrey Winters, *Oligarchy* (Nova York: Cambridge University Press, 2011), pp. 18-9. Doravante citado como Winters, *Oligarchy*.

58 Em 2003, havia nos Estados Unidos cerca de 16 mil advogados especializados em administração de imóveis e transações imobiliárias. Ver David Cay Johnston, *Perfectly Legal: The Covert Campaign to Rig Our Tax System to Benefit the Super Rich — and Cheat Everyone Else* (Nova York: Portfolio, 2003), p. 5.

59 Ver Ben Seal, "The 2018 Am Law 100 by the Numbers", *American Lawyer*, 24 abr. 2018. Disponível em: <www.law.com/americanlawyer/2018/04/24/the-2018--am-law-100-by-the-numbers/>. Acesso em: 20 jul. 2018.

60 A Ernst & Young informou uma receita total de 31,4 bilhões de dólares para o exercício encerrado em 30 de junho de 2017. "EY Reports Strong Global Revenue Growth in 2017", *EY News*, 5 set. 2017, disponível em: <www.ey.com/gl/en/newsroom/news-releases/news-ey-reports-strong-global-revenue-growth-in-2017>. A PricewaterhouseCoopers informou receitas de 37,7 bilhões de dólares para o mesmo exercício. *PwC's Global Annual Review 2017*. Disponível em: <www.pwc.com/gx/en/about/global-annual-review-2017.html>. A Deloitte informou 38,8 bilhões de dólares para o exercício encerrado em 31 mai. 2017. "Deloitte Announces Record Revenue of US$ 38.8 Billion", comunicado à imprensa, Deloitte, 14 set. 2017, disponível em: <www2.deloitte.com/global/en/pages/about-deloitte/articles/global-revenue--announcement.html>. A KPMG informou 2, 4 bilhões para o exercício encerrado em 30 set. 2017. KPMG International Cooperative, *2017 International Annual*

NOTAS

Review. Disponível em: https://assets.kpmg.com/content/dam/kpmg/xx/pdf/2017/12/international-annual-review-2017.pdf. Acessos em: 20 jul. 2018.

61 Para mais informações sobre o crescimento dos setores de fundo de *hedge* e gestão de ativos e, consequentemente, o da indústria da defesa da renda, ver Robin Greenwood e David Sharfstein, "The Growth of Finance", *Journal of Economic Perspectives* 27, n. 2 (primavera de 2013): pp. 3-8. Disponível em: <www.people.hbs.edu/dscharfstein/GrowthofFinance JEP.pdf>. Doravante citado como Greenwood e Sharfstein, "The Growth of Finance".

62 Ver Winters, *Oligarchy*, p. 24.

63 A expressão "fortuna inflada" e a ênfase na diferença de escala entre as propriedades remetem ao famoso discurso "New Nationalism", de Teddy Roosevelt.

64 Na Grã-Bretanha, nos Estados Unidos e na Noruega, por exemplo, os servidores públicos de elite ganhavam 17,8, 7,8 e 5,3 vezes a média salarial no início do século XX e 8,9, 4,1 e 2,1 vezes a média salarial em meados do mesmo século. Ver Henry Phelps Brown, *The Inequality of Pay* (Nova York: Oxford University Press, 1977), Quadro 3.4, p. 84. Michael Walzer também informa esses números em *Spheres of Justice: A Defense of Pluralism and Equality* (Nova York: Basic Books, 1983), p. 158.

65 Um funcionário do Congresso ganhava 10 mil dólares em 1969; um parlamentar ganhava 42,5 mil; um lobista em tempo integral poderia ganhar 15 mil dólares. Ver Norman Ornstein, "District of Corruption", *New Republic*, 4 fev. 2009. Disponível em: <https://newrepublic.com/article/61705/district-corruption>; e "Registrations by Lobbyists", *CQ Almanac 1970*, 26ª ed. (Washington, D.C.: Congressional Quarterly, 1971), pp. 11, 1214-1245, disponível em: <http://library.cqpress.com/cqalmanac/cqal70-1290625>. Acessos em: 21 jul. 2018. A estimativa de 15 mil dólares é a média aproximada dos salários anuais dos lobistas registrados entre 23 dez. 1969 e 3 jan.1971.

66 Em 1969, um juiz distrital ganhava 30 mil dólares anuais, enquanto os 13% mais bem pagos dos advogados recebiam 50 mil ou mais. Ver "Judicial Compensation", Tribunais dos Estados Unidos, disponível em: <http://www.uscourts.gov/judges-judgeships/judicial-compensation#fn7>, acesso em: 21 jul. 2018; e "In Search of the Average Lawyer", *ABA Journal* 56, n. 12 (dez. 1970), p. 1164.

67 Em 1964, os secretários de ministros ganhavam 35 mil dólares anuais. Ver Arthur Sackley, "Salaries of Major Federal Officials, 1789-1965", *Monthly Labor Review* 87 (out. 1964), p. 1145. Um analista financeiro bem pago ganhava 40 mil dólares anuais. Ver William Norby, "Profile and Compensation of the Financial Analyst", *Financial Analysts Journal* 28, n. 2 (mar.-abr. 1972), p. 36. Ver também Chrystia Freeland, *Plutocrats: The Rise of the New Global Super-Rich and the Fall of Everyone Else* (Nova York: Penguin Press, 2012), p. 226. Doravante citado como Freeland, *Plutocrats*. Freeland informa que, em 1980, diretores de agências reguladoras ganhavam um décimo do salário dos líderes empresariais fiscalizados por eles. Em 2005, ganhavam 1/60.

68 Ver Zouheir Jamoussi, *Primogeniture and Entail in England: A Survey of Their History and Representation in Literature* (Newcastle upon Tyne: Cambridge Scholars Publishing, 2011), p. 61.

69 Servidores públicos que não sejam de elite, incidentalmente, também ganham menos que seus congêneres no setor privado. "Em média, a remuneração total é 6,8% menor para servidores estaduais e 7,4% menor para servidores municipais, comparando com empregados do setor privado." Ver Keith Bender e John Heywood, *Out of Balance? Comparing Public and Private Sector Compensation over 20 Years* (Center for State & Local Government Excellence and National Institute on Retirement Security, abr. 2010), p. 3.

70 Para os salários que um parlamentar pode ganhar como legislador e como lobista, ver Christopher Lee, "Daschle Moving to K Street: Dole Played a Key Role in Recruiting Former Senator", *The Washington Post*, 14 mar. 2005, A17. Disponível em: <www.washingtonpost.com/wp-dyn/articles/A32604-2005Mar13.html>. ("Outros ex-membros influentes do Congresso conseguiram pacotes de remunerações anuais até 1 milhão de dólares ou mais depois dessas transições", diz Lee. "Soube-se que [o ex-senador republicano Robert J.] Dole ganha de 800 mil a 1 milhão de dólares anuais, variação que o republicano diz ser 'mais ou menos' exata numa entrevista na sexta-feira.") De modo análogo, o congressista Billy Tauzin deixou o cargo para ganhar 2 milhões de dólares por ano como lobista do setor farmacêutico, e o congressista Eric Cantor, depois de perder a reeleição, ganha agora cerca de 2 milhões de dólares por ano trabalhando como banqueiro de investimentos. Ver Paul Blumenthal, "The Legacy of Billy Tauzin: The White House-PhRMA Deal", Sunlight Foundation (blog), 12 fev. 2010, disponível em: <http://blog.sunlightfoundation.com/2010/02/12/the-legacy-of-billy-tauzin-the-white-house-pharma-deal>; e Taylor Wofford, "Eric Cantor Lands $3.4 Million Investment Banking Job", *Newsweek*, 2 set. 2014, disponível em: <www.newsweek.com/eric-cantor-lands-34-million-investment-banking-job-267924>. O salário atual de um membro da Câmara dos Representantes é de 174 mil dólares anuais. Ver Ida Brudnick, *Congressional Salaries and Allowances: In Brief* (Washington, D.C.: Congressional Research Service, 11 abr. 2018), p. 9.

Um funcionário do Congresso pode quintuplicar sua renda, de 50 mil a 250 mil dólares anuais. Para salários médios desses funcionários, ver Daniel Schuman, "What's the Average Salary of House Staff?", *Open House Project*, 2 dez. 2009. Disponível em: <www.webcitation.org/5xkbywzmS>. (Esses funcionários ganhavam entre 29.890,54 e 120.051,55 dólares por ano em 2009, com cerca de 80% deles ganhando entre 29.890,54 e 61.389,93.) Para salários recebidos ao se tornarem lobistas, ver Kevin Bogardus e Silla Brush, "Democratic Aides May Get Cold Shoulder from K Street After Midterms", *The Hill*, 14 set. 2010, disponível em: <http://thehill.com/business-a-lobbying/118495-democratic-party-aides-see-value-drop-on-k-street>. ("Os salários para *lobby* oferecidos a funcionários democratas ao saírem do Congresso para a K Street há cerca de um ano [em 2009] iam de 250 mil a 500 mil dólares.") Acessos em: 22 jul. 2018.

Para uma síntese geral de muitos desses relatórios, ver Richard Hasen, "Lobbying, Rent-Seeking, and the Constitution", *Stanford Law Review* 64, n. 1 (fev. 2012), pp. 2224-5. Ver também Robert Reich, *Supercapitalism: The Transformation of Business, Democracy, and Everyday Life* (Nova York: Alfred Knopf, 2007), p. 139. Doravante citado como Reich, *Supercapitalism*. Em 2006, funcionários bem relacionados poderiam receber 500 mil dólares anuais como lobistas, enquanto ex-integrantes de comissões do Congresso poderiam receber mais de 2 milhões.

71   Em 2017, o presidente da Suprema Corte ganhou 263.300 dólares. No mesmo ano, a remuneração média de um sócio do escritório de advocacia Wachtell, Lipton, Rosen & Katz foi de 5,7 milhões de dólares. Ver "Judicial Salaries: Supreme Court Justices", Federal Judicial Center, disponível em: <www.fjc.gov/history/judges/judicial-salaries-supreme-court-justices>; e Gina Passarella Cipriani, "The 2018 Am Law 100 Ranked by Compensation — All Partners", *American Lawyer*, 24 abr. 2018, disponível em: <www.law.com/americanlawyer/2018/04/24/the-2018-am-law-100-ranked-by-compensation-all-partners/>. Acessos em: 23 jul. 2018. Os escritórios de advocacia Jones Day, Kirkland & Ellis, Orrick, Paul Weiss, Skadden Arps e Susman Godfrey oferecem agora a ex-secretários da Suprema Corte um bônus inicial de 400 mil dólares. Staci Zaretsky, "$400K Is Now the Official Market Rate for Supreme Court Bonuses", *Above the Law*, 15 nov. 2018. Disponível em: <abovethelaw.com/2018/11/400k-is-now-the-official-market-rate-for-supreme-court-clerk-bonuses/>. Acesso em: 8 jan. 2019.

72   Em 2018, o secretário do Tesouro e outros servidores do alto escalão executivo no nível 1 (Executive Schedule Level 1) ganharam 210.700 dólares. Ver U.S. Office of Personnel Management, "Salary Table No. 2018-EX: Rates of Basic Pay for the Executive Schedule", 2018 Executive & Senior Level Employee Pay Tables. Disponível em: <www.opm.gov/policy-data-oversight/pay-leave/salaries-wages/salary-tables/18Tables/exec/html/EX.aspx>. Acesso em: 23 jul. 2018. Em 2017, a remuneração total do CEO dos bancos Goldman Sachs, JPMorgan Chase e Morgan Stanley foi, em média, de 26,8 milhões de dólares. Ver JPMorgan Chase & Co., Schedule 14A: Preliminary Proxy Statement (arquivado em 4 abr. 2018), disponível em: <www.sec.gov/Archives/edgar/data/19617/000001961718000067/jpmc2018preliminaryproxy.htm>; the Goldman Sachs Group, Form 8-K (arquivado em 15 fev. 2018), disponível em: <www.sec.gov/Archives/edgar/data/886982/000119312518-047491/d518947d8k.htm>; e Morgan Stanley, Schedule 14A: Definitive Proxy Statement (arquivado em 6 abr. 2018), disponível em: <www.sec.gov/Archives/edgar/data/895421/000119312518109962/d492849d-def14a.htm>. Acessos em: 23 jul. 2018. Ver também Freeland, *Plutocrats*, p. 226, que informa que, em 1980, diretores de agências reguladoras ganhavam um décimo do salário dos líderes empresariais que eles fiscalizavam. Em 2005, ganhavam 1/60 disso.

73   Ver, por exemplo, Seth Stern, "The Dealmaker: Top M& A Attorney Faiza Saeed is Cravath's Presiding Partner", *Harvard Law Bulletin*, 18 maio 2017, disponível em: <https://today.law.harvard.edu/the-dealmaker/>. Acesso em: 23 jul. 2018.

74   Thomas Ferguson e Robert Johnson, "When Wolves Cry 'Wolf': Systematic Financial Crises and the Myth of the Danaid Jar", artigo apresentado na Conferência Inaugural do INET, King's College, Cambridge, abr. 2010. Disponível em: <www.ineteconomics.org/uploads/papers/INET-C@K-Paper-Session-8-Ferguson-Rob-Johnson.pdf>, p. 21. Acesso em: 23 jul. 2018.

75   Ver Mark Leibovich, *This Town: Two Parties and a Funeral — Plus Plenty of Valet Parking! — in America's Gilded Capital* (Nova York: Blue Rider Press, 2013), pp. 148-64. Ver também Christopher Lee, "Daschle Moving to K Street: Dole Played a Key Role in Recruiting Former Senator", *The Washington Post*, 14 mar. 2005, A17, disponível em: <www.washingtonpost.com/wp-dyn/articles/A32604-2005Mar13.html>. Acesso em: 23 jul. 2018.

76   O caso é contado por Juliet Lapidos em "Eric Cantor Cashes In, Goes to Wall Street", *The New York Times*, 2 set. 2014. Disponível em: <https://taking.note.blogs.nytimes.com/2014/09/02/eric-cantor-cashes-in-goes-to-wall-street/>. Para a previsão do *New York Times*, ver Editorial Board, "Eric Cantor's Big Payoff", *The New York Times*, 9 ago. 2014. Disponível em: <www.nytimes.com/2014/08/10/opinion/sunday/eric-cantors-big-payoff.html>; para as reflexões do *Wall Street Journal* depois do fato, ver Dana Cimilluca e Patrick O'Connor, "Eric Cantor to Join Wall Street Investment Bank", *The Wall Street Journal*, 2 set. 2014. Disponível em: <www.wsj.com/articles/eric-cantor-to-join-wall-street-investment-bank-1409630638>. Acessos em: 23 jul. 2018.

77   Ver Greg Jaffe e Jim Tankersley, "Capital Gains: Spending on Contracts and Lobbying Propels a Wave of New Wealth in D.C.", *The Washington Post*, 17 nov. 2013, disponível em: <www.washingtonpost.com/national/capital-gains-spending-on-contracts-and-lobbying-propels-a-wave-of-new-wealth-in-d-c/2013/11/17/6bd938aa-3c25-11e3-a94f-b58017bfee6cstory.html?utm_term=.44ae 6632d430>. Acesso em: 23 jul. 2018. Doravante citado como Jaffe e Tankersley, "Capital Gains".

78   Ver Jaffe e Tankersley, "Capital Gains". Ver também Richard Florida, "Venture Capital Remains Highly Con-

NOTAS

centrated in Just a Few Cities", *City Lab*, 3 out. 2017, disponível em: <www.citylab.com life/2017/10/venture-capital-concentration/539775/>. Acesso em: 23 jul. 2018.

79   Ver Jaffe e Tankersley, "Capital Gains".

80   Ver Jaffe e Tankersley, "Capital Gains". Para restaurantes de Washington, ver, por exemplo, Maura Judkis, "One of the Most Expensive Restaurants in Washington Is Going to Increase Its Prices", *The Washington Post*, 23 jan. 2017. Disponível em: <www.washingtonpost.com/news/going--out-guide/wp/2017/01/23/one-of-the-most-expensive-restaurants-in-washington-is-about-to-increase-its--prices/?utm_term.3884ea4ce2ca>. Acesso em: 23 jul. 2018.

81   Ajay Kapur, Niall Macleod e Narendra Singh, "Equity Strategy: Plutonomy: Buying Luxury, Explaining Global Imbalances", Citigroup, Nota do Setor, 16 out. 2005. Disponível em: <https://delong.typepad.com/plutonomy-1.pdf>. Acesso em: 23 jul. 2018. Tomei de empréstimo o termo "defesa da renda" de Winters, *Oligarchy*, pp. 18-9.

82   Ver Julie Hirschfeld Davis e Kate Kelly, "Two Bankers Are Selling Trump's Tax Plan. Is Congress Buying?", *The New York Times*, 28 ago. 2017. Disponível em: <www.nytimes.com/2017/08/28/us/politics/trump-tax-plan--cohn-mnuchin.html>. Acesso em: 23 jul. 2018.

83   Ver Brian O'Connor, "Heirs Inherit Uncertainty with New Estate Tax", *The New York Times*, 23 fev. 2018. Disponível em: <www.nytimes.com/2018/02/23/business/estate-tax-uncertainty.html>. Acesso em: 23 jul. 2018.

O *lobby* e os advogados da elite agora conspiram a favor de mudanças na lei, de forma a eliminar totalmente os impostos, mesmo para os super-ricos. A doutrina conhecida como "lei contra a perpetuidade" vem proibindo, ao longo de gerações, que as pessoas exerçam indefinidamente, depois da morte, seus direitos de propriedade, ainda que para beneficiar os descendentes. Recentemente, dois irmãos ricos — um deles advogado em Nova York e o outro banqueiro no Alasca — engendraram um plano para abolir essa regra no Alasca, por meio de estatuto, e assim atrair mais negócios para o estado. Tiveram êxito, e atualmente outros estados estão fazendo o mesmo. Ver Ray Madoff, *Immortality and the Law: The Rising Power of the American Dead* (New Haven, Connecticut: Yale University Press, 2010), p. 81.

84   Essa importância representa 10%, 20%-30% e 50% dos ativos totais possuídos pelos ricos na América do Norte, na Europa e na América Latina, respectivamente. Ver Winters, *Oligarchy*, p. 233. Por motivos óbvios, é difícil de localizar e avaliar a riqueza em paraísos fiscais. Para algumas dessas dificuldades, ver Annette Alstadsaeter, Niels Johannesen e Gabriel Zucman, "Who Owns Wealth in Tax Havens: Macro Evidence and Implications for Global Inequality", NBER, Working Paper n. 23805 (set. 2017), p. 8. Disponível em: <www.nber.org/papers/w23805.pdf>.

85   Para a porção da renda nacional pertencente ao 1% de maior renda, ver Michael Greenstone e Adam Looney, *Just How Progressive Is the US Tax Code?* (Washington, D.C.: The Hamilton Project, 13 abr. 2012), p. 3, disponível em: <www.hamiltonproject.org/assets/legacy/files/downloads_and_ links/0413tax.pdf>, acesso em: 23 jul. 2018; para alíquotas de imposto para o 1%, ver Emmanuel Saez, "Reported Incomes and Marginal Tax Rates, 1960-2000: Evidence and Policy Implications", *Tax Policy and the Economy* 18 (2004), pp. 117-73. Doravante citado como Saez, "Reported Incomes and Marginal Tax Rates".

86   Ver Warren Buffett, "Stop Coddling the Super-Rich", *The New York Times*, 14 ago. 2011. Disponível em: <www.nytimes.com/2011/08/15/opinion/stop-coddling-the--super-rich.html?r=0>; e Chris Isidore, "Buffett Says He's Still Paying Lower Tax Rate Than His Secretary", CNN Money, 4 mar. 2013, disponível em: <https://money.cnn.com/2013/03/04/news/economy/buffett-secretary--taxes/index.html>. Acessos em: 23 jul. 2018.

87   Quando se levam em conta os impostos sobre salários que financiam a previdência e o Medicare, e também impostos estaduais e municipais, as alíquotas médias totais nos Estados Unidos são quase totalmente niveladas. Num ano recente típico, o quintil inferior na distribuição de renda recebeu 3% da renda e pagou 2% em impostos; o quintil intermediário recebeu 11% e pagou 10%; e o 1% superior recebeu 21% e pagou 22%. Ver D.R., "Taxes and the Rich: Looking at All the Taxes", *The Economist*, 19 jul. 2012. Disponível em: <www.economist.com/blogs/democracyinamerica/2012/07/taxes-and- rich-0>. Acesso em: 29 dez. 2018.

88   Ver Jesse Eisinger, "Why the S.E.C. Didn't Hit Goldman Sachs Harder", *The New Yorker*, 21 abr. 2016. Disponível em: <www.newyorker.com/business/curren/why-the-s-e-c-didnt-hit-goldman-sachs-harder>. Acesso em: 23 jul. 2018.

89   Martin Luther King Jr., *Strength to Love* (Nova York: Simon & Schuster, 1964), p. 47.

90   Da tradução de Dryden do quarto livro das *Geórgicas*, de Virgílio. Virgílio, *The Georgics, with John Dryden's Translation* (Ashington: Mid Northumberland Arts Group, 1981), p. 147.

91   Ver Kevin Williamson, "Chaos in the Family, Chaos in the State: The White Working Class's Dysfunction", *National Review*, 17 mar. 2016. Disponível em: <www.nationalreview.com/article/432876/donald--trump-white-working-class-dysfunction-real-opportunity-needed-not-trump>. Ver também Edward Luce, "The New Class Warfare in America", *Financial Times*, 20 mar. 2016. Disponível em: <www.ft.com/content/63b061be-ecfc-11e5-bb79-2303682345c8>. Acessos em: 23 jul. 2018.

92   Ver Bret Stephens, "Only Mass Deportation Can Save America", *The New York Times*, 16 jun. 2017. Disponível em: <www.nytimes.com/2017/06/16/opinion/only-

-mass-deportation-can-save-america.html>. Acesso em: 23 jul. 2018.

93 Ver Ezra Klein, "Romney's Theory of the 'Taker Class,' and Why It Matters", Wonkblog, *The Washington Post*, 17 set. 2012. Disponível em: <www.washington-post.com/news/wonk/wp/2012/09/17/romneys-theory-of-the-taker-class-and-why-it-matters/?utm_term=.ad5165f4407f>. Desde então, Ryan vem dizendo que se arrepende dessa frase. Ver "Speaker Ryan on the State of American Politics", comunicado à imprensa, Speaker.gov, 23 mar. 2016. Disponível em: <www.speaker.gov/press-release/full-text-speaker-ryan-state-american-politics>. Acessos em: 23 jul. 2018.

94 Ver Amy Davidson Sorkin, "Mitt's Forty-Seven-Per-Cent Problem", *The New Yorker*, 18 set. 2012. Disponível em: <www.newyorker.com/news/amy-davidson/mitts-forty-seven-per-cent-problem>. Posteriormente, Romney lamentou essa observação. Ver Ashley Parker, "Romney, Buoyed by Debate, Shows Off His Softer Side", *The New York Times*, 6 out. 2012. Disponível em: <www.nytimes.com/2012/10/07/us/politics/mitt-romney-after-debate-success-shows-softer-side.html?pagewanted=all>. Acessos em: 23 jul. 2018.

95 Ver Jeff Zeleny, "Opponents Call Obama Remarks 'Out of Touch'", *The New York Times*, 12 abr. 2008. Disponível em: <www.nytimes.com/2008/04/12/us/politics/12campaign.html?action=click&contentCollection=Politics&module=RelatedCoverage&region=EndOfArticle&pgtype=article>. Mais tarde, Obama disse que tinha se expressado mal. Ver Katharine Seelye e Jeff Zeleny, "On the Defensive, Obama Calls His Words Ill-Chosen", *The New York Times*, 13 abr. 2008. Disponível em: <www.nytimes.com/2008/04/13/us/politics/13campaign.html>. Acessos em: 23 jul. 2018.

96 Ver Amy Chozick, "Hillary Clinton Calls Many Trump Backers 'Deplorables,' and G.O.P. Pounces", *The New York Times*, 10 set. 2016. Disponível em: <www.nytimes.com/2016/09/11/us/politics/hillary-clinton-basket-of-deplorables.html>. Hillary Clinton também manifestou arrependimento pelo que disse. Ver Dan Merica e Sophie Tatum, "Clinton Expresses Regret for Saying 'Half' of Trump Supporters are 'Deplorables'", CNN, 12 set. 2016, disponível em: <www.cnn.com/2016/09/09/politics/hillary-clinton-donald-trump-basket-of-deplorables/>. Acessos: 23 jul. 2018.

97 A frase remete a Arlie Russell Hochschild, em *Strangers in Their Own Land: Anger and Mourning on the American Right* (Nova York: New Press, 2016). Doravante citado como Hochschild, *Strangers in Their Own Land*. Hochschild descreve a xenofobia branca nos termos do que chama de "antiga história" que a classe média e a classe trabalhadora constroem para explicar sua vida: eles esperaram pacientemente na fila da prosperidade, mas outras pessoas — pretos, mulheres, imigrantes — estão entrando na fila, e as elites, levantando bandeiras dos direitos civis, do feminismo, do multiculturalismo e sempre da meritocracia, usam as concessões do governo para ajudar

os outros a passar na frente. Ver Hochschild, *Strangers in Their Own Land*, pp. 136-7. Outras pesquisas sobre o descontentamento da classe trabalhadora branca confirmam essa interpretação. Em 1985, Stanley Greenberg fez uma pesquisa com trabalhadores e aposentados brancos filiados ao sindicato United Auto Workers (UAW) do condado de Macomb, no Michigan, e chegou à conclusão de que quase todos eles atribuíam sua estagnação pessoal a uma "discriminação contra os brancos" e ao "status especial dos negros". Ver Stanley Greenberg, *Middle Class Dreams: The Politics and Power of the New American Majority* (New Haven, Connecticut: Yale University Press, 1995), pp. 40, 47. Uma outra pesquisa de 1985 com eleitores brancos da classe trabalhadora feita pela agência de marketing e pesquisa de opinião CRG também concluiu que esses eleitores acreditavam que o Partido Democrata não "os estava ajudando" e, em vez deles, estava "ajudando negros, latinos e pobres", e "eles se sentiam traídos". A pesquisa da CRG nunca foi publicada porque os líderes democratas receavam sua conclusão quanto "a fontes controversas de discordância com a ortodoxia liberal", mas foi citada em Thomas Edsall e Mary Edsall, "When the Official Subject Is Presidential Politics, Taxes, Welfare, Crime, Rights, or Values, the Real Subject Is Race", *The Atlantic*, maio 1991. Disponível em: <www.theatlantic.com/past/docs/politics/race/edsall>. Acesso em: 23 jul. 2018. A antiga história atribui à classe média e à classe trabalhadora um sentimento de "imigrantes-fiquem-em-casa" cujos valores permanecem rígidos, apesar das mudanças no mundo que os cerca. Ver Hochschild, *Strangers in Their Own Land*, p. 49.

98 Friedrich Nietzsche, *On the Genealogy of Morality*, Keith Ansell-Pearson (org.), tradução de Carol Diethe (Nova York: Cambridge University Press, 2014), III:15, p. 93 [*Genealogia da moral*, São Paulo: Companhia de Bolso, 2009]. Nietzsche diz que, para quem professa a moral do escravo, "a liberação das emoções é a maior tentativa de alívio, ou, eu deveria dizer, de *anestesia* por parte do sofredor, sua ânsia involuntária de narcótico contra a dor de todo tipo".

99 Ver Aziz Rana, *The Two Faces of American Freedom* (Cambridge, Massachusetts: Harvard University Press, 2014).

100 Hochschild, *Strangers in Their Own Land*, p. 131.

101 Jamie Walsh, citado em Gary Younge e Laurence Mathieu-Léger, "The View from Middletown: 'Trump Speaks to Us in a Way Other People Don't'", *The Guardian*, 2 out. 2016. Disponível em: <www.theguardian.com/membership/2016/oct/27/middletown-trump-muncie-clinton>. Acesso em: 23 out. 2018. Doravante citado como Younge e Mathieu-Léger, "The View from Middletown".

102 Idem.

103 Outras lógicas meritocráticas mais sutis também estão em jogo. Ao associar a intelectualidade às elites, a meritocracia trata a intelectualidade externa à elite como traição de classe. A religiosidade torna-se uma válvula

de escape aceitável para quem tenha inclinações intelectuais, mas continue leal às pessoas de classe média. Como uma intelectual criada na classe média reflete sobre a sociedade de sua infância: "A instrução era por si mesma suspeita, e simplesmente não se fazia nenhuma demonstração de saber; tanto na escola quanto fora dela, a pior falha de caráter era se achar sabichão. O trabalho intelectual era permitido, desde que chamado por outro nome. Chamávamos de religião." Suzanne Lebsock, "Snow Falling on Magnolias", in *Shapers of Southern History: Autobiographical Reflections*, John Boles (org.) (Athens: University of Georgia Press, 2004), p. 291.

104 Ver Joan Williams, em entrevista concedida a Curt Nickisch, "Why the White Working Class Voted for Trump", *Harvard Business Review*, 18 nov. 2016. Disponível em: <https://hbr.org/ideacast/2016/11/why-the--white-working-class-voted-for-trump>. Acesso em: 23 jul. 2018. Doravante citado como "Why the White Working Class Voted for Trump", entrevista com Joan C. Williams. Ver também Michèle Lamont, *The Dignity of Working Men: Morality and the Boundaries of Race, Class, and Immigration* (Cambridge, Massachusetts: Harvard University Press, 2000).

105 Joan Williams, *White Working Class: Overcoming Class Cluelessness in America* (Boston: Harvard Business Review Press, 2017), p. 26. Daqui em diante, citado como Williams, *White Working Class*.

106 Ver Case e Angus, "Rising Morbidity", Quadro 1.

107 David Mendell, *Obama: From Promise to Power* (Nova York: HarperCollins, 2007), pp. 59-63, 83-92.

108 Em 2009, cerca da metade dos nomeados por Obama para cargos no Executivo e no Judiciário tinha um diploma de faculdades da Ivy League, e cerca de um terço de todos os diplomas de integrantes do governo vinha de uma instituição da Ivy League. O secretário de Energia, Steven Chu, havia ganhado o prêmio Nobel de Física em 1997; diversos membros do governo receberam as bolsas Rhodes e Marshall. Ver "Obama Cabinet Nominations", Senado dos Estados Unidos, disponível em: <www.senate.gov/reference/Obama_cabinet.htm#1>; "About the Governor", Governor Gary Locke, disponível em: <www.digitalarchives.wa.gov/governorlocke/bios/bio.htm>; "Attorney General: Eric H. Holder, Jr.", Departamento de Justiça dos Estados Unidos, disponível em: <www.justice.gov/ag/bio/attorney-general-eric-h-holder-jr>; "Secretary Tom Vilsack", Feeding America, disponível em: http://www.feedingamerica.org/about-us/leadership/Secretary-Tom-Vilsack.html; "Dr. Robert M. Gates", Departamento de Defesa, disponível em: <www.defense.gov/About/Biographies/Biography-View/Article/602797/>; "Arne Duncan, U.S. Secretary of Education — Biography", Departamento de Educação dos Estados Unidos, disponível em: <www2.ed.gov/news/staff/bios/duncan.html>; "Dr. Steven Chu", Energy.gov, disponível em: <www.energy.gov/contributors/dr-steven-chu>; "Bio", Sebelius Resources, disponível em: <www.sebeliusresources.com/welcome-1/>; "Janet Na-

politano, Secretary of Homeland Security 2009-2013", Homeland Security, disponível em: <www.dhs.gov/janet-napolitano>; "Shaun Donovan", The White House (blog), disponível em: <https://obamawhitehouse.archives.gov/blog/author/Shaun-Donovan>; "Ken Salazar", WilmerHale, disponível em: www.wilmerhale.com/en/people/ken-salazar; "Biography", Supervisor Hilda L. Solis, disponível em: <http://hildalsolis.org/biography/>; "About Hillary", Gabinete de Hillary Rodham Clinton, disponível em: <www.hillaryclinton.com/about/>; "Ray LaHood", DLA Piper, disponível em: <www.dlapiper.com/en/us/people/l/lahood-ray/?tab=credentials>; "Timothy F. Geithner", Warburg Pincus, disponível em: <www.warburgpincus.com/people/timothy-f-geithner/>; e "Class of 1951 Leadership Chair", West Point, disponível em: <www.usma.edu/bsl/sitepages/the%20honorable%20eric%20k%20shinseki.aspx>. Acessos em: 28 jul. 2018.

109 Ver governador Bobby Jindal na Fox News, *America's Newsroom*, "Rove Predicts GOP Race Will Be 'Unsettled for a Long Time'", 31 ago. 2015. Disponível em: <http://video.foxnews.com/v/4454547303001/?#sp=show-clips>. Acesso em: 18 nov. 2018.

110 Sam Wang, "Sound Bites and Bug Bites", Princeton Election Consortium, 4 nov. 2016. Disponível em: <http://election.princeton.edu/2016/11/04/sound-bites-and-bug-bites/>. Acesso em: 23 jul. 2018.

111 Ver "Donald Trump's Argument for America", anúncio de campanha, 4 nov. 2016. Disponível em: <www.youtube.com/watch?v=vST61W4bGm8>. Acesso em: 24 jul. 2018.

112 Para mais informações sobre pobreza, ver Capítulo 4. Sobre desemprego, ver Secretaria de Estatísticas Trabalhistas, Unemployment Rate. Disponível em: <https://data.bls.gov/timeseries/LNS14000000>. Sobre consumo, ver Capítulo 8. Sobre criminalidade, ver Matthew Friedman, Ames Grawert e James Cullen, *Crime Trends: 1990-2016* (Nova York: Brennan Center for Justice, 2017). Disponível em: <www.brennancenter.org/sites/default/files/publications/Crime%20Trends%201990-2016.pdf>. Acesso em: 24 jul. 2018.

113 Trump, "Discurso de posse". "[Nós] subsidiamos os exércitos de outros países enquanto permitíamos um lamentável empobrecimento de nossas Forças Armadas; defendemos as fronteiras de outros países enquanto nos recusamos a defender as nossas próprias fronteiras; [...]. Tornamos ricos outros países enquanto a riqueza, a força e a segurança de nosso país desapareciam no horizonte"; e "a riqueza de nossa classe média foi arrancada de seus lares e redistribuída no mundo inteiro [...]. Mães e filhos presos na pobreza das zonas carentes de nossas cidades, fábricas enferrujadas espalhadas como lápides pela paisagem de nosso país. Um sistema educacional cheio de dinheiro, mas que deixa nossos jovens e belos estudantes desprovidos de conhecimento. E o crime, as gangues e as drogas que roubaram tantas vidas e roubaram de nosso país tanto potencial não realizado".

114 Ver Nate Cohn, "The Obama-Trump Voters Are Real. Here's What They Think", *The New York Times*, 15 ago. 2017, disponível em: <www.nytimes.com/2017/08/15/upshot/the-obama-trump-voters-are-real-here-what-they-think.html?r=0>; e "Democrats Will Struggle to Win Back Obama-Trump Voters", *The Economist*, 2 nov. 2017, disponível em: <www.economist.com/united-states/2017/11/02/democrats-will-struggle-to-win-back-obama-trump-voters>. Acessos em: 24 jul. 2018.

115 Yashar Ali, "What George W. Bush Really Thought of Donald Trump's Inauguration", *New York Magazine*, 29 mar. 2017. Disponível em: <http://nymag.com/daily/intelligencer/2017/03/what-george-w-bush-really-thought-of-trumps-inauguration.html>. Acesso em: 24 jul. 2018.

116 Sharon Galicia, citada por Arlie Russell Hochschild, "I Spent 5 Years with Some of Trump's Biggest Fans. Here's What They Won't Tell You", *Mother Jones*, set./out. 2016. Disponível em: <www.motherjones.com/politics/2016/08/trump-white-blue-collar-supporters/>, adaptado de Hochschild, *Strangers in Their Own Land*. Acesso em: 24 jul. 2018.

117 Ver Edward Luce, "The End of American Meritocracy", *Financial Times*, 8 mai. 2016. Disponível em: <www.ft.com/content/c17d402a-12cf-11e6-839f-2922947098f0?mhq5j=e1>. Acesso em: 24 jul. 2018.

118 Ver "Why the White Working Class Voted for Trump", entrevista com Joan C. Williams.

119 Ver J. D. Vance, *Hillbilly Elegy* (Nova York: Harper, 2016), p. 191. [*Hillbilly: Era uma vez um sonho*, Rio de Janeiro: LeYa, 2017.]

120 Ver Chris Cillizza, "Donald Trump's Appeal Was Just Perfectly Summed Up by Chris Matthews", *The Washington Post*, 30 set. 2016. Disponível em: <www.washingtonpost.com/news/the-fix/wp/2016/09/30/chris-matthews-just-nailed-donald-trumps-appeal/?utm_term=.24ba2184ad30>. Acesso em: 24 jul. 2018.

121 A pesquisa foi feita pelo *Huffington Post* juntamente com o YouGov. Ver Michael Tesler, "Trump Voters Think African Americans Are Much Less Deserving Than 'Average Americans'", *Huffington Post*, 19 dez. 2016. Disponível em: <www.huffingtonpost.com/michael-tesler/trump-voters-think-africa_b_13732500.html>. Ver também Victor Tan Chen, "The Spiritual Crisis of the Modern Economy", *The Atlantic*, 21 dez. 2016. Disponível em: <www.theatlantic.com/business/archive/2016/12/spiritual-crisis-modern-economy/511067/>. Doravante citado como Tan Chen, "The Spiritual Crisis of the Modern Economy". Acessos em: 24 jul. 2018.

122 Ver Alec MacGillis, "Revenge of the Forgotten Class", ProPublica, 10 nov. 2016, disponível em: <www.propublica.org/article/revenge-of-the-forgotten-class>. Acesso em: 23 jul. 2018.

123 Ver Thomas Edsall, "The Not-So-Silent White Majority", *The New York Times*, 17 nov. 2016, disponível em: <www.nytimes.com/2016/11/17/opinion/the-not-so-silent-white-majority.html>. Acesso em: 24 jul. 2018.

124 Jon Huang et al., "Election 2016: Exit Polls", *The New York Times*, 8 nov. 2016. Disponível em: <www.nytimes.com/interactive/2016/11/08/us/politics/election-exit-polls.html>. Acesso em: 24 de jul. de 2018. Para uma análise consistente das fontes de apoio a Trump a partir de um grande conjunto de dados obtidos em pesquisas pré-eleitorais do Gallup, ver Jonathan Rothwell e Pablo Diego-Rosell, "Explaining Nationalist Political Views: The Case of Donald Trump", SSRN Working Paper (2 nov. 2016), disponível em: <https://papers.ssrn.com/sol3/papers.cfm?abstract_id=2822059>.

125 Ver Nate Silver, "Education, Not Income, Predicted Who Would Vote for Trump", FiveThirtyEight, 22 nov. 2016. Disponível em: <http://fivethirtyeight.com/features/education-not-income-predicted-who-would-vote-for-trump/>. Para uma análise semelhante, ver Neera Tanden et al., "Towards a Marshall Plan for America", Center for American Progress, 16 mai. 2017. Disponível em: <www.americanprogress.org/issues/economy/reports/2017/05/16/432499/toward-marshall-plan-america/>. Acessos em: 24 jul. 2018.

126 Morador anônimo em conversa com o autor em St. Clair Shores, Michigan, 2 mai. 2018.

127 Ver Jed Kolko, "Trump Was Stronger Where the Economy Is Weaker", FiveThirtyEight, 10 nov. 2016. Disponível em: <https://fivethirtyeight.com/features/trump-was-stronger-where-the-economy-is-weaker/>. Além disso, a mudança de Obama para Trump foi maior onde os empregos de rotina predominavam. Ver Neera Tanden et al., "Towards a Marshall Plan for America", Center for American Progress, 16 mai. 2017. Disponível em: <www.americanprogress.org/issues/economy/reports/2017/05/16/432499/toward-marshall-plan-america/>. Acessos em: 24 jul. 2018.

128 Ver Michèle Lamont, *The Dignity of Working Men: Morality and the Boundaries of Race, Class, and Immigration* (Cambridge, Massachusetts: Harvard University Press, 2000), pp. 19-20; Williams, *White Working Class*, pp. 16-7, 20, 31, 37.

129 Ver Timothy Snyder, *The Road to Unfreedom: Russia, Europe, America* (Nova York: Tim Duggan, 2018), pp. 263-6.

130 Ver Conselho de Escrutinadores do Condado, contagem de votos dados na eleição geral realizada na terça-feira 8 de novembro do ano de 1960 d.C., 8 novembro 1960. Disponível em: <http://clerk.macombgov.org/sites/default/files/content/government/clerk/pdfs/electionresults/1960-11-08-GENERAL-ELECTION.pdf>. Acesso em: 24 jul. 2018. St. Clair Shores deu cerca de 62% dos votos a Kennedy-Johnson e 37% a Nixon-Lodge.

131 Departamento do Estado do Michigan, resultados da eleição geral de 2016 para presidente dos Estados Unidos no distrito eleitoral do Michigan, St. Clair Shores. Disponível em: <http://miboecfr.nictusa.com/cgi-bin/

cfr/precinct_srch_res.cgi>. Acesso em: 24 jul. 2018. St. Clair Shores deu 53% dos votos a Trump-Pence e 42% a Clinton-Kaine.

132 Ver Kevin Williamson, "Chaos in the Family, Chaos in the State: The White Working Class's Dysfunction", *National Review*, 17 mar. 2016. Disponível em: <www.nationalreview.com/article/432876/donald-trump--white-working-class-dysfunction-real-opportunity--needed-not-trump>. Acesso em: 23 jul. 2018. Ver também Edward Luce, "The New Class Warfare in America", *Financial Times*, 20 mar. 2016. Disponível em: <www.ft.com/content/63b061be-ecfc-11e5-bb79--2303682345c8>. Acesso em: 24 jul. 2018.

133 Ver American National Election Studies, "Time Series Cumulative Data File" (2012), disponível em: <www.electionstudies.org/studypages/anes_timeseries_cdf/anes timeseries_cdf.htm>; American National Election Studies, "2016 Time Series Study" (2016), disponível em: <www.electionstudies.org/studypages/anestimeseries_2016/anes_timeseries_2016.htm>.

134 Ver "Past Election Results", Registro de Eleitores do condado de Santa Clara. Disponível em: <www.sccgov.org/sites/rov/Resources/Pages/PastEResults.aspx> (ver "Statement of Vote" para a eleição geral presidencial de 8 nov. 2016).

135 Ver "The Virginia Constitution: First Draft by Jefferson", *The Papers of Thomas Jefferson*, v. 1, *1760-1776*, Julian Boyd, Lyman Butterfield e Mina Bryan (orgs.) (Princeton, Nova Jersey: Princeton University Press, 1950), p. 337. As garantias de Jefferson eram, é claro, restritas a homens brancos livres. A versão contemporânea dos ideais de Jefferson universaliza essas garantias.

136 Não se sabe ao certo se Brandeis realmente disse isso. Scott Campbell, bibliotecário da Escola de Direito Brandeis em Louisville, conta que estudiosos e biógrafos de Brandeis nunca encontraram a fonte da citação. Ver Ronald Smith, *Thomas Ewing, Jr., Frontier Lawyer and Civil War General* (Colúmbia: University of Missouri Press, 2008), p. 307, n. 59.

Capítulo 4: Ricos que trabalham

1 As palavras são da adaptação televisiva de Stephen Fry e Hugh Laurie do conto de Wodehouse "Jeeves Takes Charge", publicado pela primeira vez no *Saturday Evening Post*, nov. 1916. Ver *Jeeves and Wooster*, "In Court After the Boat Race", ITV, 22 abr. 1990, escrito por Clive Exton e dirigido por Robert Young.

2 O slogan é geralmente associado à campanha presidencial de Herbert Hoover de 1928, mas tudo indica que Hoover nunca o usou. Foi mencionado pela primeira vez pelo rei Henrique IV, da França, no século XVI e usado como título de um panfleto da campanha republicana de 1928. Depois disso, os democratas ridicularizaram os republicanos por terem oferecido, na verdade, as privações da Grande Depressão. Em 1960, John F. Kennedy usou essa linha de ataque num comício em Bristol, Tennessee, dizendo: "É de meu entender que o último candidato à presidência que visitou esta comunidade num ano eleitoral foi Herbert Hoover em 1928. O presidente lançou, na ocasião da visita, o slogan 'Duas galinhas em cada panela', e não foi por acaso que nunca mais um candidato à presidência ousou voltar a esta comunidade." Ver "chicken in every pot", William Safire, *Safire's Political Dictionary* (Oxford: Oxford University Press, 2008), p. 115.

3 Estatísticas modernas sobre a pobreza não foram coletadas durante a Grande Depressão. Mas a estimativa mais confiável aponta para um índice de pobreza de 66%, em 1914, e 78%, em 1932. Ver Robert Plotnick et al., "The Twentieth Century Record of Inequality and Poverty in the United States", Institute for Research Poverty, Discussion Paper n. 1166-98 (jul. 1998), Universidade do Wisconsin – Madison, 58. Disponível em: <www.irp.wisc.edu/publications/dps/pdfs/dp116698.pdf>. Acesso em: 7 ago. 2018. Ver também Robert Plotnick et al., "The Twentieth-Century Record of Inequality and Poverty in the United States", in *The Cambridge Economic History of the United States*, v. 3, S. L. Engerman e R. E. Gallman (orgs.) (Cambridge: Cambridge University Press, 2000), pp. 249-99, Figura 4.4; G. Fisher, "Estimates of the Poverty Population Under the Current Official Definition for Years Before 1959", mimeografado, Escritório do Secretário Assistente para Planejamento e Avaliação, Departamento de Saúde e Serviços Humanos dos Estados Unidos, 1986.

4 Ver Christine Ross, Sheldon Danziger e Eugene Smolensky, "The Level and Trend of Poverty in the United States, 1939-1979", *Demography* 24, n. 4 (nov. 1987), p. 589.

5 Ver, por exemplo, "Johnson State of Union Address Provides Budget $97.9 Billion, War on Poverty, Atomic Cutback", *The New York Times*, 9 jan. 1964. Disponível em: <www.nytimes.com/1964/01/09/archives/johnson--state-of-union-address-provides-budget-of-979-billion--war.html>. Acesso em: 11 ago. 2018.

6 John Patrick Diggins, *Thorstein Veblen: Theorist of the Leisure Class* (Princeton, Nova Jersey: Princeton University Press, 1999), pp. 33, 135.

7 Veblen, *Theory of the Leisure Class*, 1.

8 Ibid., 8.

9 Ver Benjamin Franklin, *The Autobiography of Benjamin Franklin*, Frank Woodworth Pine (org.) (Nova York: Henry Holt, 1916), p. 69.

10 Veblen, *Theory of the Leisure Class*, 43.

11 Ibid., p. 10.

12 Ibid., p. 43.

13 Ibid., p. 1.

14 Ibid., p. 8.

15 Ibid., pp. 8-15.

16 Ibid., pp. 394-400.

17 Veblen, *Theory of the Leisure Class*, p. 171. Veblen diz que "a sensação agradável ao usar roupas limpas e imaculadas deve-se principalmente, se não totalmente, à sugestão de lazer — ausência de contato pessoal com processos

industriais de qualquer tipo. Grande parte do charme dos sapatos de verniz, do linho sem manchas, da cartola lustrosa e da bengala, que tanto reforçam a dignidade natural de um cavalheiro, nasce da intenção de indicar que o usuário, estando assim ataviado, não pode contribuir para qualquer trabalho que sirva direta ou indiretamente ao uso humano. A indumentária elegante serve a seu objetivo de elegância não só pelo fato de ser cara, mas também por ser uma insígnia da ociosidade. Mostra não só que seu usuário pode consumir valores relativamente grandes, mas também que consome sem produzir".

18 "Destruction of the Leisure Class, Says Morgan, Would Cause Whole Civilization to Perish", Associated Press via *Reading (PA) Times*, 5 fev. 1936. Disponível em: <www.newspapers.com/image/47578199/>. Acesso em: 8 ago. 2018.

19 Steve Fraser, *Every Man a Speculator: A History of Wall Street in American Life* (Nova York: HarperCollins, 2005), p. 542. Doravante citado como Fraser, *Every Man a Speculator*.

20 Martin Mayer, *Wall Street: Men and Money*, edição revista (Nova York: Collier, 1962), pp. 39-40. Doravante citado como Mayer, *Wall Street*. Uma errata no livro corrige "Dow" para "Down".

21 Idem.

22 Fraser, *Every Man a Speculator*, p. 487.

23 Ibid., p. 488.

24 Ibid., pp. 487-90.

25 Ibid., p. 488.

26 Ver Michael Young, *The Rise of the Meritocracy* (New Brunswick, Nova Jersey: Transaction Publishers, 1994), p. 18. Doravante citado como Young, *The Rise of the Meritocracy*.

27 Ibid., p. 18.

28 Comissão de Economia da Prática Jurídica, Associação Americana de Advogados, *The Lawyer's Handbook* (St. Paul, Minnesota: West Publishing Company, 1962), p. 287. William Ross também cita uma pesquisa da Associação Americana de Advogados de 1965 segundo a qual os advogados associados de um escritório normalmente cobravam apenas de 1,4 mil a 1,6 mil horas anuais de trabalho e os sócios apenas de 1,2 mil a 1,4 mil horas. Ver William G. Ross, *The Honest Hour: The Ethics of Time-Based Billing by Attorneys* (Durham, Carolina do Norte: Carolina Academic Press, 1996), pp. 2-3, citando Clark Sloat e Richard Fitzgerald, *Administrative and Financial Management in a Law Firm* (Comissão Permanente de Economia da Prática Jurídica da Associação Americana de Advogados, série Economics of Law Practice, Pamphlet 10, 1965), p. 2. Doravante citado como Sloat e Fitzgerald, *Administrative and Financial Management in a Law Firm*.

29 Ver Peter Giuliani, "Financial Planning and Control for Lawyers", *ABA Journal* 63 (jan. 1977), pp. 60-70. Disponível em: <https://books.google.com/books-?id=MPODtsVjGIC&pg=PA3&lpg=PA3&dq=%22financial+planning+and+control+for+lawyers%22&source=bl&ots=TGFj64ggsb&sig=6r8Uyltb2dxjlihoOjw3UVlkphM&hl=en&sa=X&ved=2ahUKEwj79GM7d3cAhWKAXwKHUwuDbUQ6AEwAXoECAMQAQ#v=onepage& q=%22financial%20planning%20and%20control%20for%20lawyers%22&f=false>. Acesso em: 31 jan. 2019.

30 Ver, por exemplo, Sloat e Fitzgerald, *Administrative and Financial Management in a Law Firm*, pp. 2-3 ("A experiência com vários escritórios indica que um cronograma anual de 1,4 mil a 1,6 mil horas para cada advogado associado e de 1,2 mil a 1,4 mil horas para cada sócio representa uma norma. Naturalmente haverá variações específicas"). Ver também Deborah Rhode, "Institutionalizing Ethics", *Case Western Reserve Law Review* 44, n. 2 (1994), p. 711. Disponível em: <https://scholarlycommons.law.case.edu/cgi/viewcontent.cgi?article=1977&context=caselrev> ("Há poucas décadas acreditava-se que não seria razoável esperar que os advogados pudessem cobrar mais de 1,2 mil a 1,5 mil horas por ano"). Ver, ainda, Carl Bogus, "The Death of an Honorable Profession", *Indiana Law Journal* 71, n. 4 (outono de 1996): p. 924. Disponível em: <www.repository.law.indiana.edu/cgi/viewcontent.cgi?article=1802&context= ilj> (diz que a média de horas cobradas tanto para sócios quanto para advogados associados era de 1,5 mil). Acessos em: 8 ago. 2018. Com efeito, em 1984, a pesquisa sobre a Altman Weil Survey of Law Firms Economics constatou que as horas cobradas pelos sócios das firmas pesquisadas chegavam, em média, a 1.531 por ano. Ver Marci Krufka, *Mining the Surveys: Law Firm Partners Working Harder Than Ever* (Newtown Square, Pensilvânia: Altman Weil, Inc., 2003), p. 1.

31 Ver Leslie Kwoh, "Hazard of the Trade: Bankers' Health", *The Wall Street Journal*, 15 fev. 2012. Disponível em: <www.wsj.com/articles/SB10001424052970204062704577223623824944472>. Acesso em: 8 ago. 2018.

32 Ho, *Liquidated*, p. 88.

33 Idem.

34 Brian Dumaine e Lynn Fleary, "A Hot New Star in the Merger Game", *Fortune*, 17 fev. 1986, disponível em: <http://archive.fortune.com/magazines/fortune/fortune archive/1986/02/17/67133/index.htm>. Acesso em: 18 jul. 2018.

35 Kevin Roose, *Young Money: Inside the Hidden World of Wall Street's Post-Crash Recruits* (Nova York: Grand Central Publishing, 2014), p. 114.

36 Kantor e Streitfeld, "Inside Amazon".

37 Idem.

38 Idem.

39 A empresa, sendo "*driven by data*", só vai acabar com isso "se os dados disserem que deve". Kantor e Streitfeld, "Inside Amazon".

40 Idem.

41 Ver Ben Lovejoy, "Former Apple Managers Talk of the 24/7 Work Culture: 'These People Are Nuts'", 9to5Mac, 1º out. 2014. Disponível em: <http://9to5mac.

com/2014/10/01/former-apple-managers-talk-of--the-247-work-culture-these-people-are-nuts/>. Acesso em: 11 ago. 2018. Lembre-se também o escritório de advocacia que rastreia as contribuições dos sócios registradas numa base de dados, atualizada a cada vinte minutos, que pode ser acessada por qualquer outro sócio de qualquer lugar e a qualquer hora, por computador ou celular. Relato de um sócio anônimo ao autor, por e-mail, em 7 dez. 2016.

42   A relação entre a reestruturação corporativa e o aumento da carga de trabalho administrativo está bem documentada. Numa pesquisa detalhada do setor de telecomunicações em meados da década de 1990, por exemplo, 93% dos gerentes intermediários relataram aumento na carga de trabalho depois da reestruturação. Ver Rosemary Batt, "From Bureaucracy to Enterprise? The Changing Jobs and Careers of Managers in Telecommunications Service", in Paul Osterman, *Broken Ladders: Managerial Careers in the New Economy* (org.) (Oxford: Oxford University Press, 1996), p. 73. Ver também Peter Cappelli, *The New Deal at Work: Managing the Market-Driven Workforce* (Boston: Harvard Business School Press, 1999), pp. 129-30. Doravante citado como Cappelli, *The New Deal at Work*.

43   Daniel Feldman, "Managers' Propensity to Work Long Hours: A Multilevel Analysis", *Human Resource Management Review* 12 (2002), p. 339.

44   Juliet Schor, *The Overworked American: The Unexpected Decline of Leisure* (Nova York: HarperCollins, 1991), p. 181, citando uma pesquisa de opinião da Korn/Ferry International. Doravante citado como Schor, *The Overworked American*.

45   Schor, *The Overworked American*, p. 181, citando uma pesquisa de opinião da Heidrick and Struggles, citada também in Ford S. Worthy, "You're Probably Working Too Hard", *Fortune*, 27 abr. 1987, p. 136.

46   Schor, *The Overworked American*, p. 181, citando Sally Solo, "Stop Whining and Get Back to Work", *Fortune*, 12 mar. 1990, p. 49.

Depois disso, o ritmo do aumento provavelmente diminuiu, já que a maior parte da eficiência desejada tinha sido alcançada. Ver Peter Kuhn e Fernando Lozano, "The Expanding Workweek? Understanding Trends in Long Work Hours Among U.S. Men, 1979-2006", *Journal of Labor Economics* 26, n. 2 (2008), pp. 311-43. Doravante citado como Kuhn e Lozano, "The Expanding Workweek?". Este artigo usa dados da Current Population Survey colhidos entre 1979 e 2006 para demonstrar que as horas de trabalho administrativo aumentaram mais rapidamente na década de 1980. Mas a tendência não se reverteu nem se interrompeu, e a revista *Fortune* constata que hoje em dia os executivos "estão trabalhando mais que nunca". Patricia Sellers, "You're Working Too Hard!", Fortune (blog), 20 ago. 2009. Disponível em: <http://postcards.blogs.fortune.cnn.com/2009/08/20/youre-working-too-hard/>. Acesso em: 11 ago. 2018.

A pesquisa da década de 1990 com 1.344 gerentes intermediários concluiu também que 33% dos entrevistados trabalhavam de quarenta a 49 horas semanais, 57% trabalhavam de 51 a sessenta horas semanais e 6% trabalhavam mais de sessenta horas semanais. Ver Anne Fisher, "Welcome to the Age of Overwork", *Fortune*, 30 nov. 1992, pp. 64-71; e Jeanne Brett e Linda Stroh, "Working 61 Plus Hours a Week: Why Do Managers Do It?", *Journal of Applied Psychology* 88, n. 1 (2003).

Entre outros relatos sobre a carga de trabalho dos administradores estão a conclusão de Arlie Hochschild de que os altos executivos trabalham de cinquenta a setenta horas por semana. Ver Hochschild, *The Time Bind*, p. 57. Ver também uma pesquisa de opinião de meados da década de 1980 realizada pela Korn/Ferry (Ford S. Worthy, "You're Probably Working Too Hard", *Fortune*, 27 abr. 1987, p. 136), segundo a qual altos executivos trabalhavam uma média de 56 horas semanais.

47   Hochschild, *The Time Bind*, p. 56. O executivo disse também que "ainda falta muito tempo para que uma pessoa se torne CEO de uma empresa dizendo 'Vou ser uma pessoa magnificamente equilibrada' — porque existem muitos outros que não são. Nosso meio é muito competitivo". Hochschild, *The Time Bind*, pp. 56-7.

48   Hochschild, *The Time Bind*, p. 70. As exigências que pesam sobre pequenos empresários aumentaram da mesma forma. Uma pesquisa detalhada sobre empresas de Dallas, por exemplo, revela que enquanto apenas 6,8% das empresas operantes fecharam em 1970, em meados da década de 1980 fechavam mais de 20% das empresas. Ver Louis Richman, "How Jobs Die — and Are Born", *Fortune*, 26 jul. 1993.

49   Hewlett e Luce, "Extreme Jobs".

50   Idem.

51   Ver Julia Szymczack et al., "To Leave or to Lie? Are Concerns About a Shift-Work Mentality and Eroding Professionalism as a Result of Duty-Hour Rules Justified?", *Milbank Quarterly* 88, n. 3 (set. p 2010), pp. 350-81.

52   Renée M. Landers, James B. Rebitzer e Lowell J. Taylor, "Rat Race Redux: Adverse Selection in the Determination of Work Hours in Law Firms", *American Economic Review* 86, n. 3 (jun. 1996), pp. 329-48, 330, citando a Associação Americana de Advogados, Divisão de Jovens Advogados, *The State of the Legal Profession* (American Bar Association, 1991), p. 22, Quadro 19. O estudo da ABA diz que, em 1984, 4% dos advogados trabalhavam mais de 240 horas por mês e 31% trabalhavam de duzentas a 239 horas. Em 1990, 13% trabalhavam mais de 240 horas por mês e 37%, de duzentas a 239 horas. Doravante citado como Landers, Rebitzer e Taylor, "Rat Race Redux".

53   Landers, Rebitzer e Taylor, "Rat Race Redux", p. 337. Outras pesquisas mostram resultados equivalentes. Uma pesquisa entre pós-graduados pela Escola de Direito da Universidade do Michigan, por exemplo, mostra que 70% deles trabalhavam mais de cinquenta horas

semanais e mais de 25% trabalhavam além de sessenta horas. Escola de Direito da Universidade do Michigan, "Class of 1995 Five Year Report" (2002). Disponível em: <http://repository.law.umich.edu/cgi/viewcontent.cgi?article=1145&context=alumni_survey_reports>. Acesso em: 11 ago. 2018. Ver também Patrick Schiltz, "On Being a Happy, Healthy, and Ethical Member of an Unhappy, Unhealthy, and Unethical Profession", *Vanderbilt Law Review* 52, n. 4 (maio 1999): pp. 870-951. Doravante citado como Schiltz, "An Unhappy, Unhealthy, and Unethical Profession".

54 Ver Rhode, *Balanced Lives*, p. 14; Deborah L. Rhode, *In the Interests of Justice: Reforming the Legal Profession* (Oxford: Oxford University Press, 2000); Cameron Stracher, "Show Me the Misery", *The Wall Street Journal*, 6 mar. 2000, A31; Carl Bogus, "The Death of an Honorable Profession", *Indiana Law Journal* 71, n. 4 (outono 1996): p. 924. Disponível em: <www.repository.law.indiana.edu/cgi/viewcontent.cgi?article=1802&context=ilj>. Acesso em: 8 ago. 2018; e Sheila Wellington, "Women in Law: Making the Case", *Women Lawyers Journal* 88, n. 2 (inverno de 2003), pp. 11-5.

55 Um advogado anônimo, associado de nível intermediário de um grande escritório, "My Typical Day Shows Why Lawyers Are Miserable and Lonely", *Business Insider*, 12 nov. 2013, originalmente postado por Anonimous em "Why are so many lawyers unhappy with their jobs?", Quora. Disponível em: <www.quora.com/Attorneys/Why-are-so-many-lawyers-unhappy-with-their-jobs>. Acessos em: 12 ago. 2018.

56 Blake Edwards, "Big Firm Burnout and the New Virtual Lawyers", Bloomberg Law, 27 ago. 2015. Disponível em: <http://bol.bna.com/big-firm-burnout-and-the-new-virtual- lawyers/>. Acesso em: 12 ago. 2018 (sobre Patrick Murdoch, ex-associado do escritório Shearman & Sterling).

57 Ver Casey Sullivan, "Law Firm Leaders Weigh In on Partner Dismissals", Reuters Legal, 22 out. 2013, disponível em: <https://content.next.westlaw.com/Document/I4d-4fcbf03b0411e389b0e1bebc789156/View/FullText.html?contextData=(sc.Default)&transitionType=Default& firstPage=true&bhcp=1>. Acesso em: 18 nov. 2018.

58 Ver C. B. Fry, *Life Worth Living: Some Phases of an Englishman* (Londres: Eyre & Spottiswoode, 1939).

59 Dave McKibben, "Fleming Has Classic Memories of Partnership with McEnroe", *Los Angeles Times*, 1º out. 1992. Disponível em: <http://articles.latimes.com/1992-10-01/sports/sp-145_1_tennis-classic>. Acesso em: 2 set. 2018.

60 Dominic Bliss, "Service Charged", *GQ* (RU), 29 mar. 2012. Disponível em: <www.gq-magazine.co.uk/article/gq-sport-rafael-nadal-tennis-fitness-training-tips-workout>. Acesso em: 12 ago. 2018.

61 Ver, por exemplo, Lynette Pinchess, "How This Nottinghamshire Lad Went from Shippo's Pub Kitchens to Cooking for Hollywood Stars", *Nottingham Post*, 13 out.

2017. Disponível em: <www.nottinghampost.com/whats-on/food-drink/how-nottinghamshire-lad-went-shippos-623239>; histórias de leitores do *Guardian*, "What It's Like to Work in the Restaurant Industry — Our Readers' Stories", *The Guardian*, 25 mar. 2017. Disponível em: <www.theguardian.com/lifeandstyle/2017/mar/25/what-its-like-to-work-in-the-restaurant-industry-our-readers-stories>. Acessos em: 12 ago. 2018.

62 Brooke Shunatona, "10 Victoria's Secret Models Reveal How They Really Feel About Their Bodies", *The Cosmopolitan*, 15 dez. 2014. Disponível em: <www.cosmopolitan.com/style-beauty/fashion/a34249/victorias-secret-models-body-image/>. Acesso em: 12 ago. 2018 (atribui o texto citado a Elsa Hosk). Ver também Deni Kirkova, "'I Thought, Oh My God, They Don't Want Me Here!': Naomi Campbell on Her Nerves About Her Emotional Return to the Versace Catwalk", *Daily Mail*, 7 out. 2013, disponível em: <www.dailymail.co.uk/femail/article-2443934/I-want-people-know-hard-models-work-Naomi-Campbell-reveals-drank-just-juice-days-Versace-catwalk.html>. Acesso em: 12 ago. 2018; Radar Staff, "Kendall Jenner: 'In Reality, I Worked Pretty Hard' for Modeling Success, 'Not Trying to Use a Family Name' to Get Ahead", Radar Online, 17 nov. 2014, disponível em: <http://radaronline.com/exclusives/2014/11/kendall-jenner-model-career-hard-work-nightline-kim-kardashian/>. Acesso em: 18 nov. 2018.

63 Kim Kardashian dorme com um BlackBerry e um iPhone, acorda às seis da manhã e imediatamente começa a trabalhar. Ver Kim Kardashian, entrevista concedida a Charlotte Cowles, "Exclusive: 24 Hours with Kim Kardashian", *Harper's Bazaar*, 14 abr. 2005. Disponível em: <www.harpersbazaar.com/culture/features/a10567/kim-kardashian-0515/>. Acesso em: 12 ago. 2018.

64 Ver Jacobs e Gerson, *The Time Divide*.

65 Kuhn e Lozano, "The Expanding Work Week?", p. 311. Dados do Censo dos Estados Unidos. A parcela que trabalha mais de 48 horas subiu de 15,4% para 23,3%.

66 Kuhn e Lozano, "The Expanding Work Week?", p. 312. Dados do Censo dos Estados Unidos e da pesquisa American Community Survey. A parcela que trabalha mais de 48 horas subiu de 16,6% para 24,3%.

67 Ver Jacobs e Gerson, *The Time Divide*, p. 50. Para casais com filhos, a taxa subiu de 8,2% para 12,2%. Para casais sem filhos, praticamente dobrou, subindo de 9,5% para 17,5%. Jacobs e Gerson constatam também que entre 1970 e 2000 a taxa de famílias que trabalham cem ou mais horas por semana triplicou, passando de 3,1% para 9,3% (p. 43), e que a taxa de maridos e mulheres que trabalham cem ou mais horas aumentou de 8,7% para 14,5% (p. 45).

68 Lazer, da forma como usamos nos dados aqui mencionados, refere-se a atividades diretamente recreativas e também a algumas atividades — como sono, refeições

NOTAS

e cuidados pessoais — que exigem relativamente pouco esforço e contribuem de maneira indireta para o bem-estar. No entanto, trabalho remunerado e lazer não esgotam todas as atividades a que as pessoas se dedicam nem o número de horas empregadas nelas. Uma terceira categoria, a de trabalho não remunerado, engloba atividades que não são pagas. Tarefas domésticas e cuidar dos filhos são as principais dessa categoria. Embora ocasionalmente o texto se refira a tendências no trabalho não remunerado, o foco principal está naquele desempenhado no mercado em troca de pagamento. Para mais informações sobre o conceito de lazer, ver Mark Aguiar e Erik Hurst, "Measuring Trends in Leisure: The Allocation of Time over Five Decades", *Quarterly Journal of Economics* 122, n. 3 (ago. 2007), pp. 969-1006. Doravante citado como Aguiar e Hurst, "Measuring Trends in Leisure". Lonnie Golden, "A Brief History of Long Work Time and the Contemporary Sources of Overwork", *Journal of Business Ethics* 84 (suplemento 2) (jan. 2009), pp. 217-27. Doravante citado como Golden, "A Brief History of Long Work Time". Orazio P. Attanasio e Luigi Pistaferri, "Consumption Inequality", *Journal of Economic Perspectives* 30, n. 2 (abr. 2016), p. 3. Doravante citado como Attanasio e Pistaferri, "Consumption Inequality".

69 Aguiar e Hurst, "Measuring Trends in Leisure", p. 971.

70 Seriam esses resultados simples conclusões enganosas do trabalho em mutação, e seriam esses padrões de remuneração aplicáveis a alguns trabalhadores, mas não a todos? Mais especificamente, será que eles mostrariam apenas que o trabalhador típico oferece mais ou menos o mesmo trabalho total durante longos períodos, embora concentrando esse trabalho em períodos mais breves de trabalho mais intenso pontuados por períodos mais longos de desemprego? Os dados refutam claramente essa alternativa. Os mesmos trabalhadores que ganham salários cada vez mais altos e laboraram cada vez mais durante os anos em questão foram também os menos sujeitos ao desemprego. Ver Kuhn e Lozano, "The Expanding Work Week?", pp. 321-2.

71 Ver Kuhn e Lozano, "The Expanding Work Week?", p. 312. Ver também *Fighting for Time: Shifting Boundaries of Work and Social Life*, Cynthia Fuchs Epstein e Arne L. Kalleberg (orgs.) (Nova York: Russell Sage Foundation, 2004).

Dividir a população por níveis de instrução e não por remuneração horária gera resultados análogos aos do texto principal. Tanto a associação em termos absolutos do número de horas trabalhadas aos ganhos quanto o aumento dessa proporção entre 1980 e 2000 foram mais elevados para os que recebiam salários, geralmente mais instruídos, do que para horistas, geralmente menos instruídos. Ver Kuhn e Lozano, "The Expanding Work Week?", p. 331, Figura 5. A educação se relaciona aos ganhos de toda a vida e não apenas a horários. A relação entre educação e longas jornadas reforça o argumento já apresentado de que a nova associação entre alta renda e longas jornadas se manifesta durante toda a vida dos trabalhadores e não alternando períodos de alta renda e longas jornadas com períodos de baixa renda e desocupação.

72 Ver Kuhn e Lozano, "The Expanding Work Week?", p. 331, Figura 5.

73 Ver Kuhn e Lozano, "The Expanding Work Week?", p. 317, Quadro 1, e p. 318, Figura 3.

74 Ibid., p. 317, Quadro 1.

75 Aguiar e Hurst, "Measuring Trends in Leisure", p. 992, Quadro V, p. 995, Quadro VII.

76 Em 1993, por exemplo, cerca de 25% das mulheres gerentes trabalhavam 49 horas ou mais por semana, o que ocorria com apenas 9% das mulheres trabalhadoras; e mulheres com formação universitária tiveram um leve aumento no lazer a partir da década de 1960 (embora esse aumento seja muito menor do que o experimentado por mulheres sem instrução e muitíssimo menor do que o tempo poupado pelo uso de aparelhos para tarefas domésticas). Ver Philip L. Rones, Randy E. Ilg e Jennifer M. Gardner, "Trends in Hours of Work Since the Mid-1970s", *Monthly Labor Review* (abr. 1997): p. 9. Para o lazer das mulheres, ver Aguiar e Hurst, "Measuring Trends in Leisure", p. 992, Quadro V.

77 Ver Stuart Butler, "Can the American Dream Be Saved?", *National Affairs* 14 (inverno de 2013), pp. 40-57, 42. Os números exatos são 74,1% para o quintil superior e 4,5% para o quintil inferior. Butler usa dados do U.S. Census Bureau, Current Population Survey (CPS), do Annual Social and Economic (ASEC) Supplement, do U.S. Census Bureau, "HINC-01. Selected Characteristics of Households by Total Money Income". Disponível em: <www.census.gov/data/tables/time-series/demo/income-poverty/cps-hinc/hinc-01.2016.html>. Acesso em: 12 ago. 2018. Supondo que o quintil superior dos domicílios tenha recebido mil dólares ou mais em 2010 (24.421 de 119.927 domicílios), 18.111 domicílios, portanto 74,1%, tinham dois provedores ou mais. Supondo que o quintil inferior tenha recebido 19.999 dólares ou menos (23.892 em 119.927 domicílios), 1.085 domicílios, portanto 4,5% deles tinham dois provedores ou mais.

78 Ver Chinhui Juhn e Simon Potter, "Changes in Labor Force Participation in the United States", *Journal of Economic Perspectives* 20, n. 3 (verão de 2003), pp. 27-46, 33, Quadro 2, com dados da pesquisa CPS de março.

79 Veblen, *Theory of the Leisure Class*, p. 81.

80 Grande quantidade de entrevistas pessoais altamente confiáveis feitas pelo Federal Reserve Bank, associadas à Pesquisa sobre Finanças do Consumidor, da mesma instituição, confirma a explosão da dedicação da elite ao trabalho. As entrevistas são bem estruturadas, sérias e investigativas; a pesquisa toma uma amostra maior dos domicílios mais ricos, e, por esses dois motivos, dá uma ideia da dedicação da elite ao trabalho com uma autoridade pouco usual. Segundo a pesquisa, a média total de horas trabalhadas nos domicílios situados no 1% superior da distribuição de renda aumentou 9,5 horas sema-

nais entre 1983 e 2010. No mesmo período, a porcentagem de domicílios nesse grupo de elite cujo membro que mais trabalha cumpre mais de cinquenta horas semanais aumentou dezesseis pontos percentuais, de 46% para 62% (assim, em 2010, o domicílio médio do 1% superior tinha uma pessoa que trabalhava cinquenta horas). No mesmo período, a parcela de domicílios com uma pessoa que trabalhava mais de cinquenta horas semanais caía progressivamente de cada degrau da distribuição de renda para o inferior, até chegar ao quintil inferior da distribuição de renda, com apenas 4% dos domicílios com uma pessoa que trabalhava normalmente mais de cinquenta horas por semana. Ver Conselho de Governadores do Federal Reserve System, "Survey of Consumer Finances". Disponível em: <www.federal reserve.gov/econres/scfindex.htm>.

81 Em 2014, a renda mínima para a declaração conjunta de imposto de renda no 1% superior da distribuição de renda foi de 477.514 dólares. Naquele ano, foram apresentadas 148.646 declarações de imposto de renda. Ver Facundo Alvaredo et al., World Inequality Database, distribuído por WID.world. Disponível em: <https://wid.world/data/>. Acesso em: 23 ago. 2018 (ver "Pre-Tax National Income Threshold", wid.world code tptinc992j, e "Number of Tax Returns", wid.worldcodentaxre999t).

82 Uma busca na base de dados D&B Hoovers em outubro de 2018 revelou mais de 241.113 profissionais que trabalhavam nas 1.500 empresas do S&P dentro das categorias-membros do conselho diretor, diretor, vice-presidente executivo, funcionário sênior da C-suíte, vice-presidente sênior e vice-presidente. (A D&B Hoovers é uma base de dados usada normalmente para identificar oportunidades de vendas e marketing que contém mais de 125 milhões [125.533.312] de contatos de pessoas empregadas em cargos que vão desde o nível abaixo da administração até o conselho diretor, representando mais de 140 milhões de empresas [141.266.092]. A empresa respondeu a uma solicitação do autor confirmando que cada empregado contatado aparece uma única vez em sua base de dados, de modo que a busca não resulta em dupla contagem.) A busca revelou mais 398.087 gerentes e supervisores e baixou os integrantes das S&P 1500 do Compustat para 2017. Os números do Sistema de Numeração Universal de Dados (DUNS, na sigla em inglês) foram equiparados adaptando-se os do Mergent com os códigos de identificação de títulos (CUSIPs) para gerar o DUNS correspondente. Uma lista do DUNS para as S&P 1500 foi carregada na D&B Hoovers e procurada usando-se o critério "Nível de Contato" dentro da categoria "Tipo de Contato". Havia 1.511 empresas no conjunto de dados "S&P 1500", devido a mudanças na composição do registro ao longo do ano.

83 A Agência Reguladora do Setor Financeiro registrava mais de 630.132 representantes financeiros nos Estados Unidos em 2017. Ver Agência Reguladora do Setor Financeiro, "Statistics". Disponível em: <www.finra.org/newsroom/statistics#currentmonth>. Acesso em: 15 ago. 2018. E a Secretaria de Estatísticas do Trabalho registra que, em maio de 2018, mais de 250 mil pessoas trabalhavam em funções de supervisão no amplo setor de "Securities, Commodity Contracts, and Other Financial Investments and Related Activities". Ver Secretaria de Estatísticas Trabalhistas, "Industries at a Glance: Securities, Commodity Contracts, and Other Financial Investments and Related Activities". Disponível em: <www.bls.gov/iag/tgs/iag523.htm#about>. Acesso em: 15 ago. 2018. Esse número foi obtido pela subtração do número de empregos na produção e em funções não ligadas à supervisão do número total de empregos. O salário médio por hora nesse setor, segundo a Secretaria de Estatísticas Trabalhistas, é de 54 dólares para uma renda anual de cerca de 100 mil dólares. É razoável supor que os empregados em funções de supervisão podem ganhar bem acima da média, e como representam apenas um terço do total de empregados, que sua renda os situa nas proximidades do 1% mais rico.

84 As cinco principais consultorias são McKinsey & Company, Boston Consulting Group, Inc., Bain & Company, Deloitte Consulting LLP e Oliver Wyman, segundo Phil Stott em "Vault's Top 50 Consulting Firms for 2018", Vault, 22 ago. 2017. Disponível em: <www.vault.com/blog/consult-this-consulting-careers-news-and--views/2018-vault-consulting-rankings>. A McKinsey empregava 23 mil pessoas em 2017. "McKinsey & Company: Overview", Vault. Disponível em: <www.vault.com/company-profiles/management-strategy/mckinsey-company/company-overview.aspx>. A Boston Consulting empregava 14 mil pessoas. "The Boston Consulting Group: Overview", Vault. Disponível em: <www.vault.com/company-profiles/management-strategy/the-boston--consulting-group,-inc/company-overview.aspx>. A Bain empregava 7 mil pessoas. "Bain & Company: Overview", Vault. Disponível em: <www.vault.com/company-profiles/management-strategy/bain-company/company--overview.aspx>. A Deloitte empregava 40.513. "Deloitte Consulting LLP: Overview", Vault. Disponível em: <www.vault.com/company-profiles/management-strategy/deloitte-consulting-llp/company-overview.aspx>. A Oliver Wyman empregava 4,5 mil. "Oliver Wyman: Overview", Vault. Disponível em: <www.vault.com/company-profiles/management-strategy/oliver-wyman/company-overview.aspx>. Acessos em: 15 ago. 2018. Se dois terços desses empregados forem profissionais especializados, o total destes é de cerca de 60 mil pessoas.

85 Em 2018, apenas doze dos duzentos escritórios de advocacia listados pela AmLaw tinham lucros por sócio inferiores a 475 mil dólares, o que situa todos os demais bem perto da linha que demarca o 1% de maior renda. Ver Ben Seal, "The 2018 AmLaw Second Hundred: A to Z", *American Lawyer*, 22 maio 2018. Disponível em: <www.law.com/americanlawyer/2018/05/22/the-2018--am-law-second-hundred-at-a-glance/>; e Gina Passarella

NOTAS

Cipriani, "The 2018 AmLaw 100 Ranked by: Profits per Equity Partner", *American Lawyer*, 24 abr. 2018. Disponível em: <www.law.com/americanlawyer/2018/04/24/the-2018-am-law-100-ranked-by-profits-per-equity-partner/>. Segundo a lista "2012 Global 100: Profits Per Partner" da *American Lawyer*, os 75 escritórios norte-americanos incluídos entre os cem maiores do mundo tinham em média 209 sócios: "The 2012 Global 100: Profits Per Partner", *American Lawyer*, 28 set. 2012. Disponível em: <www.americanlawyer.com/PubArticleTAL.jsp? id=1202571229443&The_2012_Global_100_Profits_Per_Partner&slreturn=20130225100009>. Acessos em: 23 ago. 2018.

Se os 45 escritórios restantes fossem do mesmo tamanho, haveria 25 mil sócios de capital em escritórios com lucros por sócio de mais de 400 mil dólares em 2012.

86 Segundo dados da Redi-Direct, o número de médicos especialistas nos Estados Unidos era de 501.296 em março de 2018. "Professionally Active Physicians", Henry J. Kaiser Family Foundation, mar. 2018. Disponível em: <www.kff.org/other/state-indicator/total-active-physicians/?currentTimeframe=0&sortModel=%7B% 22colId%22:% 22Location%22,%22sort%22:%22asc%22%7D>. Acesso em: 15 ago. 2018.

87 Análises mais exaustivas e exatas reduzem a composição da já restrita elite a ocupações conhecidas e denominadas. Steven Kaplan e Joshua Rauh, por exemplo (usando métodos que eles afirmam reiteradamente serem bastante conservadores), calculam que, juntos, os cinco executivos mais bem pagos das maiores empresas norte-americanas, os trabalhadores do setor financeiro em cargo de diretor executivo ou superior, os sócios dos cem maiores escritórios de advocacia, atletas profissionais e grandes celebridades constituem, aproximadamente, 20% (um pouco mais ou um pouco menos) do 0,1%, do 0,01%, do 0,001% e do 0, 0001% da tributação conjunta. Ver Kaplan e Rauh, "Wall Street and Main Street", Quadro 14.

88 Ver, por exemplo, Josh Bivens e Lawrence Mishel, "Understanding the Historic Divergence Between Productivity and a Typical Worker's Pay: Why It Matters and Why It's Real", Economic Policy Institute, Briefing Paper n. 406 (2 set. 2015). Disponível em: <www.epi.org/publication/understanding-the-historic-divergence-between-productivity-and-a-typical-workers-pay-why-it-matters-and-why-its-real/>; Angelo Young, "CBO Reports Suggests [*sic*] Growth in US Income Inequality Will Continue Through 2035 (but, Hey, as Long as Capital Markets Are Doing Great, Right?)", *International Business Times*, 5 jun. 2013, disponível em: <www.ibtimes.com/graphic-cbo-reports-suggests-growth-us-income-inequality-will-continue-through-2035-1292085>. Acessos em: 23 ago. 2018.

89 Ver, por exemplo, Louis Uchitelle, "How the Loss of Union Power Has Hurt American Manufacturing", *The New York Times*, 20 abr. 2018, disponível em: <www.nytimes.com/2018/04/20/business/unions-american-manufacturing.html>. Acesso em: 15 ago. 2018.

90 Ver, por exemplo, Alan B. Krueger e Eric A. Posner, "A Proposal for Protecting Low-Income Workers from Monopsony and Collusion", The Hamilton Project, Policy Proposal n. 2018-05 (fev. 2018), disponível em: <www.brookings.edu/wp-content/uploads/2018/02/es_2272018_protecting_low_income_workers_from_monopsony_collusion_krueger_posner_pp.pdf>, acesso em: 24 out. 2018; Eric Posner e Glen Weyl, "The Real Villain Behind Our New Gilded Age", *The New York Times*, 1º mai. 2018. Disponível em: <www.nytimes.com/2018/05/01/opinion/monopoly-power-new-gilded-age.html>. Acesso em: 15 ago. 2018.

91 Ver Chrystia Freeland, "For U.S. Workers, Global Capitalism Fails to Deliver", *The New York Times*, 14 abr. 2011. Disponível em: <www.nytimes.com/2011/04/15/us/15iht-letter15.html>. Acesso em: 18 ago. 2018.

92 Ver, por exemplo, Robert J. Gordon e Ian Dew-Becker, "Controversies About the Rise of American Inequality: A Survey", NBER, Working Paper n. 13982 (21 abr. 2008), disponível em: <http://economics.weinberg.northwestern.edu/robert-gordon/files/RescPapers/ControversiesRiseAmericanInequality.pdf>; Paul Gomme e Peter Rupert, "Measuring Labor's Share of Income", Federal Reserve Bank of Cleveland, Discussion Paper n. 7 (nov. de 2004), disponível em: https://papers.ssrn.com/sol3/papers.cfm?abstractid=1024847, acesso em: 23 ago. 2018; Brian I. Baker, "The Laboring Labor Share of Income: The 'Miracle' Ends", *Monthly Labor Review*, jan. 2016, disponível em: <www.bls.gov/opub/mlr/2016/beyond-bls/the-laboring-labor-share-of-income-the-miracle-ends.htm>, acesso em: 26 ago. 2018; Loukas Karabarbounis e Brent Neiman, "The Global Decline of the Labor Share", *Quarterly Journal of Economics* 129, n. 1 (fev. 2014), pp. 61-103; Organização Internacional do Trabalho, Global Wage Report 2012/12: Wages and Equitable Growth (Genebra: International Labour Organization, 2013), pp. 41-53. Note-se que a tendência global — que atinge países com sistemas políticos e regimes de política interna muito diversos — mostra convincentemente que o declínio no trabalho decorre de fundamentos econômicos, mais que de decisões ou programas políticos superficiais.

93 Os dez norte-americanos mais ricos em 2017, segundo a revista *Forbes*, eram, nesta ordem: Bill Gates, Jeff Bezos, Warren Buffett, Mark Zuckerberg, Larry Ellison, Charles Koch, David Koch, Michael Bloomberg, Larry Page e Sergey Brin. Ver "Forbes 400", *Forbes*. Disponível em: <www.forbes.com/forbes-400/list/>. Acesso em: 26 ago. 2018. Dentre eles, todos fizeram a própria fortuna, com exceção dos irmãos Koch. Mesmo assim, os irmãos Koch herdaram uma empresa relativamente pequena (de seu empreendedor-fundador) que transformaram numa corporação muito maior, num ritmo de crescimento semelhante ao dos empreendimentos que começaram do nada. Uma pesquisa mais ampla que inclua os cinquenta

norte-americanos mais ricos revela que 33 deles devem sua fortuna principalmente a ações preferenciais, participação em sociedades, juros incorridos ou remuneração executiva — ou seja, ao próprio trabalho — e que oito deles devem sua fortuna ao trabalho da geração anterior. Um ponto de vista semelhante aparece em Victor Fleischer, "Alpha: Labor Is the New Capital" (manuscrito inédito arquivado com o autor), quadro no Apêndice. Doravante citado como Fleischer, "Alpha". Ver também Dan Primack, "Are Entrepreneurs Exploiting a Tax Loophole? (Part II)", *Fortune*, 30 dez. 2010. Disponível em: <http://fortune.com/2010/12/29/are-entrepreneurs--exploiting-a-tax-loophole-part-ii/>. Acesso em: 26 ago. 2018.

94   Ver Steven Kaplan e Joshua Rauh, "Family, Education, and Sources of Wealth Among the Richest Americans, 1982-2012", *American Economic Review* 103, n. 3 (maio 2013), pp. 158-62, 159. Doravante citado como Kaplan e Rauh, "Family, Education, and Sources of Wealth". Entre 1982 e 2011, a porcentagem dos quatrocentos membros da *Forbes* que nasceram ricos caiu de 60% para 32%. Ver também James Pethokoukis, "How Super-Rich Americans Get That Way Is Changing", *AEIdeas*, American Enterprise Institute, 23 mar. 2016. Disponível em: <www.aei.org/publication/how-super-rich-americans--get-that-way-is-changing/>.

95   Ver James Pethokoukis, "More and More of America's Superrich May Be Getting That Way Through Entrepreneurship", *AEIdeas*, American Enterprise Institute, 22 dez. 2014. Disponível em: <www.aei.org/publication/americas-superrich-getting-way-entrepreneurship/>. Acesso em: 26 ago. 2018.

96   Ver Winters, *Oligarchy*, p. 247, Quadro 5.4. As percentagens são: 1961, 22,3%; 1992, 47,4%; 2007, 34,4%. A lista da *Forbes* foi publicada pela primeira vez em 1982, mas temos dados para 1961 devido ao acaso: naquele ano, 398 contribuintes tiveram renda suficiente para se enquadrarem na alíquota mais alta, e assim foram considerados pelo fisco. David Cay Johnston, "Is Our Tax System Helping Us Create Wealth?", *Tax Notes*, 21 dez. 2009. Disponível em: <www.taxnotes.com/tax--notes/budgets/our-tax-system-helping-us-create--wealth/2009/12/21/qjq2>.

97   De 17%, em 1982, a apenas 5% em 2011. Ver Kaplan e Rauh, "Family, Education, and Sources of Wealth", pp. 158-62, p. 160.

98   Ver Les Leopold, "Five Obscene Reasons the Rich Grow Richer", *Salon*, 1º de out. 2012. Disponível em: <www.salon.com/2012/10/01/five_obscene_reasons_therich_grow_richer/>. Acesso em: 26 ago. 2018. Em 2017, 92 dos quatrocentos (aproximadamente 23%) dos mais ricos trabalhavam no sistema financeiro ou em finanças e investimentos e quinze (3,75%) trabalhavam na indústria. Ver "Forbes 400", *Forbes*, disponível em: <www.forbes.com/forbes-400/list/>. Acesso em: 26 ago. 2018.

99   Ver Nathan Vardi, "The 25 Highest-Earning Hedge Fund Managers & Traders", *Forbes*, 14 mar. 2017.

Disponível em: <www.forbes.com/sites/nathanvardi/2017/03/14/hedge-fund-managers/#3402d78d6e79>. Acesso em: 26 ago. 2018.

100   Ver Will Wainewright e Lindsay Fortado, "Hedge Fund Manager Compensation Rises 8% to $2.4 Million", Bloomberg, 6 nov. 2014. Disponível em: <www.bloomberg.com/news/articles/2014-11-06/hedge-fund-manager-compensation-rises-8-to-2-4-million>. Acesso em: 26 ago. 2018.

101   Ver "The Securities Industry in New York City", Escritório do Controlador-geral do Estado de Nova York, set. 2018. Disponível em: <www.osc.state.ny.us/osdc/rpt6-2019.pdf>. Acesso em: 24 out. 2018. Surpreendentemente, os bônus estavam ainda mais elevados pouco antes da crise financeira de 2007-2008, quando chegaram a mais de 190 mil dólares. Ver "New York City Securities Industry Bonuses", Escritório do Vice-Controlador do Estado de Nova York, 28 jan. 2009, disponível em: <www.osc.state.ny.us/osdc/wallst_bonuses/2009/bonus2009.pdf>, acesso em: 20 ago. 2018; e "New York City Securities Industry Bonus Pool", Escritório do Controlador do Estado de Nova York, 26 mar. 2018, disponível em: <www.osc.state.ny.us/press/releases/mar18/wall-st-bonuses-2018-sec-industry-bonus-pool.pdf>, acesso em: 20 ago. 2018.

Não surpreende que, segundo uma estimativa, a representação geral do setor financeiro nas camadas superiores dos ricos tenha decuplicado a partir da década de 1970. Ver Eric Posner e E. Glen Weyl, "Against Casino Finance", *National Affairs* 14 (inverno de 2013), pp. 58-77, p. 62. Disponível em: <www.nationalaffairs.com/publications/detail/against-casino-finance>. Acesso em: 18 nov. 2018. Doravante citado como Posner e Weyl, "Against Casino Finance". Posner e Weyl citam Kaplan e Rauh, "Wall Street and Main Street", que examinam a composição do 0,1%, do 0,01%, do 0,001% e do 0,0001% superiores na distribuição da renda por setor de emprego.

102   Ver, por exemplo, "Going Overboard", *The Economist*, 16 jul. 2009. Disponível em: <www.economist.com/node/14034875/print?storyid=14034875>. Acesso em: 21 ago. 2018.

103   "Executive Paywatch", AFL-CIO, disponível em: <https://aflcio.org/paywatch>. Acesso em: 21 ago. 2018. O CEO mais bem pago de 2013 recebeu 141,9 milhões de dólares e o classificado em ducentésimo lugar entre os mais bem pagos recebeu 12,4 milhões. Ver Karl Russell, "The Pay at the Top", *The New York Times*, 7 jun. 2014. Disponível em: <www.nytimes.com/interactive/2014/06/08/business/the-pay-at-the-top.html>. Acesso em: 26 ago. 2018.

Em 2014, o CEO mais bem pago recebeu 156,1 milhões e o classificado em ducentésimo lugar recebeu 12,6 milhões. Ver "Highest-Paid Chiefs in 2014", *The New York Times*, 16 mai. 2015. Disponível em: <www.nytimes.com/interactive/2015/05/14/business/executive-compensation.html>. Acesso em: 26 ago. 2018.

NOTAS

Em 2015, o CEO mais bem pago recebeu 94,6 milhões, e o classificado em ducentésimo lugar recebeu 12,2 milhões. Ver Karl Russell e Josh Williams, "Meet the Highest-Paid C.E.O.s in 2015", *The New York Times*, 27 mai. 2016. Disponível em: <www.aflcio.org/Corporate-Watch/Paywatch-2014/100-Highest-Paid-CEOs>. Acesso em: 26 ago. 2018.

Em 2016, o CEO mais bem pago recebeu 98 milhões, e o classificado em ducentésimo lugar recebeu 13 milhões. Jon Huang e Karl Russell, "The Highest-Paid C.E.O.s in 2016", *The New York Times*, 26 maio 2017. Disponível em: <www.nytimes.com/interactive/2017/05/26/business/highest-paid-ceos.html>. Acesso em: 21 ago. 2018.

Em 2017, o CEO mais bem pago recebeu 103,2 milhões, e o classificado em ducentésimo lugar recebeu 13,8 milhões. "The Highest-Paid C.E.O.s in 2017", *The New York Times*, 25 mai. 2018. Disponível em: <www.nytimes.com/interactive/2018/05/25/business/ceo-pay-2017.html.> Acesso em: 21 ago. 2018.

104 Uma análise de 2005 da remuneração dos cinco funcionários mais bem pagos na base de dados do Execu-Comp (que inclui "todas as empresas do S&P 500, do Mid-Cap 400 e do Small-Cap 600 [...] também conhecidas como as S&P 1.500") revelou que entre 2001 e 2003 a "proporção entre a remuneração adicional dos [cinco] executivos [mais bem pagos] e a remuneração adicional nas [S&P 1500]" era de 9,8%. Ver Lucian Bebchuk e Yaniv Grinstein, "The Growth of Executive Pay", *Oxford Review of Economic Policy* 21, n. 2 (2005), pp. 283-303, 284, 297. Disponível em: <www.law.harvard.edu/faculty/bebchuk/pdfs/Bebchuk-Grinstein.Growth-of-Pay.pdf>. Acesso em: 26 ago. 2018.

105 Ver Roger L. Martin e Mihnea C. Moldoveanu, "Capital Versus Talent: The Battle That's Reshaping Business", *Harvard Business Review*, jul. 2003. Disponível em: https://hbr.org/2003/07/capital-versus-talent-the-battle-thats-reshaping-business, acesso em: 26 ago. 2018 (cuja conclusão diz que o talento "começou a ficar com mais lucros do capital").

106 Thomas Piketty, Emmanuel Saez e Gabriel Zucman, "Distributional National Accounts: Methods and Estimates for the United States", NBER, Working Paper n. 22945 (2016), pp. 26, 49, Figura 8. Disponível em: http://gabriel-zucman.eu/files/PSZ2016.pdf. Doravante citado como Piketty, Saez e Zucman, "Distributional National Accounts".

107 Idem.

108 Thomas Piketty, Emmanuel Saez e Gabriel Zucman, "Distributional National Accounts: Methods and Estimates for the United States", *Quarterly Journal of Economics* 133, n. 2 (maio 2018), pp. 553-609, Figura viii.

109 Piketty, Saez e Zucman, "Distributional National Accounts", pp. 26, 49, Figura 8. Para calcular essas proporções, os autores atribuíram 70% da renda recebida por donos de empreendimentos não incorporados ao trabalho e 30% ao capital. Piketty, Saez e Zucman, "Distributional National Accounts", 42n.

Outras fontes apresentam versões parecidas. Por exemplo, dados sobre impostos de 2015 indicam que em média um membro do 1% superior da distribuição de renda devia 56,4% de sua renda tributável total ao trabalho. Facundo Alvaredo et al., World Inequality Database, distribuída por WID.world. Disponível em: <https://wid.world/data/>, acesso em: 3 jul. 2018 (ver "Average Fiscal Labour Income", wid.world code afilin992t, e "Average Fiscal Income", wid.worldcodeafiinc992t).

110 Seja diretamente, com ações restritas, seja pelo exercício de opções.

111 A contribuição do empregador para os fundos de pensão é pagamento pelo trabalho, ainda que acumulado durante o período de contribuição e retirado no período de recebimento. Portanto, todo o valor acumulado como pensão decorre, economica e moralmente, de salários cujo recebimento é postergado para depois da aposentadoria, ou seja, é renda do trabalho. E desde que um trabalhador pague por sua casa com seu salário (pagamento que muitas vezes, com o tempo, é facilitado por uma hipoteca), qualquer retorno econômico gerado por essas casas vem, em última instância, do trabalho.

112 Luisa Kroll e Kerry A. Dolan (orgs.), "Forbes 400: The Definitive Ranking of the Wealthiest Americans", *Forbes*, 3 out. 2018, disponível em: <www.forbes.com/forbes-400/#7de6813e7e2f>. Doravante citado como Kroll e Dolan, "Forbes 400". Os fundadores que detêm essas sociedades são Jeff Bezos (1), Bill Gates (2), Warren Buffett (3), Mark Zuckerberg (4), Larry Ellison (5), Larry Page (6) e Sergey Brin (9). Outros membros do grupo dos "cem mais" — como George Soros (60) e Carl Icahn (31) — devem suas fortunas a juros incorridos.

113 Victor Fleischer, "How a Carried Interest Tax Could Raise $180 Billion", *The New York Times*, 5 jun. 2015. Disponível em: <http://nytimes.com/2015/06/06/business/dealbook/how-a-carried-interest-tax-could-raise-180-billion.html>. Fleischer chega a essa conclusão por inferência a partir das estruturas jurídicas em geral empregadas pelos fundos de investimento. Esses fundos, em especial, se organizam geralmente como sociedades, e seus gestores também se organizam em sociedades. Portanto, a renda informada ao fisco (IRS) como tendo sido acumulada por "membros da sociedade geral" num fundo de investimento fica majoritariamente com os gestores desses fundos, organizados entre si numa segunda sociedade. São esses os "juros incorridos," tratados como ganhos de capital embora representem, economicamente, o retorno dos gestores por seu trabalho. É difícil determinar exatamente essa parcela, porque o IRS divide seus dados em categorias sobrepostas, o que levanta a suspeita de dupla contagem. Fleischer, "Alpha"; Serviço da Receita Interna, "SOI Tax Stats — Partnership Statistics by Sector or Industry", modificado em 20 jun. 2018. Disponível em: <www.irs.gov/statistics/soi-tax-stats-partnership-statistics-by-sector-or-industry>; <www.treasury.gov/

resource-center/tax-policy/Documents/OTP-CG-Taxes-Paid-Pos-CG-1954-2009-6-2012.pdf>; "SOI Tax Stats — Individual Statistical Tables by Size of Adjusted Gross Income", modificado em 5 nov. 2018. Disponível em: <www.irs.gov/statistics/soi-tax-stats-individual-statistical-tables-by-size-of-adjusted-gross-income>; Victor Fleischer, em troca de e-mails com o autor, 30 out. 2018.

Além disso, as simulações de estruturas de investimento feitas pelo Blackstone Group indicam que possivelmente três quartos dos ganhos de capital atribuídos a pessoas físicas por meio dessas estruturas constituam de fato remuneração pelo trabalho. O Blackstone administra mais de 250 bilhões de dólares, neles incluída (já que administra os investimentos de fundos públicos de pensão) parte dos ganhos de aposentadoria de mais da metade de todos os aposentados dos Estados Unidos. Fleischer, "Alpha", pp. 15-7.

114 K. J. Martijn Cremers, Saura Masconale e Simone N. Sepe, "CEO Pay Redux", *Texas Law Review* 96 (2017), p. 242, Figura 2. Doravante citado como Cremers, Masconale e Sepe, "CEO Pay Redux". Fica claro que nem toda essa renda é tributada como ganho de capital.

115 Nos últimos anos, as pensões recebidas e os aluguéis imputados de pessoas que moram em casa própria, em conjunto, constituíram cerca de 12% da renda do 1% superior e 6% da renda do 0,1% superior, contra, respectivamente, 6% e 3% na década de 1960. Para o 1%, essas porcentagens ficaram mais ou menos estáveis desde fins da década de 1980; para o 0,1%, foram maiores na década de 1990 e caíram na primeira década do novo milênio. Esses números foram calculados a partir das séries distribucionais em Piketty, Saez e Zucman, "Distributional National Accounts", Apêndice II. Disponível em: <http://gabriel-zucman.eu/files/PSZ2016DataAppendix.pdf>. Os cálculos para o 1% baseiam-se no Quadro B2b (também chamado TA2b) e consistem na soma das colunas 20 e 22 e na divisão do resultado pela coluna 17. Os cálculos para o 0,1% baseiam-se no Quadro B2c (também chamado TA2c) e consistem na soma das colunas 12 e 14 e na divisão do resultado pela coluna 9.

116 O fenômeno é tão marcante que se aplica mesmo durante a fase da vida outrora dedicada à "aposentadoria". O quintil superior dos recebedores de mais de 65 anos, hoje em dia, deve mais de quatro quintos (83,3%) de sua renda a salários, previdência social e pensões — ou seja, ao próprio trabalho, executado no presente ou no passado. Ke Bin Wu, *Sources of Income for Older Americans* (Washington, D.C.: AARP Public Policy Institute, 2013), p. 3, Figura 1. Disponível em: <www.aarp.org/money/low-income-assistance/info-12-2013/sources-of-income-for-older-americans-2012-AARP-ppi-econ-sec.html>.

117 Uma apresentação recente, detalhada e refinada dessa conclusão, que destaca a renda não salarial do trabalho recebida de sociedades transparentes, encontra-se em Matthew Smith, Danny Yagan, Owen Zidar e Eric Zwick, "Capitalists in the Twenty-First Century" (Working Paper, 15 mai. 2019), pp. 51-52, Figuras 7 e 8.

118 Um cálculo rápido e aproximado sustenta essa afirmação. Começa-se por medir todo o desvio de renda do trabalho para o capital. Estimativas plausíveis da participação total do trabalho na renda nacional vão de um aumento, a partir de 1950, de cerca de 65% a 70% da renda total, a uma queda maior, mas ainda discreta, de 62%, em 1950, a possivelmente 56% hoje. Robert J. Gordon e Ian Dew- Becker, "Controversies About the Rise of American Inequality: A Survey", NBER, Working Paper n. 13982 (maio 2008), p. 5; Paul Gomme e Peter Rupert, *Measuring Labor's Share of Income*, Policy Discussion Paper (Cleveland: Federal Reserve Bank of Cleveland, nov. 2004), pp. 8, 9, Figura 6; Brian I. Baker, *The Laboring Labor Share of Income: The "Miracle" Ends* (Washington, D.C.: U.S. Bureau of Labor Statistics, jan. 2016), p. 1, disponível em: <www.bls.gov/opub/mlr/2016/beyond-bls/the-laboring-labor-share-of-income-the-miracle-ends.htm>; Loukas Karabarbounis e Brent Neiman, "The Global Decline of the Labor Share", *Quarterly Journal of Economics* 129, n. 1 (fev. 2014): p. 61, disponível em: <https://doi.org/10.1093/qje/qjt032>; Organização Internacional do Trabalho, *Global Wage Report 2012-13: Wages and Equitable Growth* (Genebra: International Labour Organization, 2013), p. 43, Figura 31.

É melhor considerar uma diversidade de avaliações sérias do que uma única estimativa, pois a medição dessas participações acaba exigindo juízos, e pode haver divergências. Uma vez calculado o valor do aluguel imputado referente a uma moradia ocupada pelo dono, como seria possível dividir esse valor para que funcione como receita auferida pelo dono, aqui considerado como capitalista que aluga para si mesmo, e como renda de um trabalhador que administra a própria residência, por exemplo? Como deveria ser tratada a renda auferida pelo dono de um negócio operado por ele mesmo? E que parte do retorno do capital social do governo deveria ser incluída como contraponto dos rendimentos do trabalho dos servidores públicos? Note-se que a tendência global — que atinge países com sistemas políticos e regimes de política interna muito diversos — mostra convincentemente que o declínio no trabalho decorre de fundamentos econômicos, mais que de decisões ou programas políticos superficiais.

Em seguida, pergunte-se qual parte do capital pertence aos que têm maior renda. Estimativas sérias da parcela da riqueza total em poder do 1% mais rico dos norte-americanos vai de 20% a 42%, e o 1% superior dos norte-americanos quanto à renda não pode ter uma parcela maior que essa do capital. A estimativa de 20%, que considera pessoas físicas e não domicílios, é de Wojciech Kopczuk e Emmanuel Saez, "Top Wealth Shares in the United States, 1916-2000: Evidence from Estate Tax Returns", *National Tax Journal* 57, n. 2 (jun. 2004), p. 453. A estimativa de 42%, que toma dados por domi-

NOTAS

cílio, é de Emmanuel Saez e Gabriel Zucman, "Wealth Inequality in the United States Since 1913: Evidence from Capitalized Income Tax Data", *Quarterly Journal of Economics* 131, n. 2 (mai. 2016), p. 520. Doravante citado como Saez e Zucman, "Wealth Inequality in the United States".

Finalmente, combinam-se esses fatos. O desvio total da renda do trabalho para o capital chega, no máximo, a 6% da renda total, e o 1% mais rico dos domicílios avaliados pela renda tem, no máximo, dois quintos do capital. Isso significa que o desvio do trabalho para o capital pode ter aumentado a parcela do 1% em cerca de 2,5% (pouco mais de dois quintos de 6%) da renda nacional total. (Esse enfoque admite que os ricos não têm índices de retorno materialmente maiores do que o restante da população. Os melhores indícios sustentam essa presunção e revelam diferenças discretas no desempenho geral dos investimentos dos ricos comparados com os dos norte-americanos comuns. Saez e Zucman, "Wealth Inequality in the United States Since 1913", Apêndice, Figuras B29--B31, B33, Quadros B30-B31. Disponível em: <http://gabriel-zucman.eu/files/SaezZucman2016QJEAppendix.pdf>.)

119 Ver World Top Incomes Database, United States/Pre-tax national income/P99- P100/Share, 29 out. 2018. Disponível em: <https://wid.world/country/usa/>.

120 Algumas pesquisas mostram uma contribuição menor do trabalho para o aumento da desigualdade geral. Por exemplo, ver Escritório do Orçamento do Congresso (CBO, na sigla em inglês), "Trends in the Distribution of Household Income Between 1979 and 2007" (Washington, D.C.: U.S. Government Printing Office, out. 2011). Disponível em: <www.cbo.gov/publication/42729>. Doravante citado como Escritório do Orçamento do Congresso, "Trends in the Distribution of Household Income". Mas essas pesquisas chegam a suas conclusões sem atribuir ao trabalho nenhuma renda advinda de negócios ou ganhos de capital, e chegam a concluir que o trabalho é a causa principal da ascensão das rendas superiores.

121 Saez, "Reported Incomes and Marginal Tax Rates", pp. 155-6, Figura 6 [10% superiores]; p. 156, Figura 7 [1% superior]; p. 158, Figura 8 [0,01% superior]. Outra pesquisa relacionada também conclui que "o aumento nas faixas populacionais de mais alta renda nas três últimas décadas é consequência direta do surto de altíssimos salários". Thomas Piketty e Emmanuel Saez, "Income Inequality in the United States, 1913-1998", *Quarterly Journal of Economics* 118, n. 1 (fev. 2003), p. 3.

122 Saez, "Reported Incomes and Marginal Tax Rates", p. 158, Figura 8 (cálculo segundo o método já mencionado de considerar 70% dos lucros de corporações S, sociedades e proprietários únicos como rendimentos do trabalho).

123 Mark Zuckerberg, "A Letter to our Daughter", Facebook, 1º dez. 2015. Disponível em: <www.facebook.com/notes/mark-zuckerberg/a-letter-to-our-daughter/10153375081581634/>. Quando escreveu a carta, Zuckerberg era a sexta pessoa mais rica do mundo. Kerry A. Dolan e Luisa Kroll, "Forbes 2016 World's Billionaires: Meet the Richest People on the Planet", *Forbes*, 1º mar. 2016, disponível em: <www.forbes.com/sites/luisakroll/2016/03/01/forbes-2016-worlds--billionaires-meet-the-richest-people-on-the-planet/#5d8c660277dc>.

124 Zuckerberg, "A Letter to our Daughter".

125 Para um argumento semelhante, ver John Langbein, "The Twentieth-Century Revolution in Family Wealth Transmission", *Michigan Law Review* 86 (fev. 1988), pp. 722-51. Doravante citado como Langbein, "Twentieth--Century Revolution".

126 "O direito do pai de dispor de seu patrimônio, quando dado a ele e aos herdeiros de seu corpo, dependia de que ele tivesse primeiro um filho que fosse capaz de herdar." Charles Neate, *The History and Uses of the Law of Entail and Settlement* 7 (Londres: W. Ridgway, 1865).

127 O exemplo foi escolhido porque esse ducado, excepcionalmente, pode ser transmitido pela linhagem materna, e os detentores do título seguem a sucessão de acordo com essa contingência. Noel Cox, "Property Law, Imperial and British Titles: The Duke of Marlborough and the Principality of Mindelheim", *Legal History Review* 77, n. 1 (2009), p. 193. Disponível em: <https://doi.org/10.1163/004075809X403433>.

128 Poderia até mesmo, eventualmente, ter dissolvido o título familiar. Além disso, mesmo essas consequências teriam ocorrido somente se a ordem vigente que regulava os títulos e as propriedades permitisse a desinvestidura em vez do embargo da propriedade para garantir que permanecesse com a família. Ver Langbein, "Twentieth--Century Revolution", pp. 725-6.

129 "History of the Pledge", The Giving Pledge. Disponível em: <https://givingpledge.org>, acesso em: 12 out. 2018. Entre os signatários, estão Bill Gates, Warren Buffett, Mark Zuckerberg, Larry Ellison e Michael Bloomberg, todos eles entre os "dez mais" da Forbes 400 para 2018. Kroll e Dolan, "Forbes 400".

130 "Gente que não tem tempo arranja tempo para ler o *The Wall Street Journal*", *The Wall Street Journal*. Disponível em: <www.wsj.com/maketime>. Acesso em: 12 out. 2018.

131 Relatado numa primeira versão inédita de Heather Kappes et al. para "'Who You Are' Heightens Entitlement More Than 'What you Did'" (manuscrito arquivado com o autor).

132 Stephanie Addenbrooke e Emma Platoff, "2019 by the Numbers: First Impressions", *Yale Daily News*, 28 ago. 2018. Disponível em: <http://features.yaledailynews.com/blog/2015/08/28/2019by-the-numbers-first--impressions/>.

Em 2016, a Força-Tarefa do Conselho de Saúde da Yale College descobriu que o aluno médio de Yale dormia apenas 6,7 horas em dias de semana e que mais de 10% deles dormiam menos de cinco horas, em média, nesses dias. Paddy Gavin, "UP CLOSE: Unhealthy Sleep Culture at Yale", *Yale Daily News*, 9 set. 2016. Disponível em: <http://features.yaledailynews.com/blog/2016/09/09/up-close-unhealthy-sleep-culture-at-yale/>. Da mesma forma, uma pesquisa de 2014 de Avaliação dos Serviços de Saúde da Universidade Harvard com 2 mil alunos da graduação descobriu que 10% deles tinham, em média, menos de seis horas de sono por noite e nada menos que dois terços deles dormiam, em média, apenas seis horas por noite. Quynh-Nhu Le e Zara Zhang, "The State of the Student Body", *Harvard Crimson*, 11 nov. 2014. Disponível em: <www.thecrimson.com/article/2014/11/11/state-of-the-student-body/>. Acessos em: 18 nov. 2018.

133 Golden, "A Brief History of Long Work Time", p. 223 (citando Daniel S. Hamermesh e Joel Slemrod, "The Economics of Workaholism: We Should Not Have Worked on This Paper", NBER, Working Paper n. 11566 [2005], disponível em: <www.nber.org/papers/w11566>).

134 Ho, *Liquidated*, p. 103.

135 Hewlett e Luce, "Extreme Jobs".

136 Ho, *Liquidated*, p. 73.

137 Gershuny, "Busyness as the Badge of Honor", p. 296. Gershuny atribui essa opinião a Pierre Bourdieu, *Distinction: A Social Critique of the Judgment of Taste* (Londres: Routledge & Kegan Paul, 1984).

138 Kim Kardashian, por exemplo, declarou que "o maior equívoco sobre minha família e eu é achar que somos preguiçosos [...]. Trabalho muito; o programa é um emprego em tempo integral. Às vezes acho que as pessoas não entendem isso — trabalhamos das sete da manhã às sete da noite no programa". Ella Alexander, "How Alaïa and Valentino Inspired the Kardashians' Lipsy Collection", *Vogue UK*, 21 out. 2013. Disponível em: <www.vogue.co.uk/gallery/kardashians-lipsy-collection-launches-kim-kardashian-interview>. Acesso em: 18 nov. 2018.

139 Elaine K. Yakura, "Billables: The Valorization of Time in Consulting", *American Behavioral Scientist* 44, n. 7 (1º mar. 2001): p. 1090. Disponível em: <https://doi.org/10.1177/0002764201044007003>.

140 Schiltz, "An Unhappy, Unhealthy, and Unethical Profession", p. 942.

141 Schor, *The Overworked American*, p. 140.

142 Jeanne M. Brett e Linda K. Stroh, "Working 61 Plus Hours a Week: Why Do Managers Do It?", *Journal of Applied Psychology* 88, n. 1 (fev. 2003): p. 76. Disponível em: <https://doi.org/10.1037/0021-9010.88.1.67>.

143 Hewlett e Luce, "Extreme Jobs".

144 N. Gregory Mankiw, "Spreading the Wealth Around: Reflections Inspired by Joe the Plumber", *Eastern Economic Journal* 36, n. 3 (2010), p. 295, disponível em: <https://doi.org/10.3386/w15846>; N. Gregory Mankiw, "Defending the One Percent", *Journal of Economic Perspectives* 27, n. 3 (verão de 2013): pp. 32-3, disponível em: <https://doi.org/10.1257/jep.27.3.21>. Ver também N.

Gregory Mankiw, "Yes, the Wealthy Can Be Deserving", *The New York Times*, 15 fev. 2014. Disponível em: <www.nytimes.com/2014/02/16/business/yes-the-wealthy-canbedeserving.html>. Acesso em: 18 nov. 2018.

145 Ho, *Liquidated*, p. 103. Ho acrescenta que até mesmo os trabalhadores de gestão interna dos bancos eram desrespeitados devido à jornada de trabalho mais curta: "Dizer que Wall Street tinha pouco respeito pelos trabalhadores do *back-office* é um eufemismo. Embora não fossem abertamente insultados, eram por vezes chamados de 'trabalhadores de horário comercial', e sua ética de trabalho era questionada, assim como sua inteligência, sua motivação e sua tendência para a inovação". Ho, *Liquidated*, p. 17.

146 Jordan Weissmann, "The Head of Goldman Sachs Wants to Raise Your Retirement Age", *The Atlantic*, 20 nov. 2012. Disponível em: <www.theatlantic.com/business/archive/2012/11/the-headofgoldman-sachs-wants-to-raise-your-retirement-age/265475/>.

147 Gershuny, "Busyness as the Badge of Honor". Ver também Golden, "A Brief History of Long Work Time", p. 222 (citando Fredrik Carlsson, Olof Johansson-Stenman e Peter Martinsson, "Do You Enjoy Having More Than Others? Survey Evidence of Positional Goods", *Economica* 84, n. 296 (nov. 2007). Disponível em: <https://doi.org/10.1111/j.1468-0335.2006.00571.x>.

148 Numa "notável reviravolta histórica" que troca o mundo social de Veblen por seu polo oposto, "'ser ocupado' substituiu a ociosidade como símbolo de status social". Jacobs e Gerson, *The Time Divide*, p. 120. Ver também Gershuny, "Busyness as the Badge of Honor", pp. 306-7.

149 Gershuny, "Busyness as the Badge of Honor", pp. 290-91 (destaque suprimido).

150 Fraser, *Every Man a Speculator*, p. 476.

151 Em dólares nominais, a renda individual para os homens ficava entre 2.230 em 1947, e 5.553, em 1967.

U.S. Census Bureau, "Historical Income Tables: People", Current Population Survey, atualizada em 28 ago. 2018, Quadro P2. Disponível em: <www.census.gov/data/tables/time-series/demo/income-poverty/historical-income-people.html>. Acesso em: 11 out. 2018.

152 O índice de proprietários de casa própria era de 43,6% em 1940 e 61,9% em 1960. U.S. Census Bureau, Census of Housing, "Historical Census of Housing Tables: Homeownership", atualizado em 31 out. 2011. Disponível em: <www.census.gov/hhes/www/housing/census/historic/owner.html>.

153 Ver Galbraith, *The Affluent Society*, p. 79.

154 Maurice Isserman, *The Other American: The Life of Michael Harrington* (Nova York: Perseus, 2000), p. 154. Doravante citado como Isserman, *The Other American*.

155 Isserman, *The Other American*, p. 219.

156 Isserman, *The Other American*, pp. 175-220.

157 Herbert Mitgang, "Books of the Times", *The New York Times*, 21 mar. 1962. Disponível em: <https://timesmachine.nytimes.com/timesmachine/1962/03/21/83217578.pdf>. Acesso em: 18 nov. 2018.

NOTAS

158 Michael Harrington, *The Other America: Poverty in the United States* (Nova York: Simon & Schuster, 1997 [publicado originalmente em 1962 pela Macmillan]), p. 179. Doravante citado como Harrington, *The Other America*.

159 A. H. Raskin, "The Unknown and Unseen", *The New York Times*, 8 abr. 1962. Disponível em: <https://timesmachine.nytimes.com/timesmachine/1962/04/08/113424067.pdf>. Acesso em: 18 nov. 2018.

160 Harrington, *The Other America*, p. 190.

161 Robert D. Plotnick et al., "The Twentieth Century Record of Inequality and Poverty in the United States", Institute for Research on Poverty, Discussion Paper n. 1166-98 (jul. 1998), Universidade do Wisconsin em Madison, p. 57. Disponível em: <www.irp.wisc.edu/publications/dps/pdfs/dp116698.pdf>. Embora não existam estatísticas oficiais para os índices de pobreza antes da década de 1960, uma estimativa de 1955 indicava 26,2%. Em 1959, primeiro ano da série Official Poverty Measure, o índice oficial de pobreza continuava em 22,4%. Para dados históricos completos sobre a medição oficial da pobreza, ver U.S. Census Bureau, "Historical Poverty Tables: People and Families — 1959 to 2017", Current Population Survey, atualizada em 28 ago. 2018, Quadro 3. Disponível em: <www.census.gov/data/tables/time-series/demo/income-poverty/historical-poverty-people.html>.

162 Harrington, *The Other America*, p. 191.

163 Ibid., p. 17.

164 Gabriel Kolko, *Wealth and Power in America: An Analysis of Social Class and Income Distribution* (Nova York: Frederick A. Praeger, 1962), p. 98.

165 Isserman, *The Other American*, pp. 198-208.

166 Idem.

167 Dwight Macdonald, "Our Invisible Poor", *The New Yorker*, 19 jan. 1963, disponível em: <www.newyorker.com/magazine/1963/01/19/our-invisible-poor>. Acesso em: 18 nov. 2018.

168 Isserman, *The Other American*, p. 208.

169 Carl M. Brauer, "Kennedy, Johnson, and the War on Poverty", *Journal of American History* 69, n. 1 (jun. 1982): p. 103. Disponível em: <https://doi.org/10.2307/1887754>. Doravante citado como Brauer, "Kennedy".

170 Peter Dreier, "How Rachel Carson and Michael Harrington Changed the World", *Contexts* 11, n. 2 (primavera de 2012), p. 44. Disponível em: <https://doi.org/10.1177/1536504212446459>. É difícil saber ao certo se o presidente Kennedy viu o livro ou a resenha; os historiadores asseguram as duas versões.

171 Arthur M. Schlesinger Jr., *A Thousand Days: John F. Kennedy in the White House* (Boston: Houghton Mifflin, 1965), p. 1010.

172 Isserman, *The Other American*, p. 208.

173 Mensagem Anual ao Congresso, 1 Pub. Paper 13 (14 jan. 1963).

174 Carta ao presidente do Senado e ao porta-voz da Câmara propondo a instituição de um Corpo de Serviço Nacional, 1 Pub. Papers 320 (10 abr. 1963).

175 Essa formulação acompanha em termos gerais uma das principais linhas de argumentação de John Rawls em *A Theory of Justice* (Cambridge, Massachusetts: Belknap Press of Harvard University Press, 1971) [*Uma teoria da justiça*, São Paulo: Martins Fontes, 2016].

176 Byron G. Lander, "Group Theory and Individuals: The Origin of Poverty as a Political Issue in 1964", *Western Political Quarterly* 24, n. 3 (set. de 1971), p. 524. Disponível em: <https://doi.org/10.2307/446920>. Doravante citado como Lander, "Group Theory".

177 Lander, "Group Theory", p. 524.

178 Brauer, "Kennedy", p. 114. Johnson estava ansioso para convencer os assessores de Kennedy de que não era um conservador em matéria tributária.

179 Discurso ante uma sessão conjunta do Congresso, 1 Pub. Papers 9 (27 nov. 1963).

180 Lander, "Group Theory", p. 524, citando James Reston, "Washington: On Exploring the Moon and Attacking the Slums", *The New York Times*, 20 dez. 1963, disponível em: <https://timesmachine.nytimes.com/timesmachine/1963/12/20/89995256.pdf>; Editorial "Assault on Poverty", *The New York Times*, 30 dez. 1963, disponível em: <https://timesmachine.nytimes.com/timesmachine/1963/12/30/81832524.pdf>; Editorial, "Price of Poverty", *The New York Times*, 3 de jan. de 1964, disponível em: <https://timesmachine.nytimes.com/timesmachine/1964/01/03/118649586.pdf>; e James Reston, "A Modified New Deal", *The New York Times*, 9 jan. 1964, disponível em: <https://timesmachine.nytimes.com/timesmachine/1964/01/09/106931619.pdf>. Acessos em: 18 nov. 2018.

181 Discurso anual ao Congresso, 1 Pub. Papers 114 (8 jan. 1964). Para outra versão do relato, ver Brauer, "Kennedy".

182 Há muitas razões para isso. Mas uma das mais importantes é que os programas de transferência de renda naufragaram e, além disso, perderam o foco inicial nos pobres. Enquanto os domicílios do quintil inferior na distribuição de renda recebiam 54% de todos os pagamentos federais em 1979, essa faixa recebia 36% em 2007. Ver Escritório do Orçamento do Congresso, "Tendências na Distribuição de Renda Domiciliar". No entanto, o crescimento econômico torna a redistribuição consistente relativamente reduzida com a estabilização ou a queda da pobreza absoluta.

183 U.S. Census Bureau, "Historical Poverty Tables: People and Families — 1959 to 2017", Current Population Survey, atualizada em 28 ago. 2018, Quadro 3. Disponível em: <www.census.gov/data/tables/time-series/demo/income-poverty/historical-poverty-people.html>.

184 Idem.

A pobreza aumentou para pouco mais de 15% no início da década de 1980 e caiu ligeiramente no fim da década. As taxas de pobreza subiram de novo para mais de 15% no começo da década de 1990 e caíram para pouco menos de 11% em 2000. Durante o governo Bush e a Grande Recessão subiram mais uma vez e depois caíram para 12,3%, em 2017.

Outras estatísticas confirmam essa impressão sobre a pobreza quanto à renda como uma espécie de choque de realidade. Segundo uma pesquisa de 2007 do Escritório do Orçamento do Congresso, a renda anual após deduzidos os impostos para o quintil inferior na distribuição de renda aumentou 6% entre 1979 e 2005. Ver David A. Zalewski e Charles J. Whalen, "Financialization and Income Inequality: A Post Keynesian Institutional Analysis", *Journal of Economic Issues* 44, n. 3 (2010), p. 757. Disponível em: <https://doi.org/10.2753/JEI0021-3624440309>. Outra pesquisa que corrige a renda dos pobres levando em conta transferências do governo, plano de saúde pago por outras pessoas e queda no tamanho dos domicílios concluiu que a renda real do quintil inferior aumentou 26,4% entre 1979 e 2007. Ver Richard Burkhauser, Jeff Larrimore e Kosali I. Simon, "A 'Second Opinion' on the Economic Health of the American Middle Class", *National Tax Journal* 65, n. 1 (mar. 2012), p. 23. Disponível em: <https://dx.doi.org/10.17 310/ntj.2012.1.01>.

185 Trudi Renwick, "What Is the Supplemental Poverty Measure and How Does It Differ from the Official Measure?", U.S. Census Bureau, Census Blogs, 8 nov. 2012. Disponível em: <www.census.gov/newsroom/blogs/random-samplings/2012/11/what-is-the-supplemental-poverty-measure-and-how-does-it-differ-from-the-official-measure.html>. Comparada à Official Poverty Measure, a Supplemental Poverty Measure mostra uma elevação da linha de pobreza e na medição dos recursos dos pobres. De modo geral, a nova medição faz pequenas mudanças na composição das unidades domiciliares, fixa a linha da pobreza em 1,2 vez o gasto do 33º percentil com alimentos, vestimenta, moradia e utilidades domésticas de domicílios com exatamente dois filhos, introduz reajustes geográficos para o custo de vida, muda a fórmula para a correção pela inflação e muda a medição de recurso de modo a incluir benefícios em espécie (assistência alimentar, moradia subsidiada e assistência para energia elétrica domiciliar) e a excluir impostos, despesas com o trabalho e despesas médicas.

186 A Supplemental Poverty Measure informa que a pobreza caiu de 25,8%, em 1967, para 14,3%, em 2015 — uma queda de 11,5 pontos percentuais, enquanto a Official Poverty Measure não indica queda ao longo desses anos (já que a queda real da pobreza, segundo a medição oficial, ocorreu entre 1959 e 1967). Ver Trudi Renwick e Liana Fox, *The Supplemental Poverty Measure: 2015*, U.S. Census Bureau, Current Population Reports n. P60-258 (set. 2016). Disponível em: <www.census.gov/content/dam/Census/library/publications/2016/demo/p60-258.pdf>. Acesso em: 24 out. 2018. Ver também Christopher Wimer et al., "Trends in Poverty with an Anchored Supplemental Poverty Measure", Centro de População Colúmbia, Working Paper n. 1301 (5 dez. 2013), Centro de Pesquisa sobre População de Colúmbia, Nova York, Figura 2. Disponível em: <https://doi.org/10.7916/D8RN3853>.

187 Todas essas abordagens estão mais focadas na pobreza absoluta do que na pobreza relativa, portanto valorizam mais a privação material do que a exclusão social. As medições que incluem algum elemento de pobreza relativa mostram quedas ainda menores na pobreza, embora mesmo assim ela continue em queda. Por exemplo, um índice calculado pela OCDE que toma como linha de pobreza a metade da renda média, continuou mais baixo em 2013 (17,2%) do que era em 1947 durante a Grande Compressão (18,9%). Ver OCDE, "OECD Data: Poverty Rate". Disponível em: <https://data.oecd.org/inequality/poverty-rate.htm>. Acesso em: 10 out. 2016; Victor Fuchs, "Redefining Poverty and Redistributing Income", *The Public Interest* 8 (verão de 1967): p. 90.

188 Christopher Jencks, "The War on Poverty: Was It Lost?", *New York Review of Books*, 2 abr. 2015, disponível em: <www.nybooks.com/articles/2015/04/02/war-poverty-wasitlost/>. Acesso em: 18 nov. 2018. O sociólogo Jencks usa a taxa oficial de pobreza, da qual desconta cerca de dez pontos percentuais para assim levar em conta benefícios em alimentação e moradia, créditos do imposto de renda e créditos de imposto infantil, além de empregar uma medida alternativa para a inflação.

189 Bruce D. Meyer e James X. Sullivan, "Winning the War: Poverty from the Great Society to the Great Recession", NBER, Working Paper n. 18718 (jan. 2013), Quadro 1. Disponível em: <www.nber.org/papers/w18718.pdf>. Doravante citado como Meyer e Sullivan, "Winning the War".

190 U.S. Census Bureau, *2010 Annual Social and Economic Supplement*, Current Population Survey (2010). Disponível em: <ftp://ftp.census.gov/programs-surveys/cps/techdocs/cpsmar10.pdf>. Em 2009, 19.028 norte-americanos viviam abaixo do meio da linha de pobreza (ou seja, em pobreza extrema). Representavam 6,26% da população total.

191 Meyer e Sullivan, "Winning the War", Figura 6.

192 Bernadette D. Proctor, Jessica L. Semega e Melissa A. Kollar, *Income and Poverty in the United States: 2015*, U.S. Census Bureau, Current Population Reports n. P60-256 (set. 2016), p. 31, Quadro A2. Disponível em: <www.census.gov/content/dam/Census/library/publications/2016/demo/p60-256.pdf>. Acesso em: 30 dez. 2018. Entre 1967 e 2015, a renda média real do quintil inferior dos domicílios aumentou 25,4%.

193 Liana Fox et al., "Trends in Deep Poverty from 1968 to 2011: The Influence of Family Structure, Employment Patterns, and the Safety Net", *Russell Sage Foundation Journal of the Social Sciences* 1, n. 1 (nov. 2015): p. 16. Disponível em: <https://doi.org/10.7758/RSF.2015.1.1.02>. Doravante citado como Fox et al., "Trends in Deep Poverty", citando Nathan Hutto et al., "Improving the Measurement of Poverty", *Social Service Review* 85, n. 1 (mar. 2011): p. 47. Disponível em: <https://doi.org/10.1086/659129>. Uma família pobre típica gasta atualmente um sexto de sua renda com alimentos, em oposição a um terço.

NOTAS

194 Em 1960, 21,7% da população ganhavam menos de 3 mil dólares anuais. *Consumer Income*, U.S. Census Bureau, Current Population Reports n. P6036 (9 jun. 1961), p. 2, Quadro 1. Disponível em: <www2.census. gov/library/publications/1961/demographics/p6036. pdf>. Acesso em: 30 dez. 2018. U.S. Census Bureau, Statistical Abstract of the United States 1971, p. 321 (1971). As faixas determinadas no texto principal resultam da combinação desse fato com dados do Departamento de Censo sobre a posse de bens de consumo duráveis por renda. U.S. Census Bureau, Statistical Abstract of the United States 1971, p. 321 (1971).

195 Bruce D. Meyer e James X. Sullivan, "The Material Well-Being of the Poor and the Middle Class Since 1980", American Enterprise Institute for Public Policy Research Working Paper 201104, 25 out. 2011, p. 44, Quadro 2. Disponível em: <www.aei.org/wpcontent/ uploads/2011/10/Material-Well-Being-Poor-Middle- -Class.pdf>. Doravante citado como Meyer e Sullivan, "Material Well-Being of the Poor". Ver também U.S. Census Bureau, American Housing Survey (2013); Attanasio e Pistaferri, "Consumption Inequality", p. 19. Esses resultados refletem firmes aumentos. No fim da década de 1980 (mais ou menos no ponto intermediário entre 1960 e 2009), 54% do quintil mais pobre dos domicílios norte-americanos tinham ar-condicionado, 48% tinham secadora de roupa, 22% tinham lavadora de louças e mais de 70% possuíam carro. Ver Meyer e Sullivan, "Material Well-Being of the Poor", Quadro 2.

196 Attanasio e Pistaferri, "Consumption Inequality", p. 21. Ver Aguiar e Hurst, "Measuring Trends in Leisure", pp. 993-4.

197 Aguiar e Hurst, "Measuring Trends in Leisure", pp. 969-1006. A diferença cada vez maior entre o tempo de lazer de ricos e pobres não deve ser atribuída apenas a mudanças na renda ou nos gastos. Pode resultar de um afastamento de grupos de baixa renda do mercado de trabalho.

198 Alan Barreca et al., "Adapting to Climate Change: The Remarkable Decline in the US Temperature-Mortality Relationship over the Twentieth Century", *Journal of Political Economy* 124, n. 1 (5 jan. 2016): p. 152. Disponível em: <https://doi.org/10.1086/684582>. "Havia cerca de 5,9 mil mortes prematuras ao ano devido às altas temperaturas [entre 1960 e 2004] [...]. A popularização dos aparelhos domésticos de ar-condicionado entre 1960 e 2004 reduziu as fatalidades prematuras para cerca de 18 mil por ano." 18.000/(18.000 + 5.900) = 0,753.

199 "Mortality Rate, Under5 (per 1,000 Live Births)", Dados Abertos do Banco Mundial, Banco Mundial. Disponível em: <https://data.worldbank.org/indicator/SH.DYN.MORT?locations=US>. Acesso em: 12 out. 2018. Além disso, a taxa de natalidade entre adolescentes caiu cerca de 75% desde 1957. As taxas de natalidade entre pessoas de quinze a dezenove anos caíram de 96 por mil, em 1957, para 24,2 por mil, em

2014. Centros de Prevenção e Controle de Doenças, Relatórios de Estatísticas Nacionais Vitais, Relatório 49, n. 10 (25 set. 2001): p. 2. Disponível em: <www.cdc.gov/ nchs/data/nvsr/nvsr49/nvsr49_10.pdf>. Acesso em: 18 nov. 2018; "Trends in Teen Pregnancy and Childbearing", Departamento de Saúde e Serviços Humanos, disponível em: <www.hhs.gov/ash/oah/adolescent-development/reproductive-health-and-teen-pregnancy/ teen-pregnancy-and-childbearing/trends/index.html>. Acesso em: 12 out. 2018.

200 "Human Development Data", Programa de Desenvolvimento das Nações Unidas. Disponível em:<www.hdr. undp.org/en/indicators/137506>. Acesso em: 12 out. 2018. O índice de desenvolvimento humano (IDH) do Programa de Desenvolvimento das Nações Unidas mede "o desempenho médio em três dimensões básicas do desenvolvimento humano: uma vida longa e saudável, conhecimento e um padrão de vida decente". O IDH dos Estados Unidos era de 0,826, em 1980, e aumentou para 0,915, em 2014.

201 Ver Administração de Previdência Social, Office of Retirement and Disability Policy, "Trends in Mortality Differentials and Life Expectancy for Male Social Security-Covered Workers, by Socioeconomic Status", *Social Security Bulletin* 67, n. 3 (2007), Quadro 4. Disponível em: <www.ssa.gov/policy/docs/ssb/v67n3/v67n3p1. html>. Ver também Lawrence Summers, "The Rich Have Advantages That Money Cannot Buy", *Financial Times*, 8 jun. 2014. Disponível em: <www.ft.com/ content/36d0831a-eca2-11e3-8963-00144feabdc0>. Acesso em: 18 nov. 2018. Doravante citado como Summers, "The Rich Have Advantages".

202 Sobre a renda dos pobres ao longo do tempo, ver U.S. Census Poverty, "Historical Poverty Tables: People and Families — 1959 to 2017", Current Population Survey, atualizada em 28 ago. 2018, Quadros 2-3. Disponível em: <www.census.gov/data/tables/time-series/demo/income-poverty/historical-poverty-people.html>. Sobre o consumo dos pobres ao longo do tempo, ver Meyer e Sullivan, "Winning the War", Quadro 1. Ver também Meyer e Sullivan, "Material Well-Being of the Poor", pp. 19-20.

203 Uma visão honesta deveria, no entanto, reconhecer outra tendência histórica que todas as análises da pobreza com demasiada frequência simplesmente ignoram. Os índices de encarceramento explodiram mesmo quando os índices de pobreza caíram. Os índices oficiais de pobreza não incluem presidiários, já que a população-base para essas medições exclui pessoas que vivem em instituições ou "residências coletivas". Ver Fox et al., "Trends in Deep Poverty", 30. (Absurdamente, universitários que vivem em alojamentos são excluídos com base no mesmo princípio. Ver Fox et al., "Trends in Deep Poverty", 17.)

   No entanto, embora o Estado forneça alimento, abrigo e atendimento médico aos prisioneiros, eles não têm de fato nenhuma renda e (principalmente nos sistemas prisionais mais rígidos) consomem em níveis que seriam considerados de pobreza extrema se fossem cidadãos em liberdade. Isso torna natural perguntar como seria a maneira adequada de classificar os presidiários quanto à pobreza. Estudos que analisaram a relação entre pobreza e encarceramento concluíram que a gravidade da pobreza norte-americana pode estar sendo subavaliada em nada menos que um sexto dos números oficiais. Ver Ian Irvine e Kuan Xu, "Crime, Punishment and the Measurement of Poverty in the United States, 1979-1997", p. 22, Dalhousie University Economics, Working Paper (29 jul. 2003), Dalhousie University, Halifax, Nova Escócia, Canadá. No entanto, essa distorção não prejudica a tendência geral decrescente da pobreza, já que o índice geral de pobreza caiu em proporção muito maior — entre metade e cinco sextos, a depender do parâmetro de medição usado.

204 "Income Inequality, USA, 1970-2014", World Inequality Database. Disponível em: <https://wid.world/country/usa/>. Acesso em: 12 out. 2018.

Seria esclarecedor criar uma série sobre o consumo do 1% superior, mas os dados existentes não permitem isso. A Consumer Expenditure Survey acompanha as faixas de consumo por quintis de renda antes de deduções e (desde mais recentemente) por decis de renda antes de deduções. Ver, por exemplo, Secretaria de Estatísticas Trabalhistas, Consumer Expenditure Survey (2015), Quadro 1101, disponível em: <www.bls.gov/cex/2015/combined/quintile.pdf>; e Secretaria de Estatísticas Trabalhistas, Consumer Expenditure Survey (2015), Quadro 1110, disponível em: <www.bls.gov/cex/2015/combined/decile.pdf>. A pesquisa atualmente acompanha também o consumo por faixas de renda que vão de "menos de 15 mil dólares" a "200 mil dólares ou mais" (o que representava, aproximadamente os 5% superiores na distribuição de renda em 2015). Ver Secretaria de Estatísticas Trabalhistas, Consumer Expenditure Survey (2015), Quadro 1203. Disponível em: <www.bls.gov/cex/2015/combined/income.pdf>. Mas o acompanhamento por decis começou há pouco tempo, e as faixas de renda usadas pela pesquisa mudaram ao longo do tempo, de modo que não se pode construir uma boa série para as proporções superior/inferior com essas categorias. Além do mais, a pesquisa ainda não acompanha o consumo das elites econômicas, cada vez mais reduzidas. As tendências do consumo por quintil ao longo do período 1984-2010 foram resumidas por Kevin A. Hassett e Aparna Mathur, que encontraram um pequeno aumento na proporção de consumo entre os quintis superior e inferior durante o período analisado. Kevin A. Hassett e Aparna Mathur, *A New Measure of Consumption Inequality*, American Enterprise Institute (jun. 2012), p. 5. Disponível em: <www.aei.org/wpcontent/uploads/2012/06/anew-measure-of-consumption-inequality142931647663.pdf>.

205 Em 2014, a renda média no quintil inferior era de 13.132 dólares; a renda média geral era de cerca de 43.955 dólares; e a renda média do 1% superior era de 1.012.549 de dólares (todas em valores nominais de 2014). Ver World Top Incomes Database/United States, Post-tax national income/Average income/Equal-split adults/P0-P20, P49-P51, P99-P100. Disponível em <https://wid.world/country/usa/>.

Em 1964, a renda média no quintil inferior era de 990, a renda média geral era de cerca de 4.185 dólares e a renda média do 1% superior era de 54.530 dólares (todas em valores nominais de 1964). Ver World Top Incomes Database / United States, Post-tax national income/Average income / Equal-split adults / P0-P20, P49-P51, P99-P100. Disponível em: <https://wid.world/country/usa/>.

206 "The American Middle Class Is Losing Ground", Pew Research Center, 9 dez. 2015. Disponível em: <www.pewsocialtrends.org/2015/12/09/the-american-middle-class-is-losing-ground/>. Acesso em: 14 out. 2018. Doravante citado como Pew Research Center, "The American Middle Class Is Losing Ground".

207 David Leonhardt e Kevin Quealy, "The American Middle Class Is No Longer the World's Richest", *The New York Times*, 22 abr. 2014. Disponível em: <www.nytimes.com/2014/04/23/upshot/the-american-middle-class-is-no-longer-the-worlds-richest.html?r=0>. Acesso em: 18 nov. 2018. Leonhardt e Quealy recorrem a dados do Luxembourg Income Study para mostrar que, por volta de 2010, as rendas médias no Canadá e na Noruega superavam as dos Estados Unidos, e que as rendas médias em quase todas as outras nações ricas vinham alcançando rapidamente as dos Estados Unidos nas três últimas décadas.

208 Números calculados a partir de informações disponíveis na World Top Incomes Database. Ver World Top Incomes Database / United States / Post-tax national income / Gini (P0-100) / Equal-split adults. Disponível em: <https://wid.world/country/usa/>. Acesso em 29 out. 2018. No cálculo empregam-se rendas após deduções e transferências de modo a obter as verdadeiras circunstâncias dos vários segmentos da economia aos quais se aplica o coeficiente de Gini. Além disso, o cálculo utiliza cem pontos de dados para cada ano, correspondentes a níveis de renda em cada percentil da distribuição. Isso aumenta a precisão e, o que é mais importante para nossos propósitos, permite calcular os coeficientes de Gini por partes da distribuição, como se faz no texto principal. Muitas das séries de Gini para os Estados Unidos, ao contrário, calculam o coeficiente de Gini usando apenas uns poucos pontos de dados por ano — muitas vezes somente cinco, correspondentes à renda de cada quintil (com vários métodos de interpolação usados dentro dos quintis). Essa diferença afeta o nível absoluto dos coeficientes de Gini calculados, e a série por trás das afirmações feitas aqui parte de outras séries importantes, que partem umas das outras. Ao mesmo tempo, as tendências reveladas por todas as séries coincidem, de modo que elas sobem e descem simultaneamente.

209 Escritório do Orçamento do Congresso, "Trends in the Distribution of Household Income", p. 16.

NOTAS

210 Os dados usados no cálculo desses coeficientes de Gini foram obtidos na World Top Incomes Database, Post-tax national income / Equal-split adults / Average / Adults / constant 2015 local currency. Disponível em: <https://wid.world/country/usa/>.

211 Algumas análises vão ainda mais longe e questionam se houve algum aumento acentuado ou mesmo significativo da desigualdade econômica a partir de 1993 nos 99% inferiores da distribuição de renda. Para uma resenha sobre o tópico, ver Robert J. Gordon, "Misperceptions About the Magnitude and Timing of Changes in American Income Inequality", NBER, Working Paper n. 15351 (set. 2009), p. 1. Disponível em: <www.nber. org/papers/w15351.pdf>.

212 Aaron Blake, "Obama's 'You Didn't Build That' Problem", *The Washington Post*, 18 jul. 2012, disponível em: <www. washingtonpost.com/blogs/the-fix/post/obamas-you-didnt-build-that-problem/2012/07/18/gJQAJx-yotW_blog.html>, acesso em: 18 de nov. de 2018; Lucy Madison, "Elizabeth Warren: 'There Is Nobody in This Country Who Got Rich on His Own'", CBS News, 22 set. 2011, disponível em: <www.cbsnews.com/news/elizabeth-warren-there-is-nobody-in-this-country-who-got-rich-on-his-own/>. Acesso em: 14 out. 2018.

213 Essa visão é expressa acentuadamente por muitos pensadores e ativistas, entre eles Matthew Desmond, *Evicted: Poverty and Profit in the American City* (Nova York: Crown, 2016); Donald S. Shepard, Elizabeth Setren e Donna Cooper, "Hunger in America: Suffering We All Pay For", Centro para o Progresso Americano, out. 2011, disponível em: <www.americanprogress.org/wpcontent/uploads/issues/2011/10/pdf/hunger_paper.pdf>; H. Luke Shaefer e Kathryn Edin, "Extreme Poverty in the United States, 1996 to 2011", Policy Brief 28 (fev. 2012), Centro Nacional da Pobreza, disponível em: <http://npc.umich.edu/publications/policy_briefs/brief28/policybrief28.pdf>; H. Luke Shaefer e Marci Ybarra, "The Welfare Reforms of the 1990s and the Stratification of Material Wemm-Being Among Low Income Households with Children", Centro Nacional de Pobreza, Working Paper séries 12-12, Centro Nacional de Pobreza, Ann Arbor, Michigan, maio 2012, disponível em: <http://npc.umich.edu/publications/u/201212npc-working-paper.pdf>; Yonatan Ben-Shalom, Robert Moffit e John Karl Scholz, "An Assessment of the Effectiveness of Anti-Poverty Programs in the United States", Centro Nacional de Pobreza, Working Paper séries 1119, Centro Nacional de Pobreza, Ann Arbor, Michigan, jun. 2011, disponível em: <http://npc.umich.edu/publications/u/2011-19_NPC_Working Paper.pdf>.

Entre as estatísticas oficiais que documentam o sofrimento dos pobres de hoje, encontram-se: Departamento de Agricultura dos Estados Unidos, Serviço de Pesquisa Econômica, *Food Security in the United States*, disponível em: <www.ers.usda.gov/topics/food-nutrition-assistance/food-security-in-the-us.aspx>; *Key Statistics and Graphics*, disponível em: <www.ers.usda.gov/topics/ food-nutrition-assistance/food-security-in-the-us/key-statistics-graphics.aspx>; *Food Security in the United States*, disponível em: <www.ers.usda.gov/data-products/food-security-in-the-united-states.aspx>; Current Population Survey Food Security Supplement, disponível em: <www.ers.usda.gov/data-products/food- securityinthe-united-states.aspx#26502>. Acessos em: 3 out. 2016.

214 Ver Aristóteles, *Aristotle's Politics*, Livro IV [*A política*, São Paulo: Edipro, 2019]; James Madison, *Federalist* n. 10, in *The Federalist Papers*, Clinton Rossiter (org.) (Nova York: New American Library, 1961), pp. 77-84.

215 Ver, por exemplo, Código de Receita Interna (IRC, na sigla em inglês): (IRC) §1 (1954); IRC §1 (1971); IRC §1 (1976); IRC §1 (1981); IRC §1 (1986); IRC §1 (1991) IRC §1 (1996); IRC §1 (2001); IRC §1 (2006); IRC §1 (2011); IRC §1 (2016). Ver também "Historical Highest Marginal Income Tax Rates", Centro de Política Tributária. Disponível em: <www.taxpolicycenter. org/statistics/historical-highest-marginal-income-tax-rates>. Acesso em: 14 out. 2018. A alíquota marginal superior elevou-se para 91% em 1951 e para 92% em 1952 e 1953. Depois caiu para 91% e continuou assim até 1963. Serviço de Receita Interna, "Historical Table 23: U.S. Individual Income Tax: Personal Exemptions and Lowest and Highest Bracket Tax Rates, and Tax Base for Regular Tax, Tax Years 1913-2015" (2018). Disponível em: <www.irs.gov/statistics/soi-tax-stats-historical-table23>.

216 Winters, *Oligarchy*, p. 4.

217 O mistério é tão intrigante que a Associação Americana de Ciência Política assumiu seu estudo como principal objetivo de sua Força-Tarefa sobre Desigualdade e Democracia Americana em 2001. "Task Force on Inequality and American Democracy", Associação Americana de Ciência Política. Disponível em: <www.apsanet.org/PUBLICATIONS/Reports/Task-Force-on-Inequality-and-American-Democracy>. Acesso em: 14 out. 2018.

218 Ran Kivetz e Yuhuang Zheng, "Determinants of Justification and Self-Control", *Journal of Experimental Psychology: General* 135, n. 4 (2006), pp. 572-87. Disponível em: <https://doi.org/10.1037/0096-3445.135.4.572>.

219 Alberto Alesina e George-Marios Angeletos, "Corruption, Inequality, and Fairness", *Journal of Monetary Economics* 52, nº 7 (outubro 2005), pp. 1227-44. Disponível em: <https://doi.org/doi:10.1016/j.jmoneco.2005.05. 003>.

220 N. Gregory Mankiw, "Yes, the Wealthy Can Be Deserving", *The New York Times*, 15 fev. 2014, disponível em: <www.nytimes.com/2014/02/16/business/yes-the-wealthy-canbedeserving.html>. Acesso em: 18 nov. 2018. Isso se aplica até mesmo ao supertopo da distribuição, para bloquear a taxação progressiva que visa estritamente aos super-ricos. Um caso raro em que os dezenove seguintes derrotam o 1% superior numa disputa política sobre impostos representa a exceção que confirma a regra. Na última reforma do imposto sobre a transmissão de patrimônio após a morte, os simplesmen-

te ricos procuraram elevar o teto de isenção, enquanto os super-ricos pretendiam reduzir as alíquotas ou até eliminar totalmente a tributação. (Isso faz sentido: os patrimônios dos simplesmente ricos se beneficiariam do teto de isenção mais elevado, tornando desimportante a questão das alíquotas comparada à da isenção; já os patrimônios dos super-ricos superariam em massa qualquer teto de isenção, tornando desimportante a questão do teto comparada à questão das alíquotas. Com efeito, em 2015, menos de 5 mil patrimônios pagaram algum imposto e, em 2013, o tamanho médio dos patrimônios que pagavam o imposto era de 22,7 milhões de dólares. Brian J. O'Connor, "Once Again, the Estate Tax May Die", *The New York Times*, 18 fev. 2017. Disponível em: <www.nytimes.com/2017/02/18/your-money/taxes/once-again-the-estate-tax-may-die.html>. Acesso em: 24 out. 2018.) Exceto por um recuo efêmero em 2010, os simplesmente ricos ganharam as últimas batalhas políticas: o teto de isenção foi elevado, mas as alíquotas aplicadas acima da isenção não caíram. Para mais informação a respeito da política sobre taxação de patrimônio, ver Michael J. Graetz e Ian Shapiro, *Death by a Thousand Cuts: The Fight over Taxing Inherited Wealth* (Princeton, Nova Jersey: Princeton University Press, 2006).

221 Para assuntos relacionados, ver Skidelsky e Skidelsky, *How Much Is Enough?*, pp. 191-92.

Certa vez, Lyndon B. Johnson descreveu a Grande Sociedade como "um lugar em que cada criança possa encontrar conhecimento para enriquecer a mente e ampliar seus talentos [...] onde a cidade do homem sirva [...] ao desejo de beleza e à ânsia de comunidade [...] onde os homens estejam mais preocupados com a qualidade de seus objetivos do que com a quantidade de seus bens". Biblioteca Presidencial LBJ, "Social Justice Gallery". Disponível em: <www.lbjlibrary.org/exhibits/social-justice-gallery>. Acesso em: 15 out. 2018. Hoje, Paul Ryan divide a sociedade entre "fazedores", cuja ética de trabalho serve ao bem comum, e "tomadores", que exploram os programas estabelecidos por LBJ. Nick Baumann e Brett Brownell, "VIDEO: Paul Ryan's Version of '47 Percent' — the 'Takers' vs. the 'Makers'", *Mother Jones*, 5 out. 2012. Disponível em: <www.motherjones.com/politics/2012/10/paul-ryan-s-47-percent-makers-vs-makers-video/>. Acesso em: 15 out. 2018 (Mais tarde, Ryan se diria arrependido dessa formulação. Ver, por exemplo, Paul Ryan, "Speaker Ryan on the State of American Politics", 23 mar. 2016. Disponível em: <www.speaker.gov/press-release/full-text-speaker-ryan-state-american-politics>. Mas o arrependimento está mais ligado ao estilo do que à essência, e Ryan continuou desmantelando o Estado de bem-estar.) A virada meritocrática da desigualdade econômica explica os dois lados desse contraste retórico. Johnson podia esboçar uma distinção nítida entre uma "qualidade de [...] objetivos" e a "quantidade de [...] bens" porque a economia de meados do século XX associava renda a rendimentos não obtidos pelo trabalho.

A desigualdade meritocrática, pelo contrário, associa renda a trabalho e, portanto, a virtude. Isso dissolve o contraste em que Johnson se baseou e reforça o contraste evocado por Ryan.

222 Os conservadores desdenham sobretudo de intelectuais progressistas — entre eles, escritores e professores — cuja renda não corresponde à educação e que se insurgem ruidosamente, mas com inveja, contra a riqueza de uma classe comercial que eles (presos aos escombros dos valores aristocráticos) veem como inferior. Ver, por exemplo, David Brooks, "Bitter at the Top", *The New York Times*, 15 jun. 2004. Disponível em: <www.nytimes.com/2004/06/15/opinion/bitter-at-the-top.html>. Acesso em: 18 nov. 2018. Edward Conard, escritor conservador que já foi capitalista de risco, chama esse tipo de "mestres em arte e história", que ele usa como "termo pejorativo para todos os que tiveram a sorte de nascer com o talento e a oportunidade para adotar o mecanismo de correr riscos e perseguir inovações, mas preferiram uma vida menos competitiva". Adam Davidson, "The Purpose of Spectacular Wealth, According to a Spectacularly Wealthy Guy", *The New York Times*, 1ª mai. 2012. Disponível em: <www.nytimes.com/2012/05/06/magazine/romneys-former-bain-partner-makes-a-case-for-inequality.html>. Acesso em: 18 nov. 2018. O desprezo sugere que os ricos que trabalham, por sua vez, só podem retribuir a inveja dos intelectuais se tiverem como propósito a liberdade e o lazer que os intelectuais ainda têm, livres de impostos.

223 Ver, por exemplo, Comissão de Relações Internacionais, Câmara, Congresso dos Estados Unidos: *Russian Foreign Policy: Proliferation to Rogue Regimes: Hearings Before the Committee on International Relations*, 106ª Congresso, 1ª sessão, 1999, p. 35 (declaração do representante James Woolsey).

224 Arthur C. Brooks, *The Road to Freedom: How to Win the Fight for Free Enterprise* (Nova York: Basic Books, 2012).

225 Os igualitaristas moderados são mais propensos a sucumbir a esse medo. O ex-secretário do Tesouro Larry Summers, por exemplo, manifestou recentemente essa tendência ao dizer que "a menos que se veja a inveja como virtude, a principal razão para a preocupação com a desigualdade é que os trabalhadores de média e baixa renda têm muito pouco — não que os ricos têm demais". Summers, "The Rich Have Advantages".

226 A expressão "lava o dinheiro dos desejos" foi emprestada de Bernard Williams, *Ethics and the Limit of Philosophy* (Londres: Routledge, 2011), p. 56.

227 Citado em Freeland, *Plutocrats*, p. 53.

Capítulo 5: A herança meritocrática

1 Nicholas Lehman, *The Big Test: The Secret History of American Meritocracy* (Nova York: Farrar, Straus & Giroux, 1999), p. 141. Doravante citado como Lehman, *The Big Test*.

2 Geoffrey Kabaservice, "The Birth of a New Institution:

NOTAS

How Two Yale Presidents and Their Admissions Directors Tore Up the 'Old Blueprint' to Create a Modern Yale", *Yale Alumni Magazine*, dez. 1999. Disponível em: http://archives.yalealumnimagazine.com/issues/99_12/admissions.html. Acesso em: 18 nov. 2018. Doravante citado como Kabaservice, "The Birth of a New Institution".

3 Brooks Mather Kelley, *Yale: A History* (New Haven, CT: Yale University Press, 1999), p. 407; Kabaservice, "The Birth of a New Institution".

4 Kabaservice, "The Birth of a New Institution".

5 Idem.

6 Kabaservice diz: "Na verdade, enquanto as escolas particulares responderam por mais de 60% dos alunos da turma de 1957, responderam por menos da metade dos membros da Phi Beta Kappa e por um sexto dos membros da Tau Beta Pi, a sociedade nacional de honra da engenharia. Cada uma das maiores escolas alimentadoras (Andover, Exeter, Lawrenceville, Hotchkiss e St. Paul's) — que Griswold considerou o suprassumo da excelência acadêmica, berço de cerca de duzentos alunos (ou 20% da turma) — teve apenas um representante entre os 64 membros da Phi Beta Kappa. Outras tradicionais escolas alimentadoras, como Groton, Hill, Kent, St. Mark's, St. George's e Taft, não contribuíram para a Phi Beta Kappa." Kabaservice, "The Birth of a New Institution".

7 Os universitários de elite em Harvard, na década de 1930, por exemplo, "moravam em apartamentos privativos em que eram atendidos por mordomos e criadas, num distrito chamado Gold Coast; iam a bailes de debutantes em Boston e, em geral não frequentavam as aulas; no fim de cada semestre, inscreviam-se em cursos especiais de reforço e assim conseguiam passar nos exames". Da mesma forma, nos anos do pós-guerra, proliferavam os "papai-pagou-passou". Lehman, *The Big Test*, p. 27.

8 Kabaservice, "The Birth of a New Institution".

9 Jacques Steinberg, *The Gatekeepers: Inside the Admissions Process of a Premier College* (Nova York: Penguin Books, 2002), xii.

10 Jerome Karabel, *The Chosen: The Hidden History of Admission and Exclusion at Harvard, Yale, and Princeton* (Boston: Mariner Books, 2014), p. 177.

11 Kabaservice, "The Birth of a New Institution".

12 Para a revolução do SAT em Harvard em meados do século XX, ver Murray, *Coming Apart*, pp. 54-5. Murray chama o pró-reitor de William e Wilbur, alternadamente, mas o nome é Wilbur. Para a observação do pró-reitor de admissões de Harvard, ver W. J. Bender, *Final Report of W. J. Bender, Chairman of the Admissions and Scholarship Committee and Dean of Admissions and Financial Aids, 1952-1960* (Cambridge, Massachusetts: Harvard University, 1960), p. 4.

13 Kabaservice, "The Birth of a New Institution".

14 Kabaservice, "The Birth of a New Institution".

15 Idem.

16 Idem.

17 Idem.

18 Depois de seu período em Yale, Clark trabalhou como diretor da Horace Mann School, também numa época em que, segundo relatos posteriores, o abuso sexual de estudantes era generalizado. Para informações sobre as acusações e o papel de Clark no período, ver Amos Kamil, "Prep School Predators", *The New York Times*, 6 jun. 2012. Disponível em: <www.nytimes.com/2012/06/10/magazine/the-horace-mann-schools-secret-history-of-sexual-abuse.html>. Acesso em: 18 nov. 2018.

19 Kabaservice, "The Birth of a New Institution".

20 Idem.

21 Kabaservice, "The Birth of a New Institution". Kabaservice cita uma matéria do *Yale Daily News*. Ver Tom Herman, "New Concept of Yale Admissions", *Yale Daily News*, 16 dez. 1965. A matéria, no entanto, não emprega a palavra *excrescência*.

22 Kabaservice, "The Birth of a New Institution".

23 Daniel Golden, *The Price of Admission: How America's Ruling Class Buys Its Way into Elite Colleges — and Who Gets Left Outside the Gates* (Nova York: Three Rivers Press, 2007), p. 129.

24 Kabaservice, "The Birth of a New Institution". Outro relato sobre a revolução do SAT em Yale encontra-se em Murray, *Coming Apart*, p. 54.

25 Kabaservice, "The Birth of a New Institution".

26 Kabaservice, "The Birth of a New Institution"; R. Inslee Clark, entrevista concedida a Geoffrey Kabaservice, Biblioteca de Manuscritos e Arquivos de Yale, 13 mai. 1993.

27 Kabaservice, "The Birth of a New Institution"; William F. Buckley Jr., "What Makes Bill Buckley Run", *Atlantic Monthly*, abr. 1968, p. 68.

28 Kabaservice, "The Birth of a New Institution".

29 Idem.

30 Departamento de Educação dos Estados Unidos, College Scorecard Database, última atualização em 28 set. 2018. Disponível em: <https://collegescorecard.ed.gov/data>; Richard Pérez-Peña, "Best, Brightest and Rejected: Elite Colleges Turn Away up to 95%", *The New York Times*, 18 abr. 2014, disponível em: <https://www.nytimes.com/2014/04/09/us/ledbystanfords-5top-colleges-acceptance-rates-hit-new-lows.html>. As "dez mais" para esse fim são as onze universidades que dominam os primeiros lugares no ranking surpreendentemente estável do *U.S. News & World Report*: Princeton, Harvard, Yale, Colúmbia, Stanford, Universidade de Chicago, Duke, MIT, Universidade da Pensilvânia, Caltech e Dartmouth.

31 Kabaservice, "The Birth of a New Institution". Kabaservice observa que o corpo docente de Yale, especialmente os professores de ciências, ficaram impressionados com a qualidade dos alunos. O diretor do Departamento de Química escreveu uma carta a Brewster dizendo que "todo o nosso pessoal que já teve algum contato com os

calouros deste ano afirma que alguém fez um trabalho espetacular de recrutamento. Estamos habituados a encontrar excelentes alunos nos cursos introdutórios, mas nunca em tal quantidade".

32 Necessariamente, trata-se de estimativas, já que as faculdades não divulgam médias ou notas compostas, apenas as notas para cada parte do teste. Para Yale, ver "What Yale Looks For", Universidade de Yale, disponível em: <https://admissions.yale.edu/what-yale-looks-for>; para Harvard, ver "Applying to Harvard", Universidade Harvard, disponível em: <https://college.harvard.edu/frequently-asked-questions>; para Princeton, ver "Admission Statistics", Universidade de Princeton, atualizado em 15 jul. 2018, disponível em: <https://admission.princeton.edu/how-apply/admission-statistics>; para Stanford, ver "Our Selection Process", Universidade Stanford, atualizado em jul. 2018, disponível em: <http://admission.stanford.edu/basics/selection/profile.html>.

33 Organização para Cooperação e Desenvolvimento Econômico, *OECD Skills Outlook 2013: First Results from the Survey of Adult Skills*, OECD Publishing (2013). Disponível em: <http://dx.doi.org/10.1787/9789264204256en>, p. 118. Doravante citado como OCDE, *OECD Skills Outlook 2013*.

34 Idem.

35 A diferença na qualificação entre pessoas com diploma universitário ou pós-graduação e as que não completaram o ensino médio nos Estados Unidos é um quarto superior à média da OCDE e um terço maior que na Austrália, na Áustria, na Estônia, na Finlândia, na Itália, no Japão, na Noruega e na Eslováquia. OCDE, *OECD Skills Outlook 2013*, p. 117.

36 Bíblia King James, Mateus 13:12. Note-se que nesse trecho o Evangelho se refere a conhecimento e sensatez e à aceitação dos ensinamentos de Jesus.

37 O nome vem de Robert Merton, "The Matthew Effect in Science", *Science* 159 (5 jan. 1968), pp. 56-63. Ver também Annie Murphy Paul, "Educational Technology Isn't Leveling the Playing Field", *Slate*, 25 jun. 2014, disponível em: <https://slate.com/technology/2014/06/neuman-celano-library-study-educational-technology-worsens-achievement-gaps.html>. Acesso em: 18 nov. 2018.

38 Langbein, "Twentieth-Century Revolution", p. 722.

39 Ver Robert D. Mare, "Educational Homogamy in Two Gilded Ages: Evidence from Inter-generational Social Mobility Data", *Annals of American Academy of Political and Social Science* 663 (jan. 2016), pp. 117-39; e Robert D. Mare, "Educational Assortative Mating in Two Generations: Trends and Patterns Across Two Gilded Ages", Centro de Pesquisa Populacional da Califórnia, On-line Working Paper Series, 12 jan. 2013. Disponível em: <http://papers.ccpr.ucla.edu/papers/PWP-CCPR-2014-015/PWP-CCPR-2014-015.pdf>.

40 Ver Murray, *Coming Apart*, p. 62. Para mais referências, ver Christine Schwartz e Robert Mare, "Trends in Educational Assortative Marriage from 1940 to 2003", *Demography* 42 (2005), pp. 621-46, em que se lê que os dois cônjuges tinham dezesseis anos de estudo ou mais em 3,95% dos casais casados em 1960 e em 27,7% dos casais casados em 2000.

41 Jeremy Greenwood et al., "Marry Your Like: Assortative Mating and Income Inequality", *American Economic Review (Papers and Proceedings)* 104 (maio 2014), pp. 348, 350. Doravante citado como Greenwood et al., "Marry Your Like". De modo mais geral, um retrospecto que avalie o impacto adicional da educação do marido sobre a da mulher, tomando-se 1960 como ano-base, mostra um coeficiente de impacto em firme e substancial ascensão; e a proporção entre a quantidade de casais cujos cônjuges têm o mesmo nível de educação e a quantidade de casais que se formariam se seus cônjuges fossem reunidos ao acaso pelo nível de educação aumentou significativamente.

42 Princeton e Yale começaram a admitir mulheres em 1969. Judith Schiff, "Resources on Yale History: A Brief History of Yale", Biblioteca da Universidade de Yale, disponível em: <http://guides.library.yale.edu/yalehistory>; "Yale Will Admit Women in 1969; May Have Coeducational Housing", *Harvard Crimson*, 15 nov. 1968, disponível em: <www.thecrimson.com/article/1968/11/15/yale-will-admit-women-in-1969/>. É difícil determinar a data em que a Harvard College começou a admitir mulheres devido à existência da Radcliffe College, só de mulheres. A Radcliffe College foi criada como um anexo da Harvard College em 1879. Em 1963, Harvard passou a conceder seus títulos às alunas da Radcliffe. Em 1975, as duas faculdades se reuniram. Em 1977, "uma data crítica", a proporção de quatro homens para cada mulher foi abolida e instituiu-se a admissão independente de gênero. Em 1999, a Radcliffe fundiu-se oficialmente com Harvard e criou-se o Instituto Radcliffe de Estudos Avançados. Colleen Walsh, "Hard-Earned Gains for Women at Harvard", *Harvard Gazette*, 26 abr. 2012.

Antes das datas mencionadas, essas faculdades não formavam mulheres. Atualmente, as mulheres representam exatamente 50% dos alunos da graduação em Harvard, Yale e Princeton, e as dez melhores faculdades têm 54% de homens e 46% de mulheres (ou 51% de homens e 49% de mulheres, se West Point for excluída). Em 2015, por exemplo, a proporção entre homens e mulheres em Yale era de 51:49; em 2014, era de 48:52. David Burt e Emily Wanger, "Gender Ratio Flips for 2015", *Yale News*, 5 set. 2015; "Yale University Undergraduate Information — Student Life", *U.S. News & World Report*, disponível em: <http://colleges.usnews.rankings-and-reviews.com/best-colleges/yale-university-1426>.

Os cursos de especialização têm uma história semelhante, ainda que um pouco menos nítida. As mulheres representavam apenas cerca de 3% de cada turma da Escola de Direito de Harvard entre 1951 e 1965, por exemplo. Atualmente, o corpo discente das dez melhores escolas de especialização em direito tem 50% de

NOTAS

homens e 50% de mulheres. As dez melhores escolas de especialização em administração têm 58% de homens e 42% de mulheres e as escolas de especialização em medicina têm 49% de homens e 51% de mulheres. Esses cálculos se baseiam na classificação do *U.S. News & World Report* 2019: "Best Law Schools", disponível em: <www.usnews.com/best-graduate-schools/top-law-schools>; "Best Business Schools", disponível em: <www.usnews.com/best-graduate-schools/top-business-schools>; "Best Medical Schools", disponível em: <www.usnews.com/best-graduate-schools/top-medical-schools/research-rankings>.

43 Greenwood et al., "Marry Your Like", p. 352. Essa tendência se manifesta, em grande parte, devido ao aumento da participação feminina na força de trabalho, principalmente entre as mulheres mais instruídas. Como as mulheres instruídas estão trabalhando cada vez em maior número, os casamentos entre iguais vêm aumentando, o que contribui para o aumento da desigualdade de renda domiciliar. Essa desigualdade se reduziria no caso de união aleatória quanto a nível de instrução.

44 Elas estão também tendo filhos mais tarde: a média de idade das mulheres ao ter o primeiro filho é de cerca de 23 anos para as que não têm formação universitária, 29,5 para as que têm diploma de curso superior e 31,1 para as que têm pós-graduação. Murray, *Coming Apart*, p. 40. Uma outra pesquisa, que emprega categorias menos específicas, confirma a história contada por esses números. Em 2010, a média de idade no nascimento do primeiro filho para mulheres com formação superior era de aproximadamente trinta anos, para mulheres com ensino médio ou superior incompleto era de aproximadamente 24 anos e para mulheres que não tinham o ensino médio completo era de aproximadamente vinte anos. Kay Hymowitz et al., *Knot Yet: The Benefits and Costs of Delayed Marriage in America*, National Marriage Project (2013), p. 8. Disponível em: <http://nationalmarriageproject.org/wpcontent/uploads/2013/03/KnotYet-FinalForWeb.pdf>. Doravante citado como Hymowitz et al., *Knot Yet*.

45 Em 1970, 10,7% dos nascimentos ocorriam fora do casamento. Stephanie J. Ventura e Christine A. Bachrach, Nonmarital Childbearing in the United States, 1940-99, Centro Nacional de Estatísticas de Saúde, Divisão de Estatísticas Vitais (18 out. 2000), p. 17. Disponível em: <www.cdc.gov/nchs/data/nvsr/nvsr48/nvs48_16.pdf>. Um outro relatório encontra uma porcentagem um pouco maior, mais perto de 15% do que de 10%. Hymowitz *et al.*, *Knot Yet*, p. 7; Murray, *Coming Apart*, p. 161. Segundo Sara McLanahan e Christine Percheski, "Family Structure and the Reproduction of Inequalities", *Annual Review of Sociology* 34 (2008), pp. 257-76, um de cada vinte nascimentos ocorria fora do casamento.

46 Além disso, apenas cerca de 10% das mulheres com instrução universitária e 5% das pós-graduadas têm filhos fora do casamento. Hymowitz et al., *Knot Yet*, p. 8, diz

que na época do censo de 2010, 12% das mulheres com formação universitária eram solteiras quando tiveram o primeiro filho; no censo de 2000, eram 8%. O número atribuído a mães pós-graduadas foi calculado a partir dos dados do CDC VitalStats sobre nascimentos em 2010. Para mais informação, ver Jennifer Silva, "The 1 Percent Ruined Love: Marriage Is for the Rich", *Salon*, 27 jul. 2013, disponível em: <www.salon.com/ 2013/07/27/the_1_percent_ruined_love_marriage_is_for_the_rich/>, acesso em: 18 nov. 2018, doravante citado como Silva, "The 1 Percent Ruined Love"; Galena K. Rhoades e Scott M. Stanley, "Before I Do: What Do Premarital Experiences Have to Do with Marital Quality Among Today's Young Adults?", National Marriage Project da Universidade da Virgínia, p. 11, disponível em: <http://nationalmarriageproject.org/wordpress/wpcontent/uploads/2014/08/NMP-BeforeIDoReport-Final.pdf>; Murray, *Coming Apart*, p. 161; Jason DeParle, "Two Classes Divided by 'I Do'", *The New York Times*, 14 jul. 2012, disponível em: <www.nytimes.com/2012/07/15/us/two-classes-in-america-divided-by-i-do.html>, acesso em: 18 nov. 2018, doravante citado como DeParle, "Two Classes"; Robert D. Putnam, Carl B. Frederick e Kaisa Snellman, "Growing Class Gaps in Social Connectedness Among American Youth", Harvard Kennedy School of Government, The Saguaro Seminar: Engajamento Cívico nos Estados Unidos, 12 jul. 2012, Figura 1, disponível em: <https://hceconomics.uchicago.edu/sites/default/files/file_uploads/Putnam-etal_ 2012_Growing-Class-Gaps.pdf>, acesso em: 12 jan. 2019, doravante citado como Putnam, Frederick e Snellman, "Growing Class Gaps".

Essa diferença realimenta a desigualdade de renda. A depender de como se faça a medição, entre 14% e 40% do aumento geral da desigualdade de renda domiciliar nos últimos anos podem ser atribuídos à diferença cada vez maior na proporção de pais/mães solteiros em famílias de renda média para baixa e média para alta. Ver DeParle, "Two Classes". Ver também Bruce Western, Deirdre Bloom e Christine Percheski, "Inequality Among American Families with Children, 1975-2005", *American Sociological Review* 73, n. 6 (2008), pp. 903-20, daqui em diante citado como Western, Bloom e Percheski, "Inequality Among American Families"; Gary Burtless, "Effects of Growing Wage Disparities and Changing Family Composition on the U.S. Income Distribution", Center on Social and Economic Dynamics, Working Paper n. 4 (jul. 1999), p. 12, doravante citado como Burtless, "Effects of Growing Wage Disparities"; Robert I. Lerman, "The Impact of the Changing U.S. Family Structure on Child Poverty and Income Inequality", *Economica* 63, n. 250 (1996), S122, a partir daqui citado como Lerman, "The Impact of the Changing U.S. Family Structure".

47 Ademais, 40% dessas mães tiveram filhos fora do casamento. Ver "Vital Stats Data", Centros de Controle de Doenças (2010). Disponível em: <www.cdc.gov/nchs/data_access/vitalstats/VitalStats_Births.htm>. Jennifer Silva indica em "The 1 Percent Ruined Love" que "en-

quanto nove em dez mulheres com formação universitária esperam para ter filhos depois de casadas, apenas seis em dez mulheres com ensino médio adiam a maternidade para depois do casamento". Ver também DeParle, "Two Classes"; Western, Bloom e Percheski, "Inequality Among American Families"; Burtless, "Effects of Growing Wage Disparities"; Lerman, "The Impact of the Changing U.S. Family Structure".

Mesmo novas mães com educação superior incompleta têm cinco vezes mais probabilidade de se tornarem mães fora do casamento do que as que têm uma formação universitária completa. Dados da American Community Survey de 2010 mostram que entre as mulheres que tiveram filho no ano anterior ao da pesquisa, 31% das que tinham curso superior incompleto eram solteiras, contra 6% das que tinham diploma superior ou mais qualificação. Ver DeParle, "Two Classes". Ver Jank e Owens, "Inequality in the United States", slide 24, para dados da Current Population Survey de junho de 2008, segundo os quais, das mulheres entre quinze e 29 anos que tiveram filho no ano anterior, 47,6% das que tinham curso superior incompleto eram solteiras, contra apenas 18,2% das que tinham pelo menos diploma de graduação. Para mães entre trinta e 44 anos, as porcentagens eram de 20,8% contra 7,1%, respectivamente.

48   Ver Hymowitz *et al.*, *Knot Yet*, que informa que para mães com ensino médio ou superior incompleto a média de idade no primeiro parto é de 24 anos e a média de idade no primeiro casamento é de 26 anos, enquanto para mães com curso superior a média de idade no primeiro parto é de trinta anos e a média de idade no primeiro casamento é de 28 anos. A mesma informação pode ser encontrada no relatório completo do projeto. Disponível em: <http://nationalmarriageproject.org/wordpress/wp-content/uploads/2013/04/KnotYet-FinalForWeb-041413.pdf, 18, figuras 10A-10C>.

49   Murray, *Coming Apart*, p. 353.

50   Jank e Owens, "Inequality in the United States", slide 25. Ver Steven P. Martin, "Trends in Marital Dissolution by Women's Education in the United States", *Demographic Research* 15 (2006), pp. 537, 546, Quadro 1 para um relatório da Survey of Income and Program Participation (SIPP), segundo o qual 46,3% das mulheres que se casaram pela primeira vez em 1990-94 e não tinham nem sequer o ensino médio divorciaram-se nos dez anos seguintes ao casamento, contra 37,9% das que tinham ensino médio completo, 36% das que tinham ensino superior incompleto, 16,5% das que tinham diploma de graduação e 14, 4% das que tinham mestrado ou especialização. Jennifer Silva diz também que "as mulheres com curso superior de quatro anos têm a metade da probabilidade de viver a dissolução conjugal nos dez primeiros anos de casamento". Ver Silva, "The 1 Percent Ruined Love".

Os índices de divórcio se expressam normalmente em termos de possibilidades de divórcio num intervalo de anos de casamento, portanto o resultado depende da escolha desse intervalo. Uma tabulação alternativa conclui que os índices de divórcio praticamente triplicaram para todos os norte-americanos entre 1960 e 1980, e depois dobraram entre 1980 e 2010 para os sem formação universitária (tanto para os com ensino médio quanto para os com curso superior incompleto), mas continuaram achatados para os que tinham formação universitária ou pós-graduação. Ben Casselman, "Marriage Isn't Dead — Yet", FiveThirtyEight, 29 set. 2014. Disponível em: <https://fivethirtyeight.com/features/marriage-isnt-dead-yet/>. Acesso em: 18 nov. 2018. Casselman emprega dados do censo dos Estados Unidos para obter a porcentagem dos norte-americanos com idade entre 35 e 44 anos que foram casados e se divorciaram. Entre 1960 e 1980, essa porcentagem aumentou quase que da mesma forma — de cerca de 3,5% para cerca de 11,5% para os que têm apenas ensino médio, com curso superior incompleto e com curso superior completo. Entre 1980 e 2010, a porcentagem aumentou de novo, mais ou menos equitativamente, para os dois primeiros grupos, chegando a 20%. Para norte-americanos com diploma superior, ficou entre 10% e 12%.

51   D'Vera Cohn et al., "Barely Half of U.S. Adults Are Married — Record Low", Pew Research Center, 14 dez. 2011. Disponível em: <http://www.pewsocialtrends.org/2011/12/14/barely-half-of-us-adults-are-married-a-record-low/>; Jank e Owens, "Inequality in the United States", slide 23.

52   Isso é realmente verdade. Casamentos duradouros estão correlacionados com o aumento da renda e altas rendas: a renda média de domicílios com chefe solteiro (de ambos os gêneros) cresceu consistentemente de 1950 a 1970, mas desde então permaneceu achatada; a renda média de casais casados, por sua vez, aumentou quase que sem interrupção até os dias atuais. Ver Jank e Owens, "Inequality in the United States", slide 26, com dados de <www.recessiontrends.org>, atualizados pelo censo de 2010 e tabelas de renda históricas do censo. Para os dados originais usados na criação do gráfico, ver U.S. Census Bureau, "Historical Income Tables: Families", revisto em 28 ago. 2018. Disponível em: <www.census.gov/data/tables/time-series/demo/income-poverty/historical-income-families.html>.

53   A parcela correspondente ao terço superior aumentou de 5% para 12%; a parcela do terço médio subiu de 5% para 29%. DeParle, "Two Classes". Para as coortes de brancos não latinos nascidos entre 1964 e 1994, a porcentagem de estudantes do segundo ano do ensino médio que moravam com só um dos pais praticamente dobrou no quartil socioeconômico inferior e caiu (muito) pouco no quartil superior. Ver Putnam, Frederick e Snellman, "Growing Class Gaps", Figura 2.

54   Essas porcentagens são calculadas com base nos dados da Current Population Survey de 2018 do U.S. Census Bureau. Ver U.S. Census Bureau, "Current Population Survey (CPS)". Disponível em: <www.census.gov/programs-surveys/cps/data-detail.html>.

NOTAS

55 Murray, *Coming Apart*, p. 269. Murray emprega dados das National Longitudinal Surveys of Mature Women, Young Women, and Youth para crianças cujas mães completaram quarenta anos entre 1997 e 2004. Para identificar as áreas residenciais mais ricas e instruídas, Murray recorreu à quantidade de adultos com formação superior e à renda média familiar, que ele padronizou e classificou. Murray, *Coming Apart*, Apêndice C.

56 Sarah Stuchell e Ruth Houston Barrett, "Clinical Update: Financial Strain on Families", *American Association for Marriage and Family Therapy Magazine* (maio 2010).

57 Karen C. Holden e Pamela J. Smock, "The Economic Costs of Marital Dissolution: Why Do Women Bear a Disproportionate Cost?", *Annual Review of Sociology* 17 (ago. 1991), pp. 51-78.

58 Tom Hertz, *Understanding Mobility in America*, Centro para o Progresso Americano (26 abr. 2006), p. 29. Disponível em: <https://cdn.americanprogress.org/wpcontent/uploads/issues/2006/04/Hertz_MobilityAnalysis.pdf>. Hertz descobriu que "a segurança econômica está em aumento para os domicílios situados no decil superior. Mas, para a classe média, um aumento na volatilidade econômica levou a um crescimento na frequência dos choques de renda muito negativos". Para uma representação visual dessa realidade, ver Peter Gosselin e Seth Zimmerman, "Trends in Income Volatility and Risk, 1970-2004", Urban Institute, Working Paper (2008), p. 27, Figura 3. Ver também Peter Gottschalk e Robert Moffitt, "The Rising Instability of US Earnings", *Journal of Economic Perspectives* 23, n. 4 (outono de 2019), Figura 2, para um gráfico que mostra a crescente volatilidade para o quartil inferior, para os 50% intermediários e para o quartil superior, mas num ritmo muito maior para o quartil inferior.

59 Sobre a probabilidade de um cidadão médio experimentar uma queda de renda de 50% ou mais, ver Karen Dynan, Douglas Elmendorf e Daniel Sichel, "The Evolution of Household Income Volatility", *B.E. Journal of Economic Analysis & Policy* 12, n. 2 (2012), p. 17, Figura 3, mostrando que a probabilidade de uma queda de renda maior que 50% subiu de 7%, em 1971, para 13% em 2005, e depois caiu para cerca de 10% em 2008. Sobre a queda de 50% ou mais na renda familiar, ver Jacob S. Hacker e Elisabeth Jacobs, "The Rising Instability of American Family Incomes, 1969-2004: Evidence from the Panel Study of Income Dynamics", Economic Policy Institute, EPI, Briefing Paper n. 213 (2008), Figura C. Para uma análise dos dados do Panel Study of Income Dynamics, ver Hacker, *The Great Risk Shift*, pp. 31-2, Figura 1.4. Hacker concluiu que a chance de um cidadão médio experimentar uma queda de renda de 50% ou mais aumentou de 7%, em 1970, para 17% em 2002.

60 W. Jean Yeung, Miriam R. Linver e Jeanne Brooks-Gunn, "How Money Matters for Young Children's Development: Parental Investment and Family Processes", *Child Development* 73, n. 6 (dez. 2002), p. 1872, Figura 2. Yeung, Linver e Brooks-Gunn demonstram que uma queda na renda familiar afeta a capacidade cognitiva da criança de muitas formas — pressões econômicas, mudanças físicas no ambiente doméstico, redução da oferta de materiais intelectualmente estimulantes, custo insustentável de creches, jardins de infância e pré-escolas. Para uma discussão sobre o impacto da perda de emprego ou renda sobre a saúde mental da criança, ver Vonnie C. McLoyd, "Socialization and Development in a Changing Economy: The Effects of Paternal Job and Income Loss on Children", *American Psychologist* 44, n. 2 (1989), pp. 298-9. McLoyd conclui que embora esses fatores influenciem de forma negativa a saúde mental da criança e sua capacidade de interagir normalmente com as outras, os efeitos não são necessariamente duradouros.

61 Anna Aizer, Laura Stroud e Stephen Buka, "Maternal Stress and Child Outcomes: Evidence from Siblings", *Journal of Human Resources* 51, n. 3 (ago. 2016), p. 353. Doravante citado como Aizer, Stroud e Buka, "Maternal Stress". Os filhos sofriam também 48% mais de doenças crônicas. Esse estudo fez verificações robustas para desqualificar outras explicações que envolvem causas relacionadas ao estresse no útero, mas que não operam durante o desenvolvimento pré-natal. "Incluímos os seguintes controles: raça da mãe (indicador para negro), grau de instrução da mãe, estado civil da mãe à época do nascimento, idade da mãe à época do nascimento, renda familiar durante a gravidez, gênero do filho, número de irmãos aos sete anos de idade, ordem de nascimento dos filhos, se o marido mora na casa com a mãe e número de mudanças da família entre o nascimento e os sete anos (medida de instabilidade), assim como a semana da gestação em que o cortisol foi medido. Incluímos também um indicador para os casos em que a mãe trabalhou ou não durante a gravidez (fonte potencial de estresse) e se houve alguma complicação da gravidez a ser controlada, para a possibilidade de o aumento no cortisol materno refletir simplesmente a ansiedade materna sobre a saúde do feto."

Outra pesquisa acompanhou grávidas que foram expostas a graves perigos — num grande terremoto —, mas não sofreram ferimentos, para assim isolar os efeitos independentes do estresse em si, e mais uma vez encontrou "capacidade cognitiva em níveis muito menores" em crianças expostas a estresse gestacional comparadas a grupos de controle não expostos. Florencia Torche, "Prenatal Exposure to an Acute Stressor and Children's Cognitive Outcomes", *Demography* 55, n. 5 (out. 2018), pp. 1617-8. Doravante citado como Torche, "Prenatal Exposure".

Com o aprofundamento das pesquisas, a preocupação com o estresse pré-natal está chegando à arena pública. Ver Annie Murphy Paul, *Origins: How the Nine Months Before Birth Shape the Rest of Our Lives* (Nova York: Free Press, 2011). Um filme recente, *In Utero*, também explora o período que passamos no ventre e seu impacto sobre a saúde e a sociedade. Ver Kathleen Man Gyllenhaal, *In Utero*, filme, 85 min (2015).

62 Ver Aizer, Stroud e Buka, "Maternal Stress", Quadro 8; Torche, "Prenatal Exposure".

63 Numa pesquisa com mães de crianças pequenas, realizada entre 2003 e 2010, constatou-se que as mães com ensino médio ou menos (aproximadamente os dois terços inferiores da distribuição de renda) dedicavam 45 minutos diários a cuidados com o desenvolvimento da criança, enquanto mães com formação universitária ou superior (aproximadamente o terço superior) dedicavam mais de uma hora. Putnam, Frederick e Snellman, "Growing Class Gaps", pp. 10-1.

64 Mães com apenas ensino médio dedicavam poucos minutos por dia a mais do que as mães com faculdade, enquanto os pais com ensino médio passavam menos tempo que os pais com faculdade, de modo que o investimento parental era mais ou menos igual no caso de pais mais ou menos instruídos. June Carbone e Naomi Cahn, *Marriage Markets: How Inequality Is Remaking the American Family* (Nova York: Oxford University Press, 2014), pp. 85-6. Doravante citado como Carbone e Cahn, *Marriage Markets*.

65 Carbone e Cahn, *Marriage Markets*, pp. 85-86.

66 Reardon, "No Rich Child Left Behind". Reardon se refere a Meredith Phillips, "Parenting, Time Use, and Disparities in Academic Outcomes", in *Whither Opportunity? Rising Inequality, Schools, and Children's Life Chances*, Greg J. Duncan e Richard J. Munane (orgs.) (Nova York: Russell Sage Foundation, 2011), pp. 210-1. Doravante citado como Phillips, "Parenting, Time Use, and Disparities in Academic Outcomes".

67 Garey Ramey e Valerie A. Ramey, "The Rug Rat Race", *Brookings Papers on Economic Activity* (primavera de 2010), pp. 134-7. Mães com faculdade passam possivelmente seis horas semanais a mais com os filhos do que as mães menos instruídas. Além dessas seis horas suplementares das mães, os pais com formação universitária dedicam três horas a mais por semana à educação dos filhos. Ramey e Ramey limitaram seu foco em pais com idades entre 25 e 34 anos, e definem "cuidado com os filhos" como "cuidado de bebês, cuidado de crianças maiores, cuidados médicos dos filhos, brincar com os filhos, ajudar os filhos com o dever de casa, ler para os filhos e conversar com eles, relacionar-se com outros cuidadores e viajar com o propósito de cuidar dos filhos" (p. 133). Essa definição enfatiza as interações imediatas com os filhos e exclui outras atividades — compras, limpeza, preparo de alimentos, vigiar e manter a segurança da casa — que podem também ser classificadas como cuidados num sentido mais amplo. A definição mais estrita, portanto, foca em atividades que contribuem diretamente para o desenvolvimento emocional e a educação intelectual da criança.

68 "Life and Leadership After HBS: Findings from Harvard Business School's Alumni Survey on the Experiences of Its Alumni Across Career, Family, and Life Paths", Escola de Administração de Harvard (2015), p. 8. Disponível em: <www.hbs.edu/women50/docs/L_and_L_Survey_2Findings_13final.pdf>. Vinte e um por cento das mulheres formadas pela Escola de Administração de Harvard entre 31 e 36 anos, com dois ou mais filhos dedicavam-se em tempo integral ao cuidado deles e outros 20% trabalhavam em tempo parcial. Para dados sobre mulheres com MBA da Universidade de Chicago, ver Marianne Bertrand, Claudia Goldin e Lawrence F. Katz, "Dynamics of the Gender Gap for Young Professionals in the Corporate and Financial Sectors", NBER, Working Paper 14681 (jan. 2009). Disponível em: <www.nber.org/papers/w14681.pdf>. Cinquenta por cento das mulheres com MBA pela Universidade de Chicago e dois ou mais filhos (e 48% dos que têm pelo menos um filho) já não trabalhavam em tempo integral dez anos depois de pós-graduadas. Anne Alstott e Emily Bazelon ofereceram uma discussão e referências úteis sobre esse tema.

69 Williams, *White Working Class*, p. 55. Ver também Lauren Rivera e Andreas Tilcsik, "Research: How Subtle Class Cues Can Backfire on Your Resume", *Harvard Business Review*, 21 dez. 2016.

70 A frase vem de Annette Lareau, que diz: "Pais de classe média que agem de acordo com os padrões profissionais atuais e se empenham num programa planejado de cultura tentam deliberadamente estimular o desenvolvimento dos filhos [...]. Para a classe trabalhadora e as famílias pobres, o compromisso com provisão de conforto, alimento, moradia e outras necessidades básicas [...] reduz a dedicação deliberada à cultura dos filhos e as suas atividades de lazer vista nas famílias de classe média." Annette Lareau, *Unequal Childhoods: Class, Race, and Family Life* (Los Angeles: University of California Press, 2011), p. 5.

71 Ver Pew Research Center, "Parenting in America", 17 dez. 2015. Disponível em: <http://www.pewsocialtrends.org/2015/12/17/parentinginamerica>. Doravante citado como Pew Research Center, "Parenting in America". Para mais informações, ver Claire Cain Miller, "Class Differences in Child-Rearing are on the Rise", *The New York Times*, 17 dez. 2015. Disponível em: <www.nytimes.com/2015/12/18/upshot/rich-children-and-poor-ones-are-raised-very-differently.html>. Acesso em: 18 nov. 2018. Doravante citado como Miller, "Class Differences in Child-Rearing".

72 Quando indagados se tinham levado os filhos a uma galeria de arte, museu ou monumento histórico no mês anterior, 15% dos pais com apenas o ensino médio, 25% dos pais com diploma universitário e 30% dos pais com especialização ou pós-graduação responderam que sim. Amber Noel, Patrick Stark, Jeremy Redford e Andrew Zukerberg, *Parent and Family Involvement in Education, from the National Household Education Surveys Program of 2012*, Departamento de Educação dos Estados Unidos, Centro Nacional de Estatísticas da Educação (jun. 2016), Quadro 6. Disponível em: <https://nces.ed.gov/pubs2013/2013028rev.pdf>.

NOTAS

73 Miller, "Class Differences in Child-Rearing"; Pew Research Center, "Parenting in America", p. 11.

74 Betty Hart e Todd R. Risley, "The Early Catastrophe: The Thirty Million Word Gap", *Education Review* 17, n. 1 (2003), p. 116. Doravante citado como Hart e Risley, "The Early Catastrophe". Hart e Risley analisaram dados reunidos na observação de 42 famílias durante uma hora por mês durante trinta meses, e concluíram que uma criança de uma família que recebe assistência financeira ouve, em média, 616 palavras por hora, enquanto uma criança da classe trabalhadora ouve, em média, 1.251 palavras por hora e uma criança de uma família de profissionais especializados ouve 2.153 palavras por hora. Extrapolando esses números para um dia de catorze horas de vigília durante quatro anos, chega-se a 13 milhões de palavras ouvidas, em média, pela criança da família assistida, 26 milhões, em média, para a criança de uma família da classe trabalhadora e 45 milhões, em média, para a criança de uma família de profissionais. Sobre a relação entre o contato precoce com a língua e a riqueza, ver Kirp, *The Sandbox Investment*, pp. 127-8.

75 Kathy Hirsh-Pasek et al., "The Contribution of Early Communication Quality to Low-Income Children's Language Success", *Psychological Science* 26 (25 jun. 2015); Douglas Quenqua, "Quality of Words, Not Quantity, Is Crucial to Language Skills, Study Finds", *The New York Times*, 16 out. 2014. Disponível em: <www.nytimes.com/2014/10/17/us/qualityofwords-not-quantity-is-crucial-to-language-skills-study-finds.html?r=2>. Acesso em: 18 nov. 2018.

76 Hart e Risley, "The Early Catastrophe", p. 113. Hart e Risley relatam a seguinte média de vocabulário assimilado aos três anos: 1.116 palavras para a criança de uma família de profissionais, 749 palavras para a criança de uma família da classe trabalhadora e 525 palavras para a criança da família assistida. As diferenças no vocabulário devidas à condição socioeconômica já foram observadas em crianças de apenas dezoito meses. Da mesma forma, outros pesquisadores informam que, aos dezoito meses, as crianças de famílias em situação socioeconômica inferior têm, em média, um vocabulário de 114 palavras, enquanto crianças de situação superior usam 174 palavras; aos 24 meses, a proporção era de 288 palavras para 442. Ver Anne Fernald, Virginia A. Marchman e Adriana Weisleder, "SES Differences in Language Processing Skill and Vocabulary Are Evident at 18 Months", *Developmental Science* 16 (8 dez. 2012): p. 240, Quadro 3.

77 John K. Niparko et al., "Spoken Language Development in Children Following Cochlear Implantation", *Journal of the American Medical Association* 303 (21 abr. 2010), p. 1505, Quadro 2; Ann E. Geers, "Predictors of Reading Skill Development in Children with Early Cochlear Implantation", *Ear and Hearing* 24 (2003), 64S, Quadro 6; Sara Neufeld, "Baby Talk Bonanza", *Slate*, 27 set. 2013. Disponível em: <https:// slate.com/technology/2013/09/childrens-language-development-talk-and-listen-to-them-from-birth.html>. Acesso em: 18 nov. 2018.

78 Pew Research Center, "Parenting in America"; Miller, "Class Differences in Child-Rearing".

79 P. Lindsay Chase-Landsdale e Laura D. Pittman, "Welfare Reform and Parenting: Reasonable Expectations", *The Future of Children* 12 (2002), pp. 168-71. A pesquisa mostra que seis "dimensões da parentalidade" influenciam o desempenho dos filhos: (1) carinho e receptividade; (2) controle e disciplina; (3) estimulação cognitiva; (4) exemplo de atitudes, valores e comportamentos; (5) filtragem; (6) rotinas e tradições familiares. Conclui que "pais de baixa renda usam estratégias parentais menos eficazes, como menos carinho, disciplina mais rígida e ambiente doméstico menos estimulante". Para mais debate e análise, ver Stacey Aronson e Aletha Houston, "The Mother-Infant Relationship in Single, Cohabiting, and Married Families: A Case for Marriage?", *Journal of Family Psychology* 18 (2004), pp. 5-18; Vonnie McLoyd, "Socioeconomic Disadvantage and Child Development", *American Psychologist* 53 (1998), pp. 185-204; Toby Parcel e Elizabeth Menaghan, "Determining Children's Home Environments: The Impact of Maternal Characteristics and Current Occupational and Family Conditions", *Journal of Marriage and Family* 53, n. 2 (1991); Julia B. Isaacs, *Starting School at a Disadvantage: The School Readiness of Poor Children*, Centro para Crianças e Famílias (Instituto Brookings, 2012), disponível em: <www.brookings.edu/wpcontent/uploads/2016/06/0319_school_disadvantage_isaacs.pdf>.

80 Ver Paul Tough, *How Children Succeed: Grit, Curiosity, and the Hidden Power of Character* (Boston: Houghton Mifflin Harcourt, 2012), xviii, referente ao trabalho de Heckman segundo o qual os portadores de certificados de aprovação no GED (equivalente ao supletivo) se comportam de maneira semelhante aos que abandonaram o ensino médio quanto a renda, desemprego, divórcio, uso de drogas e acesso ao ensino superior. Para uma análise mais detalhada do trabalho de Heckman, ver James J. Heckman, "The Economic and Social Benefits of GED Certification", in *The Myth of Achievements: The GED and the Role of Character in American Life*, orgs. James J. Heckman, John Eric Humphries e Tim Kautz (Chicago: University of Chicago Press, 2014). Outros pesquisadores descobriram que "os níveis de afeição que se observam entre mães e seus bebês de oito meses se relacionam a menos sintomas de sofrimento para os filhos trinta anos depois". J. Maselko et al., "Mother's Affection at 8 Months Predicts Emotional Distress in Adulthood", *Journal of Epidemiology and Community Health* 65 (2001), pp. 625-6. Essa é uma linha de pesquisa nova, e atualmente "a relação entre [a condição socioeconômica] e o bem-estar emocional não é tão consistente quanto a relação com a realização cognitiva". Robert H. Bradley e Robert F. Corwyn, "Socioeconomic Status

and Child Development", *Annual Review of Psychology* 53 (2002), pp. 371, 377.

81 W. Steven Barnett e Donald J. Yarosz, "Who Goes to Preschool and Why Does It Matter?", *National Institute for Early Education Research* 15 (2007), p. 7, Figura 6. Em 2005, os dados eram os seguintes: para crianças de três anos, cerca de 35% das que pertenciam a famílias de renda familiar inferior a 60 mil dólares anuais recebiam educação infantil, o que ocorria com 44% das que pertenciam a famílias de renda familiar entre 60 mil e 75 mil dólares anuais, 52% das que pertenciam a famílias com renda familiar entre 75 mil e 100 mil dólares anuais e 71% das com renda familiar de 100 mil dólares ou mais. Para crianças de quatro anos, cerca de 60% das que pertenciam a famílias de renda inferior a 60 mil dólares recebiam educação infantil, para 77% das com renda familiar entre 60 mil e 75 mil, 84% das com renda familiar entre 75 mil e 100 mil e 89% das com renda familiar de 100 mil dólares anuais ou mais. Comparar com Robert J. Gordon, "The Great Stagnation of American Education", *The New York Times*, 7 set. 2013, disponível em: <http://opinionator.blogs.nytimes.com/2013/09/07/the-great-stagnation-of-american-education>, acesso em: 18 nov. 2018, e Timothy Noah, "The 1 Percent Are Only Half the Problem", *The New York Times*, 18 mai. 2013, disponível em: <https://opinionator.blogs.nytimes.com/2013/05/18/the1percent-are-only-half-the-problem>, acesso em: 18 nov. 2018.

82 Ethical Culture Fieldston School, "Tuition and Financial Aid", 30 out. 2018, disponível em: <https://www.ecfs.org/en/tuition-and-financial-aid/>.

83 Michael Hwang e Taisha Thompson, "Financial Aid Task Force Report", Ethical Culture Fieldston School (2015) (documento inédito arquivado com o autor), p. 6. Doravante citado como Hwang e Thompson, "Financial Aid Task Force Report".

84 Hwang e Thompson, "Financial Aid Task Force Report", p. 8. A escola informa que entre os 21% de seus estudantes que recebem ajuda financeira, 35% vêm de famílias com renda domiciliar inferior a 75 mil dólares por ano. Hwang e Thompson, "Financial Aid Task Force Report", p. 8. Supondo que todos os estudantes de baixa renda domiciliar recebam ajuda financeira, resulta que apenas 7% dos alunos da Fieldston vêm de famílias de renda anual inferior a 75 mil dólares, uma vez e meia a média nacional.

Fieldston não é mais cara ou exclusiva do que outras escolas particulares de elite. Com efeito, a Fieldston afirma que "entre as escolas de mesmo nível em Nova York, somos a segunda em porcentagem de alunos que recebem ajuda financeira e em porcentagem de dólares destinados a ajuda financeira para anuidades brutas". Hwang e Thompson, "Financial Aid Task Force Report", p. 6. A anuidade da Bank Street School era de 48.444 dólares para a educação infantil em 2018-2019. "Tuition & Financial Aid", Escola Bank Street. Disponível em: <https://school.bankstreet.edu/admissions/tuition-financial-aid/>. Mais de 60% dos alunos pagam a anuidade integral. A Riverdale Country School custa 54.150 dólares para a educação infantil (2018-2019). "Tuition and Fees", Riverdale Country School. Disponível em: <www.riverdale.edu/page.cfm?p=786>. Cerca de 8% dos alunos pagam a anuidade integral. "Fast Facts: Financial Aid", Riverdale Country School. Disponível em: <www.riverdale.edu/page.cfm?p=521>. E a Avenues World School custa 54 mil dólares por ano para a educação infantil e não oferece ajuda financeira para berçário ou maternal. "Tuition and Financial Aid", Avenues World School. Disponível em: <www.avenues.org/en/nyc/tuition-and-financial-aid>.

85 Para relatórios de taxas de admissão à educação infantil em escolas de elite, ver LearnVest, "Confessions of a Preschool Admissions Coach", *Huffington Post*, 24 jun. 2013, disponível em: <www.huffingtonpost.com/learnvest/confessions-of-a-preschool-admissions-coach_b_3461110.html>, acesso em: 18 nov. 2018; e Emily Jane Fox, "How New York's 1% Get Kids into Preschool", CNN Money, 19 jun. 2014, disponível em: <http://money.cnn.com/2014/06/10/luxury/preschool-new-york-city>, acesso em: 18 nov. 2018. Os índices de aceitação em Harvard e Yale eram de 5,4% e 6,3%, respectivamente. "Admissions Statistics", Harvard College, disponível em: <https://college.harvard.edu/admissions/admissions-statistics>; Jon Victor, "Yale Admits 6.27 Percent of Applicants", *Yale Daily News*, 31 mar. 2016.

86 Essa é a taxa cobrada pela empresa Manhattan Private School Advisors. Andrew Marks, "Cracking the Kindergarten Code", *The New York Magazine*. Disponível em: <http://nymag.com/nymetro/urban/education/features/15141/>. Acesso em: 18 nov. 2018.

87 Para informações sobre uma consultoria educacional, ver "An Hereditary Meritocracy", *The Economist*, 22 jan. 2015. Disponível em: <www.economist.com/briefing/2015/01/22/anhereditary-meritocracy>. Para mais informação, ver também Kirp, *The Sandbox Investment*, e Liz Moyer, "The Most Expensive Preschools", *Forbes*, 17 set. 2007. Disponível em: <www.forbes.com/2007/09/18/education-preschool-kindergarden-biz-cx_lm_0919preschool.html#43c4e100763d>. Acesso em: 18 nov. 2018.

88 James Heckman, "Schools, Skills, and Synapses", *Economic Inquiry* 46, n. 3 (2008), pp. 305-7. Heckman resume pesquisas mostrando que a pontuação nos testes de QI ficam estáveis por volta dos dez anos de idade, que as diferenças na capacidade entre grupos socioeconômicos aparecem muito cedo e as intervenções destinadas a corrigi-las são mais eficazes se feitas bem cedo. Para outras análises sobre a estabilidade da pontuação nos testes de QI, ver James Heckman, "Lessons from the Bell Curve", *Journal of Political Economy* 103, n. 5 (out. 1995). Heckman diz que "as evidências disponíveis mostram que a capacidade — ou QI — não é uma característica imutável para os muito jovens. Investimentos sustentados

NOTAS

de alta intensidade na educação das crianças pequenas, inclusive atividades parentais como ler e dar respostas para a criança, estimular o aprendizado e promover a educação, embora não necessariamente melhorem muito o QI. As evidências existentes mostram que essas intervenções estimulam a motivação e o desempenho social nos primeiros anos da idade adulta ainda que não elevem o QI" (p. 1112).

89 Sean F. Reardon, "The Widening Income Achievement Gap", *Educational Leadership* 70, n. 8 (mai. 2013): pp. 10-6. Reardon diz também que "filhos de famílias ricas e pobres têm resultados muito diferentes nos testes de aptidão escolar para entrar no jardim de infância e que essa diferença aumenta menos de 10% entre o jardim de infância e o ensino médio". Reardon, "No Rich Child Left Behind".

90 Ver, por exemplo, "Fast Facts: Most Frequently Attended College/Universities by Recent Alumni", Riverdale Country School. Disponível em: <www.riverdale.edu/page.cfm?p=521>.

91 A frase costuma ser atribuída ao técnico de futebol americano Vince Lombardi. Ver, por exemplo, David A. Sousa, *How the Brain Learns* (Thousand Oaks, Califórnia: Corwin, 2011), p. 105.

92 As diferenças na pontuação do teste entre as crianças médias situadas nos decis superior e inferior da elite em matemática, leitura e ciências foram de 125, 116 e 132 pontos, respectivamente. As diferenças na pontuação do teste entre as crianças médias situadas no grupo mais alto da elite e no de classe média em matemática, leitura e ciências foram de 69, 63 e 76 pontos, respectivamente. OCDE, *PISA Codebook*, Base de Dados do Programa Internacional de Avaliação de Alunos (Pisa, na sigla em inglês) 2015. Disponível em: <www.oecd. org/pisa/data/2015database/Codebook_CMB.xlsx>. Vinte pontos no teste correspondem a um semestre de escolarização. Ver também Niall Ferguson, "The End of the American Dream? How Rising Inequality and Social Stagnation Are Reshaping Us for the Worse", *Newsweek*, 28 jun. 2013, disponível em: <www.newsweek. com/2013/06/26/niall-ferguson-end-american-dream-237614.html>. Acesso em: 18 nov. 2018.

93 Julia B. Isaacs, "Starting School at a Disadvantage: The School Readiness of Poor Children", Center on Children and Families at Brookings (mar. 2012), p. 3, Figuras 1-2. Isaacs diz que 52% das crianças pobres marcam muito poucos pontos nos testes de aptidão escolar, o que ocorre com apenas 25% das crianças de renda média ou alta. Isso inclui 26% das crianças pobres que marcam muito poucos pontos em aptidão para a matemática, e 30% marcam muito poucos pontos em aptidão para a leitura, enquanto apenas 7% das crianças de renda moderada ou alta marcam tão poucos pontos nessas áreas. Isaacs mostra também que a falta de apoio materno tem forte influência negativa para a aptidão escolar (Figura 7).

94 Richard V. Reeves, *Dream Hoarders: How the American Upper Middle Class Is Leaving Everyone Else in the Dust, Why That Is a Problem, and What to Do About It* (Washington, D.C.: Brookings Institution, 2017), p. 42. Doravante citado como Reeves, *Dream Hoarders*. Reeves cita Phillips, "Parenting, Time Use, and Disparities in Academic Outcomes".

95 As crianças ricas passam cerca de 1.300 horas a mais que as pobres em lugares novos entre o nascimento e os seis anos de idade; passam um total de, provavelmente, 1.800 horas a mais que as pobres em lugares novos durante os anos escolares; e um total de, provavelmente, 1.800 horas a mais que as pobres conversando com os pais durante os anos escolares. Ver Phillips, "Parenting, Time Use, and Disparities in Academic Outcomes", pp. 217-21. As crianças ricas, é claro, têm mais aulas de artes e música, mais treinamento para a prática de esportes, e assim por diante.

96 Crianças ricas (do nascimento aos oito anos), por exemplo, passam cerca de duas horas e meia semanais a menos que as pobres vendo TV e jogando videogames, e cerca de uma vez e meia menos que as crianças de classe média. As crianças de até oito anos cujos pais têm renda anual inferior a 30 mil dólares por ano passam uma hora e sete minutos por dia vendo TV; aquelas cujos pais têm renda anual entre 30 mil e 75 mil dólares anuais passam 58 minutos por dia vendo TV; e aquelas cujos pais têm renda maior que 75 mil dólares anuais passam 46 minutos por dia vendo TV. "Zero to Eight: Children's Media Use in America 2013", Common Sense Media (out. 2013), Quadro 8. Disponível em: <www.commonsensemedia. org/research/zero-to-eight-childrens-media-use-in--america-2013>.

As diferenças aumentam à medida que as crianças crescem: dos oito aos doze anos, as ricas passam cerca de doze horas e meia por semana a menos que as pobres usando dispositivos com telas e cerca de sete horas por semana a menos que as crianças de classe média; e dos treze aos dezoito anos, as diferenças entre ricas e pobres e ricas e de classe média sobem para dezessete e onze horas, respectivamente. Dos oito aos doze anos, as crianças cujos pais têm renda anual de menos de 35 mil dólares passam cinco horas e meia por dia usando dispositivos com telas; os filhos de pais com renda anual entre 35 mil e 99.999 dólares anuais passam quatro horas e 32 minutos usando dispositivos com telas; e os filhos de pais com renda anual superior a 100 mil dólares passam três horas e 46 minutos por dia usando esses aparelhos. Para estudantes entre treze e dezoito anos, os números sobem para oito horas e sete minutos, seis horas e 31 minutos e cinco horas e 42 minutos, respectivamente. "Fact Sheet: Digital Equity Gaps — The Common Sense Census: Media Use by Tweens and Teens", Common Sense Media (2015), Quadro 2. Disponível em: <www.commonsensemedia.org/research/the-common-sense-census-media-use-by-tweens-and--teens>.

Esses números não surpreendem, já que adultos ricos passam cerca de quatro horas semanais menos que os pobres vendo TV. Para os adultos situados em posições intermediárias na escala socioeconômica, o tempo diário dedicado à TV vai de 170 a duzentos minutos, mas para os de posição mais elevada nessa escala esse tempo vai de 140 a 160 minutos por dia. E. Stamatakis et al., "Television Viewing and Other Screen-Based Entertainment in Relation to Multiple Socioeconomic Status Indicators and Area Deprivation: The Scottish Health Survey 2003", *Journal of Epidemiology and Community Health* 60 (2009), p. 737, Figura 2. Murray informa que o norte-americano médio vê 35 horas de TV por semana, enquanto as elites quase não veem TV. Murray, *Coming Apart*, p. 27. Murray cita dados da Nielsen para a média de horas de TV, "State of the Media TV Usage Trends, Q2 2010", Nielsen, 18 nov. 2010. Disponível em: <www.nielsen.com/us/en/insights/news/2010/state-of-the-media-tv-usage-trend-sq22010.html>; e Trish Gorely, Simon Marshall e Stuart Biddle, "Couch Kids: Correlates of Television Viewing Among Youth", *International Journal of Behavioral Medicine* 11, n. 3 (2004), pp. 152-6, para o consumo da elite.

97 Ver Katy McLaughlin, "Haute Home Schools Designed to Give Kids a Bespoke Education", *The Wall Street Journal*, 18 fev. 2016. Disponível em: <www.wsj.com/articles/haute-home-schools-designed-to-give-kids-a-bespoke-education-1455807796>. Acesso em: 18 nov. 2018. Doravante citado como McLaughlin, "Haute Home Schools Designed to Give Kids a Bespoke Education".

98 McLaughlin, "Haute Home Schools Designed to Give Kids a Bespoke Education".

99 Allan C. Ornstein, "The Growing Popularity of Private Schools", *The Clearing House* 63, n. 5 (jan. 1990): p. 210.

100 "Private School Enrollment", Centro Nacional de Estatísticas da Educação (mai. 2016). Disponível em: <https://nces.ed.gov/programs/coe/indicator_cgc.asp>. A tendência ascendente continua. As matrículas aumentaram mais de 15% entre os anos escolares de 1995-1996 e 2011-2012. As estatísticas sobre matrículas para o ano letivo de 2011-2012 podem ser encontradas em "Private School Universe Survey 2011-2012", Centro Nacional de Estatísticas da Educação (2012), disponível em: <https://nces.ed.gov/surveys/pss/tables/table_2011_02.asp>; as estatísticas para 1995-1996 podem ser encontradas em "Private School Universe Survey 1995-1996", Centro Nacional de Estatísticas da Educação (1998), disponível em: <https://nces.ed.gov/pubsearch/pubsinfo.asp?pubid=98229>.

A população em geral, em comparação, aumentou num fator de apenas 1,66. A população dos Estados Unidos aumentou de 194,3 milhões, em 1965, para 323 milhões em 2016. "Annual Estimates of the Resident Population: April 1, 2010 to July 1, 2016", American Fact Finder: U.S. Census Bureau (2016), disponível em: <https://factfinder.census.gov/faces/tableservices/jsf/pages/productview.xhtml>; "Population in the U.S.", Google: Public Data Explorer, disponível em: <www.google.

com/publicdata/explore?ds=kf7tgg1uo9ude_&met_y=population&idim=country:US>.

101 Já em 2000, eram tão poucos os estudantes ricos que estudavam em casa que o Departamento de Educação nem sequer coletou dados sobre eles. Mas, em 2012, 1,6% dos que estudavam em casa pertenciam a domicílios com renda anual superior a 100 mil dólares. McLaughlin, "Haute Home Schools Designed to Give Kids a Bespoke Education".

102 As proporções exatas são 26% e 6%, respectivamente. Jed Kolko, "Where Private School Enrollment Is Highest and Lowest Across the U.S.", City Lab, 13 ago. 2014. Disponível em: <www.citylab.com/housing/2014/08/where-private-school-enrollment-is-highest-and-lowest-across-theus/375993/>. Outra pesquisa relatou que 18% dos filhos no quintil mais rico dos domicílios frequentam escolas particulares, comparados a 9% nos dois quintis seguintes e apenas 4% nos dois quintis inferiores. Reeves, *Dream Hoarders*, p. 47. Para os fins desta análise, contam-se entre as particulares as escolas paroquiais, e os dados são da Educational Longitudinal Study of 2002 Senior Class of 2004 First Follow-Up Survey, Centro Nacional de Estatísticas de Educação.

103 Para uma compilação desses dados, ver Michael T. Owyang e E. Katarina Vermann, "Measuring the Effect of School Choice on Economic Outcomes", Regional Economist, Federal Reserve Bank de St. Louis (out. 2012). O estudo se baseia em cálculos a partir de dados do Centro Nacional de Estatísticas de Educação.

104 Ruben A. Gaztambide-Fernandez, *The Best of the Best: Becoming Elite at an American Boarding School* (Cambridge, Massachusetts: Harvard University Press, 2009), p. 35. O autor cita o artigo de um blog agora inativo em Patrick F. Bassett, "Bassett Blog: Affordability and the Family Ford", *NAIS eBulletin*, abr. 2006, disponível em: <www.nais.org/about/article.cfm?ItemNumber=148304&sn.ItemNumber=4181&tn.ItemNumber=147271>. Doravante citado como Bassett, "Affordability and the Family Ford".

Apenas 30% dos alunos de instituições consideradas "internatos de elite" — um grupo de 28 escolas que, juntas, têm mais de 15 mil alunos — recebem alguma ajuda financeira. Ruben Gaztambide-Fernandez, "What Is an Elite Boarding School?", *Review of Educational Research* 79, n. 3 (set. 2009), pp. 1098-9, Quadro 1. Mesmo os que recebem ajuda financeira são majoritariamente ricos: o *Trendbook* da Associação Nacional de Escolas Independentes revela que "há aproximadamente cinco vezes mais famílias entre os 20% das famílias de maior renda que receberam auxílio por necessidade em 2015-16 do que famílias nos 20% inferiores". Mark Mitchell, "Are Low-Income Families Being Squeezed Out of Independent Schools?", *The Independent School Magazine Blog*, 28 set. 2015. Disponível em: <www.nais.org/learn/independent-ideas/september-2015/are-low-income-families-being-squeezed-outofinde/>. Acesso em: 18 nov. 2018. A associação calcula que uma família precisa ter uma renda anual acima de 200 mil dólares para pagar

NOTAS

por essas escolas sem ajuda. Bassett, "Affordability and the Family Ford". Com efeito, a ajuda financeira às vezes vai para estudantes de domicílios com renda anual de 300 mil dólares. Paul Sullivan, "For Boarding Schools, an Evolving Financial Aid Philosophy", *The New York Times*, 14 mar. 2014. Disponível em: <www.nytimes. com/2014/03/15/your-money/for-boarding-schools--an-evolving-financial-aid-philosophy.html>. Acesso em: 18 nov. 2018. Ver "Who Gets Financial Aid", Groton School, para exemplo de uma escola independente em que famílias com renda anual acima de 300 mil dólares conseguem receber ajuda financeira com base numa combinação de renda, bens, dívidas e outras despesas. Disponível em: <www.groton.org/page/admission/who--gets-financial-aid>

105 Mesmo considerando que o número de matrículas em escolas privadas não religiosas aumentou, a proporção alunos por professor nessas escolas caiu, entre 1995 e 2012, de 9:1 para 7:1. Ver "Private School Universe Survey 1995-96" e "Private School Universe Survey 2011-2012".

106 A proporção média de alunos por professor nas escolas públicas em todo o país, em comparação, é de 16:1, e o número médio de alunos por turma é de 21 no ensino fundamental e 27 no ensino médio. As proporções mencionadas se referem a 2013 e o número de alunos por turma se refere ao ano letivo de 2011-2012. "Fast Facts", Centro Nacional de Estatísticas da Educação. Disponível em: <https://nces.ed.gov/fastfacts/display. asp?id=28>.

107 Em conversa com o autor.

108 "About", Academia Phillips de Exeter, disponível em: <www.exeter.edu/academics/library/about>; "An Open Book", *The Exeter Bulletin*, inverno de 2006, disponível em: <www.exeter.edu/documents/Exeter_Bulletin/ An_Open_Book.pdf>.

109 Para rankings, ver "America's Best Prep Schools", *Forbes*, 29 abr. 2010. Disponível em: <http://www.forbes. com/2010/04/29/best-prep-schools-2010-opinions--private-education.html>. Para classificações com dados sobre anuidades, ver "2019 Best Schools in America", *Niche*. Disponível em: <http://k12.niche.com>. Mesmo que não sejam propriamente de elite, as escolas particulares são caras. A anuidade média de todas as escolas em regime de externato no Nordeste e na Nova Inglaterra chegam perto de 35 mil dólares. O valor da matrícula varia de região para região e pode ser menor em outras partes do país, mas continua elevado. As escolas particulares relativamente mais baratas ficam no Sudeste, onde a anuidade média no regime de externato é de pouco menos de 20 mil dólares. Alia Wong, "When Private School Tuition Costs More Than College", *The Atlantic*, 21 nov. 2014. Disponível em: <www.theatlantic.com/ education/ archive/2014/11/when-private-school-tuition-costs-more-than-college/383003/>. Acessos em: 18 nov. 2018.

110 A dotação média considerando toda a lista passa de 250 milhões de dólares, ou mais de 350 mil por aluno.

A dotação média para escolas em regime de externato é de cerca de 100 milhões de dólares, ou mais de 100 mil por aluno. Esses números correspondem a dados obtidos nos sites das escolas ou, quando eles não divulgam dados, no Formulário 990 que as escolas, na condição de organizações isentas de impostos [501(c)(3)], tiveram de preencher para o Internal Revenue Service em 2015 para o ano-base de 2014. Para um resumo desses dados, ver "Largest Endowments", Boarding School Review. Disponível em: <www.boardingschoolreview.com/top--twenty-schools-listing/largest- endowments>.

As dotações das escolas privadas frequentadas por uma elite um pouco mais ampla continuam astronômicas: a dotação média dos 28 internatos mencionados anteriormente é de cerca de 225 milhões de dólares. Gaztambide-Fernandez, "What Is an Elite Boarding School?", Quadro 1.

111 Por exemplo, em seu site, a Roxbury Latin School afirma: "De fato, para este ano letivo de 2018-2019, as anuidades correspondem a cerca de 41% do orçamento da escola, com o restante vindo de contribuições para o fundo anual (22%) e da dotação (37%). Este ano, o custo orçado por aluno [...] é de quase 25 mil dólares além da anuidade [...] portanto, de fato, cada menino da RL recebe uma bolsa." "Annual Fund", Roxbury Latin School. Disponível em: <www.roxburylatin.org/page/ supportingrl/annual-fund>.

112 Essa importância engloba anuidades que custam entre 35 mil e 55 mil dólares e subsídios entre 15 mil e 25 mil dólares por ano. Mais uma vez, algumas escolas divulgam gastos por aluno, o que confirma esses cálculos. A Roxbury Latin afirma gastar 55.264 dólares por ano por aluno. "Annual Fund". A Collegiate School afirma gastar cerca de 56 mil dólares. "Why Give?", Collegiate School. Disponível em: <https://www.collegiateschool.org/ page/support/why-give>. A Lawrenceville School afirma gastar cerca de 90 mil dólares por aluno. "The Lawrenceville Fund", Lawrenceville School. Disponível em: <www. lawrenceville.org/page/giving/the-lawrenceville-fund>. E a Deerfield Academy afirma que o custo de sua educação chega a cerca de 84 mil dólares por ano por aluno. "Support", Deerfield Academy. Disponível em: <https:// deerfield.edu/dpn/parent-support/>. Esses números foram calculados usando como base a porcentagem de gastos cobertos pela anuidade, que é informada em cada página relevante de "doação", e a partir daí concluiu-se o gasto total por aluno.

113 Segundo o Centro Nacional de Estatísticas da Educação (parte do Departamento de Educação dos Estados Unidos), a média nacional de gasto por aluno nas escolas públicas para o ano letivo de 2012-13 foi de 12.296 dólares. "Public School Expenditures", Centro Nacional de Estatísticas da Educação, maio 2016. Disponível em: <https://nces.ed.gov/programs/coe/pdf/Indicator_ CMB/coe_cmb_2016_05.pdf>.

114 Stephen Q. Cornman, *Revenues and Expenditures for Public Elementary and Secondary School Districts:*

School Year 2011-2012 (Fiscal Year 2012), Departamento de Educação dos Estados Unidos, Centro Nacional de Estatísticas da Educação (2015). Disponível em: <https://nces.ed.gov/pubs2014/2014303.pdf>. Os governos estaduais contribuem com 45% das verbas e as prefeituras com 44,8%. O governo federal contribui com 10,1%.

115 U.S. Census Bureau, "Per Pupil Amounts for Current Spending of Public Elementary-Secondary School Systems by State: Fiscal Year 2014", Annual Survey of School System Finances, 10 jun. 2016. Disponível em: <https://factfinder.census.gov/faces/tableservices/jsf/pages/productview.xhtml?pid=SSF_2014_00A08&prodType=table>. No passado recente, Connecticut gastou ainda mais — 18.512 dólares — e o Mississippi ainda menos — 7.928 dólares. Reid Wilson, "Best State in America: Connecticut, for Its Teachers", *The Washington Post*, 5 set. 2015. Disponível em: <www.washingtonpost.com/opinions/best-state-in-america-connecticut-for-its-teachers/2014/09/05/8e11ac88-3457--11e4-8f02-03c644b2d7d0_story.html?utm_term=.5cd4ba377ed5>; Lyndsey Layton, "Study: Poor Children Are Now the Majority in American Public Schools in South, West", *The Washington Post*, 16 out. 2013, disponível em: <www.washingtonpost.com/local/education/2013/10/16/34eb4984-35bb-11e3--8a0e-4e2cf80831fc_story.html?utm_term=.a7ff5647e08a>, acesso em: 18 nov. 2018.

Os cinco estados mais ricos da atualidade (Connecticut, Maryland, Massachusetts, Nova Jersey e New Hampshire) gastam, em média, 15.815 dólares anuais por aluno de escola pública, enquanto os seis estados intermediários (Nebraska, Kansas, Oregon, Maine, Texas e Ohio) gastam 10.716 dólares e os cinco mais pobres (Novo México, Virgínia Ocidental, Idaho, Arkansas e Mississippi) gastam, em média, apenas 9.099 dólares. U.S. Census Bureau, "Per Capita Income in the Past 12 Months (in 2015 Inflation-Adjusted Dollars)", 2011-2015 American Community Survey 5-Year Estimates. Disponível em: <https://factfinder.census.gov/faces/tableservices/jsf/pages/productview.xhtml?pid=ACS_15_5YR_B19301&prodType=table>. Para fins de identificação dos estados mais pobres, eu não incluí Porto Rico e o Distrito de Colúmbia.

As diferenças entre as médias de gastos das escolas nos estados ricos, intermediários e pobres cresceram com o tempo — em paralelo, casualmente, com as diferenças de renda nos estados ricos, intermediários e pobres.

116 Na Pensilvânia, por exemplo, os gastos públicos por aluno nos distritos pobres são cerca de 33% mais altos que nos distritos muito pobres (12.529 e 9.387 dólares, respectivamente). Departamento de Educação dos Estados Unidos, Centro Nacional de Estatísticas da Educação, Centro Estatístico de Finanças para a Educação, "School District Current Expenditures Per Pupil with and Without Adjustments for Federal Revenues by Poverty and Race/Ethnicity Characteristics", 2015, Quadro A1.

Em Connecticut, apesar de uma agressiva campanha contenciosa que visa à equiparação financeira das escolas, a diferença continua em 10%. Departamento de Educação dos Estados Unidos, Centro Nacional de Estatísticas da Educação, Centro Estatístico de Finanças para a Educação, "School District Current Expenditures Per Pupil with and Without Adjustments for Federal Revenues by Poverty and Race/Ethnicity Characteristics", 2015, Quadro A1. Um tribunal de Connecticut recentemente decidiu que as desigualdades de distrito para distrito no financiamento das escolas violam o direito à educação pública garantido pela Constituição estadual. O tribunal ordenou que o estado criasse um sistema de financiamento "influenciado apenas pelas necessidades e boas práticas das escolas". *Connecticut Coal. for Justice in Educ., Inc. v. Rell*, No X07HHDCV145037565S, 2016 WL 4922730, at *33 (Suprema Corte de Connecticut, 7 de set. 2016), *aff'd in part, rev'd in part and remanded sub nom. Connecticut Coal. for Justice in Educ. Funding, Inc. v. Rell*, 327 Conn. 650, 176 A.3d 28 (2018).

117 Os dados para Scarsdale e Barbourville são de Michael B. Sauter et al., "The 10 Richest — and Poorest — School Districts in America", Alternet, 11 jun. 2012. Disponível em: <www.alternet.org/story/155824/the_10_richest_—_and_poorest_—_school_districts_in_america>; e Douglas A. McIntyre, "America's Richest School Districts", *24/7 Wall Street*, 6 jun. 2012, disponível em: <http://247wallst.com/special-report/2012/06/06/americas-richest-school-districts/>, acesso em: 18 nov. 2018. Sauter e seus coautores escolheram Scarsdale e Barbourville e obtiveram seus números a partir de dados do censo dos Estados Unidos e da American Community Survey, 2006-2010. Eles pesquisaram apenas os 9.627 distritos que atendiam a 250 ou mais estudantes no ano letivo relevante, enquanto o censo traz dados de mais de 13 mil distritos.

Note-se também que o espectro completo da renda domiciliar nos distritos reitera a segregação econômica em suas escolas. Sessenta e quatro por cento dos domicílios em Scarsdale tinham renda anual de mais de 200 mil dólares, sendo que nenhum deles tinha menos de 10 mil dólares. Em contraste, nenhum domicílio de Barbourville tinha renda superior a 200 mil dólares anuais, sendo que 7% deles tinham renda inferior a 10 mil dólares.

Previsivelmente, os números exatos mudaram depois que Sauter e coautores reuniram seus dados. Em 2012-2013, Scarsdale gastou 28.204 dólares, e Barbourville, 8.993. A renda média domiciliar em Scarsdale subiu para 238.478 dólares anuais. (Os dados de 2012-2013 revelam um distrito ainda mais rico — o Hillsborough City Elementary School District, no norte da Califórnia, com renda domiciliar média acima de 250 mil dólares anuais, mas, como se trata de um distrito com escolas unicamente K-8 — do jardim de infância ao nono ano —, não seria bom candidato para as comparações que fa-

NOTAS

zemos aqui.) A renda média em Barbourville aumentou para 19.760 dólares. Dados do censo de 2014 mostram muitos distritos escolares — provavelmente pequenos — com renda domiciliar média na faixa de 14 mil a 16 mil dólares anuais.

118 A Associação de Pais e Professores Junipero Serra, no bairro de Bernal Heights, em São Francisco, por exemplo, levantou apenas 25 dólares por aluno num ano recente. Jeremy Adam Smith, "How Budget Cuts and PTA Fun draising Undermined Equity in San Francisco Public Schools", *San Francisco Public Press*, 3 fev. 2014. Disponível em: <https://sfpublicpress.org/news/201402/how-budget-cuts-and-PTA-fundraising-undermined-equity--in-san-francisco-public-schools>. Acesso em: 18 nov. 2018. Doravante citado como Smith, "How Budget Cuts and PTA Fundraising Undermined Equity in San Francisco Public Schools".

119 Em todo o país, cerca de 3,5 mil grupos privados, atendendo a 12% dos distritos escolares, levantaram 271 milhões de dólares para apoiar as escolas públicas do país em 1995; em 2010, cerca de 11,5 mil grupos como esses, atendendo a 29% dos distritos, levantaram 957 milhões de dólares. Ashlyn Aiko Nelson e Beth Gazley, "The Rise of School-Supporting Nonprofits", *Education and Finance Policy* 9, n. 4 (fev. 2014), Quadro 4. Esses números aparecem em relatórios fiscais anuais que esses grupos devem apresentar ao Serviço da Receita Interna. As duas importâncias foram corrigidas para dólares de 2015 com base na calculadora da inflação da Secretaria de Estatísticas Trabalhistas, que pode ser acessada em "CPI Inflation Calculator". Disponível em: <https://data.bls.gov/cgi-bin/cpicalc.pl>. As importâncias nominais eram de 197 milhões para 1995 e 880 milhões para 2010. Essa é uma resposta natural e praticamente inevitável aos litígios que pretendem uma distribuição mais equilibrada da receita proveniente dos impostos entre os distritos ricos e pobres de um estado, enquanto as verbas levantadas por particulares ficam de fora do montante que deve ser distribuído dessa forma.

120 Robert Reich, "Not Very Giving", *The New York Times*, 4 set. 2013, disponível em: <www.nytimes.com/2013/09/05/opinion/not-very-giving.html>; Laura McKenna, "How Rich Parents Can Exacerbate School Inequality", *The Atlantic*, 28 jan. 2016, disponível em: <www.theatlantic.com/education/archive/2016/01/rich-parents--school-inequality/431640/>. Acessos em: 18 nov. 2018. Doravante citado como McKenna, "How Rich Parents Can Exacerbate School Inequality".

121 McKenna, "How Rich Parents Can Exacerbate School Inequality".

122 Entre 2005 e 2011, o orçamento total das associações de pais e professores (PTAs, na sigla em inglês) das escolas primárias de São Francisco aumentou cerca de 800%; em 2011, dez escolas ricas levantaram mais dinheiro que todas as demais 61 escolas juntas. Smith, "How Budget Cuts and PTA Fundraising Undermined Equity in San Francisco Public Schools".

123 Kyle Spencer, "Way Beyond Bake Sales: The $1 Million PTA", *The New York Times*, 1º jun. 2012. Disponível em: <www.nytimes.com/2012/06/03/nyregion/atwealthy--schools-ptas-help-fill-budget-holes.html>. Acesso em: 18 nov. 2018.

124 Smith, "How Budget Cuts and PTA Fundraising Undermined Equity in San Francisco Public Schools". De modo mais geral, lembre-se que os diretores de escolas de alunos mais ricos têm, em média, um ano mais de experiência que os diretores de escolas de alunos mais pobres; os professores têm, em média, dois anos a mais de experiência e 25% a mais de mestrado; e professores em seu primeiro ano de ensino, que normalmente lutam com dificuldades para aprender o ofício, são menos da metade nas escolas de ricos na comparação com as de pobres. Tara Béteille, Demetra Kalogrides e Susanna Loeb, "Stepping Stones: Principal Career Paths and School Outcomes", *Social Science Research* 41 (2012), pp. 904-19.

125 Ver Reich, "Back to School"; Motoko Rich, "Nation's Wealthy Places Pour Private Money into Public Schools, Study Finds", *The New York Times*, 21 out. 2014. Disponível em: <www.nytimes.com/2014/10/22/us/nations--wealthy-places-pour-private-money-into-public--schools-study-finds.html>. Acesso em: 18 nov. 2018.

126 "District Directory Information: Barbourville Independent", Centro Nacional de Estatísticas da Educação, 2018. Disponível em: <https://nces.ed.gov/ccd/districtsearch/district_detail.asp?Search=2&ID2=2100240&DistrictID=2100240&details=4>. Onze por cento da receita vêm de fontes federais e 70% de fontes estaduais.

127 O preço médio em Scarsdale é de 1.059.700 dólares. "Scarsdale Home Prices & Values", Zillow, out. 2018. Disponível em: <www.zillow.com/scarsdaleny/home--values/>. O pagamento de uma hipoteca de 1,2 milhão de dólares (para financiar uma casa de 1,5 milhão, com recursos próprios de 20%) chega a aproximadamente 70 mil dólares por ano a taxas de juros atuais, e o imposto predial médio em Scarsdale é de 20.813 dólares anuais. Com base numa estimativa de 1,059 milhão, para o código postal 10583, usando a calculadora "New York Property Tax Calculator", SmartAsset. Disponível em: <https://smartasset.com/taxes/new-york-property-tax--calculator>.

Moradores ricos das "Scarsdales" de todo o país conseguem que suas comunidades continuem exclusivas por meio de normas de zoneamento que exigem lotes e casas grandes, ao mesmo tempo que rejeita as tentativas de construir moradias mais acessíveis nessas comunidades. A própria Scarsdale já enfrentou processos e um escândalo relacionados a essas práticas. Para informação sobre o escândalo, ver Kate Stone Lombardi, "Home Sweet Affordable Home?", *Westchester Magazine*, 1º abr. 2016. Disponível em: <www.westchestermagazine.com/Westchester-Magazine/April-2016/Home-Sweet--Affordable-Home/>. Acesso em: 18 nov. 2018.

128 OCDE, *Education at a Glance 2013: OECD Indicators*, OECD Publishing (2013). Disponível em: <http://dx.doi.org/10.1787/eag-2013en>; Reich, "Back to School"; Eduardo Porter, "In Public Education, Edge Still Goes to Rich", *The New York Times*, 5 nov. 2013, disponível em: <www.nytimes.com/2013/11/06/business/a-rich-childs-edge-in-public-education.html>. Acesso em: 18 nov. 2018.

Os padrões desiguais de gastos, incidentalmente, quase com certeza contribuem para a ineficiência chocante da educação pública nos Estados Unidos, que gastam mais por aluno do que qualquer outro país da OCDE exceto Luxemburgo, Noruega, Suíça e Áustria, mas obtêm aproveitamento escolar, em média, equivalente ao meio da lista da OCDE. OCDE, *Country Note: Key Findings from PISA 2015 for the United States*, OECD Publishing (2016), pp. 7, 9. Disponível em: <www.oecd.org/pisa/PISA-2015-United-States.pdf>.

129 Ver, por exemplo, Patrick Clark, "The Test Prep Industry Is Booming", Bloomberg, 8 out. 2014. Disponível em: <www.bloomberg.com/news/articles/20141008/sats-the-test-prep-business-is-booming>. Acesso em: 18 nov. 2018.

130 *2013 College-Bound Seniors: Total Group Profile Report*, College Board, p. 4, disponível em: <http://media.collegeboard.com/digitalServices/pdf/research/2013/TotalGroup-2013.pdf>; Ezra Klein, "Wall Street Steps In When Ivy League Fails", *The Washington Post*, 16 fev. 2012, disponível em: <www.washingtonpost.com/business/economy/wall-street-steps-in-when-ivy-league-fails/2012/02/16/gIQAX2weIR_story.html>, acesso em: 18 nov. 2018; Daniel Pink, "How to Predict a Student's SAT Score: Look at the Parents' Tax Return", *Dan Pink*, disponível em: <www.danpink.com/archives/2012/02/how-to-predict-a-students-sat-score-lookatthe-parents-tax-return>, doravante citado como Pink, "How to Predict".

131 Emma Jacobs, "The $600anHour Private Tutor", *Financial Times*, 12 dez. 2013. Disponível em: <www.ft.com/content/080d6cce-61aa-11e3-aa02-00144feabdc0. Acesso em: 18 nov. 2018. Doravante citado como Jacobs, "The $600anHour Private Tutor".

132 Caroline Moss, "Meet the Guy Who Makes $1,000 an Hour Tutoring Kids of Fortune 500 CEOs over Skype", *Business Insider*, 26 ago. 2014. Disponível em: <www.businessinsider.com/anthony-green-tutoring--20148>. Doravante citado como Moss, "Meet the Guy Who Makes $1,000 an Hour Tutoring Kids of Fortune 500 CEOs over Skype". Robert Frank, "Meet the $1,250anHour Tutor", CNBC, 12 dez. 2013. Disponível em: <www.cnbc.com/2013/12/12/meet-the-400000ayear-tutor.html>. Acessos em: 18 nov. 2018. Doravante citado como Frank, "Meet the $1,250anHour Tutor".

133 Conversa por e-mail com o autor.

134 Conversa por e-mail com o autor.

135 Frank, "Meet the $1,250-an-Hour Tutor".

136 Moss, "Meet the Guy Who Makes $1,000 an Hour Tutoring Kids of Fortune 500 CEOs over Skype".

137 Jacobs, "The $600anHour Private Tutor".

138 Simon Mundy, "South Korea's Millionaire Tutors", *Financial Times*, 16 jun. 2014. Disponível em: <www.ft.com/content/c0b611fc-dab5-11e3-9a27-00144feabdc0>. Acesso em: 18 nov. 2018.

139 "Private Tutoring", Global Industry Analysts, Inc., set. 2016, disponível em: <www.strategyr.com/Private_Home_Tutor_Services_Market_Report.asp>; James Marshall Crotty, "Global Private Tutoring Market Will Surpass $102.8 Billion By 2018", *Forbes*, 12 nov. 2012, disponível em: <www.forbes.com/sites/jamesmarshallcrotty/2012/10/30/global-private-tutoring-market-will-surpass-102-billion-by-2018/#3820c5cd2ee0>. Acesso em: 18 nov. 2018.

140 Drew Gilpin Faust, "Financial Report, Fiscal Year 2017", Universidade Harvard, 26 out. 2017, p. 6. Disponível em: <https://finance.harvard.edu/files/fad/files/final_harvard_university_financial_report_2017.pdf>.

141 Para mais discussão sobre a influência da educação materna na participação da criança em atividades extracurriculares — principalmente nas que exigem um importante investimento de tempo por parte dos pais —, ver Elliot Weininger, Annette Lareau e Dalton Conley, "What Money Doesn't Buy: Class Resources and Children's Participation in Organized Extracurricular Activities", *Social Forces* 94, n. 2 (dez. 2015), p. 479.

142 Por exemplo, 84% dos filhos de pessoas de alta renda praticam esportes ou atividades atléticas, comparados a 69% de seus pares de renda média e 59% de seus pares de baixa renda. Da mesma forma, 64% dos filhos de ricos fazem trabalho voluntário, comparados a apenas 49% de seus congêneres de renda média e 37% dos de baixa renda. Filhos de pais ricos também têm mais oportunidades de ganhar experiência de trabalho, participar de organizações como os escoteiros e ter aulas de música, dança e artes plásticas. Pew Research Center, "Parenting in America"; Miller, "Class Differences in Child-Rearing".

143 Kaisa Snellman et al., "The Engagement Gap: Social Mobility and Extracurricular Participation Among American Youth", *Annals of the American Academy of Political and Social Science* 657 (jan. 2015), pp. 194-207; Robert Putnam, *Our Kids: The American Dream in Crisis* (Nova York: Simon & Schuster, 2015), p. 177. Doravante citado como Putnam, *Our Kids: The American Dream in Crisis*.

144 Greg J. Duncan e Richard J. Murnane, "Introduction: The American Dream, Then and Now", in *Whither Opportunity? Rising Inequality, Schools, and Children's Life Chances*, Greg Duncan e Richard Murnane (orgs.) (Nova York: Russell Sage Foundation, 2011), p. 11. (Os cálculos se baseiam no Consumer Expenditure Survey da Secretaria de Estatísticas Trabalhistas e estão expressos em dólares de 2008. Corrigida para valores de 2018, a importância de 75 mil dólares em 2008 equivale ao poder de compra de 87.834,12 dólares em 2018.) Para uma discussão

NOTAS

mais aprofundada, ver Miles Corak, "Income Inequality, Equality of Opportunity, and Intergenerational Mobility", *Journal of Economic Perspectives* 27, n. 3 (verão de 2013), pp. 79-102; Miller, "Class Differences in Child-Rearing"; e Pew Research Center, "Parenting in America".

A proporção dos gastos praticamente triplicou, de 3:1, na década de 1970, para quase 8:1 hoje, pois os gastos dos pais ricos aumentaram vertiginosamente — cerca de 4 mil dólares a mais por ano e por filho —, enquanto os gastos dos pais pobres e de classe média permaneceram achatados. Ver Carbone e Cahn, *Marriage Markets*, pp. 85-6. Segundo outra pesquisa (também expressa em dólares atualizados), em 1972 os 10% mais ricos das famílias gastava 2.832 dólares por filho, o decil intermediário gastava 1.143 e o decil inferior gastava 607 dólares. Em 2006, a disparidade aumentou bastante: 6.573 dólares por filho nas famílias mais ricas, 1.421 para o decil intermediário e 750 para o decil inferior. Sabino Kornrich e Frank Furstenberg, "Investing in Children: Changes in Parental Spending on Children, 1972-2007", *Demography* 50, n. 1 (fev. 2013). Doravante citado como Kornrich e Furstenberg, "Investing in Children".

145 Abby Abrams, "Raising a Ballerina Will Cost You $100,000", FiveThirtyEight, 20 ago. 2015. Disponível em: <https://fivethirtyeight.com/features/high-price-of-ballet-diversity-misty-copeland/>. Acesso em: 18 nov. 2018.

146 Embora o preço das aulas de violino varie, espera-se que as aulas particulares ministradas por um professor qualificado e experiente custem cerca de 100 dólares por sessão. Para um debate sobre o custo das aulas, ver "How Much Are Violin Lessons for Kids?", *Take Lessons*, 25 jan. 2015. Disponível em: <https://takelessons.com/blog/violin-lesson-prices>. Três aulas semanais de meia hora a 100 dólares chegam a 15,6 mil dólares por ano. Essa importância não inclui custos referentes a instrumento, cadernos de música e livros.

147 Chris Taylor, "How Much Does It Cost to Raise a Child Prodigy?", Reuters, 11 set. 2015. Disponível em: <http://time.com/money/4031222/child-prodigy-cost/>. Acesso em: 18 nov. 2018.

148 Kornrich e Furstenberg, "Investing in Children".

149 Mark Aguiar e Mark Bils, "Has Consumption Inequality Mirrored Income Inequality?", *American Economic Review* 105, n. 9 (set. 2015), pp. 2725-6, 2746, 2753. Doravante citado como Aguiar e Bils, "Has Consumption Inequality Mirrored Income Inequality?" Aguiar e Bils analisam o aumento da desigualdade no consumo entre 1980 e 2010 e concluem que ao longo dessas três décadas a desigualdade no consumo aumentou pouco mais de 30%, mais ou menos a mesma coisa que a desigualdade de renda no período. Eles também classificaram o aumento da desigualdade no consumo em categorias de consumo, e concluíram que entre 2008 e 2010 a educação tornou-se a única categoria de gastos elástica em relação à renda. Essas observações sobre a desigualdade no consumo valeram-se de discussões com Conor Clarke.

150 Para uma discussão detalhada da influência das escolas mais bem equipadas sobre a educação, ver Jonathan Rothwell, "Housing Costs, Zoning, and Access to High-Scoring Schools", Brookings Institution. Disponível em: <www.brookings.edu/research/housing-costs-zoning-and-access-to-high-scoring-schools/>. Doravante citado como Rothwell, "Housing Costs". Rothwell diz que "as pesquisas mostram importantes vantagens de frequentar aulas com alunos que tiram notas altas e com professores de alto 'valor agregado'. Além desses fatores, a experiência do professor tem forte relação com o aproveitamento dos alunos, mas é pouco provável que professores experientes ensinem alunos menos privilegiados. Além disso, a experiência do professor está intimamente relacionada à pontuação nos testes escolares, mesmo modificada por outros fatores, e o estudante negro, latino ou de baixa renda médio frequenta escolas com professores bem menos experientes que os estudantes brancos e asiáticos". Para a relação causal entre a qualidade dos professores e a pontuação nos testes dos alunos de terceiro a oitavo grau, ver Raj Chetty, John N. Friedman e Jonah E. Rockoff, "The Long-Term Impacts of Teachers: Teacher Value-Added and Student Outcomes in Adulthood", NBER, Working Paper n. 17699 (publicado em dez. 2011 e revisto em jan. 2012). Para a influência da qualidade e da experiência do professor nos testes padronizados em matemática e leitura, ver Jonah E. Rockoff, "The Impact of Individual Teachers on Student Achievement: Evidence from Panel Data", *American Economic Review* 94, n. 2 (maio 2004), pp. 247-52. Outra pesquisa, que coletou dados sobre todos os estudantes e professores da Carolina do Norte durante um período de dez anos, demonstrou que as credenciais do professor têm muita influência sobre o aproveitamento dos alunos — principalmente em matemática. Charles Clotfelter, Helen Ladd e Jacob Vigdor, "How and Why Do Teacher Credentials Matter for Student Achievement?", Urban Institute, National Center for Longitudinal Analysis of Education Research, Working Paper n. 2 (2007).

151 Jacobs, "The $600anHour Private Tutor".

152 Karl L. Alexander, Doris R. Entwisle e Linda S. Olson, "Schools, Achievement, and Inequality: A Seasonal Perspective", *Educational Evaluation and Policy Analysis* 23, n. 2 (verão de 2001), p. 171, Quadro 2. Alexander, Entwisle e Olson mostram progressos no CATV (leitura) e no CATV (matemática) durante quatro verões consecutivos para alunos de alta situação socioeconômica, enquanto alunos de baixa situação socioeconômica tiveram perdas nos dois testes durante os dois primeiros verões, pouco progresso no teste de leitura depois do terceiro verão e pouco progresso nos dois testes depois do quarto verão. Para uma discussão semelhante, ver Alan B. Krueger, "Inequality, Too Much of a Good Thing", in *Inequality in America: What Role for Human Capital Policies?*, Alan B. Kruger e Benjamin M. Friedman (orgs.) (Cambridge, Massachusetts: MIT Press, 2005), pp. 1, 15, Quadro 2.

153 Raghuram G. Rajan, *Fault Lines: How Hidden Fractures Still Threaten the World Economy* (Princeton, Nova Jersey: Princeton University Press, 2010), p. 188. Doravante citado como Rajan, *Fault Lines*. James J. Shields, *Japanese Schooling: Patterns of Socialization, Equality, and Political Control* (University Park: Pennsylvania State University Press, 1989), p. 82. Para o cálculo da amostra, ver "Mathematics Teaching and Learning Strategies in PISA", OCDE (2010), Quadro A.1. O 75º percentil do número de semanas letivas no Japão é 43. Multiplicado por cinco dias de aula por semana, resulta em cerca de 215 dias letivos por ano.

154 Putnam, *Our Kids: The American Dream in Crisis*, p. 175.

155 Uma pesquisa revelou que "estudantes de baixa renda se saem melhor quando seus colegas que não são de baixa renda se saem melhor. Estudantes de baixa renda que frequentam escolas com colegas de renda média e alta, mas pontuação baixa, marcam pontos 18,5% inferiores à média em seu estado para a matéria/série, mas os que frequentam escolas com colegas de renda média e alta, mas pontuação máxima, marcam dois pontos percentuais acima das médias de seu estado. Outras análises regressivas mostram que os índices de proficiência dos estudantes de baixa renda aumentou 0,7 ponto percentual para cada ponto percentual de aumento dos colegas de renda média e alta da mesma escola, a depender de fatores como diversidade racial da escola, matrículas, parcela de alunos de baixa renda, proporção alunos por professor e localização". Rothwell, "Housing Costs", p. 10.

156 Reardon, "The Widening Academic Achievement Gap", pp. 94-7.

157 Reardon, "The Widening Academic Achievement Gap", pp. 97-9; Reardon, "No Rich Child Left Behind".

158 O aproveitamento nesta comparação é dado pela pontuação nos testes do Pisa de desempenho escolar. Para uma análise desses dados, ver Reich, "Back to School".

159 As pesquisas tornam-se comparáveis, apesar de empregar diferentes escalas de medição, corrigindo-se as pontuações para a confiabilidade dos testes e expressando as diferenças em termos de desvio-padrão. Como diz Reardon, essas são "práticas habituais quando se comparam diferenças do aproveitamento avaliado por testes diferentes [citações omitidas]. Desde que a variação real no aproveitamento permaneça constante ao longo do tempo, são válidas as comparações entre as diferenças encontradas por pesquisas diversas usando testes diversos". Reardon, "The Widening Academic Achievement Gap", p. 94. O resultado básico, segundo o qual a diferença de 90/50 no aproveitamento aumentou, enquanto a diferença de 50/10 permaneceu mais ou menos constante — e em alguns casos até caiu —, reaparece com o uso de técnicas de estimativa. Ver Reardon, "The Widening Academic Achievement Gap", Apêndice on-line 5.A2. Disponível em: <www.russellsage.org/sites/default/files/duncan_murnane_online_appendix.pdf>.

160 Para uma visualização desses dados, ver Zachary Goldfarb, "These Four Charts Show the SAT Favors Rich, Educa-

ted Families", *The Washington Post*, 5 mar. 2014, disponível em: <www.washingtonpost.com/blogs/wonkblog/wp/2014/03/05/these-four-charts-show-how-the-sat--favors-the-rich-educated-families/>. Acesso em: 18 nov. 2018. Doravante citado como Goldfarb, "These Four Charts Show the SAT Favors Rich, Educated Families". Ver também Anthony P. Carnevale e Jeff Strohl, "How Increasing College Access Is Increasing Inequality, and What to Do About It", in *Rewarding Strivers: Helping Low-Income Students Succeed in College*, Richard D. Kahlenberg (org.) (Nova York: Century Foundation Press, 2010). Doravante citado como Carnevale e Strohl, "How Increasing College Access Is Increasing Inequality". Os gráficos foram criados com dados próprios do College Board, em "2013 College-Bound Seniors: Total Group Profile Report", College Board, disponível em: <http://media.collegeboard.com/digitalServices/pdf/research/2013/TotalGroup-2013.pdf>. Para os percentis de renda, ver Carmen DeNavas-Walt e Bernadette D. Proctor, *Income and Poverty in the United States: 2013*, U.S. Census Bureau, Current Population Reports n. P60-249 (set. 2014), p. 23, Quadro A1, disponível em: <www2.census.gov/library/publications/2014/demographics/p60-249.pdf>; e "Historical Income Tables: Households", U.S. Census Bureau, revisto em 28 ago. 2018, Quadro H1, disponível em: <www.census.gov/data/tables/time-series/demo/income-poverty/historical-income-households.html>. Para percentis de educação, ver Camille L. Ryan e Julie Siebens, *Educational Attainment in the United States: 2009*, U.S. Census Bureau, Current Population Reports n. P60-566 (fev. 2012), p. 6, Quadro 1, disponível em: <www.census.gov/prod/2012pubs/p20-566.pdf>, acesso em: 30 dez. 2018.

161 Essas frações são aproximadas porque a condição de elite é determinada pela renda e pela educação dos pais, e porque o College Board expressa os percentis para cada seção do teste e não para a pontuação total. Para chegar à afirmação sobre os quartis superior e inferior, tome-se a pontuação média para renda e aproveitamento escolar nas categorias mais altas consideradas pelo College Board, calculem-se os percentis para cada seção do teste e tire-se a média desses percentis.

162 O College Board só começou a informar a pontuação no SAT especificamente para alunos vindos de domicílios de uma elite restrita — cuja renda superava 200 mil dólares anuais — em 2008, dificultando comparações exatas entre dados do presente e do passado. Mas categorias de renda menos exatas são reveladoras, e já em 1996 a diferença entre a pontuação no SAT de estudantes oriundos de domicílios cuja renda passava de 100 mil dólares anuais e a pontuação dos oriundos de domicílios cuja renda estava entre 40 mil e 60 mil dólares era de 104 pontos, enquanto a diferença entre estudantes de classe média e estudantes oriundos de domicílios com renda inferior a 20 mil dólares anuais era de 121 pontos. Esses números foram calculados com base nos dados do

NOTAS

Total Group Profile Reports, do College Board, que relaciona as pontuações por renda familiar para cada ano entre 1996 e 2016. As diferenças para 2016 excluem as pontuações no teste de redação, que não existia no teste de 1996, para tornar comparáveis as pontuações desses dois anos. "1996 College-Bound Seniors: A Profile of SAT Program Test Takers", College Board, disponível em: <https://research.collegeboard.org/programs/sat/data/archived/cbseniors-1996>; "2016 College-Bound Seniors: Total Group Profile Report", College Board, disponível em: <https://secure-media.collegeboard.org/digitalServices/pdf/sat/total-group-2016.pdf>. Para uma visualização de dados similares de 2011, ver Pink, "How to Predict".

163 Goldfarb, "These Four Charts Show the SAT Favors Rich, Educated Families"; "2013 College-Bound Seniors: Total Group Profile Report". Os estudantes de classe média são os que provêm de domicílios cuja renda anual fica entre 40 mil e 60 mil dólares; os estudantes pobres, de domicílios com renda anual abaixo de 20 mil dólares; e os estudantes ricos, de domicílios com renda anual acima de 200 mil dólares.

Se definirmos ricos, de classe média e pobres de acordo com as categorias usadas para os dados de 1996, em 2016 a diferença entre os ricos e os de classe média aumentou para 116 pontos e a diferença entre os de classe média e os pobres caiu para 95 pontos. Assim, a relação entre as diferenças ricos/classe média e classe média/pobres inverteu-se ao longo das duas décadas.

164 Goldfarb, "These Four Charts Show the SAT Favors Rich, Educated Families"; "2013 College-Bound Seniors: Total Group Profile Report". Ver também Carnevale e Strohl, "How Increasing College Access Is Increasing Inequality".

165 Murray, *Coming Apart*, p. 67. Os dados apresentados por Murray, que exceto por seu trabalho continuam inéditos, foram fornecidos a ele pelo College Board. Estudantes de domicílios da elite mais ampla encontram-se sub-representados dentro da categoria maior de egressos do ensino médio de alto desempenho (ainda que não excepcional). Segundo uma pesquisa recente, o número de egressos do ensino médio provenientes de domicílios situados no quartil superior da distribuição de renda representa o dobro do número de egressos com pontuação no SAT situada no 90º percentil ou acima e A- no GPA do que os provenientes de domicílios do quartil inferior da distribuição de renda, e cerca de uma vez e meia a parcela de egressos de alto desempenho dos domicílios dos dois quartis intermediários. Caroline M. Hoxby e Christopher Avery, "The Missing 'One-Offs': The Hidden Supply of High-Achieving, Low Income Students", NBER, Working Paper n. 18586 (2012). Disponível em: <www.nber.org/papers/w18586.pdf>. Doravante citado como Hoxby e Avery, "The Missing 'One-Offs'".

O College Board estabeleceu um critério próprio de avaliação da aptidão para a faculdade, determinando que a pontuação mais baixa no SAT corresponde a uma chance de 65% ou mais de tirar uma média B ou mais alta no primeiro ano de faculdade. Usando esse parâmetro, o College Board determinou que apenas 15% dos estudantes cujos pais têm menos que o ensino médio e 27% dos que têm pais com ensino médio atingiram esse limite, em comparação com 33% dos estudantes cujos pais têm um grau equivalente ao de tecnólogo, 52% daqueles cujos pais têm diploma de curso superior e 68% daqueles cujos pais têm pós-graduação. Jeffrey Wyatt et al., *SAT Benchmarks: Development of a College Readiness Benchmark and Its Relationship to Secondary and Postsecondary School Performance*, College Board (2011), p. 22, Quadro. Disponível em: <https://files.eric.ed.gov/fulltext/ED521173.pdf>.

166 Para a renda em Scarsdale, ver "QuickFacts, Scarsdale Village, New York", U.S. Census Bureau. Disponível em: <www.census.gov/quickfacts/table/RHI105210/3665431>. Para o índice de frequência à faculdade, ver "Scarsdale High School, 2015-2016 Profile", Scarsdale Schools. Disponível em: <www.scarsdaleschools.k12.ny.us/cms/lib/NY01001205/Centricity/Domain/89/2016%20%202017%20Profile.pdf>.

A Scarsdale High não é exceção entre as escolas ricas. Outro exemplo é o da River High School, em Clarksville, Maryland (renda domiciliar anual média de 120 mil dólares), que envia 98% de seus egressos para a faculdade. Para uma discussão sobre as estatísticas da educação em Clarksville, ver Ted Mellnik e Carol Morello, "Washington: A World Apart", *The Washington Post*, 9 nov. 2013. Disponível em: <www.washingtonpost.com/sf/local/2013/11/09/washingtonaworld-apart/>. Acesso em: 18 nov. 2018. Doravante citado como Mellnik e Morello, "Washington: A World Apart". Para dados sobre a River, ver "River High School: Profile", Sistema Escolar Público do condado de Howard, 2017-2018. Disponível em: <www.hcpss.org/f/schools/profiles/prof_hs_riverhill.pdf>. Os exemplos se multiplicam. A Weston High School, em Connecticut, com renda domiciliar média de 218.152 dólares anuais, envia mais de 95% de seus egressos à faculdade. "Weston High School: 2016 Profile for College Applications", Weston Public Schools, disponível em: <www.westonps.org/uploaded/Color_print_ _WHS_2016_Profile.pdf>; "QuickFacts: Weston town, Fairfield County, Connecticut", U.S. Census Bureau, 2016, disponível em: <www.census.gov/quickfacts/table/PST045216/0900183430,00>. A Darien High School, também em Connecticut, com renda domiciliar média superior a 200 mil dólares, também manda cerca de 95% de seus egressos à faculdade. "Darien High School: 2018-2019 Profile", Darien Public Schools, disponível em: <www.darienps.org/uploaded/content/schools/dhs/guidance/Profile_201819.pdf?1537444361189>; "QuickFacts: Darien town, Fairfield County, Connecticut", U.S. Census Bureau, 2016, disponível em: <www.census.gov/quickfacts/table/PST045216/0900118850,0900183430,00>.

167 Raquel Laneri, "America's Best Prep Schools", *Forbes*, 29 abr. 2010. Disponível em: <www.forbes.com/2010/04/29/best-prep-schools-2010-opinions-private-education.html#4760df665027>. Acesso em: 18 nov. 2018.

168 A turma de 2013 da Fieldston, por exemplo, mandou quarenta (de um total de 150) egressos só para a Ivy League e outros 104 (ou 69%) a universidades e faculdades classificadas entre as 25 melhores das respectivas categorias pelo *U.S. News & World Report*. Ver <www.ecfs.org/admissions/college-destination/index.aspx>. A turma de 2014 da Fieldston mandou 28 (de um total de 150) de seus egressos só para a Ivy League e cerca de cem para universidades e faculdades classificadas entre as 25 melhores de suas respectivas categorias pelo *U.S. News & World Report*. Ethical Cultural Fieldston School, "Build NYC Resource Corporation", Declaração, 30 abr. 2015. Disponível em: <www.nycedc.com/sites/default/files/filemanager/Official_Statements/Ethical_Culture_Fieldston_School_Project_Series_2015.pdf>. Egressos da Escola St. Paul têm maior probabilidade de entrar para Harvard do que para qualquer outra faculdade, e 80% deles entram para uma faculdade classificada entre as trinta melhores pelo *U.S. News & World Report*. Austin Bramwell, "Top of the Class", *American Conservative*, 13 mar. 2012. Disponível em: <www.theamericanconservative.com/articles/topofthe-class/>. Acesso em: 18 nov. 2018.

Para mais informações, ver David Chung, "Top High Schools Find Admissions Success", *Brown Daily Herald*, 27 abr. 2011. Disponível em: <www.browndailyherald.com/2011/04/27/top-high-schools-find-admissions-success/>. Acesso em: 18 nov. 2018. Chung informa que a Harvard-Westlake School e a Academia Phillips mandaram 45 egressos cada uma para a Brown entre 2006 e 2010; a "Collegiate School da cidade de Nova York mandou 39,6% de seus egressos dos cinco últimos anos a alguma das universidades que fazem parte do guarda-chuva chamado "Ivy Plus" — as oito que integram a Ivy League, mais Stanford e o Instituto de Tecnologia de Massachusetts". A Trinity School, em Manhattan, matriculou 37,3% de seus egressos nas universidades da "Ivy Plus" entre 2006 e 2010.

169 Caroline M. Hoxby, "The Changing Selectivity of American Colleges", *Journal of Economic Perspectives* 23, n. 4 (outono de 2009). Doravante citado como Hoxby, "Changing Selectivity".

170 Ver índices de admissão no Capítulo 2.

171 O *Harvard Crimson* observa que "um em cada vinte calouros de Harvard veio de uma das sete escolas secundárias mais representadas na turma de 2017 — Boston Latin, Academia Phillips Andover, Stuyvesant, Nobel e Greenough, Academia Phillips Exeter, Trinity School de Nova York e Lexington." De modo mais geral, 6% de seus alunos vieram das dez escolas mais representadas e 32% das onze mais representadas. Meg P. Bernhard, "The Making of a Harvard Feeder School", *Harvard Crimson*, 13 dez. 2013. Disponível em: <www.thecrim-

son.com/article/2013/12/13/making-harvard-feeder-schools/>.

172 Em Yale, por exemplo, 44% dos alunos vieram de escolas secundárias formalmente particulares e, portanto, de famílias de renda compatível com o custo da educação privada. Oriana Tang, "The Practical Path: Socioeconomic Class and Academics at Yale", *Yale Daily News*, 29 abr. 2016. Disponível em: <https://yaledailynews.com/blog/2016/04/29/the-practical-path-socioeconomic-class-and-academicsatyale/>. Além disso, num ano recente típico, 197 escolas secundárias deram a Yale um terço de sua turma. Comunicado do Escritório de Admissões de Yale, arquivado com o autor.

173 Suzanne Mettler, *Degrees of Inequality: How the Politics of Higher Education Sabotaged the American Dream* (Nova York: Basic Books, 2014), p. 21. Para famílias do quartil superior, em 1970, 40% dos jovens aos 24 anos tinham diploma universitário; em 2011, eles eram 71%. Para as famílias do quartil inferior, a variação foi de 6% para 10%. Para outra visualização e discussão similares desses dados, Pell Institute for the Study of Opportunity in Higher Education, *Indicators of Higher Education Equity in the United States: 2018 Historical Trend Report* (2018), p. 99, disponível em: <http://pellinstitute.org/downloads/publications-Indicators_of_Higher_Education_Equity_in_the_US_2018_Historical_Trend_Report.pdf>; e Catherine Rampell, "Data Reveal a Rise in College Degrees Among Americans", *The New York Times*, 12 jun. 2013, disponível em: <www.nytimes.com/2013/06/13/education/asharp-rise-in-americans-with-college-degrees.html>.

174 Martha J. Bailey e Susan M. Dynarski, "Gains and Gaps: Changing Inequality in U.S. College Entry and Completion", NBER, Working Paper n. 17633 (2011), p. 7. Disponível em: <www.nber.org/papers/w17633.pdf>.

175 Raj Chetty et al., "Is the United States Still a Land of Opportunity? Recent Trends in Intergenerational Mobility", *American Economic Review Papers and Proceedings* 104, n. 5 (2014), pp. 141-7.

176 A diferença mais acentuada é mencionada por Suzanne Mettler: ela afirma que em 1970 apenas 55% dos estudantes do quartil superior na distribuição de renda concluíam a faculdade aos 24 anos, mas atualmente 97% deles se formam com essa idade; ela acrescenta, por outro lado, que os índices de conclusão de curso para estudantes dos três quartis seguintes — que normalmente chegam à faculdade menos preparados, têm menos apoio da família durante o estudo superior e frequentam faculdades que oferecem aos alunos menos apoio institucional — continuam muito mais baixos: em 51%, 26% e 23%, respectivamente. Mettler, *Degrees of Inequality*, p. 25. Pell Institute for the Study of Opportunity in Higher Education, *Indicators of Higher Education Equity in the United States: 45 Year Trend Report* (2015), p. 33. Disponível em: <https://files.eric.ed.gov/fulltext/ED555865.pdf>. Os dados mostram que em 2015 os índices de conclusão de curso por quar-

NOTAS

til de renda (de cima para baixo) foram de 99%, 51%, 29% e 21%.

O fato de as universidades integrarem e organizarem o ensino em torno da graduação — o que torna a *conclusão* do curso muito mais valiosa do que assistir a algumas aulas e abandonar — eleva o custo do abandono e exacerba a contribuição das universidades para a desigualdade educacional. Segundo a Secretaria de Estatísticas Trabalhistas, o aumento de renda proporcionado por um diploma superior em relação a quem tem curso superior incompleto é 14,5 vezes maior que o aumento de renda de quem tem curso superior incompleto em relação a quem tem ensino médio. "Unemployment Rates and Earnings by Educational Attainment, 2017", Bureau of Labor Statistics, atualizado em 27 mar. 2018. Disponível em: <www.bls.gov/emp/chart-unemployment--earnings-education.htm>.

177 Pell Institute for the Study of Opportunity in Higher Education, *Indicators of Higher Education Equity in the United States: 2018 Historical Trend Report* (2018), p. 99. Disponível em: <http://pellinstitute.org/down loads/publications-Indicators_of_Higher_Education_ Equity_in_the_US_2018_Historical_Trend_Report. pdf>.

178 Em "Tearing Down the Gates: Confronting the Class Divide in American Education", *Liberal Education* 95, n. 3 (verão de 2009), Peter Sacks cita um documento publicado on-line em 2008 por Thomas G. Mortenson no n. 143 de sua newsletter *Postsecondary Education Opportunity*, que já não está disponível. O texto diz que, em 1970, 40% dos egressos do ensino médio pertencentes ao quartil superior se formavam aos 24 anos, comparados a uma média de apenas 13% dos dois quartis intermediários. Em 2002, a porcentagem para o quartil superior subiu para 51%, enquanto a dos dois quartis intermediários subiu para cerca de 20%. Para uma discussão mais aprofundada, ver Florencia Torche, "Is a College Degree Sill the Great Equalizer? Intergeneration Mobility Across Levels of Schooling in the United States", *American Journal of Sociology* 117, n. 3 (2011), pp. 763-807.

179 Raj Chetty et al., "Where Is the Land of Opportunity? The Geography of Intergenerational Mobility in the United States", *Quarterly Journal of Economics* 129, n. 4 (2014), p. 1584.

180 Sean F. Reardon, Rachel Baker e Daniel Klasik, *Race, Income, and Enrollment Patterns in Highly Selective Colleges: 1982-2004*, Centro de Análise de Políticas Educacionais (Stanford, Califórnia: Stanford University, 2012), p. 8, Figura 3; Reardon, "No Rich Child Left Behind".

181 Esses números são para estudantes que entraram para a faculdade de 1979 a 1982. Martha J. Bailey e Susan M. Dynarski, "Inequality in Postsecondary Education", in *Whither Opportunity? Rising Inequality, Schools, and Children's Life Chances*, Greg J. Duncan e Richard J. Murnane (orgs.) (Nova York: Russell Sage Foundation, 2011), p. 120, Figura 6.2. Também disponível em:

<www.russellsage.org/sites/default/files/Duncan_Murnane_Tables_Figures.pdf>. Bailey e Dynarski dizem que nessa coorte de nascimentos 80% das pessoas do quartil superior, cerca de 54% da metade intermediária e 29% do quartil inferior entram para a faculdade. As proporções de ingressos usadas no texto principal remetem a esses números.

182 A parcela da coorte de nascimentos de 1961 a 1964 que entrou para a faculdade, por quartil de renda domiciliar, foi de 58%, 38%, 32% e 19%. Bailey e Dynarski, "Inequality in Postsecondary Education", p. 121. Isso quer dizer que para a última coorte de nascimentos a diferença entre o quartil superior e o inferior era de 51%, enquanto para a coorte de nascimentos anterior era de apenas 39%.

183 Karin Fischer, "Engine of Inequality", *Chronicle of Higher Education*, 17 jan. 2017. Disponível em: <https://studentsuccess.unc.edu/files/2016/01/Engineof--Inequality-The-Chronicle-of-Higher-Education.pdf>.

184 Para a proporção 14:1, ver Carnevale e Strohl, "How Increasing College Access Is Increasing Inequality", p. 137, Figura 3.7. Para a proporção 20:1, ver Jennifer Giancola e Richard D. Kahlenberg, *True Merit: Ensuring Our Brightest Students Have Access to Our Best Colleges and Universities* (Lansdowne, Virgínia: Jack Kent Cooke Foundation, 2016), p. 5, Figura 1. Disponível em: <www.jkcf.org/assets/1/7/JKCF_True_Merit_Report. pdf>.

Esses índices não são excepcionais, e sim bastante típicos. Uma outra pesquisa com estudantes (em 2004) dos 5% das faculdades mais seletivas encontrou 69% provenientes do quartil superior da distribuição de renda, 18,7% do segundo quartil, 8,1% do terceiro e 4,1% do quarto. Para os próximos 7% das faculdades mais seletivas, esses números vão para 66,2%, 19,5%, 9,3% e 5,0%, do quartil superior para o inferior. Em comparação, nas faculdades de quatro anos não disputadas (que correspondem aos 7% inferiores em seletividade), os números foram 25,9%, 29,1%, 25,4% e 19,6%. Finalmente, os números para jovens adultos que não tiveram educação superior, por quartil de renda domiciliar, são de 7,7%, 19,1%, 31,2% e 42%. Michael N. Bastedo e Ozan Jaquette, "Running in Place: Low Income Students and the Dynamics of Higher Education Stratification", *Educational Evaluation and Policy Analysis* 33, n. 3 (set. 2011): Apêndice, Quadro 6. Disponível em: <www.personal.umich.edu/~bastedo/papers/EEPA-Appendix. pdf>. Doravante citado como Bastedo e Jaquette, "Running in Place".

Finalmente, Charles Murray, citando Joseph Soares, conclui de forma similar que, na década de 1990, 79% dos alunos de "primeira linha" vieram do quartil superior da distribuição socioeconômica e apenas 2% vieram do quartil inferior. Murray, *Coming Apart*, p. 59; Joseph Soares, *The Power of Privilege: Yale and America's Elite Colleges* (Stanford, Califórnia: Stanford University Press, 2007), p. 4, Quadro 1.1.

185 Vale a pena observar que a exclusão se tornou mais acentuada nas décadas recentes: a parcela de beneficiários do Pell Grant (auxílio financeiro federal para universitários) entre alunos de faculdades de quatro anos públicas e privadas caiu cerca de um terço entre o começo da década de 1970 e o começo da década de 2000. Bishop, *The Big Sort*, p. 31. Bishop cita o Departamento de Educação dos Estados Unidos, o Centro Nacional de Estatísticas da Educação, Thomas D. Snyder (diretor de projetos), Alexandra G. Tan e Charlene M. Hoffman, *Digest of Education Statistics 2003*, dez. 2004 (dados de 1999-2000), p. 379, Quadro 325. Disponível em: <http://nces.ed.gov/pubs2005/2005025.pdf>. O nível permaneceu mais ou menos constante entre 2001 e os dias atuais. Giancola e Kahlenberg, *True Merit*, p. 6, Figura 2.

186 Carnevale e Strohl, "How Increasing College Access Is Increasing Inequality", p. 137, Figura 3.7.

187 Esses padrões não são menos chocantes quando vistos da perspectiva dos filhos que esperam entrar para a faculdade. Estudantes de famílias ricas têm três vezes mais probabilidades de entrar para faculdades altamente competitivas do que os de classe média e oito vezes mais que os pobres. Bailey e Dynarski, "Inequality in Postsecondary Education", p. 120, Figura 6.2; Reardon, "No Rich Child Left Behind".

188 Alexander W. Astin e Leticia Oseguera, "The Declining 'Equity' of American Higher Education", *Review of Higher Education* 27, n. 3 (primavera de 2004), pp. 329-30, Figura 1. Em 1985, o quartil superior da distribuição de renda preencheu 46% das vagas em faculdades de elite (definidas como as dez melhores entre todas), para uma representação de 84%. Em 2000, o quartil superior preencheu 55% das vagas, uma representação de 120%. Outra pesquisa mostra que a diferença entre a parcela de norte-americanos ricos e a de pobres a obter um diploma de curso superior subiu cerca de 50% entre o começo da década de 1980 e o começo da década de 2000. Ver Martha J. Bailey e Susan M. Dynarski, "Gains and Gaps: Changing Inequality in U.S. College Entry and Completion", NBER, Working Paper n. 17633 (dez. 2011), p. 26, Figura 3. Disponível em: <www.nber.org/papers/w17633.pdf>. Para a coorte de nascimentos de 1961-1964, o quartil superior da distribuição de renda tinha um índice de conclusão de curso superior aos 24 anos de idade de 36% e o quartil inferior, de 5%, uma diferença de 31 pontos percentuais. Para a coorte de nascimentos de 1979-1982, o quartil superior da distribuição de renda tinha um índice de conclusão de curso superior de 54% e o quartil inferior, 9%, uma diferença de 45 pontos percentuais.

189 David Leonhardt, "Top Colleges That Enroll Rich, Middle Class and Poor", *The New York Times*, 8 set. 2014, disponível em: <https://www.nytimes.com/2014/09/09/upshot/top-colleges-that-enroll-rich-middle-class-and-poor.html>; David Leonhardt, "As Wealthy Fill Top Colleges, Concerns Grow over Fairness", *The New York Times*, 22 abr. 2014, disponível em: <www.nytimes.com/2004/04/22/us/aswealthy-fill-top-colleges-concerns-grow-over-fairness.html>.

190 David Freed e Idrees Kahloon, "Class of 2019 by the Numbers: Makeup of the Class", *Harvard Crimson*, disponível em: <http://features.thecrimson.com/2015/freshman-survey/>; Laya Anasu e Michael D. Ledecky, "Freshman Survey Part II: An Uncommon App", *Harvard Crimson*, 4 set. 2013, disponível em: <www.thecrimson.com/article/2013/9/4/freshman-survey-admissions-aid/>; Stephanie Addenbrooke e Emma Platoff, "2019 by the Numbers: First Impressions", *Yale Daily News*, disponível em: <http://features.yaledailynews.com/blog/2015/08/28/2019by-the-numbers-first-impressions/>.

A pesquisa de dados sobre Harvard indica que 53% dos admitidos da turma de 2017 tinha pais que ganhavam mais de 125 mil dólares por ano (pouco acima do limite inferior do quintil superior). Os de famílias que ganhavam mais de 250 mil dólares por ano (cerca de 5% de maior renda no país) eram 29%. Os de famílias que ganhavam menos de 40 mil dólares por ano (cerca dos dois quintis inferiores) representavam apenas 15% dos admitidos.

A pesquisa de dados sobre Yale indica que os alunos vindos de famílias situadas no quintil superior (mais de 125 mil dólares) representavam 56% da turma, enquanto os dos dois quintis inferiores (menos de 40 mil dólares) representavam 14%. Alunos de famílias situadas nos 5% de maior renda (mais de 250 mil dólares) representavam 35% da turma. O desajuste entre as categorias das pesquisas e os quintis de renda exige uma interpolação, o que explica o "3,5 vezes maior" do texto. Finalmente, as duas pesquisas se baseiam nas referências dos próprios entrevistados e, portanto, admitem, sem dúvida, alguma distorção de seleção e erros sobre a renda dos pais. No entanto, os padrões que eles mostram são bem nítidos e reveladores.

191 Ver Raj Chetty et al., "Mobility Report Cards: The Role of Colleges in Intergenerational Mobility", NBER, Working Paper n. 23618 (jul. 2017), pp. 1, 14, Figura 1. Disponível em: <www.nber.org/papers/w23618>; Gregor Aisch et al., "Some Colleges Have More Students from the Top One Percent Than the Bottom 60", *The New York Times*, 18 jan. 2017. Disponível em: <www.nytimes.com/interactive/2017/01/18/upshot/some-colleges-have-more-students-from-the-top1percent-than-the-bottom60.html>. Ver também David Freed e Idrees Kahloon, "Class of 2019 by the Numbers: Makeup of the Class", *Harvard Crimson*. Disponível em: <http://features.thecrimson.com/2015/freshman-survey/>; Stephanie Addenbrooke e Emma Platoff, "2019 by the Numbers: First Impressions", *Yale Daily News*. Disponível em: <http://features.yaledailynews.com/blog/2015/08/28/2019by-the-numbers-first-impressions/>.

Outras pesquisas deram resultados coincidentes, mostrando por exemplo que as faculdades de Harvard e de Princeton admitem, possivelmente, 25 alunos ricos para cada aluno pobre. Elizabeth Stoker e Matthew Bruenig, "The 1 Percent's Ivy League Loophole", *Salon*, 9 set. 2013. Com certeza, algumas faculdades de elite facilitam mais que outras a matrícula de estudantes de famílias pobres. Assim, em Berkeley e na Ucla, respectivamente, 34% e 36% dos alunos recebem auxílio financeiro federal (números próximos da média nacional para todas as faculdades), enquanto no Michigan apenas 16% recebem o auxílio. Ver Richard Pérez-Peña, "Income-Based Diversity Lags at Some Universities", *The New York Times*, 30 mai. 2013. Disponível em: <www.nytimes.com/2013/05/31/education/college-slots-for-poorer-students-still-limited.html?pagewanted=all>. Acesso em: 20 nov. 2018.

192 Segundo uma pesquisa, estudantes do quartil superior da distribuição socioeconômica nos Estados Unidos preenchem 79% das vagas em Yale. Comparativamente, para preencher 79% das vagas em Oxford, seria preciso recrutar entre os 40% superiores da distribuição socioeconômica do Reino Unido. Joseph A. Soares, *The Power of Privilege: Yale and America's Elite Colleges* (Stanford, California: Stanford University Press, 2007), p. 14. Oxford tem uma verba para bolsas destinadas expressa e exclusivamente a estudantes de graduação de famílias de baixa renda. Ver Chris Cook, "Oxford Sets Up £300 Million Scholarship Fund", *Financial Times*, p. 11 jul. 2012. Disponível em: <www.ft.com/cms/s/0/c5c7835e-cb55-11e1-916f-00144feabdc0.html#axzz4G63MSRuk>. Da mesma forma, depois da mudança nas práticas de admissão da década de 1960, Oxford vem tendo quatro vezes mais alunos de famílias da classe trabalhadora do que Harvard. Ver Joseph A. Soares, *The Decline of Privilege: The Modernization of Oxford University* (Stanford, California: Stanford University Press, 1999), p. 4, Quadro 1.1.

193 Esse estado de coisas, em que ter pais ricos é condição de fato necessária ainda que não suficiente para receber uma educação de elite, decorre diretamente das combinações básicas da estratificação social.

Um experimento mental ilustra essa lógica. Imagine-se uma sociedade que mantenha uma população estável de 10 mil pessoas em cada geração, que se casam e permanecem casadas, tendo cada um de seus 5 mil domicílios estabelecidos dessa forma, incluindo dois filhos. Se apenas um terço de cada geração cursar faculdade, deve haver 3 mil vagas nas faculdades dessa sociedade e cerca de trinta vagas no 1% das faculdades mais disputadas. Agora imagine-se que menos de um sexto dos estudantes vindos dos domicílios situados no 1% superior quanto à renda se formem pelas faculdades mais disputadas. O 1% mais rico dos domicílios, nessa sociedade, abriga em conjunto cem filhos, portanto um sexto desses filhos — cerca de quinze estudantes — ocupa metade das vagas no 1% de faculdades mais disputadas. A outra metade das vagas — quinze — poderia ser distribuída entre os 9 mil estudantes criados em domicílios situados nos 99% restantes da distribuição de renda. Esses estudantes de fora do 1% superior teriam apenas uma fração por-

centual de chance de entrar para as faculdades mais disputadas. Assim, ter pais de elite seria uma condição necessária para conquistar um diploma de elite sem que chegue perto de ser suficiente.

Algo parecido com esse padrão combinatório se aplica aos Estados Unidos de hoje.

194 Os Estados Unidos gastam 336 bilhões de dólares anuais com as universidades públicas, comparados aos 668 bilhões anuais destinados a educação infantil, fundamental e secundária, e 336/(336 + 668) = 0,334. Ver Centro Nacional de Estatísticas de Educação, "Fast Facts: How Much Do Colleges and Universities Spend on Students?", disponível em: <https://nces.ed.gov/fastfacts/display.asp?id=75>; e Centro de Estatísticas de Educação, "Fast Facts: How Much Money Does the United States Spend on Public Elementary and Secondary Schools?", disponível em: <http://nces.ed.gov/fastfacts/display.asp?id=66>.

A proporção total (de gastos públicos e privados) com a educação superior era de 39,8% em 1996-1997; 39,7% em 2008; e 43,75% em 2012. Thomas D. Snyder, Charlene M. Hoffman e Claire M. Geddes, *Digest of Education Statistics 1997*, Departamento de Educação dos Estados Unidos, Centro Nacional de Estatísticas de Educação (dez. 1997), p. 35, Quadro 32, disponível em: <www.finaid.org/educators/educstat.pdf>; Susan Aud et al., *The Condition of Education 2012*, Departamento de Educação dos Estados Unidos, Centro Nacional de Estatísticas da Educação (maio 2012), p. 200, Quadro A221, disponível em: <https://nces.ed.gov/pubs2012/2012 045.pdf>; Grace Kena et al., *The Condition of Education 2016*, Departamento de Educação dos Estados Unidos, Centro Nacional de Estatísticas da Educação (maio 2016), 141, Figura 3, disponível em: <https://nces.ed.gov/pubs2016/2016144.pdf>.

195 Centro Nacional de Estatísticas de Educação, "Expenditures of Educational Institutions Related to the Gross Domestic Product, by Level of Institution: Selected Years, 1929-30 through 2014-15", Quadro 106.10, disponível em: <https://nces.ed.gov/programs/digest/d15/tables/dt15106.10.asp?referrer=report>. Em 1970, o gasto total em auxílio financeiro para todos os níveis nas instituições pós-secundárias foi de 23 bilhões de dólares da época, correspondentes a 142 bilhões com correção pelo CPI (índice de preços ao consumidor) de 2014. O quadro cita as seguintes fontes: Departamento de Educação dos Estados Unidos, Centro Nacional de Estatísticas de Educação, *Biennial Survey of Education in the United States*, 1929-1930 a 1949-1950; *Statistics of State School Systems*, 1959-1960 a 1969-1970; *Revenues and Expenditures for Public Elementary and Secondary Education*, 1970-1971 a 1986-1987; *Common Core of Data (CCD)*, "National Public Education Financial Survey", 1987-1988 a 2012-2013; Higher Education General Information Survey (Hegis), *Financial Statistics of Institutions of Higher Education*, 1965-1966 a 1985-1986; Integrated Postsecondary Education Data System (Ipeds), "Finan-

ce Survey" (IPEDSF:FY87-9); e Ipeds da primavera de 2001 à primavera de 2015, componente financeiro. Departamento de Comércio dos Estados Unidos, Secretaria de Análises Econômicas, Quadros de Renda e Produto Nacionais, recuperados em 29 jan. 2016. Disponível em: <http://www.bea.gov/iTable/index nipa. cfm>. Todos os números em dólares da época. Quadro preparado em jan. 2016.

196 Ver George E. Johnson, "Investment in and Returns from Education", in *The Level and Composition of Household Saving*, Patric H. Hendershott (org.) (Cambridge, Massachusetts: Ballinger, 1985). Ver também Langbein, "Twentieth-Century Revolution", p. 732.

197 O orçamento de Yale para o ano fiscal de 2018 foi de 3,765 bilhões de dólares. Ver Gabinete do Reitor da Universidade de Yale, "Data at a Glance". Disponível em: <https://provost.yale.edu/budget/data-glance>. O investimento total dos Estados Unidos em educação em 1840 foi de 9,2 milhões de dólares (aproximadamente 250 milhões em dólares de 2015). Ver Albert Fishlow, "Levels of Nineteenth-Century American Investment in Education", *Journal of Economic History* 26 (1966), pp. 418, 420. Ver também Langbein, "Twentieth-Century Revolution", p. 730.

198 Ver Grace Kena et al., *The Condition of Education 2016*, Departamento da Educação dos Estados Unidos, Centro Nacional de Estatísticas da Educação (maio 2016), p. 141, Figura 3. Disponível em: <https://nces.ed.gov/pubs2016/2016144.pdf>. "Direct expenditures on education as a percent of gross domestic product (GDP) for Organization for Economic Cooperation and Development (OECD) countries with the highest percentages, by level of education: 2012", p. 141. Disponível em: <https://nces.ed.gov/pubs2016/2016144.pdf>.

199 Os gastos (em dólares corrigidos para 2009-2010) eram de 461 bilhões em 2010, comparados aos 120,7 bilhões em 1970, o que dá um crescimento de 3,8 vezes em quarenta anos. O número de matrículas em 1970 era de 8,581 milhões, comparado ao de 20.583, um crescimento de 2,4 vezes. U.S. Census Bureau, "Section 4: Education", Sumário Estatístico dos Estados Unidos n. 131, 2012. Disponível em: <www.census.gov/library/publications/2011/compendia/statab/131ed/education.html> (ver Arquivos 219, "School Enrollment"; e 220, "School Expenditure by Type of Control and Level of Instruction in Constant (2008–2009) Dollars"). (Note-se que o valor em dólares corrigidos que aparece no nome do arquivo e o que está no próprio arquivo são diferentes.) Da mesma forma, o Centro Nacional de Estatísticas da Educação informa que o total de matrículas em cursos pós-ensino médio foi de 20,453 milhões, em 2007, e 8,005 milhões, em 1969, uma proporção de 2,56. Ver *Digest of Education Statistics 2017*, Departamento de Educação dos Estados Unidos, Centro Nacional de Estatísticas da Educação (2017), Quadro 105.30. Disponível em: <https://nces.ed.gov/programs/digest/d17/tables/dt17_105.30.asp>.

200 3,8 ÷ 2,4 = 1,58.

201 Em média, a queda no número de matrículas nas universidades da Ivy League passou de 12.230, em 2001, para 13.702, em 2015, uma diferença de 12,04%, enquanto os gastos aumentaram em média de 944.755.880 de dólares para 1.904.823.037 de dólares (importâncias corrigidas para dólares de 2015), um crescimento de 101,62%. Ver Departamento de Educação dos Estados Unidos, Centro Nacional de Estatísticas da Educação, "Use the Data". Disponível em: <https://nces.ed.gov/ipeds/Home/UseTheData>. Para o cálculo dos valores reais, usou-se o deflator BLS [Secretaria de Estatísticas Trabalhistas] CPI [Índice de Preços ao Consumidor] GDP [Produto Interno Bruto, o PIB]. "O calculador da inflação CPI usa o Índice de Preços ao Consumidor para Todos os Consumidores Urbanos (CPIU, na sigla em inglês), média das cidades norte-americanas para todos os artigos, sem reajustes sazonais. Esses dados representam mudanças de preços para todos os bens e serviços comprados para consumo de domicílios urbanos." "CPI Inflation Calculator". Disponível em: <https://data.bls.gov/cgi-bin/cpicalc.pl/>.

202 Hoxby, "Changing Selectivity", Figura 2. Hoxby obtém números comparáveis ao longo do tempo classificando as escolas segundo sua seletividade em 1962. Já que a identidade das escolas mais seletivas, em particular, não mudou nos últimos cinquenta anos, essa técnica revela a variação das influências da seletividade e não apenas os gastos por escolas escolhidas aleatoriamente. Ver também Highlights de *Rewarding Strivers*, Richard Kahlenberg (org.) (Nova York e Washington, D.C.: Century Foundation Press, 2010). p. 4. Disponível em: <www.tcf.org/assets/downloads/tcf_rewarding.pdf>. Acesso em: 18 nov. 2018. Doravante citado como Highlights de *Rewarding Strivers*.

A diferença nos gastos por aluno entre as faculdades mais disputadas e as demais deve-se até certo ponto à exigência de condições de vida cada vez mais luxuosas por parte dos alunos ricos. Um ex-diretor da Macalester College — uma faculdade de artes liberais competitiva e de elite — observa, que para ter sucesso como diretor de uma faculdade, "você precisa recrutar alunos abastados, e uma das maneiras de recrutar alunos abastados é ter símbolos de excelência, como um *campus* moderno e instalações esportivas modernas [...]. É uma demonstração visível de que você não está prestes a quebrar [...]. Há poucos anos começamos a investir em instalações esportivas porque estávamos ouvindo dos pais que as instalações não eram tão boas quanto as que os filhos tinham no ensino médio e nas empresas". Dylan Matthews, "The Tuition Is Too Damn High, Part VIII: Is This All Rich Kids' Fault?", *The Washington Post*, 4 set. 2013. Disponível em: <www.washingtonpost.com/news/wonk/wp/2013/09/04/the-tuition-is-too-damn-high-part-viiiisthis-all-rich-kids-fault/>. Acesso em: 18 nov. 2018.

Note-se que, a esse respeito, os "gastos complementares" responderam por 41,2% do aumento total de custos

NOTAS

nas universidades públicas voltadas para pesquisa entre 2000 e 2010. Matthews, "The Tuition Is Too Damn High, Part VIII". Para mais informação sobre gastos por aluno e receitas nas faculdades, buscar o Delta Cost Project. Disponível em: <www.deltacostproject.org/>. Para uma lista de fontes de dados sobre faculdades, ver também Stacy Berg Dale e Alan B. Kreuger, "Estimating the Payoff to Attending a More Selective College: An Estimation of Selection on Observables and Unobservables", NBER, Working Paper n. 7322 (ago. 1999).

203 Em 1966, por exemplo, as faculdades mais seletivas gastavam cerca de 18 mil dólares anuais por aluno, enquanto as menos seletivas gastavam cerca de 4 mil. Ver Hoxby, "Changing Selectivity", Figura 2. A diferença nos gastos, em outras palavras, multiplicou-se por cinco nos últimos cinquenta anos, de aproximadamente 14 mil dólares para aproximadamente 80 mil dólares por ano/por aluno. Note-se que esses números estão expressos em dólares corrigidos para 2007.

Outras análises, com foco mais estreito quanto a horizonte temporal, confirmam essa tendência básica. Segundo a série "The Tuition Is Too Damn High", do *The Washington Post*, as universidades privadas de pesquisa gastaram, em 2010, 12.435 dólares a mais por aluno do que em 2000, enquanto as universidades públicas de pesquisa aumentaram seus gastos em apenas 3.917 dólares por aluno. Dylan Matthews, "Introducing 'The Tuition Is Too Damn High'", *The Washington Post*, 26 ago. 2013. Disponível em: <www.washingtonpost.com/news/wonk/wp/2013/08/26/introducing-the-tuition--is-too-damn-high/?utm_erm=.98a625a37dc1>. Acesso em: 18 nov. 2018. Outra pesquisa informa que, entre 1999 e 2009, os gastos com recursos educativos permaneceram achatados nas faculdades comunitárias, aumentaram cerca de 1.500 dólares nas universidades públicas de pesquisa e aproximadamente 10 mil dólares nas universidades privadas de pesquisa. Ver David Leonhardt, "Though Enrolling More Poor Students, 2Year Colleges Get Less of the Federal Pie", *The New York Times*, 22 mai. 2013. Disponível em: <www.nytimes.com/2013/05/23/education/2year-colleges--gettingafalling-shareofspending.html>. Acesso em: 24 out. 2018. Ver também Josh Freedman, "Why American Colleges Are Becoming a Force for Inequality", *The Atlantic*, 16 maio 2013. Disponível em: <www.theatlantic.com/business/archive/2013/05/why-american-colleges-are-becomingaforce-for-inequality/275923/>. Acesso em: out. 2018.

204 A ascensão das altas rendas torna natural que os pais ricos deem a seus filhos em idade de cursar a faculdade um apoio financeiro maior que pais pobres, como de fato ocorre: pais do quartil superior na distribuição de renda têm 205% mais probabilidade de bancar as anuidades do que pais do quartil inferior, e pais que cursaram faculdade têm 277% mais chance disso do que pais sem curso superior. As quantias são elevadas, com uma diferença de mais de 16 mil dólares anuais entre os quartis superior e

inferior. Patrick Wightman, Robert Schoeni e Keith Robinson, "Familial Financial Assistance to Young Adults", National Poverty Center, Working Paper Series 1210 (mai. 2012). Disponível em: <http://npc.umich.edu/publications/u/201210%20NPC%20Working%20Paper.pdf>. A diferença em 2005 era de 13.336 dólares corrigidos pelo CPI para o valor em 2015.

205 Ver Highlights, *Rewarding Strivers*, p. 4.

206 Ver Hoxby, "Changing Selectivity", Figura 3.

Essa mudança também pode ser detectada de outra maneira. Ao todo, o custo efetivo da faculdade varia cada vez menos em relação à renda da família que paga por ela. Em faculdades particulares, a mudança de custo para estudantes ricos e pobres tem sido acentuada. Enquanto os estudantes pobres em faculdades privadas pagavam 49,5% dos que os ricos pagavam em 1999-2000, em 2011-2012 pagavam 55,4%. Ao longo desses doze anos, o custo líquido da faculdade subiu 32% para os alunos pobres, mas apenas 17,5% para os ricos. Ver College Board, "Net Price by Income over Time: Private Sector" (revisto em dez. 2013). Disponível em: <https://trends.collegeboard.org/college-pricing/figures--tables/net-prices-income-over-time-private-sector>. Observe-se que as faculdades públicas apresentaram uma mudança inversa: em 2007-2008, os alunos pobres pagavam pela anuidade 55,7% do que pagavam os ricos; em 1992-1993, pagavam 67,1%.

207 Phyllis Vine, "The Social Function of Eighteenth-Century Higher Education", *History of Education Quarterly* 16, n. 4 (1976), p. 417. Como Vine descreve, "aos poucos, os educadores atribuíram às cerimônias de formatura um significado simbólico que mostrava aos estudantes e à comunidade que eles agora estavam 'entrando para a vida'. Além de representar um importante rito de passagem para um grupo seleto de jovens, as cerimônias de formatura denotavam, como disse Samuel Johnson a alunos do King's College, que eles passariam a 'ser chamados para interpretar um papel mais importante na vida'".

208 A primeira escola de direito dos Estados Unidos foi fundada como academia particular independente em Litchfield, Connecticut, em 1784. Ver "Litchfield Law School History", Litchfield Historical Society (2010). Disponível em: <http://litchfieldhistoricalsociety.org/ledger/studies/history school>. A primeira escola de direito de nível universitário, reivindicada tanto por Harvard quanto pela William & Mary, só seria fundada na virada do século XIX para o XX. Ver Henry D. Gabriel, "America's Oldest Law School", *Journal of Legal Education* 39, n. 2 (1989), pp. 269-74. A primeira escola de medicina dos Estados Unidos, na Universidade da Pensilvânia, foi fundada em 1765. Ver <www.archives.upenn.edu/histy/features/1700s/medsch.html>. E a primeira escola de administração, a Wharton (também na Universidade da Pensilvânia), foi fundada em 1881. Ver "About Wharton", The Wharton School. Disponível em: <www.wharton.upenn.edu/about/wharton-history.cfm>.

209 A mudança para o modelo de pós-graduação especializada para a educação profissional foi até certo ponto motivada pelo desejo de manter imigrantes e membros das classes inferiores fora das profissões liberais, aumentando o custo (em tempo e em dinheiro) para obter uma especialização, de modo que só estudantes de elite pudessem pagar por ela. O modelo da especialização como pós-graduação concentra essa qualificação na elite não por acaso, mas até certo ponto deliberadamente. Daniel Markovits, *A Modern Legal Ethics: Adversary Advocacy in a Democratic Age* (Princeton, Nova Jersey: Princeton University Press, 2011).

210 Anthony J. Mayo, Nitin Nohria e Laura G. Singleton, *Paths to Power: How Insiders and Outsiders Shaped American Business Leadership* (Boston: Harvard Business Review Press, 2007), p. x. Doravante citado como Mayo, Nohria e Singleton, *Paths to Power*.

211 Para mais informação sobre treinamento no ambiente de trabalho em meados do século, ver John W. Kendrick, *The Formation and Stocks of Total Capital* (Nova York: Columbia University for NBER, 1976).

212 Cappelli, *The New Deal at Work*, pp. 70-3.

213 Ibid., p. 199.

214 Ibid., pp. 65-6, citando William H. Whyte, *The Organization Man* (Nova York: Simon & Schuster, 1956).

215 Cappelli, *The New Deal at Work*, pp. 70-3.

216 Ibid., p. 199.

217 Ibid., pp. 200-1.

218 Idem. Isso indica que a transferência do treinamento do ambiente de trabalho para a escola se aplica aos trabalhadores de elite e de fora dela. Outros indícios confirmam essa conclusão. Um quartil inteiro dos alunos de faculdades comunitárias já tem diploma de curso superior e está de volta à escola para adquirir uma qualificação específica para o trabalho que seus empregadores já não oferecem. E o investimento de capital em escolas técnicas privadas, que também substituem o treinamento que no passado era proporcionado pelos empregadores no ambiente de trabalho, mais que triplicou durante a década de 1990.

219 Anthony P. Carnevale, Stephen J. Rose e Ban Cheah, *The College Payoff: Education, Occupations, Lifetime Earnings*, Centro de Educação e Força de Trabalho da Universidade de Georgetown (2011), p. 2. Doravante citado como Carnevale, Rose e Cheah, *The College Payoff*.

220 Reich, *Supercapitalism*, p. 38, citando o livro da revista *Fortune* intitulado *The Executive Life* (Garden City, Nova York: Doubleday, 1956), p. 30.

221 Carnevale, Rose e Cheah, *The College Payoff*, p. 2.

222 Cappelli, *The New Deal at Work*, p. 26.

223 Ver Conselho Americano de Especialidades Médicas, *ABMS Guide to Medical Specialties*, 2018. Disponível em: <www.abms.org/media/176512/abms-guide-tomedical--specialties-2018.pdf>. Acesso em: 24 out. 2018.

224 U.S. Census Bureau, "Section 4: Education", Sumário Estatístico dos Estados Unidos n. 131, 2012. Disponível em: <www.census.gov/library/publications/2011/ compendia/statab/131ed/education.html> (ver arquivo 304, "First Professional Degrees Earned in Selected Professions").

225 U.S. Census Bureau, "Section 4: Education", Sumário Estatístico dos Estados Unidos n. 131, 2012. Disponível em: <www.census.gov/library/publications/2011/ compendia/statab/131ed/education.html (ver arquivo 304, "First Professional Degrees Earned in Selected Professions"). Ver também Jonathan P. O'Brien et al., "Does Business School Research Add Economic Value for Students?", *Academy of Management Learning and Education* 9, n. 4 (2010), pp. 638-51, 638. Sobre o aumento generalizado da formação escolar em administração como imagem do declínio do treinamento no ambiente de trabalho, ver P. Friga, R. Bettis e R. Sullivan, "Changes in Graduate Management Education and New Business School Strategies for 21st Century", *Academy of Management Learning and Education* 2 (2003), pp. 233-49; e F. P. Morgeson e J. D. Nahrgang, "Same as It Ever Was: Recognizing Stability in the Business Week Rankings", *Academy of Management Learning and Education* 7 (2008), pp. 26-41.

226 Ver F. W. Tausig e C. S. Joslyn, *American Business Leaders* (Oxford: Macmillan, 1932).

227 Mayo, Nohria e Singleton, *Paths to Power*, p. x.

228 Ver M. Useem e J. Karabel, "Pathways to Top Corporate Management", *American Sociological Review* 51 (1986), pp. 184-200.

229 Em 2015, os gastos da Escola de Administração de Harvard chegaram a 660 milhões de dólares, e como havia 1.865 alunos matriculados, o gasto por aluno foi de cerca de 354 mil dólares. Escola de Administração de Harvard, *FY15 Financial Report* (2015), p. 3. Disponível em: <www.hbs.edu/about/financialreport/2015/ Documents/HBS-Financial-2015.pdf>.

230 Essa qualificação oferecida pelo empregador, da forma como persiste na economia norte-americana, está tendendo cada vez mais a favorecer trabalhadores de elite. Em 1983, pessoas com curso universitário tinham três vezes mais probabilidade de receber treinamento no ambiente de trabalho do que trabalhadores com ensino médio. Em 1991, os trabalhadores mais instruídos tinham cerca de quatro vezes mais essa probabilidade. Daron Acemoglu, "Changes in Unemployment and Wage Inequality: An Alternative Theory and Some Evidence", *American Economic Review* 89, n. 5 (dez. 1999), pp. 1259-78, 1275. Disponível em: <https://doi.org/10.3386/w6658> (citando os suplementos de 1983 e 1991 da Current Population Survey, que informa a parcela de trabalhadores que receberam algum tipo de "treinamento para aperfeiçoar sua qualificação no emprego atual"). Doravante citado como Acemoglu, "Changes in Unemployment and Wage Inequality".

231 A pontuação média no Medical College Admission Test (MCAT) em Stanford é de 519 pontos. Ver Farran Powell, "10 Medical Schools with the Highest MCATS Scores", *U.S. News & World Report*, 23 mar. 2018, dispo-

nível em: <www.usnews.com/education/best-graduate--schools/top-medical-schools/slideshows/10med--schools-with-the-highest-mcat-scores?slide=3>. Acesso em: 18 nov. 2018; Associação das Faculdades Americanas de Medicina, Classificação dos Percentis para o Exame MCAT. Disponível em: <https://students-residents.aamc.org/advisors/article/percentile--ranks-for-the-mcat-exam/>.

232 Ver Helen Diagama e Alda Yuan, *2016 Class/Action Report: A Triennial Report on Socioeconomic Class as Experienced by Students at Yale Law School* (2017), p. 10.

233 Para a Escola de Direito de Yale, ver "Cost of Attendance", Escola de Direito de Yale. Disponível em: <https://law.yale.edu/admissions/cost-financial-aid/cost-attendance>. Para a Escola de Administração de Harvard, ver "Annual Cost of Attendance", Escola de Administração de Harvard. Disponível em: <www.hbs.edu/mba/financial-aid/Pages/cost-summary.aspx>. Para as escolas de administração em geral, ver "2014 Ranking of the Top MBA Programs & Best Business Schools", MBAPrograms.org (2014). Disponível em: <www.mbaprograms.org/rankings>. De modo mais geral, a anuidade de uma escola de direito, descontados subsídios internos, bolsas e outros, chega em média a 32 mil dólares nas escolas privadas. Nas escolas públicas, chega a 28 mil dólares para alunos de outro estado e a 15 mil para estudantes do próprio estado. Esses números indicam um desconto de 20% a 30% nas tarifas brutas. Ver Michael Simkovic e Frank Mcintyre, "The Economic Value of a Law Degree", *Journal of Legal Studies* 43, n. 2 (jun. 2014), pp. 249-89, 281n.43. Outra referência a números específicos quanto a anuidades das escolas de direito (em 2013) aparece em "Law School Costs", Law School Transparency, disponível em: <www.lawschooltransparency.com/reform/projects/Tuition-Tracker/>; "Cost Calculator: Estimate the Cost of Law School", pró-reitor de admissões, disponível em: <www.admissionsdean.com/paying_for_law_school/law-school-cost-calculator>.

234 Para a Escola de Direito de Yale, ver "Cost of Attendance", Escola de Direito de Yale. Disponível em: <https://law.yale.edu/admissions/cost-financial-aid/cost-attendance>. Para a Escola de Administração de Harvard, ver "Annual Cost of Attendance", Escola de Administração de Harvard. Disponível em: <www.hbs.edu/mba/financial-aid/Pages/cost-summary.aspx>.

235 Ver Jodi Kantor, "Class Is Seen Dividing Harvard Business School", *The New York Times*, 9 set. 2013. Disponível em: <www.nytimes.com/2013/09/10/education/harvard-business-students-see-class-as-divisive-an-issue--as-gender.html>. Acesso em: 18 nov. 2018. Doravante citado como Kantor, "Class Is Seen Dividing Harvard Business School".

236 Em sua grande maioria, os alunos dos cursos de especialização de elite têm também graduação de elite (até porque os cursos de especialização selecionam com base nesse critério) e, portanto, têm as oportunidades de emprego proporcionadas por sua credencial. Ao voltar a estudar, eles abrem mão de renda imediata. Esse custo indireto não deve ser tratado como investimento no capital humano do estudante de especialização (o que implicaria uma dupla contagem). No entanto, contribui para a concentração do capital humano nos ricos, fazendo os cursos de especialização selecionarem os estudantes de famílias endinheiradas o bastante para bancar o adiamento do início da vida profissional remunerada exigido pela especialização.

237 A administração dos cursos de pós-graduação e especialização, da mesma forma que a administração das faculdades, anuncia que grande número de alunos é candidato a receber ajuda financeira "baseada na necessidade": 50% na Escola de Administração de Harvard, por exemplo, e 73% na Escola de Direito de Yale. Ver "Financial Aid: MBAid Journey: Fast Facts", Escola de Administração de Harvard, disponível em: <www.hbs.edu/mba/financial-aid/Pages/fast-facts.aspx>; "Cost & Financial Aid", Escola de Direito de Yale, disponível em: <https://law.yale.edu/admissions/cost-financial-aid>. Mas assim como acontece com os estudantes da graduação, nesse caso também a ajuda financeira "baseada na necessidade" se transforma em ajuda financeira baseada no mérito, devido à competitividade do processo de seleção, voltado para o favorecimento de alunos ricos por causa da correlação entre a instrução familiar e o aproveitamento acadêmico. E a ajuda generalizada, longe de promover igualdade econômica, constitui um subsídio volumoso em favor dos que já são ricos e instruídos.

238 Kantor, "Class Is Seen Dividing Harvard Business School".

239 Ver Sackett et al., *Class/Action: A Report on Socioeconomic Class as Experienced by Students at Yale Law School* (mar. 2013). Disponível em: <https://law.yale.edu/system/files/area/department/studentaffairs/document/class_action_report.pdf>. Acesso em: 28 set. 2018. Doravante citado como Sackett et al., *Class/Action*. Além disso, a pesquisa da Escola de Direito de Yale leva em conta a educação e a renda dos pais (o que empresta credibilidade aos dados sobre a renda, já que os filhos podem se enganar quanto à renda dos pais, mas certamente sabem que diplomas eles têm): o aluno médio da Escola de Direito de Yale tem pelo menos um dos pais com especialização ou Ph.D. (os 3% superiores na distribuição da educação), e apenas 8% desses alunos têm ambos os pais sem diploma universitário. Ver Sackett et al., *Class/Action*. A tendência para a riqueza deve ter diminuído um pouco em turmas posteriores, com parcelas mais ou menos equivalentes de alunos vindos do 1% superior e da metade inferior.

240 Ademais, há uma boa razão para se acreditar que, como ocorre com as faculdades, os cursos de especialização mais elitistas são os mais voltados para a riqueza. Por exemplo, o Serviço de Candidatura às Escolas de Medicina e Odontologia do Texas processa todas as candidaturas às escolas de medicina financiadas pelo Estado e coleta dados demográficos sobre as candidaturas e

alunos aceitos. Uma pesquisa sobre candidaturas e matrículas nas escolas de medicina do Texas em 2005 e 2006 concluiu que as escolas mais seletivas recebiam uma parcela bem maior de candidatos e matriculavam uma parcela bem maior de estudantes de elite pertencentes a quatro categorias socioeconômicas do que a escola menos seletiva. Ver Michael Kennedy, "Medical School Admissions Across Socioeconomic Groups: An Analysis Across Race Neutral and Race Sensitive Admissions Cycles" (tese de doutorado inédita).

241 Linda F. Wightman, *Legal Education at the Close of the Twentieth Century: Descriptions and Analyses of Students, Financing, and Professional Expectations and Attitudes* (Newtown, Pensilvânia: Law School Admission Council, 1995), p. 30, Quadro 15.

242 Langbein, "Twentieth-Century Revolution".

243 O consumo aqui é medido e classificado em categorias pela Consumer Expenditure Survey. Ver Aguiar e Bils, "Has Consumption Inequality Mirrored Income Inequality?", p. 2753. Os gastos com educação mostraram, ao longo de três décadas, uma elasticidade de renda que ficou entre as três maiores das vinte categorias de gastos analisadas por Aguiar e Bils. Em 2008-2010, os gastos com educação tornaram-se a categoria de maior elasticidade de renda.

244 Ver Gordon C. Winston e Catharine B. Hill, "Access to the Most Selective Private Colleges by High-Ability, Low-Income Students: Are They Out There?", Williams Project on the Economics of Higher Education, Discussion Paper n. 69 (2005). Disponível em: <https://files.eric.ed.gov/fulltext/ED499443.pdf>. Ver também Lisa R. Pruitt, "The False Choice Between Race and Class and Other Affirmative Action Myths", *Buffalo Law Review* 63 (2015), p. 1030; Thomas J. Espenschade e Alexandria Walton Radford, *No Longer Separate, Not Yet Equal: Race and Class in Elite College Admission and Campus Life* (Princeton, Nova Jersey: Princeton University Press, 2009), pp. 97-8. Esses autores observam que um filho de pais pertencentes à elite profissional tem muito mais probabilidade de ser admitido por uma faculdade privada seletiva do que um estudante branco menos privilegiado com qualificações semelhantes. Essa afirmação, no entanto, não é incompatível com a ideia principal desta discussão — ou seja, de que a inclinação para a riqueza dentro dos corpos discentes de elite é causada de forma predominante pelo mérito, simplesmente porque existem poucos filhos de pais pobres com alto rendimento a quem a afirmação se aplique.

245 A ascensão das escolas fundamentais e secundárias de elite explica os padrões aparentemente contraditórios referentes ao alto rendimento escolar e admissões à faculdade considerados juntos e ao mesmo tempo: "Embora os alunos de baixa renda tenham mostrado firmes progressos nos indicadores que levam à admissão por escolas altamente seletivas [...] os alunos de alta renda fizeram progressos ainda maiores nesses mesmos indicadores. Assim, a matrícula em faculdades seletivas tornou-se uma corrida de cavalos na qual os alunos mais ricos sempre ficam à frente do pelotão. Por causa disso, os alunos de baixa renda não conseguiram um progresso significativo na conquista de vagas na faculdade, apesar da substancial melhora no aproveitamento." Bastedo e Jaquette, "Running in Place", p. 319.

246 Isso pode ser inferido diretamente dos resultados no SAT: em 2013, a pontuação situada no 95º percentil dentre os oriundos de domicílios com renda inferior a 20 mil dólares anuais e os oriundos de domicílios com renda entre 20 mil e 40 mil dólares ficou bem abaixo da pontuação do 25º percentil da turma que ingressou em Yale naquele ano. A pontuação dos oriundos desses dois grupos de domicílios no 99,7º percentil (com exceção de matemática) mal chegou às médias de Yale. Ao mesmo tempo, houve muitos egressos ricos com alto desempenho. Entre os alunos do ensino médio provenientes de domicílios de renda superior a 200 mil dólares anuais, as pontuações do 95º percentil ficaram acima da média de Yale e as do 99,7º percentil gabaritaram em todas as seções do teste. Todas essas afirmações foram inferidas a partir de dados do College Board sobre renda e pontuação, em College Board, "2013 College-Bound Seniors: Total Group Profile Report". Disponível em: <http://media.collegeboard.com/digitalServices/pdf/research/2013/TotalGroup-2013.pdf>. Patamares um pouco menos exigentes e uma concepção mais aberta de aproveitamento no ensino médio repetem o padrão. Por exemplo, apenas 17% dos alunos com pontuação no SAT ou no ACT situada no 90º percentil ou acima e médias A ou melhores no ensino médio vieram de famílias do quintil inferior da distribuição de renda. Ver Hoxby e Avery, "The Missing 'One-Offs'".

247 O aluno, Kashawn Campbell, frequentou uma escola secundária em que uma redação "longa" significava uma página e onde apenas 13% dos alunos eram proficientes em inglês e menos de 1% era proficiente em matemática. As consecutivas notas A de Campbell no ensino médio não lhe bastaram para ter sucesso na faculdade, e durante seu primeiro ano em Berkeley ele teve enormes dificuldades para conseguir uma média GPA acima de 2.0. Ver Kurt Streeter, "South L.A. Student Finds a Different World at Cal", *Los Angeles Times*, 16 ago. 2013. Disponível em: <www.latimes.com/local/lameclcal-freshmen-20130816-dto-htmlstory.html>. Acesso em: 18 nov. 2018.

248 Essas conclusões se seguem a um estudo histórico minucioso e abrangente em que se combinaram numerosas bases de dados sobre alunos do ensino médio, de modo a obter uma amostra nacionalmente representativa que se estende ao longo de três décadas (incluídos egressos do ensino médio em 1972, 1982, 1992 e 2004). Esses dados foram usados para investigar as relações entre renda domiciliar, aproveitamento escolar no ensino médio e ingresso na faculdade. Ver Bastedo e Jaquette, "Running in Place", pp. 318-39.

249 Ver "2013 College-Bound Seniors: Total Group Profile Report", College Board. Disponível em: <http://media.

NOTAS

collegeboard.com/digitalServices/pdf/research/2013/TotalGroup-2013.pdf>.

250 Essa proporção foi calculada com base nos relatórios das próprias faculdades sobre a pontuação no SAT para o 25º percentil de seus alunos, juntamente como o número de estudantes que elas admitem.

251 Essa proporção foi calculada reunindo-se os dados sobre a pontuação que aparecem no *Current Volume Summaries* do Conselho de Admissões às Escolas de Direito, que informa a cada ano o número de candidatos às escolas de direito cuja pontuação se enquadra no 99º percentil, além dos relatórios das cinco melhores escolas de direito sobre suas matrículas e sobre a pontuação no LSAT nos percentis 25º, 50º e 75º de seu corpo discente. Previsivelmente, os números exatos variam de ano para ano. O *Current Volume Summaries* pode ser acessado em <www.lsac.org/data-research/data?search=&page=1>. Os dados sobre as turmas das escolas de direito podem ser acessados em https://law.yale.edu/admissions/profiles-statistics/entering-class-profile; https://law.stanford.edu/aba-required-disclosures/; https://hls.harvard.edu/ dept/jdadmissions/applytoharvard-law-school/hls-profile-and-facts/;<www.law.uchicago.edu/files/Std509InfoReport505012062017%20133843.pdf>; <www.law.columbia.edu/admissions/jd/experience/class-profile>.

252 Os Estados Unidos são um país excepcional nisso também. A diferença na qualificação de filhos com pelo menos um dos genitores com formação universitária e os filhos de dois genitores que não concluíram o ensino médio é 50% maior nos Estados Unidos do que a média da OCDE e pelo menos tão grande quanto a de qualquer outro país da OCDE. Ver OCDE, *OECD Skills Outlook 2013*, p. 113, Figura 3.6 (L), "Differences in literary proficiency, by socio-economic background".

253 Para uma conclusão semelhante, ver Reeves, *Dream Hoarders*, p. 87. Reeves cita Sigal Alon, "The Evolution of Class Inequality in Higher Education: Competition, Exclusion, and Adaptation", *American Sociological Review* 74, n. 5 (2009), pp. 731-55.

254 A versão norte-americana deste adágio — *from shirtsleeves to shirtsleeves in three generations* — costuma ser atribuída a Andrew Carnegie, industrial e filantropo do fim do século XIX e início do seguinte. Mas o adágio existe em diferentes versões em outras partes do mundo. Os chineses têm um antigo provérbio que diz "de arrozal em arrozal em três gerações", e a versão britânica diz "de tamanco em tamanco em três gerações". Arianna Degan e Emmanuel Thibault, "Dynastic Accumulation of Wealth", *Mathematical Social Sciences* 81 (mai. 2016), p. 66.

255 A analogia atinge as doutrinas jurídicas que sustentam os dois regimes. As dinastias aristocráticas eram apoiadas por instituições jurídicas como o domínio limitado sobre propriedade. A terra restrita — transmitida por escritura ou acordo para quem a arrendar por vínculo — não poderia ser vendida, dividida, hipotecada ou aliena-da de qualquer outra forma pela geração que a possuía. Em vez disso, era transmitida integralmente e desobstruída de geração a geração, o que evitava a dilapidação da herança de uma família aristocrática e garantia que a terra passasse perpetuamente de uma geração à seguinte.

Analogamente, as dinastias meritocráticas são apoiadas por normas legais que restringem o direito de uma pessoa a alienar seu capital humano, vendendo a si mesmo como escravo ou mesmo assinar contratos de trabalho muito longos. Isso evita que a pessoa dilapide sua herança meritocrática e aumenta as probabilidades de que o capital humano passe de geração a geração.

256 Uma visão mais ampla generaliza essa ideia. Quando a meritocracia reformula a família tornando-a lugar de produção, restabelece uma ordem pré-industrial em que as famílias comuns eram lugar de trabalho e as famílias aristocráticas produziam linhagem. O período que vai da Revolução Industrial a meados do século XX é diferente por *não* concentrar a produção na família. Essa é mais uma maneira pela qual a meritocracia retorna a estruturas econômicas e sociais aristocráticas. Devo essa formulação a Sarah Bilston.

257 Essas conclusões devem muito a uma conversa com Joseph Fishkin, autor de *Bottlenecks: A New Theory of Equal Opportunity* (Nova York: Oxford University Press, 2016).

258 Ver Pat Barnes, "ExPresident of Yale Kingman Brewster Dies", *The Washington Post*, 9 nov. 1988. Disponível em: <www.washingtonpost.com/archive/local/1988/11/09/expresidentofyale-kingman-brewster-dies/9edcd521-a603-4f98-b264-88c83568e4fa/?utm_term=.11f6fa327fd4>. Acesso em: 24 out. 2018.

259 Kabaservice, "The Birth of a New Institution".

260 Sharon Otterman, "Diversity Debate Convulses Elite High School", *The New York Times*, 4 ago. 2010. Disponível em: <www.nytimes.com/2010/08/05/nyregion/05hunter.html>. Acesso em: 20 out. 2018. Doravante citado como Otterman, "Diversity Debate".

261 Em 2014, 2.268 alunos candidataram-se a 225 vagas. Derrell Bradford, *In Defense of New York City's Selective High Schools*, Relatório, Thomas B. Fordham Institute, 2 fev. 2015. Disponível em: <https://edexcellence.net/articles/in-defense-of-new-york-citys-selective-high-schools>. Acesso em: 20 out. 2018.

262 Christopher Hayes, *Twilight of the Elites*, p. 39.

263 Hayes, *Twilight of the Elites*, p. 40. O patamar de 45 mil dólares é para uma família de quatro pessoas. Ver Paula Tyner-Doyle, "2018-2019 Free and Reduced Price Income Eligibility and Policy Information", p. 34, memorando do Departamento Estadual de Educação, Albany, Nova York, jun. 2018. Disponível em: <www.cn.nysed.gov/common/cn/files/2018policybooklet.pdf>. Acesso em: 24 out. 2018.

264 "Em 1995, a turma iniciante do oitavo ano tinha 12% de negros e 6% de latinos, segundo dados estaduais. A turma do ano passado tinha 3% de negros e 1% de latinos." Otterman, "Diversity Debate".

265 Otterman, "Diversity Debate".

266 Jenny Anderson, "At Elite Schools, Easing Up a Bit on Homework", *The New York Times*, 23 out. 2011.Disponível em: <www.nytimes.com/2011/10/24/education/24homework.html>. Acesso em: 20 out. 2018. A discussão sobre a Hunter High em especial aparece numa errata postada no fim da matéria.

267 Em seu livro *Social Limits to Growth*, Fred Hirsch chama os bens que têm esse caráter de *bens posicionais*. As pessoas atribuem bem-estar a partir dos bens posicionais, não dos bens que elas possuem, mas do fato de possuírem mais ou menos que outras pessoas, e disso decorre que um acréscimo no estoque de bens posicionais de alguém, que aumente suas posses em relação às dos demais — ou que o situe mais acima na classificação de bens possuídos —, corresponde à mesma elevação de seu bem-estar, seja qual fosse o pouco ou muito desse bem que ele e os demais tivessem antes do acréscimo. Seria lícito afirmar até mesmo que o verdadeiro bem, nesses casos, seria a classificação ou a posição e que o bem nominal cuja posse é classificada não passa de um insumo na produção de posição. As pessoas não se cansam dos bens posicionais como dos demais. E a demanda de bens posicionais aumenta livremente junto com o crescimento de renda. O termo *bem posicional* vem sendo usado amplamente para cobrir fenômenos que se sobrepõem, e não de maneira restrita, parcimoniosa ou técnica. A abordagem escolhida aqui para o termo está dentro do uso convencional, ainda que não coincida — na verdade, provavelmente nem poderia coincidir — com cada uso precedente. Fred Hirsch, *Social Limits to Growth* (Cambridge, Massachusetts: Harvard University Press, 1976).

268 A diferença entre bens posicionais e bens comuns não se apresenta como binária, mas como um *continuum*, com chocolate num extremo e educação no outro. Artigos de luxo — que produzem bem-estar não diretamente por seu consumo, mas por indicar riqueza e, portanto, status — ficam no meio desses extremos. Quando roupas, relógios ou carros são desejados por serem caros, sua demanda permanece firme apesar do aumento em sua extravagância e em seu custo, em vez de cair, como ocorre no modelo comum de consumo. Fatores econômicos e sociais contingentes, e não a lógica, determinam quais bens são posicionais. Um experimento engenhoso proposto por Robert Frank ilustra essa afirmação. Quando as pessoas são questionadas se prefeririam morar numa casa de 1,2 mil metros quadrados num mundo em que os demais morassem em casas de 1,8 mil metros quadrados ou morar numa casa de novecentos metros quadrados num mundo em que os demais morassem em casas de seiscentos metros quadrados, elas escolhem o segundo mundo. Mas quando são questionadas se gostariam de ter quatro semanas de férias por ano num mundo em que os demais tivessem seis semanas, ou se prefeririam um mundo em que tivessem duas semanas de férias e os outros apenas uma, elas escolhem o primeiro mundo. No contexto do experimento, a casa é um bem posicional, mas as férias,

não. Robert H. Frank, "Positional Externalities Cause Large and Preventable Welfare Losses", *American Economic Review* 95, n. 2 (mai. 2005), p. 137. Acesso em: 20 out. 2018, doi:10.1257/00.

269 Simon Mundy, "South Korea's Millionaire Tutors", *Financial Times*, 16 jun. 2014. Disponível em: <www.ft.com/content/c0b611fc-dab5-11e3-9a27-00144feabdc0>. Acesso em: 20 out. 2018.

270 Jessie Agatstein et al., *Falling Through the Cracks: A Report on Mental Health at Yale Law School*, Yale Law School Mental Health Alliance, Escola de Direito de Yale (2014), p. 14. Dorovante citado como Agatstein et al., *Falling Through the Cracks*.

271 Agatstein et al., *Falling Through the Cracks*, p. 15.

272 Ezra Klein, "Ivy League's Failure Is Wall Street's Gain", Bloomberg Opinion, 15 fev. 2012. Disponível em: <www.bloomberg.com/view/articles/20120216/harvard-liberal-arts-failure-is-wall-street-gain-commentary-by-ezra-klein>. Acesso em: 20 out. 2018.

273 William Deresiewicz, "Don't Send Your Kid to the Ivy League", *New Republic*, 21 jul. 2014. Disponível em: <https://newrepublic.com/article/118747/ivy-league-schools-are-overrated-send-your-kids-elsewhere>. Acesso em: 20 out. 2018.

274 William Deresiewicz, *Excellent Sheep: The Miseducation of the American Elite and the Way to a Meaningful Life* (Nova York: Free Press, 2014). Dorovante citado como Deresiewicz, *Excellent Sheep*.

275 Em conversa com o autor.

276 Deresiewicz, *Excellent Sheep*.

277 David Foster Wallace, *Consider the Lobster and Other Essays* (Nova York: Little, Brown, 2007).

278 Samuel Bowles e Herbert Gintis, *Schooling in Capitalist America: Educational Reform and the Contradictions of Economic Life* (Nova York: Basic Books, 1976).

279 Ver números 14:18.

Capítulo 6: Empregos opacos e empregos brilhantes

1 Ho, *Liquidated*, pp. 59-60.

2 Ibid., p. 59.

3 Reich, *Supercapitalism*, p. 38.

4 Ibid., pp. 109-10.

5 Ver William H. Whyte, *The Organization Man* (Nova York: Simon & Schuster, 1956).

6 Reich, *Supercapitalism*, pp. 109-10.

7 O termo é de Maarten Goos e Alan Manning, *Lousy and Lovely Jobs: The Rising Polarization of Work in Britain*, London School of Economics, Center for Economic Performance, Discussion Paper n. DP0604 (dez. 2003). Disponível em: <http://eprints.lse.ac.uk/20002/1/Lousy_and_Lovely_Jobs_the_Rising_Polarization_of_Work_in_Britain.pdf>. Depois publicado como Maarten Goos e Alan Manning, "Lousy and Lovely Jobs: The Rising Polarization of Work in Britain", *Review of Economics and Statistics* 89, n. 1 (fev. 2007), pp. 118-33. Dorovante citado como Goos e Manning, "Lousy

NOTAS

and Lovely Jobs". Para outros propósitos, ver David H. Autor, Lawrence F. Katz e Melissa S. Kearney, "The Polarization of the U.S. Labor Market", *AEA Papers and Proceedings* 96 (2006), pp. 189-94, doravante citado como Autor, Katz e Kearney, "The Polarization of the U.S. Labor Market"; Christopher L. Foote e Richard W. Ryan, "Labor-Market Polarization over the Business Cycle", *NBER Macroeconomics Annual* 29 (2015), pp. 371-413.

8 David Card e John E. DiNardo, "Skill-Biased Technological Change and Rising Wage Inequality: Some Problems and Puzzles", *Journal of Labor Economics* 20, n. 4 (out. 2002), p. 734 ("Essa hipótese — a de que um surto de novas tecnologias causou um aumento da demanda de trabalhadores altamente qualificados, o que por sua vez levou a um aumento na desigualdade de ganhos — ficou conhecida como hipótese da Skill-Biased Technical Change [SBTC]."); Eli Berman, John Bound e Stephen Machin, "Implications of Skill-Biased Technological Change: International Evidence", *Quarterly Journal of Economics* 113, n. 4 (nov. 1998), pp. 1245-79.

9 Goos e Manning, "Lousy and Lovely Jobs".

10 Lydia DePillis, "Minimum-Wage Offensive Could Speed Arrival of Robot-Powered Restaurants", *The Washington Post*, 16 ago. 2015. Disponível em: <www.washingtonpost.com/business/capitalbusiness/minimum-wage-offensive-could-speed-arrivalofrobot-powered-restaurants/2015/08/16/35f284ea-3f6f-11e5-8d45-d815146f81fa_story.html?utm_term=.5e63a0f1d21e>. Doravante citado como DePillis, "Minimum-Wage Offensive".

11 Jessica Wohl, "Hamburger University Grills Students on McDonald's Operations", *Chicago Tribune*, 18 abr. 2015, disponível em: <www.chicagotribune.com/business/ctmcdonalds-hamburger-university-0419-biz-20150407-story.html>, acesso em: 18 nov. 2018; John F. Love, *McDonald's: Behind the Arches* (Nova York: Bantam, 1986), pp. 148-50.

12 "Executive Profile: Edward H. Rensi", Bloomberg, disponível em: <www.bloomberg.com/research/stocks/private/person.asp?personId=630964&privcapId=1598870>; Bio, "Ed Rensi", Premiere Speakers Bureau, disponível em: <https://premierespeakers.com/ed_rensi/bio>.

13 Fred Turner, fundador da Universidade do Hambúrguer e CEO do McDonald's de 1974 a 1987, também ascendeu na hierarquia da empresa, e muitos outros entre os primeiros executivos da empresa começaram de baixo. Ver Laurence Arnold e Leslie Patton, "Fred Turner, McDonald's 'Hamburger U.' Founder, Dies at 80", Bloomberg. Disponível em: <www.bloomberg.com/news/articles/20130108/fred-l-turner-mcdonald-shamburger-u-founder-diesat-80>. Acesso em: 18 nov. 2018.

14 DePillis, "Minimum-Wage Offensive".

15 A luta pelo aumento do salário mínimo para 15 dólares a hora está trazendo à tona essa questão. Ver Julia Limitone, "Fmr. McDonald's USA CEO: $35K Robots Cheaper Than Hiring at $15 Per Hour", Fox Business, 24 mai. 2016. Disponível em: <www.foxbusiness.com/features/fmr-mcdonalds-usa-ceo-35k-robots-cheaper-than-hiring-at-15-per-hour>. Acesso em: 18 nov. 2018.

16 Geoff Williams, "Hamburger U: Behind the Arches", *Entrepreneur*, jan. 2006. Disponível em: <www.entrepreneur.com/article/81692>. Acesso em: 18 nov. 2018.

17 "McDonald's Celebrates 50 Years of Training and Developing Employees at Hamburger University", *Market Wired*, 5 abr. 2011. Disponível em: <www.marketwired.com/press-release/mcdonalds-celebrates-50-years-training-developing-employees-hamburger-university-nyse-mcd-1422879.htm>. Acesso em: 18 nov. 2018. Doravante citado como "McDonald's Celebrates 50 Years".

18 Idem.

19 DePillis, "Minimum-Wage Offensive".

20 Mona Chalabi, "What Do McDonald's Workers Really Make Per Hour?", FiveThirtyEight, 22 mai. 2014. Disponível em: <http://fivethirtyeight.com/datalab/what-do-mcdonalds-workers-really-make-per-hour/>. Acesso em: 18 nov. 2018.

21 A transformação inclusive impede que os trabalhadores de lojas deem o salto para a administração não apenas pela ascensão hierárquica, mas também pela compra de uma franquia. Enquanto um trabalhador de meados do século XX podia abrir uma franquia recorrendo a empréstimos, o McDonald's de hoje exige que os franqueados tenham um mínimo de 750 mil dólares em ativos líquidos. Outras redes de *fast-food* exigem riqueza ainda maior: na Taco Bell, por exemplo, os novos franqueados precisam ter, pelo menos, 1,5 milhão de dólares em patrimônio líquido. Ver Projeto de Lei Nacional do Emprego, *Going Nowhere Fast: Limited Occupational Mobility in the Fast Food Industry* (jul. 2013), Figura 5. Disponível em: <www.nelp.org/wpcontent/uploads/2015/03/NELP-Fast-Food-Mobility-Report-Going-Nowhere-Fast.pdf>.

22 Lara O'Reilly, "The New McDonald's CEO Is British — Here's Everything We Know About Him", *Business Insider*, 29 jan. 2015. Disponível em: <www.businessinsider.com/everything-you-needtoknow-about-mc-donalds-new-ceo-steve-easterbrook-20151>. Acesso em: 18 nov. 2018.

23 Ver McDonald's Corporation, "Notice of Annual Meeting of Stockholders", 8 abr. 1969.

24 O salário mínimo federal, em 1965, era de 1,25 dólar por hora, o que dá uma renda anual (baseada em quarenta horas de trabalho semanais durante as 52 semanas do ano) de 2,6 mil em dólares da época. "History of Federal Minimum Wage Rates Under the Fair Labor Standards Act, 1938-2009", Divisão de Salário e Horas, Departamento de Trabalho dos Estados Unidos. Disponível em: <www.dol.gov/whd/minwage/chart.htm>. Acesso em: 22 out. 2018.

25 McDonald's Corporation, formulário 14A: Proxy Statement (12 abr. 1996), p. 26. Disponível em: <http://

d1lge852tjjqow.cloudfront.net/CIK-0000063908/805ecc39-014d-49f9-a69b-febfa96a6ab5.pdf>. Acesso em: 22 out. 2018.

26 O salário mínimo federal em 1993-1995 era de 4,25 dólares por hora, o que dá uma renda anual (baseada em quarenta horas de trabalho semanais durante as 52 semanas do ano) de 8.840 em dólares de meados da década de 1990. "History of Federal Minimum Wage Rates Under the Fair Labor Standards Act, 1938-2009", Divisão de Salário e Horas, Departamento de Trabalho dos Estados Unidos. Disponível em: <www.dol.gov/whd/minwage/chart.htm>. Acesso em: 22 out. 2018.

27 McDonald's Corporation, formulário 14A: Information Required in Proxy Statement (15 abr. 2016), p. 33. Disponível em: <http://d1lge852tjjqow.cloudfront.net/CIK-0000063908/3fb68a12-ebe5-47c5-bd39-2f6e0b-5fe9c0.pdf>. Acesso em: 22 out. 2018.

28 O salário mínimo federal é de 7.25 dólares por hora, o que dá uma renda anual (baseada em quarenta horas de trabalho semanais durante as 52 semanas do ano) de 15.080 dólares. Ver Departamento de Trabalho dos Estados Unidos, "History of Federal Minimum Wage Rates Under the Fair Labor Standards Act, 1938-2009", Divisão de Salário e Horas. Disponível em: <www.dol.gov/whd/minwage/chart.htm>. Acesso em: 22 out. 2018. Para a relação entre a renda de um CEO e a de um trabalhador de tempo integral que ganha um salário mínimo, ver Leslie Patton, "McDonald's $8.25 Man and $8.75 Million CEO Shows Pay Gap", Bloomberg, 12 dez. 2012. Disponível em: <www.bloomberg.com/news/articles/20121212/mcdonalds825man-and875million-ceo-shows-pay-gap>. Acesso em: 18 nov. 2018.

29 Ver a discussão sobre gerenciamento a seguir.

30 Segundo uma estimativa, a atuação da área de pesquisa e desenvolvimento é responsável por 49% do aumento da produtividade nos Estados Unidos entre 1950 e 1993. Ver Charles I. Jones, "Sources of U.S. Growth in a World of Ideas", *American Economic Review* 92, n. 1 (mar. 2002), p. 230. Ver também Claudia Goldin e Lawrence Katz, *The Race Between Education and Technology* (Cambridge, Massachusetts: Harvard University Press, 2008), p. 41. Doravante citado como Goldin e Katz, *The Race Between Education and Technology.*

31 As novas tecnologias podem, na verdade, estar aumentando os salários de trabalhadores menos qualificados, o que deve contribuir, juntamente com os programas de bem-estar social instaurados na Grande Sociedade, para a queda nos índices de pobreza registrados antes. (Note-se, no entanto, que o maior volume da pressão ascendente da inovação exercida sobre os salários de trabalhadores de baixa qualificação pode ser indireta, já que um novo fluxo de trabalhadores supraordenados aumenta a demanda de serviços — serviços domésticos, por exemplo, ou cuidados pessoais — oferecidos pelos menos qualificados.) Ver David H. Autor e David Dorn, "The Growth of Low-Skill Service Jobs and the Polarization of the U.S. Labor Market", *American Economic Re-*

view 103, n. 5 (ago. 2013), p. 1559 ("Se as preferências do consumidor não admitem substitutos próximos para produtos tangíveis derivados dos serviços — refeições em restaurantes, faxina de casa, serviços de segurança e assistência médica em domicílio —, o progresso tecnológico não neutro concentrado na produção de bens [ou seja, atividades não relacionadas ao setor de serviços] tem o potencial de criar demanda agregada de serviços e, em última instância, aumentar empregos e salários em atividades de prestação de serviços").

32 "Has Banking a Future?", *The Economist*, 26 jan. 1963, p. 331. A citação completa da matéria é: "Será que os banqueiros poderiam, depois de contar de maneira complacente com a inflação para ampliar seus depósitos durante tanto tempo e tendo, em momentos mais recentes, abusado de iniciativas insatisfatoriamente cumpridas, empenhar-se mais agora? É preciso ter fé para crer que farão isso, mesmo que alguns deles vejam perigo em comandar o setor decadente mais respeitável do mundo." A matéria de 1963 foi citada numa reportagem da *The Economist* de 2013 sobre o sistema financeiro, intitulada "Twilight of the Gods". Ver "Twilight of the Gods", *The Economist*, 2 set. 2013. Disponível em: <www.economist.com/news/special-report/21577189-investment-banking-faces-leaner-humbler-future-says-jonathan-rosenthal-though>. Acesso em: 18 nov. 2018. Doravante citada como "Twilight of the Gods".

33 Fraser, *Every Man a Speculator*, p. 473. A Grande Depressão tinha desacreditado gravemente o sistema financeiro, e a oposição quase total da classe ociosa dos banqueiros ao New Deal e sua amarga derrota final selaram o destino de Wall Street para uma geração. "A Wall Street dos grã-finos", disse um comentarista, "de repente mais parecia uma gangue de criminosos comuns, charlatães, trapaceiros e impostores." Fraser, *Every Man a Speculator*, p. 431. E os banqueiros passaram a ser vistos "não apenas como egoístas tacanhos, mas também como insensatos, fracos e incompetentes", de modo que "eram alvo de zombaria, destituídos do último vestígio de autoridade moral e da virilidade heroica que outrora reivindicavam". Fraser, *Every Man a Speculator*, p. 439 (primeira citação), p. 431 (segunda citação), xix-x, pp. 415, 439, 441, 474.

34 Até 1980, os trabalhadores do mercado financeiro tinham apenas 2,5% mais probabilidade de ter curso superior do que outros trabalhadores do setor privado. Essa taxa foi obtida calculando-se a quantidade de horas trabalhadas por funcionários com faculdade em cada setor. Ver Thomas Philippon e Ariell Reshef, "Skill Biased Financial Development: Education, Wages and Occupations in the U.S. Financial Sector", NBER, Working Paper n. 13437 (2007), pp. 7-8. Disponível em: <www.nber.org/papers/w13437>. Doravante citado como Philippon e Reshef, "Skill Biased Financial Development". De 1960 a 1980, trabalhadores de elite do setor financeiro ganhavam mais ou menos o mesmo que os trabalhadores de elite da indústria manufatureira, 25% a 50% mais que

NOTAS

trabalhadores de elite da saúde e 20% menos que os trabalhadores de elite da justiça. Em 2000 e até 2010, eles ganhavam cerca de 60% mais que os trabalhadores de elite da indústria manufatureira, mais que o dobro do que os trabalhadores de elite da saúde e mais ou menos o mesmo que os trabalhadores de elite da justiça. Ver também Thomas Philippon e Ariell Reshef, "Wages and Human Capital in the U.S. Finance Industry: 1909-2006", *Quarterly Journal of Economics* 127, n. 4 (nov. 2012), pp. 1563-4, Figura III. Doravante citado como Philippon e Reshef, "Wages and Human Capital".

35 De modo geral, a renda real dos trabalhadores do mercado financeiro com formação além da graduação era 130% maior em 2005 do que em 1970, e esses dados são obtidos depois do descarte das rendas mais altas e subestimam, portanto, o aumento real na elite mais restrita. Geralmente, são descartados por esse método (*top-coded*) 1% dos trabalhadores do setor privado, 2,5% do setor de seguros e 13% dos demais trabalhadores do mercado financeiro. Ver Philippon e Reshef, "Skill Biased Financial Development", p. 12, Figura 6.

36 Ver Posner e Weyl, "Against Casino Finance". Ver também David A. Zalewski e Charles J. Whalen, "Financialization and Income Inequality", *Journal of Economic Issues* 44, n. 3 (2010), pp. 757-77, que se concentra nos 25 gestores de fundos de *hedge* mais bem pagos e CEOs das S&P 500. Os dois artigos citam uma pesquisa de Steven N. Kaplan e Joshua Rauh sobre a composição do 0,01%, do 0,001% e do 0,0001% superiores da distribuição de renda. Ver Kaplan e Rauh, "Wall Street and Main Street".

37 Segundo a *Forbes*, doze dos cinquenta norte-americanos mais ricos em 2013 eram financistas, gestores de ativos ou investidores. Em 2018, treze dos cinquenta norte-americanos mais ricos eram financistas, gestores de ativos ou investidores. Ver Kroll e Dolan, "Forbes 400".

38 Em 2012, dos 1.226 bilionários da lista da *Forbes*, 77 eram financistas e 143 eram investidores. Citado em Freeland, *Plutocrats*.

39 Grande parte dos dados deste parágrafo vem de Freeland, *Plutocrats*, p. 120.

40 Ho, *Liquidated*, pp. 262-3, citando Erica Copulsky, "KaChing!", *New York Post*, 11 dez. 2006, que menciona quantias de 600 mil a 1,3 milhão para diretores, 500 mil a 925 mil para vice-presidentes, 325 mil a 525 mil para associados em seu terceiro ano de trabalho.

41 Duff McDonald, "Please, Sir, I Want Some More. How Goldman Sachs Is Carving Up Its $11 Billion Money Pie", *New York Magazine*, 5 dez. 2005. Disponível em: <http://nymag.com/nymetro/news/bizfinance/biz/features/15197/>. Acesso em: 18 nov. 2018. Doravante citado como McDonald, "Please, Sir, I Want Some More".

42 Idem.

43 Philippon e Reshef, "Wages and Human Capital", p. 1605.

44 Ibid., p. 1552.

45 Ver Nelson D. Schwartz, "Gap Widening as Top Workers Reap the Raises", *The New York Times*, 24 jul. 2015. Disponível em: <www.nytimes.com/2015/07/25/business/economy/salary-gap-widensa-stop-workers-in--specialized-fields-reap-rewards.html>. Acesso em: 18 nov. 2018 (com dados colhidos pela ADP, prestadora de serviços de folha de pagamento, para o primeiro trimestre de 2015).

46 Rajan, *Fault Lines*, p. 128 ("Essas avaliações não se baseavam apenas em fatos estritos; incluíam julgamentos pessoais sobre, por exemplo, as boas maneiras do solicitante, seu modo de vestir, confiabilidade e capacidade de se manter em um emprego").

47 Agência de Financiamento Imobiliário da Carolina do Norte, *Loan Originator's Guide* (1977), Seção 502.

48 Idem.

49 Joseph Nocera, *A Piece of the Action: How the Middle Class Joined the Money Class* (Nova York: Simon & Schuster, 1994), p. 22 ("Toda vez que um homem entrava na agência para pedir um empréstimo [...] tinha de sentar-se com o agente de crédito e informar toda a sua história familiar, mesmo que isso ocorresse poucos meses depois de sua visita anterior. O agente tinha de reavaliar as condições do homem para tomar um empréstimo. O homem tinha de voltar à agência com a esposa para assinar um documento. Só então o agente de crédito depositava o dinheiro na conta do homem"). Norman J. Collins, "Credit Analysis: Concepts and Objectives", in *The Bankers' Handbook*, William H. Baughn e Charles E. Walker (orgs.) (Homewood, Illinois: Dow Jones-Irwin, 1966), pp. 279-89 (que destacam as muitas perguntas que o agente de crédito devia fazer ao tomador potencial, que iam dos "Cs de Crédito" — caráter, capacidade, capital, caução e condições — a legislações do governo que pudessem afetar o sucesso do empreendimento do tomador). Edward J. Palkot, "Personnel Administration", in *The Bankers' Handbook*, pp. 81-97 (enfatizando a importância de "sólidas relações com escolas secundárias e faculdades" e referências de empregadores — seria bem raro encontrar uma firma financeira de hoje contratando em escolas secundárias). Ver também Robert A. W. Brauns, Jr. e Sarah Slater, *Bankers' Desk Reference* (Boston: Warren, Gorham & Lamont, 1978), pp. 161-73, 278-87 (detalhando o intrincado processo percorrido pelos agentes de crédito para avaliação da credibilidade dos tomadores, mas frisando também a importância dos "dados financeiros confiáveis").

50 Para o número de agentes de crédito, ver *Occupational Outlook Handbook*, edição 2016-2017, "Loan Officers", Secretaria de Estatísticas Trabalhistas (BLS, na sigla em inglês), 17 dez. 2015; Deniz O. Igan, FMI, Relatório sobre os Estados Unidos, 17 jun. 2015. O BLS não facilita o cálculo do número de agentes de crédito, já que as categorias de classificação dos trabalhadores mudam com o tempo. Uma suposição razoável conclui que existiam cerca de 170 mil agentes de crédito em 1990, 213 mil em 1997, 237 mil em 2003 e 302 mil em 2013. Em 1997,

cada agente de crédito gerava em média 3,8 milhões de dólares em empréstimos. Esse número saltou para 16 milhões por agente em 2003 e caiu para 6,6 milhões por agente em 2013.

Uma abordagem mais rudimentar, que consiste em calcular o número de empregados em bancos (de todo tipo) por empréstimo habitacional valida essa conclusão. Em 1987, havia sete bancários para cada empréstimo habitacional; na última década, havia apenas um. Ver Corporação Federal de Seguro de Depósito (FDIC, na sigla em inglês), *Balance Sheet*, Aggregate Time Series Data 19842017 (2017). Disponível em: <www5.fdic.gov/idasp/advSearch_warp_download_all.asp?intTab=4>. Os dados são insuficientemente detalhados para dar algum significado independente a esses números, mas servem como teste de realidade que confirma o cálculo anterior.

51 Rajan, *Fault Lines*, p. 128 ("Tudo aquilo parecia importante aos bancos de investimento e às agências de classificação eram a pontuação de crédito do emprestador e o montante do empréstimo em relação ao valor da casa. Eram informações que podiam ser processadas facilmente e resumiam explicitamente a qualidade do crédito").

52 Denúncia com base na Segunda Emenda, 4, *U.S. ex rel. Edward O'Donnell v. Countrywide Financial Corp.* (S.D.N.Y. 2012) ("Para garantir ainda mais que os empréstimos fossem fechados o mais rapidamente possível, a Countrywide reformulou a estrutura de compensação dos envolvidos na origem do empréstimo, baseando os bônus por desempenho unicamente no volume").

53 Rajan, *Fault Lines*, p. 128 ("Mas à medida que os bancos de investimento reuniam pacotes gigantescos de hipotecas, o julgamento pessoal tornava-se cada vez menos importante na avaliação do crédito: afinal, não havia como codificar de maneira objetiva, que pudesse ser interpretada por máquinas, a capacidade do tomador de se manter em um emprego. Na verdade, levar em conta juízos de valor que não podiam ser apoiados por fatos consistentes poderia sujeitar o emprestador a processos legais por discriminação. Tudo o que parecia importante para os bancos de investimento e agências de classificação era o *score* do tomador e o volume do empréstimo em relação ao valor do imóvel. Essas eram informações que podiam ser facilmente processadas e aparentemente resumiam a qualidade do crédito. Com isso, os intermediários que geravam os empréstimos não atentavam para nada mais").

54 Denúncia com base na Segunda Emenda, 3, *U.S. ex rel. Edward O'Donnell v. Countrywide Financial Corp.*, p. 83 F.Supp.3d 528 (S.D.N.Y. 2015).

55 Linda Fiorella, "Secrets of a Mortgage Loan Officer", *Forbes*, 17 jul. 2013. Disponível em: <www.forbes.com/sites/learnvest/2013/07/17/secrets-of-a-mortgage-loan-officer/>.

56 Ver Complaint-in-Intervention, *U.S. ex rel. O'Donnell v. Countrywide Financial Corp.*, p. 83 F.Supp.3d 528 (S.D.N.Y. 2015); *U.S. ex rel. O'Donnell v. Countrywide Financial Corp.*, p. 83 F.Supp.3d 528, 535 (S.D.N.Y. 2015), *rev'd*, 822 F.3d 650 (2d Cir. 2016) (sobre como a Countrywide, que se fundiu com o Bank of America em 2008, "substituiu agentes de seguros especializados por 'especialistas em empréstimos' iniciantes").

57 Talvez mais importante: na década de 1960 foram implantadas inovações regulamentares, como, por exemplo, o enfraquecimento e finalmente a revogação da Lei Glass-Steagall, que desde 1933 restringia a colaboração entre bancos comerciais e de investimento. Ver, por exemplo, David H. Carpenter, Edward V. Murphy e M. Maureen Murphy, *The Glass-Steagall Act: A Legal Analysis* (Washington, D.C.: Serviço de Pesquisas do Congresso, 19 jan. 2016). Disponível em: <https://fas.org/sgp/crs/misc/R44349.pdf>.

58 As décadas de 1950 e 1960 presenciaram avanços teóricos fundamentais na criação e precificação de instrumentos financeiros — entre eles, o modelo de precificação de ativos financeiros que nasceu da teoria de portfólio de Harry Markowitz e o modelo de Black-Scholes para a precificação de opções e outros derivativos. Ver Mark Rubenstein, *A History of the Theory of Investments* (Hoboken, Nova Jersey: John Wiley & Sons, 2006), pp. 167-75; Fischer Black e Myron Scholes, "The Pricing of Options and Corporate Liabilities", *Journal of Political Economy* 81, n. 3 (mai.-jun. 1973), pp. 637-54.

59 As inovações trazidas pelo computador e pela tecnologia da informação, que permitiram coletar, armazenar, analisar e comunicar rapidamente a grande quantidade de dados dos quais depende a securitização, são bem conhecidas. Outras inovações são menos conhecidas, mas não menos importantes. É bem menos reconhecido que as finanças modernas seriam impossíveis sem elas. Com efeito, pode-se dizer que a planilha digital foi um gatilho essencial para a revolução financeira.

60 Essas são, é claro, as inovações essenciais que serviram à formação da elite meritocrática.

61 Uma companhia de seguros atua intermediando as operações com tomadores de seguros assumindo os riscos, mais ou menos como um banco que faz a ponte entre poupadores e tomadores de empréstimos. Todos os segurados pagam prêmios, que vão formar o capital da seguradora, e este será investido para pagar ao subconjunto de segurados para os quais os riscos se materializam em sinistros. No modelo de meados do século XX, as solicitações eram examinadas por um avaliador de seguros, que confirmava a cobertura e depois transferia a um regulador de sinistros, que faria entrevistas e inspeções *in loco* para determinar a regularidade da solicitação. As solicitações pertinentes eram transferidas a um analista de sinistros, que tratava com o segurado. Avaliadores, reguladores e analistas eram trabalhadores semiqualificados, que, à semelhança do agente de crédito, emitiam julgamentos independentes e responsáveis para determinar a validade da solicitação do segurado. No entanto, cada vez mais, os analistas tradicionais estão

NOTAS

sendo afastados em favor de substitutos não qualificados que alimentam máquinas com dados que servirão de base para algoritmos, num processo conhecido no setor pelo nome de "gerenciamento de sistemas de informação", que emprega métodos estatísticos para confirmar coberturas e mesmo detectar fraudes. Ver Cappelli, *The New Deal at Work*, pp. 90-1, 253 n. 52-3 (que menciona uma "pesquisa de desempenho no setor de seguros da Wharton School"). Esses sistemas eliminam totalmente os avaliadores de seguros e reduzem bastante o número de examinadores de sinistros, já que as indenizações de baixo valor sem indícios suspeitos são pagas sem muita investigação. Trabalhadores superqualificados projetam os novos sistemas, é claro. Assim, a análise das solicitações de seguro tornou-se polarizada quanto à qualificação mais ou menos da mesma forma que a concessão de crédito.

62 Ver Philippon e Reshef, "Wages and Human Capital", p. 1571, Figura VI.

63 Idem.

64 Ver Philippon e Reshef, "Skill Biased Financial Development", Figura 5. Uma análise da concentração exercida no ambiente de trabalho usando dados do *Dictionary of Occupational Titles* revela, de maneira similar, que, a partir da década de 1970, o setor financeiro educava cada vez mais trabalhadores que vinham desempenhando tarefas relativamente mais complexas e não rotineiras. Ver Philippon e Reshef, "Wages and Human Capital", p. 1571.

65 Enquanto, em 1980, a força de trabalho do setor financeiro apresentava apenas 2,5% a mais de probabilidade de ter educação superior do que seus congêneres do setor privado não agrário, em 2005 essa taxa tinha subido para 17,5%. Essas porcentagens são obtidas pelo cálculo das horas trabalhadas por empregados de nível superior em cada setor. Ver Philippon e Reshef, "Skill Biased Financial Development", p. 8. Observe-se que os números exatos nas figuras e no texto não coincidem, porque novos dados levaram a revisões no texto. Ver comunicação por e-mail de 23 fev. 2017, arquivada com o autor.

66 Ver Philippon e Reshef, "Skill Biased Financial Development", Figura 5.

67 Ho, *Liquidated*, pp. 11-2.

68 Ho, *Liquidated*, p. 50 (três primeiras citações), p. 39 (última citação).

69 Ho, *Liquidated*, pp. 43-66. Trinta e nove por cento dos integrantes da turma de 2016 de Harvard entrevistados pelo *Harvard Crimson* disseram que trabalhariam em consultoria ou no sistema financeiro, enquanto para Yale essa taxa foi de 28,2%. Ver Cordelia F. Mendez, "The Graduating Class of 2016 by the Numbers", *Harvard Crimson*, disponível em: <http://features.thecrimson.com/2016/senior-survey/post-harvard/>, acesso em: 18 nov. 2018; Office of Career Strategy, *First Destination Report: Class of 2016* (2016), disponível em: <http://ocs.yale.edu/sites/default/files/files/OCS%20Stats%20pages/Public%20%20Final%20

Class%20of%202016%20Report%20(6%20months).pdf>. Os números mais recentes para Princeton, de 2015, mostram que 32,6% da turma trabalharia no setor financeiro, em seguros e "serviços técnicos, científicos e profissionais", categoria que inclui grupos de consultoria. Ver Career Services at Princeton University, *Annual Report: 2014-2015* (2015). Disponível em: <https://careerservices.princeton.edu/sites/career/files/Career%20Services%20Annual%20Report%20201415.pdf>. Ver também Catherine Rampell, "Out of Harvard and into Finance", *The New York Times*, 21 dez. 2011. Disponível em: <https://economix.blogs.nytimes.com/2011/12/21/out-of-harvard-and-into-finance/?r=1> Acesso em: 18 nov. 2018 (citando 35,9% em 2010 e 46% em 2006 com dados do Princeton Office of Career Services).

Surpreendentemente, essas porcentagens geralmente eram maiores ainda antes da crise financeira. Em 2007, 43% da turma de graduação de Princeton foram trabalhar no mercado financeiro. Ver Posner e Weyl, "Against Casino Finance".

70 Ver Fraser, *Every Man a Speculator*, p. 552; Escola de Administração de Harvard, "Recruiting: Data & Statistics". Disponível em: <www.hbs.edu/recruiting/data/Pages/detailed-charts.aspx>. Acesso em: 22 out. 2018.

71 Entre 1947 e 1977, a participação do setor financeiro no PIB e no emprego total aumentou no mesmo ritmo, de 2,32% (do PIB) e 2,25% (do emprego) para 4,55% e 4,12%, respectivamente. Então, da década de 1980 em diante, a participação do setor financeiro no PIB entrou em ritmo acelerado, subindo para 7,69%, em 2005, enquanto o emprego no setor permanecia achatado e até começava a cair lentamente, do pico de 4,64%, em 1987, para 4,32%, em 2005. Essas percentagens incluem a área de seguros no setor financeiro, mas excluem o mercado imobiliário. A participação no PIB se obtém pela razão entre o valor nominal agregado pelo setor financeiro e o PIB nominal dos Estados Unidos. Os dados são obtidos dos relatórios anuais do setor, publicados pelo Bureau of Economic Analysis. A educação relativa é contada como horas trabalhadas por empregados que têm, no mínimo, graduação no setor financeiro, menos as horas trabalhadas no restante do setor privado. Dados obtidos da March Current Population Survey (CPS), publicada mensalmente pelo Census Bureau.

Ver Philippon e Reshef, "Skill Biased Financial Development", pp. 3-6 (indicando que as mudanças documentadas foram causadas por um reequilíbrio entre os diversos subsetores do setor financeiro, de modo que a atividade bancária tradicional caiu em relação a outros aspectos das finanças, principalmente o investimento). Para uma visão diferente, ver Thomas I. Palley, "Financialization: What It Is and Why It Matters", Levy Economics Institute, Working Paper n. 525, dez. 2007. Disponível em: <http://www.levyinstitute.org/pubs/wp_525.pdf> (com dados do Relatório Econômico do

Presidente de 2007). Para a participação da remuneração dos empregados do setor financeiro, ver David A. Zalewski e Charles J. Whalen, "Financialization and Income Inequality", *Journal of Economic Issues* 44, n. 3 (2010), pp. 767-77, citando Philippon e Reshef, "Skill Biased Financial Development".

72 Escola de Administração de Harvard, "Recruiting: Data & Statistics". Disponível em: <www.hbs.edu/recruiting/data/Pages/detailed-charts.aspx>. Acesso em: 22 out. 2018.

73 Deirdre Bolton, "Hedge Fund Billionaires: Who's Making the Most?", Bloomberg via YouTube, 15 abr. 2013. Disponível em: <www.youtube.com/watch?v=gP5JU9ZKtM>. Acesso em: 18 nov. 2018.

74 Cappelli, *The New Deal at Work*, p. 57, citando Sumner H. Slichter, *The Turnover of Factory Labor* (Nova York: D. Appleton & Co., 1919), p. 375.

75 Para aprofundar essas afirmações, ver Cappelli, *The New Deal at Work*, pp. 51-3.

76 Ibid., p. 51.

77 Alfred D. Chandler, Jr., *The Visible Hand: The Managerial Revolution in American Business* (Cambridge, MA: Belknap Press of Harvard University Press, 1977). Doravante citado como Chandler, *The Visible Hand*.

78 Essa formulação acompanha em traços gerais Cappelli, *The New Deal at Work*, pp. 51-7.

79 Cappelli, *The New Deal at Work*, pp. 51-3, citando Chandler, *The Visible Hand*, p. 3.

80 O telefone foi inventado em 1876. O arquivo vertical foi inventado em 1895. O computador só seria inventado em meados do século XX.

81 Cappelli, *The New Deal at Work*, p. 56.

82 Cappelli, *The New Deal at Work*, p. 56, citando Daniel Nelson, *Managers and Workers: Origins of the New Factory System in the United States, 1880-1920* (Madison: University of Wisconsin Press, 1975), p. 35.

83 Andrew Hill, "What Is a Manager's Role in a Human-Robot World?", *Financial Times*, 5 mai. 2016. Disponível em: <www.ft.com/content/f619036a-0612-11e6-9b51-0fb5e65703ce>. Acesso em: 18 nov. 2018.

84 James T. Bennett e Bruce E. Kaufmann, *The Future of Private Sector Unionism in the United States* (Londres: Routledge, 2015), pp. 4-5. Atualmente, só um décimo dos trabalhadores pertence a sindicatos (números de 2016). A porcentagem de trabalhadores do setor privado filiados a sindicatos em 2016 era ainda menor — 6,4%. Ver Secretaria de Estatísticas Trabalhistas, "Union Membership Rate 10.7 Percent in 2016", 9 fev. 2017. Disponível em: <www.bls.gov/opub/ted/2017/union-membership-rate-10-point-7-percent-in-2016.htm>. Acesso em: 22 out. 2018.

85 *United Steelworkers of Am. v. Warrior & Gulf Navigation Co.*, 363 U.S. (1960), pp. 574, 581.

86 Em 1947, 35% dos trabalhadores do setor privado nos Estados Unidos eram filiados a sindicatos; em 2006, apenas 7,4% eram sindicalizados. Ver Barry Hirsch, "Sluggish Institutions in a Dynamic World: Can Unions

and Industrial Competition Coexist?", *Journal of Economic Perspectives* 22, n. 1 (2008), p. 155.

87 Wilson havia sido nomeado secretário da Defesa pelo presidente Dwight Eisenhower e fez essa observação em resposta a uma pergunta dirigida a ele em sua audiência pública de confirmação, sobre se poria os interesses dos Estados Unidos acima dos interesses da General Motors. Ver "Charles E. Wilson", Escritório Histórico do Departamento de Defesa. Disponível em: <https://history.defense.gov/Multimedia/Biographies/Article-View/Article/571268/charlesewilson/>. Acesso em: 22 out. 2018.

88 A série de cartazes começou em 1950-1951 e continuou até 1975. Artistas como Ben Shahn, Alvin Lustig, René Magritte, Lester Beall e Saul Bass criaram obras originais representando ideias de Aristóteles, Kant, Rousseau e Freud, entre outros. Ver Neil Harris e Martina Roudabush Norelli, *Art, Design and the Modern Corporation: The Collection of Container Corporation of America, a Gift to the National Museum of American Art* (Washington, D.C.: Smithsonian Institution Press, 1985).

89 Tom Wolfe, "Advertising's Secret Messages", *New York Magazine*, 17 jul. 1972, p. 23.

90 Douglas MacMillan e Telis Demos, "Uber Valued at More Than $50 Billion", *Wall Street Journal*, 31 jul. 2015, disponível em: <www.wsj.com/articles/uber-valued-at-more-than50billion-1438367457>, acesso em: 18 nov. 2018; "Uber Newsroom, Company Info", Uber, disponível em: <www.uber.com/newsroom/company-info/>. Acesso em: 22 out. 2018.

91 Min Kying Lee et al., "Working with Machines: The Impact of Algorithmic and Data-Driven Management on Human Workers", *Proceedings of the 33rd Annual ACM Conference on Human Factors in Computing Systems* (abr. 2015), p. 1603. Disponível em: <www.cs.cmu.edu/~mklee/materials/Publication/2015-CHI_algorithmic_management.pdf>.

92 Para um panorama amplo da gestão moderna da cadeia de produção, ver Martin Christopher, *Logistics and Supply Chain Management*, 5ª ed. (Harlow: Pearson, 2016), p. 35 (sobre como a estratégia *"justintime"* resulta no inventário mínimo), p. 194 (uso de *software* de gestão de eventos para gerenciamento de inventário), pp. 225-6 (sobre os méritos das técnicas Six Sigma de gerenciamento), p. 289 (cultura corporativa receptiva a mudança). Para estudos de caso mais profundos das cadeias de produção do Walmart e da Amazon, ver Colby Ronald Chiles e Marguarette Thi Dau, "An Analysis of Current Supply Chain Best Practices in the Retail Industry with Case Studies of Walmart and Amazon.com" (dissertação de mestrado, Georgia Institute of Technology, 2005), pp. 66, 70, 103-4 (sobre a cultura de inovação das duas empresas, inclusive a mentalidade "Preço baixo todo dia" do Walmart e a autonomia e incentivos aos administradores para manter os custos baixos).

93 Cappelli, *The New Deal at Work*, pp. 115-6. Note-se que Cappelli exclui "redução da força causada por desenvol-

NOTAS

vimento tecnológico" ou "acentuado declínio nos negócios" dessa regra.

94 Segundo "The 100 Best Companies to Work for in America", em 1993, dez delas praticavam uma política de não demissão; em 1997, eram só duas, sendo uma delas uma empresa pública. Ver Cappelli, *The New Deal at Work*, p. 115.

95 Ver Carl Icahn, "Leveraged Buyouts: America Pays the Price; The Case for Takeovers", *The New York Times Magazine*, 29 jan. 1989 (citado em Adam Goldstein, "Revenge of the Managers: Labor Cost-Cutting and the Paradoxical Resurgence of Managerialism in the Shareholder Value Era, 1984 to 2001", *American Sociological Review* 77, n. 2 (2012), p. 273, doravante citado como Goldstein, "Revenge of the Managers"). Goldstein diz, ainda, que Icahn atribuía a maior produtividade da época no Japão "a nossa falta de talento gerencial e à burocracia sufocante que existe na maior parte do mundo corporativo norte-americano".

96 Ver Rosemary Batt, "From Bureaucracy to Enterprise? The Changing Jobs and Careers of Managers in Tele-communications Service", in *Broken Ladders: Managerial Careers in the New Economy*, Paul Osterman (org.) (Nova York: Oxford University Press, 1996), pp. 55-80; Goldstein, "Revenge of the Managers", p. 273.

97 As taxas de demissão de gerentes praticamente dobraram ao longo dessas décadas (embora as taxas de demissão de ocupantes de cargos não gerenciais tenham caído). Ver Jennifer Gardner, "Worker Displacement: A Decade of Change", *Monthly Labor Review* 118 (1995), pp. 45-57; Goldstein, "Revenge of the Managers", p. 273. Funcionários de colarinho-branco e de gerência arcaram com uma parcela desproporcional das demissões, já que ocupavam apenas 40% dos empregos, mas tiveram cortados entre 60% e 75% deles. Ver Cappelli, *The New Deal at Work*, pp. 117-9, Figura 42; Goldstein, "Revenge of the Managers", p. 273. Ver também Associação Americana de Gestores, *1998 AMA Survey on Job Creation, Job Elimination e Downsizing* (Nova York: American Management Association, 1998); e Associação Americana de Gestores, *1994 AMA Survey on Downsizing: Summary of Key Findings* (Nova York: American Management Association, 1994), p. 2, as quais concluíram que as cem maiores empresas dos Estados Unidos dispensaram 22% de sua força de trabalho a partir de 1978 e que 77% dos cortes atingiram trabalhadores de colarinho-branco.

98 Paul Osterman, *The Truth About Middle Managers: Who They Are, How They Work, Why They Matter* (Cambridge, Massachusetts: Harvard Business Press, 2009), p. 54, Quadro 33. Doravante citado como Osterman, *The Truth About Middle Managers*.

99 Sarah O'Connor, "When Your Boss Is an Algorithm", *Financial Times*, 8 set. 2016. Disponível em: <www.ft.com/content/88fdc58e-754f-11e6-b60a-de4532d5ea35>. Acesso em: 18 nov. 2018. Doravante citado como O'Connor, "When Your Boss Is an Algorithm".

100 Ver Dirk Zorn et al., "Managing Investors: How Financial Markets Reshaped the American Firm", in *The Sociology of Financial Markets*, Karin Knorr Cetina e Alex Preda (orgs.) (Nova York: Oxford University Press, 2005), pp. 269-89; Goldstein, "Revenge of the Managers", p. 271.

É mais provável que haja cortes nas funções de gerência em empresas bastante sindicalizadas (nas quais a função gerencial é mais distribuída entre a força de trabalho nominalmente produtiva). Ver William Baumol, Alan Blinder e Edward Wolf, *Downsizing in America: Reality, Causes and Consequences* (Nova York: Russell Sage Foundation, 2003); Goldstein, "Revenge of the Managers", p. 271.

101 Secretaria de Estatísticas Trabalhistas, "Industrial Production Managers", Occupation Outlook Handbook, 2016-2017, edição 17, dez. 2015. As estatísticas do BLS mostram o número de gerentes da produção industrial em queda mais ou menos consistente de 208 mil, em 1997, para 183.050, em 2001, e 143.310, em 2010. Embora desde então tenha havido uma leve recuperação para 168,4 mil em 2016, o BLS projeta uma queda de 4% no emprego para os próximos dez anos.

102 Lori Kletzer, "Job Displacement", *Journal of Economic Perspectives* 12, n. 1 (inverno de 1998), p. 118; Peter Cappelli, "Examining the Incidence of Downsizing and Its Effect on Organizational Performance", in *On the Job: Is Long-Term Employment a Thing of the Past?*, David Neumark (org.) (Nova York: Russell Sage Foundation, 2000), pp. 463-516; Goldstein, "Revenge of the Managers", p. 271.

A parcela de demissões causadas por redimensionamento corporativo em oposição às perdas econômicas praticamente triplicou. Ver Osterman, *The Truth About Middle Managers*, p. 45, citando Kevin Hallock, "A Descriptive Analysis of Layoffs in Large U.S. Firms Using Archival Data over Three Decades and Interviews with Senior Managers", Working Paper, Escola de Relações Industriais e Trabalhistas da Universidade Cornell, Ithaca, Nova York, ago. 2005. Disponível em: <https://digitalcommons.ilr.cornell.edu/cgi/viewcontent.cgi?referer=&httpsredir=1&article=1238&context=articles>. Segundo a Associação Americana de Gestão, *1994 AMA Survey on Downsizing: Summary of Key Findings* (Nova York: American Management Association, 1994), p. 2, 66% dos cortes de empregos foram devidos à reestruturação (comparados a apenas 23% atribuídos à terceirização). Ver também Cappelli, *The New Deal at Work*, pp. 116-7.

103 Ver Secretaria de Estatísticas Trabalhistas, "Union Membership Rate 10.7 Percent in 2016", 9 fev. 2017. Disponível em: <www.bls.gov/opub/ted/2017/union-membership-rate-10-point-7-percent-in-2016.htm>. Acesso em: 22 out. 2018.

104 Cappelli, *The New Deal at Work*, p. 140; Aaron Bernstein, "At UPS, Part-Time Work Is a Full-Time Issue", *Business Week*, 16 jun. 1997, pp. 88-90.

105 Contratações de curto prazo deixam os empregos à mercê das forças do mercado, que estabelecem e revisam os termos do emprego de fora da empresa. Cappelli, *The New Deal at Work*, pp. 28, 33, 41.

106 Cappelli, *The New Deal at Work*, p. 28.

107 Cappelli, *The New Deal at Work*, p. 74 (citando Dean Minderman, "Big Blues", *Credit Union Management* [fev. 1995], pp. 15-7). A prática da IBM é mais usual do que excepcional. Segundo o Departamento de Trabalho dos Estados Unidos, 17% dos trabalhadores temporários já tiveram uma "relação anterior diferente" com os atuais empregadores, e uma pesquisa da Associação Americana de Gestão concluiu que 30% dos empregadores entrevistados haviam recorrido a empregados demitidos do redimensionamento para contratá-los como temporários ou por projeto. Ver Cappelli, *The New Deal at Work*, p. 137.

Trabalhadores temporários ou por projeto não custam necessariamente menos que os trabalhadores permanentes que eles substituem. Os temporários ganham 14% menos que os permanentes, em média, e têm a metade da probabilidade de ter plano de saúde. Mas essas diferenças devem ser comparadas às taxas cobradas por agências que contratam os temporários, que chegam a cerca de 40% do salário pago. Com efeito, apenas 20% dos empregadores informam que o custo total dos trabalhadores temporários, ou que trabalham em meio período, ou por projeto, é menor que o dos trabalhadores permanentes. A principal vantagem para as empresas não diz respeito a custos diretos, mas à flexibilidade. Trabalhadores podem ser contratados e dispensados de uma forma não aplicável a trabalhadores permanentes. Cappelli, *The New Deal at Work*, p. 140. Ver também Susan N. Houseman, "Temporary, Part-Time e Contract Employment in the United States", Departamento de Trabalho, nov. 1996. Disponível em: <http://citeseerx.ist.psu.edu/viewdoc/download?doi=10.1.1.210.2922&rep=rep1&type=pdf>.

A ampla mudança estrutural que afastou trabalhadores permanentes e atraiu terceirizados não foi motivada por economia ou por compensação direta, mas em nome da eficiência administrativa associada ao achatamento da hierarquia e ao aumento do poder de comando de uma elite, tema analisado no texto principal.

108 O'Connor, "When Your Boss Is an Algorithm".

109 Cappelli, *The New Deal at Work*, p. 103.

110 Ibid., pp. 51, 101.

111 Ibid., p. 104.

112 A Amazon faz isso por meio de engenheiros de processo e de produção altamente qualificados — entre eles, alguns contratados como consultores vindos de empresas industriais como a Toyota. Ver Simon Head, *Mindless: Why Smarter Machines Are Making Dumber Humans* (Nova York: Basic Books, 2014), pp. 29-46, doravante citado como Head, *Mindless*; Niv Dror, "A Fireside Chat with Jeff Bezos: Innovation & All Things Amazon", *Data Fox*, disponível em: <https://blog.datafox.com/jeff-bezos-fireside-chat/>, acesso em: 22 out.

2018; Marc Onetto, "When Toyota Met Ecommerce: Lean at Amazon", *McKinsey Quarterly* (fev. 2014), disponível em: <www.mckinsey.com/business-functions/operations/our-insights/when-toyota-metecommerce-lean-at-amazon>.

113 Ver Head, *Mindless*, pp. 29-46; Simon Head, "Worse Than Walmart: Amazon's Sick Brutality and Secret History of Ruthlessly Intimidating Workers", *Salon*, 23 fev. 2014. Disponível em: <www.salon.com/2014/02/23/worse_than_wal_mart_amazons_sick_brutality_and_secret_history_of_ruthlessly_intimidating_work_ers/>. Acesso em: 18 nov. 2018.

114 Nick Wingfield, "As Amazon Pushes Forward with Robots, Workers Find New Roles", *The New York Times*, 10 set. 2017. Disponível em: <www.nytimes.com/2017/09/10/technology/amazon-robots-workers.html>. Acesso em: 18 nov. 2018.

115 Danielle Paquette, "He's One of the Only Humans at Work — and He Loves It", *The Washington Post*, 10 de set. 2018. Disponível em: <www.washingtonpost.com/world/asia_pacific/hes-oneofthe-only-humansat-work—and-he-loves-it/2018/09/09/71392542-9541-11e8-8ffb-5de6d5e49ada_story.html?utm_term=.9be29f5cc435>. Acesso em: 24 out. 2018.

116 As empresas reduziram o número de cargos entre o CEO e os chefes de setor, aumentaram o número de gerentes que se reportam diretamente ao CEO e expandiram as equipes executivas. Ver Raghuram G. Rajan e Julie Wulf, "The Flattening Firm: Evidence from Panel Data on the Changing Nature of Corporate Hierarchies", *Review of Economics and Statistics* 88, n. 4 (nov. 2006), p. 759; Julie Wulf, "The Flattened Firm: Not as Advertised", *California Management Review* 55, n. 1 (outono de 2012), p. 5.

117 "Steve Easterbrook: President and Chief Executive Officer", McDonald's. Disponível em: <http://news.mcdonalds.com/executive-team/steve-easterbrook>. Acesso em: 22 out. 2018.

118 Ver Joe O'Mahoney, *Management Consultancy* (Oxford: Oxford University Press, 2010), p. 277. Doravante citado como O'Mahoney, *Management Consultancy*.

119 Ao longo do processo de industrialização, a consultoria administrativa surgiu para dar orientação aos donos das novas fábricas, grandes e complexas. Ver O'Mahoney, *Management Consultancy*, p. 16. Mas só em 1947 o então líder em consultoria Booz Allen obteve receitas de 2 milhões de dólares. José de la Torre, Yves L. Doz e Timothy Michael Devinney, *Managing the Global Corporation: Case Studies in Strategy and Management* (Nova York: McGraw-Hill, 2001). Naquela época, as firmas de consultoria não contavam com colaboradores formados por faculdades ou escolas de especialização. Mesmo em 1980, a consultoria administrativa continuava sendo um destino pouco comum — até mesmo raro — para profissionais com MBAs de escolas conceituadas como a Wharton. Ver Cappelli, *The New Deal at Work*, p. 143.

Nas décadas seguintes, porém, a consultoria deslanchou, concomitantemente com o declínio do gerenciamento intermediário. Entre 1972 e 1997, o trabalho em "serviços empresariais", que incluía a consultoria estratégica, cresceu mais de duas vezes mais rápido que o restante da economia. O setor experimentou um crescimento anual médio de 6,9%. Cappelli, *The New Deal at Work*, p. 143, citando Angela Clinton, "Flexible Labor: Restructuring and the American Work Force", *Monthly Labor Review* (ago. 1997), pp. 3-7. E o crescimento tem sido ainda mais veloz nos últimos anos, sobretudo entre as empresas líderes: por exemplo, as três grandes empresas de consultoria estratégica (McKinsey & Company, Bain & Company e o Boston Consulting Group) hoje em dia ostentam regularmente crescimentos de dois dígitos, geram receitas de mais de 10 bilhões de dólares e empregam mais de 30 mil pessoas. Em 2018, a Bain & Company, com 8 mil empregados, registrou uma receita de 3,4 bilhões de dólares; o Boston Consulting Group, com 16 mil empregados, teve receitas de 6,3 bilhões; e a McKinsey & Co., com 27 mil empregados, teve receitas de 10 bilhões. Ver "America's Largest Private Companies 2016", *Forbes*. Disponível em: <www.forbes.com/largest-private-companies/list>. Acesso em: 22 out. 2018. Ver também "Management Consulting: To the Brainy, the Spoils", *The Economist*, 11 mai. 2013. Disponível em: <www.economist.com/business/2013/05/11/tothe-brainy-the-spoils>. Acesso em: 18 nov. 2018. Daqui em diante, citado como "To the Brainy, the Spoils".

Da mesma forma que os maiores bancos, essas empresas selecionam seus consultores não apenas na elite, mas na superelite. Bob Bechek, da Bain & Company, reafirma que consultores de negócios menos preparados, mesmo podendo sair-se bem no trabalho "pesado, repetitivo", não poderiam desempenhar a função de consultores administrativos, que precisam "criar soluções novas para problemas singulares, o que é difícil". Ver "To the Brainy, the Spoils". (As palavras citadas são uma paráfrase da *Economist* das ideias de Bechek.) No início da década de 1990, cerca de um quarto dos MBAs de elite entravam para firmas de consultoria; em 2000, mais ou menos a metade deles ia trabalhar nessas empresas. Cappelli, em *The New Deal at Work*, p. 143, relata que, em 1990, 26% dos pós-graduados pela Wharton iam trabalhar em consultoria, e essa porcentagem chegava a 46% em 1996.

120 "To the Brainy, the Spoils".

121 Esses números vêm de dados coletados pela agência de pesquisa Equilar em conjunto com o *The New York Times*, numa pesquisa de todas as empresas negociadas publicamente que tenham sede ou ações em bolsa nos Estados Unidos e receita anual de mais de 1 bilhão de dólares. Ver "Equilar 200: Ranking the Largest CEO Pay Packages", *Equilar*, 25 mai. 2017, disponível em: <www.equilar.com/reports/49equilar-200-ranking-the-largest-ceo-pay-packages-2017.html>, acesso em: 22 out. 2018; "200 Highest-Paid CEOs 2016", *Equilar*, 27 maio 2016, disponível em: <www.equilar.com/reports/38new-york-times-200-highest-paid-ceos-2016.html>, acesso em: 22 out. 2018.

122 Lawrence Mishel e Alyssa Davis, "CEO Pay Has Grown 90 Times Faster than Typical Worker Pay Since 1978", Economic Policy Institute, 1º jul. 2015, disponível em: <www.epi.org/publication/ceo-pay-has-grown90-times-faster-than-typical-worker-pay-since-1978/>, acesso em: 22 out. 2018; Lawrence Mishel e Alyssa Davis, "Top CEOs Make 300 Times More Than Typical Workers: Pay Growth Surpasses Stock Gains and Wage Growth of Top 0.1 Percent", Economic Policy Institute, 21 jun. 2015, disponível em: <www.epi.org/publication/top-ceos-make-300-times-more-than-workers-pay-growth-surpasses-market-gains-and-the-rest-of-the-01-percent/>, acesso em: 22 out. 2018.

123 Uma análise de 2005 da remuneração dos cinco funcionários mais bem pagos da base de dados ExecuComp (que inclui "todas as empresas da S&P 500, Mid-Cap 400 e Small-Cap 600 [...], também conhecidas como S&P 1500") concluiu que, entre 2001 e 2003, "a razão entre a remuneração agregada dos [cinco mais bem pagos] executivos e os ganhos agregados [das S&P 1500]" foi de 9,8%. Ver Lucian Bebchuk e Yaniv Grinstein, "The Growth of Executive Pay", *Oxford Review of Economic Policy* 21, n. 2 (2005), pp. 283, 284, 297.

124 A expressão é de David Gordon, *Fat and Mean: The Corporate Squeeze of Working Americans and the Myth of Managerial Downsizing* (Nova York: Free Press, 1996). Uma pesquisa mais recente e muito meticulosa dos trabalhadores que ocupam cargos gerenciais confirma a tese de Gordon: ainda que as funções gerenciais tenham sido promovidas, com a renda nos cargos de supervisão aumentando mais que a renda dos demais cargos, os cargos de supervisão correspondem a uma parcela crescente de todo o mercado de trabalho no setor privado. Ver Goldstein, "Revenge of the Managers".

125 Cappelli, *The New Deal at Work*, pp. 159-60. Cappelli acrescenta que, no modelo de meados do século XX, a linha divisória entre status alto e baixo no ambiente de trabalho demarcava trabalhadores que se enquadravam ou não na Lei de Padrões Justos de Trabalho. Hoje, a linha divisória separa os altos executivos de todos os demais. Cappelli, *The New Deal at Work*, pp. 236-7.

126 Ver Cappelli, *The New Deal at Work*, p. 163. Ver também Stephen R. Barley, "The Turn to a Horizontal Division of Labor: On the Occupationalization of Educational Research and Improvement, ES", documento preparado para o Departamento de Educação dos Estados Unidos, jan. 1994.

127 Até mesmo os empregos brilhantes escassearam à medida que seu brilho aumentava. Em 2005, por exemplo, existiam cerca de quatrocentos cargos executivos a menos nas empresas da Fortune 500 do que uma década antes, embora a economia fosse cerca de 40% maior. Hewlett e Luce, "Extreme Jobs", p. 52. Banco Mundial, "World Development Indicators". Disponível em:

<http://databank.worldbank.org/data/source/world--development-indicators>.

128 Em 1948, empresas de uma só loja, constituídas ou não, ainda respondiam por 70,4% das vendas no varejo, enquanto as grandes redes respondiam por apenas 12,3%. Para nossos fins, grandes redes são as que têm mais de cem lojas varejistas. Ronald S. Jarmin et al., "The Role of Retail Chains: National, Regional e Industry Results", in *Producer Dynamics: New Evidence from the Micro Data*, Timothy Dunne, J. Bradford Jensen e Mark J. Roberts (orgs.) (Chicago: University of Chicago Press, 2009), pp. 237-8.

129 Herbert Koshetz, "The Merchant's View: An Examination of Retailing Discovers Few in Field Receive Proper Training", *The New York Times*, 18 mar. 1962. Disponível em: <https://timesmachine.nytimes.com/timesmachine/1962/03/18/89502586.html?action=click&contentCollection=Archives&module=LedeAsset& region=ArchiveBody&pgtype=article&pageNumber=155>. Acesso em: 18 nov. 2018. Doravante citado como Koshetz, "Merchant's View".

130 Koshetz, "Merchant's View".

131 Ver Federação Nacional de Varejo, "Top 100 Retailers", *Stores*, 26 jun. 2017. Disponível em: <https://stores.org/2017/06/26/top-100-retailers/>.

Essas e outras grandes redes — cerca de quarenta ao todo — têm mais de cem lojas e agora dominam o mercado: em 2010, as dez maiores redes de lojas de alimentos respondiam por 70% das vendas, por exemplo. Essa é uma novidade surpreendente. Em 2000, as dez maiores redes de lojas de alimentos representavam 30% do mercado. Ver Niraj Dawar e Jason Stornelli, "Rebuilding the Relationship Between Manufacturers and Retailers", *MIT Sloan Management Review* (inverno de 2013). As redes respondem por mais de dois terços dos empregos no comércio varejista, e em 1980 já ofereciam mais empregos que as lojas únicas. Ver Ronald S. Jarmin et al., "The Role of Retail Chains: National, Regional and Industry Results", in *Producer Dynamics: New Evidence from the Micro Data*, Timothy Dunne, J. Bradford Jensen e Mark J. Roberts (orgs.) (Chicago: University of Chicago Press, 2009), p. 240.

Com o florescimento da Amazon e de outras varejistas on-line, as lojas (agora virtuais) só fizeram crescer. Entre 2007 e 2012, por exemplo, as vendas totais on-line aumentaram quase três vezes mais que o número de lojas on-line. Lamentavelmente, o emprego no varejo on-line diminuiu um pouco. O número de lojas físicas e o total de empregos nessas lojas caíram pouco mais de 5% no período. Ver Robin Harding, "Technology Shakes Up US Economy", *Financial Times*, 26 mar. 2014. Disponível em: <www.ft.com/cms/s/0/f8a95502-b502-11e3-af92-00144feabdc0.html#axzz4JxZMpgp9>. Doravante citado como Harding, "Technology Shakes Up US Economy". U.S. Census Bureau, "Economic Census: Tables: 2012". Disponível em: <www.census.gov/programs-surveys/economic-census/data/tables.2012.html.html>.

132 Ver Reich, *Supercapitalism*, pp. 89-90; Sarah Nassauer, "At Walmart, the CEO Makes 1,188 Times as Much as the Median Worker", *The Wall Street Journal*, 20 abr. 2018. Disponível em: <www.wsj.com/articles/at-walmart-the-ceo-makes1188-times-as-much-as-the-median-worker-1524261608>. Acesso em: 24 out. 2018. Note-se que a margem de lucro do Walmart em vendas é de cerca de 3,5%, ou cerca de 6 mil dólares por funcionário (para 2005). Doravante citado como Nassauer, "At Walmart, the CEO Makes 1,188 Times as Much". Com isso, conclui-se que embora o Walmart possa pagar consideravelmente mais a seus trabalhadores e ainda assim gerar lucros para os acionistas, nunca chegaria a pagar nada parecido com os antigos salários da GM. Mais uma vez, a desigualdade econômica em ascensão reflete mais significativamente os profundos desvios estruturais tanto nas tecnologias de produção quanto na remuneração do trabalho qualificado do que uma exploração renovada e vantagens do capital à custa do trabalho.

133 A renda que demarca a linha de pobreza para uma família de quatro pessoas, incluindo duas crianças, é de 24.339 dólares anuais. U.S. Census Bureau, "Poverty Thresholds", 2017. Disponível em: <www.census.gov/data/tables/time-series/demo/income-poverty/historical-poverty-thresholds.html>. Para doação de alimentos no Walmart, ver Hayley Peterson, "Wal-Mart Asks Workers to Donate Food to Its Needy Employees", *Business Insider*, 20 nov. 2014. Disponível em: <www.business-insider.com/walmart-employee-food-drive-201411>. Acesso em: 18 nov. 2018.

134 Krystina Gustafson, "Wal-Mart Defends Employee Food Drive", CNBC, 20 nov. 2014. Disponível em: <www.cnbc.com/2014/11/20/wal-mart-defends-employee-food-drive.html>. Acesso em: 26 out. 2018.

135 Nassauer, "At Walmart, the CEO Makes 1,188 Times as Much".

136 A Percolata analisa as influências do trânsito, riqueza, navegação on-line e muitos outros fatores sobre o comportamento do consumidor, e instala sensores nas lojas para monitorar o fluxo de clientes, a atividade dos empregados e as interações entre eles. Assim avalia e classifica os trabalhadores comuns pela "produtividade real" ou "rendimento por comprador", indicadores de quanta receita cada um deles gera. A empresa determina, então, quais são os trabalhadores mais produtivos, em quais circunstâncias e em quais combinações e adapta os cronogramas de trabalho a cada quinze minutos para otimizar a eficiência das vendas, que, segundo ela, aumentam 30%. Ver O'Connor, "When Your Boss Is an Algorithm".

137 Tim Adams, "Surge Pricing Comes to the Supermarket", *The Guardian*, 4 jun. 2017. Disponível em: <www.theguardian.com/technology/2017/jun/04/surge-pricing-comes-to-the-supermarket-dynamic--personal-data>.

138 As solicitações de marcas registradas pela indústria manufatureira praticamente triplicaram entre 1968 e 1989.

NOTAS

David W. Boyd, "From 'Mom and Pop' to Wal-Mart: The Impact of the Consumer Goods Pricing Act of 1975 on the Retail Sector in the United States", *Journal of Economic Issues* 31, n. 1 (1997), p. 226. E a participação da publicidade no PIB, que caiu durante a Grande Compressão, começou a subir de forma acentuada em 1975. Douglas A. Galbi, "Some Economics of Personal Activity and Implications for the Digital Economy", 6 ago. 2001, p. 7. Disponível em: <https://papers.ssrn.com/sol3/papers.cfm?abstract_id=275346>.

139 Ver Robert Frank, "Jeff Bezos Is Now the Richest Man in Modern History", CNBC, 18 jul. 2018. Disponível em: <www.cnbc.com/2018/07/16/jeff-bezos-is-now-the-richest-man-in-modern-history.html>. Acesso em: 18 nov. 2018.

140 Tom Robinson, *Jeff Bezos: Amazon.com Architect* (Minneapolis: ABDO Publishing, 2010), p. 26. Jillian D'Onfro, "What Happened to 7 of the Earliest Employees Who Launched Amazon", *Business Insider*, 18 abr. 2014. Disponível em: <www.businessinsider.com/amazons-earliest-employees-20144>. Acesso em: 18 nov. 2018.

141 O Departamento de Trabalho informa que durante a primeira década do novo milênio os Estados Unidos perderam mais de 1,1 milhão de empregos de secretariado. Outros empregos administrativos também caíram: operadores de telefonia, datilógrafos e editores de texto, agentes de viagem e técnicos em contabilidade caíram 64%, 63%, 46% e 26%, respectivamente. Ver Andrew Leonard, "The Internet's Greatest Disruptive Innovation: Inequality", *Salon*, 19 jul. 2013. Disponível em: <www.salon.com/2013/07/19/the_internets_greatest_disruptive_innovation_inequality/>. Acesso em: 18 nov. 2018. Essas perdas de empregos aumentaram, de modo que, a partir de 2007, os Estados Unidos perderam mais de 2 milhões de empregos administrativos no total. Citado em Robin Harding, "US Has Lost 2m Clerical Jobs Since 2007", *Financial Times*, 1º abr. 2013. Disponível em: <www.ft.com/content/37666e6c-9ae5-11e2-b982-00144feabdc0>. Acesso em: 18 nov. 2018.

142 Ver Michael Simkovic, "In Law Firms, Lawyers and Paralegals Prosper While Secretarial Jobs Disappear", *Brian Leiter's Law School Reports*, 1º abr. 2016. Disponível em: <http://taxprof.typepad.com/taxprof_blog/2016/04/simkovicin-law-firms-lawyers-and-paralegals-prosper-while-secretarial-jobs-disappear.html>. Acesso em: 18 nov. 2018. À medida que a automação levanta os níveis da hierarquia de qualificações, os advogados menos preparados também ficam sob pressão.

143 Ver Richard Sennett, *The Corrosion of Character: The Personal Consequences of Work in the New Capitalism* (Nova York: W. W. Norton, 2011), p. 73. Ver também Stanley Aronowitz e Willia DiFaxio, *The Jobless Future: Sci-Tech and the Dogma of Work* (Minneapolis: University of Minnesota Press, 1995), p. 110.

144 Ver Sherwin Rosen, "The Economics of Superstars", *American Economic Review* 71, n. 5 (dez. 1981), pp. 845-58; e Frank e Cook, *The Winner-Take-All Society*.

145 Ver "The World's Highest Paid Celebrities 2017", *Forbes*, 12 jun. 2017. Disponível em: <www.forbes.com/celebrities/list/#tab:overall>. Acesso em: 18 nov. 2018.

146 Mickey Mantle, por exemplo, ganhava menos de 1 milhão de dólares (em valor de 2015) anuais em meados do século XX. Michael Haupert, "MLB's Annual Salary Leaders Since 1874", Sociedade de Pesquisa do Beisebol Americano, 1º dez. 2016.

147 Pam McCallum, "The Average Salary of a BackUp Singer", *Sapling*, 17 jun. 2011.

148 Michael McCann, "The GLeague: 12 Takeaways on NBA's New Deal", *Sports Illustrated*, 14 fev. 2017. Disponível em: <www.si.com/nba/2017/02/14/nba-gatorade-gleague-deal-adam-silver-takeaways>. Acesso em: 18 nov. 2018.

149 "How Much Does a Television Writer Make in the United States?", Sokanu. Disponível em: <www.sokanu.com/careers/television-writer/salary/>. Acesso em: 10 out. 2018.

150 De modo geral, entre 1982 e 2003, a parcela do total de rendas do setor que foi abocanhada pelo 1% superior das superestrelas mais que dobrou. Ver Victor Ginsburgh e David Throsby (orgs.), *Handbook of the Economics of Art and Culture, Volume 1* (Amsterdã: Elsevier, 2006), p. 684. A razão entre a remuneração do CEO de uma empresa e a renda dos empregados mais bem pagos logo abaixo dele e a razão entre a remuneração dos 10% dos CEOs mais bem pagos e a média dos CEOs também aumentaram. Ver Carola Frydman e Raven E. Saks, "Executive Compensation: A New View from a Long-Term Perspective, 1936-2005", *Review of Financial Studies* 23, n. 5 (fev. 2010). Disponível em: <http://web.mit.edu/frydman/www/trends_rfs2010.pdf>.

151 Ver Reich, *Supercapitalism*, pp. 89-90. Note-se que a margem de lucro do Walmart nas vendas é de mais ou menos 3,5%, ou cerca de 6 mil dólares por funcionário (em 2005). Isso implica que se o Walmart pagasse bem mais a seus empregados e ainda gerasse lucros para os acionistas, não chegaria a pagar nada parecido aos antigos salários da GM. Mais uma vez, a desigualdade econômica em ascensão reflete mais significativamente a profunda mudança estrutural tanto nas tecnologias de produção quanto nos retornos da qualificação do que uma nova exploração ou vantagens para o capital às custas do trabalho.

152 O investimento dos Estados Unidos em robótica mais que dobrou entre 2014 e 2015. Ver Richard Waters e Kana Inagaki, "Investment Surge Gives US the Early Lead in Rise of the Robots", *Financial Times*, 3 mai. 2016. Disponível em: <www.ft.com/content/87f44872-1080-11e6-91da-096d89bd2173>. Acesso em: 18 nov. 2018, sobre uma pesquisa do grupo de pesquisa de capital de risco CB Insights. Doravante citado como Waters e Inagaki, "Investment Surge". Ver também Research Brief, "Robots R' Us: Funding and Deal Activity to Robotics See New Highs in 2015", CB Insights, 23 mar. 2016. Disponível em: <www.

cbinsights.com/research/robotics-startups-funding/>. Acesso em: 18 nov. 2018. E o mercado mundial só para a produção de robôs está crescendo 17% ao ano, enquanto a solicitação de patentes relacionadas a robôs triplicou na última década. Richard Waters e Tim Bradshaw, "Rise of the Robots Is Sparking an Investment Boom", *Financial Times*, 3 mai. 2016. Disponível em: <www.ft.com/content/5a352264-0e26-11e6-ad80-67655613c2d6>. Acesso em: 18 nov. 2018. Ver também Waters e Inagaki, "Investment Surge", sobre estudo do grupo de pesquisa econômica IDC.

153 Ver Federação Internacional de Robótica, *World Robotics Report 2016*, 29 set. 2016, Figura 2.9. Disponível em: <https://ifr.org/ifr-press-releases/news/world-robotics-report-2016>; e James Carroll, "Industrial Robots in the United States on the Rise", Vision Systems Design, 6 set. 2016, disponível em: <www.vision-systems.com/articles/2016/12/industrial-robots-in-the-united-statesonthe-rise.html>.

154 Os empregos na indústria manufatureira chegaram ao pico no fim da década de 1970, quando cerca de 19,5 milhões de norte-americanos trabalhavam no setor. Ver, por exemplo, Martin Neil Baily e Barry P. Bosworth, "U.S. Manufacturing: Understanding Its Past and Its Potential Future", *Journal of Economic Perspectives* 28, n. 1 (inverno de 2004), pp. 3-6, 12, Figura 2. Doravante citado como Baily e Bosworth, "U.S. Manufacturing".

Desde então, o emprego na indústria manufatureira nacional tem caído constantemente. Em 1992, o setor mantinha apenas 16,5 milhões de empregos; em 2012, esse número havia caído para menos de 12 milhões, mas posteriormente voltou a pouco mais de 12 milhões. Ver também Secretaria de Estatísticas Trabalhistas, "Employment, Hours and Earnings from the Current Employment Statistics Survey (National)", coletado em 22 jun. 2017. Disponível em: <https://data.bls.gov/timeseries/CES3000000001>.

155 No fim da década de 1960, a indústria manufatureira respondia por cerca de 25% de todos os empregos nos Estados Unidos. Ver Baily e Bosworth, "U.S. Manufacturing", p. 4, Figura 1. Hoje, a força de trabalho civil dos Estados Unidos compreende cerca de 160 milhões de pessoas, das quais 150 milhões estão empregadas. Ver Secretaria de Estatísticas Trabalhistas, *The Employment Situation—May 2017*, Quadro A. Disponível em: <https://www.bls.gov/news.release/archives/empsit_06022017.pdf>. Vinte e cinco por cento de 150 milhões são 37,5 milhões. Mas a indústria manufatureira emprega ao todo, hoje, possivelmente 12 milhões de pessoas. Ver Baily e Bosworth, "U.S. Manufacturing", p. 12, Figura 2.

156 Isso implica que mais de 100% da queda total do emprego na indústria manufatureira atingiu o segmento semiqualificado sem curso universitário da força de trabalho industrial. Ver Robert Shapiro, "Robotic Technologies Could Aggravate the U.S. Problem of Slow Jobs Growth", *Daily Beast*, 19 jul. 2013. Disponível em: <www.thedailybeast.

com/articles/2013/07/19/robotic-technologies-could-aggravate-the-us-problem-of-slow-jobs-growth.html>. Acesso em: 18 nov. 2018. Ver também Manufacturing Institute, "Percent of Manufacturing Workforce by Education Level", abr. de 2014, disponível em: <www.themanufacturinginstitute.org/Research/Facts-About-Manufacturing/Workforce-and-Compensation/WorkforcebyEducation/WorkforcebyEducation.aspx>; e Elka Torpey, "Got Skills? Think Manufacturing", Secretaria de Estatísticas Trabalhistas, jun. 2014, disponível em: <www.bls.gov/careeroutlook/2014/article/manufacturing.htm>.

Os Estados Unidos não são exceção a esse respeito. Em todas as sete maiores economias — Canadá, França, Alemanha, Itália, Japão, Reino Unido e Estados Unidos —, os empregos administrativos na indústria manufatureira aumentaram em relação aos empregos na linha de produção, tanto na década de 1980 quanto na de 1990. Ver Mariacristina Piva, Enrico Santarelli e Marco Vivarelli, "The Skill Bias Effect of Technological and Organizational Change: Evidence and Policy Implications", *Research Policy* 34 (2005), pp. 141-57, 143.

157 Baily e Bosworth, "U.S. Manufacturing", p. 4, Figura 1. Ver também YiLi Chien e Paul Morris, "Is U.S. Manufacturing Really Declining?", blog do Federal Reserve Bank de St. Louis sobre economia, 11 abr. 2017, disponível em: <www.stlouisfed.org/onthe-economy/2017/april/us-manufacturing-really-declining>, acesso em: 28 jan. 2019; Peter Wehner e Robert Beschel Jr., "How Think About Inequality", *National Affairs* 11 (primavera de 2012), disponível em: <www.nationalaffairs.com/publications/detail/howtothink-about-inequality>, acesso em: 18 nov. 2018; Rex Nutting, "Think Nothing Is Made in America? Output Has Doubled in Three Decades", MarketWatch, 28 mar. 2016, disponível em: <www.marketwatch.com/story/us-manufacturing-dead-output-has-doubled-in-three-decades-20160328>; Harding, "Technology Shakes Up US Economy".

A indústria manufatureira manteve sua participação na produção quase que totalmente devido ao grande aumento da produtividade e aos resultados do setor de computadores e eletrônicos, que contrata um número desproporcional de trabalhadores altamente qualificados para projetar e pôr em prática a produção robótica. Ver Baily e Bosworth, "U.S. Manufacturing", pp. 3-26. Por exemplo, o mais valioso componente do computador, a placa-mãe, hoje em dia é produzido basicamente por robôs. Ver Catherine Rampell, "When Cheap Foreign Labor Gets Less Cheap", *The New York Times*, 7 dez. 2012. Disponível em: <https://economix.blogs.nytimes.com/2012/12/07/when-cheap-foreign-labor-gets-less-cheap/?partner=rss&emc=rss&_r=0>. Acesso em: 18 nov. 2018.

158 Ver Harding, "Technology Shakes Up US Economy".

159 Sobre a Kodak, ver Susan Christopherson e Jennifer Clark, *Remaking Regional Economies: Power, Labor e*

NOTAS

Firm Strategies in the Knowledge Economy (Nova York: Routledge, 2007), pp. 57-84.

Sobre o Instagram, ver Scott Timberg, "Jaron Lanier: The Internet Destroyed the Middle Class", *Salon*, 12 mai. 2013. Disponível em: <www.salon.com/2013/05/12/jaron_lanier_the_internet_destroyed_the_middle_class/>. Acesso em: 18 nov. 2018. Doravante citado como Timberg, "Internet Destroyed".

A pequena força de trabalho superqualificada do Instagram só consegue corresponder às necessidades da equipe porque trabalha lado a lado com a massa de pessoas que usa sua tecnologia para capturar, processar e imprimir imagens e, assim, representa estruturalmente uma força de trabalho de baixa qualificação, embora se considerem não produtores, mas consumidores. Jaron Lanier observa que, nesse sentido, muita gente — usuários da rede que contribuem com conteúdo e até mesmo com formatação — "trabalha" no Instagram. Ver Timberg, "Internet Destroyed".

Esse padrão, aliás, está longe de ser raro. Já ocorreu anteriormente, mesmo em relação à produção de imagens: a própria fotografia, como observa Lanier, permitiu que uma massa de tomadores de instantâneos de baixa qualificação substituísse pintores e ilustradores semiqualificados. Ver Timberg, "Internet Destroyed". O mesmo modelo ocorre em outros setores: para dar um só exemplo, os clientes da Ikea também funcionam, estruturalmente, como uma massa não qualificada de montadores de móveis.

160 O próprio Facebook emprega bem menos gente do que a Kodak já empregou em qualquer período, e muitas dessas pessoas se tornaram bem mais ricas do que o fundador da Kodak, George Eastman, jamais foi.

161 A parcela de empregos que exigem habilidades cognitivas não rotineiros no mercado de trabalho como um todo aumentou 8,2% entre 1982 e 1992, 10,6% entre 1992 e 2002 e 14,9% entre 2002 e 2017. A parcela de empregos manuais não rotineiros aumentou 0,8%, 1,3% e 9,4% nessas décadas. E a parcela de empregos rotineiros caiu 4,5%, 6,7% e 13,7%. Dados de Nir Jaimovich e Henry E. Siu, "Job Polarization and Jobless Recoveries", p. 8, Figura 3. Disponível em: <http://faculty.arts.ubc.ca/hsiu/pubs/polar20180903.pdf>. Acesso em: 18 nov. 2018. Publicado pela *Review of Economics and Statistics* em 28 fev. 2020. Doravante citado como Jaimovich e Siu, "Job Polarization and Jobless Recoveries".

162 Empregos não rotineiros que exigem habilidades cognitivas aumentaram de 29% do total de empregos para 40%; empregos de rotina caíram de 56% para 42%; e empregos manuais não rotineiros aumentaram de 15% para 18%. Essas conclusões simplesmente confirmam as mudanças mencionadas na nota anterior.

163 Cappelli, *The New Deal at Work*, pp. 159-60. Cappelli acrescenta que, no modelo de meados do século XX, a linha divisória de status alto e baixo ficava entre trabalhadores que se enquadravam ou não na Lei de Padrões Justos de Trabalho. Ver Cappelli, *The New Deal at Work*, pp. 236-7. Hoje, a linha divisória fica entre os altos executivos e todos os demais.

164 Ver Jeffrey P. Thompson e Elias Leight, "Do Rising Top Income Shares Affect the Incomes or Earnings of Low and Middle-Income Families", *B.E. Journal of Economic Analysis & Policy* 12, n. 1 (2012), p. 26. Thompson e Leight fazem comparações entre os estados norte-americanos que revelam que aqueles onde a parcela de alta renda mais aumenta sofrem maiores quedas na renda média. A especificação dominante associa um aumento de 3,5% na participação na renda para o 1% de mais alta renda entre 1979 e 2005, com uma redução estatisticamente significativa de 3,5% na renda das famílias enquadradas entre o 35º e o 70º percentis de toda a distribuição. (A pesquisa indica também, curiosamente, que, de acordo com o padrão agora normal, o aumento das altas rendas exerce um impacto menor e menos significativo do ponto de vista estatístico sobre a renda das famílias do extremo inferior da distribuição, situadas entre o 5º e o 30º percentis.)

165 Uma pesquisa encontrou um esvaziamento significativo no setor de empregos semiqualificados em todos os países europeus, exceto Portugal. Outra pesquisa, compilada pela OCDE com dados agregados obtidos em 24 países, concluiu que, de 1998 a 2009, as ocupações situadas no quartil mais alto e no mais baixo da qualificação tiveram aumento no emprego (de cerca de 25% e 2%, respectivamente), enquanto as ocupações nos dois quartis intermediários tiveram queda (de 1% no segundo quartil da qualificação e de 15% no terceiro). Segundo a OCDE, "na metade dos países da OCDE para os quais se têm dados, a perda de empregos relacionada a níveis médios de instrução foi maior que a perda empregos associados a um baixo nível de instrução". Ver Marten Goos et al., "Explaining Job Polarization in Europe: The Roles of Technology, Globalization and Institutions", Centro de Desempenho Econômico, Discussion Paper n. 1026 (nov. 2010); Daniel Oesch e Jorge Rodríguez Menés, "Upgrading or Polarization? Occupational Change in Britain, Germany, Spain and Switzerland, 1990-2008", MPRA, documento n. 21040 (jan. 2010); mas ver Enrique Fernández-Macías, "Job Polarization in Europe? Changes in the Employment Structure and Job Quality, 1995-2007", *Work and Occupations* 39, n. 2 (2012); Rachel E. Dwyer e Erik Olin Wright, "Job Growth and Job Polarization in the United States and Europe, 1995-2007", in *Transformation of the Employment Structures in the EU and USA*, Enrique Fernández-Macías, Donald Storrie e John Hurley (orgs.) (Basingstoke: Palgrave Macmillan, 2012), p. 49, Apêndice B, Quadro B1.6; Alexandra Spitz-Oener, "Technical Change, Job Tasks e Rising Educational Demands: Looking Outside the Wage Structure", *Journal of Labor Economics* 24, n. 2 (abr. 2006), pp. 235-70; Goos e Manning, "Lousy and Lovely Jobs".

166 Ver National Employment Law Project (NELP), *The Low-Wage Recovery and Growing Inequality* (Nova York: NELP, 2012).

167 Empregos de baixos salários correspondiam a 21% das perdas na recessão e a 58% dos ganhos na recuperação. Os de altos salários correspondiam a 19% das perdas e a 20% na retomada. Os empregos de salários médios, que correspondiam a 60% das perdas, tiveram ganho de apenas 22% na retomada. Ver National Employment Law Project, *The Low-Wage Recovery*, p. 1. Ver também Robert Reich, "The Hidden Price of Your Amazon Shopping Spree: Skyrocketing Unemployment", *Salon*, 4 dez. 2013. Disponível em: <www.salon.com/2013/12/04/robert_reich_healthcare_gov_is_not_the_website_we_should_be_worrying_about_partner/>. Acesso em: 18 nov. 2018.

168 As categorias de emprego que estão encolhendo com maior rapidez são relacionadas à confecção e à manufatura do couro e similares; à produção de tabaco; ao serviço postal; a outros empregos na esfera federal; e à produção e reprodução de meios magnéticos e ópticos. Entre as categorias de emprego que crescem mais rapidamente estão serviços de baixa qualificação, como cuidados domiciliares de saúde, cuidados de saúde de pacientes não internados, trabalho de escritório relacionado à saúde, manutenção de instalações e cuidados ambulatoriais. As categorias de alta qualificação que mais aumentam são consultorias administrativas, científicas e técnicas; publicadora de software; design de sistemas de computador; e transações com títulos, contratos de *commodities* e investimentos financeiros. As únicas categorias de emprego semiqualificado em crescimento são em enfermagem e no trabalho de laboratórios de análises clínicas. Ver também Max Nisen, "Ten American Industries That Are Going to Boom in the Next Decade", *Slate*, 28 dez. 2013. Disponível em: <https://slate.com/business/2013/12/booming-industries-for-the-next-decade.html>. Acesso em: 18 nov. 2018.

Observadores teóricos igualmente preveem que metade dos empregos pode se tornar dispensável dentro de vinte anos. Os empregos mais ameaçados são os de rotina ou rotinizáveis, portanto semiqualificados: agentes de crédito, recepcionistas, assistentes de advocacia, vendedores varejistas e motoristas de táxi. Os menos ameaçados são diversificados e exigem percepção social e inteligência criativa: repórteres, médicos, advogados e professores. Carl Benedikt Frey e Michael A. Osborne, "Job Automation May Threaten Half of U.S. Workforce", Bloomberg, 12 mar. 2014. Disponível em: <www.bloomberg.com/graphics/infographics/job-automation-threatens-workforce.html>. Acesso em: 18 nov. 2018.

169 James Manyika et al., "Jobs Lost, Jobs Gained: What the Future of Work Will Mean for Jobs, Skills e Wages", McKinsey Global Institute, nov. 2017. Disponível em: <www.mckinsey.com/featured-insights/future-of-work/jobs-lost-jobs-gained-what-the-futureofwork-will-mean-for-jobs-skills-and-wages>. Acesso em: 26 out. 2018.

170 Existem, é claro, outras explicações para a polarização do mercado de trabalho que destacam forças paralelas à inovação tecnológica. Entre elas, figuram a globalização, o declínio da sindicalização e as alterações na política tributária. Certamente, todas essas causas contribuem para o desaparecimento da classe média. Mas nenhuma delas teve a importância da automação, algumas são elas próprias decorrentes da automação (principalmente a globalização) e todas têm influência muito menor do que a automação sobre o emprego de classe média daqui para a frente.

171 No modelo de meados do século XX, a linha divisória de status alto e baixo ficava entre trabalhadores que se enquadravam ou não na Lei de Padrões Justos de Trabalho. Hoje, a linha divisória fica entre os executivos de alto escalão e todos os demais. Ver Cappelli, *The New Deal at Work*, pp. 236-7.

172 O treinamento no ambiente de trabalho faz sentido quando pode ser ministrado por meio de incrementos pequenos e regulares, ao longo da carreira do trabalhador. O mercado de trabalho de meados do século XX comportava esse modelo, com sua hierarquia de emprego de múltiplas camadas, em que cada degrau da escala profissional ficava próximo do anterior e do seguinte. A educação universitária baseada em diploma acadêmico, pelo contrário, deve ser ministrada em grandes doses e concentrada, já que o trabalhador interrompe suas tarefas para receber grandes quantidades de instrução em tempo integral. As escolas de especialização fazem sentido quando o mercado de trabalho apresenta uma hierarquia de poucas camadas, separadas entre si por grandes espaços. A transferência do treinamento no ambiente de trabalho para a educação profissional universitária, portanto, indica que houve uma mudança paralela e profunda no mercado de trabalho: uma hierarquia de muitas camadas que tem seus degraus intermediários removidos, deixando os empregos do topo e os empregos inferiores separados por um abismo.

173 O retorno da educação aumentou principalmente porque ela confere realmente aptidões autênticas, e a transformação do mercado de trabalho tornou cada vez mais produtivas as técnicas oferecidas pela educação. Trabalhadores supraordenados, portanto, recebem sua enorme compensação em troca de oferecer um enorme valor econômico, e não por roubo, fraude ou outros meios não meritocráticos.

Essa afirmação é polêmica. Os críticos da desigualdade geralmente atribuem as altas rendas a práticas viciadas e não a estruturas econômicas; à escassez de meritocracia e não ao excesso dela, afirmando que os trabalhadores supraordenados obtêm suas rendas exorbitantes por nepotismo e arrogância; ao rentismo, que explora o poder econômico; ou mesmo diretamente à fraude. Esses argumentos guardam semelhança com os que atribuem as altas rendas ao capital e não ao trabalho.

Essas afirmações têm sua razão de ser. Os meritocratas conservam todas as práticas viciadas conhecidas, e a arrogância de classe, o rentismo e a fraude contribuem — às vezes escandalosamente — para as vantagens dos

NOTAS

trabalhadores supraordenados. No entanto, mais uma vez, a proporção das práticas viciadas não se equipara à escala da renda das elites nem sequer chega perto disso. As justificativas estruturais são necessárias para explicar o aumento da desigualdade, e a meritocracia fornece essas justificativas.

174 Reeves, *Dream Hoarders*, pp. 61-4, com dados de R. Chetty et al., "Where Is the Land of Opportunity? The Geography of Intergenerational Mobility in the United States", *Quarterly Journal of Economics* 129, n. 4 (nov. 2014), pp. 1553-623; Fabian T. Pfeffer e Alexandra Achen Killewald, "How Rigid Is the Wealth Structure and Why? Inter-and Multigenerational Associations in Family Wealth", PSC, relatório de pesquisa n. 15845 (set. 2015), p. 30; dados do Panel Study of Income Dynamics (PSID) tabulados em Richard V. Reeves e Joanna Venator, "The Inheritance of Education", Brookings Institution, 27 out. 2014. Disponível em: <www.brookings.edu/blog/social-mobility-memos/2014/10/27/the-inheritanceofeducation>.

Nada menos que um de cada três filhos de pais situados no 1% superior da distribuição de renda consegue renda anual de, no mínimo, 100 mil dólares aos trinta anos, comparada a uma em 25 crianças da metade inferior da distribuição de renda. Ver Raj Chetty, John Friedman e Nathaniel Hedren, "The Equality of Opportunity Project". Disponível em: <www.equalityofopportunity.org/documents/>. Ver também David Leonhardt, "In Climbing Income Ladder, Location Matters", *The New York Times*, 22 jul. 2013. Disponível em: <www.nytimes.com/2013/07/22/business/in-climbing-income-ladder-location-matters.html?pagewanted=all>. Acesso em: 18 nov. 2018.

175 As taxas de desemprego redobram a segmentação dos trabalhadores por salário, já que os que cursaram faculdade (e principalmente pós-graduação ou especialização) têm apenas metade da probabilidade de ficarem desempregados comparados aos que cursaram apenas o ensino médio e um terço da probabilidade de desemprego comparados aos que nem sequer cursaram o ensino médio. Em 2016, a taxa média de desemprego para trabalhadores de 25 anos ou mais sem ensino médio era de 7,5%; para os que cursaram o ensino médio era de 5,2%; para os que cursaram faculdade era de 2,7%; e para os pós-graduados ou com especialização era de 2,1%. |Secretaria de Estatísticas Trabalhistas (BLS, na sigla em inglês), *Labor Force Statistics from the Current Population Survey*, séries LNU04027659Q, LNU04027660Q, LNU04092221Q, LNU04091113Q. Acesso em: 10 abr. 2017. O BLS passou a separar trabalhadores que cursaram faculdade e trabalhadores com pós-graduação ou especialização apenas a partir de 2014 e não divulgou números sazonalmente corrigidos. No entanto, a média de dados trimestrais em 2016 gera números mais ou menos coincidentes com os dados sazonalmente corrigidos apresentados pelo BLS para categorias mais tradicionais — menos que ensino médio, ensino médio e de graduados para cima. Ver Secretaria de Estatísticas Trabalhistas, Estatísticas sobre a Força de Trabalho da Current Population Survey, séries LNU04027659Q, LNU04027660Q, LNU04092221Q, LNU04091113Q. Acesso em: 10 abr. 2017. Ver Secretaria de Estatísticas Trabalhistas, "Household Data: Annual Averages", atualizado em 18 jan. 2019. Disponível em: <www.bls.gov/cps/cpsaat07.htm>.

O desemprego, além disso, subestima a influência da educação sobre o trabalho, já que as tendências na proporção da força de trabalho revelam que, além de enfrentar alto desemprego, trabalhadores menos instruídos cada vez mais abandonam totalmente o mercado de trabalho e, como já não procuram emprego, não entram nas estatísticas de desemprego. Trabalhadores instruídos e não instruídos vivem em mundos quase totalmente separados, que nunca se sobrepõem. Os menos instruídos enfrentam uma luta permanente e desanimadora para encontrar trabalho, enquanto (ao contrário do que diz a lenda sobre graduados que vivem na casa dos pais) os mais instruídos se beneficiam do pleno emprego. As mudanças nas taxas de participação na força de trabalho têm muitas causas, entre elas, o envelhecimento da população e a mudança dos hábitos referentes às alterações cíclicas na economia. No entanto, os dados mostram claramente uma queda na proporção de participação na força de trabalho mesmo entre homens adultos jovens e, mais recentemente, entre mulheres adultas jovens também. A queda é especialmente notável entre trabalhadores menos instruídos e mais mal pagos, o que reforça a importância da educação sobre o trabalho revelada pelas estatísticas de desemprego. A American Community Survey de 2016 mostra que apenas 78% dos homens adultos jovens que nunca frequentaram faculdade estavam empregados (mais ou menos os dois terços inferiores da distribuição da educação), comparados a 90% dos que tinham cursado pelo menos um ano de faculdade. Na década de 1950, essas taxas eram praticamente idênticas. Ver U.S. Census Bureau, "American Community Survey (ACS)". Disponível em: <www.census.gov/programs-surveys/acs/>.

Prevê-se que ambas as tendências persistam. Ver Secretaria de Estatísticas Trabalhistas, "Labor Force Projections to 2022: The Labor Force Participation Rate Continues to Fall", *Monthly Labor Review* (dez. 2013), disponível em: <www.bls.gov/opub/mlr/2013/article/labor-force-projections-to-2022-the-labor-force-participation-rate-continues-to-fall.htm>; Secretaria de Estatísticas Trabalhistas, *The Recession of 2007-2009* (fev. 2012), disponível em: <www.bls.gov/spotlight/2012/recession/>; e Escritório Executivo do Presidente dos Estados Unidos, *The Labor Force Participation Rate Since 2007: Causes and Policy Implications* (jul. 2014), disponível em: <https://scholar.harvard.edu/files/stock/files/labor_force_participation.pdf>.

176 Carnevale, Rose e Cheah, "The College Payoff", p. 6. Joan Williams, com dados menos abrangentes, chega

a números um pouco diferentes: 19,4% dos graduados e 14% das graduadas ganham menos que a média salarial dos egressos do ensino médio. Ver Williams, *White Working Class*, p. 49. Poucas páginas adiante, Williams diz que "um quarto dos graduados e pós-graduados trabalhará por um salário médio menor do que o salário associado àqueles que têm diploma". Ver Williams, *White Working Class*, p. 86. Ver também Rework America, *America's Moment: Creating Opportunity in a Connected Age* (Nova York: W. W. Norton, 2015), p. 200; John Schmitt e Heather Boushey, *The College Conundrum: Why the Benefits of a College Education May Not Be So Clear, Especially to Men* (Washington, D.C.: Centro para o Progresso Americano, 2010), pp. 3, 8, 9.

177 Pouco menos da metade da população dos Estados Unidos com mais de 25 anos só cursou o ensino médio (cerca de 70% não cursaram faculdade) e pouco mais de 10% têm pós-graduação. Ver Camille L. Ryan e Kurt Bauman, *Educational Attainment in the United States: 2015*, U.S. Census Bureau, Current Population Reports n. P20-578 (mar. 2016). Disponível em: <www.census.gov/content/dam/Census/library/publications/2016/demo/p20-578.pdf>. Ver também Carnevale, Rose e Cheah, "The College Payoff", p. 6 (citando a American Community Survey 2007-2009, U.S. Census Bureau, "American Community Survey". Disponível em: <www.census.gov/programs-surveys/acs/>).

178 Ver Carnevale, Rose e Cheah, "The College Payoff", p. 10, Figura 5. Números um pouco diferentes aparecem em Christopher R. Tamborini, Chang Hwan Kim e Arthur Sakamoto, "Education and Lifetime Earnings in the United States", *Demography* 52, n. 4 (2015), pp. 1383-1407.

179 Ver R. G. Valletta, "Recent Flattening in the Higher Education Wage Premium: Polarization, Skill Downgrading, or Both?", NBER, Working Paper n. 22935 (2016). Disponível em: <www.nber.org/papers/w22935> (usando dados da Current Population Survey para calcular o retorno dos formados em faculdades ao longo do período 1980-2015. Em 1980, uma pessoa com faculdade ganhava 34% mais que outra que tivesse cursado apenas o ensino médio. Em 1990, essa vantagem passara para 57% e, em 2000, para 71%. Depois de 2000, a diferença deixou de crescer tanto e chegou a um patamar de cerca de 78% de 2010 a 2015). Ver também Goldin e Katz, *The Race Between Education and Technology* (levando em conta que "a partir do começo da década de 1980 a diferença salarial devida à qualificação subiu acentuadamente, e em 2005 tinha voltado ao nível de 1915", e usando dados da CPS para estimar a diferença salarial devida à educação superior em 36% em 1980 e 60% em 2005); Philippon e Reshef, "Wages and Human Capital" (para quem a diferença salarial devida à formação superior aumentou de 38% em 1970 a 58% em 2005); David H. Autor, "Skills, Education and the Rise of Earnings Inequality Among the 'Other 99 Percent'", *Science* 344, n. 6186 (maio 2014): pp. 843-51 (que en-

contra uma diferença salarial entre graduados e não graduados de cerca de 46%, em 1980, e 96%, em 2012).

180 Ver Christopher Avery e Sarah Turner, "Student Loans: Do College Students Borrow Too Much — or Not Enough?", *Journal of Economic Perspectives* 26, n. 1 (2012), p. 175. Disponível em: <www.jstor.org/stable/41348811>. Avery e Turner usam dados da Secretaria de Estatísticas Trabalhistas, Bureau of Labor Statistics' March Current Population Survey para "trabalhadores em tempo integral e ano inteiro, usando amostras ponderadas, supondo 42 anos de experiência de trabalho por pessoa. Os resultados para trabalhadores com formação universitária são líquidos para quatro anos de anuidades e tarifas associadas a valores adequados de anos específicos para universidades públicas". A pesquisa subtrai o custo da educação em universidade pública de todos os ganhos dos portadores de diploma, embora esses ganhos correspondam à renda média de todos os diplomados, por universidades públicas ou privadas.

181 Calcular o retorno econômico da educação superior exige discernimento, e as estimativas variam, o que não surpreende. Ver "Is College Worth It?", *The Economist*, 5 abr. 2014. Disponível em: <www.economist.com/news/united-states/21600131-too-many-degrees-are-waste-money-return-higher-education-would-be-much-better>. Acesso em: 18 nov. 2018. Os números correspondem ao retorno implícito de vinte anos sobre anuidades líquidas, subtraídas da ajuda financeira, segundo dados da PayScale. A classificação das faculdades com base na taxa implícita de retorno acompanha de perto a classificação pela reputação acadêmica (com acréscimo de algumas faculdades técnicas especializadas e faculdades estaduais excepcionalmente baratas). Ver também destaques em *Rewarding Strivers*. Uma estimativa mais conservadora pode ser encontrada em Hoxby, "Changing Selectivity", p. 115. Até mesmo essa estimativa conclui que os retornos da educação se equiparam aos do mercado de ações.

Note-se que a maior parte das estimativas subestima os ganhos reais proporcionados pelas escolas mais elitistas, tanto porque sua abordagem mais ampla dilui esses maiores ganhos proporcionados pelas universidades superelitistas quanto porque suprimem a considerável diferença entre as taxas de graduação por escolas de elite (88%) e escolas não competitivas (35%). Ver Stephanie Owen e Isabel Sawhill, *Should Everyone Go to College?*, Brookings Institution, CCF Brief n. 50 (maio 2013), pp. 1-9, 6. Disponível em: <www.brookings.edu/wp-content/uploads/2016/06/08should-everyone-go-to-college-owen-sawhill.pdf>. Doravante citado como Owen e Sawhill, *Should Everyone Go to College?*.

A taxa média de retorno de uma carteira de ações diversificada ao longo das décadas passadas é de menos de 7%. O retorno médio anual nos dez últimos anos do índice Vanguard Balanced Composite, por exemplo, é de 6,83%. Ver "Benchmark Returns", Vanguard, atualizado em 30 set. 2018. Disponível em: <https:/personal.van-

NOTAS

guard.com/us/funds/tools/benchmarkreturns>. Ver Goldin e Katz, *The Race Between Education and Technology*, p. 336. Ver também David Card, "The Causal Effect of Education on Earnings", in Orley C. Ashenfelter e David Card (orgs.), *Handbook of Labor Economics*, v. 3A, (Amsterdã: Elsevier, 1999), pp. 1801-63; David Card, "Estimating the Return to Schooling: Progress on Some Persistent Econometric Problems", *Econometrica* 69 (set. 2001), pp. 1127-60.

182 Trabalhadores norte-americanos com formação superior ganham 68% mais que trabalhadores com ensino médio, comparados a 48% na Grã-Bretanha, 41% na França e apenas 23% na Suécia. Ver OCDE, "Education and Earnings, OECD Dataset". Disponível em: <https://stats.oecd.org/Index.aspx?Data SetCode=EAG_EARNINGS> (números de 2012 a 2014, e os mais recentes de abr. 2017). Ver também "Wealth by Degrees", *The Economist*, 28 jun. 2014. Disponível em: <www.economist.com/finance-and-economics/2014/06/28/wealthbydegrees>, citando dados da OCDE. Ver também "Healthy, Wealthy and Wise", *The Economist*, 11 set. 2012. Disponível em: <www.economist.com/graphic-detail/2012/09/11/healthy-wealthy-and-wise>. Acesso em: 18 nov. 2018.

183 As faculdades muito mais fracas, pelo contrário, não impulsionam a renda em nada, e um grande leque de faculdades não seletivas responde por apenas um terço da renda de toda a vida em relação a um grande leque de escolas seletivas. Ver Owen e Sawhill, *Should Everyone Go to College?*. Pesquisa e estatísticas citadas em Walter Hamilton, "College Is a Bad Financial Bet for Some, Study Says", *Los Angeles Times*, 8 mai. 2013. Disponível em: <http://articles.latimes.com/2013/may/08/business/lafimo-college-is-a-bad-financial-bet-for-some-study-says-20130508>. Acesso em: 18 nov. 2018. O mesmo resultado básico, alcançado por meio de um cálculo um pouco diferente, encontra-se em Mark Schneider, *How Much Is That Bachelor's Degree Really Worth? The Million Dollar Misunderstanding* (Washington, D.C.: American Enterprise Institute, 2009), Figura 1. Disponível em: <www.aei.org/publication/how-much-is-that-bachelors-degree-really- worth/>. O retorno em trinta anos de um diploma da Valley Forge Christian College é de -148 mil dólares. "Wealth by degrees", *The Economist*, 28 jun. 2014. Disponível em: <www.economist.com/finance-and-economics/2014/06/28/wealthbydegrees>, com dados coletados pela PayScale.com.

184 Ver, por exemplo, Jere R. Behrman, Mark R. Rosenzweig e Paul Taubman, "College Choice and Wages: Estimates Using Data on Female Twins", *Review of Economics and Statistics* 78 (1996), pp. 672-85. A pesquisa mostra que frequentar universidades privadas, que ofereçam ph.D., tenham poucos alunos e paguem altos salários a seus professores, eleva a renda entre 10% e 25%. "A estimativa BRT [estatisticamente preferida] sobre a influência característica da escola indica que frequentadores de faculdades que ofereçam ph.D., sejam privadas, tenham

número reduzido de alunos e professores bem pagos terão salários significativamente maiores no futuro." Jere R. Behrman, Mark R. Rosenzweig e Paul Taubman, "College Choice and Wages: Estimates Using Data on Female Twins", *Review of Economics and Statistics* 78 (1996), pp. 681, 682, Quadro 4; Dominic Brewer, Eric Eide e Ronald Ehrenberg, "Does It Pay to Attend an Elite Private College? Cross-Cohort Evidence on the Effects of College Type on Earnings", *Journal of Human Resources* 34, n. 1 (inverno de 1999), p. 114 (39% mais por frequentar escolas de elite na comparação com escolas públicas, com dez anos de formados para a coorte de 1982 e 19% com catorze anos de formados para a coorte de 1972; a pesquisa compara também a vantagem salarial das coortes de 1980 e 1972 seis anos depois da formatura no ensino médio, que são de 20% e 9%, respectivamente. Note-se que a vantagem salarial para a coorte de 1982 é maior que para a coorte de 1972).

185 Faculdades particulares seletivas e faculdades públicas seletivas geram taxas de 11% e 13% de retorno sobre as anuidades pagas, enquanto faculdades públicas e particulares não disputadas geram retornos de 6% e 9%, respectivamente. Ver Owen e Sawhill, *Should Everyone Go to College?*. A pesquisa remete a outra, que usa os dados de retorno do investimento da PayScale e o Barron's 400 Index de seletividade escolar. O mesmo resultado básico, obtido por um cálculo um pouco diferente, é mostrado em Mark Schneider, *How Much Is That Bachelor's Degree Really Worth? The Million Dollar Misunderstanding* (Washington, D.C.: American Enterprise Institute, 2009), pp. 1-7, 4, Figuras 2 e 3. Disponível em: <www.aei.org/publication/how-much-is-that-bachelors-degree-really-worth/>.

186 Um diploma do MIT ou do Caltech, por exemplo, proporciona um aumento de renda de 2 milhões de dólares em trinta anos. Ver "Wealth by Degrees", *The Economist*, 28 jun. 2014. Disponível em: <www.economist.com/finance-and-economics/2014/06/28/wealthbydegrees>, recorrendo a dados coletados pela PayScale.com.

187 Dez anos depois de chegar à faculdade, os 10% mais bem pagos dos graduados pelas dez faculdades cujos ex-alunos são mais bem pagos tinham salários médios de 200 mil dólares anuais, enquanto os 10% mais bem pagos dos graduados por todas as faculdades ganhavam, em média, 68 mil dólares. Note-se também que os 10% mais bem pagos das trinta faculdades seguintes cujos ex-alunos são mais bem pagos ganham 157 mil dólares. Ver Matthew Stewart, "The 9.9 Percent Is the New American Aristocracy", *The Atlantic*, jun. 2018. Disponível em: <www.theatlantic.com/magazine/archive/2018/06/the-birth-of-a-new-american-aristocracy/559130/>. Acesso em: 18 nov. 2018. Doravante citado como Stewart, "The 9.9 Percent". Stewart cita dados do Departamento de Educação dos Estados Unidos, *College Scorecard Data*, atualizado em 28 set. 2018. Disponível em: <https://collegescorecard.ed.gov/data/>.

188 Ver Stewart, "The 9.9 Percent".

189 Ver Thomas R. Dye, *Who's Running America? The Obama Reign*, 8ª ed. (Nova York: Routledge, 2014), p. 180 (48,5% "corporações", 60,6% "mercado financeiro", 50% "governo" e 66% "outros", incluindo-se a mídia, advocacia, organizações cívicas); Thomas R. Dye e John W. Pickering, "Governmental and Corporate Elites: Convergence and Differentiation", *Journal of Politics* 36, n. 4 (nov. 1974), p. 914, Quadro 4 (55% "corporativo", 43,9% "governamental", 78,8% "interesse público"). Doravante citado como Dye e Pickering, "Governmental and Corporate Elites". Um fragmento de Thomas R. Dye, *Who's Running America? The Bush Restoration*, 7ª ed. (Nova York: Pearson, 2002), dá um breve panorama sobre de onde saíram os dados: "Who's Running America? não foi apoiado por bolsa ou contrato de nenhuma instituição pública ou privada. Nasceu de um seminário de pós-graduação 'Research on Power and Elites' na Universidade Estadual da Flórida. Inicialmente, os dados biográficos de mais de 5 mil membros de diversas elites institucionais foram coletados e codificados pelos alunos. Essas biografias computadorizadas constituíram a base de dados original para o projeto que se sucedeu, Who's Running America?. A base de dados tem sido revista periodicamente, já que contém dados coletados e codificados de mais de 7 mil membros de elites institucionais." Ver também Thomas R. Dye, Eugene R. Declercq e John W. Pickering, "Concentration, Specialization and Interlocking Among Institutional Elites", *Social Science Quarterly* 54, n. 1 (jun. 1973), pp. 8-28; Dye and Pickering, "Governmental and Corporate Elites", pp. 900-25. Um relatório da pesquisa aparece também em Elizabeth Stoker e Matthew Bruenig, "The 1 Percent's Ivy League Loophole", *Salon*, 9 set. 2013. Disponível em: <www.salon.com/2013/09/09/the_1_percents_ivy_league_loophole/>. Acesso em: 18 nov. 2018.

Esses padrões continuam no meio acadêmico também: uma pesquisa que analisou departamentos de administração, ciências da computação e história concluiu que apenas um quarto de todas as universidades respondia pela formação de 86% dos docentes estáveis; em algumas disciplinas, menos de dez departamentos formavam mais da metade dos integrantes de toda a hierarquia acadêmica. Ver Joel Warner e Aaron Clauset, "The Academy's Dirty Secret: An Astonishingly Small Number of Elite Universities Produce an Overwhelming Number of America's Professors", *Slate*, 23 fev. 2015, disponível em: <www.slate.com/articles/life/education/2015/02/university_hiring_if_you_didn_t_get_your_ph_at_an_elite_university_good.html>, acesso em: 18 nov. 2018, citando Aaron Clauset et al., "Systematic Inequality and Hierarchy in Faculty Hiring Networks", *Science Advances* 1, n. 1 (2015), disponível em: <http://advances.sciencemag.org/content/1/1/e1400005/tab-pdf>. Ver também Robert L. Oprisko, "Superpowers: The American Academic Elite", *Georgetown Policy Review*, 3 dez. 2012. Disponível em: <gppreview.com/2012/12/03/superpowers-the-american-academic-elite/>.

190 Em 1965, mesmo o escritório de advocacia Cravath, líder do mercado em salários de advogados, pagava a associados no primeiro ano apenas 7,5 mil dólares (cerca de 55 mil em moeda de 2015). Ver Tamar Lewin, "At Cravath, $65,000 to Start", *The New York Times*, 18 abr. 1986. Disponível em: <www.nytimes.com/1986/04/18/business/at-cravath-65000-to-start.html>. Acesso em: 18 nov. 2018 ("Determinar o compasso no que se refere a remunerações é uma tradição no Cravath. Em 1968, quando o Cravath praticamente dobrou o salário inicial, elevando-o para 15 mil dólares, deu início a uma espiral que elevou o montante vigente nos escritórios mais caros de Wall Street para mais de 50 mil dólares"). De modo análogo, o salário médio no primeiro ano de trabalho para pós-graduados pela Escola de Administração de Harvard é atualmente 50% mais elevado que a média corrigida de 1977. Ver Escola de Administração de Harvard, "Recruiting: Data & Statistics". Disponível em: <www.hbs.edu/recruiting/data/pages/detailed-charts.aspx>. Acesso em: 13 out. 2018. E em 1991, embora o salário médio quatro anos depois da obtenção de um MBA de elite fosse de apenas 63 mil dólares (cerca de 110 mil em valores de 2015), uma pesquisa sobre remuneração de portadores de MBA precisou descartar um salário de 450 mil dólares (cerca de 800 mil em valores de 2015), tão acima dos demais que sua inclusão provocaria uma distorção enganosa nas médias. Ver Charles A. O'Reilly III e Jennifer A. Chatman, "Working Smarter and Harder: A Longitudinal Study of Managerial Success", *Administrative Science Quarterly* 39, n. 4 (dez. 1994), p. 614.

Para uma visão mais geral sobre a vantagem salarial conferida pela especialização por volta de meados do século XX, ver Michael Simkovic, "The Knowledge Tax", *University of Chicago Law Review* 82 (2015). Doravante citado como Simkovic, "The Knowledge Tax".

191 A vantagem salarial conferida pela pós-graduação em relação à educação no nível de ensino médio é ainda maior, e chega a ser atualmente 70% mais elevada para homens e 90% mais elevada para mulheres do que em 1970. Ver Simkovic, "The Knowledge Tax", pp. 2036-7, Quadros 1 e 2. Simkovic usou dados do Minnesota Population Center, Integrated Public Use Microdata Series, Current Population Survey, "Current Population Survey Data for Social, Economic and Health Research". Disponível em: <https://cps.ipums.org/cps/>.

Grande parte desse aumento verificou-se a partir de 2000. Ver "Wealth by Degrees", *The Economist*, 28 jun. 2014, disponível em: <www.economist.com/finance-and-economics/2014/06/28/wealthbydegrees>; David H. Autor, "Skills, Education and the Rise of Earnings Inequality Among the 'Other 99 Percent'", *Science* 344, n. 6186 (mai. 2014), pp. 843-51, 849, Figura 6A. Ver também David H. Autor, Lawrence F. Katz e Melissa Schettini Kearney, "Trends in U.S. Wage Inequality:

Revising the Revisionists", *Review of Economics and Statistics* 90, n. 2 (mai. 2008), p. 305, Quadro 1. Doravante citado como Autor, Katz e Kearney, "Trends in U.S. Wage Inequality".

192 Carnevale, Rose e Cheah, "The College Payoff", pp. 3, 7. São dólares de 2009. Da mesma forma, em 2010, o trabalhador médio do sexo masculino com pós-graduação ou especialização ganhava, por ano, 86,7 mil dólares a mais que um homem com ensino médio, e a mulher ganhava, em média, 50,6 mil dólares a mais. Ver Simkovic, "The Knowledge Tax", pp. 2036-37, Quadros 1 e 2.

193 De 40% a 60% dos pós-graduados pelas escolas de direito de primeira linha conseguem emprego como associados em grandes escritórios de prestígio. "The Top 50 GoTo Law Schools", *National Law Journal*, 6 mar. 2017. Disponível em: <www.nationallaw journal.com/id=20 2780534815?slreturn=20170312154418>. Acesso em: 18 nov. 2018. Esses escritórios pagavam pelo primeiro ano de trabalho de seus associados 180 mil dólares em 2017, e muitos deles aumentaram essa importância para 190 mil em 2018. Os bônus de fim de ano elevam ainda mais essa renda.

Esses números subestimam o volume do fluxo de longo prazo entre as escolas de direito de elite e escritórios de elite, já que muitos dos que se formam pelas escolas de maior prestígio passam um ou dois anos depois da graduação trabalhando como auxiliares de justiça e, portanto, aparecem nos dados como fora dos grandes escritórios. Mas o trabalho como auxiliar de justiça é considerado geralmente preliminar ao ingresso para um grande escritório. Com efeito, o pagamento de altos bônus iniciais a ex-auxiliares de justiça revela que esses auxiliares estão sendo pagos, ainda que indiretamente, pelos escritórios.

194 Ver David Wilkins, Bryon Fong e Ronit Dinovitzer, *The Women and Men of Harvard Law School: Preliminary Results from the HLS Career Study* (Cambridge, Massachusetts: Harvard Law School Center on the Legal Profession, 2015). A média era de 370 mil dólares em moeda de 2007. A renda média para as mulheres era de 140 mil dólares e, para seus cônjuges, 200 mil dólares, resultando em uma renda domiciliar conjunta de 340 mil dólares, pouco abaixo do 1% superior. (Note-se que a pesquisa consultou também pós-graduados de décadas anteriores e posteriores, que tinham renda média mais baixa. Isso não surpreende, já que as turmas anteriores precederam o grande aumento nas rendas mais elevadas e as posteriores ainda tinham empregos de iniciantes.)

195 "Attorney Search", Wachtell, Lipton, Rosen & Katz. Disponível em: <www.wlrk.com/Attorneys/List.aspx?LastName=>. Acesso em: 25 jul. 2018.

196 Sobre os salários iniciais para pós-graduados pelas dez melhores escolas de direito, ver Susan Adams, "Law Schools Whose Grads Make the Highest Starting Salaries", *Forbes*, 28 mar. 2014, disponível em: <www.forbes.com/sites/susanadams/2014/03/28/law-schools-whose- grads-make-the-highest-starting-salaries/#73a6c3389ec7>, acesso

em: 18 nov. 2018; e Staci Zaretsky, "Salary Wars Scorecard: Which Firms Have Announced Raises?", *Above the Law*, 13 jun. 2016, disponível em: <http://abovethelaw. com/2016/06/salary-wars-scorecard-which-firms-have--announced-raises/>, acesso em: 18 nov. 2018. (Não estão contemplados salários de auxiliares de justiça, cujos empregos não são tratados como permanentes.) Para uma comparação entre salários de começo de carreira (do segundo ao sétimo ano) dos pós-graduados pelas dez melhores escolas, pelas escolas classificadas entre o 11º e o vigésimo lugar e as classificadas entre o 21º e o centésimo lugar, ver Paul Oyer e Scott Schaefer, "Welcome to the Club: The Returns to an Elite Degree for American Lawyers", Stanford GBS, Working Paper n. 3044 (11 dez. 2012). Doravante citado como Oyer e Schaefer, "Welcome to the Club".

Essas diferenças de renda decorrem diretamente das diferenças entre os tipos de emprego que os pós-graduados por escolas de direito de elite e por escolas menos elitistas conseguem. Os que são formados pelas dez melhores e entram para os escritórios maiores e mais lucrativos do país representam o dobro dos contratados por esses escritórios e formados pelas escolas situadas entre o 11º e o vigésimo lugares (46% e 27%, respectivamente), e acabam se tornando sócios numa proporção que supera mais ou menos em uma vez e meia os pós-graduados por essas escolas e em quatro vezes os das escolas classificadas do 21º ao centésimo lugar (no verão de 2007, para pós-graduados entre 1970 e 2005, 13,4% dos que vinham das dez primeiras escolas, 8,9% dos formados pelas escolas situadas entre o 11º e o vigésimo lugares e 3,5% dos pós-graduados por escolas classificadas do 21º ao centésimo lugar eram sócios de algum dos 285 dentre os trezentos maiores escritórios de advocacia dos Estados Unidos). Ver Oyer e Schaefer, "Welcome to the Club", pp. 9, 19.

197 A proporção interna de retorno vai de cerca de 13,5% para os que pagam anuidades de 60 mil dólares a cerca de 19% para os que pagam 30 mil dólares e cerca de 32% para os que ganham bolsas integrais. Ver Michael Simkovic e Frank McIntyre, "The Economic Value of a Law Degree", HLS Program on the Legal Profession, Research Paper n. 20136 (atualizado em 26 nov. 2014), Quadro 10. Disponível em: <https://papers.ssrn.com/sol3/papers.cfm?abstract_id=2250585>. Simkovic e McIntyre dividem os dados por gênero, e essas taxas de retorno correspondem a uma média aproximada dos dois gêneros. As taxas de retorno levam em conta não apenas as anuidades, mas também outros gastos que frequentar uma escola de direito envolve, inclusive custos de oportunidade. É por esse motivo que a taxa de retorno para os que não pagam anuidade é de "apenas" 30%.

198 Ver "The Best Business Schools", *Forbes*, disponível em: <www.forbes.com/business-schools/list/>, acesso em: 13 out. 2018; Louis Lavelle, "MBA Pay: The Devil's in the Details", Bloomberg, 19 nov. 2012, disponível em: <www. bloomberg.com/news/articles/20121119/mba-pay-the-

-devils-in-the-details>. Ver também Jonathan Rodkin e Francesca Levy, "Best Business Schools 2015", Bloomberg. Disponível em: <www.bloomberg.com/features/2015--best-business-schools>. Acesso em: 18 nov. 2018.

199 De acordo com dados de 2013 reunidos pela PayScale, o retorno de um pós-graduado por Harvard depois de vinte anos era o dobro do retorno de um ex-aluno da Texas A&M depois do mesmo tempo. Ver Anne VanderMey, "MBA Pay: Riches for Some, Not All", Bloomberg, 28 set. 2009. Disponível em: <www.bloomberg.com/news/articles/20090928/mba-pay-riches-for--some-not-all>. Acesso em: 18 nov. 2018. Os dados da *Forbes* mostram que os ganhos depois de cinco anos de um pós-graduado de Stanford equivalem ao triplo dos ganhos possibilitados por uma faculdade classificada em quinquagésimo lugar entre as melhores. Ver "The Best Business Schools", *Forbes*. Disponível em: <www.forbes.com/business-schools/list/>. Acesso em: 13 out. 2018. Os salários acentuadamente mais baixos aparecem bem antes do quinquagésimo lugar de faculdades, já que a renda de 250 mil dólares anuais proporcionada por Harvard é cerca de 66% mais alta do que a renda proporcionada pela classificada em décimo lugar, a Cornell, que equivale a 150 mil dólares anuais.

200 "Recruiting: MBA Students, Career Industry Statistics, Class of 2016", Escola de Administração de Harvard. Disponível em: <www.hbs.edu/recruiting/data/Pages/industry.aspx?tab=career&year=2016>. Acesso em: 13 out. 2018.

201 Ver "The Best Business Schools", *Forbes*. Disponível em: <www.forbes.com/business-schools/list/>. Acesso em: 13 out. 2018. Ver também Peter Arcidiacono, Jane Cooley e Andrew Hussey, "The Economic Returns to an MBA", *International Economic Review* 49, n. 3 (2008), pp. 873-99. Ver também Jonathan P. O'Brien et al., "Does Business School Research Add Economic Value for Students?", *Academy of Management, Learning and Education* 9, n. 4 (2010), pp. 638-51.

202 Citado em Nelson D. Schwartz, "Gap Widening as Top Workers Reap the Raises", *The New York Times*, 24 jul. 2015. Disponível em: <www.nytimes.com/2015/07/25/business/economy/salary-gap-widensastop-workersinspecialized-fields-reap-rewards.html>. Acesso em: 18 nov. 2018.

203 Paul Lafargue, *The Right to Be Lazy and Other Studies*, tradução de Charles H. Kerr (Chicago: C. H. Kerr & Company, 1907).

204 A Lei Black-Connery esteve bem perto de implantar legalmente a semana de trabalho de trinta horas. Foi proposta em 1932 pelo então senador Hugo Black, teve apoio tanto da Federação Americana do Trabalho (AFL, na sigla em inglês) quanto do governo Roosevelt, prestes a assumir, e foi aprovada pelo Senado no começo de 1933 por 53 votos a 0. Frances Perkins, novo secretário do Trabalho, defendeu-a ante a Câmara dos Representantes. A oposição dos industriais e uma mudança de opinião na AFL fizeram com que o presidente Roosevelt preferisse outros projetos do New Deal, e a Black-Connery acabou sendo substituída pela Lei de Padrões Justos no Trabalho, que basicamente entronizava a semana de quarenta horas como lei federal. Ver Benjamin Hunnicut, *Free Time: The Forgotten American Dream* (Filadélfia: Temple University Press, 2013), pp. 117-9.

205 Ver Nathan Schneider, "Who Stole the Four-Hour Workday", Vice News, 30 dez. 2014. Disponível em: <www.vice.com/read/who-stole-the-four-hour-workday-0000406-v21n8>. Acesso em: 18 nov. 2018. Ver também Jon Bekken, "Arguments for a Four-Hour Day", *Libertarian Labor Review* 1 (1986).

206 Ver John Maynard Keynes, "Economic Possibilities for Our Grandchildren" (1930), in *Essays in Persuasion* (Nova York: W. W. Norton, 1963). Keynes acreditava que o progresso tecnológico, combinado com o rápido crescimento impulsionado pelos juros compostos, levaria a uma "resolução para o *problema econômico*, ou pelo menos uma solução à vista dentro de cem anos". Vale mencionar que a ideia de Keynes sobre o assunto não era simples utopia: ele se preocupava com uma possível inclinação inata da humanidade para o trabalho e com a instauração de um "terror" entre as pessoas que confrontassem um excesso de lazer. Keynes expressava esses pensamentos em termos de natureza humana, mas talvez eles prenunciassem uma internalização do fim do mundo social de Veblen e a concomitância de status e dedicação excessiva ao trabalho que estava por vir. Uma excelente descrição desse ensaio se encontra em Elizabeth Kolbert, "No Time: How Did We Get So Busy", *The New Yorker*, 26 mai. 2014. Disponível em: <www.newyorker.com/magazine/2014/05/26/notime>. Acesso em: 18 nov. 2018. Uma reflexão filosófica mais profunda sobre os perigos da ganância pode ser encontrada em Skidelsky e Skidelsky, *How Much Is Enough?*.

207 Para uma atraente introdução a essa linha de pensamento, ver Thomas Frank, "David Graber: 'Spotlight on the Financial Sector Did Make Apparent Just How Bizarrely Skewed Our Economy Is in Terms Who Gets Rewarded'", *Salon*, 1º jun. 2014. Disponível em: <www.salon.com/2014/06/01/help_us_thomas_piketty_the_1s_sick_and_twisted_new_scheme/>. Acesso em: 18 nov. 2018.

208 Em 2012, 11% dos homens adultos jovens e 26% das mulheres adultas jovens nem sequer estavam procurando trabalho. Em 1992, essas taxas eram de 7% para homens e 26% para mulheres. Em 1970, eram de 4% para homens e 50% para mulheres. A Secretaria de Estatísticas Trabalhistas prevê que a tendência descendente vai continuar. Ver Secretaria de Estatísticas Trabalhistas, "Labor Force Projections to 2022: The Labor Force Participation Rate Continues to Fall", *Monthly Labor Review* (dez. 2013). Disponível em: <www.bls.gov/opub/mlr/2013/article/labor-force-projections-to-2022-the--labor-force-participation-rate-continues-to-fall.htm>. Melinda Pitts, John Robertson e Ellyn Terry, "Reasons for the Decline in Prime-Age Labor Force Participa-

NOTAS

tion", macroblog do Federal Reserve Bank de Atlanta, 10 abr. 2014. Disponível em: <http://macroblog.typepad.com/macroblog/2014/04/reasons-for-the-decline-in-prime-age-labor-force-participation-.html>. Ver também Martin Wolf, "America's Labor Market Is Not Working", *Financial Times*, 3 nov. 2015. A parcela de adultos jovens norte-americanos que deixou a força de trabalho é grande se comparada à das economias avançadas. Para os homens, as taxas análogas, hoje, são de 8% no Reino Unido, 7% na Alemanha e na França e 4% no Japão; para as mulheres, só a Itália tem uma parcela menor de participação na força de trabalho entre os países do G7. Finalmente, as projeções dizem que as taxas de participação na força de trabalho norte-americana continuarão em declínio.

209 A Administração de Segurança e Saúde Ocupacionais (OSHA, na sigla em inglês) determina diretrizes para o levantamento de objetos pesados e oferece orientação detalhada sobre a maneira adequada de executar tarefas que exijam isso sem provocar lesões decorrentes do trabalho. "Materials Handling: Heavy Lifting", Administração de Segurança e Saúde Ocupacionais. Disponível em: <www.osha.gov/SLTC/etools/electricalcontractors/materials/heavy.html>. Acesso em: 13 out. 2018. No ano fiscal de 2016, a Secretaria de Estatísticas Trabalhistas documentou 5.090 fatalidades no trabalho, enquanto em 1913 registrou cerca de 23 mil mortes só no setor industrial. Ver "Number of Fatal Work Injuries by Employee Status", Secretaria de Estatísticas Trabalhistas, disponível em: <www.bls.gov/charts/census-of-fatal-occupational-injuries/number-of-fatal-work-injuriesbyemployee-status-self-employed-wage-salary.htm>. Acesso em: 13 out. 2018; e Centros de Controle e Prevenção de Doenças, "Conquistas em Saúde Pública, 1900-1999", *Morbidity and Mortality Weekly Report* 48, n. 22 (1999), p. 1.

210 Os salários médios estão estagnados, claro, mas não caíram, e o consumo médio continua aumentando. Carmen DeNavas-Walt, Bernadette Proctor e Jessica C. Smith, *Income, Poverty and Health Insurance Coverage in the United States: 2012*, U.S. Census Bureau, Current Population Reports n. P60-245 (set. 2013), p. 5. Disponível em: <www.census.gov/prod/2013pubs/p60-245.pdf>. Os salários do segmento inferior do mercado de trabalho na verdade subiram um pouco nas últimas décadas, e a rede de segurança social (por insuficiente que seja) continua a suprir necessidades materiais básicas e a proteger muitas famílias da privação absoluta. Autor, Katz e Kearney, "Trends in U.S. Wage Inequality", p. 319. Mais uma vez, a pobreza, hoje, se situa entre um quarto e um décimo do que era em 1930 e entre metade e um quarto do que era em 1960. Ver Capítulo 4.

211 Para adultos jovens, a taxa de participação na força de trabalho caiu bastante, de cerca de 96%, em 1970, para cerca de 88% hoje (a mais baixa de todos os países industrializados, exceto a Itália). Ver Melinda Pitts, John Robertson e Ellyn Terry, "Reasons for the Decline in

Prime-Age Labor Force Participation", macroblog do Federal Reserve Bank de Atlanta, 10 abr. 2014, disponível em: <http://macroblog.typepad.com/macroblog/2014/04/reasons-for-the-decline-in-prime-age-labor-force-participation.html>; Nicholas Eberstadt, "Where Did All the Men Go?", *Milken Institute Review*, 28 abr. 2017, disponível em: <www.milkenreview.org/articles/where-did-all-the-men-go>. Doravante citado como Eberstadt, "Where Did All the Men Go?". Para mulheres adultas jovens, em comparação, a participação na força de trabalho subiu numa proporção quase igual (embora partindo de uma base mais baixa) entre 1970 e 2000 e caiu um pouco depois disso. Ver Melinda Pitts, John Robertson e Ellyn Terry, "Reasons for the Decline in Prime-Age Labor Force Participation", macroblog do Federal Reserve Bank de Atlanta, 10 abr. 2014. Disponível em: <http://macroblog.typepad.com/macroblog/2014/04/reasons-for-the-decline-in-prime-age-labor-force-participation.html>.

Além disso, o desemprego está cada vez mais concentrado nos desempregados de longa data: aqueles que procuraram trabalho sem sucesso durante mais de seis meses constituíam 8,6% dos desempregados em 1979 e 26,1% hoje. Ver Peter Schuck, *One Nation Undecided: Clear Thinking About Five Hard Issues That Divide Us* (Princeton, Nova Jersey: Princeton University Press, 2017), p. 50, citando a Secretaria de Estatísticas Trabalhistas, "Economic News Release", Quadro A12, atualizado em 5 out. 2018. Disponível em: <www.bls.gov/news.release/empsit.t12.htm>.

Em conjunto, essas tendências significam que a taxa de homens adultos jovens que têm trabalho remunerado hoje é quase dez pontos percentuais mais baixa do que no início da Grande Compressão, e que o declínio dos empregos a partir de 1965 representa o desaparecimento de cerca de 10 milhões de postos de trabalho, a maioria esmagadora deles ocupada por trabalhadores semiqualificados. Com efeito, a proporção de homens adultos jovens sem trabalho era menor em 2015 — com a taxa de desemprego em 5% — do que em 1940, quando era de 14,6%. Ver Eberstadt, "Where Did All the Men Go?".

A Secretaria de Estatísticas Trabalhistas prevê que em 2050 a taxa de participação masculina na força de trabalho estará cerca de vinte pontos percentuais abaixo do pico de 1950 e a taxa de participação feminina na força de trabalho estará cerca de seis pontos percentuais abaixo do pico de 2010. Ver Mitra Toossi, "A Century of Change: The U.S. Labor Force, 1950-2050", *Monthly Labor Review* (mai. 2002), p. 22, Quadro 4. Em comparação, a diferença entra as taxas de participação masculina e feminina na força de trabalho era de cerca de 36 pontos percentuais em 1970 e de 26 pontos percentuais em 1980. Dados coletados anteriormente revelaram que os homens adultos jovens situados na metade inferior da distribuição de renda trabalham cerca de 20% a menos, em termos de horas semanais, do que em 1940. A combinação dessas duas tendências em média de horas trabalhadas para todos os homens da classe trabalhadora e da classe média supera a diferença entre homens e mulheres quanto à participação na força de trabalho que existia em 1980 e se aproxima da diferença vigente em 1970.

212 Ceylan Yeginsu, "If Workers Slack Off, the Wristband Will Know. (And Amazon Has a Patent for It.)", *The New York Times*, 1º fev. 2018. Disponível em: <www.nytimes.com/2018/02/01/technology/amazon-wristband-tracking-privacy.html>. Acesso em: 26 out. 2018. Ver também U.S. Patent and TradeMark Office, "Ultrasonic Bracelet and Receiver for Detecting Position in 2D Plan", Amazon Technologies, Inc., Applicant, Appl. no: 15/083,083, 28 mar. 2016.

213 Ver, por exemplo, O'Connor, "When Your Boss Is an Algorithm".

214 Entre 1998 e 2015, a taxa de mortes por suicídio, overdose e abuso de álcool aumentou três vezes mais rápido entre homens brancos de meia-idade com ensino médio ou menos do que entre os que tinham faculdade ou pós-graduação. Essa taxa aumentou mais de cinco vezes mais rápido para mulheres brancas de meia-idade não instruídas do que para as mais instruídas. Ver Case e Deaton, "Mortality and Morbidity", p. 415, que usa dados dos Centros de Prevenção e Controle de Doenças, *National Vital Statistics System*, 2018. Os dados referem-se a mortes por suicídio, overdose e abuso de álcool de 100 mil homens e mulheres brancos não latinos entre cinquenta e 54 anos, classificados por nível de instrução. Para homens com ensino médio ou menos, essa taxa aumentou 130% entre 1998 e 2015; para homens com formação superior ou pós-graduação, cresceu 44%. Para mulheres com ensino médio ou menos, a taxa subiu 381%; para mulheres com formação superior ou pós-graduação, aumentou 70%. Ver Case e Deaton, "Mortality and Morbidity". Ver também Joel Achenbach e Dan Keating, "New Research Identifies a 'Sea of Despair' Among White, Working-Class Americans", *The Washington Post*, 23 mar. 2017. Disponível em: <www.washingtonpost.com/national/health-science/new-research-identifies-a-sea-of-despair-among-white--working-class-americans/2017/03/22/c777ab6e--0da6-11e7-9b0d-d27c98455440_story.html?utm_term=.3b4d0390d167>. Acesso em: 18 nov. 2018. E o núcleo da base de apoio de Donald Trump é formado por eleitores com renda de classe média sem formação universitária. Ver Thomas Edsall, "The NotSoSilent White Majority", *The New York Times*, 17 nov. 2016, disponível em: <www.nytimes.com/2016/11/17/opinion/the--notsosilent-white-majority.html>. Acesso em: 18 nov. 2018; Jon Huang, Samuel Jacoby, Michael Strickland e K. K. Rebecca Lai, "Election 2016: Exit Polls", *The New York Times*, 8 nov. 2016, disponível em: <www.nytimes.com/interactive/2016/11/08/us/politics/election-exit-polls.html>, acesso em: 18 nov. 2018. Para uma análise muito congruente das fontes de apoio de Trump com base em pesquisas pré-eleitorais do Gallup, ver Jonathan Rothwell e Pablo Diego-Rosell, "Explaining Nationalist Political Views: The Case of Donald Trump", SSRN, Working Paper (2 nov. 2016). Disponível em: <https://papers.ssrn.com/sol3/papers.cfm?abstract_id=2822059>.

215 June Carbone e Naomi Cahn, "Unequal Terms: Gender, Power and the Recreation of Hierarchy", *Studies in Law, Politics and Society* 69 (2016), p. 15199. Doravante citado como Carbone e Cahn, "Unequal Terms".

216 Claudia Goldin, "A Grand Gender Convergence: Its Last Chapter", *American Economic Review* 104, n. 4 (2014), p. 1117.

217 Frank e Cook, *The Winner-Take-All Society*.

218 Ao longo do período da Grande Compressão — as três décadas e meia transcorridas entre 1946 e 1980 —, a renda média anual aumentou mais rapidamente na porção inferior da distribuição de renda e, então, bem menos rápido à medida que a renda chegava até o 99º percentil. O trabalhador médio experimentava quase que exatamente a taxa média de aumento da renda. Todos esses dados são de Facundo Alvaredo et al., *World Inequality Report 2018* (World Inequality Lab, 2017). Disponível em: <https://wir2018.wid.world/>. Estão habilmente organizados por David Leonhardt (usando números de Jessica Ma e Stuart A. Thompson) em David Leonhardt, "Our Broken Economy, in One Simple Chart", *The New York Times*, 7 ago. 2017. Disponível em: <www.nytimes.com/interactive/2017/08/07/opinion/leonhardt-income-inequality.html>. Acesso em: 18 nov. 2018. Doravante citado como Leonhardt, "Our Broken Economy".

219 A partir de 1980, o aumento da renda se deslocou para cima na distribuição de renda. Entre 1979 e 2007, a única faixa de renda que abocanhou uma parcela maior da renda nacional total foi o 1% superior (até mesmo o restante do quintil superior — os 19% seguintes — sofreu uma queda em sua parcela de renda). Ver Escritório do Orçamento do Congresso, "Trends in the Distribution of Household Income", Figura 2. Por volta de 1990, a renda estava aumentando mais rapidamente no 1% superior da distribuição e, por volta de 2000, aumentava bem mais rápido nas faixas mais altas, invertendo por completo o padrão de meados do século XX. (Hoje, o crescimento da renda média só se alcança nas proximidades do 90º percentil da distribuição.) Finalmente, nas três décadas e meia transcorridas entre 1980 e 2014, a renda no 99,999º percentil aumentou cerca de três vezes mais depressa do que no 99º percentil, e apenas a vigésima parte mais rica do 1% mais rico experimentou o mesmo aumento de renda que os norte-americanos mais pobres na Grande Compressão.

Todos esses dados são de Facundo Alvaredo et al., *World Inequality Report 2018* (World Inequality Lab, 2017). Disponível em: <https://wir2018.wid.world/>. Ver também Leonhardt, "Our Broken Economy".

220 Devo essa formulação a Gemma Mortensen.

221 George Akerlof, "The Economics of Caste and of the Rat Race and Other Woeful Tales", *Quarterly Journal of*

NOTAS

Economics 90, n. 4 (nov. 1976). Ver também Alan Day Haight, "Padded Prowess: A Veblenian Interpretation of the Long Hours of Salaried Workers", *Journal of Economic Issues* 31, n. 1 (mar. 1997), pp. 33-4. Doravante citado como Haight, "Padded Prowess".

222 Haight, "Padded Prowess", pp. 33-4.

223 Ver Golden, "A Brief History of Long Work Time", p. 221, citando James Rebitzer e Lowell J. Taylor, "The Consequences of Minimum Wage Laws: Some New Theoretical Ideas", *Journal of Public Economics* 56, n. 2 (1995); Linda Bell e Richard Freeman, "Why Do Americans and Germans Work Different Hours?", in *Institutional Frameworks and Labor Market Performance*, Friedrich Buttler et al. (org.) (Londres: Routledge, 1995); Samuel Bowles e Yongjin Park, "Emulation, Inequality e Work Hours: Was Thorsten Veblen Right?", Departamento de Economia da Universidade de Massachusetts, Working Paper n. 62 (2004), doravante citado como Bowles e Park, "Emulation, Inequality e Work Hours"; Robert Drago, Mark Wooden e David Black, "Who Wants and Gets Flexibility? Changing Work Hours Preferences and Life Events", *ILR Review* 62, n. 3 (abr. 2009).

224 Golden, "A Brief History of Long Work Time", p. 221.

225 Ver Jessica Stillman, "This U.K. Company Offered Its Employees Unlimited Vacation Time. It Was a Total Failure", *Slate*, 14 jun. 2015. Disponível em: <https://slate.com/business/2015/07/unlimited-vacation-time-this-company-tried-it-and-it-was-a-total-failure.html>. Acesso em: 18 nov. 2018

226 Ver, por exemplo, Bowles e Park, "Emulation, Inequality e Work Hours", pp. 10-3.

227 Ver, por exemplo, Bowles e Park, "Emulation, Inequality e Work Hours", pp. 12-13. Para fins desta análise, a desigualdade nos dois países foi medida pela proporção entre o 90º e o 50º percentis da distribuição de renda.

228 Kuhn e Lozano, "The Expanding Workweek?", p. 336. Ver também Daniel Hecker, "How Hours of Work Affect Occupational Earnings", *Monthly Labor Review* (out. 1998); Linda Bell e Richard Freeman, "Why Do Americans and Germans Work Different Hours?", NBER, Working Paper n. 4808 (jul. 1994), disponível em: <www.nber.org/papers/w4808>. A mesma questão é tratada em Bowles e Park, "Emulation, Inequality e Work Hours".

229 A estimativa exata é 44,5%. Landers, Rebitzer e Taylor, "Rat Race Redux".

Longas jornadas de trabalho estão relacionadas não apenas à desigualdade salarial de um setor, mas à desigualdade salarial entre setores. Isso mostra o impacto direto da busca de status competitivo sobre o esforço no trabalho. Bowles e Park, "Emulation, Inequality e Work Hours", p. 16.

230 Hewlett e Luce, "Extreme Jobs", 52.

231 Ver Laura Noonan, "Goldman Sachs Attempts to Woo Junior Bankers with Swift Promotions", *Financial Times*, 5 nov. 2015. Disponível em: <www.ft.com/content/

7af51792-83e4-11e5-8e80-1574112844fd>. Acesso em: 18 nov. 2018.

232 Rhode, *Balanced Lives*, p. 17, citando Meredith Wadman, "Family and Work", *Washington Lawyer*, nov./dez. 1998, p. 33; Deborah L. Rhode, "Gender and Professional Roles", *Fordham Law Review* 63 (1994); e Keith Cunningham, "Father Time: Flexible Work Arrangements and the Law Firm's Failure of the Family", *Stanford Law Review* 53 (2001), p. 987. Cerca de três em quatro advogados dizem que não conseguem equilibrar as exigências do trabalho com a vida pessoal. Rhode, *Balanced Lives*, p. 11, citando Deborah L. Rhode, *In the Interests of Justice: Reforming the Legal Profession* (Oxford: Oxford University Press, 2000), p. 10; Cameron Stracher, "Show Me the Misery", *Wall Street Journal*, 6 mar. 2000, A31; Carl T. Bogus, "The Death of an Honorable Profession", *Indiana Law Review* 71 (1996), p. 926; e Catalyst, Women in Law: Making the Case (2001), p. 9, sumário executivo, disponível em: <http://womenlaw.stanford.edu/pdf/law.inside.fixed.pdf>.

233 Hewlett e Luce, "Extreme Jobs", pp. 49-50.

Um executivo do sistema financeiro que participou de um grupo focal referente à sobrecarga de trabalho da elite disse que perdeu a confiança de seu pai cadeirante depois de quebrar muitas promessas de visitá-lo nos fins de semana. Em outro grupo focal da mesma pesquisa, a filha adolescente de um sócio de um grande escritório de contabilidade contou que o pai, o qual tinha prometido passar mais tempo em casa depois de se tornar sócio, aumentou suas horas de trabalho: "saía quando eu me levantava e só voltava depois que eu tinha ido para a cama", disse ela, que via isso como uma coisa normal, já que os pais de todas as amigas trabalhavam dessa forma. Hewlett e Luce, "Extreme Jobs", pp. 53, 58. Um executivo de alto escalão do JPMorgan, da mesma forma, recusou-se a permitir que um vice-presidente do banco saísse durante algumas horas para assistir ao primeiro recital de dança da filha, dizendo: "Não se preocupe — nunca fui a um jogo de beisebol de meus filhos." Kevin Roose, *Young Money: Inside the Hidden World of Wall Street's Post-Crash Recruits* (Nova York: Grand Central Publishing, 2014), Capítulo 11.

Ao que parece, os pais tentam compensar esse comportamento gastando sua renda com os filhos. Mas não se sabe se os filhos querem mesmo todos os presentes que ganham. Segundo um psicólogo infantil, por exemplo, crianças em idade pré-escolar pedem, em média, 3,4 brinquedos como presente de Natal, mas recebem 11,6. A pesquisa foi feita por Marilyn Bradford e citada em Hochschild, *The Time Bind*, p. 217.

234 Ho, *Liquidated*, pp. 89-90.

235 Leslie Kwoh, "Hazard of the Trade: Bankers' Health", *Wall Street Journal*, 15 fev. 2012. Disponível em: <www.wsj.com/articles/SB1000142405297020406270457 7223623824944472>, acesso em: 18 nov. 2018, citando Alexandra Michel, *Transcending Socialization: A Nine-Year Ethnography of the Body's Role in Organiza-*

tional Control and Knowledge Worker Transformation (2011), disponível em: <http://alexandramichel.com/ASQ%201111.pdf>. Outro trabalho diz que mais de dois terços dos profissionais que trabalham em excesso não dormem o bastante. Hewlett e Luce, "Extreme Jobs", p. 54.

236 Schor, *The Overworked American*, p. 11.

237 Jeffrey M. O'Brien, "Is Silicon Valley Bad for Your Health?", *Fortune*, 23 out. 2015. Disponível em: <http://fortune.com/2015/10/23/issilicon-valley-bad-for-your-health/>. Acesso em: 18 nov. 2018.

238 Ver Laura Noonan, "Morgan Stanley to Offer Paid Sabbaticals to Retain VPs", *Financial Times*, 2 jun. 2016. Disponível em: <www.ft.com/content/d316dc38-28d2-11e6-8ba3-cdd781d02d89>. Acesso em: 18 nov. 2018. Doravante citado como Noonan, "Paid Sabbaticals to Retain VPs".

239 Ver Olivia Oran, "Goldman to Summer Interns: Don't Stay in the Office Overnight", Reuters, 17 jun. 2015, disponível em: <www.reuters.com/article/usgoldman-sachs-interns/goldman-to-summer-interns-dont-stay-in-the-office-overnight-idUSKBN0OX1LA20150617>, acesso em: 18 nov. 2018; e Andrew Ross Sorkin, "Reflections on Stress and Long Hours on Wall Street", *The New York Times*, 17 jun. 2015, disponível em: <www.nytimes.com/2015/06/02/business/dealbook/reflections-on-stress-and-long-hours-on-wall-street.html>, acesso em: 18 nov. 2018.

240 Ver Noonan, "Paid Sabbaticals to Retain VPs".

241 Isso é ainda mais verdadeiro quando a renda extra é gasta em extravagâncias supérfluas, numa competição destrutiva por status. Em alguns casos — por exemplo, ter casa em bairros de elite ou objetos de arte e antiguidades —, o aumento da renda e da fortuna dos ricos leva a uma elevação dos preços para certos bens. Assim, o aumento das altas rendas acaba sendo só no papel, já que os ricos continuam consumindo as mesmas coisas, só que a preços inflacionados. O 1% superior das famílias recebe, hoje, cerca do dobro, e o decil superior desse 1% recebe cerca de quatro vezes a renda que ganhava em 1970 (em moeda corrigida). Ver "Income Inequality, USA, 1970–2014", World Inequality Database. Disponível em: <http://wid.world/country/usa/>. Acesso em: 16 out. 2018. Mas não se pode afirmar convincentemente que eles tenham duplicado ou quadruplicado seu bem-estar material, nem mesmo que esse aumento de renda represente uma melhor situação substancial como um todo.

242 Esses depoimentos não são um devaneio nem focam irreflexivamente na jornada de trabalho, à custa de negligenciar o fato de que mais horas de trabalho representam rendas mais altas. Quando os advogados associados de um escritório de elite se viram diante de uma escolha hipotética entre reduzir as horas de trabalho e continuar ganhando a mesma coisa, ganhar mais e continuar trabalhando o mesmo número de horas e aumentar tanto a renda quanto as horas de trabalho, cerca de dois terços

deles preferiram reduzir as horas de trabalho e só um em dez preferiu aumentar renda e horas de trabalho. Ver Landers, Rebitzer e Taylor, "Rat Race Redux", pp. 338-9. Talvez essas preferências signifiquem apenas que os advogados associados estavam trabalhando numa combinação ótima de horas de trabalho e renda, tendo atingido um ponto em que a redução da utilidade marginal da renda os levasse a preferir lazer a mais renda e mais trabalho. Mas a preferência pela redução das horas de trabalho não aumenta com a renda dos associados. Isso indica que os advogados associados da pesquisa estavam sobrecarregados e envolvidos numa corrida de ratos, e não trabalhando exatamente o número de horas que escolheram. Ver Landers, Rebitzer e Taylor, "Rat Race Redux", p. 339. Apesar da preferência pelo lazer marginal e não pela renda marginal, os advogados vêm tendo um aumento paralelo e consistente na renda e nas horas de trabalho. Vale mencionar um outro motivo que está por trás dessa tendência. Entre 1970 e 2000, "a remuneração dos advogados associados [em grandes escritórios] aumentou 1.000% [...] enquanto as horas faturadas [...] aumentaram apenas 400%". Ao que tudo indica, os escritórios de advocacia "pagavam salários mais altos aumentando o número de horas faturadas em vez de cobrar honorários mais altos". A preferência dos advogados associados pela redução das horas trabalhadas mesmo à custa de uma redução nos salários não se refletiu no comportamento dos escritórios. Ver Schiltz, "An Unhappy, Unhealthy e Unethical Profession", p. 900, citando William G. Ross, *The Honest Hour: The Ethics of Time-Based Billing by Attorneys* (Durham, Carolina do Norte: Carolina Academic Press, 1996), p. 2, e Associação dos Advogados da Carolina do Norte, *Report of the Quality of Life Task Force and Recommendations* (1991), pp. 11-12.

Outras pesquisas corroboram essas conclusões. Segundo a Associação Americana de Advogados, "em pesquisas recentes, a maior parte dos homens e das mulheres mostra uma disposição a receber menores salários em troca de ter mais tempo com a família". Deborah L. Rhode, "Balanced Lives for Lawyers", *Fordham Law Review* 70 (2002), p. 2212, citando o Instituto da Família e do Trabalho, *National Study of the Changing Workplace*, pesquisa feita com 2,8 mil trabalhadores para quem a flexibilidade no trabalho e o apoio da família eram o fator mais significativo para a satisfação laboral depois da qualidade do trabalho. Cerca de dois terços de todos os trabalhadores reduziriam a jornada semanal, em média, em dez horas. Steven Ginsberg, "Raising Corporate Profits by Reaching Out to Families", *The Washington Post*, 19 abr. 1998, H7; Sue Shellenbarger, "Study of U.S. Workers Finds Sharp Rise Since 1992 in Desire to Reduce Hours", *Wall Street Journal*, 15 abr. 1998, A10. Para uma discussão sobre a mudança geral de prioridades nos escritórios de advocacia e contabilidade, em que tanto homens jovens quanto mulheres jovens mostram muito mais vontade de ter tempo para a família, ver Douglas McCracken, "Winning the Talent War for Women: So-

NOTAS

metimes It Takes a Revolution", *Harvard Business Review* (nov.-dez. 2000), pp. 159, 161; Bruce Balestier, "'Mommy Track' No Career Derailment", *New York Law Journal*, 9 jun. 2000, p. 24; Terry Carter, "Your Time or Your Money", *ABA Journal* (fev. 2001), p. 26. Uma pesquisa da empresa Harris Interactive e do Centro de Políticas Públicas Radcliffe concluiu que quase três quartos dos homens na casa dos trinta anos e apenas um quarto dos homens de mais de 65 anos gostariam de ganhar menos em troca de mais tempo para dedicar à família. Kirsten Downey Grimsley, "Family a Priority for Young Workers: Survey Finds Changes in Men's Thinking", *The Washington Post*, 3 mai. 2000, E1. Ver Bruce Tulgan, *The Manager's Pocket Guide to Generation X* (Amherst, Massachusetts: HRD Press, 1997).

243 Jacobs e Gerson, *The Time Divide*, pp. 65-6.

244 Ibid., p. 68.

245 Idem.

246 Idem.

247 Will Meyerhofer, "Not Worth It", The People's Therapist, 13 abr. 2011. Disponível em: <https://thepeoplestherapist.com/2011/04/13/not-worthit/#more-3292>. Acesso em: 18 nov. 2018 (Meyerhofer trabalhou no escritório de advocacia Sullivan and Cromwell).

248 Ho, *Liquidated*, p. 115.

249 Cynthia Fuchs Epstein et al., "Glass Ceilings and Open Doors: Women's Advancement in the Legal Profession", *Fordham Law Review* 46 (1995), p. 385.

250 Rhode, *Balanced Lives*, p. 14.

251 Ver Ho, *Liquidated*.

252 Essas citações são de Ho, *Liquidated*, pp. 44, 56.

Capítulo 7: Uma divisão abrangente

1 "Timeline Guide to the U.S. Presidents", Scholastic. Disponível em: <www.scholastic.com/teachers/articles/teaching-content/timeline-guide-us-presidents/>. Acesso em: 1º out. 2018.

2 Bill Clinton, *My Life* (Nova York: Vintage, 2005), pp. 4, 8-18.

3 Kitty Kelley, *The Family: The Real Story of the Bush Dynasty* (Nova York: Doubleday, 2004), pp. 42, 80.

4 Russell L. Riley, "Bill Clinton: Life Before the Presidency", Miller Center da Universidade da Virgínia. Disponível em: <https://millercenter.org/president/clinton/life-before-the-presidency>. Acesso em: 6 out. 2018.

5 "About the Project", George W. Bush Childhood Home, Inc. Disponível em: <www.bushchildhoodhome.org/about>. Acesso em: 1º out. 2018.

6 Laura Bush, *Spoken from the Heart* (Nova York: Scribner, 2010), pp. 94-96.

7 Mais de 20% dos veteranos entrevistados não teriam ou provavelmente não teriam entrado para a faculdade se não fosse a lei conhecida como GI Bill, que oferecia "um ingresso para a classe média que rapidamente se equiparou à carteira de sindicato como alavanca econômica de ascensão social". William G. Bowen, Martin A. Kurzweil

e Eugene M. Tobin, *Equity and Excellence in American Higher Education* (Charlottesville: University of Virginia Press, 2006), pp. 31-2.

8 Ver Capítulo 1.

9 Thomas Piketty e Emmanuel Saez, "How Progressive Is the U.S. Federal Tax System? A Historical and International Perspective", *Journal of Economic Perspectives* 21, n. 1 (inverno de 2007), p. 3.

10 Bishop, *The Big Sort*, p. 130. Para mais discussão, ver Berry e Glaeser, "The Divergence of Human Capital".

11 Murray, *Coming Apart*, pp. 27-8. Ver também Kathleen Leonard Turner, "Commercial Food Venues", in *Material Culture in America: Understanding Everyday Life*, Helen Sheumaker e Shirley Teresa Wajda (orgs.) (Santa Barbara, Califórnia: ABC-CLIO), pp. 112-3; "How Much Cars Cost in the 60s", The People History. Disponível em: <www.thepeoplehistory.com/60scars.html>. Acesso em: 7 out. 2018.

12 Murray, *Coming Apart*, p. 26.

13 Kristina Wilson, *Livable Modernism: Interior Decorating and Design During the Great Depression* (New Haven, Connecticut: Yale University Art Gallery, 2004), pp. 14-7.

14 Bishop, *The Big Sort*, p. 225. O lugar que os membros dessas organizações ocupavam na sociedade civil do passado é ocupado hoje, em termos, por grupos de amparo dirigidos profissionalmente cujos adeptos normalmente são segregados por classe e, de qualquer forma, não interagem muito (e com certeza não com seus administradores). Para mais discussão, ver Theda Skocpol, *Diminished Democracy: From Membership to Management* (Norman: University of Oklahoma Press, 2004), p. 291.

15 Duncan Norton-Taylor, "How Top Executives Live (Fortune 1955)", *Fortune*, atualizado em 6 mai. 2012. Disponível em: <http://fortune.com/2012/05/06/how-top-executives-live-fortune-1955/#>. Acesso em: 19 nov. 2018. Doravante citado como Norton-Taylor, "How Top Executives Live".

16 Norton-Taylor, "How Top Executives Live".

17 Idem.

18 Idem.

19 Idem.

20 Idem.

21 William J. Wilson, *When Work Disappears* (Nova York: Vintage, 1997), p. 195. Doravante citado como Wilson, *When Work Disappears*.

22 Argumentos fortes da visão de que a supremacia branca persiste como ideologia dominante na vida norte-americana podem ser encontrados em TaNehisi Coates, *Between the World and Me* (Nova York: Spiegel & Grau, 2015), e Charles Mills, *The Racial Contract* (Ithaca, Nova York: Cornell University Press, 1997).

23 Wilson disse, por exemplo, que no fim da Grande Compressão, em meados da década de 1960, "a classe começou a afetar a carreira e a mobilidade geracional para os negros, como vinha acontecendo normalmente com brancos". Wilson, *When Work Disappears*, p. 195.

24 Por exemplo, cerca de 35% dos afro-americanos tinham casa própria em 1950; hoje, cerca de 39% dos norte-americanos situados no quartil inferior da distribuição de renda têm casa própria. U.S. Census Bureau, Censo Domiciliar, "Historical Census of Housing Tables: Ownership Rates", atualizado em 31 out. 2011, disponível em: <www.census.gov/hhes/www/housing/census/historic/ownrate.html>; "Data by Issue: Homeownership and Housing", Prosperity Now Scorecard, disponível em: <https://scorecard.prosperitynow.org/databyissue#housing/outcome/homeownershipbyincome> (dados de 2016). De modo análogo, em 1954, a taxa de desemprego entre afro-americanos era de cerca de 10%; em 2009, as taxas de desemprego nos quatro decis inferiores da distribuição de renda eram de 12%, 15%, 19% e 31%. Drew Desilver, "Black Unemployment Rate Is Consistently Twice That of Whites", Pew Research Center, 21 ago. 2013. Disponível em: <www.pewresearch.org/fact-tank/2013/08/21/through-good-times-and-bad-black-unemployment-is-consistently-double-that-of-whites/>. Quando classe e raça se cruzam, os efeitos cumulativos podem ser enormes. Por exemplo, dos homens negros nascidos em 1960, os que abandonaram o ensino médio tinham 59% de probabilidade de serem presos em algum momento na vida, enquanto os que tinham cursado faculdade tinham 5% de probabilidade. Ver James Forman Jr., "Racial Critiques of Mass Incarceration: Beyond the New Jim Crow", p. 25 (arquivado com o autor). Ver também Bruce Western e Christopher Wildeman, "The Black Family and Mass Incarceration", *Annals of the American Academy of Political and Social Sciences* 621 (2009), pp. 221-42.

25 A parcela de domicílios caiu de 61% para apenas 50% e a parcela da renda caiu de 62% para 43%. Pew Research Center, "The American Middle Class Is Losing Ground".

26 Pew Research Center, "The American Middle Class Is Losing Ground". Para mais discussão, ver Marilyn Geewax, "The Tipping Point: Most Americans No Longer Are Middle Class", National Public Radio, atualizado em 9 dez. 2015. Disponível em: <www.npr.org/sections/thetwo-way/2015/12/09/459087477/the-tipping-point-most-americans-no-longer-are-middle-class>.

27 Ver David Leonhardt e Kevin Quealy, "The American Middle Class Is No Longer the World's Richest", *The New York Times*, 22 abr. 2014. Disponível em: <www.nytimes.com/2014/04/23/upshot/the-american-middle-class-is-no-longer-the-worlds-richest.html?r=0>. Acesso em: 19 nov. 2018. Leonhardt e Quealy usam dados da Luxembourg Income Study para mostrar que, por volta de 2010, a renda média no Canadá e na Noruega superou a dos Estados Unidos e que a renda média em quase todas as demais nações ricas vem subindo ao longo das três últimas décadas e se aproxima da renda média norte-americana.

28 Marianne Cooper, "Being the 'GoTo Guy': Fatherhood, Masculinity and the Organization of Work in Silicon Valley", in *Families at Work: Expanding the Bounds*, orgs. Naomi Gerstel, Dan Clawson e Robert Zussman (Nashville: Vanderbilt University Press, 2002), p. 26; Williams, *White Working Class*, pp. 37-8.

29 Richard J. Murnane e Frank Levy, *Teaching the New Basic Skills: Principles for Educating Children to Thrive in a Changing Economy* (Nova York: Free Press, 1996), p. 19. Ver também Daron Acemoglu, "Technical Change, Inequality and the Labor Market", *Journal of Economic Literature* 40, n. 1 (mar. 2002), p. 41. Disponível em: <https://doi.org/10.1257/0022051026976>. Doravante citado como Acemoglu, "Technical Change".

30 Ver Capítulo 6.

31 Berry e Glaeser, "The Divergence of Human Capital", pp. 415-6.

32 Além disso, os aumentos são maiores entre trabalhos de salários altos, que empregam tecnologia intensiva: uma pesquisa recente com cerca de 3 mil empresas encontrou uma correlação sólida entre o rigor na seleção dos candidatos e os níveis de educação formal, competências declaradas e alcance do uso de computador pelos funcionários de uma empresa. Steffanie L. Wilk e Peter Cappelli, "Understanding the Determinants of Employer Use of Selection Methods", *Personnel Psychology* 56, n. 1 (primavera de 2003), pp. 117-9. Disponível em: <https://doi.org/10.1111/j.1744-6570.2003.tb00145.x>. Ver também Acemoglu, "Technical Change", p. 41.

33 Por exemplo, a Sports Plus, que na década de 1990 pagava aos montadores entre 5,50 e 7,00 dólares a hora, ainda contrata da maneira informal usada pela Ford. Richard J. Murnane e Frank Levy, *Teaching the New Basic Skills: Principles for Educating Children to Thrive in a Changing Economy* (Nova York: Free Press, 1996), p. 47. Ver também Acemoglu, "Changes in Unemployment and Wage Inequality", p. 1270.

34 Essas inovações foram implementadas em meados da década de 1980 por empresas como a Honda of America e a Diamond Star Motors e, atualmente, são muito usadas por empregadores em busca de trabalhadores semiqualificados. Acemoglu discute isso mais profundamente em sua obra, e diz: "Existem empregadores de altos salários, com salários reais um pouco mais altos que os da Ford na década de 1960, e os dois primeiros são do mesmo ramo que a Ford. As três empresas investem muitos recursos em recrutamento e contratam uma pequena fração dos candidatos. As duas primeiras empregam testes cognitivos formais de matemática, aptidão e inglês, assim como uma série de longas entrevistas. A terceira empresa adota mais entrevistas, mas nenhum teste formal. O processo de entrevistas das três empresas é bastante dispendioso e envolve grande número de empregados e gerentes, mas elas acham que é uma atividade que vale a pena." Acemoglu, "Changes in Unemployment and Wage Inequality", p. 1270.

35 Rivera, *Pedigree*, pp. 31-4.

36 A parcela de trabalhadores que têm exatamente o nível de educação requerido para suas funções aumentou en-

NOTAS

tre 1976 e 1985, por exemplo, e o tamanho da lacuna entre a educação e as funções dos trabalhadores não enquadrados nesse caso (a média de anos de estudo excedentes de trabalhadores supereducados) caiu. Acemoglu, "Changes in Unemployment and Wage Inequality", pp. 1271-2, Quadro 1. O trabalho de Daron Acemoglu compara a solidez desse resultado às consequências das mudanças na composição da força de trabalho, por exemplo, a ascensão de trabalhadores jovens que tendem a ser supereducados.

37 Acemoglu, "Technical Change", pp. 7-72, 48-9.

38 Bishop, *The Big Sort*, p. 135.

39 Esse padrão tornou-se tão extremo que até mesmo as Forças Armadas se preocupam agora com o nível educacional de seus recrutas. O Pentágono chegou a lamentar que a "tendência ao alistamento seja menor para a juventude de alta qualidade, juventude com pais mais instruídos e juventude que pretende entrar para a faculdade". John T. Warner, Curtis J. Simon e Deborah M. Payne, *Enlistment Supply in the 1990's: A Study of the Navy College Fund and Other Enlistment Incentive Programs* (Ft. Belvoir, Virgínia: Defense Technical Information Center, 2001), pp. 21-2. Ver também Bishop, *The Big Sort*, p. 137.

40 Ver John Nordheimer, "Son of Privilege, Son of Pain: Random Death at Yale's Gates", *The New York Times*, 28 jun. 1992, disponível em: <www.nytimes.com/1992/06/28/nyregion/son-of-privilege-son-of--pain-random-death-at-yale-s-gates.html acesso em: 19 nov. 2018; Paul Gunther, "The End of Shared Sacrifice Set in Stone: Yale as Metaphor", *Huffington Post*, 6 dez. 2017 disponível em: <www.huffingtonpost.com/paul--gunther/the-endofshared-sacrifi_b_6124098.html>, acesso em: 19 nov. 2018.

41 Hochschild, *Strangers in Their Own Land*, p. 121. Para uma discussão mais aprofundada, ver também James B. Steward, "Looking for a Lesson in Google's Perks", *The New York Times*, 15 mar. 2013. Disponível em: <www.nytimes.com/2013/03/16/business/at-google-a-place-to-work-and-play.html>. Acesso em: 19 nov. 2018.

42 Tan Chen, "The Spiritual Crisis of the Modern Economy".

43 Eberstadt, "Where Did All the Men Go?". De acordo com as estatísticas de uma pesquisadora, o encarceramento quadruplicou nos últimos quarenta anos. Sarah Shannon et al., "The Growth, Scope e Spatial Distribution of People with Felony Records in the United States, 1948–2010", *Demography* 54, n. 5 (out. 2017), pp. 1804-5, Quadro 1.

44 Michelle Alexander, *The New Jim Crow: Mass Incarceration in the Age of Colorblindness* (Nova York: New Press, 2010).

45 No fim do século XVIII, a sociedade aristocrática começou a rejeitar o puritanismo. Ver Faramerz Dabhoiwala, *The Origins of Sex: A History of the First Sexual Revolution* (Oxford: Oxford University Press, 2012).

46 Veblen, *Theory of the Leisure Class*, p. 34.

47 Ver Capítulo 5.

48 Ver Capítulo 5.

49 Annette Lareau, *Unequal Childhoods: Class, Race and Life* (Berkeley: University of California Press, 2011), pp. 45, 55-7, 76-7.

50 Em 1970, 73% dos norte-americanos brancos instruídos e 67% da classe trabalhadora relatavam casamentos "muito felizes"; hoje, entre profissionais especializados, essa taxa é mais ou menos a mesma, mas entre a classe trabalhadora caiu para cerca de 50%. "Men Adrift: Badly Educated Men in Rich Countries Have Not Adapted Well to Trade, Technology or Feminism", *The Economist*, 28 mai. 2015, Disponível em: <www.economist.com/news/essays/21649050-badly-educated-men-rich--countries-have-not-adapted-well-trade-technology-or--feminism>. Acesso em: 19 nov. 2018.

51 A pergunta foi formulada na National Survey of Family Growth. Quarenta e dois por cento das mulheres que cursaram faculdade responderam "sim", em 2002, contra somente 31% em 2012. Helaine Olen, "Think Divorce Is Miserable? Look How Bad Life Can Get When Divorcees Try to Retire. Especially When They're Women", *Slate*, 18 mar. 2016. Disponível em: <www.slate.com/articles/business/the_bills/2016/03/how_divorce_exacerbates_the_retire_ment_crisis_especially_if_you_re_a_woman.html>. Acesso em: 19 nov. 2018.

52 "The Tissue Trade: Dislike of Abortion and Support for Planned Parenthood Should Go Together", *The Economist*, 1º ago. 2015. Disponível em: <www.economist.com/united-states/2015/08/01/the-tissue-trade>. Acesso em: 19 nov. 2018. Ver também Peter Schuck, *One Nation Undecided: Clear Thinking About Five Hard Issues That Divide Us* (Princeton, Nova Jersey: Princeton University Press, 2017), p. 110.

53 Putnam, Frederick e Snellman, "Growing Class Gaps", p. 22.

54 Ibid., pp. 16-7, Quadros 6-8.

55 Ibid., pp. 17-8.

56 Ibid., p. 19.

57 Ibid., p. 20.

58 Tan Chen, "The Spiritual Crisis of the Modern Economy".

59 Carbone e Cahn, "Unequal Terms". Ver também Rachel Soares et al., "2012 Catalyst Census: Fortune 500 Women Executive Officers and Top Earners", Catalyst, 11 dez. 2012. Disponível em: <www.catalyst.org/knowledge/2012-catalyst-census-fortune-500-women-executive-officers-and-top-earners>.

60 Alexander Eichler, "Gender Wage Gap Is Higher on Wall Street Than Anywhere Else", *Huffington Post*, 19 mar. 2012. Disponível em: <www.huffingtonpost.com/2012/03/19/gender-wage-gap-wall-street_n_1362878.html>. Acesso em: 19 nov. 2018; William Alden, "Wall Street's Young Bankers Are Still Mostly White and Male, Report Says", *The New York Times*, 30 set. 2014. Disponível em: <https://dealbook.nytimes.com/2014/09/30/wall-street-s--young-bankers-are-still-mostly-white-and-male>, acesso em: 19 nov. 2018; e Andy Kiersz e Portia Crowe, "These

Charts Show Just How White and Male Wall Street Really Is", *Business Insider,* 25 ago. 2015. Disponível em: <www.businessinsider.com/wall-street-bank-diversity-20158>, acesso em: 19 nov. 2018.

61 Comissão sobre Mulheres na Profissão da Associação Americana de Advogados, *A Current Glance at Women in the Law: January 2017* (2017). Disponível em: <www.americanbar.org/content/dam/aba/marketing/women/current_glance_statistics_january2017.auth-checkdam.pdf>.

62 A. T. Lo Sasso et al., "The $16,819 Pay Gap for Newly Trained Physicians: The Unexplained Trend of Men Earning More Than Women", *Health Affairs* 30, n. 2 (fev. 2018), pp. 193-201.

63 Claudia Goldin, "A Grand Gender Convergence: Its Last Chapter", *American Economic Review* 104, n. 4 (2014), pp. 1-30; e Carbone e Cahn, "Unequal Terms".

64 Clare Cain Miller, "Freezing Eggs as Part of Employee Benefits: Some Women See Darker Message", *The New York Times,* 14 out. 2014. Disponível em: <www.nytimes.com/2014/10/15/upshot/egg-freezing-as-a-work-benefit-some-women-see-darker-message.html>. Acesso em: 19 nov. 2018.

65 Carbone e Cahn, "Unequal Terms"; e Michelle Rendall, "The Service Sector and Female Market Work: Europe vs. U.S.", Working Paper, Universidade de Zurique, 22 jan. 2013. Disponível em: <www.economicdynamics.org/meetpapers/2013/paper_1202.pdf>.

66 Carbone e Cahn, "Unequal Terms", p. 191.

67 Departamento de Educação dos Estados Unidos, Centro Nacional de Estatísticas da Educação, Estudo Nacional sobre o Auxílio Estudantil Pós-Secundário, 1995-1996, 1999-2000, 2003-2004. Todas as rendas estão em dólares de 1996. Em comparação, os homens representam mais de 49% dos universitários de domicílios com renda acima de 70 mil dólares anuais. Carbone e Cahn, "Unequal Terms"; e Mary Beth Marklein, "College Gender Gap Widens: 57% Are Women", *USA Today,* 19 out. 2005.

68 Williams, *White Working Class,* p. 76.

69 Carbone e Cahn, "Unequal Terms".

70 Carbone e Cahn, "Unequal Terms"; e Sarah Jane Glynn, "Breadwinning Mothers Are Increasingly the U.S. Norm", Centro para o Progresso Americano, 19 dez. 2016, disponível em: <www.americanprogress.org/issues/women/reports/2016/12/19/295203/ breadwinning-mothers-are-increasingly-the-us-norm>.

71 Claire Cain Miller e Quoctrung Bui, "Equality in Marriages Grows and So Does Class Divide", *The New York Times,* 27 fev. 2016, disponível em: <www.nytimes.com/2016/02/23/upshot/rise-in-marriages-of-equals-and-in-division-by-class.html>, acesso em: 19 nov. 2018; e Marianne Bertrand, Jessica Pan e Emir Kamenica, "Gender Identity and Relative Income Within Households", NBER, Working Paper n. 19023 (mai. 2013), disponível em: <www.nber.org/papers/w19023>.

72 John Morley foi quem me alertou para essa diferença.

73 Há controvérsias sobre Freud ter dito ou não essa frase que com tanta frequência lhe é atribuída. A primeira menção sobre ela de que se tem registro aparece num livro de psicanálise chamado *Childhood and Society,* publicado pelo psicanalista germano-americano Erik Erikson em 1950. Mesmo nessa primeira menção, a citação já vem de terceiros. "Uma vez perguntaram a Freud o que ele achava que uma pessoa normal deveria ser capaz de fazer bem [...] Freud, ao modo lacônico de sua velhice, teria dito: 'Lieben und arbeiten' [amar e trabalhar]." Mais tarde, em 1982, numa entrevista, Erikson disse: "Ouvi [a frase] em Viena e fiquei impressionado. Nunca a vi impressa. E agora há quem diga que eu a inventei. Se foi, sim, fico orgulhoso." Alan C. Elms, "Apocryphal Freud: Sigmund Freud's Most Famous 'Quotations' and Their Actual Sources", in *Annual of Psychoanalysis,* v. 29: *Sigmund Freud and His Impact on the Modern World,* Jerome A. Winer e James W. Anderson (orgs.) (Hillsdale, NJ: Analytic Press 2001).

74 Murphy, "The Most and Least Educated U.S. Religious Groups"; Masci, "How Income Varies Among U.S. Religious Groups".

75 Idem.

76 Idem.

77 Thomas Edsall, "How the Other Fifth Lives", *The New York Times,* 27 abr. 2016. Disponível em: <www.nytimes.com/2016/04/27/opinion/campaign-stops/how-the-other-fifth-lives.html>. Acesso em: 19 nov. 2018. Doravante citado como Edsall, "How the Other Fifth Lives".

78 Andrew Gelman, *Red State, Blue State, Rich State, Poor State* (Princeton, Nova Jersey: Princeton University Press, 2008), p. 106; Benjamin Page, Larry Bartels e Jason Seawright, "Democracy and the Policy Preferences of Wealthy Americans", *Perspectives on Politics* 1, n. 1 (mar. 2013), p. 52. Doravante citado como Page, Bartels e Seawright, "Democracy and the Policy Preferences of Wealthy Americans". Ver também Benjamin Page e Cari Hennessy, "What Affluent Americans Want from Politics", encontro anual da American Political Science (APSC), Washington, D.C., 2-5 set. 2010 (Working Paper 1108, Instituto de Pesquisa Política, Northwestern University). Doravante citado como Page e Hennessy, "What Affluent Americans Want from Politics".

79 Page, Bartels e Seawright, "Democracy and the Policy Preferences of Wealthy Americans", p. 52, citando Martin Gilens, "Preference Gaps and Inequality in Representation", *PS: Political Science and Politics* 42, n. 2 (abr. 2009), pp. 335-41. Doravante citado como Gilens, "Preference Gaps and Inequality in Representation". Gilens analisou e encontrou diferenças de opinião significativas entre os dois grupos quanto às seguintes questões políticas: "Aprovação da pílula abortiva RU486; financiamento federal para o aborto (para mulheres de baixa renda); exigência de notificação/aprovação do pai biológico para o aborto; legalização do casamento gay;

NOTAS

ensino do criacionismo nas escolas públicas; e financiamento da pesquisa com células-tronco para a obtenção de embriões."

80 "A Wider Ideological Gap Between More and Less Educated Adults", Pew Research Center, 26 abr. 2016, disponível em: <www.people-press.org/2016/04/26/a-wider-ideological-gap-between-more-and-less-educated-adults>; Neil Gross, "Why Are the Highly Educated So Liberal?", *The New York Times*, 13 mai. 2016, disponível em: <www.nytimes.com/2016/05/15/opinion/why-are-the-highly-educatedsoliberal.html>, acesso em: 19 nov. 2018.

81 Edsall, "How the Other Fifth Lives".

82 Page, Bartels e Seawright, "Democracy and the Policy Preferences of Wealthy Americans", p. 53. Da amostra, 32,4% tinham renda além de 1 milhão de dólares por ano e a riqueza média era de 7,5 milhões.

Outra pesquisa detalhada, dessa vez com norte-americanos do decil superior da distribuição de renda, confirma que eles são "mais liberais [do que norte-americanos menos ricos] em questões como o aborto, direitos dos gays e ajuda a estrangeiros". Gilens, *Affluence and Influence*, p. 5. Mais especificamente, quando comparado ao norte-americano médio, o norte-americano rico é bem mais propenso a aceitar a contracepção de emergência, a se opor à proibição do aborto, a aceitar a pesquisa com células-tronco, a admitir o casamento entre pessoas de mesmo sexo e o alistamento de norte-americanos abertamente gays nas Forças Armadas, e bem menos propenso a admitir uma emenda constitucional que permita a oração nas escolas ou (na década de 1980) os testes obrigatórios de detecção da aids para todos os cidadãos. Uma outra pesquisa explorou idiossincrasias transitórias em certas administrações da Pesquisa Social Geral (GSS, na sigla em inglês) para identificar um liberalismo social analogamente marcante entre norte-americanos dos 4% superiores na distribuição de renda. Segundo essa pesquisa, os 4% superiores eram muito mais inclinados a apoiar o aborto, a permitir que ateus e comunistas "façam discursos públicos", deem aulas e escrevam livros e, curiosamente, a apoiar o financiamento para a exploração espacial. Page e Hennessy, "What Affluent Americans Want from Politics", p. 16.

83 Os norte-americanos mais ricos, por exemplo, são mais propensos a apoiar um limite de tempo para o recebimento de auxílio previdenciário; a redução da alíquota mais elevada do imposto de renda, dos ganhos de capital e do imposto sobre herança; e a rejeitar um plano de saúde universal. Page, Bartels e Seawright, "Democracy and the Policy Preferences of Wealthy Americans", p. 52, citando Gilens, "Preference Gaps and Inequality in Representation".

84 Gilens, *Affluence and Influence*, p. 114.

85 Edsall, "How the Other Fifth Lives".

86 Page, Bartels e Seawright, "Democracy and the Policy Preferences of Wealthy Americans", pp. 55-56, 59-60, 64.

87 Ibid., p. 65.

88 Ver Capítulo 6.

89 Ray Fisman, Shachar Kariv e Daniel Markovits, "The Distributional Preferences of an Elite", *Science* 349, n. 6254 (set. 2015).

90 A única exceção a essa regra é que o fato de ser afro-americano prenuncia com mais força a rejeição do conservadorismo econômico do que frequentar uma escola com um corpo discente mais pobre. Tali Mendelberg et al., "College Socialization and the Economic Views of Affluent Americans", *American Journal of Political Science* 61, n. 3 (jul. 2017), pp. 606-23.

91 A fonte clássica é Theodore M. Newcomb, *Personality and Social Change: Attitude Formation in a Student Community* (Nova York: Dryden, 1943).

92 Gilens, *Affluence and Influence*, p. 116.

93 Andy Reinhardt, "How It Really Works", *Business Week*, 25 ago. 1997. A matéria cita Jobs, que teria dito: "Não importa o que você veste. Não importa a sua idade. O que importa é quão inteligente você é."

94 Charles D. Ellis, "Goldman Sachs Secret to Success Under Siege", *Institutional Investor*, 8 ago. 2013. Disponível em: <www.institutionalinvestor.com/article/b14zb9rlghm8l7/goldman-sachs-secret-to-success-under-siege>. Acesso em: 19 nov. 2018. Ellis descreve uma mudança "impaciente" na cultura da década de 1980 que pretendia levar o Goldman Sachs à liderança do sistema financeiro global: "No passado, só se falava em clientes; agora, só se fala em contas e contrapartidas, e a terminologia assumiu a crueza do papo de vestiário [...]. O mercado securitário estava mudando com rapidez, e o Goldman Sachs mudava com mais rapidez ainda, de modo que seu pessoal qualificado e motivado conseguia estar à frente da curva de mudança e se superar em ganhar dinheiro."

95 Peter Salovey, *Promoting Diversity and Equal Opportunity at Yale University: 2016-2017*, Universidade de Yale, p. 2, disponível em: <https://student-dhr.yale.edu/sites/default/files/files/YEO.pdf>; Yuki Noguchi, "At Yale, Protests Mark a Fight to Recognize Union for Grad Students", National Public Radio, 16 jun. 2017, disponível em: <www.npr.org/sections/ed/2017/06/16/532774267/atyale-protests-mark-a-fight-to-recognize-union-for-grad-students>; e Markeshia Ricks, "Yale Cops Threaten Strike", *New Haven Independent*, 6 set. 2018, disponível em: <https://www.newhavenindependent.org/index.php/archives/entry/yale_police_union_threatens_strike>, acesso em: 19 nov. 2018.

96 "Nice Work If You Can Get Out", *The Economist*, 19 abr. 2014. Disponível em: <www.economist.com/news/finance-and-economics/21600989-why-rich-now-have-less-leisure-poor-nice-work-if-you-can-get-out?fsrc=scn/tw/te/bl/ed/nicework>. Acesso em: 19 nov. 2018.

97 Mark Aguiar e Erik Hurst, *The Increase in Leisure Inequality: 1965-2005* (Washington, D.C.: AEI Press, 2009), p. 46. Disponível em: <www.aei.org/wpcontent/

uploads/2014/03/increase-in-leisure-inequality_095714451042.pdf>.

98 "Spin to Separate", *The Economist*, 1º ago. 2015. Disponível em: <www.economist.com/news/united-states/21660170-sweating-purpose-becoming-elite-phenomenon-spin-separate>. Acesso em: 19 nov. 2018.

99 Emily C. Bianchi e Kathleen D. Vohs, "Social Class and Social Worlds: Income Predicts the Frequency and Nature of Social Contact", *Social Psychology and Personality Science* 7, n. 5 (2016), pp. 479-86; e Christopher Ingraham, "The Social Lives of Rich People, Explained", *The Washington Post*, 12 mai. 2016. Disponível em: <www.washingtonpost.com/news/wonk/wp/2016/05/12/how-money-changes-everything-even-your-friendships/?utm_term=.5475a807dc28>. Acesso em: 19 nov. 2018.

100 A expressão é de Hochschild, *Strangers in Their Own Land*, p. 166. Ver também "Why the White Working Class Voted for Trump", entrevista com Joan C. Williams.

101 Ver Joan C. Williams, *Reshaping the Work-Family Debate: Why Men and Class Matter* (Cambridge, Massachusetts: Harvard University Press, 2012), pp. 171-3. Williams cita Marjorie L. Devault, *Feeding the Family: The Social Organization of Caring as Gendered Work* (Chicago: University of Chicago Press, 1991), pp. 208-12. Ver também Williams, *White Working Class*.

102 "Why the White Working Class Voted for Trump", entrevista com Joan C. Williams.

103 Ver David Leonhardt, "In One America, Guns and Diet. In the Other, Cameras and 'Zoolander'", *The New York Times*, 18 ago. 2014. Disponível em: <www.nytimes.com/2014/08/19/upshot/inequality-and-web-search-trends.html>. Acesso em: 19 jul. 2018. Ver também Capítulo 3.

104 Hochschild, *Strangers in Their Own Land*, p. 19.

105 Essas categorias acompanham de perto a classificação usada pelo *Consumer Reports* para produzir suas resenhas de produtos. "Products A–Z", *Consumer Reports*. Disponível em: <www.consumerreports.org/cro/atozindex/products/index.htm>. Acesso em: 7 out. 2018.

106 Maggie C. Woodward, "The U.S. Economy to 2022: Settling into a New Normal", *Monthly Labor Review*, dez. 2013. Disponível em: <https://doi.org/10.21916/mlr.2013.43>.

107 Marianne Bertrand e Emir Kamenica, "Coming Apart? Cultural Distances in the United States over Time", NBER, Working Paper n. 24771 (2018). Disponível em: <www.nber.org/papers/w24771>. Doravante citado como Bertrand e Kamenica, "Coming Apart? Cultural Distances in the United States over Time". Ver também Andrew Van Dam, "What We Buy Can Be Used to Predict Our Politics, Race or Education — Sometimes with More Than 90 Percent Accuracy", *The Washington Post*, 9 jul. 2018. Disponível em: <www.washingtonpost.com/business/2018/07/10/rich-people-prefer-grey-poupon-white-people-own-pets-data-behind-cultural-divide/?utm_term=.75e85beb6d56>. Acesso em: 19 nov. 2018.

É complicado interpretar esse estudo. Os autores concluem que "o resultado de nosso título é o mesmo para todas as demais divisões demográficas e dimensões culturais [além da ideologia política], a distância cultural tem permanecido amplamente constante ao longo do tempo". Bertrand e Kamenica, "Coming Apart? Cultural Distances in the United States over Time". Mas nem os dados do documento nem seus métodos sustentam verdadeiramente essa conclusão, pelo menos de um modo interessante. Em primeiro lugar, as séries de dados não abrangem datas mais antigas. Os dados de consumo, por exemplo, começam em meados da década de 1990. A comparação interessante, no entanto, seria entre o presente e a década de 1950. Em segundo, o método analítico do documento não autoriza uma medição escalar da distância cultural. Os autores só se perguntam se o aprendizado de máquina pode usar dados de consumo para prever a renda. Não se perguntam sobre o tamanho das diferenças entre os padrões de consumo, nem sequer propõem um método de medição dessas diferenças.

108 Todos os demais possuíam a terra não diretamente como soberanos, mas por meio da ficção legal do "domínio", que cede o direito de ocupar a terra, usá-la e dela tirar proveito, embora ela permaneça formalmente sob o controle efetivo do soberano. A ficção permanece nos dias atuais, e o poder do domínio eminente pode ser formalizado como o direito do soberano a reocupar sua terra, compensando o dono pelo valor da "propriedade" do qual ele está sendo privado. S. F. C. Milson, "Proprietary Ideas", in *The Legal Framework of English Feudalism* (Cambridge: Cambridge University Press, 1976), pp. 36-64.

109 N. B. Harte, "State Control of Dress and Social Change in Pre-Industrial England", in *Trade, Government and Economy in Pre-Industrial England*, D. C. Coleman e A. H. John (orgs.) (Londres: Weidenfeld & Nicolson, 1976), pp. 132-65.

110 Herman Freudenberger, "Fashion, Sumptuary Laws and Business", *Business History Review* 37, n. 1-2 (1963), pp. 39-41.

111 U.S. Census Bureau, Censo Habitacional, "Historical Census of Housing Tables: Homeownership", atualizado em 31 out. 2011. Disponível em: <www.census.gov/hhes/www/housing/census/historic/owner.html>.

112 Idem.

113 Ver Capítulo 1.

114 "Sears, Roebuck & Co.", *AdAge Encyclopedia*, 15 set. 2003. Disponível em: <https://adage.com/article/adage-encyclopedia/sears-roebuck/98873>; e Gordon L. Weil, *Sears, Roebuck, U.S.A.* (Nova York: Stein & Day, 1977), p. 146. Acesso em: 19 nov. 2018.

115 Henry Ford, *Today and Tomorrow* (Londres: William Heinemann, 1926), p. 152. Doravante citado como Ford, *Today and Tomorrow*.

NOTAS

116 Aguiar e Bils, "Has Consumption Inequality Mirrored Income Inequality?".

117 Ver Dollar General Corporation, "DG's Revenue Growth by Quarter and Year", CSIMarket.com, disponível em: <http://csimarket.com/stocks/single_growth_rates.php?code=DG&rev>, acesso em: 19 nov. 2018; e Family Dollar Stores, Inc., "FDO's Revenue Growth by Quarter and Year", CSIMarket.com, disponível em: <http://csimarket.com/stocks/single_growth_rates.php?code=FDO&rev>, acesso em: 19 nov. 2018.

118 Essas relações se calculam com dados sobre a renda dos compradores das redes Family Dollar, Dollar General, Walmart e Target, relatados em Hayley Petersen, "Meet the Average Walmart Shopper", *Business Insider*, 18 set. 2004. Disponível em: <www.businessinsider.com/meet-the-average-wal-mart-shopper-20149>. Acesso em: 19 nov. 2018.

119 Ford atrelava expressamente o salário de seus trabalhadores a essa lógica. "Salários", dizia ele, "é mais uma questão de negócios do que de trabalho. É mais importante para os negócios do que para o trabalho. Baixos salários vão prejudicar os negócios muito antes de prejudicar o trabalho." Ford, *Today and Tomorrow*, p. 151. Uma lenda sobre o filho de Ford, Henry Ford II, ilustra a mesma lição em relação à automação. Enquanto mostrava uma fábrica mecanizada ao sindicalista Walter Reuther, na década de 1960, Ford teria dito, de brincadeira: "Walter, como é que você vai fazer esses robôs pagarem a contribuição do sindicato?" Reuther teria respondido: "Henry, como você vai fazê-los comprar seus carros?" Rutger Bregman, "Free Money Might Be the Best Way to End Poverty", *The Washington Post*, 29 dez. 2013. Disponível em: <www.washingtonpost.com/opinions/free-money-might-be-the-best-way-to-end-poverty/2013/12/29/679c8344-5ec8-11e3-95c2-13623eb2b0e1_story.html?utm_term=.065017746030>. Acesso em: 19 nov. 2018.

120 A renda domiciliar média anual do tomador de empréstimo é de 30 mil dólares. Esse montante foi calculado com base em dados compilados pelo Pew Charitable Trusts, *Payday Lending in America: Who Borrows, Where They Borrow and Why* (jul. 2012), p. 35. Disponível em: <www.pewtrusts.org/~/media/legacy/%20uploadedfiles/pcs_assets/2012/pewpaydaylendingreportpdf.pdf>.

121 Ver Federal Deposit Insurance Corporation, "For Your Information: An Update on Emerging Issues in Banking, Payday Lending", 29 jan. 2003, disponível em: <www.fdic.gov/bank/analytical/fyi/2003/012903fyi.html>; Stephen J. Dubner, "Are Payday Loans Really as Evil as People Say?", *Freakonomics*, 6 abr. 2016, disponível em: <http://freakonomics.com/podcast/payday-loans>, acesso em: 19 nov. 2018.

122 Bethany McLean, "Payday Lending: Will Anything Better Replace It?", *The Atlantic*, mai. 2016. Disponível em: <www.theatlantic.com/magazine/archive/2016/05/payday-lending/476403>. Acesso em: 19 nov. 2018.

McLean atribui a afirmação sobre o McDonald's e o Starbucks ao economista da Dartmouth Jonathan Zinman.

123 Pew Charitable Trusts, *Payday Lending in America: Who Borrows, Where They Borrow and Why* (jul. 2012), p. 35. Disponível em: <www.pewtrusts.org/~/media/legacy/%20uploadedfiles/pcs_assets/2012/pew-payday-lending-report-pdf.pdf>.

124 Ver Saez e Zucman, "Wealth Inequality in the United States", p. 563.

125 Para uma discussão mais detalhada, com o respaldo de dados, ver Capítulo 8.

126 Drennan, *Income Inequality*, p. 41; Bricker et al., "Changes in U.S. Family Finances from 2007 to 2010: Evidence from the Survey of Consumer Finances", *Federal Reserve Bulletin* 98, n. 2 (jun. 2012), p. 55. Disponível em: <http://federalreserve.gov/pubs/bulletin/2012/PDF/scf12.pdf>. Ver também Robert Hockett e Daniel Dillon, "Income Inequality and Market Fragility: Some Empirics in the Political Economy of Finance" (manuscrito inédito, 21 jan. 2013). Disponível em: <https://papers.ssrn.com/sol3/papers.cfm?abstract_id=2204710>. Doravante citado como Hockett e Dillon, "Income Inequality and Market Fragility".

Como se poderia esperar, o pagamento de dívidas aumentou junto com o endividamento para a classe média, chegando a cerca de um quinto da renda para os 90% inferiores em 2010. Jank e Owens, "Inequality in the United States"; Nicolas P. Retsinas e Eric S. Belsky (orgs.), *Borrowing to Live: Consumer and Mortgage Credit Revisited* (Washington, D.C.: Instituto Brookings, 2008); Hockett e Dillon, "Income Inequality and Market Fragility", Figura 11.

Essas tendências continuam. Os 90% inferiores não pouparam efetivamente nada desde a virada do milênio, e os 80% inferiores vêm tendo poupança negativa desde meados da década de 1980. Saez e Zucman, "Wealth Inequality in the United States"; David Bunting, "The Saving Decline: Macro-Facts, Micro-Behavior", *Journal of Economic Behavior and Organization* 70, n. 1-2 (2009), p. 293; Drennan, *Income Inequality*.

127 Elizabeth Warren e Amelia Warren Tyagi, *The Two Income Trap* (Nova York: Basic Books, 2003), pp. 15-54. Doravante citado como Warren e Warren Tyagi, *The Two-Income Trap*.

128 Center for Responsible Lending, *The Plastic Safety Net: The Reality Behind Debt in America* (out. 2005), pp. 4-5. Disponível em: <www.responsiblelending.org/credit-cards/research-analysis/DEMOS-101205.pdf>. Ver também Anika Singh Lemar, *Debt Weight: The Consumer Credit Crisis in New York City and Its Impact on the Working Poor*, Centro de Justiça Urbana (2007), p. 3. Disponível em: <https://papers.ssrn.com/sol3/papers.cfm?abstract_id=3160600>. Doravante citado como Lemar, *Debt Weight*. Christian E. Weller, *Pushing the Limit: Credit Card Debt Burdens American Families*, Centro para o Progresso Americano (2006), disponível em: https://cdn.americanprogress.org/wpcontent/up-

loads/kf/CREDITCARDDEBTREPORT_PDF.PDF; Brian K. Bucks, Arthur B. Kennickell e Kevin B. Moore, "Recent Changes in U.S. Family Finances: Evidence from the 2001 and 2004 Survey of Consumer Finances", *Federal Reserve Bulletin* (2006), p. 92.

129 As possibilidades de sofrer uma queda de renda de 20 mil dólares ou mais para uma família de classe média aumentaram cerca de um quarto entre 1990 e 2003, e os riscos de sofrer uma queda de 50% ou mais dobraram entre 1970 e 2000. Tom Hertz, *Understanding Mobility in America*, Centro para o Progresso Americano (26 abr. 2006), p. 22, disponível em: <www.americanprogress.org/issues/economy/news/2006/04/26/1917/understanding-mobility-in-america>; e Hacker, *The Great Risk Shift*, pp. 31-3-2, Figura 1.4. De modo mais geral, entre 1991 e 2009, um índice composto de insegurança econômica aumentou duas vezes e meia tanto para os três quintis intermediários na distribuição da renda quanto para os quintis superior e inferior. A insegurança aumentou 14% para o quintil mais rico e 12% para o mais pobre, mas, em média, 30% para os três quintis intermediários. Drennan, *Income Inequality*, p. 53. Drennan baseia seus cálculos no Índice de Segurança Econômica de Jacob Hacker. Disponível em: <www.economicsecurityindex.org/?p=home>.

130 Charles Dickens, *David Copperfield* (Oxford: Oxford University Press, 1973 [1850]), p. 141.

131 Jerry White, *Mansions of Misery: A Biography of the Marshalsea Debtors' Prison* (Londres: Penguin Random House, 2016), pp. 179-219.

132 Warren e Warren Tyagi, *The Two-Income Trap*, p. 20.

133 Lemar, *Debt Weight*, p. 3.

134 Guy Standing, *The Precariat: The New Dangerous Class* (Londres: Bloomsbury, 2011).

135 Um argumento correlato aparece em Bowles e Park, "Emulation, Inequality e Work Hours".

136 Carros "superluxuosos" como o Mercedes-Benz SClass e a BMW 7 Series podem custar a partir de 90 mil até 250 mil dólares. "Best Super Luxury Cars", *U.S. News & World Report*. Disponível em: <https://cars.usnews.com/cars-trucks/rankings/super-luxury-cars>. Acesso em: 7 out. 2018. Também são comuns os eletrodomésticos de ponta, como os fogões *dual fuel* Wolf e Thermador, os mais sofisticados recomendados pelo site de avaliações de produtos do *The New York Times*, cujos preços começam em 9,2 mil e 14,7 mil dólares, respectivamente. Tyler Wells Lynch, "The Best High-End Ranges", *Wirecutter*, 24 jan. 2017. Disponível em: <https://thewirecutter.com/reviews/best-high-end-ranges>. Acesso em: 19 nov. 2018.

137 "That's Two Million Dollars, Please", *The Economist*, 20 jan. 2015. Disponível em: <www.economist.com/news/business-and-finance/21640081-carmakers-are-targeting-wealthier-motorists-boost-sales-and-profits-thats-two-million>. Acesso em: 19 nov. 2018.

138 Jerry Garrett, "Echoes of the '30s, Inflation Adjusted", *The New York Times*, 8 mar. 2013. Disponível em: <www.nytimes.com/2013/03/10/automobiles/autoshow/echoes-of-the-30s-inflation-adjusted.html>. Acesso em: 19 nov. 2018.

139 Diz-se que "o relógio típico do banqueiro" é o Rolex Daytona, vendido ao consumidor por cerca de 12,5 mil dólares, embora "empregados de alto escalão, como os diretores executivos", prefiram modelos mais exclusivos, como o Patek Philippe Chronograph, que custa mais de 40 mil dólares. Leslie Albrecht, "Wear This to Feel Dominant During Business Negotiations", MarketWatch, 31 ago. 2017. Disponível em: <www.marketwatch.com/story/this-accessory-makes-people-feel-dominant-in-business-negotiations-20170830>. Acesso em: 19 nov. 2018.

140 Ver "About/Restaurant", The French Laundry. Disponível em: <www.thomaskeller.com/yountville-california/french-laundry/restaurant>. Acesso em: 27 jan. 2019. Ver também "What Is the Price Range for a Meal at the French Laundry?", *Forbes Travel Guide*, 21 mai. 2017. Disponível em: <https://stories.forbestravelguide.com/what-is-the-price-range-for-a-meal-at-the-french-laundry>. Acesso em: 19 nov. 2018. O French Laundry serve um monte de rótulos que custam dezenas de milhares de dólares, entre eles, uma garrafa de Domaine de la Romanée-Conti de 2009 de 25 mil dólares. "Wine Selection", The French Laundry. Disponível em: <https://hub.binwise.com/winelists/french-laundry-wine-list.html>. Acesso em: 7 out. 2018.

141 Naomi Barr, "Treasure, What's Your Pleasure?", *Slate*, 19 nov. 2013. Disponível em: <www.slate.com/articles/business/billion_to_one/2013/11/the_next_fashion_billionaire_michael_kors_marc_jacobs_and_others_on_the.html>. Acesso em: 19 nov. 2018. Doravante citado como Barr, "Treasure, What's Your Pleasure?". Ver também Bartels, *Unequal Democracy*, p. 14. Bartels cita Anna Bernasek, "The Rich Spend Just Like You and Me", *The New York Times*, 6 ago. 2006, disponível em: <www.nytimes.com/2006/08/06/business/yourmoney/06view.html> acesso em: 19 nov. 2018; e Yacine Ait-Sahalia, Jonathan A. Parker e Motohiro Yogo, "Luxury Goods and the Equity Premium", *Journal of Finance* 59, n. 6 (2004).

A economia como um todo cresceu a uma taxa anual de pouco menos de 2,5% entre 1990 e 2016, e o crescimento econômico anual previsto para a década seguinte é de 2%. Kevin Dubina, "Projections of the U.S. Economy, 2016-26: Slow Growth Continues", *Career Outlook*, Secretaria de Estatísticas Trabalhistas, nov. 2017, disponível em: <www.bls.gov/careeroutlook/2017/dataondisplay/economic-growth.htm?view_full>; e "GDP Growth (Annual %): United States", World Bank Open Data, Banco Mundial, disponível em: <https://data.worldbank.org/indicator/NY.GDP.MKTP.KD.ZG?locations=US>.

142 Dominique Muret, "Luxury Goods: Goldman Sachs Forecasts 4% Average Growth for Next 10 Years", *Fashion Network*, 30 set. 2016. Disponível em: <https://

NOTAS

us.fashionnetwork.com/news/Luxury-goods-Goldman--Sachs-forecasts-4-average-growth-for-next10years, 737938.html>. Acesso em: 19 nov. 2018. Para uma previsão de crescimento ainda mais extravagante, ver Barr, "Treasure, What's Your Pleasure?".

143 Billy Joel, "Movin' Out", *The Stranger* (Columbia Records, 1977).

144 Emma Gaedeke, "Beyonce Extends the Formation World Tour 2016; Tickets Most Expensive in Recent History", *Music Times*, 19 fev. 2016. Disponível em: <www.musictimes.com/articles/65535/20160219/beyonce-extends-formation-world-tour-tickets-expensive--recent-history.htm>. Acesso em: 19 nov. 2018.

145 Ver "Los Angeles Lakers: 2018-19 Regular Season (All Times Pacific)", NBA.com (2019), disponível em: <www.nba.com/lakers/tickets/individual>; "Dallas Cowboys Tickets", Ticketmaster, disponível em: <www.ticketmaster.com/artist/805931>; "New York Yankees Tickets", MLB.com (2019), disponível em: https://www.mlb.com/yankees/tickets.

146 Nelson D. Schwartz, "In an Age of Privilege, Not Everyone Is in the Same Boat", *The New York Times*, 23 abr. 2016. Disponível em: <www.nytimes.com/2016/04/24/business/economy/velvet-rope- economy.html>. Acesso em: 19 nov. 2018. Doravante citado como Schwartz, "In an Age of Privilege".

147 Schwartz, "In an Age of Privilege".

148 Idem.

149 Andrew Leonard, "The 1 Percent's Loathsome Libertarian Scheme", *Salon*, 11 jul. 2014. Disponível em: <www.salon.com/2014/07/11/the_1_per_cents_loathsome_libertarian_scheme_why_we_despise_the_new_scalping_economy>. Acesso em: 19 nov. 2018.

150 Katherine A. DeCelles e Michael I. Norton, "Physical and Situational Inequality on Airplanes Predicts Air Rage", *Proceedings of the National Academy of Sciences* 113, n. 20 (2016), pp. 5588-91; Deborah Netburn, "First-Class Cabin Fuels 'Air Rage' Among Passengers Flying Coach", *Los Angeles Times*, 3 mai. 2016, disponível em: <www.latimes.com/science/sciencenow/lascisn-air-rage-first-class-20160502-story.html>, acesso em: 19 nov. 2018.

151 Julie Connelly, "Doctors Are Opting Out of Medicare", *The New York Times*, 1ª abr. 2009. Disponível em: <www.nytimes.com/2009/04/02/business/retirementspecial/02health.html>. Acesso em: 19 nov. 2018.

Com efeito, todos esses serviços de luxo nada convencionais estão em expansão. Uma pesquisa recente detectou um aumento de 30% no número de médicos concierge num só ano (mudança que privou cerca de 2,5 milhões de pacientes dependentes de planos de saúde desses médicos), e outra descobriu que um de cada quinze médicos convencionais pretende abandonar pacientes de planos de saúde para aderir à medicina concierge nos três próximos anos. A. C. Shilton, "The Doctor Won't See You Now", *Slate*, 4 mai. 2015. Disponível em: <www.slate.com/articles/health_and_science/

medical_examiner/2015/05/concierge_medicine_only_rich_people_can_find_a_doctor_in_naples_florida.html>. Acesso em: 19 nov. 2018. Doravante citado como Shilton, "The Doctor Won't See You Now". Para chegar aos 2,5 milhões, multiplique-se o número de médicos concierge — cerca de 1.015 — contabilizados na pesquisa pelo número de pacientes — cerca de 2.303 — que um médico de família normalmente atende. G. Caleb Alexander, Jacob Krulander e Matthew K. Wynia, "Physicians in Retainer ('Concierge') Practice", *Journal of General Internal Medicine* 20, n. 12 (2005), pp. 1079-83; e The Physicians Foundation by Merritt Hawkins, *2016 Survey of America's Physicians: Practice Patterns & Perspectives* (set. 2016). Disponível em: <www.merritthawkins.com/uploadedFiles/Physicians%20Foundation%202016%20Survey%20of%20Americas%20Physicians.pdf>.

152 Ming Tai-Seale, Thomas G. McGuire e Weimin Zhang, "Time Allocation in Primary Care Office Visits", *Health Services Research* 42, n. 5 (2007), pp. 1871-94. Disponível em: <www.ncbi.nlm.nih.gov/pmc/articles/PMC2254573/pdf/hesr0042-1871.pdf>.

153 Robert M. Portman, "Concierge Care: Back to the Future of Medicine?", *The Health Lawyer* 15, n. 1 (2002); Shilton, "The Doctor Won't See You Now"; Pauline W. Chen, "Can Concierge Medicine for the Few Benefit the Many?", *The New York Times*, 26 ago. 2010. Disponível em: <www.nytimes.com/2010/08/26/health/26pauline-chen.html>. Acesso em: 19 nov. 2018.

154 Nina Bernstein, "Chefs, Butlers, Marble Baths: Hospitals Vie for the Affluent", *The New York Times*, 21 jan. 2012. Disponível em: <www.nytimes.com/2012/01/22/nyregion/chefs-butlers-and-marble-baths-not-your-average--hospital-room.html>. Acesso em: 19 nov. 2018.

155 Freeland, *Plutocrats*, p. 107; Joan Juliet Buck, "Drill Bébé Drill", *T Magazine*, 10 ago. 2011, disponível em: <http://tmagazine.blogs.nytimes.com/2011/08/10/drill-bebe-drill>, acesso em: 19 nov. 2018; Hilary Rose, "Meet the Super-Dentists", *Times of London Magazine*, 26 nov. 2011, disponível em: <www.thetimes.co.uk/tto/magazine/article3233551.ece>, acesso em: 19 nov. 2018.

156 Esse modelo (em oposição à oferta pública ou seguro) é tão difundido em algumas áreas que a inexistência de serviços de massa ou de classe média passa praticamente despercebida.

157 O termo "defesa da renda" é de Winters, *Oligarchy*, p. 217.

158 A distância determinada pela classe, além do mais, é muito maior que a distância racial; com efeito, depois de feitos os ajustes de classe, a raça parece não ter influência independente. Dong D. Wang et al., "Trends in Dietary Quality Among Adults in the United States, 1999 Through 2010", *JAMA Internal Medicine* 174, n. 10 (2014), pp. 1587-95; e Tom Philpott, "The Rich Are Eating Richer, the Poor Are Eating Poorer", *Mother Jones*, 11 set. 2014. Disponível em: <www.motherjones.

com/food/2014/09/food-inequality>. Acesso em: 19 nov. 2018.

159 Redes de restaurantes de preço médio, conhecidas como empresas de "*casual dining*", tiveram queda de vendas apesar do nível bastante equilibrado de gastos em restaurantes norte-americanos como um todo. Elizabeth G. Dunn, "As Goes the Middle Class, So Goes TGI Fridays", *Eater*, 3 out. 2017, disponível em: <www.eater.com/2017/10/3/16395490/tgi-fridays-death--of-middle-class>, acesso em: 19 nov. 2018; James F. Peltz, "Americans Still Love Eating Out. So Why Are Restaurants Like Chili's, BJ's and Cheesecake Factory Struggling?", *Los Angeles Times*, 18 set. 2017, disponível em: <www.latimes.com/business/lafiagenda-casual-dining-20170918-story.html>, acesso em: 19 nov. 2018; e Kate Taylor, "Applebee's, TGI Fridays e Chili's Are Trying to Claw Their Way Out of a Restaurant Death Trap", *Business Insider*, 7 mar. 2017 disponível em: <www.businessinsider.sg/can-chains-survive-death-of--casual-dining-20172/>, acesso em: 19 nov. 2018.

160 Nelson D. Schwartz, "The Middle Class Is Steadily Eroding. Just Ask the Business World", *The New York Times*, 2 fev. 2014. Disponível em: <www.nytimes.com/2014/02/03/business/the-middle-class-is-steadily-eroding-just-ask-the-business-world.html>. Acesso em: 19 nov. 2018.

161 Saez e Zucman, "Wealth Inequality in the United States". O 1% superior na distribuição de renda poupa de 20% a 25% do que recebe. Saez e Zucman, "Wealth Inequality in the United States", p. 563.

162 A rede Family Dollar vende roupas confeccionadas apenas pela "Pro Player" e pela "Modessa", e seus estilistas não estão entre os que criam para a Neiman Marcus. Casey Graetz, memorando dirigido a Daniel Markovits, documento do Word, arquivado com o autor; "Designers by Category: Women's Clothing", Neiman Marcus, disponível em: <www.neimanmarcus.com/Womens-Clothing/All-Designers/cat000009_cat000001_cat000000/c.cat>. Acesso em: 9 out. 2018.

163 O French Laundry compra seu sal exclusivamente no Le Sanctuaire, que foi "concebido a partir do desejo de oferecer apenas os ingredientes e instrumentos mais raros para cozinheiros domésticos apaixonados que tenham o mais criterioso apetite pela excelência culinária [... e] agora fornece para restaurantes finos e *chefs* profissionais". Ver Le Sanctuaire, "About Us". Disponível em: <www.lesanctuaire.mybigcommerce.com/aboutus>. Acesso em: 26 out. 2018. O Taco Bell não faz isso.

164 Susanna Kim, "Taco Bell Reveals Its Mystery Beef Ingredients", ABC News, 29 abr. 2014, disponível em: <https://abcnews.go.com/Business/taco-bell-reveals--mystery-beef-ingredients/story?id=23514878>; e "Ingredient Statements", Taco Bell, disponível em: <www.tacobell.com/food/nutrition/ingredients>, acesso em: 9 out. 2018.

165 The French Laundry, *Farmers and Foragers*. Ver também Tanya Gold, "A Goose in a Dress", *Harper's Magazine*, set. 2015, p. 75. Disponível em: <https://harpers.org/archive/2015/09/agooseinadress/3/>. Acesso em: 19 nov. 2018.

166 Ver Richard Sennett, *Building and Dwelling* (Londres: Penguin Press, 2018).

167 Ver Mellnik e Morello, "Washington: A World Apart".

168 Peter Ganong e Daniel Shoag, "Why Has Regional Income Convergence in the U.S. Declined", *Journal of Urban Economics* 102 (nov. 2017), p. 79; e Phillip Longman, "Bloom and Bust: Regional Inequality Is Out of Control. Here's How to Reverse It", *Washington Monthly*, nov./dez. 2015, disponível em: <http://washingtonmonthly.com/magazine/novdec-2015/bloom-and--bust>. Acesso em: 19 nov. 2018. Doravante citado como Longman, "Bloom and Bust".

169 Longman, "Bloom and Bust".

170 Idem.

171 Bishop, *The Big Sort*, p. 130.

172 Longman, "Bloom and Bust".

173 Ver Enrico Moretti, *The New Geography of Jobs* (Nova York: Houghton Mifflin Harcourt, 2012), pp. 138-44. Doravante citado como Moretti, *The New Geography of Jobs*. Edward Glaeser, *The Triumph of the City: How Our Greatest Invention Makes Us Richer, Smarter, Greener, Healthier and Happier* (Nova York: Penguin, 2012).

174 Ver Matthew P. Drennan, Jose Lobo e Deborah Strumsky, "Unit Root Tests of Sigma Income Convergence Across US Metropolitan Areas", *Journal of Economic Geography* 4, n. 5 (2004), pp. 583-95.

175 Entre 1980 e 1999, quase a metade (45%) de todos os formandos de faculdades se mudou para outro estado, a maior parte deles (80%, na década de 1990) para as 21 cidades com os mais altos níveis de tecnologia e produção de patentes. Em comparação, apenas 19% dos jovens com ensino médio se mudaram para outro estado. Bishop, *The Big Sort*, pp. 130-3. Para mais discussão, ver Costa e Kahn, "Power Couples", pp. 1287-315.

176 Serviço de Pesquisa Econômica do Departamento de Agricultura dos Estados Unidos, *Rural Education at a Glance: 2017 Edition*, Economic Information Bulletin 171, abr. 2017, p. 2. Disponível em: <www.ers.usda.gov/webdocs/publications/83078/eib-171.pdf?v=0>.

177 Idem.

178 Para mais informação sobre as consequências econômicas da fuga de cérebros, ver os trabalhos de Jagdish Bhagwati sobre o tema em vários países em desenvolvimento. Jagdish Bhagwati e Carlos Rodriguez, "Welfare--Theoretical Analyses of the Brain Drain", *Journal of Development Economics* 2, n. 3 (1975), pp. 195-221.

179 Entre 2000 e 2014, a quantidade de domicílios de classe média caiu em 203 das 229 regiões metropolitanas analisadas por uma pesquisa recente, enquanto o número de domicílios de renda mais baixa e mais alta aumentou em 160 e 172 dessas cidades, respectivamente. Ver "America's Shrinking Middle Class: A Close Look at Changes Within Metropolitan Areas", Pew Research Center, 11 mai. 2016. Disponível em: <www.pewsocial-

NOTAS

trends.org/2016/05/11/americas-shrinking-middle-
-class-a-close-look-at-changes-within-metropolitan-
-areas/>.

180 Bishop, *The Big Sort*, p. 131. Para mais informação, ver Berry e Glaeser, "The Divergence of Human Capital", p. 417.

181 "Educational Attainment of Population Ages 25 to 34", Kids Count Data Center, atualizado em out. 2017. Disponível em: <https://datacenter.kidscount.org/data/tables/6294-educational-attainment-of-population-ages25to34#detailed/3/10,5556,5861,6477,7984,86,8894,96109,9428-9429/false/870,573,869,36,868,867,133,38,35,18/5924,1265,1309,1304,1311/13091, 13090>.

182 Ver Paul A. Jargowsky, "Take the Money and Run: Economic Segregation in U.S. Metropolitan Areas", *American Sociology Review* 61, n. 6 (1996), pp. 984-98. Doravante citado como Jargowsky, "Take the Money and Run". Bishop, *The Big Sort*, p. 131. Richard Florida, "More Losers Than Winners in America's New Economic Geography", CityLab, 30 jan. 2013. Disponível em: <http://www.citylab.com/work/2013/01/more-losers-winners-americas-new-economic-geograpy/4465/>. Acesso em: 19 nov. 2018.

183 Ver Catherine Rampell, "Who Says New York Is Not Affordable?", *New York Times Magazine*, 23 abr. 2013. Disponível em: <www.nytimes.com/2013/04/28/magazine/who-says-new-york-is-not-affordable.html>. Acesso em: 19 nov. 2018.

184 Ver Bishop, *The Big Sort*, p. 132. Ver também Costa e Kahn, "Power Couples", pp. 1287-315. Surgem tendências similares em outros países. Em todo o planeta, cerca de um quarto da população com dois anos de faculdade ou mais mora numa das cem maiores cidades do mundo. E o número de moradores dessas cidades com esse nível de educação é o dobro comparado ao da população em geral, e aumentou um sexto (de 18% a 21%) na década de 2005 e 2014. Ver Emily Badger, "A Quarter of the World's Most Educated People Live in the 100 Largest Cities", *The Washington Post*, 18 jul. 2014. Disponível em: <www.washingtonpost.com/news/wonk/wp/2014/07/18/a-quarter-of-the-worlds-most-educated-people-live-in-the-100-largest-cities/?utm_term=.2e8e2e0ce30c>. Acesso em: 19 nov. 2018.

185 Bishop, *The Big Sort*, p. 134. Ver também Michael Porter, "The Economic Performance of Regions", *Regional Studies* 37, n. 6 (2003), pp. 549-78, 550, 551.

186 Ver Longman, "Bloom and Bust", Figura 2.

187 Bishop, *The Big Sort*, pp. 131-2.

188 Ver Moretti, *The New Geography of Jobs*, pp. 107-11. Ver também Enrico Moretti, "America's Great Divergence: The New Innovation Economy Is Making Some Cities Richer, Many Cities Poorer — and It's Transforming Our Country", *Salon*, 12 mai. 2012. Doravante citado como Moretti, "America's Great Divergence".

189 Na verdade, a razão entre o preço da moradia e a renda *per capita* nos mercados imobiliários situados em nono e décimo lugar entre os mais caros, depois de chegar a um mínimo de 1,36, aumentou nitidamente até chegar a 1,61 em 2013. As cidades de maior destaque em 1976 eram São Francisco e El Paso; em 2013, eram Boston e Cincinnati. Ver Anjli Raval, "Record Income Gap Fuels U.S. Housing Weakness", *Financial Times*, 12 ago. 2014. Disponível em: <www.ft.com/content/1b294ed0-222b-11e4-9d4a- 00144feabdc0>. Acesso em: 19 nov. 2018.

190 Esses números combinam dados de dois estudos. Ver Laura Kusisto, "Renters Spent a Record-High Share of Income on Rent This Spring", *The Wall Street Journal*, 13 ago. 2015. Disponível em: <https://blogs.wsj.com/economics/2015/08/13/renters-spent-a-record-high-share-of-income-onrent-this-spring/>. Acesso em: 19 nov. 2018. Ver também Shaila Dewan, "In Many Cities, Rent Is Rising Out of Reach of Middle Class", *The New York Times*, 14 abr. 2014. Disponível em: <www.nytimes.com/2014/04/15/business/more-renters-find-affordability-ratio-unattainable.html>. Acesso em: 19 nov. 2018. O trabalho de Dewan encontrou uma relação um pouco menor entre renda e aluguéis que o de Kusisto, presumivelmente por ter sido feito um ano antes.

191 Ver Emily Badger, "A 'Nationwide Gentrification Effect' Is Segregating Us by Education", *The Washington Post*, 11 jul. 2014. Disponível em: <www.washingtonpost.com/news/wonk/wp/2014/07/11/college-graduates-are-sorting-themselves-into-cities-increasingly-out-of-reach-of-everyone-else/?utm_term=.4629fe194009>. Acesso em: 19 nov. 2018. Badger cita o trabalho da economista Rebecca Diamond.

192 Ver Mellnik e Morello, "Washington: A World Apart". Ver também Sean Reardon e Kendra Fischoff, "Income Segregation in the United States' Largest Metropolitan Areas: The Disappearance of Middle Class Neighborhoods", Centro de Pobreza e Desigualdade de Stanford. Disponível em: <http://inequality.stanford.edu/income-segregation-maps>. Doravante citado como Reardon e Fischoff, "Income Segregation".

193 Ver Mellnik e Morello, "Washington: A World Apart". Ver também Reardon e Fischoff, "Income Segregation"; Richard Fry e Paul Taylor, "The Rise of Residential Segregation by Income", Pew Research Center, 1º ago. 2012, disponível em: <www.pewsocialtrends.org/2012/08/01/the-rise-of-residential-segregation-by-income/>; Carol Morello, "Study: Rich, Poor Americans Increasingly Likely to Live in Separate Neighborhoods", *The Washington Post*, 1º ago. 2012, disponível em: <www.washingtonpost.com/local/rich-and-poor-grow-more-isolated-from-each-other-study-finds/2012/08/01/gJQABC-5QPXstory.html?utm_term=.54bf100b47a6>, acesso em: 19 nov. 2018.

194 Entre 1970 e 2000, o índice de disparidade ensino médio/faculdade aumentou de 0,16 para 0,24 por condado e de 0,21 para 0,34 por setor censitário. Ver Douglas S. Massey, Jonathan Rothwell e Thurston Domina, "The Changing Bases of Segregation in the U.S.", *Annals of the*

American Academy of Political and Social Science 626, n. 1 (2009), pp. 74-90, Figuras 5 e 8. Doravante citado como Massey, Rothwell e Domina, "The Changing Bases of Segregation".

195 A família pobre média vivia em setores censitários que eram 14% pobres, em 1970, e 28% pobres, em 1990, enquanto a família rica média vivia em áreas 31% ricas, em 1970, e 36% ricas em 1990. O índice de classificação de bairros por segregação de classe aumentou cerca de 25% entre 1970 e 1990 (de 0,34 para 0,42); o índice de isolamento geográfico para graduados dobrou entre 1970 e 2000 (subiu de 0,13 para 0,28, considerando-se o condado, e de 0,19 para 0,36, considerando-se o setor censitário). Ver Murray, *Coming Apart*, p. 69. Ver também Massey, Rothwell e Domina, "The Changing Bases of Segregation", Figuras 5 e 8. Massey informa também que o índice de disparidade ensino médio/faculdade subiu 50% entre 1970 e 2000 (de 0,16 para 0,24), considerando-se o condado, e de 0,21 para 0,34, considerando-se o setor censitário. Outra medida importante da segregação econômica por bairros mostra um aumento similar de 20% entre as décadas de 1970 e 1980. Para uma discussão mais aprofundada, ver Jargowsky, "Take the Money and Run".

196 A família pobre média morava em setores censitários que eram 14% pobres, em 1970, e 28% pobres em 1990; e a família rica média morava em áreas 31% ricas, em 1970, e 36% ricas em 1990. Ver Massey, Rothwell e Domina, "The Changing Bases of Segregation", Figuras 5 e 8.

197 Ver Departamento de Saúde e Higiene Mental da Cidade de Nova York, *Upper East Side Community Health Profile 2006*. Disponível em: <www.nyc.gov/html/doh/downloads/pdf/data/2006chp-305.pdf>.

198 Ver Murray, *Coming Apart*, pp. 72-3.

199 Ver Capítulo 3.

200 Ver Murray, *Coming Apart*, pp. 78, 82, 8, 315-20. Ver também Charles Murray, "Charles Murray, Author of *Coming Apart*, Examines Demographic Shifts in This New Decade", Debate This Book, 25 abr. 2013. Disponível em: <http://debatethisbook.com/2013/04/25/charles-murray-author-of-coming-apart-examines-demographic-shifts-in-this-new-decade/>.

201 Ver Moretti, *The New Geography of Jobs*. Ver também Moretti, "America's Great Divergence".

202 Ver Rebecca Diamond, "The Determinants and Welfare-Implications of U.S. Workers' Divergent Location Choices by Skill: 1980-2000", *American Economic Review* 106, n. 3 (2016), pp. 479-524.

203 Ver Bishop, *The Big Sort*, p. 130. Ver também Arlie Russel Hochschild, "I Spent 5 Years with Some of Trump's Biggest Fans. Here's What They Won't Tell You", *Mother Jones*, out. 2016. Disponível em: <www.motherjones.com/politics/2016/08/trump-white-blue-collar-supporters/>. Acesso em: 19 nov. 2018, adaptado de Hochschild, *Strangers in Their Own Land*.

204 Um estudo experimental que ofereceu a algumas famílias um pagamento para que se transferissem de uma área mais pobre para outra menos pobre concluiu que as crianças que se mudaram antes dos treze anos, ao completarem vinte, tinham rendas anuais 31% mais elevadas do que as rendas do grupo de controle. Ver Raj Chetty, Nathaniel Hendren e Lawrence F. Katz, "The Effects of Exposure to Better Neighborhoods on Children: New Evidence from the Moving to Opportunity Experiment", NBER, Working Paper n. 21156 (maio 2015). Ver também David Leonhardt, "In Climbing the Income Ladder, Location Matters", *The New York Times*, 22 jul. 2013. Disponível em: <www.nytimes.com/2013/07/22/business/in-climbing-income-ladder-location-matters.html?pagewanted=all&_r=0>. Acesso em: 19 nov. 2018. Ver também Raj Chetty, John Friedman e Nathaniel Hendren, "The Equality of Opportunity Project". Disponível em: <https://opportunityinsights.org/>. Acesso em: 17 out. 2018.

205 Ver Mellnik e Morello, "Washington: A World Apart".

206 Alia Wong, "A Public-School Paradox", *The Atlantic*, 10 ago. 2016. Disponível em: <www.theatlantic.com/education/archive/2016/08/a-public-school-paradox/495227/>. Acesso em: 19 nov. 2018. Ver também Michelle Cottle, "Being Chelsea Clinton", *The Atlantic*, jul. 2016. Disponível em: <www.theatlantic.com/magazine/archive/2016/07/being-chelsea-clinton/485627/>. Acesso em: 19 nov. 2018.

207 "Avenue Capital and the Clintons: A Two-Way Street", *The New York Times*, 3 nov. 2006. Disponível em: <https://dealbook.nytimes.com/2006/11/03/avenue-capital-and-the-clintons-a-two-way-street/>. Acesso em: 19 nov. 2018.

208 "Hedge Fund Rising Stars: Mark Mezvinsky", *Institutional Investor*, disponível em: <www.institutionalinvestor.com/article/b14zb9g44397wg/hedge-fund-rising-stars-marc-mezvinsky>, acesso em: 28 out. 2018; Matthew Goldstein e Steve Eder, "For Clintons, a Hedge Fund in the Family", *The New York Times*, 22 mar. 2015, disponível em: <www.nytimes.com/2015/03/23/business/dealbook/for-clintons-a-hedge-fundinthe-family.html?_r=1>. Acesso em: 19 nov. 2018; Sheryl Gay Stolberg e Nate Schweber, "State Secret: Chelsea Clinton's Wedding Plans", *The New York Times*, 16 jul. 2010. Disponível em: <www.nytimes.com/2010/07/18/fashion/18CHELSEA.html>, acesso em: 19 nov. 2018. Doravante citado como Stolberg e Schweber, "Chelsea Clinton's Wedding".

209 Stolberg e Schweber, "Chelsea Clinton's Wedding"; Michael W. Savage, "Chelsea Clinton Marries Marc Mezvinsky in Rhinebeck, N.Y.", *The Washington Post*, 1º ago. 2010, disponível em: <www.washingtonpost.com/wpdyn/content/article/2010/07/31/AR20100-73103041.html>, acesso em: 19 nov. 2018; Cathy Horyn, "Chelsea Clinton's Gown Spoke Beyond the Silence", *The New York Times*, 1º ago. 2010, disponível em: <www.nytimes.com/2010/08/02/fashion/02dress.html>, acesso em: 19 nov. 2018; "Chelsea Clinton Is Buying a $10.5M 4BR in NoMad", Curbed

NOTAS

New York, disponível em: <https:/ny.curbed.com/2013/3/14/10264238/chelsea-clinton-is-buying-a105m4brinnomad>, acesso em: 28 out. 2018.

210 "Jenna Bush Wedding Kept Low-Key", *Denver Post* via Associated Press, 9 mai. 2008. Disponível em: <www.denverpost.com/2008/05/09/jenna-bush-wedding-kept-low-key/>. Acesso em: 19 nov. 2018.

211 Mesmo os guarda-costas particulares que os acompanham por serem filhos de presidentes são apenas um caso extremo de segurança privada — sob a forma geral de porteiros, seguranças de escritório, sistemas de vigilância nas universidades e condomínios fechados — que normalmente protege a elite. O ramo da segurança privada vem crescendo rapidamente, com destaque para os sistemas de segurança integrados e consultoria. "Gains in Security Service Demand Will Be Supported by the Real and Perceived Risk of Crime and by Accelerating Economic Activity", Freedonia Group. Disponível em: <www.freedoniagroup.com/industry-study/private-security-services-3268.htm>. Acesso em: 20 out. 2018.

212 Ver OCDE, *OECD Skills Outlook 2013*, p. 235, Figura 6.9; p. 238, Figura 6.10; p. 240, Figura 6.12; p. 241, Figura 6.13. Quanto ao pessimismo, por exemplo, trabalhadores com formação universitária têm menos de um terço das probabilidades dos não graduados de acreditar que robôs e computadores eliminarão seu trabalho nos próximos cinco anos. Ver Frank Newport, "One in Four U.S. Workers Say Technology Will Eliminate Job", Gallup, 17 mai. 2017. Disponível em: <www.gallup.com/poll/210728/one-four-workers-say-technology- eliminate-job.aspx>.

213 Ver Kevin Carey, "The Ivy League Students Least Likely to Get Married", *The New York Times*, 29 mar. 2018. Disponível em: <www.nytimes.com/interactive/2018/03/29/upshot/college-marriage-class-differences.html>. Acesso em: 19 nov. 2018.

214 Ver Capítulo 5.

215 Jon Victor, "New Website Bolsters Financial Aid Protests", *Yale Daily News*, 8 mar. 2016. Disponível em: <http://yaledailynews.com/blog/2016/03/08/new-website-bolsters-financial-aid-protests/>. Acesso em: 19 nov. 2018.

216 Um ecossistema crescente de ONGs tenta apoiar estudantes de primeira geração e baixa renda durante os estudos universitários, combatendo ameaças à persistência não apenas financeiras, mas também culturais. A Posse Foundation, por exemplo, cria "patrulhas", ou coortes de pares, para dar apoio social e emocional mútuo nas faculdades de elite. A rede de escolas autônomas KIPP mantém o programa KIPP na Faculdade, criado depois que a rede percebeu que muitos de seus egressos de bom aproveitamento estavam abandonando cursos superiores parcialmente por razões culturais. Ver Posse Foundation, "About Posse", disponível em: <www.posse-foundation.org/about-posse>; "KIPP Through College", Knowledge Is Power Program, disponível em: <www.kipp.org/approach/kipp-through-college/>.

217 Lani Guinier debate essas questões elaborando tensões entre "mobilidade patrocinada" (trabalhando dentro do sistema meritocrático para incentivar alunos de baixa renda), "mobilidade contestada" (admissões meritocráticas típicas sem incentivo) e "mobilidade estrutural" (desmonte do sistema meritocrático de admissões por vias que devem ser propostas). Ver Lani Guinier, "Admissions Rituals as Political Acts: Guardians at the Gates of Our Democratic Ideals", *Harvard Law Review* 117 (2003), pp. 113-224.

218 John Somes, "Working It Out", in *This Fine Place So Far from Home: Voices of Academics from the Working Class*, Barney Drews e Carolyn Leste Law (orgs.) (Filadélfia: Temple University Press, 1995), p. 304.

219 Reeves, *Dream Hoarders*, p. 33.

220 Ver Lindsay Owens, "Inequality in the United States: Understanding Inequality with Data", apresentação no Centro para a Pobreza e a Desigualdade de Stanford. Disponível em:<https://inequality.stanford.edu/sites/default/files/Inequality_SlideDeck.pdf>. Ver também Centros de Controle e Prevenção de Doenças, *Health, United States, 2010*; Centros para Controle e Prevenção de Doenças, "Inadequate and Unhealthy Housing, 2007 and 2009", *Morbidity and Mortality Weekly Report* 60 (suplemento.) (2011), pp. 21-7; J. S. Schiller et al., "Summary Health Statistics for U.S. Adults: National Health Interview Survey, 2010", *Vital and Health Statistics* 10, n. 252 (2012).

221 Dos norte-americanos com alguma educação superior, só 14,5% fumam, comparados a 26,1% dos que têm apenas o ensino médio e 25,1% dos que abandonaram o ensino médio. Ver J. S. Schiller et al., "Summary Health Statistics for U.S. Adults: National Health Interview Survey, 2010", *Vital and Health Statistics* 10, n. 252 (2012).

222 Ver Capítulo 4.

223 Ver Mary Jordan e Kevin Sullivan, "The Painful Truth About Teeth: You Can Work Full Time but Not Have the Money to Fix Your Teeth — Visible Reminders of the Divide Between Rich and Poor", *The Washington Post*, 13 mai. 2017. Disponível em: <www.washingtonpost.com/sf/national/2017/05/13/the-painful-truth-about-teeth/?utm_term=.912ae5db0e89>. Acesso em: 19 nov. 2018.

224 Ver Case e Deaton, "Rising Morbidity", pp. 15078, 15080, Quadro 1.

225 Idem.

226 Alan Smith e Federica Cocco, "The Huge Disparities in U.S. Life Expectancy in Five Charts", *Financial Times*, 27 jan. 2017. Disponível em: <www.ft.com/content/80a76f38-e3be-11e6-8405-9e5580d6e5fb>. Acesso em: 19 nov. 2018. Doravante citado como Smith e Cocco, "The Huge Disparities".

227 Smith e Cocco, "The Huge Disparities".

228 Para os homens, a expectativa para a vida, aos 25 anos, é: ter diploma de curso superior ou pós-graduação aos 54,7 anos; curso superior incompleto, aos 52,2 anos; en-

sino médio, aos 50,6 anos; menos que ensino médio, aos 47,9 anos. Para mulheres, a expectativa para a vida, aos 25 anos, é: diploma de curso superior ou pós-graduação, aos 58,5 anos; curso superior incompleto, aos 57,4 anos; ensino médio, aos 56,4 anos; menos que ensino médio, aos 53,4 anos. *More Education, Longer Life* (Princeton, Nova Jersey: Robert Wood Johnson Foundation: Commission to Build a Healthier America, 2008).

229 Ver Saez e Zucman, "Wealth Inequality in the United States", Apêndice, Figuras C11, C12.

230 Idem.

231 *The Measure of America: HD Index and Supplemental Indicators by State*, 2013-2014 Dataset (Brooklyn, Nova York: Measure of America, 2014).

232 Ver Sarah Jones e J. D. Vance, "The False Prophet of Blue America", *The New Republic*, 17 nov. 2016. Disponível em: <https://newrepublic.com/article/138717/jdvance-false-prophet-blue-america>. Acesso em: 19 nov. 2018.

233 Hochschild, *Strangers in Their Own Land*, p. 8.

234 Ver Summers, "The Rich Have Advantages".

235 Philip Larkin, "Ignorance", in *The Whitsun Weddings* (Londres: Faber & Faber, 1964).

Capítulo 8: *A bola de neve da desigualdade*

1 Os ricos nunca consumirão o bastante para sustentar a demanda, por mais ricos que sejam. Como percebeu Keynes há muito tempo, a utilidade marginal decrescente implica que a propensão ao consumo diminui à medida que a renda aumenta. Ver John Maynard Keynes, *The General Theory of Employment, Interest, and Money* (Londres: Macmillan, 1936).

2 Os modelos econômicos formalizam essas relações intuitivas. Eles mostram que a desigualdade aumenta a demanda de crédito e que o crédito fácil pode substituir a redistribuição para o estímulo da demanda agregada e assim manter o emprego e o crescimento. Ver Christopher Brown, "Does Income Distribution Matter for Effective Demand? Evidence from the United States", *Review of Political Economy* 163 (2004), pp. 291-307. Disponível em: <https://doi.org/10.1080/095382504 2000225607>.

A volatilidade cada vez maior da renda dos domicílios de classe média (lembre-se que, mesmo com a estagnação das rendas médias, as probabilidades de que as famílias de classe média enfrentem reveses financeiros praticamente dobrou; ver Capítulo 5) acaba induzindo ainda mais o empréstimo. Ver Tom Hertz, *Understanding Mobility in America*, Centro para o Progresso Americano (26 abr. 2006), p. 29. Disponível em: <https://cdn.americanprogress.org/wpcontent/uploads/issues/2006/04/Hertz_MobilityAnalysis.pdf> ("A segurança econômica está em aumento para domicílios situados no decil superior. Para a classe média, no entanto, um aumento da volatilidade da renda levou ao aumento na frequência dos grandes choques de renda negativa").

À medida que a variação ano a ano da renda domiciliar de longo prazo aumenta, esse domicílio cada vez mais se sentirá atraído para o endividamento. Por um lado, o dinheiro tomado em empréstimo proporciona um mecanismo racional para suavizar as flutuações de renda e, portanto, do consumo. Por outro, as tensões financeiras causadas pelas flutuações da renda e pelos reveses financeiros geram um endividamento irracional, como mostra um grande número de estudos experimentais que associam a escassez a endividamento autodestrutivo. Ver Benedict Carey, "Life in the Red", *The New York Times*, 14 jan. 2013, disponível em: <www.nytimes.com/2013/01/15/science/indebt-and-digging-deeper-to-find-relief.html>, acesso em: 19 nov. 2018; e Sendhil Mullainathan e Eldar Shafir, *Scarcity: Why Having Too Little Means So Much* (Londres: Allen Lane, 2013).

3 Ver Rajan, *Fault Lines*. Esse fenômeno também teve uma dimensão internacional e macroeconômica. Sobre o excesso de poupança, ver Martin Wolf, *The Shifts and the Shocks: What We've Learned — and Have Still to Learn — from the Financial Crisis* (Londres: Allen Lane, 2014).

4 Essas observações atribuem o endividamento e a financeirização a características intrínsecas à ordem econômica e social, nesse sentido, necessárias. Mas as contingências também tiveram seu papel. Por exemplo, teve sua importância para que se inflasse a bolha imobiliária o fato de não ser viável ganhar dinheiro com a queda nos preços da moradia vendendo pequenas casas uma a uma. Também teve importância a falha das agências de classificação de risco na identificação e na divulgação do risco de inadimplência quanto às hipotecas: embora menos de 1% de todos os títulos privados geralmente sejam classificados como AAA, no pico do crédito hipotecário e da explosão da securitização, apenas dois terços dos títulos lastreados em ativos chegavam a essa classificação. Ver Rajan, *Fault Lines*, p. 134.

5 Entre as outras causas, houve uma mudança no modo como as empresas norte-americanas pagavam novos empreendimentos (do uso de ganhos retidos para a procura de capital externo) e uma série de acontecimentos geopolíticos (por exemplo, o embargo do petróleo adotado pela Opep em 1973 e suas consequências sobre a inflação e as taxas de juros).

Em meados do século XX, as empresas financiavam mais de 90% de seus investimentos não financeiros com recursos internos e não com dinheiro obtido no mercado de capitais. Fraser, *Every Man a Speculator*, p. 488. Hoje, pelo contrário, as empresas de capital aberto retêm apenas 12% de seus ganhos e financiam apenas 60% de seus novos gastos e 27% de seus grandes gastos com lucros já obtidos, porcentagem que cai para 15% quando se incluem aquisições. Os ganhos retidos se calculam sobre a renda líquida. Dados da S&P 500 para o período que vai de 2005 a 2014. Ver Ralf Elsas, Mark J. Flannery e Jon A. Garfinkel, "Financing Major Investments: Information About Capital Structure Decisions", *Review of Finance* 18, n. 4 (jul. 2014), pp. 1341-86. Períodos anteriores de financeirização intensiva deram origem a padrões similares: as empresas norte-americanas reinvestiam apenas 30% dos lucros em 1929. Ver Fraser, *Every Man a Speculator*, p. 488.

6 Esse era o argumento da famosa "proposta de Greenspan" [*Greenspan Put*], formulado pela primeira vez no fim da década de 1990 no contexto da bolha ponto.com, depois efetivamente renovado em relação à bolha imobiliária do início da década de 2000 e mais uma vez pelo novo presidente do Federal Reserve, Ben Bernanke, logo depois da Grande Recessão. Ver Rajan, *Fault Lines*, pp. 112-5.

Mesmo observadores muito conservadores são contrários a esse modelo, chamado "arbitragem de resgate", que constitui "um imposto implícito adotado por políticas predatórias de instituições financeiras politicamente bem relacionadas". A proposta, secundariamente, continuou compensando, já que as instituições financeiras mais sofisticadas, tendo apostado corretamente que o público socializaria as perdas advindas do *crash* imobiliário, mais uma vez ficou com os ganhos durante a incipiente recuperação. Investidores privados fizeram apostas polpudas em moradias retomadas — em abril de 2013, por exemplo, 68% das casas negociadas foram compradas por investidores (a Blackstone, empresa de participações privadas, é dona de 26 mil casas em nove estados) e só 19% foram vendidas a compradores que pretendiam ocupar pessoalmente a casa. Para a desaprovação de observadores conservadores ao resgate, ver Posner e Weyl, "Against Casino Finance", p. 68 (arbitragem de resgate), p. 76 (imposto implícito); e John O. McGinnis, "Innovation and Inequality", *National Affairs*, 14 (inverno de 2003): pp. 135-48, 147 ("O regime grande demais para falir que protege o setor financeiro aumentou injustamente as rendas de alguns norte-americanos, permitindo que eles chegassem à riqueza com aval federal"). Para compra de casas retomadas por investidores, ver Nathaniel Popper, "Behind the Rise in House Prices, Wall Street Buyers", *The New York Times*, 3 jun. 2013. Disponível em: <https://dealbook. nytimes.com/2013/06/03/behind-the-rise-in-house--prices-wall-street-buyers/>. Acesso em: 19 nov. 2018.

7 Ver Rajan, *Fault Lines*, p. 36. O texto citado é do National Homeownership Strategy: Partners in the American Dream (mai. 1995), do Departamento de Habitação e Desenvolvimento Urbano dos Estados Unidos. Disponível em: <www.globalurban.org/National_Homeownership_Strategy.pdf>.

8 Idem.
9 Idem.
10 Ver Atif Mian e Amir Sufi, "House Prices, Home Equity--Based Borrowing, and the United States Household Leverage Crisis", NBER, Working Paper n. 15283 (ago. 2009), pp. 1-2. Ver também Drennan, *Income Inequality*, p. 56.
11 Ver Michael Kumhof e Romain Rancière, "Inequality, Leverage and Crises", FMI, Working Paper n. 10/268

(2011); Robert Hockett e Daniel Dillon, "Income Inequality and Market Fragility: Some Empirics in the Political Economy of Finance", *North Carolina Banking Law Journal* 18 (2013); Anant Thaker e Elizabeth Williamson, "Unequal and Unstable: The Relationship between Inequality and Financial Crises", New America Foundation, Next Social Contract Initiative Policy Brief, jan. 2012; Fadhel Kaboub, Zdravka Todorova e Luisa Fernandez, "Inequality-Led Financial Instability", *International Journal of Political Economy* 39, n. 1 (2010), p. 3; Photis Lysandrou, "Global Inequality as One of the Root Causes of the Financial Crisis: A Suggested Explanation", *Economy and Society* 40, n. 3 (2011), pp. 323-44; e James Galbraith, *Inequality and Instability: A Study of the World Economy Just Before the Great Crisis* (Oxford: Oxford University Press, 2012).

Esse efeito é tão forte que opera até mesmo entre os diversos estados norte-americanos. Uma análise estatística mostra que para uma queda de 1% na parcela da renda abocanhada pelos 80% dos recebedores em um dos estados corresponde um aumento de 0,2% no endividamento domiciliar daquele estado três anos depois. Ver Drennan, *Income Inequality*, p. 47.

12 Ver Joseph Stiglitz, *The Stiglitz Report: Reforming the International Monetary and Financial Systems in the Wake of the Global Crisis* (Nova York: New Press, 2010), p. 24.

13 O setor financeiro foi responsável por 2,8% do PIB norte-americano em 1950 e por 8,3% em seu ápice, em 2006. Ver Philippon e Reshef, "Skill Biased Financial Development"; Greenwood e Sharfstein, "The Growth of Finance", p. 3.

14 A indústria manufatureira responde atualmente por cerca de 12% do PIB. Ver Yi Li Chien e Paul Morris, "Is U.S. Manufacturing Really Declining?", On the Economy (blog), St. Louis Fed, 11 abr. 2017.

15 Ver *Gross Domestic Product by Industry: First Quarter 2018*, Secretaria de Análises Econômicas (2018). Disponível em: <www.bea.gov/system/files/201807/gdpind-1183.pdf>.

16 Ver Steven Davidoff Solomon, "Profits in G.M.A.C. Bailout to Benefit Financiers, Not U.S.", *The New York Times*, 21 ago. 2012. Disponível em: <https://dealbook. nytimes.com/2012/08/21/profits-in-gmac-bailout-to--benefit-financiers-notus/?r=0>. Acesso em: 19 nov. 2018. Em 2010, o GMAC foi rebatizado como Ally Financial. Ver Ally, "History". Disponível em: <www.ally. com/about/history/>. Acesso em: 27 jan. 2019.

17 De forma análoga, a GE Capital passou a controlar cerca de três quartos dos ativos da General Electric. Ela tornou-se tão grande que foi designada como instituição financeira de importância sistêmica e desmembrada em 2015. Ver Ted Mann, "How Big Is GE Capital? It Depends", *The Wall Street Journal*, 9 jun. 2015. Disponível em: <www.wsj.com/articles/geuses-own-metric--to-value-its-finance-arms-assets-1433842205>. Acesso em: 19 nov. 2018

18 Ver Greenwood e Sharfstein, "The Growth of Finance", p. 17.

19 Idem.

20 Mais uma vez, a securitização hipotecária foi tão lucrativa que alguns bancos de Wall Street compraram instituições de empréstimos a fim de assegurar para si mesmos um fluxo contínuo de novas hipotecas para securitizar e negociar. Ver Michael A. Santoro e Ronald J. Strauss, *Wall Street Values: Business Ethics and the Global Financial Crisis* (Cambridge: Cambridge University Press, 2012), pp. 109-10.

21 Ver Greenwood e Sharfstein, "The Growth of Finance", p. 12.

22 Idem.

23 Rajan, *Fault Lines*, p. 6. Rajan prossegue dizendo que "a construção de novas casas e as vendas de casas já existentes criaram empregos na construção, na corretagem imobiliária e nas finanças, enquanto o aumento dos preços das casas permitiu o refinanciamento de empréstimos antigos e financiou novo consumo".

24 Comparações internacionais reforçam essa versão interna. Economias que padecem de grande desigualdade econômica também são mais financeirizadas. Ver David A. Zalewski e Charles J. Whalen, "Financialization and Economic Inequality", *Journal of Economic Issues* 44, n. 3 (2010), pp. 764-75.

25 Ver David Kaiser, *American Physics and the Cold War Bubble* (Chicago: University of Chicago Press). Ver mais em <http://web.mit.edu/dikaiser/www/CWB.html#CWBChapters>.

26 Emanuel Derman, *My Life as a Quant: Reflections on Physics and Finance* (Hoboken, NJ: John Wiley & Sons, 2004), p. 4. Doravante citado como Derman, *My Life as a Quant*.

27 Derman, *My Life as a Quant*, p. 4.

28 O número de ph.D.s em física concedidos por universidades norte-americanas, por exemplo, disparou nas décadas de 1950 e 1960, chegou ao pico em 1970 e depois caiu cerca de 40% no início da década de 1980. Só voltaria ao nível de 1970 em 2010. Ver Patrick Mulvey e Star Nicholson, "Trends in Physics PhDs", Instituto Americano de Física, Focus On, fev. 2014. Disponível em: <www.aip.org/sites/default/files/statistics/graduate/trendsphdsp12.2.pdf>. Com menos alunos de ph.D., os departamentos de física se tornaram menores e menos oportunidades foram criadas para professores.

29 Derman, *My Life as a Quant*, p. 92.

30 Ibid., p. 119.

31 Ibid., p. 123.

32 Ibid., p. 5.

33 Ver William F. Sharpe, "Capital Asset Prices: A Theory of Market Equilibrium Under Conditions of Risk", *Journal of Finance* 19, n. 3 (set. 1964), pp. 425-42; e Fischer Black e Myron Scholes, "The Pricing of Options and Corporate Liabilities", *Journal of Political Economy* 81, n. 3 (1973), pp. 637-54.

34 F. N. David, *Games, Gods and Gambling* (Mineola, Nova York: Dover, 1998).

35 Ver Dan Awrey, "Toward a Supply-Side Theory of Financial Innovation", *Journal of Comparative Economics* 41, n. 2 (2013), p. 401; e Donald MacKenzie, "Is Economics Performative? Option Theory and the Construction of Derivatives Markets", trabalho apresentado em Tacoma, WA, 25 jun. 2005, no qual argumenta que os modelos financeiros — em especial o modelo de precificação de opções de Black-Scholes — dão forma aos mercados financeiros.

36 Para uma lista, ver William L. Silber, "The Process of Financial Innovation", *American Economic Review* 73, n. 2 (1983), p. 89 (que relaciona 38 produtos financeiros inovadores criados entre 1970 e 1982, que vão de "cartão de débito" a caixas eletrônicos e "futuros de taxa de juros").

Para mais informação sobre as inovações financeiras no período, ver Merton Miller, "Financial Innovation: The Last Twenty Years and the Next", *Journal of Financial and Quantitative Analysis* 21, n. 4 (dez. 1986), p. 459 (que atribui a "revolução" financeira dos vinte anos anteriores como reações, em grande medida, à regulação e aos impostos), e Peter Tufano, "Financial Innovation", in *The Handbook of Economics of Finance*, George Constantinides, Milton Harris e René Stulz (orgs.) (Amsterdã: North Holland, 2003), p. 307 (explorando a história da inovação financeira e as explicações que foram dadas para o enorme volume de inovação visto tanto no passado quanto no presente). O número de patentes financeiras concedidas anualmente também aumentou muito desde meados do século XX, embora as mudanças ocorridas na lei de patentes prejudiquem a leitura da inovação diretamente a partir do número de patentes. As patentes financeiras continuaram relativamente sem uso até a decisão sobre o *State Street Bank & Trust Co. v. Signature Financial Group, Inc.*, p. 149 F.3d 1368 (Fed. Cir. 1998). (Por exemplo, Bob Merton e Paul Samuelson não patentearam seu trabalho sobre opções perpétuas na década de 1960.) Depois disso, o número de patentes financeiras aumentou bastante até 2014, ano em que a Suprema Corte limitou a possibilidade de patentear produtos financeiros na decisão do processo *Alice Corp. v. CLS Bank International*, p. 134 S.Ct. 2347 (2014). Ver Adam B. Jaffe e Josh Lerner, *Innovation and Its Discontents: How Our Broken Patent System Is Endangering Innovation and Progress, and What to Do About It* (Princeton, Nova Jersey: Princeton University Press, 2011), p. 147.

37 "Twilight of the Gods", *The Economist*.

38 Ver Michael Lewis, *Flash Boys* (Nova York: W. W. Norton, 2014).

39 Gerald F. Davis, *Managed by the Markets: How Finance Reshaped America* (Nova York: Oxford University Press, 2009), pp. 37-8; e Greta Krippner, *Capitalizing on Crisis: The Political Origins of the Rise of Finance* (Cambridge, Massachusetts: Harvard University Press, 2011), que documenta a mudança do modelo "originar e

NOTAS

493

manter" para "originar e distribuir." Ver também Mark S. Mizruchi, "The American Corporate Elite and the Historical Roots of the Financial Crisis of 2008", in *Markets on Trial: The Economic Sociology of the U.S. Financial Crisis: Part B*, Michael Lounsbury e Paul M. Hirsch (orgs.) (Bingley: Emerald Group Publishing, 2010), pp. 103-39, 122-3; e Andrew Leyshon e Nigel Thrift, "The Capitalization of Almost Everything", *Theory, Culture, and Society* 24 (2007), p. 100. A primeira a fazer isso foi a Fannie Mae (Associação Nacional Federal de Hipotecas). Guy Stuart, *Discriminating Risk: The U.S. Mortgage Lending Industry in the Twentieth Century* (Ithaca, Nova York: Cornell University Press, 2003), pp. 21-2, 68.

40 Ver Greenwood e Sharfstein, "The Growth of Finance", p. 7.

41 O Grupo de Estratégias Financeiras da Divisão de Renda Fixa do Goldman Sachs é o exemplo por excelência. Ver Derman, *My Life as a Quant*, p. 123.

42 Duff McDonald, "Please, Sir, I Want Some More. How Goldman Sachs Is Carving Up Its $11 Billion Money Pie", *New York Magazine*, 5 dez. 2005.

43 "A parcela padrão da receita líquida (receita total menos despesas com juros) reservada para o pagamento de remunerações nas empresas de Wall Street chega a impressionantes 50%." Ho, *Liquidated*, p. 255 (citando Duff McDonald, "Please, Sir, I Want Some More. How Goldman Sachs Is Carving Up Its $11 Billion Money Pie", *New York Magazine*, 5 dez. 2005). Em 2011, 42% das receitas do Goldman Sachs eram pagas a seus empregados (que recebiam em média 367.057 dólares); em 2010, as remunerações chegavam a 51% das receitas do Morgan Stanley, 34% no Barclays e 44% no Credit Suisse. Ver Freeland, *Plutocrats*, p. 122.

44 Ver Philippon e Reshef, "Wages and Human Capital". Em outro documento, Philippon e Reshef estimam a vantagem salarial em cerca de 50%. Ver Philippon e Reshef, "Skill Biased Financial Development". Embora graduados em certas áreas técnicas tenham uma vantagem salarial semelhante à que recebem os graduados do setor financeiro, os trabalhadores pós-graduados desse setor vêm ganhando cada vez mais que os pós-graduados dessas áreas técnicas. Ver Rajan, *Fault Lines*, p. 142.

45 Sobre a retroalimentação entre a remuneração da elite instruída e os investimentos em educação dos pais de elite, ver Frank e Cook, *The Winner-Take-All Society*, p. 148.

46 Ver Goldin e Katz, *The Race Between Education and Technology*, p. 40 ("Finalmente, a educação contribui para a inovação e o progresso tecnológico porque cientistas, engenheiros e outros trabalhadores muito qualificados são decisivos para o setor de pesquisa e desenvolvimento [P&D], assim como para o surgimento e a aplicação de novas ideias"). Os resultados são particularmente bons quando a educação de elite atinge uma massa crítica, de modo que os inovadores não trabalhem separados ou isolados, mas se reúnam e se apoiem reciprocamente. Ver Oded Galor e Omer Moav, "Ability--Biased Technological Transition, Wage Inequality, and Economic Growth", *Quarterly Journal of Economics* 115, n. 2 (mai. 2000), pp. 469-97. Disponível em: <https://doi.org/10.1162/003355300554827>.

47 Ver Safeway Stores, Incorporated, *1975 Annual Report*, p. 2.

48 Ibid., p. 9.

49 Ver Olive Gray, "Verlig's Chain Is Now Safeway", *Los Angeles Times*, 15 mar. 1925, B8 ("O slogan adotado pela velha-nova organização — velha de fato e em operação comprovada, mas nova no nome — é uma advertência e um convite: 'Pegue o Safeway; Compre do Safeway'").

50 Ver Susan Faludi, "The Reckoning: Safeway LBO Yields Vast Profits but Exacts a Heavy Human Toll", *The Wall Street Journal*, 16 mai. 1990. Doravante citado como Faludi, "The Reckoning". A empresa tinha também outros lemas. Os relatórios anuais indicam que, pelo menos entre 1929 e 1932, o slogan era "Distribuição sem desperdício". Ver Safeway Stores, Incorporated, *1929 Annual Report*, p. 1; Safeway Stores, Incorporated, *1930 Annual Report*, p. 1; Safeway Stores, Incorporated, *1931 Annual Report*, p. 1; Safeway Stores, Incorporated, *1932 Annual Report*, p. 1.

51 "Safeway Stores, Inc.", *Fortune*, v. 26, out. 1940, p. 60. Doravante citado como "Safeway Stores, Inc.", *Fortune*.

52 Ver Safeway Stores, Incorporated, *1939 Annual Report*, "Personnel", p. 5; Safeway Stores, Incorporated, *1940 Annual Report*, "Personnel", p. 5; Safeway Stores, Incorporated, *1941 Annual Report*, "Personnel", p. 5. Essas posições persistiram. O *1955 Annual Report*, por exemplo, declara que a Safeway "deseja fazer parte de cada comunidade em que faz negócios. Ela aspira assumir sua parte de caridade comunitária e de custos previdenciários, assim como pagar sua parte justa de impostos municipais e estaduais". Safeway Stores, Incorporated, *1955 Annual Report*, p. 9.

53 Ver Safeway Stores, Incorporated, *1975 Annual Report*, p. 13; e Safeway Stores, Incorporated, *1968 Annual Report*, pp. 16-7. À pergunta sobre por que um negócio estaria interessado em ajudar a solucionar os problemas da sociedade, o *1968 Annual Report* diz: "Respondemos que, na nossa opinião, não se trata apenas de uma questão de cidadania, mas é necessário para um bom ambiente de negócios e talvez até mesmo para a sobrevivência da própria empresa privada." Safeway Stores, Incorporated, *1968 Annual Report*, p. 17.

54 Ver "How Consumer Organizations Rate Corporations", *Business and Society Review*, n. 3 (set. 1972), p. 94.

55 Ver Safeway Stores, Incorporated, *1975 Annual Report*, p. 13.

56 Ver Safeway Stores, Incorporated, *1965 Annual Report*, p. 8.

57 Ver Safeway Stores, Incorporated, *1972 Annual Report*, "Young Managers Move Up", p. 4.

58 Ver "Safeway Stores, Inc.", *Fortune*, p. 128.

59 Idem.

60 Ver Safeway Stores, Incorporated, 1965 Proxy Statement (Form DEF 14A), p. 9.

61 Ver "Safeway Stores, Inc.", *Fortune*, p. 134.

62 Ver Goldin e Katz, *The Race Between Education and Technology*, pp. 19-22.

63 Cerca de 70%. Ver Fraser, *Every Man a Speculator*, p. 488.

64 Mais de 90%. Ver Fraser, *Every Man a Speculator*, p. 488.

65 Com efeito, as empresas não financeiras dos Estados Unidos, tomadas em conjunto, emitiram títulos negativos a partir de 1980 e usaram parte do dinheiro levantado para a recompra de antigos capitais acionários. O patrimônio líquido foi negativo não só no longo prazo, mas em praticamente todos os anos, com poucas exceções no começo da década de 1990. Ver Conselho de Governadores do Federal Reserve System, "Flow of Funds Accounts of the United States, Annual Flows and Outstanding", Quadros F2 e F4, 1985-1994, 1995-2004, 2005-2010. Ver também Thomas I. Palley, "Financialization: What It Is and Why It Matters", Levy Economics Institute, Working Paper n. 525, dez. 2007, pp. 19-20, Figura 4, "Nonfinancial corporation net equity issuance and new borrowing, 1959-2006".

Documentos apresentados pelas empresas relacionados à recompra de capitais acionários mostram a relação entre a recompra e o novo empréstimo. Para uma amostra de documentos emitidos de 1994 a 2012, por exemplo, em cerca de 40% dos casos em que a fonte do financiamento foi aberta, a empresa declarou que esperava usar alguma forma de endividamento para financiar a recompra de participações. Ver Zicheng Lei e Chendi Zhang, "Leveraged Buybacks", *Journal of Corporate Finance* 39 (2016), p. 244.

66 Elas retêm cerca de 12% dos ganhos e financiam apenas 60% dos novos gastos e apenas 27% dos "grandes" gastos com lucros antigos, parcela que cai para apenas 15% quando se incluem aquisições.

Os números dos ganhos retidos correspondem a ganhos sobre a renda líquida. Os dados são da S&P 500 para o período situado entre 2005 e 2014. William Lazonick, "How Stock Buybacks Make Americans Vulnerable to Globalization", Institute for New Economic Thinking, Working Paper 8 (1º mar. 2016). Períodos anteriores de financeirização intensiva geraram padrões semelhantes: em 1929, por exemplo, as empresas norte-americanas reinvestiram apenas 30% de seus lucros. Ver Fraser, *Every Man a Speculator*, p. 488.

Os dados sobre o financiamento de novos investimentos são de Ralf Elsas, Mark J. Flannery e Jon A. Garfinkel, "Financing Major Investments: Information About Capital Structure Decisions", *Review of Finance* 18, n. 4 (2014).

67 Ver Michael C. Jensen, "Agency Cost of Free Cash Flow, Corporate Finance and Takeovers", *American Economic Review* 76, n. 2 (mai. 1986), pp. 323-9. Uma resenha dos muitos fatores complementares que favorecem a recompra financiada por endividamento (entre eles as ações empreendidas por acionistas para coibir a tendência da administração no sentido de favorecer outros acionistas) se encontra em Joan Farre-Mensa, Roni Michaely e Martin C. Schmalz, "Financing Payouts", Ross School of Business, Business Paper n. 1263 (dez. 2016), pp. 31-7.

68 Ver Adolph Berle e Gardiner Means, *The Modern Corporation and Private Property* (Nova York: Macmillan, 1932).

69 O termo "valor para o acionista" foi criado pelo advogado e economista Henry Manne em seu clássico artigo "Mergers and the Market for Corporate Control." Ver Henry Manne, "Mergers and the Market for Corporate Control", *Journal of Political Economy* 73, n. 2 (abr. 1965), p. 110. Note-se que a data da publicação coincide com o declínio da Grande Compressão.

70 Assim como as inovações exclusivamente financeiras discutidas anteriormente, a transação alavancada de empresas foi concebida na década de 1950, mas só se tornou viável em termos práticos na década de 1980, depois do surgimento de uma força de trabalho superqualificada capaz de implementar a inovação em escala. A primeira transação alavancada foi a compra da Waterman Steamship Corporation, em 1955, pela McLean Industries, Inc. A McLean emitiu 7 milhões de dólares em ações preferenciais e tomou 42 milhões em empréstimos bancários para comprar a Waterman. Marc Levinson, *The Box: How the Shipping Container Made the World Smaller and the World Economy Bigger* (Princeton, Nova Jersey: Princeton University Press, 2016), p. 49.

71 Ver Robert Teitelman, *Bloodsport: When Ruthless Dealmakers, Shrewd Ideologues, and Brawling Lawyers Toppled the Corporate Establishment* (Nova York: Perseus, 2016), pp. 66-72; Moira Johnston, *Takeover: The New Wall Street Warriors; The Men, the Money, the Impact* (Nova York: Arbor House, 1986), p. 34, doravante citado como Johnston, *Takeover*; e Bruce Wasserstein, *Big Deal: Mergers and Acquisitions in the Digital Age* (Nova York: Warner Business Books, 2001), p. 548, doravante citado como Wasserstein, *Big Deal*. O escritório de advocacia Wachtell é famoso por ajudar as empresas a resistir ao assédio de compradores, tendo inventado a estratégia de defesa batizada de "pílula de veneno". Ver Johnston, *Takeover*, p. 36; Wasserstein, *Big Deal*, p. 552.

72 Ver IDD Enterprises, *M&A Almanac* (maio-junho de 1992); Houlihan Lokey Howard & Zukin, *Mergerstat Review* (Los Angeles: Mergerstat, 1988), p. 1.

73 Ver W. T. Grimm & Co., *Mergerstat Review* (Schaumburg, IL: Merrill Lynch Business Brokerage and Valuation, 1988), p. 3; Houlihan Lokey Howard & Zukin, *Mergerstat Review* (Los Angeles: Mergerstat, 1999), p. 1.

74 Ver Ho, *Liquidated*, p. 133; Marina Whitman, *New World, New Rules: The Changing Role of the American Corporation* (Boston: Harvard Business School Press, 1999), p. 9; e Michael Useem, *Investor Capitalism: How Money Managers Are Changing the Face of Corporate America* (Nova York: Basic Books, 1996), p. 2.

Empresas de participações privadas, por sua vez, têm hoje 2,4 trilhões de dólares disponíveis para investir em

NOTAS

empresas que consideram mal administradas e substituir administradores incompetentes, uma ameaça que disciplina os administradores mesmo que nenhuma transação se concretize. Ver Preqin, *2016 Preqin Global Private Equity & Venture Capital Report*. Disponível em: <www.preqin.com/docs/samples/2016-Preqin-Global-Private-Equity-and-Venture-Capital-Report-Sample_Pages.pdf>.

75   A nova ideologia provocou mudanças também em setores adjacentes à empresa. Os gerentes de meados do século XX serviam a muitos acionistas — entre eles as comunidades em que a empresa fazia negócios, os clientes da empresa e (com importância especial) seus empregados. Além disso, os gerentes da época em muitos casos viviam, literalmente, junto da força de trabalho da empresa, o que lhes servia de estímulo para apoiar o emprego local e a vida cívica, além de pagar bons salários a seus vizinhos.

76   Os altos executivos devem monitorar os trabalhadores de instâncias inferiores, mas a distância entre as tarefas desses trabalhadores e o preço da ação da empresa dificulta o incentivo direto a esses trabalhadores para promover valor ao acionista.

77   O aumento da remuneração dos CEOs foi acompanhado da transição do pagamento fixo para pacotes de remuneração vinculados ao desempenho das ações. Entre 1990 e 2015, o componente independente das ações do pagamento dos CEOs das S&P 1500 aumentou pouco (de cerca de 1,2 milhão a cerca de 1,5 milhão e meio, em média), mas o componente acionário mais que triplicou (de 800 mil a mais de 2,5 milhões de dólares, em média). Ver Cremers, Masconale e Sepe, "CEO Pay Redux", p. 240. Os autores excluíram de seu conjunto de dados a remuneração de empresas que têm dois tipos de ação e empresas de setores regulamentados, que representam pouco menos de 10% das S&P 1500.

78   Na virada do século XX para o XXI, um rebaixamento na recomendação dos analistas do mercado acionário — de "compre" para "mantenha" ou de "mantenha" para "venda" — aumentava pela metade a probabilidade de demissão do CEO da empresa rebaixada nos seis meses seguintes. Com efeito, a demissão por mau desempenho de CEOs das 2,5 mil maiores empresas do mundo quadruplicou em apenas dez anos, de 1995 a 2005. Ver Reich, *Supercapitalism*, p. 76, citando Chuck Lucier, Paul Kocourek e Rolf Habbel, *The Crest of the Wave* (Nova York: Booz Allen Hamilton, 2006).

79   Ver Charles J. Whalen, "Money-Manager Capitalism and the End of Shared Prosperity", *Journal of Economic Issues* 31, n. 2 (jun. 1997), p. 522; e David A. Zalewski e Charles J. Whalen, "Financialization and Income Inequality", *Journal of Economic Issues* 44, n. 3 (2010), p. 762. Além disso, os empregadores cada vez mais se opõem à sindicalização e manifestam sua oposição de forma cada vez mais agressiva: a parte das eleições sindicais que recebeu aprovação do empregador caiu quatro quintos entre 1962 e 1977, e, segundo o Conselho Nacional de Relações Trabalhistas, o uso de demissões ilegais para tentar impedir a sindicalização aumentou cinco vezes entre o começo da década de 1950 e 1990. Reich, *Supercapitalism*, pp. 80-1.

80   Como os gestores estão socialmente isolados não somente da comunidade e dos empregados como também dos acionistas — essas práticas também lhes dão o poder de jogar duro para captar toda a renda que sua qualificação pode manter.

81   Ver David Carey e John E. Morris, *King of Capital: The Remarkable Rise, Fall, and Rise Again of Steve Schwarzman and Blackstone* (Nova York: Random House, 2012), p. 100. Ver também Gerald Davis, *Managed by the Markets: How Finance Reshaped America* (Oxford: Oxford University Press, 2009).

82   As relações entre meritocracia e práticas de fusão e aquisição vão longe: os escritórios de advocacia protestantes e tradicionais que eram maioria em meados do século XX rejeitavam as leis que regiam o litígio, a falência e a aquisição hostil, tidas como práticas condenáveis que só se tornavam necessárias quando o advogado fracassava em sua missão principal. Os escritórios de advocacia Wachtell e Skadden eram ambos abertos a judeus, que tinham sido excluídos das empresas protestantes — na verdade, os fundadores do Wachtell eram todos judeus — e faziam negócios em áreas que os escritórios tradicionais evitavam. O sucesso do Wachtell e as tentativas de imitação por parte de escritórios mais antigos dão prova do domínio ascendente da meritocracia na prática legal da elite. Ver Eli Wald, "The Rise and Fall of the WASP and Jewish Law Firms", *Stanford Law Review* 60 (abr. 2008), pp. 1803-66.

83   São escolhidas porque são as escolas bem relacionadas que figuram habitualmente nas listas das dez melhores e das cinco melhores do *U.S. News & World Report*.

84   Em 2016, os principais escritórios de advocacia especializados em fusões e aquisições, além do Wachtell e do Skadden, eram o Cravath Swaine & Moore; Kirkland & Ellis; Paul, Weiss, Latham & Watkins; Simpson Thacher & Bartlett; Sullivan & Cromwell; e Weil, Gotshal. Todos eles contratam a maioria de seus advogados entre os formados pelas escolas mais elitistas. Ver "The Legal 500 Rankings of M&A Litigation", The Legal 500. Disponível em: <www.legal500.com/c/united-states/dispute-resolution/manda-litigation-defense>.

85   Ver Dirk Zorn, "Here a Chief, There a Chief: The Rise of the CFO in the American Firm", *American Sociological Review* 69 (jun. 2004), pp. 345-64.

86   Matthias Kipping e Lars Engwall, *Management Consulting: Emergence and Dynamics of a Knowledge Industry* (Nova York: Oxford University Press, 2002), p. 71.

87   Além disso, o setor dedicou-se menos à administração e mais a problemas técnicos dos processos de produção — aumentando a eficiência dos "trabalhadores da linha de montagem na parte inferior do organograma da empresa". O primeiro "consultor empresarial" foi, afinal, Frederick Taylor. Ver Duff McDonald, *The Firm: The Story of McKinsey and Its Secret Influence on American*

Business (Nova York: Simon & Schuster, 2013), pp. 26-8. Doravante citado como McDonald, *The Firm*. Ver Walter Kiechel, *The Lords of Strategy: The Secret Intellectual History of the New Corporate World* (Cambridge, Massachusetts: Harvard Business Press, 2010), pp. 3-4. Doravante citado como Kiechel, *The Lords of Strategy*. Ver também Terrence Deal e Allan A. Kennedy, *The New Corporate Cultures: Revitalizing the Workplace After Downsizing, Mergers, and Reengineering* (Reading, Massachusetts: Perseus, 1999), p. 64.

88 Ver David Burkus, *Under New Management: How Leading Organizations Are Upending Business as Usual* (Nova York: Houghton Mifflin Harcourt, 2016), p. 194.

89 McDonald, *The Firm*, p. 94.

90 Ibid., p. 113.

91 Kiechel, *The Lords of Strategy*, p. 9.

92 Ver, por exemplo, Escola de Administração de Harvard, "Recruiting: Data & Statistics". Disponível em: <www.hbs.edu/recruiting/data/Pages/detailed-charts.aspx>.

93 Ver Ho, *Liquidated*, pp. 332-3.

94 Kiechel, *The Lords of Strategy*, p. 9.

95 Idem, p. 9.

96 John Micklethwait e Adrian Wooldridge, *The Witch Doctors: Making Sense of the Management Gurus* (Nova York: Random House, 1996), p. 26. Doravante citado como Micklethwait e Wooldridge, *The Witch Doctors*.

97 Ver Micklethwait e Wooldridge, *The Witch Doctors*, pp. 29-31; Thomas Davenport, "The Fad That Forgot People", *Fast Company*, 31 out. 1995, disponível em: <www.fastcompany.com/26310/fad-forgot-people>, acesso em: 19 nov. 2018.

98 Terrence Deal e Allan A. Kennedy, *The New Corporate Cultures* (Nova York: Perseus, 1999), p. 64.

99 McKinsey alega que a abordagem de meados do século XX levou a que o número de empregados não ligados à produção na indústria manufatureira, por exemplo, "aumentasse seis vezes mais que o dos trabalhadores da produção [entre 1950 e 1970]". Ver John L. Neuman, "Make Overhead Cuts That Last", *Harvard Business Review*, maio 1975. Disponível em: <https://hbr.org/1975/05/make-overhead-cuts-that-last>. Doravante citado como Neuman, "Make Overhead Cuts That Last".

100 A empresa reitera, no entanto, que sua proposta poderia cortar de 15% a 30% dos custos operacionais a curto prazo (em quatro meses). Ver Neuman, "Make Overhead Cuts That Last".

Muitas vezes, os consultores delegavam essas decisões "dolorosas" aos próprios gerentes, que "supostamente deveriam [...] identificar os meios pelos quais eles e os gerentes de nível inferior [poderiam] ser eliminados para livrar a corporação do 'inchaço gerencial'". Randy Hodson, "3 Reviews: The Many Faces of Organizational Control", *Administrative Science Quarterly* 36, n. 3 (1991). p. 490, recapitulando Vicki Smith, *Managing in the Corporate Interest: Control and Resistance in an American Bank* (Berkeley: University of California

Press, 1990). Disponível em: <http://ark.cdlib.org/ark:/13030/ft267nb1gt/>.

101 Kiechel, *The Lords of Strategy*, p. 9.

102 Idem.

103 De nada adianta, como os observadores às vezes tentam fazer, atribuir as mudanças no estilo de gestão ao aumento da complexidade da produção. É verdade que as empresas do século XX — lembre-se o caso da Singer, fábrica de máquinas de costura — trouxeram a produção para dentro da empresa com o propósito de garantir uniformidade e compatibilidade entre partes de máquinas cada vez mais complexas. Mas explicar por que o gerenciamento é mais garantido do que a subcontratação para a obtenção desses resultados exige uma justificativa além, e essa justificativa deve se relacionar ao custo relativo e à eficácia das tecnologias que cada tipo de coordenação emprega.

A transição dos métodos de gerenciamento de empregados do século XX para o século XXI é bem representativa dessa questão. Certamente, a produção de hoje é mais complicada do que em meados do século passado, e apesar disso a hierarquia administrativa não ganhou novas camadas, mas achatou-se. O aumento da complexidade da produção, portanto, favoreceu um modelo menos elaborado de gestão do que o que se empregava em meados do século XX. A diferença chega a mudar tecnologias de gestão e, em última instância, a ética e a qualificação da categoria dos administradores.

104 Os CEOs de hoje ganham cerca de trezentas vezes a renda média. Ver Lawrence Mishel e Alyssa Davis, "Top CEOs Make 300 Times More Than Typical Workers", Instituto de Política Econômica, jun. 2015. Disponível em: <www.epi.org/publication/top-ceos-make-300-times-more-than-workers-pay-growth-surpasses-market-gains-and-the-rest-of-the-01-per-cent/>. Em 2010, o 1% superior na distribuição de renda recebia cerca de 20% da renda total, mas possuía aproximadamente, 35% de todas as ações das empresas de capital aberto que estavam em mãos das famílias norte-americanas. Os 90% inferiores eram donos de apenas 19,2%. Edward N. Wolff, "The Asset Price Meltdown and the Wealth of the Middle Class", NBER, Working Paper n. 18559 (nov. 2012). Disponível em: <www.nber.org/papers/w18559>.

105 Ver Faludi, "The Reckoning".

106 Idem. ("Não muito depois [que Mr. Magowan começou a demitir empregados em consonância com a transação LBO], a Safeway substituiu seu antigo slogan 'Safeway dá segurança'. A nova identidade corporativa, como se lia numa placa instalada no saguão da sede da empresa, dizia: RETORNOS DIRECIONADOS SOBRE O INVESTIMENTO").

107 Ver Faludi, "The Reckoning". Ver também Mord Bogie, *Churchill's Horses and the Myths of American Corporations* (Londres: Quorum Books, 1998), pp. 168-9.

108 Ver Faludi, "The Reckoning", 2, col. 4.

109 Idem.

110 Ver Christine Wilcox, "Bob Miller Assumes Role of Chairman & CEO of Albertsons, NAI & Safeway". *Mar-*

NOTAS

ket Mixx (blog), *Albertsons*, disponível em: <www.albert-sons.com/bob-miller-assumes-role-of-chairman-ceo-of--albertsons-nai-safeway/>; e "Executive Profile of Robert G. Miller", Bloomberg, disponível em: <www.bloomberg.com/research/stocks/private/person.asp?personId=234 62422&privcapId=25591240>, acesso em: 9 out. 2018.

111 Ver "Steven A. Burd, 1949–", Reference for Business. Disponível em: <www.referenceforbusiness.com/bio-graphy/AE/Burd-Steven-A-1949.html>.

112 Ver Faludi, "The Reckoning". Faludi informa o bônus potencial do plano de remuneração do CEO e comenta que ele ganhou o maior bônus possível em todos os anos que se seguiram à transação. Esses aumentos vieram a complementar um salário que já tinha aumentado na década de 1980. Em 1986, pouco antes da transação, o CEO Peter Magowan (filho de Robert Magowan) ganhou 925 mil dólares (cerca de 2 milhões em moeda de 2015). Ver Jonathan Greenberg, "Sold Short", *Mother Jones*, mai. 1988, p. 39.

113 Ver, por exemplo, Safeway, Inc. U.S. SEC Filings, Form DEF 14A, 25 mar. 1994, p. 8; Safeway, Inc., U.S. SEC Filings, Form DEF 14A, 22 mar. 1996, p. 11.

114 Safeway, Inc., U.S. SEC Filings, Form 10K, 3 jan. 2015, p. 117.

115 Ver J. F. C. Harrison, *Society and Politics in England, 1780-1960* (Londres: Harper & Row, 1965), pp. 70-2. Ver também Paul Halsall, "Leeds Woollen Workers Petition, 1786", Universidade Fordham, Modern History Sourcebook, ago. 1997. Disponível em: <https://sour-cebooks.fordham.edu/mod/1786machines.asp>.

116 Ver Goldin e Katz, *The Race Between Education and Technology*, p. 122.

Não há indícios conclusivos de que a Revolução Industrial tenha orientado sistematicamente o mercado de trabalho em detrimento da qualificação. E as inovações industriais com certeza não orientaram o mercado de trabalho em detrimento de *toda* a qualificação. A demanda de engenheiros, por exemplo, aumentou, o que viria a ocorrer também no caso dos administradores. Ver Goldin e Katz, *The Race Between Education and Technology*, p. 265. Mas existem de fato indícios que permitem a generalização do exemplo mencionado no texto principal. John James e Jonathan Skinner usam o censo de 1850 da indústria manufatureira para mostrar que o capital substituiu trabalhadores qualificados mais rápido do que os não qualificados no período da industrialização, e que os trabalhadores substituídos tinham anteriormente vantagens salariais substanciais (mais de 60%) comparados aos trabalhadores não qualificados. John A. James e Jonathan S. Skinner, "The Resolution of the Labor-Scarcity Paradox", *Journal of Economic History* 45, n. 3 (set. 1985), pp. 513-40.

117 Ver Goldin e Katz, *The Race Between Education and Technology*, p. 122.

118 Idem.

119 Em 1910, dois terços dos trabalhadores da Ford eram mecânicos qualificados. Em 1914, mais da metade deles eram imigrantes recém-chegados sem experiência alguma em mecânica. Ver Cappelli, *The New Deal at Work*, p. 58; Stephen Meyer, *The Five Dollar Day: Labor Management and Social Control in the Ford Motor Company* (Albany: State University of New York Press, 1981). Ver também Goldin e Katz, *The Race Between Education and Technology*, p. 123; Harry Braverman, *Labor and Monopoly Capital: The Degradation of Work in the Twentieth Century* (Nova York: Monthly Review Press, 1974), p. 146; e David Hounshell, *From the American System to Mass Production* (Baltimore: Johns Hopkins University Press, 1984).

Note-se o contraste com o que ocorreu na tecnologia automobilística no século XX, quando a montagem executada por robôs substituiu trabalhadores menos qualificados por operadores de máquinas mais qualificados. Ver Goldin e Katz, *The Race Between Education and Technology*, p. 123. Goldin e Katz resumem as eras contrastantes: "O movimento que levou da produção artesanal até as fábricas, no século XIX, promoveu a substituição de capital e força de trabalho não qualificada por força de trabalho qualificada (artesanal), enquanto a adoção do processo contínuo e dos métodos de unidades acionadoras no século XX promoveu a substituição de capital e força de trabalho qualificada (instruída) por força de trabalho não qualificada." Goldin e Katz, *The Race Between Education and Technology*, p. 125.

120 Ver Joseph J. Spengler, "Changes in Income Distribution and Social Stratification: A Note", *American Journal of Sociology* 59, n. 3 (nov. 1953), p. 247. Simon Kuznets era conhecido por ter uma visão parecida. Simon Kuznets, "Economic Growth and Income Inequality", *American Economic Review* 45, n. 1 (mar. 1955), p. 1. Ver também Jeffrey Winters e Benjamin Page, "Oligarchy in the United States?", *Perspectives on Politics* 7, n. 4 (dez. 2009), p. 731.

121 Um ponto de vista bastante comum vê a marcha para a frente da tecnologia como um fato inelutável ao qual a vida social e econômica deve se adaptar, mas que a sociedade não pode pretender controlar e pelo qual não pode ser responsabilizada. A metáfora dominante para as relações entre a inovação e o mercado de trabalho, e seu impacto sobre a desigualdade econômica, se traduz no título de um livro importante, "uma corrida entre a educação e a tecnologia", na qual a desigualdade crescente aparece porque as instituições sociais que produzem e distribuem educação não conseguem acompanhar as demandas cada vez mais exigentes da tecnologia em relação à qualificação. Ver Goldin e Katz, *The Race Between Education and Technology*. Entre outras expressões da visão dominante encontram-se Alan B. Krueger, "How Computers Have Changed the Wage Structure", *Quarterly Journal of Economics* 108, n. 1 (fev. 1993), p. 33; Eli Berman, John Bound e Zvi Griliches, "Changes in Demand for Skilled Labor Within U.S. Manufacturing", *Quarterly Journal of Economics* 109, n. 2 (mai. 1994), p. 367; David H. Autor, Lawrence F. Katz e Alan B.

Krueger, "Computing Inequality: Have Computers Changed the Labor Market?", *Quarterly Journal of Economics* 113, n. 3 (nov. 1998), p. 1169. A metáfora assume como inevitável que a inovação favoreça a tecnologia, e que isso é tão independente das instituições e da prática que dispensa educação: para que uma corrida faça sentido, os competidores devem correr com forças separadas. A suposição que está por trás da metáfora — a de que a inovação favorece necessariamente a qualificação — é tão poderosa e generalizada quanto o ar que respiramos, passando quase que totalmente despercebida embora tudo dependa dela. Mesmo quando fala da tendência à qualificação da inovação tecnológica e suas consequências sobre o aumento da desigualdade econômica em detalhes minuciosos, as visões convencionais nunca nem sequer perguntam *por que* a tecnologia funciona dessa forma, precisamente *agora*.

122 Ver, por exemplo, Herbert Marcuse, *One Dimensional Man* (Boston: Beacon, 1964), p. 154 (falando sobre como a questão das "'criações produzidas pelo homem' provêm de um conjunto social e a ele retornam"); Frederick Ferré, *Philosophy of Technology* (Athens: University of Georgia Press, 1995), pp. 38-42 (em que distingue inteligência prática de inteligência teórica, ligando ambas novamente à sociedade em que se formaram).

Os economistas às vezes fazem distinção entre a função de metaprodução de uma economia, que consiste em todas as tecnologias que teoricamente podem ser descobertas (ou "o conjunto de todas as atividades conhecidas e as que podem ser descobertas"), e sua real função de produção, que envolve apenas as tecnologias que os inovadores, devido a forças sociais e econômicas que enfrentam, descobriram efetivamente. Ver Yujiro Hayami e V. W. Ruttan, "Agricultural Productivity Differences Among Countries", *American Economic Review* 60, n. 5 (dez. 1970), p. 898. Doravante citado como Hayami e Ruttan, "Agricultural Productivity".

123 Ver Acemoglu, "Technical Change", p. 37; e Daron Acemoglu, "Why Do New Technologies Complement Skills? Directed Technical Change and Wage Inequality", *Quarterly Journal of Economics* 113, n. 4 (nov. 1998), p. 1055. Doravante citado como Acemoglu, "Why Do New Technologies Complement Skills?".

124 Ver, por exemplo, Aldo Schiavone, *The End of the Past* (Cambridge, MA: Harvard University Press, 2002), p. 136, doravante citado como Schiavone, *The End of the Past*; James E. McClellan III e Harold Dorn, *Science and Technology in World History* (Baltimore: Johns Hopkins University Press, 2006), pp. 103-4. Aristóteles disse — e Cícero repetiu — que "somente num mundo fantástico em que as lançadeiras fossem capazes de tecer sozinhas a instituição da escravatura poderia ser dispensada". Ver Schiavone, *The End of the Past*, p. 135. A existência de trabalho escravo (sendo os escravos expressamente entendidos como aquilo que Aristóteles chamava de "instrumentos animados" ou máquinas humanas de produção) tornaria as máquinas industriais economi-

camente desnecessárias. Ver Schiavone, *The End of the Past*, pp. 132, 136.

As normas sociais que valorizavam o saber teórico (especialmente o filosófico) e depreciavam as ciências práticas e aplicadas são uma das razões pelas quais a Grécia e Roma antigas (e também a China antiga) nunca se industrializaram. Ver Schiavone, *The End of the Past*, pp. 136-53; Justin Yifu Lin, *Demystifying the Chinese Economy* (Cambridge: Cambridge University Press, 2012), pp. 48-51.

125 Ver Hayami e Ruttan, "Agricultural Productivity", p. 898.

Mesmo em outras sociedades assemelhadas entre si, como as colônias europeias no Novo Mundo, a escolha do cultivo, o tamanho das propriedades agrícolas, a natureza do trabalho (indígena ou imigrante, livre ou escravo) e outras tecnologias de produção variavam a depender do solo e do clima. Ver, por exemplo, Stanley L. Engerman e Kenneth L. Sokoloff, "History Lessons: Institutions, Factor Endowments, and the Path of Development in the New World", *Journal of Economic Perspectives* 14, n. 3 (verão de 2000), p. 217.

Fatores semelhantes vêm governando a história mais recente da inovação tecnológica até mesmo na atualidade. O rápido crescimento e as características da produção nos séculos XIX e XX foram determinados pela abundância de combustíveis fósseis e seu fácil aproveitamento, e também de tanques de grande capacidade para os subprodutos da queima desses combustíveis. E as tecnologias industriais do século XXI, já está bem claro, serão fortemente influenciadas pelo esgotamento das fontes e pela sobrecarga dos tanques. Essas influências penetram os detalhes das tecnologias desenvolvidas em cada período, contribuindo, por exemplo, para a preferência do motor de combustão interna no século XX e a volta a motores elétricos no século XXI. Ver Rebecca Matulka, "The History of the Electric Car", Departamento de Energia, set. 2014. Disponível em: <www.energy.gov/articles/history-electric-car>.

126 Para a tentativa de identificar as fontes de riqueza em diversos países ao longo dos três últimos séculos, ver Thomas Piketty e Gabriel Zucman, "Wealth-Income Ratios in Rich Countries 1700-2010", p. 6, Figuras 9-12, Figura 15. Disponível em: <www.parisschoolofeconomics.com/zucman-gabriel/capitalisback/PikettyZucman2013WP.pdf>. Piketty e Zucman consideram escravos como capital — na verdade, um complemento da terra —, mas rejeitam expressamente incluir o capital humano de trabalhadores livres em seus cálculos. Seus dados, no entanto, embasam a ideia de que a parcela total da riqueza que se pode atribuir a esse capital humano aumentou nos dois últimos séculos: o capital humano é, na verdade, o valor descontado no presente da renda futura do trabalho, e Piketty e Zucman mostram que entre 1820 e 2010, a renda nacional tanto do Reino Unido quanto da França, aos poucos, com oscilações, mas sem nunca alterar a tendência, se distanciou do capital e se aproximou do trabalho.

NOTAS

127 Dados fornecidos por <www.VisionofBritain.org.uk>, com material estatístico cujo copyright pertence ao Great Britain Historical GIS Project, Humphrey Southall e à Universidade de Portsmouth.

Os números referentes a Londres provêm do Escritório de Governo da Região de Londres, População Total Atual. Os números referentes a Manchester vêm de Grande Manchester, População Total, Agora. Os números referentes a Birmingham vêm de West Midlands, População Total, Agora. E os números referentes a Liverpool vêm de Merseyside, População Total, Agora. Os dados podem ser encontrados em <www.visionofbritain.org.uk>.

128 Ver Acemoglu, "Technical Change", pp. 37, 39.

129 Parte desses trabalhadores superqualificados de nova mentalidade é mais empregada no setor público do que no setor privado, onde atuam como reguladores do regime administrativo cada vez mais intrincado que o Estado adotou depois da Segunda Guerra Mundial. A complexidade em aumento das regulações do governo exerceu uma pressão a mais em favor da força de trabalho superqualificada do setor privado, aumentando a capacidade analítica e administrativa de que as empresas privadas precisam para atender às regras e cumprir a lei. Mais recentemente, o surgimento de uma ordem administrativa global — associada, por exemplo, à Organização Mundial de Comércio ou à União Europeia — acrescentou mais uma camada de complexidade aos assuntos internacionais, o que exige das empresas privadas mão de obra ainda mais especializada para ter êxito comercial dentro da lei.

130 A lei adotou e até mesmo instituiu as novas regras que inverteram a antiga ordem: enquanto trabalhadores não qualificados ou semiqualificados ficam sujeitos a regimes trabalhistas que limitam a jornada de trabalho, os trabalhadores de elite — administradores e profissionais — forçaram sua isenção das regulações trabalhistas, mesmo num âmbito que pressagiava as normas stakhanovistas que atualmente regem a classe trabalhadora supraordenada. Ver, por exemplo, Lei de Padrões Justos de Trabalho de 1938, 29 U.S.C., §§ 206, 207 e 213 (1938) (que instituiu o salário mínimo por hora, limitou as horas semanais de trabalho sem pagamento de horas extras e isentou dessas exigências os trabalhadores "empregados de boa-fé como capacidade executiva, administrativa ou profissional"); Lei Nacional de Relações Trabalhistas, 29 U.S.C., § 152(3) (1935) (que determina quais empregados são regidos pela lei de modo geral, excluindo explicitamente "qualquer pessoa empregada como supervisor").

131 As invenções interagem para tornar o resultado das inovações voltadas para a qualificação, em conjunto, maior que a soma de suas partes. Abraham Wickelgren destacou a importância dessa questão.

132 Acemoglu, "Technical Change", p. 37. Ver também Anthony B. Atkinson e Joseph E. Stiglitz, "A New View of Technological Change", *Economic Journal* 79, n. 315 (set. 1969), pp. 573-8.

133 É difícil ignorar a ironia que esse processo encerra ao seguir quase que à perfeição a lógica marxista da exploração do proletariado, agora aplicada à elite. Mesmo a renda cada vez maior da elite e os investimentos cada vez maiores em qualificação estão ligados entre si por uma lógica marxista, sobretudo a ideia segundo a qual os salários atuais incluem o custo da reprodução da força de trabalho, formando as gerações seguintes de trabalhadores. Uma troca de ideias com David Grewal contribuiu bastante para meu pensamento sobre essa questão.

134 Ver David Montgomery, *Workers' Control in America: Studies in the History of Work, Technology, and Labor Struggles* (Cambridge: Cambridge University Press, 1979), p. 188, citando S. H. Bunnell, "Jigs and Fixtures as Substitutes for Skill", *Iron Age* (mar. 1914), pp. 610-1.

135 Uma abordagem teórica desse mecanismo pode ser encontrada em Acemoglu, "Technical Change", p. 7. Essa teoria destaca que a demanda de superqualificação induzida pela inovação orientada pode (pelo menos a curto ou médio prazo) superar a oferta de trabalhadores superqualificados, fazendo com que os salários da elite subam ainda mais. Ver Acemoglu, "Technical Change", pp. 7, 37-8 ("A reação endógena das empresas ao aumento da oferta vai aumentar a demanda de qualificação. Na verdade, a oferta pode não apenas criar uma demanda própria, mas a reação das empresas pode ser acentuada a ponto de levar a demanda a superar a oferta. Portanto, desse ponto de vista, o aumento da oferta pode ser a causa do aumento da vantagem salarial [ver Acemoglu, 1998, e também Michael Kiley, 1999]").

136 Os dados que embasam essas afirmações vêm de Daron Acemoglu e David Autor, "Skills, Tasks, and Technologies: Implications for Employment and Earnings", in *Handbook of Labor Economic Economics*, v. 4b, David Card e Orley Ashenfelter (orgs.) (Amsterdã: Elsevier, 2011). Acemoglu e Autor usam dados brutos do Census Bureau's March CPS. Ver também Acemoglu, "Technical Change", p. 37.

De acordo com outra estimativa, a oferta relativa de trabalhadores de formação universitária aumentou cerca de duas vezes mais na década de 1970 em relação às três décadas anteriores. Assim, a oferta relativa de trabalhadores que cursaram faculdade (medida como cem vezes o registro anual de modificações) multiplicou-se por 2,35 na década de 1940, por 2,91 na de 1950, por 2,55 na de 1960 e por 4,99 na de 1970. Ver Goldin e Katz, *The Race Between Education and Technology*, p. 297, Quadro 8.1. Goldin e Katz observam ainda que a oferta de trabalhadores qualificados medida mais amplamente — e o tempo médio de estudo da força de trabalho norte-americana — também aumentou mais rápido entre 1960 e 1980 do que em décadas anteriores ou posteriores. Entre 1940 e 1960, o tempo médio de estudo do trabalhador subiu 1,52 ano; entre 1960 e 1980, o crescimento foi de 1,93 ano; e entre 1980 e 2005, foi de 1,08 ano. Ver Goldin e Katz, *The Race Between Education and Technology*, p. 39, Quadro 1.3.

137 Segundo essa estimativa, a demanda relativa de trabalhadores que cursaram faculdade (medida como cem vezes o registro anual de modificações) multiplicou-se por -0,69 na década de 1940, por 4,28 na de 1950, por 3,69 na de 1960, por 3,77 na de 1970 e por 5,01 na década de 1980. Ver Goldin e Katz, *The Race Between Education and Technology*, p. 297, Quadro 8.1 (esses números foram extraídos da coluna que usa a estimativa preferencial para a flexibilidade da troca entre a força de trabalho qualificada e a não qualificada, 1,64).

138 Segundo uma explicação alternativa, a demanda pela qualificação universitária aumentou num ritmo mais ou menos constante durante esse período, e a vantagem salarial aumentou quando o crescimento da oferta de qualificação universitária começou a cair. Ver, por exemplo, Goldin e Katz, *The Race Between Education and Technology*. As duas explicações baseiam-se nos mesmos dados que, no entanto, classificam e interpretam de modos diversos.

139 Os dados referentes a esses trabalhadores são demasiado superficiais e jornalísticos para justificar a posição aqui defendida sem recorrer a algo além de inferências especulativas.

140 Ver World Top Incomes Database, United States / Pre-tax national income / P99-P100 / Share, de 29 out. 2018. Disponível em: <https://wid.world/data/#countrytimeseries/sptinc_p0p50_992j;sptinc_p99p100_992_j/US/1970/2014/eu/k/p/yearly/s>.

141 World Top Incomes Database, United States / Pre-tax national income / P99-P100 / Share, de 29 out. 2018. Disponível em: <https://wid.world/data/#countrytimeseries/sptinc_p0p50_992j;sptinc_p99p100_992_j/US/1970/2014/eu/k/p/yearly/s>. Lembre-se, ademais, de que essas rendas provêm cada vez mais do trabalho que do capital, o que equivale a dizer que assumem a forma de retorno econômico da superqualificação.

142 Acemoglu, que pretende formular uma teoria geral da inovação induzida — um panorama geral da relação entre a distribuição de qualificação dentro da força de trabalho e a orientação da qualificação para as novas tecnologias —, sugere que esse padrão já apareceu, em tempos passados, mais próximo do segmento inferior da distribuição de qualificação. Acemoglu sugere, portanto, que o retorno da educação secundária, depois de cair devido ao aumento da oferta durante os primeiros anos da explosão do ensino médio do início do século XX, aumentou rapidamente à medida que uma nova oferta de trabalhadores com ensino médio induziu inovações que aumentavam, por sua vez, a demanda de trabalhadores com ensino médio. Acemoglu, "Technical Change". O economista — e mais tarde senador — Paul Douglas adotou uma explicação semelhante ao sugerir que as máquinas de escritório que haviam sido inventadas recentemente reduziam a demanda de funcionários administrativos com formação secundária durante as primeiras décadas do século XX (mas não afirmou que a generalização do ensino médio induzisse essas inovações). Ver Goldin e Katz, *The Race Between Education and Technology*, p. 288. Goldin e Katz, pelo contrário, afirmam que o retorno do ensino médio caiu durante muito mais tempo em reação ao aumento da oferta, despencando invariavelmente de 1915 até 1945 — provavelmente um período demasiado longo para que a teoria da inovação explicasse esse comportamento. Ver Goldin e Katz, *The Race Between Education and Technology*, pp. 82, 85, Figura 2.9, pp. 288-9. Talvez possa responder por essa divergência o fato de Acemoglu ter levado em conta o retorno do ensino médio completo, enquanto Goldin e Katz dão ênfase ao retorno da educação composta de escolarização fundamental mais um ano de estudo. Não fica claro de imediato qual das análises é favorecida por essa diferença.

143 Outros fatores, além da retroalimentação entre educação e trabalho, contribuem para a excepcional concentração de trabalho e renda na elite dos Estados Unidos. Mas esses fatores quase sempre complementam, e não substituem, o mecanismo que se destaca aqui.

144 Ver Banco Mundial, World Economic Outlook Database, edição de out. 2018. Disponível em: <www.imf.org/external/pubs/ft/weo/2018/02/weodata/index.aspx>. Acesso em: 11 mar. 2019. Esses dados expressam o PIB *per capita* não em termos de paridade de poder de compra, mas em dólares nominais. Portanto, para a obtenção de uma medição internacional dos padrões materiais de vida nos diversos países, os dados devem ser corrigidos por taxas de câmbio, diferenças inflacionárias e variações no custo de vida.

145 Ver Banco Mundial, World Economic Outlook Database, edição de out. 2018. Disponível em: <www.imf.org/external/pubs/ft/weo/2018/02/weodata/index.aspx>. Acesso em: 11 mar. 2019.

146 Entre 1970 e 2015, o número de alunos do ensino médio acadêmico da Alemanha (chamado *Gymnasia*), que prepara para o ingresso na universidade e para o estudo de profissões liberais, aumentou de menos de um décimo para mais de um terço do total de estudantes. Ver "Abitur Für Alle", *Welt am Sonntag*, 15 jun. 2014. Disponível em: <www.welt.de/print/wams/article129082343/Abitur-fuer-alle.html>. As universidades alemãs, como seria de esperar, tiveram um aumento paralelo no número de inscritos: enquanto cerca de 5% dos alemães adultos tinham diploma universitário em 1970, hoje em dia cerca da metade deles se matricula e cerca de um terço se forma. Ver OCDE, *Education at a Glance: OECD Indicators — Germany*. Disponível em: <www.oecd.org/edu/Germany-EAG2014-Country-Note.pdf>.

147 As empresas alemãs, com apoio do Estado, adotaram um programa de educação vocacional de massa, com mais de 70% dos jovens trabalhadores recebendo treinamento formal no ambiente de trabalho (comparados a 10% nos Estados Unidos). Ver Daron Acemoglu e Jörn-Steffen Pischke, "The Structure of Wages and Investment in General Training", *Journal of Political Economy* 107, n. 3 (jun. 1999), p. 542 (citando um

NOTAS

relatório da OCDE segundo o qual 71,5% dos jovens trabalhadores na Alemanha recebem treinamento formal, enquanto apenas 10% dos trabalhadores norte-americanos jovens recebem treinamento formal durante os sete primeiros anos de trabalho [no Japão, eles são 67% e, na França, 23,6%]). Doravante citado como Acemoglu e Pischke, "The Structure of Wages". O treinamento, além disso, pode ser intensivo, como o aprendizado que as empresas alemãs proporcionam a seus jovens trabalhadores, que custa nada menos de 10 mil dólares por ano por aprendiz. Ver Acemoglu e Pischke, "The Structure of Wages", p. 540. O treinamento no ambiente de trabalho vincula o trabalhador à empresa, e assim sua importância determina a rotatividade no trabalho, revelando claramente o tamanho da diferença entre os Estados Unidos e a Alemanha: enquanto o trabalhador norte-americano do sexo masculino tem, em média, seis empregos nos dez primeiros anos no mercado de trabalho, o trabalhador alemão tem, em média, um ou dois. Ver Acemoglu e Pischke, "The Structure of Wages", p. 549. Ver também Daron Acemoglu e Jörn-Steffen Pischke, "Why Do Firms Train? Theory and Evidence", *Quarterly Journal of Economics* 113 (fev. 1998), pp. 79-119 (que estimam um emprego) e Christian Dustmann e Costas Meghir, "Wages, Experience and Seniority", manuscrito, Londres: University College London, Departamento de Economia, 1997 (que estimam dois empregos).

148 Ver "Gesetz über die Beteiligung an den Kosten der Betreuung von Kindern in Tageseinrichtungen und in Kindertagespflege sowie in außerunterrichtlichen schulischen Betreuungsangeboten (Tagesbetreuungskostenbete iligungsgesetz — TKBG) in der Fassung vom 23 April 2010", "Berliner Vorschrifteninformationssystem". Disponível em: <http://gesetze.berlin.de/jportal/?quel le=jlink&query=TagEinrKostBetG+BE&psml=bsbep rod.psml&max=true>. Ver também Senatsverwaltung für Bildung, Jugend und Familie, "Kostenbeteiligung und Zuzahlungen". Disponível em: <www.berlin.de/ sen/jugend/familie-und-kinder/kindertagesbetreuung/ kostenbeteiligung/>.

149 O aumento na razão entre capital e trabalho na economia norte-americana tem sido bem genericamente concentrado em setores de alta qualificação. Ver Winfried Koeniger e Marco Leonardi, "Capital Deepening and Wage Differentials: Germany Versus the U.S.", *Economic Policy* 22, n. 49 (jan. 2007), p. 74. Ver também Daron Acemoglu, "Cross-Country Inequality Trends", *Economic Journal* 113, n. 485 (fev. 2003), pp. 121-49; Daron Acemoglu e Jörn-Steffen Pischke, "Worker Well-Being and Public Policy", *Research in Labor Economics* 22 (2003), pp. 159-202; Acemoglu, "Changes in Unemployment and Wage Inequality", p. 1259.

Essa tendência se verifica até mesmo dentro de setores. Por exemplo, a partir da década de 1970, as indústrias que empregavam trabalhadores mais qualificados começaram a investir mais em equipamentos do que as que empregavam trabalhadores menos qualificados. Ver Acemoglu, "Changes in Unemployment and Wage Inequality", pp. 1259, 1275-6. Acemoglu cita Francesco Caselli, "Technological Revolutions", *American Economic Review* 89, n. 1 (mar. 1999), pp. 78-102.

Além do mais, a tendência no investimento em capital que complementa especificamente o trabalho qualificado engloba não apenas o investimento em tecnologia conhecida, mas também em pesquisa e desenvolvimento de novas tecnologias. Em 1960, por exemplo, apenas 3% dos gastos privados com pesquisa e desenvolvimento resultavam em inovações na computação para escritórios; em 1987, a porcentagem tinha se multiplicado por quatro, chegando a 13%. Ver Acemoglu, "Why Do New Technologies Complement Skills?", p. 1083. Trabalhadores com formação universitária são duas vezes mais propensos à utilização de computador no trabalho do que trabalhadores com ensino médio. Ver Acemoglu, "Why Do New Technologies Complement Skills?". Acemoglu cita David Autor, Alan Krueger e Lawrence Katz, "Computing Inequality: Have Computers Changed the Labor Market?", *Quarterly Journal of Economics* 113 (1998), pp. 1169-213.

150 Winfried Koeniger e Marco Leonardi, "Capital Deepening and Wage Differentials: Germany Versus the U.S.", *Economic Policy* 22, n. 49 (jan. 2007), pp. 72-116; Daron Acemoglu, "Cross-Country Inequality Trends", *Economic Journal* 113, n. 485 (fev. 2003), pp. 121-49; Daron Acemoglu e Jörn-Steffen Pischke, "Worker Well-Being and Public Policy", *Research in Labor Economics* 22 (2003), pp. 159-202; Acemoglu, "Changes in Unemployment and Wage Inequality", pp. 1275-6.

151 Winfried Koeniger e Marco Leonardi, "Capital Deepening and Wage Differentials: Germany Versus the U.S.", *Economic Policy* 22, n. 49 (jan. 2007), pp. 72-116. Note-se que Koeniger e Leonardi confrontam essa conclusão a explicações alternativas que destacam outras diferenças gerais entre o mercado de trabalho dos Estados Unidos e o da Alemanha, entre elas, o desemprego geralmente mais alto na Alemanha no período e a maior especificidade da qualificação na produção europeia.

152 A OCDE mede diretamente o retorno da qualificação em seus Estados-membros. Ver OCDE, *OECD Skills Outlook 2013*, Quadro A4.13. Não existe uma medida direta da diferença entre o investimento da elite e o da classe média em educação entre os países. A OCDE mede mais exatamente as consequências da renda e da educação dos pais sobre a qualificação dos filhos. Essas diferenças entre resultados dão uma boa medida da diferença entre suas causas — ou seja, o investimento dos pais na educação dos filhos. Ver, por exemplo, OCDE, *OECD Skills Outlook 2013*, Quadro A3.1.

153 Tomei emprestado de Daron Acemoglu o termo *projetado*, "Why Do New Technologies Complement Skills?", pp. 1055, 1056 ("as novas tecnologias não são complemento da qualificação por natureza, mas por projeto").

154 Acemoglu, "Technical Change", p. 7. Nas pp. 37-8, Acemoglu ressalva que "essa interpretação não é literal".

155 Ver, por exemplo, Reeves, *Dream Hoarders*. Ver também Chrystia Freeland, "When Supercitizens Pull Up the Opportunity Ladder", *The New York Times*, 28 fev. 2013. Disponível em: <www.nytimes.com/2013/03/01/us/when-supercitizens-pull-up-the-opportunity-ladder.html>. Acesso em: 19 nov. 2018.

156 Ver Jeffrey A. Frankel, "The Natural Resource Curse: A Survey", NBER, Working Paper n. 15836 (mar. 2010). Disponível em: <www.nber.org/papers/w15836.pdf>. Ver também Stanley Engerman e Kenneth Sokoloff, "Factor Endowments, Institutions, and Differential Paths of Growth Among New World Economies: A View from Economic Historians of the United States", in *How Latin America Fell Behind*, Stephen Haber (org.) (Stanford, Califórnia: Stanford University Press, 1997), pp. 260-304; Stanley Engerman e Kenneth Sokoloff, "Institutions, Factor Endowments, and Paths of Development in the New World". *Journal of Economic Perspectives* 14 (2000), pp. 217-32; Stanley Engerman e Kenneth Sokoloff, "Factor Endowments, Inequality, and Paths of Development Among New World Economies", NBER, Working Paper n. 9259 (out. 2002); Jeffrey D. Sachs e Andrew M. Warner, "Natural Resource Abundance and Economic Growth", NBER, Working Paper n. 5398 (dez. 1995).

Capítulo 9: O mito do mérito

1 *Oxford Etymology Dictionary*, s.v. "Meritocracy". Disponível em: <www.etymonline.com/word/meritocracy#etymonline_v_31201>. Acesso em: 2 out. 2018.

2 Young, *The Rise of the Meritocracy*.

3 Michael Young, "Comment: Down with Meritocracy", *The Guardian*, 29 jun. 2001. Disponível em: <www.theguardian.com/politics/2001/jun/29/comment>. Acesso em: 28 set. 2018.

4 O surgimento da democracia de massas, por exemplo, não pode ser avaliado de acordo com princípios políticos antigos referentes a linhagem e à autoridade de um soberano sobre seus súditos. A democracia exige uma nova política, moldada para ser sensível à nova relação entre uma república e cidadãos que coletivamente exerçam por si mesmos a soberania. A invenção do casamento entre companheiros conduziu a um novo conjunto de valores referentes à intimidade, transformando a vida doméstica de ferramenta para reunir recursos e garantir sua governança numa instituição que encerra a sexualidade num lugar de comunicação, compreensão e reconhecimento. Até mesmo a descoberta dos analgésicos transformou essencialmente a ética do autocontrole, eliminando a tolerância estoica da dor de seu lugar de honra no panteão das virtudes.

5 *Oxford Etymology Dictionary*, s.v., "aristo-", disponível em: <www.etymonline.com/word/aristo-?ref=etymonline_crossreference>, acesso em: 2 out. 2018; *Oxford Dictiona-ries*, s.v., "Merit", disponível em: <https://en.oxford-dictionaries.com/definition/merit>, acesso em: 28 set. 2018.

6 Essas frases são ditas por Lord Summerhays na peça *Misalliance*, de George Bernard Shaw. George Bernard Shaw, *Misalliance, The Dark Lady of the Sonnets, and Fanny's First Play* (Londres: Constable, 1934).

7 "Alumni", Portail Sciences Po. Disponível em: <www.sciencespo.fr/international/en/content/alumni>. Acesso em: 28 set. 2018. Nicolas Sarkozy frequentou a Sciences Po (faculdade de ciências políticas), mas não se formou. Renaud Février, "Nicolas Sarkozy, diplômé 'avec distinction' de Sciences Po?", *L'Obs*, 12 abr. 2013. Disponível em: <www.nouvelobs.com/politique/20130412.OBS7758/nicolas-sarkozy-diplome-avec-distinction-des-ciences-po.html>. Acesso em: 19 out. 2018. Charles de Gaulle contribuiu para a fundação da École Nationale d'Administration (ENA), campo de treinamento de elite em nível de pós-graduação para servidores civis. Peter Allen, "France Demands That Its Future Leaders Must Speak English", *Telegraph*, 15 fev. 2015. Disponível em: <www.telegraph.co.uk/news/worldnews/europe/france/11414245/France-demands-that-its-future-leaders-must-speak-English.html>. Acesso em: 19 out. 2018. Os que pretendem entrar para a ENA lutam para se formar na Sciences Po, a faculdade que alimenta a ENA. Mary Elizabeth Devine e Carol Summerfield, *International Dictionary of University Histories* (Chicago: Fitzroy Dearborn Publishers, 1998), p. 147.

8 Émile Boutmy, *Quelques idée sur la création d'une Faculté libre d'enseignement supérieur* (Paris, 1871), citado em Piketty, *Capital*, p. 487. Paul Segal destacou para mim essa formação histórica.

9 Ver "Famous Fabians", Sociedade Fabiana. Disponível em: <www.fabians.org.uk/about/famous-fabians>. Acesso em: 28 set. 2018.

10 "Thomas Jefferson a John Adams, 28 out. 1813", *The Papers of Thomas Jefferson*, Retirement Series, v. 6, *11 March to 27 November 1813*, J. Jefferson Looney (org.) (Princeton, Nova Jersey: Princeton University Press, 2009), pp. 562-8.

11 A terra foi indiscutivelmente a principal fonte de riqueza na Europa ao longo do Antigo Regime, e continuou como tal no Novo Mundo durante os primeiros anos da república dos Estados Unidos. A terra (e, no Sul, os escravos, que eram complementares à terra) constituía entre dois terços e quatro quintos da riqueza norte-americana na época da Revolução e ainda representava cerca de metade da riqueza do país no início da Guerra de Secessão. Ver, por exemplo, Piketty, *Capital*, pp. 141-2, 150-1.

Na época da Revolução Americana, a terra representava 81,1% da riqueza da Nova Inglaterra, 68,5% da região do Médio Atlântico e 48,6% no Sul (os escravos representavam 35,6%). Alice Hanson Jones, *Wealth of a Nation to Be: The American Colonies on the Eve of the*

NOTAS

Revolution (Nova York: Columbia University Press, 1980), p. 98, Quadro 4.5. Ver também Marc Egnal, *A Mighty Empire: The Origins of the American Revolution* (Ithaca, Nova York: Cornell University Press, 1988), p. 14, Quadro 1.2. Ver também Thomas Piketty e Gabriel Zucman, *Capital Is Back: Wealth-Income Ratios in Rich Countries 1700-2010*, Escola de Economia de Paris, 26 jun. 2013. Disponível em: <www.parisschoolofeconomics.com/zucman-gabriel/capitalisback/PikettyZucman2013WP.pdf>. Acesso em: 28 set. 2018 (estima que a terra e os escravos representavam cerca de dois terços da riqueza norte-americana em 1770 e a metade de 1850). Da mesma forma, uma análise das heranças no condado de Bucks, Pensilvânia, revela que as propriedades imobiliárias constituíam mais da metade da riqueza transmitida por processos sucessórios nos séculos XVII e XVIII. Ver Carole Shammas, Marylynn Salmon e Michel Dahlin, *Inheritance in America: From Colonial Times to the Present* (Long Beach, Califórnia: Frontier Press, 1987), p. 19; Langbein, "Twentieth-Century Revolution", pp. 722, 723n.4.

12   Roscoe Pound, *An Introduction to the Philosophy of Law* (New Haven, Connecticut: Yale University Press, 1922), p. 236.

13   Esses são comportamentos recentes, já que as elites antigas não investiam em capital humano com o rigor e a eficiência da atualidade. No início do século XIX, por exemplo, os agraciados pela Loteria de Terras Cherokee da Geórgia que passavam a ser medianamente ricos de uma hora para outra, não investiam na educação dos filhos, os quais não tinham maior instrução, renda ou riquezas que os filhos dos não ganhadores. Ver Hoyt Bleakley e Joseph P. Ferrie, "Shocking Behavior: Random Wealth in Antebellum Georgia and Human Capital Across Generations", NBER, Working Paper n. 19348 (ago. 2013). Disponível em: <www.nber.org/papers/w19348>. Mais recentemente, o advento das admissões meritocráticas transformou o corpo discente das universidades de elite com tanta rapidez porque a elite de então não era capaz de qualificar os filhos dentro do novo regime, nem pretendia isso.

14   Até mesmo os impostos sobre herança favorecem a sucessão meritocrática. Como grande parte dos gastos com educação que integram a herança meritocrática se faz quando os filhos ainda são menores, são isentos de impostos sobre propriedade e doações. Isso isenta, literalmente, a herança meritocrática dos impostos que ajudaram a dissipar as fortunas aristocráticas.

15   A meritocracia se assemelha à aristocracia também em outro aspecto. A aristocracia do Antigo Regime reunia economia, política e cultura em torno de um único ideal organizador: a propriedade hereditária da terra era a base da produção material e do poder político, constituindo virtude moral e social através de um mecanismo único e integrado.

A Revolução Industrial e depois o surgimento da economia do conhecimento romperam essa unidade, produzindo, talvez durante dois séculos, fontes separadas, distintas e concorrentes (às vezes até mesmo independentes) de poder econômico, político e cultural. A terra continuou sendo uma fonte importante de riqueza, e a linhagem, fonte de status cultural já bem avançado o século XX. Mas, enquanto isso, a industrialização dava origem a imensas fortunas baseadas em capital físico que traziam consigo a afirmação política e cultural. Finalmente, no século XX, surgia uma categoria de profissionais incumbidos da administração da burocracia pública e privada, que também começou a se afirmar cultural e politicamente. A concorrência entre hierarquias tende a achatar o gradiente de ambas, e não foi por acaso que a relativa igualdade da Grande Compressão se instaurou num tempo em que todas as três hierarquias — da terra, das máquinas e da qualificação — detinham um tanto de poder.

A ascensão da classe trabalhadora supraordenada reuniu essas hierarquias em torno de mecanismos recíprocos de concentração da instrução e do fetiche da qualificação. Esses mecanismos estão começando a recriar a unidade formal e a coesão de vida e valores a que chegou o Antigo Regime, só que agora organizada em torno de uma nova substância — qualificação e trabalho em lugar de berço e terras. Assim, o trabalho superqualificado domina não apenas a renda e a riqueza, mas também a política (principalmente a política sob influência privada) e a cultura.

Derrotando as hierarquias concorrentes, a meritocracia, inevitavelmente, fortalece a sua própria.

16   Aristóteles, *Aristotle's Politics*, tradução de Benjamin Jowett (Oxford: Clarendon Press, 1905). Aristóteles reservava o termo *aristocracia* para o governo dos poucos que eram virtuosos. Quando uma elite governante era destituída da virtude que reivindicava, Aristóteles chamava-a de *oligarquia*, que é uma designação pejorativa. Dieter Rucht, "Oligarchy and Organization", in *The Blackwell Encyclopedia of Sociology*, George Ritzer (org.) (Malden, Massachusetts: Blackwell, 2008).

17   Ver John Plender, *Capitalism: Money, Morals and Markets* (Londres: Biteback Publishing, 2015), p. 135. Doravante citado como Plender, *Capitalism*. John Plender, "Capitalism: Morality and the Money Motive", *Financial Times*, 17 jul. 2015. Disponível em: <www.ft.com/content/33d82de6-2bc3-11e5-8613-e7aedbb7bdb7?mhq5j=e1>. Acesso em: 28 set. 2018.

18   Ver Young, *The Rise of the Meritocracy*, p. 20. Ver também M. L. Bush, *The English Aristocracy: A Comparative Synthesis* (Manchester: Manchester University Press, 1984).

19   Esse tema aparece, por exemplo, em *The Spirit of the Laws*, de Montesquieu. Charles de Secondat, barão de Montesquieu, *The Spirit of the Laws*, trad. Thomas Nugent (Nova York: Hafner Publishing Company, 1949). Ver também Jonathan Powis, *Aristocracy* (Malden: Blackwell, 1984), p. 80.

20   Ver Baldassarre Castiglione, *The Book of the Courtier*, tradução de Thomas Hoby (Londres: Dent, 1974).

21 Plender, *Capitalism*, p. 137.

22 Idem.

23 Ver Capítulo 4.

24 Ver Capítulo 5.

25 Kabaservice, "The Birth of a New Institution".

26 Mas, dentro desse contexto, a habilidade de arremessar é imensamente valorizada. Mais de 47 arremessadores em atividade ostentam ganhos de mais de 50 milhões de dólares só pelo esporte, sem contar o que ganham com publicidade. Ver Spotrac. Disponível em: <www.spotrac. com/mlb/rankings/earnings/pitching/>. Acesso em: 28 set. 2018.

27 Talvez existam aptidões amplas ou genéricas o bastante para impedir essa dependência, ou pelo menos esquivar-se dela, num contexto determinado. Quando o norte-americano Jim Thorpe foi campeão de decatlo nos Jogos Olímpicos de 1912, o rei Gustavo V, da Suécia, disse a ele: "O senhor é o maior atleta do mundo." Juliet Macur, "Decathletes Struggle for Any Recognition", *The New York Times*, 2 set. 2007. Disponível em: <www.nytimes. com/2007/09/02/sports/othersports/02decathlon. html>. Acesso em: 28 set. 2018. Desde então, esse título informal passou a ser reconhecido, talvez devido à diversidade e, portanto, à generalidade das aptidões que as dez modalidades atléticas do decatlo exigem. A disputa foi instituída para selecionar um vencedor que se saísse bem em praticamente todas elas. A meritocracia, pelo contrário, formou-se para atender a um conjunto muito particular e peculiar de condições econômicas e sociais.

28 Um amigo que certa vez viu um professor de Harvard lançando um bumerangue comentou: "Numa sociedade de caçadores-coletores, você seria coletor."

29 Uma virtude dependente de contexto precisa de uma espécie de prova não contingente para justificar o valor do contexto em si. É uma velha tradição popular, que vai de Walt Whitman a John Rawls, proclama o valor moral intrínseco do beisebol. Mesmo nesse caso, há motivos para tratar a tradição como um conceito que não deve ser tomado por seu valor de face. Seja como for, nenhuma tradição análoga proclama o valor moral intrínseco da desigualdade econômica.

30 Uma versão dessa medição foi proposta por John Roemer. Ver John E. Roemer, *A General Theory of Exploitation and Class* (Cambridge, Massachusetts: Harvard University Press, 1982). Uma ideia semelhante também foi formulada por Kenneth J. Arrow, "Political and Economic Evaluation of Social Effects and Externalities", in *The Analysis of Public Output*, Julius Margolis (org.) (Cambridge, Massachusetts: NBER, 1970), pp. 1-30.

31 Essa formulação dissimula complexidades importantes, que, não sendo essenciais ao debate mais amplo, podem ser deixadas de lado. A raiz da complexidade está na capacidade de os outros trabalhadores não deixarem a peteca cair quando um trabalhador deixa de cumprir sua parte, o que varia com o contexto e nada tem a ver com meritocracia ou com a bola de neve da desigualdade.

32 Philippon e Reshef, "Skill Biased Financial Development", Figura 11.

33 O produto interno bruto *per capita* na verdade cresceu mais em meados do século XX do que nas décadas mais recentes de aumento da desigualdade: entre 1950 e 1973, o PIB *per capita* real subiu em média 2,5% ao ano; entre 1973 e 2007, o crescimento foi de apenas 1,93% ao ano. Ver Charles I. Jones, "The Facts of Economic Growth", in *Handbook of Macroeconomics*, v. 2, John B. Taylor e Harald Uhlig (orgs.) (Amsterdam: North Holland, 2016), pp. 3-69, Quadro 1.

Da mesma forma, a produtividade do trabalho aumentou a uma taxa anual de 2,4% entre 1950 e 1969, contra um crescimento anual de 2,0% entre 1980 e 2009 (taxas anuais calculadas a partir de dados da Secretaria de Estatísticas Trabalhistas, Produtividade de Custos dos Grandes Setores, Produtividade do Trabalho Não Agrícola [produto por hora] séries PRS85006092). E nenhuma década desde 1970 gerou aumentos tão grandes na produtividade do trabalho quanto os anos 1960. A produtividade do trabalho cresceu cerca de 30% na década de 1960, e então apenas 19%, 16%, 20% e 25% nas décadas de 1970, 1980, 1990 e 2000, respectivamente (taxas de crescimento calculadas a partir de dados da Secretaria de Estatísticas Trabalhistas, Produtividade de Custos dos Grandes Setores, Produtividade do Trabalho Não Agrícola [produto por hora] séries PRS85006092).

Mais importante ainda, a produtividade multifatorial — relação entre o produto total e todos os insumos — mais uma vez aumentou menos nas décadas recentes de aumento da desigualdade econômica do que nas décadas mais igualitárias de meados do século XX: cresceu apenas 0,9% ao ano entre 1980 e 2009, contra 1,0% entre 1950 e 1969. (A década intermediária entre esses dois períodos, a de 1970, apresentou crescimento anêmico.) Ver "Total Factor Productivity at Constant National Prices for the United States", Federal Reserve de St. Louis. Disponível em: <https://fred.stlouisfed. org/series/RTFPNAUSA632NRUG>. Acesso em: 28 set. 2018. Essa observação vem de Acemoglu, "Technical Change".

Todos esses dados indicam que a qualificação meritocrática, por todo o retorno que proporciona aos trabalhadores supraordenados, apresenta pouco ou nenhum produto social ou incremento no produto total se comparada a um mundo de regimes democráticos de qualificação e trabalho que nos conduziu de meados do século XX até hoje. Como disse com sarcasmo o economista Robert Solow, cuja obra sobre crescimento econômico valeu-lhe um prêmio Nobel, "é até certo ponto constrangedor [...] que aquilo que todos percebem como revolução tecnológica, uma mudança drástica em nossa vida produtiva, tenha sido acompanhado em toda parte [...] pela redução — e não pela aceleração — do ritmo de aumento da produtividade. Podemos ver a era do computador em toda parte, menos nas estatísticas sobre produtividade". Robert Solow, "We'd Better Watch Out",

The New York Times, 12 jul. 1987 (comentando Stephen S. Cohen e John Zysman, *Manufacturing Matters: The Myth of the Post-industrial Economy*).

Conclusão: O que devemos fazer?

1   A frase é de Alexander Gauland, líder do partido populista Alternativ für Deutschland (AfD — Alternativa para a Alemanha). Ver Guy Chazan, "Germany's Increasingly Bold Nationalists Spark a New Culture War", *Financial Times*, 29 jul. 2018. Disponível em: <www.ft.com/content/348a1bce-9000-11e8-b639-7680cedcc421>. Acesso em: 28 set. 2018.

2   Ver Tony Schwartz e Christine Porath, "Why You Hate Work", The *New York Times*, 30 mai. 2014. Disponível em: <www.nytimes.com/2014/06/01/opinion/sunday/why-you-hate-work.html?mcubz=0&_r=0>. Acesso em: 28 set. 2018.

3   Ver Anne Weisberg, "The Workplace Culture That Flying Nannies Won't Fix", *The New York Times*, 24 ago. 2015. Disponível em: <www.nytimes.com/2015/08/24/opinion/the-workplace-culture-that-flying-nannies-wont-fix.html? mcubz=0>. Acesso em: 28 set. 2018.

4   Cerca de cem reitores de seletas universidades e faculdades de artes liberais assinaram um manifesto que desaprova a classificação das instituições de ensino superior, pedindo meios alternativos não hierárquicos de informar os estudantes sobre a qualidade dessas instituições. A participação na pesquisa anual sobre a reputação das melhores faculdades publicada pelo *U.S. News & World Report* caiu de 67%, em 2002, para 46% em 2008. Nesse sentido, um consórcio de educadores de elite (incluindo docentes da Escola de Pós-Graduação em Educação de Harvard) também lançou recentemente um manifesto sobre a admissão a faculdades — *Turning the Tide* — que pretende reduzir a pressão sobre os candidatos. Motivado por aquilo que um observador chamou de "frenesi competitivo" em torno das admissões e pela ameaça que a competição representa para a "saúde mental" dos candidatos, o documento recomenda drásticas mudanças. Como diz um dos autores, a admissão meritocrática à universidade atingiu um "ponto fulcral" e por isso "chegou a hora de dar um 'basta', de parar de se desesperar e empreender uma ação coletiva". Mais concretamente, *Turning the Tide* propõe que as comissões encarregadas das admissões reduzam a quantidade de exigências impostas aos candidatos — provas, atividades extracurriculares — em favor da qualidade. Pretende também afastar a pontuação no SAT e outros resultados competitivos em favor de práticas éticas e colaborativas, como a solidariedade e o compromisso comunitário. Projeto Making Caring Common, *Turning the Tide: Inspiring Concern for Others and the Common Good Through College Admissions*, Escola de Pós-Graduação em Educação de Harvard (2016). Ver a carta do reitor, The Education Conservancy, 10 mai. 2007. Disponível em: <www.educationconservancy.org/presidents_letter.html>. Ver Frank Bruni, "Rethinking College Admissions", *The New York Times*, 19 jan. 2016. Disponível em: <www.nytimes.com/2016/01/20/opinion/rethinking-college-admissions.html?mcubz=0>. Acesso em: 28 set. 2018. Palavras de Richard Weissbourd, o diretor da Escola de Pós-Graduação em Educação de Harvard que mais contribuiu para *Turning the Tide.*

5   Sobre viver no presente, ver Eckhart Tolle, *The Power of Now* (Vancouver, Colúmbia Britânica: Namaste Publishing, 2004). Sobre as resoluções de Ano-Novo no sentido de trabalhar menos, ver, por exemplo, Lucy Kellaway, "January Is for Cutting Down on Long Hours, Not Alcohol", *Financial Times*, 24 jan. 2016, disponível em: <www.ft.com/content/916fa2b0-c059-11e5-846f-79b0e3d20eaf>; John Gapper, "Resolve to Kick the Addiction to Work Email", *Financial Times*, 4 jan. 2017, disponível em: <www.ft.com/content/6a4ec5c2-d1d7-11e6-b06b-680c49b4b4c0>. Acessos em: 28 set. 2018.

6   Morador anônimo em conversa com o autor em St. Clair Shores, Michigan, em 2 mai. 2018.

7   Ver "Nearly One in Five Female Clinton Voters Say Husband or Partner Didn't Vote", *PRRI/The Atlantic Post-election Survey*, 1º dez. 2016. Disponível em: <www.prri.org/research/prri-atlantic-poll-post-election- white-working-class>. Acesso em: 28 set. 2018.

8   Ver Julie Coffman e Bill Neuenfeldt, "Everyday Moments of Truth: Frontline Managers Are Key to Women's Career Aspirations", Bain & Company Insights, 17 jun. 2014. Disponível em: <www.bain.com/publications/articles/everyday-moments-of-truth.aspx>. Acesso em: 28 set. 2018.

9   Ver Arthur Okun, *Equality and Efficiency: The Big Trade-off* (Washington, D.C.: Brookings Institution, 1975), p. 91. Doravante citado como Okun, *Equality and Efficiency.*

10   Ver Okun, *Equality and Efficiency.*

11   Robert M. Solow, "Stray Thoughts on How It Might Go", in *100 Years: Leading Economists Predict the Future*, Ignacio Palacios-Huerta (org.) (Cambridge, Massachusetts: MIT Press, 2013), p. 142.

12   Angus Deaton, "Through the Darkness to a Brighter Future", in *100 Years: Leading Economists Predict the Future*, Ignacio Palacios-Huerta (org.) (Cambridge, Massachusetts: MIT Press, 2013), p. 38.

13   A conclusão vem de Winters, *Oligarchy*. O próprio Winters é um acadêmico circunspecto demais para externar abertamente essa conclusão, ainda que seu livro como um todo indique que ele reconhece o que sua obra revela.

14   Ver Walter Scheidel, *The Great Leveler: Violence and the History of Inequality from the Stone Age to the Twenty-First Century* (Princeton, Nova Jersey: Princeton University Press, 2017), p. 438. A citação aparece in Eduardo Porter, "A Dilemma for Humanity: Stark Inequality or Total War", *The New York Times*, 6 dez. 2016. Disponível em: <www.nytimes.com/2016/12/06/business/economy/a-dilemma-for-humanity-stark-inequality-or-total-war.html>. Acesso em: 28 set. 2018.

Scheidel não está sozinho nessa opinião. Pelo menos duas outras pesquisas abrangentes concluem que uma intervenção ordeira na renda e na riqueza concentradas é raríssima e que o principal recurso histórico de distribuição da extrema riqueza tem sido a violência em grande escala. Ver Kenneth Scheve e David Stasavage, *Taxing the Rich: A History of Fiscal Fairness in the United States and Europe* (Princeton, Nova Jersey: Princeton University Press, 2016); Winters, *Oligarchy*.

15 Ver Winters, *Oligarchy*, p. 232. A Grã-Bretanha do século XX deve apresentar uma segunda instância, se for considerada vencedora de duas guerras mundiais e se a descolonização for tratada como diferente de revolução. Mas essas duas caracterizações abrangem apenas a verdade formal e não a verdade substancial das questões. A Grã-Bretanha só ganhou a Primeira Guerra Mundial no sentido estritamente legal proporcionado pela rendição da Alemanha: sua "vitória" não atingiu nenhum objetivo importante, e o país sofreu perdas devastadoras em sangue e em riquezas (com toda uma geração destruída pela guerra). E a descolonização privou os britânicos de um império, transformando seu país de potência hegemônica mundial em potência de menor importância. Assim, a redistribuição que remediou a desigualdade na sociedade britânica foi acompanhada da redução geral das riquezas e do poder que normalmente se associa a uma revolução interna ou a uma derrota militar externa.

16 Ver William Shakespeare, *The Tempest* (Cambridge, Massachusetts: Harvard University Press, 1958), ato II, cena i.

17 "Muitos de nossos irmãos brancos, como se evidencia por sua presença aqui hoje, já compreenderam que seu destino está atado a nosso destino. E já compreenderam que sua liberdade está inextricavelmente ligada à nossa liberdade." Martin Luther King Jr., "Eu tenho um sonho" (discurso), Marcha de Washington pelo Emprego e pela Liberdade, Washington, D.C., ago. 1968. Disponível em: <http://avalon.law.yale.edu/20th_century/mlk01.asp>. Acesso em: 19 out. 2018.

18 A frase vem de Michael Gerson, "Our Disconnected Working Class", *The Washington Post*, 15 mai. 2014. Disponível em: <www.washingtonpost.com/opinions/michael-gerson-our-disconnected-working-class/2014/05/15/f02fdac8-dc52-11e3-8009-71de85b9c527_story.html?utm_term=.706543dfd8e6>. Acesso em: 28 set. 2018.

19 Esse plano representa uma revolução na educação. Reformistas da educação de todos os estilos costumam dirigir suas iniciativas às escolas de desempenho mais baixo, cujos alunos geralmente vêm das famílias mais pobres. As escolas charter giram em torno de distritos residenciais de baixa renda, e o processo de equiparação financeira procura acabar com a carência de verbas para os distritos escolares mais pobres. Legisladores generalistas dedicados à educação geralmente seguem esse exemplo, como aconteceu quando Janet Yellen, presidente do Federal Reserve, num discurso recente, "Perspectivas sobre desigualdade e oportunidade", dedicou a parte referente à educação à defesa da educação infantil para os pobres e aumento nos gastos com escolas de baixa renda. Ver Janet Yellen, "Perspectives on Inequality and Opportunity from the Survey of Consumer Finances", *Conference on Opportunity and Equality,* Federal Reserve Bank of Boston, 17 out. 2014. Disponível em: <www.federalreserve.gov/newsevents/speech/yellen20141017a.htm>. Acesso em: 28 set. 2018.

Embora os pobres sem instrução representem a face mais dolorosa da desigualdade econômica, os ricos superinstruídos mostram sua face mais relevante. Estritamente quanto à educação, a diferença entre os investimentos em alunos pobres e de classe média é provavelmente 20% maior que a diferença entre os investimentos em alunos de classe média e os ricos. Além disso, são os ricos superinstruídos, mais que os pobres sem instrução, os responsáveis pelas maiores falhas sistêmicas da desigualdade meritocrática. Neles se concentram o trabalho, a renda e o status. Eles condenam os trabalhadores de classe média à desocupação irremediável e os trabalhadores supraordenados à sobrecarga de trabalho alienado. Eles se isolam, em conjunto, do restante da sociedade. E corrompem a política democrática.

Para chegar à igualdade, seria preciso acabar com a distância educacional entre a classe média e os ricos. E seria preciso ampliar em massa o acesso à educação não na base, mas no topo. A abordagem convencional da reforma da educação simplesmente não é adequada ao perfil específico da desigualdade meritocrática.

20 O imposto sobre o patrimônio e o imposto sobre doações se aplicam a propriedades de valor maior que 11,2 milhões de dólares para uma só pessoa e maior que 22,4 milhões para um casal, e sua alíquota máxima é de 40%. Brian J. O'Connor, "Heirs Inherit Uncertainty with New Estate Tax", *The New York Times*, 23 fev. 2018. Disponível em: <www.nytimes.com/2018/02/23/business/estate-tax-uncertainty.html>. Acesso em: 28 set. 2018. Atualmente, o dinheiro que pais ricos gastam com a educação dos filhos não é incluído em seu patrimônio para efeitos de cálculo da alíquota. Mas essa herança meritocrática tornou-se essencial para a transmissão dinástica do privilégio, e as somas envolvidas são astronômicas. O sistema tributário vigente equivale de fato a um abrigo fiscal para as famílias ricas que preferem mecanismos meritocráticos e não aristocráticos para garantir suas dinastias. Os impostos sobre herança desempenharam papel fundamental nas reformas que coibiram a aristocracia. A inclusão da herança meritocrática de um filho rico no patrimônio dos pais desempenharia papel análogo para coibir a meritocracia de hoje.

21 Uma instituição de caridade é, na verdade, uma organização isenta de impostos sem ser uma fundação privada. IRC [26 U.S.C.], §§ 501(c)(3), 509(a)(1)–(a)(4).

22 Esses números referem-se a orçamentos de 2013. Em média, o subsídio público implícito para as dez faculdades que receberam as maiores dotações naquele ano foi de 41 mil dólares. Ver Kellie Woodhouse, "The Widening

NOTAS

Wealth Gap", *Inside Higher Ed*, 21 mai. 2015. Disponível em: <www.insidehighered.com/news/2015/05/21/rich-universities-get-richer-are-poor-students-being-left-behind>. Acesso em: 28 set. 2018. *Rich Schools, Poor Students: Tapping Large University Endowments to Improve Student Outcomes*, p. 7, Quadro 1, Centro de Pesquisa e Políticas Nexus. Disponível em: <http://nexusresearch.org/wpcontent/uploads/2015/06/Rich_Schools_Poor_Students.pdf>. Acesso em: 28 set. 2018.

23 Ver, por exemplo, Astra Taylor, "Universities Are Becoming Billion-Dollar Hedge Funds with Schools Attached", *The Nation*, 8 mar. 2016. Disponível em: <www.thenation.com/article/universities-are-becoming-billion-dollar-hedge-funds-with-schools-attached>. Acesso em: 28 set. 2018.

24 Os 7% referem-se aos últimos vinte anos. Ver NACU-BO-Commonfund, "U.S. and Canadian Institutions Listed by Fiscal Year (FY) 2017 Endowment Market Value and Change in Endowment Market Value from FY2016 to FY2017" disponível em: <www.nacubo.org/-/media/Nacubo/Documents/EndowmentFiles/2017-Endowment-Market-Values.ashx?la=en&hash=E71088CDC05C76FCA30072DA109F91BBC10B0290>, acesso em: 29 set. 2018; Ipeds, Departamento da Educação dos Estados Unidos, Centro Nacional de Estatísticas a Educação, Sistema Integrado de Dados sobre a Educação Pós-Secundária (Ipeds, na sigla em inglês), Quadro 333.90, "Endowment funds of the 120 degree-granting postsecondary institutions with the largest endowments, by rank order: Fiscal year 2015", disponível em: <https://nces.ed.gov/programs/digest/d16/tables/dt16_333.90.asp>, acesso em: 29 set. 2018. Note-se que todas as dotações das universidades privadas somam 550 bilhões de dólares, mas também que as dotações menores aumentam em ritmo mais lento que as maiores. Rick Seltzer, "Endowments Rebound, but Is It Enough?", *Inside Higher Ed*, 25 jan. 2018. Disponível em: <www.insidehighered.com/news/2018/01/25/college-endowments-rise-122-percent-2017-experts-worry-about-long-term-trends>. Acesso em: 11 out. 2018. Robert Reich, "Why the Government Spends More Per Pupil at Elite Private Universities Than at Public Universities", *Business Insider*, 14 out. 2014. Disponível em: <www.businessinsider.com/government-spends-more-per-pupil-at-private-universities-than-at-public-universities-201410>. Acesso em: 28 set. 2018.

25 Conversa por telefone entre Eric Veenstra, do Escritório do Conselho Geral de Yale, e Yicong (George) Shen, relatada num e-mail de Shen em 14 set. 2017.

26 Ver *Report of the Treasurer 2015-2016*, Universidade Princeton, Princeton University Highlights (2015), disponível em: <https://finance.princeton.edu/princeton-financial-overv/report-of-the-treasurer/2015-2016.pdf>, acesso em: 11 out. 2018; *U.S. News & World Report*, "National University Rankings" (seleção das vinte melhores universidades privadas), disponível em: <www.usnews.com/best-colleges/rankings/national-

-universities>, acesso em: 29 set. 2018.

27 Essa regra deveria aplicar-se também às dotações privadas das escolas, incluídas as que favorecem escolas ricas, mas formalmente públicas. Além disso, distritos escolares de elite, mas formalmente públicos — como o de Scarsdale — deveriam ser tributados como santuários até mesmo em sua verba pública, com base nas diferenças entre seus gastos por aluno e as médias do estado, a menos que admitissem mais alunos provenientes da classe média e da classe trabalhadora.

28 As faculdades deveriam compor corpos discentes novos e diversificados do ponto de vista econômico, dando preferência a egressos de escolas secundárias frequentadas por alunos não ricos. Isso ligaria entre si as escolas secundárias e as faculdades, de modo que as mudanças em cada nível embasariam mudanças no outro.

Já existe uma versão rudimentar dessa opção, ainda que num contexto reduzido, no compromisso assumido pela Universidade do Texas de admitir todos os candidatos que se formem entre os 10% melhores de suas turmas de secundaristas. Uma versão mais sofisticada, que considera os incentivos que a preferência na admissão daria à integração econômica no ensino médio, é defendida por Thomas Scott-Railton em "Shifting the Scope: How Taking School Demographics into Account in University Admissions Could Improve Education and Reduce Inequality Nationwide", *Yale Law and Policy Review* (2017). Scott-Railton aborda também, convenientemente, a questão da legalidade da preferência que propõe.

Seria útil que as publicações dedicadas a classificar instituições de ensino superior, que atualmente premiam a seletividade extrema com os postos mais elevados, recalibrassem seus métodos de modo a considerar também as práticas de admissão. Para um relato sobre a tensão entre a admissão aberta e a competição pelos primeiros lugares na classificação que os reitores atualmente experimentam, ver The Education Conservancy, *Financial Aid: Examining the Thinking Behind the Policy* (2015). Disponível em: <http://educationconservancy.org/PresidentialThinking.pdf>. Ver também Wendy Espeland e Michael Sauder, *Engines of Anxiety: Academic Rankings, Reputation, and Accountability* (Nova York: Russell Sage Foundation, 2016).

29 Algumas universidades estão provando que a educação de alta qualidade pode ser ministrada a um grande número de alunos a custos muito menores. O estado do Arizona, por exemplo, abriu radicalmente o corpo discente de sua universidade estadual durante a última década. O reitor Michael Crow chegou a ponto de firmar uma parceria com o CEO do Starbucks, Howard Schultz, em que a rede de cafeterias financia parte da anuidade dos alunos. Joe Nocera, "A New College Model: Arizona State Matches Starbucks in Its Trailblazing Ways", *The New York Times*, 16 jun. 2014. Disponível em: <www.nytimes.com/2014/06/17/opinion/joe-nocera-starbucks-and-arizona-state-add-an-education-to-bene-

fit-package.html?mcubz=3>. Acesso em: 28 set. 2018. Ver também Starbucks, "Starbucks College Achievement Plan". Disponível em: <www.starbucks.com/careers/college-plan>. Acesso em: 29 set. 2018.

30 Ver Capítulo 5.

Os novos alunos teriam de estar menos voltados para a riqueza do que os mais antigos. Em Princeton, por exemplo, pouco mais de 15% da turma atual provêm dos dois terços inferiores da distribuição de renda. Ver Benjamin Wermund, "How U.S. News College Rankings Promote Economic Inequality on Campus", *Politico*. Disponível em: <www.politico.com/interactives/2017/top-college-rankings-list-2017usnews-investigation>. Acesso em: 28 set. 2018. Se Princeton organizasse uma turma dupla com todos os alunos que admite atualmente, mais alunos vindos de lares de todo o espectro da distribuição de renda, quase metade da turma viria dos dois terços inferiores da distribuição de renda.

31 Ver Capítulo 5.

32 Idem.

33 Se as universidades de elite se expandirem e se abrirem ao mesmo tempo que as escolas de elite, ainda assim não teriam um quadro de reserva maior e mais inclusivo de onde admitir suas turmas, e poderiam faltar candidatos qualificados. Por esse motivo, talvez seja melhor tornar a educação mais inclusiva de baixo para cima, a começar da educação infantil, e subir depois aos graus superiores.

34 A Lei de Corte de Impostos e Empregos de 2017 instituiu um imposto especial de consumo de 1,4% à verba das universidades proveniente de dotações superiores a 500 mil dólares, por alunos em tempo integral e matrículas que ultrapassem quinhentos alunos. Richard Rubin e Andrea Fuller, "Which Colleges Will Have to Pay Taxes on Their Endowment? Your Guess Might Not Be Right", *The Wall Street Journal*. Disponível em: <www.wsj.com/articles/which-colleges-will-have-to-pay-taxes-on-their-endowment-your-guess-might-not-be-right-1516271400>. Acesso em: 28 set. 2018. Vinte e sete universidades serão afetadas. Ben Myers e Brock Read, "If Republicans Get Their Way, These Colleges Would See Their Endowments Taxed", *Chronicle of Higher Education*, disponível em: <www.chronicle.com/article/If-Republicans-Get-Their-Way/241659>, acesso em: 28 set. 2018; "Tax Reform", National Association of Independent Colleges and Universities, disponível em: <www.naicu.edu/policy-advocacy/issue-brief-index/tax-policy/tax-reform>. Acesso em: 28 set. 2018.

O novo imposto deriva de uma longa fila de iniciativas anteriores sem resultado. Em 2007, um membro republicano da Comissão de Finanças do Senado propôs que as dotações das universidades fossem obrigadas a desembolsar 5% de seu valor a cada ano, da mesma forma que as fundações isentas de impostos. Ver, por exemplo, Janet Lorin, "Universities Verk to Defend Endowments from Republican Tax Plan", Bloomberg, 18 abr. 2017. Disponível em: <www.bloomberg.com/news/articles/20170418/universities-seek-to-defend-endowments-from-republican-tax-plan>. Acesso em: 28 set. 2018. Mais recentemente, um parlamentar republicano propôs que as faculdades com dotações superiores a 1 bilhão de dólares dedicassem pelo menos um quarto de suas receitas ao reembolso de anuidades. Ver Stephanie Saul, "How Some Would Level the Playing Field: Free Harvard Degrees", *The New York Times*, 14 jan. 2016. Disponível em: <www.nytimes.com/2016/01/15/us/a-push-to-make-harvard-free-also-questions-the-role-of-race-in-admissions.html?mcubz=3&_r=0>. Acesso em: 28 set. 2018. Alguns parlamentares estaduais estão aderindo a propostas parecidas. Uma proposta recente no estado de Connecticut, por exemplo, pretendia tributar lucros das dotações de universidades superiores a 10 bilhões de dólares (ou seja, Universidade de Yale), a menos que a universidade reinvestisse seus lucros em sua missão educativa ou na economia local. Ver Projeto de Lei n. 413 da Assembleia Geral de Connecticut, sessão de fev. 2016. Ver também Timothy W. Martin, "One New Fix for Connecticut's Budget Crunch: Yale University", *The Wall Street Journal*, 24 mar. 2016. Disponível em: <www.wsj.com/articles/one-new-fix-for-connecticuts-budget-crunch-yale-university-1458853613>. Acesso em: 28 set. 2018.

35 Ver "Sharp Partisan Divisions in Views of National Institutions", Pew Research Center, 10 jul. 2017. Disponível em: <www.people-press.org/2017/07/10/sharp-partisan-divisions-in-views-of-national-institutions>. Acesso em: 28 set. 2018. Ver também Sofia Tesfaye, "America Hits Peak Anti-intellectualism: Majority of Republicans Now Think College Is Bad", *Salon*, 11 jul. 2017. Disponível em: <www.salon.com/2017/07/11/america-hits-peak-anti-intellectualism-majority-of-republicans-now-think-collegeisbad>. Acesso em: 28 set. 2018.

36 Quando Yale admitiu mulheres pela primeira vez, em 1969, essa lógica ficou desconfortavelmente explícita. Yale vinha anunciando havia muito tempo o compromisso de qualificar mil líderes norte-americanos por ano. A faculdade continuou chegando a esse objetivo aumentando suas turmas, sem substituir homens por mulheres, e assim honrou seu compromisso. Linda Greenhouse, "How Smart Women Got the Chance", *New York Review of Books*, 6 abr. 2017. Disponível em: <www.nybooks.com/articles/2017/04/06/coeducation-how-smart-women-got-chance/>. Acesso em: 10 out. 2018. Ver também Nancy Weiss Malkiel, *Keep the Damned Women Out: The Struggle for Coeducation* (Princeton, Nova Jersey: Princeton University Press, 2016).

37 A análise combinatória aplicada à estratificação garante isso. Como em princípio só uma pequena porção de candidatos é competitiva, um pequeno aumento no número de vagas aumenta radicalmente as chances de admissão dentro dessa porção competitiva. Além disso, uma mesma mudança em termos absolutos da taxa de aceitação tem mais influência sobre a intensidade da concorrência quando ocorre em porcentagens mais baixas: elevar a taxa de admissão de 10% para 20% transforma a concor-

NOTAS

rência pelo ingresso de uma forma que nem a elevação de 60% para 70% faria.

38 A Universidade de Yale, por exemplo, resistiu ativamente à implantação do imposto sobre a dotação implantado pelo estado de Connecticut e também a um projeto recente de aplicar o imposto predial municipal a alguns de seus edifícios, embora o montante incluído no projeto tivesse apenas um significado simbólico. Ver Lei Senatorial SB 414 da Assembleia Geral de Connecticut (2016). Ver também Christine Stuart, "Bill Allowing New Haven to Tax Yale Moves Forward", *New Haven Register*, 7 abr. 2016, disponível em: <www.nhregister.com/colleges/article/Bill-allowing-New-Haven-to-tax-Yale-moves-forward-11336701.php>, acesso em: 28 set. 2018; "Yale Decries Tax Bill as Unconstitutional", *YaleNews*, 11 abr. 2016, disponível em: <https://news.yale.edu/2016/04/11/yale-decries-tax-bill-unconstitutional>, acesso em: 28 set. 2018.

39 Ver "Historical", Centers for Medicare & Medicaid Services. Disponível em: <www.cms.gov/Research-Statistics-Data-and-Systems/Statistics-Trends-and-Reports/NationalHealthExpendData/NationalHealthAccountsHistorical.html>. Acesso em: 28 set. 2018.

40 Ver Capítulo 4.

41 Lei Estadual n. 1810 (Califórnia 2017-2018). Disponível em: <http://leginfo.legislature.ca.gov/faces/billTextClient.xhtml?bill_id=201720180AB1810>.

42 Ver, por exemplo, Nisarg A. Patel, "Could Your Next Doctor Be Your Dentist?", *Slate*, 28 ago. 2017. Disponível em: <www.slate.com/articles/health_and_science/medical_examiner/2017/08/why_your_next_doctor_could_be_your_dentist.html>. Acesso em: 28 set. 2018.

43 Ver Washington State Bar Association, Legal Technician Program, "Become a Legal Technician". Disponível em: <www.wsba.org/for-legal-professionals/join-the-legal-profession-in-wa/limited-license-legal-technicians/become-a-legal-technician>. Acesso em: 29 set. 2018. O direito substantivo também poderia ser mudado para incentivar o trabalho jurídico semiqualificado. Larry Lessig, por exemplo, propõe um sistema de registro de copyright que simplificaria o entendimento e o registro dos direitos sobre a propriedade intelectual, reduzindo substancialmente o fetiche em torno da lei de propriedade intelectual. Ver Lawrence Lessig, *Free Culture: How Big Media Uses Technology and the Law to Lock Down Culture and Control Creativity* (Nova York: Penguin Press, 2004), pp. 287-93.

44 Essa necessidade remete ao governo Reagan. Ver ordem executiva 12291, 46 Federal Register 13193 (1981).

45 Ver Kevin M. Stack, "The Paradox of Process in Administrative Rulemaking", Universidade de Cambridge, Conference Panel, Faculty of Law, Public Law Conference Presentation, Cambridge, Inglaterra, 17 set. 2014.

46 "Policy Basics: Federal Payroll Taxes", Centro de Prioridades Orçamentárias e Políticas, 23 mar. 2016. Disponível em: <www.cbpp.org/research/federal-tax/policy-basics-federal-payroll-taxes>. Acesso em: 11 out. 2018.

Em 2018, o desconto previdenciário incidiu apenas sobre os primeiros 128,4 mil dólares de renda, sendo aplicado apenas o desconto para o Medicare acima desse teto. Em 2019, o teto foi de 132,9 mil dólares. Isso significa que o imposto é de 15,3% sobre os primeiros 132,9 mil dólares de renda individual, mas de apenas 2,9% sobre o que excede 132,9 mil dólares até 200 mil dólares e 3,8% da renda que excede 200 mil dólares. Ver IRS, *Tax Topics*, "Topic Number: 751 — Social Security and Medicare Withholding Rates". Disponível em: <www.irs.gov/taxtopics/tc751>. Para trabalhadores formais, os dois impostos são divididos meio a meio entre empregador e empregado. Mas independentemente de quem deva pagar esses impostos, eles representam um ônus econômico sobre o trabalho entendido como fator de produção.

Esses tetos refletem mais contingências históricas do que qualquer lógica. A Comissão sobre Segurança Econômica organizada por Franklin Roosevelt instituiu a previdência social como medida de combate à pobreza, e por isso isentava trabalhadores de alta renda do programa, mas o Congresso incluiu todos os trabalhadores e fixou tetos da renda sujeita a tributação. Ver Serviço de Pesquisa do Congresso, *Social Security: Raising or Eliminating the Taxable Earnings Base*, CRS Report n. RL32896 (2017), pp. 3, 4. Disponível em: <https://fas.org/sgp/crs/misc/RL32896.pdf>. Bem provavelmente, o Congresso escolheu esse caminho para caracterizar a previdência social como um programa de aposentadoria mais do que como de redução da pobreza: como destacou a Comissão de Formas e Meios da Câmara ao recomendar a Lei da Previdência Social, o programa "não é lei para uma classe, mas uma medida que beneficiará todo o público". H. R. Rep. N. 74615 (1935), p. 16.

De qualquer forma, o argumento inicial para a determinação do teto do desconto não justifica o teto de hoje. Se não por outro motivo, porque o teto desceu na escala de renda, e hoje em dia a renda salarial total tributável é bem menor do que na época da formulação do programa. Em 1937, 92% dos salários estavam sujeitos a taxação; hoje, apenas 83% estão. Administração da Previdência Social, *Fast Facts and Figures About Social Security, 2017*, SSA Publication n. 1311785 (set. 2017). Disponível em: <www.ssa.gov/policy/docs/chartbooks/fast_facts/2017/fast_facts17.pdf>. Acesso em: 11 out. 2018.

Além disso, ao suprimir o trabalho semiqualificado e estimular o trabalho supraordenado, o teto confere um perfil classista à previdência. A seguridade social pura é um mito, e os impostos sobre salários inevitavelmente conferem ao mercado de trabalho uma tendência a favor dos modelos democráticos de trabalho ou contra eles. O *status quo* não é neutro: ele se alinha com a desigualdade meritocrática. Além disso, a previdência já não precisa do teto no imposto para sobreviver politicamente. O desconto sobre salários que financia o Medicare estava de início sujeito ao mesmo teto que o desconto para a previdência, mas em 1990 o teto para o Medicare foi elevado, e, em 1993, totalmente revogado. Ver Lei de Reconciliação Orçamentária Omnibus de 1990, pub. L. 101-508, 104, estatuto 1388, e Lei de Reconciliação Orçamentária Omnibus de 1993, pub. L. 10366, 107, estatuto 312. Alguns parlamentares objetaram a supressão do teto dizendo que a tradição de um seguro social puro seria alterada, mas o Medicare sobreviveu e está em expansão. Ver, por exemplo, Congresso dos Estados Unidos, Comitê de Finanças do Senado, *Administration's Tax Proposals: Hearings Before the S. Comm. on Finance*, 103º Congresso, 1ª sessão, 1993, p. 169 (declaração do senador Harvey Coustan).

47   Hoje, por exemplo, um casal que declara em conjunto o imposto de renda paga 15% sobre os primeiros 36,9 mil dólares da renda tributável; 28% sobre o excedente de 36,9 até 89,15 mil dólares; 31% sobre o excedente de 89,15 mil dólares até 140 mil dólares; 36% entre 140 mil e 250 mil dólares; e 39,6% sobre a renda tributável superior a 250 mil dólares (2018).

As pessoas cuja renda ultrapasse o teto de contribuição para a previdência devem pagar, sobre a margem, apenas imposto de renda. Os demais pagam imposto sobre a renda e desconto sobre salário.

Juntas, essas estruturas tributárias implicam que uma pessoa de renda anual de 1 milhão de dólares pague uma alíquota marginal de imposto sobre a renda apenas 8,6% maior que a pessoa de renda anual equivalente a 90 mil dólares, mas tenha um desconto sobre salário 12,4% menor.

48   Desde 1982, a alíquota máxima do imposto de renda federal nunca passou de 50%. "U.S. Federal Individual Income Tax Rates History, 1862-2013 (faixas nominais e corrigidas pela inflação)", Tax Foundation, 17 out. 2013. Disponível em: <https://files.taxfoundation.org/legacy/docs/fed_individual_rate_history_nominal.pdf>. Acesso em: 19 out. 2018. O desconto sobre salário para a previdência social nesse período passou de 10,8%, em 1982, para 12,4% a partir de 1990, e permaneceu estável desde então. Ver <www.ssa.gov/oact/progdata/taxRates.html>.

Combinando as duas alíquotas, percebe-se o ônus diferente que pesa sobre a classe média e a classe média alta. Em 1990, por exemplo, um casal que fazia a declaração conjunta, com cada membro ganhando o equivalente a 100 mil dólares de hoje, pagava uma alíquota de 45,4%, enquanto uma pessoa com renda de 1 milhão de dólares pagava apenas 28%. Em 2000, o casal de classe média alta pagaria uma alíquota de 42,9%, enquanto o milionário pagaria 39,1%. E em 2010, o casal de classe média alta pagaria uma alíquota de 40,4%, enquanto o milionário pagaria 35%. Essa tendência é ainda mais acentuada no caso de domicílios com um único provedor, já que o imposto sobre salário, sendo calculado sobre salários individuais e não sobre a renda domiciliar, não diminui para compensar a falta de renda do outro cônjuge.

Além disso, muitos trabalhadores supraordenados (gestores de fundos de *hedge* pagos em "juros incorridos", empreendedores pagos em "ações de fundadores" e executivos de elite pagos em ações superapreciadas) podem evitar a taxação progressiva recebendo renda de modo a enquadrá-la nas alíquotas referentes a "ganhos de capital". Esses ganhos estão submetidos a alíquotas muitíssimo mais baixas. O imposto sobre ganho de capital pode ser postergado (o que equivale, do ponto de vista econômico, a uma redução das alíquotas) e quase sempre se enquadra nas alíquotas mais baixas.

A reforma tributária de Trump, embora amplamente regressiva no geral, na verdade ajudou a aliviar a relativa sobretaxação da renda do trabalho para a classe média, como qualquer redução de impostos salariais que eles fornecem está de fato concentrada no trabalho da classe média. Ver Rob Berger, "The New 2018 Federal Income Tax Brackets Rates", *Forbes*, 17 dez. 2017. Disponível em: <www.forbes.com/sites/robertberger/2017/12/17/the-new-2018-federal-income-tax-brackets-rates/#15ef3d52292a>. Acesso em: 11 out. 2018.

49   Ver Centro de Política Tributária, Historical Capital Gains and Taxes, 1954-2014, 4 mai. 2017. Disponível em: <https://www.tax policycenter.org/statistics/historical-capital-gains-and-taxes>.

50   $100.000 \times 15,3/100 \times 20 = 306.000$; $(132.900 \times 15,3/100) + (67.100 \times 2,9/100) + (1.800.000 \times 3,8/100) = 90.679,6$.

51   Ver "Social Security Policy Options, 2015", Escritório do Orçamento do Congresso, dez. 2015, disponível em: <www.cbo.gov/sites/default/files/114th-congress-2015-2016/reports/51011-SSOptions_OneCol2.pdf>, acesso em: 29 set. 2018; "Single-Year Tables Consistent with 2016 OASDI Trustees Report", Administração de Seguridade Social, disponível em: <www.ssa.gov/oact/tr/2016/lrIndex.html>, acesso em: 29 set. 2018; "Increase the Maximum Taxable Earnings for the Social Security Payroll Tax", Escritório do Orçamento do Congresso, 8 dez. 2016, disponível em: <www.cbo.gov/budget-options/2016/52266>, acesso em: 29 set. 2018; Jeffrey Liebman e Emmanuel Saez, "Earnings Responses to Increases in Payroll Taxes", set. 2006, disponível em: <https://eml.berkeley.edu/~saez/liebman-saezSSA06.pdf>, acesso em: 29 set. 2018. Ampliar a base tributária com a inclusão do trabalho informal e autônomo provavelmente dobraria a arrecadação. Ver "Publication 15B (2017), Employer's Tax Guide to Fringe Benefits", Serviço da Receita Interna, disponível em: <www.irs.gov/publications/p15b/ar02.html>, acesso em: 29 set. 2018; "Relative Standard Errors for Estimates Published in Employer Costs for Employee Compensation — News Release Tables", Secretaria de Estatísticas Trabalhistas, jun. 2018, Quadro 1, disponível em: <www.bls.gov/web/ecec/ececrse.pdf>, acesso em: 29 set. 2018; "Reduce Tax Preferences for Employment-Based Health Insurance", Escritório do Orçamento do Congresso, 8 dez. 2016, disponível em: <www.cbo.gov/budget-options/2016/52246>, acesso em: 29 set. 2018.

NOTAS

52 Ver "Fiscal Year 2018 Budget in Brief", Departamento de Trabalho, p. 7. Disponível em: <www.dol.gov/sites/default/files/FY2018BIB_0.pdf>. Acesso em: 29 set. 2018.

53 Ver "Expenditures of Educational Institutions Related to the Gross Domestic Product, by Level of Institution: Selected Years, 1929-30 Through 2014-15", Centro Nacional de Estatísticas da Educação. Disponível em: <https://nces.ed.gov/programs/digest/d15/tables/dt15_106.10.asp?referrer=report>. Acesso em: 29 set. 2018. O quadro cita as seguintes fontes: Departamento de Educação dos Estados Unidos, Centro Nacional de Estatísticas da Educação; Biennial Survey of Education in United States, 1929-1930 Through 1949-1950; Statistics of State School Systems, 1959-60 Through 1969-70; Revenues and Expenditures for Public Elementary and Secondary Education, 1970-71 Through 1986-87; Common Core of Data (CCD), "National Public Education Financial Survey," 1987-88 Through 2012-13; Higher Education General Information Survey (HEGIS), Financial Statistics of Institutions of Higher Education, 1965-66 Through 1985-86; Integrated Postsecondary Education Data System (Ipeds), "Finance Survey" (IPEDSF:FY87-99); e Ipeds da primavera de 2001 à primavera de 2015, Finance Component. "Selected National Income and Product Accounts Tables", Departamento de Comércio dos Estados Unidos, Secretaria de Análises Econômicas, recuperado em 29 jan. 2016. Disponível em: <https://apps.bea.gov/scb/pdf/2016/01%20January/0116_selected_nipa_tables.pdf> (quadro preparado em jan. 2016; todos os números em dólares corrigidos na atual data de redação).

54 Pagar os subsídios aos empregadores elevaria o salário bruto, incentivaria o trabalho de classe média e restauraria a dignidade do trabalho semiqualificado (enquanto pagar subsídios aos empregados reduziria o salário bruto e criaria um clima de condescendência). Essa questão é tratada também por Zachary Liscow, "A Plan for America's Dispossessed" (manuscrito, nov. 2016).

55 Ver, por exemplo, Matthew Dimick, "Should the Law Do Anything About Economic Inequality?", *Cornell Journal of Law and Public Policy* 26, n. 1 (2016); Jesse Rothstein, "Is the EITC as Good as an NIT? Conditional Cash Transfers and Incidence", *American Economic Journal: Economic Policy* 2 (2010), pp. 177-79; David Lee e Emmanuel Saez, "Optimal Minimum Wage Policy in Competitive Labor Markets", *Journal of Public Economics* 96 (2012), p. 739 ("Atrelada a um salário mínimo [...] uma expansão do crédito do imposto sobre salários aumentaria a renda líquida dos trabalhadores de baixa qualificação dólar a dólar").

56 "Sens. Warner, Casey, and Stabenow Introduce Proposal to Encourage Employers to Provide Job Training That Moves Workers up the Economic Ladder", Mark R. Warner, senador federal pela Comunidade da Virgínia, 31 out. 2017. Disponível em: <www.warner.senate.gov/public/index.cfm/pressreleases?ID=F440D3FD-3C49-4111-8C7C-61CA0B0C3D05>.

57 Ver Neera Tanden et al., "Toward a Marshall Plan for America", Centro para o Progresso Americano, 16 maio 2017. Disponível em: <www.americanprogress.org/issues/economy/reports/2017/05/16/432499/toward--marshall-plan-america>.

58 Ver Peter Georgescu, *Capitalists Arise! End Economic Inequality, Grow the Middle Class, Heal the Nation* (Oakland, Califórnia: Berrett Koehler, 2017); Peter Georgescu, "Capitalists, Arise: We Need to Deal with Income Inequality", *The New York Times*, 7 ago. 2015. Disponível em: <www.nytimes.com/2015/08/09/opinion/sunday/capitalists-arise-we-need-to-deal-with-income--inequality.html?mcubz=3>. Acesso em: 29 set. 2018. Na campanha de 2016, Langone contribuiu com 535,7 mil dólares para apoiar exclusivamente candidatos republicanos. Ver "Kenneth Langone Political Campaign Contributions — 2016 Election Cycle", Campaignmoney.com. Disponível em: <www.campaignmoney.com/political/contributions/kenneth-langone.asp?cycle=16>.

59 Ver Lawrence L. Katz, "Wage Subsidies for the Disadvantaged", in *Generating Jobs*, Richard B. Freeman e Peter Gottschalk (orgs.) (Nova York: Russell Sage Foundation, 1998), pp. 21-53; Timothy J. Bartik, *Jobs for the Poor: Can Labor Demand Policies Help?* (Nova York: Russell Sage Foundation, 2001). Ver também Zachary Liscow, "A Plan for America's Dispossessed" (manuscrito, nov. 2016). Liscow concentraria o subsídio salarial por área geográfica, em condados com baixos índices de emprego.

60 Ver "Same Bosses, Same Fight", Poster Workshop. Disponível em: <www.posterworkshop.co.uk/students/page_14.html>.

61 O diagnóstico da desigualdade meritocrática enseja uma nova política de redistribuição também em outro sentido. A questão da igualdade democrática é importante para um amplo espectro de ideologias políticas vigentes. Os progressistas defendem sem reservas a igualdade democrática porque ela neutralizaria a estratificação em massa produzida pela meritocracia. Os conservadores também podem defender a igualdade democrática, embora sua afinidade exija um pouco mais de explicação. Na medida em que a desigualdade meritocrática deriva de distorções na qualificação e nos mercados de trabalho, as reformas democráticas mais aperfeiçoariam do que obstruiriam o livre mercado. A igualdade democrática deixa de lado a redistribuição para priorizar uma distribuição de mercado mais igualitária; não pretende limitar o mercado de trabalho, mas aperfeiçoá-lo (livrando-o das distorções hipermeritocráticas). Unindo mercado e igualdade, o projeto democrático reúne conservadores e progressistas.

62 Essa coalizão não seria mais fantasiosa que as coalizões criadas pelo ideal de humanidade universal do Iluminismo, que substituiu os valores ligados ao clã, religião e raça pelos da cidadania livre e igualitária. Mais recentemente, esse ideal levou o movimento pelos direitos civis, de meados do século XX até hoje, a considerar o prejuízo

que a discriminação racial impõe a todos os afetados por ela, de um lado e do outro da divisão racial.

O diagnóstico da desigualdade meritocrática faz uma promessa semelhante à vida econômica. Convida, pela primeira vez na história, a uma política de redistribuição econômica em colaboração. Substituiria a competição entre os ricos e o restante da sociedade, e entre capital e trabalho — que domina a distribuição desde tempos imemoriais e na qual um lado ganha e o outro perde — por uma colaboração em que os dois lados ganham com o restabelecimento do trabalho, da renda e da dignidade dos trabalhadores de classe média e da liberdade e autenticidade aos trabalhadores supraordenados.

63   Essas formulações resgatam o antigo slogan fabiano — "Educar, Agitar, Organizar". "Our History", Sociedade Fabiana. Disponível em: <https://fabians.org.uk/about-us/our-history>. Acesso em: 29 set. 2018.

64   Ver Karl Marx e Friedrich Engels, *The Communist Manifesto* (Nova York: Simon & Schuster, 1988) [*O manifesto comunista*, Rio de Janeiro: Paz & Terra, 2008].

Gráficos e quadros

1   Dados sistemáticos sobre o 1% superior são difíceis de obter. Muitos dos dados mais conhecidos excluem jornadas de trabalho e salários extremos. Isso quer dizer que renunciam a separar as porções superiores da elite do restante da população para fundi-las (sem distinção) em grupos maiores e menos seletos. Além disso, a elite (também pelo fato de trabalhar tanto) reluta em participar de pesquisas indiscretas e que tomam seu tempo.

Os dados deste gráfico são das séries Integrated Public Use Microdata Series (financiadas pelo National Institute of Child Health and Human Development), que trazem informações sobre renda e horas habituais de trabalho do Censo Federal e da Pesquisa Comunitária Americana. Os dados referentes a 1940, 1950, 1960, 1970, 1980, 1990 e 2000 vêm do censo. Os dados anuais de 2001 em diante vêm da Pesquisa Comunitária Americana. Todas as observações contidas na amostra usada para produzir o gráfico referem-se a (1) empregados em tempo integral, (2) não autônomos, (3) pessoas do sexo masculino e (4) entre 25-64 anos.

O conjunto de dados, baseados em respostas a pesquisas, compreendia 340 mil observações em 1950 e, a partir de 1970, expandiu-se até chegar a um número entre 2 milhões e 11 milhões de observações válidas por ano. Ver IPUMS-USA, Quadro 2, "Valid Income Observations". Para cada pessoa, o conjunto de dados mostra a renda e, para pessoas que estavam trabalhando no ano anterior, o número médio de horas semanais normalmente trabalhadas. (Para 1940, 1950, 1980 e 1990, os dados mostram "horas trabalhadas na última semana" — HRSWORK1 — e a partir de 1980 mostram "horas usualmente trabalhadas por semana" — UHRSWORK. Os dados incluem uma variável referente à renda, INCWAGE, que compreende salários por período ou por hora, comissões, bônus em dinheiro, gorjetas e qualquer outro pagamento em dinheiro recebido de um empregador, sem contar pagamentos em espécie ou reembolso de despesas. Ver IPUMS-USA, "INCWAGE: Wage and Salary Income: Description". Disponível em: <https://usa.ipums.org/usa-action/variables/INCWAGE#description_section>. A variável correspondente à renda é descartada (*top-coded*), mas de um modo que permite identificar os mais bem pagos, classificando as médias estaduais acima do patamar de descarte até 2002 no 99,5º percentil para cada estado a partir de 2003. Ver IPUMS-USA, "INCWAGE: Wage and Salary Income: Codes". Disponível em: <https://usa.ipums.org/usa-action/variables/INCWAGE#codes_section>. O 1% superior no gráfico, portanto, pode começar no verdadeiro 1%, mas não varia muito em nenhum dos dois sentidos.

Com esses dados, pode-se definir a evolução da relação entre a renda e as horas usuais de trabalho, como no gráfico. A miscelânea dos dados que estão por trás do gráfico adverte contra uma falsa leitura quanto à precisão nos níveis que ela reporta. Mas as tendências são robustas o bastante para permanecerem convincentes, ainda que necessariamente imprecisas. Além disso, o ensinamento básico deste gráfico — a diferença cada vez maior entre a jornada de trabalho da elite e a dos demais — se confirma por outras numerosas pesquisas, que coletam dados sobre jornada de trabalho empregando diversos métodos, que vão de pesquisas como as que embasam o gráfico ao uso de ferramentas que ajudam a registrar o uso do tempo, até solicitar respostas imediatas "sim" ou "não" sobre estar ou não trabalhando em momentos aleatórios do dia.

2   Os dados que fundamentam este gráfico podem ser encontrados nas seguintes fontes: The World Wealth and Income Database, Faixa de Renda do 1% Superior — Inclusive Ganhos de Capital; U.S. Census Bruse, "Historical Poverty Tables: People and Families — 1959 to 2017", Current Population Survey, Quadro 2, atualizado em 28 ago. 2018, disponível em: <www.census.gov/data/tables/time-series/demo/income-poverty/historical-poverty-people.html>; Bruce Meyer e James X. Sullivan, "Winning the War: Poverty from the Great Society to the Great Recession", *Brookings Papers on Economic Activity* (outono de 2012), pp. 133-200, Quadro 1.

Seria útil produzir uma série para o consumo do 1% superior, mas os dados disponíveis não permitem isso. A Pesquisa de Gastos do Consumidor rastreia as despesas por quintis de renda pré-taxada e (mais recentemente) por decis de renda pré-taxada. Ver, por exemplo, Secretaria de Estatísticas Trabalhistas, Pesquisa de Gastos do Consumidor (2015), Quadro 1101. Disponível em: <www.bls.gov/cex/2015/combined/quintile.pdf>; e Secretaria de Estatísticas Trabalhistas, Pesquisa de Gastos do Consumidor (2015), Quadro 1110. Disponível em: <www.bls.gov/cex/2015/combined/decile.pdf>. A pesquisa também rastreia o consumo pela cesta de rendimentos que vão de "menos de 15 mil dólares" a "200 mil dólares ou mais" (que representava os 5% superiores, aproximadamente,

NOTAS

em 2015). Ver Secretaria de Estatísticas Trabalhistas, Pesquisas de Gastos do Consumidor (2015), Quadro 1203. Disponível em: <www.bls.gov/cex/2015/combined/income.pdf>. Mas o rastreio por decis passou a ser usado há pouco tempo, e a cesta de rendimentos considerada na pesquisa mudou ao longo do tempo, de modo que nenhuma série temporal para a proporção superior/inferior pode ser obtida com essas categorias. Além disso, a pesquisa ainda não rastreia o consumo das elites economicamente mais restritas. A variação das tendências ao longo do tempo por quintil entre 1984-2010 foi resumida por Kevin A. Hassett e Aparna Mathur, "A New Measure of Consumption Inequality", American Enterprise Institute Economic Studies Series, 25 jun. 2012, p. 5 e Gráfico 1. Disponível em: <www.aei.org/publication/a-new-measure-of-consumption-inequality/>. Hassett e Mathur encontraram apenas um pequeno aumento na proporção quintil superior/quintil inferior do consumo no período abarcado por sua pesquisa.

3   Dados da World Top Incomes Database, renda nacional pós-taxada / equal-split adults / Average / Adults / constant 2015 local currency. Disponível em: <https://wid.world/country/usa/>.

4   O gráfico emprega renda pós-taxação e pós-transferência, e não renda de mercado, para evitar a repetição dos erros cometidos na tabulação de dados sobre as estatísticas oficiais sobre a pobreza. A verdadeira situação dos ricos, da classe média e dos pobres nos Estados Unidos de hoje é dada por suas circunstâncias depois da intervenção do Estado na vida — cobrança de imposto e desconto previdenciário.

5   Dados da World Top Incomes Database, Post-tax national income/equal-split adults/Average/Adults/constant 2015 local currency. Disponível em: <https://wid.world/country/usa/>.

6   Mais uma vez, os coeficientes de Gini são calculados com base na renda pós-taxação e pós-transferência, de modo a refletir as verdadeiras circunstâncias dos vários segmentos da economia que esses coeficientes descrevem.

7   Algumas pesquisas vão ainda mais longe e questionam se houve um aumento consistente ou significativo da desigualdade dentro dos 99% inferiores na distribuição de renda. Para uma análise, ver Robert J. Gordon, "Misperceptions About the Magnitude and Timing of Changes in American Income Inequality", NBER, Working Paper n. 15351 (set. 2009). Disponível em: <www.nber.org/papers/w15351>.

8   Os dados usados para se obterem as proporções dos gastos em educação apresentam duas dificuldades. Em primeiro lugar, os dados mais abrangentes sobre os gastos com educação, obtidos pela Secretaria de Estatísticas Trabalhistas (BLS, na sigla em inglês), classifica a renda por quintis e não por segmentos menores. Assim, os ricos se classificam, na série de gastos com educação, dentro do quintil superior, e não no 1% superior (como aparecem no Gráfico 1.3). Em segundo, os dados do BLS medem independentemente os gastos com educação de muitas famílias compostas de estudantes e situam essas famílias no quintil inferior da renda, o que gera uma grave e enganosa distorção para cima na série de gastos com educação dos pobres. Portanto, o gráfico emprega o segundo quintil de baixo para cima, e não o quintil inferior como representativo dos gastos dos pobres com educação.

Essas duas decisões são validadas pela terceira e mais curta série de dados também representada no gráfico. Essa série mostra a proporção dos gastos com educação entre a elite e o segmento médio e entre o segmento médio e o inferior, definindo a elite não pela renda, mas pelo grau acadêmico mais elevado do membro mais instruído da família. As categorias do BLS para a educação separam famílias que têm ao menos uma pessoa com ensino médio e famílias com membros pós-graduados. Essas são medições mais próprias de status socioeconômico alto e baixo do que das categorias de renda proporcionadas pelo BLS. As séries obtidas dessa forma são mais curtas que as demais (os dados do BLS não cobrem o passado mais distante). Mas se alinham perfeitamente com as proporções indicadas por séries mais longas, ainda que menos precisas.

9   Ver Reardon, "The Widening Academic Achievement Gap", pp. 102, 103, Gráficos 5.7, 5.8. Ver também Reardon, "No Rich Child Left Behind".

Reardon nota que a divergência temporal no aproveitamento e na renda não impedem que coincidam, embora as tentativas de fazer essa associação se compliquem porque a renda anual e a renda vitalícia de uma família nem sempre caminham juntas. Deixando esses complicadores de lado, continua certo de que 1 dólar de renda parece comprar mais aproveitamento acadêmico do que nas últimas décadas (pp. 100-4).

10 Reardon reúne resultados de muitos testes de aproveitamento, aplicados em séries superpostas ao longo de muitos anos, e essa agregação exige ajustes que tornem possível comparar os resultados e traçar uma linha de correlação entre muitos dados. As pesquisas podem se tornar comparáveis, apesar de medirem o aproveitamento por diferentes escalas, ajustando-se a pontuação para confiabilidade dos testes e depois expressando as diferenças entre as pontuações em termos de desvios-padrão. Esse é, como diz Reardon, "um procedimento padrão para se comparar as diferenças de aproveitamento apuradas por meio de testes diferentes (ver, por exemplo, Clotfelter, Ladd e Vigdor, 2006; Fryer e Levitt, 2004, 2006; Grissmer, Flanagan e Williamson, 1998; Hedges e Nowell, 1999; Neal, 2006; Phillips et al., 1998; Reardon e Galindo, 2009). Desde que a variação do aproveitamento permaneça constante ao longo do tempo, serão válidas as comparações referentes ao tamanho das diferenças, apuradas em pesquisas diversas com metodologias diversas". Ver Reardon, "The Widening Academic Achievement Gap", p. 94. A conclusão básica sobre o aumento da diferença 90/50, mesmo que a diferença 50/10 tenha se mantido constante ou até mesmo diminuído, reaparece

por meio de variadas técnicas de estimativa. Ver Charles A. Nelson e Margaret A. Sheridan, "Online Appendices and Glossary" para "Lessons from Neuroscience Research for Understanding Causal Links Between Family and Neighborhood Characteristics and Educational Outcomes", in *Whither Opportunity? Rising Inequality, Schools, and Children's Life Chances*, Richard Murnane e Greg Duncan (orgs.) (Nova York: Russell Sage Foundation, 2011), Seção 5.A2. Disponível em: <www.russellsage.org/sites/default/files/duncan_murnane_online_appendix.pdf>.

Portanto, as características exatas no gráfico refletem a opinião de Reardon sobre os dados e devem ser interpretadas como esclarecedoras de tendências mais do que de números precisos. As tendências básicas mostradas pelo gráfico são robustas.

11 O gráfico foi inspirado em Philippon e Reshef, "Wages and Human Capital", p. 1558, Gráfico 1, e p. 1561, Gráfico 2. O sistema financeiro inclui seguros, mas exclui propriedade imobiliária. A participação no PIB é considerada em proporção ao valor nominal agregado pelo setor financeiro ao PIB nominal dos Estados Unidos. Os dados são dos Relatórios Anuais da Indústria, Secretaria de Análises Econômicas. A educação relativa é computada como a porção de horas trabalhadas por empregados do setor financeiro com instrução, no mínimo, universitária, menos a parcela correspondente de horas trabalhadas no restante do setor privado. Dados da pesquisa March CPS.

12 Renda relativa é a fração da renda anual por empregado do setor financeiro que supera a renda anual de empregados de outros setores. Educação relativa é a diferença entre a fração de empregados do setor financeiro com diploma superior e a fração de empregados de outros setores com a mesma formação. A série de educação relativa é traçada como uma transformação linear dos valores subjacentes para permitir comparação visual entre as séries. Enquanto a correlação entre as duas séries não for afetada pela transformação, seus níveis similares são um instrumento de escala.

13 Ver Philippon e Reshef, "Skill Biased Financial Development", p. 8. Essas porcentagens foram obtidas pelo cálculo das horas de trabalho cumpridas por trabalhadores com instrução universitária em cada setor.

14 Ver Philippon e Reshef, "Skill Biased Financial Development", p. 5. Philippon e Reshef indicam que as mudanças documentadas por eles foram causadas por um reequilíbrio dos diversos subsetores do setor financeiro, de modo que as operações financeiras tradicionais diminuíram em relação a outros aspectos do sistema, em particular o investimento (p. 6). Para outra opinião, ver Thomas I. Palley, "Financialization: What It Is and Why It Matters", Levy Economics Institute, Working Paper n. 525, dez. 2007 (com dados do Relatório Econômico do Presidente [de 2007]).

Para o peso do setor financeiro na remuneração de empregados, ver David A. Zalewski e Charles J. Whalen,

"Financialization and Economic Inequality", *Journal of Economic Issues* 44, n. 3 (2010), pp. 757-77, citado em Philippon e Reshef, "Skill Biased Financial Development".

15 Ver Philippon e Reshef, "Skill Biased Financial Development", p. 8. Essas porcentagens foram obtidas pelo cálculo das horas trabalhadas por trabalhadores com formação universitária em cada setor.

16 Com certeza, a desregulamentação modificou a estrutura do setor financeiro quando os salários da elite começaram a subir. A desregulamentação permitiu a criação e a implantação de técnicas financeiras que tornaram a força de trabalho superqualificada tão bem paga hoje. Mas é um erro concluir diretamente a partir desses fatos irrefutáveis que a imensa renda dos trabalhadores de elite do setor financeiro desregulamentado nasce de exploração ou de vantagens indevidas. Se as técnicas empregadas pelo sistema financeiro desregulamentado tornam os trabalhadores superqualificados particularmente produtivos, não são necessárias vantagens indevidas para explicar o aumento dos salários do setor. Os dados, que mostram que um número relativamente pequeno de trabalhadores relativamente mais qualificados abocanha a mesma fatia de uma porção relativamente crescente do PIB, explicam os salários em ascensão do setor financeiro, sem necessidade de recorrer a vantagens indevidas.

Nada disso demonstra — nem sequer afirma — que os trabalhadores do setor não recorram ao rentismo. Recorrem, certamente, e isso deve até ter aumentado nas últimas décadas. Mas a maior parte da renda ascendente do setor financeiro não exige ou envolve aumento no rentismo.

Philippon e Reshef, que fizeram o estudo mais minucioso do rentismo no setor financeiro, concluem que causas não meritocráticas contribuíram pouco para o aumento da renda no setor a partir da década de 1970 até o início da década de 1990, e que, a partir da década de 1990, entre 20% e 30% dos salários ajustados ao risco provêm de fontes alheias à qualificação. Ver Philippon e Reshef, "Wages and Human Capital", pp. 1553, 1603, 1605. É justa a atenção dedicada à questão do aumento substancial recente no rentismo no setor financeiro; mas a pesquisa é mais notável pelo oposto desse resultado, principalmente porque, mesmo em décadas recentes, entre 70% e 80% do aumento dos salários no setor financeiro provêm de um aumento na qualificação dos trabalhadores. É provável que esses números estejam subestimados, já que a pesquisa mede a qualificação pelos anos de estudo, e esse foco unidimensional na quantidade negligencia o aumento perceptível na qualidade e na intensidade da formação dos trabalhadores da elite financeira. Os trabalhadores de elite do setor financeiro passaram a se formar cada vez mais, e agora predominantemente, pelas mais eméritas e exigentes faculdades e universidades, e essas escolas hoje investem muito mais recursos por aluno do que suas concorrentes e do que elas mesmas no passado.

NOTAS

515

17 O gráfico foi obtido em Jaimovich e Siu, "Job Polarization and Jobless Recoveries".

18 Os dados do gráfico foram obtidos em Carnevale, Rose e Cheah, "The College Payoff".

19 Pouco menos da metade da população dos Estados Unidos maior de 25 anos cursou apenas o ensino médio (cerca de 70% não têm diploma superior); pouco mais de 10% têm uma pós-graduação; e pouco menos de 5% têm especialização ou doutorado. Ver Camille L. Ryan e Kurt Bauman, *Educational Attainment in the United States: 2015*, U.S. Census Bureau, Relatório da População Atual n. P20-578 (mar. 2016). Disponível em: <www.census. gov/content/dam/Census/library/publications/2016/ demo/p20-578.pdf>. Acesso em: 19 nov. 2018. Ver também Carnevale, Rose e Cheah, "The College Payoff", p. 6; e Sandy Baum e Patricia Steele, "Who Goes to Graduate School and Who Succeeds?", Urban Institute (jan. 2017), disponível em: <www.urban.org/sites/ default/files/publication/86981/who_goes_to_graduate_school_and_who_succeeds_1.pdf>, acesso em: 9 abr. 2019.

20 O gráfico é inspirado em Robert Hockett e Daniel Dillon, "Income Inequality and Market Fragility", Gráfico 8. Hockett e Dillon, na verdade, encontraram um aumento ainda maior no endividamento familiar. Os dados que embasam o gráfico são de: Federal Reserve Board, Flow of Funds — Households and Nonprofit Organizations, Total Liabilities; Bureau of Economic Analysis, Personal Consumption Expenditures (PCE) e PCE Price Index; The World Top Incomes Database, Bottom 90% Average Income Including Capital Gains; U.S. Census Bureau Population Estimates.

21 O endividamento enseja uma forma oculta de redistribuição, dissimulada no contexto da política norte-americana como uma espécie de rede de proteção por debaixo da rede de segurança social representada pelo convencional Estado de bem-estar. A proteção pessoal contra a falência para devedores insolventes — a versão de classe média da política monetária de Alan Greenspan (do Greenspan Put) — exige uma taxação embutida que recai sobre todos os provedores e tomadores de empréstimo e se usa como rede de proteção social para tomadores que não conseguem sustentar seu consumo, mesmo com crédito instantâneo. Como é amplamente sabido, as falências dispararam nos últimos anos, causando um aumento na taxação embutida, embora leis mais severas sobre a falência venham retirando cada vez mais as redes de confiança e reduzindo até mesmo essa forma bem atenuada de redistribuição econômica. Para mais informação sobre falência e sua relação com a desigualdade econômica e o Estado de bem-estar, ver, por exemplo, Karen Dynan, "The Income Rollercoaster: Rising Income Volatility and Its Implications", *Pathways* (primavera de 2010), pp. 3-6.

22 Entre outros autores que fizeram observações semelhantes, vale citar: Drennan, *Income Inequality*, p. 62 ("O dinheiro obtido a partir da valorização dos imóveis *não foi* usado para saldar dívidas porque o endividamento aumentou. Foi usado para sustentar o consumo diante da estagnação da renda"); Edward Wolff, "Recent Trends in Household Wealth in the United States: Rising Debt and the Middle-Class Squeeze — an Update to 2007", Levy Economics Institute, Working Paper n. 589 ("Onde foi parar o empréstimo? [...]. Domicílios de classe média, passando por estagnação da renda, aumentam o endividamento quase que exclusivamente para financiar o consumo"); Hockett e Dillon, "Income Inequality and Market Fragility" ("Enquanto os ricos acumulam uma parte cada vez maior da renda agregada, o domicílio médio aumenta seus empréstimos para manter o padrão de vida"). Ver também Atif Mian e Amir Sufi, "The Consequences of Mortgage Credit Expansion: Evidence from the U.S. Mortgage Default Crisis", *Quarterly Journal of Economics* 24, n. 4 (nov. 2009), pp. 1449-96; Atif Mian e Amir Sufi, "House Prices, Home Equity-Based Borrowing, and the United States Household Leverage Crisis", NBER, Working Paper n. 15283 (2009); e Atif Mian e Amir Sufi, "Household Leverage and the Recession of 2007 to 2009", NBER, Working Paper n. 15896 (2010).

23 As comparações entre países dão maior destaque ao assombroso volume do consumo financiado pelo endividamento nos Estados Unidos. Em 2006, os norte-americanos financiaram seus gastos tomando em empréstimo cerca de 70% de toda a poupança excedente do mundo inteiro (e assim os norte-americanos se tornaram o último esteio de sustentação da demanda para o consumo de toda a ordem econômica mundial). Rajan, *Fault Lines*, p. 203. Economias exportadoras com balança comercial positiva, notadamente a China, geraram enorme poupança com uma ordem social e política administrada para reduzir a expectativa de consumo do cidadão comum, ao contrário dos Estados Unidos. Emprestando sua poupança aos Estados Unidos, essas economias depreciam artificialmente suas moedas, estimulando ainda mais as exportações e, portanto, sua poupança. Enquanto a política norte-americana de incentivo ao consumo interno baseado no crédito estimula a poupança baseada nas exportações de outros países, estimula ao mesmo tempo o emprego no exterior e não internamente. Para uma observação similar, ver Rajan, *Fault Lines*, p. 106.

Além disso, os norte-americanos consomem espantosamente mais que seus congêneres de outros países ricos. É difícil determinar unidades de medida do consumo pessoal individual que permitam uma comparação, mas, como quase todo consumo demanda energia em algum ponto, o uso de petróleo é um bom indicador de consumo. E o norte-americano médio consome mais ou menos o dobro do petróleo que o cidadão médio da Alemanha, da França ou do Japão — ainda que esses países tenham um PIB *per capita* mais ou menos equivalente ao dos Estados Unidos. Rajan, *Fault Lines*, p. 203. Os 100% a mais que o norte-americano médio consome em

516   A CILADA DA MERITOCRACIA

relação ao que o alemão médio consome, no longo prazo, acaba sendo financiado pelo endividamento.

24   Os dados deste gráfico vêm da OCDE, *OECD Skills Outlook 2013*, "Diferença entre adultos com pelo menos um genitor com educação superior e nenhum genitor que tenha passado do ensino médio", Quadro A3.1; "Diferença terciária em salários e no uso de habilidades no trabalho", Quadro A4.13.

25   Ver OCDE, *PISA 2012 Assessment and Analytic Framework* (2013), p. 60. Disponível em: <www.oecd.org/pisa/pisaproducts/PISA%202012%20framework%20e-book_final.pdf>. O gráfico escolhe leitura e interpretação de texto em lugar de matemática porque a OCDE não publicou dados referentes à influência da renda dos pais sobre a competência dos filhos em matemática. No entanto, o domínio do letramento e da matemática aparece intimamente relacionados nos dados da OCDE.

26   O gráfico acompanha Raj Chetty et al., "The Fading American Dream: Trends in Absolute Income Mobility Since 1940", *Science* 356, n. 6336 (abr. 2017), pp. 398-406, Gráfico 1.

27   Hymowitz et al., *Knot Yet*, p. 8, Gráficos IIA-IC.

28   Raj Chetty et al., "The Association Between Income and Life Expectancy in the United States, 2001-2014", *Journal of the American Medical Association* 315, n. 16 (2016), pp. 1750-66, 1753.

29   Ver "Online Data Robert Shiller", Departamento de Economia da Universidade de Yale. Disponível em: <http://www.econ.yale.edu/~shiller/data.htm>.

30   Comunicação pessoal com Eric Haas, que obteve as proporções a partir de dados da empresa Dimensional Fund Advisors.

ÍNDICE

aborto, 261

Academia Phillips Exeter, 156, 170, 199,

acasalamento preferencial, 159-160

Acemoglu, Daron, 448*n* (230), 478*nn* (29, 32, 33, 34), 498*n* (123), 499*nn* (132, 135, 136), 500*nn* (142, 147), 501*n* (148, 149, 150)

administração, 217-225
    concorrência, 70-71, 131-132
    domínio masculino na, 264
    e a reestruturação corporativa, 222-225, 227
    e o controle corporativo, 299-300
    e o financiamento da dívida, 298-299
    e o setor de consultoria, 224, 302-303
    e pós-graduação, 187-188
    explosão de renda, 45, 54, 131, 209, 294, 236
    inexistência no séc. XIX, 194-195, 298
    intensidade do trabalho, 69, 83, 123-124
    meados do séc. XX, 217, 219-220, 222, 297, 299
    no começo do século XX, 217-218, 295-296, 297
    polarização do mercado de trabalho baseada na inovação na, 43, 124, 209-210, 218-219, 221, 222-223, 299-300, 303-304, 325
    polarização do mercado de trabalho na, 223-225, 256
    promoção do trabalho semiqualificado na, 341
    remuneração em ações para executivos, 134
    treinamento no ambiente de trabalho, 187-188, 176

admissão como herança, 53, 154-155

admissões sem critério financeiro, 156

advocacia, escritórios de
    concorrência, 70
    domínio masculino nos, 264

e inovações administrativas, 301-302

e o lazer da elite de meados do séc. XX, 123

e pós-graduação, 187

empregos burocráticos nos, 226

explosão da renda da elite, 45, 54, 131, 234

função de defesa da renda, 94-98

intensidade do trabalho nos, 44, 69, 70, 82, 83, 125, 139, 240

promoção do trabalho semiqualificado nos, 341

serviços de luxo, 277

trabalho como fonte da renda da elite nos, 131

treinamento no ambiente de trabalho, 185

valorização do trabalho nos, 139

Afeganistão, guerra do 257

afluente, A sociedade (Galbraith), 57, 141

álcool, abuso de. *Ver* drogas e álcool, abuso de

Alemanha, 310-311

alienação, 74-75, 77, 205-206

altruísmo. *Ver* elite e bem comum

Alvaredo, Facundo, 386*n* (50), 412*n* (81), 4115*n* (109), 474*n* (218)

Amazon
    inovações gerenciais, 221-222, 226
    intensidade do trabalho da elite, 84, 85, 123-124
    polarização do mercado de trabalho, 228, 228, 237
    subordinação no ambiente de trabalho, 223, 258

ansiedade coletiva, 27, 29, 30

Antigo Regime. *Ver* aristocracia

anti-imigração, medidas, 329

anti-intelectualismo. *Ver* populismo

Apple Computer, 123, 186, 303

518 A CILADA DA MERITOCRACIA

aristocracia
    a riqueza como emancipadora na, 73, 74, 80, 243-244
    como virtuosa, 321-323, 327
    consumo na, 270
    discussões sobre justiça econômica na, 51, 148, 152
    divisão de classes na, 85
    domínio do capital na, 134
    e herança, 59-60, 77, 175, 143, 171, 207, 246-247, 390
    e rituais da elite, 21
    educação de elite na, 40-41, 53, 154-155, 157
    famílias na, 271
    meritocracia como alternativa positiva à, 18, 20, 50, 250-251
    meritocracia como volta à, 51, 86, 319-321, 327-329
    natureza da riqueza da elite na, 37-38, 73, 249
    ociosidade da elite na elite na, 37, 117, 119-120, 127-129, 136-137, 243-244, 218
    oposição trabalho/renda na, 74
    rebelião na década de 1960 contra a, 345-346
    trabalho da elite na, 53, 55
Aristóteles, 321
artigos de luxo, 273-276, 278-279
AT&T, 221
ativos, serviços de gestão de, 291
    Ver também setor financeiro
atletas, 82, 125
aumento da intensidade do capital, 310-311
automobilística, indústria, 56-57, 61-62

bancos. *Ver* sistema financeiro
Bell Labs, 292
Bender, Wilbur J., 155
Bentley Motors, 274
Beyoncé, 227, 275
Bezos, Jeff, 44, 227
Biden, Joe, 20
Bishop, Bill, 396*n* (8), 397*nn* (22), 398*n* (25), 444*nn* (185), 477*nn* (10, 14), 479*nn* (38-39), 486*nn* (171, 175), 487 (182)
Black-Scholes, modelo de, 293
Blankfein, Lloyd, 140
boa forma física como símbolo de status, 89, 269
Boston Consulting Group (BCG), 302
Boutmy, Émile, 319
Brandeis, Louis, 155
Brewster, Kingman, 40, 156, 158, 197, 322-323
Brooks, Arthur C., 153, 350-351
Buckley, William F., 157
Buffett, Warren, 98, 137
Bunnell, Sterling, 308
Bush, Barbara, 284
Bush, George W., 249, 283-285
Bush, Jenna, 284

campanha, financiamento de, 92
Cantor, Eric, 97
capital humano, 72-80
    como autoexploração, 79-80, 83, 118, 201, 321
    e a administração de meados do séc. XX, 219
    e a maldição dos recursos humanos, 316
    e a pesquisa militar, 293
    e alienação, 74-77, 243
    e casamento, 161
    e concentração geográfica, 279
    e concorrência, 76, 200
    e educação de elite, 75-76, 158-159, 205
    e explosão da renda da elite, 73
    e infância de elite, 162-167, 175, 259
    e interesse comum, 335
    e polarização do mercado de trabalho baseada na inovação, 298-299, 305-307, 309-310, 312, 314
    e trabalho de elite, 77-78
    mobilidade do, 88
    resiliência do, 196
    Ver também elite, investimento em educação da
    versus riqueza aristocrática, 75-76
capital no século XXI, O (Piketty), 129
Cappelli, Peter, 333*n* (83), 358*nn* (140, 141), 359*n* (141), 364*n* (167), 365*nn* (169, 170), 366-67*nn* (173, 174, 176), 368*nn* (176, 177), 370*n* (180), 371*n* (182), 379*n* (203), 392*n* (248)
caridade. *Ver* elite e bem comum
Carnegie, Andrew, 90
Carnevale, Anthony, 353-354*n* (132), 356*nn* (136), 359*nn* (141), 372*nn* (182, 183), 374*n* (183), 403*nn* (305)
casamento, 87, 159-161, 259-260, 265
    Ver também famílias
casamento entre pessoas de mesmo sexo, 264-265
celebridades, 136, 139
Centro para o Progresso Americano, 344
CEOs. *Ver* administração
Cervantes, Miguel de, 323
Chase Manhattan Bank, 54
chefs, 125
Chetty, Raj, 317*n* (20), 353*n* (130), 355*nn* (134, 135), 356*n* (137), 371*n* (182), 385*n* (227), 404*nn* (308, 312)
ciclo da meritocracia, 46-47, 64, 112-113
    e a desigualdade de oportunidades, 313-314
    e a maldição dos recursos, 315-316
    e a parábola dos agricultores e dos guerreiros, 325-326
    e agenda de reformas, 344-345
    e concorrência, 71
    e definição de mérito, 322-325, 327
    e herança dinástica da elite, 112-114
    e polarização do mercado de trabalho baseada na inovação, 295-296, 315, 325-326
    e polarização do mercado de trabalho, 314
    e volta à aristocracia, 320
    instabilidade da, 323-324
circuitos de retorno. *Ver* ciclo da meritocracia
Clark, R. Inslee "Inky", 156
classe média
    comunidades centradas na, 57-60, 64-65
    declínio numérico da, 253-254

ÍNDICE

desprezo da elite pela, 27, 102-103, 110-111
e normas de gênero, 264-265
endividamento, 282-273, 289-292, 368gráf.
trabalho em meados do séc. XX, 43, 56-57, 211, 218, 227,
229-230, 356gráf.
Clinton, Bill, 20, 249-251, 279, 283, 289
Clinton, Chelsea, 283-284
Clinton, Hillary, 102, 110-112
Cohn, Gary, 98
Conant, James Bryant, 40, 155
concentração geográfica por classe, 64, 80-81, 89-90, 97-98,
170, 278-283
concessão hereditária inalienável, 320
concorrência
e a educação de elite, 29-30, 42, 72, 199-200
e a sucessão dinástica precária, 25, 72, 158-159, 321
e a valorização do trabalho, 203-204
e admissões, 40-41, 53, 70-71, 157-158, 165-166, 172,
178-179,
e o capital humano, 76, 199
e o trabalho de elite, 70-72, 123-124, 204, 238-239, 241
e ônus sobre as elites, 27, 29-30, 70-72, 74, 199-201
Congresso, 143
consultoria, setor de, 131, 139, 222, 224, 302-303 *Ver também*
administração
consumo
e a divisão de classe, 270-274, 279-280
e endividamento, 288-291, 371gráf.
e índices de pobreza, 144-145, 357gráf.
Container Corporation of America, 220
controle corporativo, mercado de, 223-224, 341
corrida de ratos, equilíbrio da, 239-240
crédito barato, 271-272
crédito hipotecário, 214-217, 292
crítica da meritocracia, XX
e a aristocracia, 51
e a justificativa da desigualdade meritocrática, 149-150,
152-153
e a moralidade individual, 19, 52-54, 200-201, 328
e o domínio do capital, 49, 51, 127-129, 136
e ônus sobre as elites, 118, 333
o fracasso da, 52, 119, 332-333
precursores dos críticos, 317-318
cultura democrática
em cidades de classe média, 65
sociedade em meados do séc. XX, 66, 86, 218, 232-235
cultura e divisão de classe, 87, 254, 260-261, 265-269

Dahl, Robert, 91
democracia, supressão da, 112
e a indústria de defesa da renda, 94-98
e poder político da elite, 91-92
e responsabilidade do governo, 92
depressão, 81
derivativos, 93-94, 213
Ver também setor financeiro
descompasso educacional, 194-195

desigualdade meritocrática, 21-22
abrangência da, 49, 147-148, 352gráf., 359gráf.
como jogo em que se ganha e se perde, 31, 199
como justa, 48, 50, 61, 68, 104-105, 113, 149-150, 153-
154, 324-325
comparações internacionais, 47
comparada ao racismo, 90, 253
e a divisão de classe, 25, 253-254
e a indústria de defesa da renda, 95
e intensidade do trabalho, 126-127, 130, 356gráf.
e lazer, 126-127, 356gráf.
e políticas identitárias, 102
e populismo, 105-106
fracasso da classe média para impedir a, 151-152
redistribuição como remédio para a, 333-334
Ver também divisão de classe; desigualdade educacional;
polarização do mercado de trabalho; ressentimento da
classe média
Dickens, Charles, 273
diferenças de aproveitamento
baseadas na raça, 62, 90, 141, 175
baseadas na renda, 61, 80, 152-153, 315gráf1
dilema do prisioneiro, 296
Dimon, Jamie, 54
direito à preguiça, O, (Lafargue), 234
Disraeli, Benjamin, 90
Diversidade. *Ver* identitárias, políticas
divisão de classe, 19, 25-27, 86-87
Clinton/Bush, estudos de caso, 232-234, 283
e a classe média encolhendo, 253-254
e a complacência da elite, 101
e a desigualdade meritocrática, 17, 253-254
e a intensidade do trabalho da elite, 258
e a oposição do trabalho em setor privado/setor público,
96-97
e a valorização do trabalho, 254, 258
e as Forças Armadas, 256-257
e as ligações sociais, 91, 263-264
e casamento, 87, 159-160
e concentração geográfica, 65, 80-82, 87, 97-98, 171, 278-
279
e consumo, 270-274, 277-278
e cultura, 87, 255, 260-261, 263-267
e desigualdade educacional, 190-191
e divórcio, 123
e endividamento, 272-273, 277-278
e insatisfação em comum, 29, 30, 334-335, 346
e o desprezo da elite pela classe média, 27, 102-103, 109,
111
e o governo Trump, 29, 90, 110, 268
e ociosidade, 269-270
e polarização do mercado de trabalho baseada na inovação,
315
e polarização do mercado de trabalho, 230, 252-253, 255,
314
e política, 266-270
e populismo, 101, 105-106, 266

e práticas de contratação, 255-256
e regras de gênero, 263
e religião, 87, 260-261, 263
e ressentimento da classe média, 15-16
e saúde, 265-267
e sua dissolução em meados do século XX, 87-88, 210-211, 271, 278-279
e subordinação da classe média no ambiente de trabalho, 257-258
e xenofobia, 101
na aristocracia, 85
visão comum de, 28-29
divisão do tempo, 126, 354gráf.
divisão meritocrática. *Ver* divisão de classe
divórcio, taxas de, 161, 259
DLJ (banco), 242
Dollar General, 226, 272, 277
domínio do capital, 47, 49, 54, 129-130, 191-94
Drexel Burnham Lambert (banco de investimentos), 294, 300-301
Drexel, John R., 253, 297
drogas e álcool, abuso de, 68, 81
Dryden, John, 101
Durant-Dort Carriage Company, 217, 220, 298

Eastman, George, 228
educação
da classe média, 59
escolas charter, 93
Ver também desigualdade educacional; educação de elite
educação domiciliar, 168
educação infantil, 80, 111, 211-212
educacional, desigualdade, 23, 60-61, 362gráf.-363graf.
agenda de reformas, 335, 336-339
como triunfo da meritocracia, 195-196
comparações internacionais, 372gráf.
críticas morais da, 200-201
e admissão à faculdade, 177-180
e concentração geográfica, 271-272, 279
e descompasso educacional, 194-195
e desigualdade de oportunidade, 199
e diferença de desempenho, 61, 80, 175-178, 364gráf.-365graf.
e divisão de classe, 190-193
e escolas públicas, 170-172, 176
e estudantes de classe média em escolas de elite, 24, 61-62, 102-103, 197, 285-286
e formação universitária, 178
e mobilidade social, 63
e o investimento da elite em educação, 62-63, 182-183, 185
e polarização do mercado de trabalho, 230-231, 369gráf.
e pós-graduação, 183, 188-189, 195
e regras de gênero, 265
e ressentimento da classe média, 173-174, 339
Ver também educação de elite, investimento educacional de elite
educativos, consultores, 165-166

"efeito Mateus", 159
elite e bem comum, 20, 21, 29, 92-93, 136-137
elite, educação de, 39
admissão competitiva, 40-41, 53, 70, 71, 165-166, 176-177, 188-189, 197
admissão hereditária, 53, 154-155
cerimônias de formatura, 21, 30
comparações internacionais, 310
e a elite e o bem comum, 20
e a segmentação por renda, 46
e acasalamento preferencial, 160-161
e capital humano, 77-78, 158-159, 200
e meritocracia como retorno à aristocracia, 51
e o setor de consultoria, 302-303
e política tributária, 336-337
educação domiciliar, 168
em meados do séc. XX, 40, 41, 154-155, 362gráf.-363graf.
e custos de participação social, 189
na aristocracia, 40-41, 53, 154-155, 157
natureza competitiva da, 26-27, 42, 72, 199-200
o autor como produto da, 19-20
ônus da, 26-27, 69, 71, 80-81, 198
reformas meritocráticas, 40, 155-158, 194, 309
Ver também desigualdade educacional
elite, herança dinástica da
e o ciclo da meritocracia, 112-113
exigências da, 24, 72, 158-159, 321
investimento em educação como, 192-193, 196-197, 239, 336, 375quad.-376quad.
elite, infância de, 71, 162-166
atividades extracurriculares, 167-168, 172-175, 263
e exigências da sucessão dinástica, 24
e preparo emocional, 164-165
e segurança econômica, 162
educação infantil, 41, 70, 165-166
estilo de paternidade, 164, 200, 202
idade escolar, 167-168
investimento de tempo dos pais, 162-164, 167, 264
sintomas do ônus sobre a elite durante a, 80-81
Ver também elite, educação de
elite, intensidade do trabalho da, 38, 42-43, 83-85, 123-124, 239-242, 356gráf.
administração, 69, 83, 123-124
e a divisão de classe, 217
e a valorização do trabalho, 38, 46, 137-138, 203-204, 243, 254
e alienação, 78-81, 242-243
e o efeito de corrida de ratos, 240
e renda, 129-130, 133
educação de elite como preparo para a, 201
escritórios de advocacia, 44, 69-70, 82, 139, 240
impacto sobre a vida pessoal, 69-70, 80, 241
insatisfação com a, 83, 241-242
setor financeiro, 69, 81-83, 123, 240-241
elite, investimento em educação da
como herança, 192-193, 195-196, 239, 336, 375quad.-376quad.

ÍNDICE

e a polarização do mercado de trabalho, 231-232
e atividades extracurriculares, 168-169, 172-175, 264
e desigualdade educacional, 61-62, 184-185, 189, 191-192
e diferenças de aproveitamento, 63
e fetichização da qualificação, 296
educação infantil, 165-166
escolas privadas, 169-170
escolas públicas, 170-171
faculdade, 175-177
proporções do, 41-42, 61-62, 362gráf., 374quad.
renda como retorno da, 45-46, 47, 73, 230-231, 369gráf.
elite, maternidade na, 26, 162-163, 264
elite, ônus sobre a, 17-18, 24, 69-70
consciência do estudante sobre o, 26-27
e ansiedade coletiva, 25
e capital humano, 72-80
e concorrência, 25, 27, 28, 70-72, 74, 199-201
e críticas da meritocracia, 129, 333
e educação, 29-30, 69, 71, 80-81, 198, 200
e exigências da herança dinástica, 26, 72, 158-159, 321
e insegurança, 72
e reforma educacional, 339-340
sintomas em adultos do, 81-82
sintomas em crianças do, 41-42
sintomas em idade escolar do, 81
soluções propostas para, 331-336
Ver também elite, intensidade do trabalho da
elite, poder político da, 91-99
e a desigualdade meritocrática, 94
e a indústria de defesa da renda, 94-98
e os lobistas, 92-94
e populismo, 106
e riqueza, 91-92
financiamento de campanha, 59
elite, renda da
como parte da renda total, 47, 86-87, 144-145
como retorno do investimento em educação, 45-46, 47, 73, 231, 369gráf.
e alíquotas tributárias, 98, 251
e endividamento, 277-278
e intensidade do trabalho, 129-130, 242
explosão da, 38-39, 45, 54, 73, 131, 236, 309
parte do 1% superior, 47, 86-87, 144-145, 146, 150, 309, 356gráf.
proporções da, 146-148, 358gráf.-359graf.
proporções intrassetoriais, 54, 226, 251
setor privado *versus* setor público, 95-97
sociedade de meados do séc. XX, 46, 54, 251
trabalho como fonte da, 37, 47, 53-54, 69, 73, 129-133, 135, 356gráf.
elite, riqueza da
e poder político, 91-92
herdada, 27-28, 131, 136, 158, 188-189
na aristocracia, 37-38, 73-74, 75, 80, 243-244
Ver também elite, renda da
elite, trabalho da, 42-46

como fonte de renda, 37, 47, 53-54, 69, 73, 129-133, 135, 356gráf.
cultura colaborativa, 257
dificuldade de medição da produtividade, 201-202
domínio masculino no, 264
e a pesquisa militar, 293-294
e capital humano, 74-75
e meritocracia como volta à aristocracia, 51
e o bem comum na meritocracia, 20
e serviços pessoais, 46
meados do séc. XX, 38, 45, 203, 356gráf.
na aristocracia, 42-43, 45
natureza competitiva do, 70-73, 123-124, 199, 237-238, 239
setor de defesa da renda como, 94-98
tipos limitados de emprego no, 78
Ver também elite, renda da; elite, intensidade do trabalho da; polarização do mercado de trabalho baseado na inovação; polarização do mercado de trabalho empregos burocráticos, 127
empregos semiqualificados, perda de. *Ver* polarização do mercado de trabalho
empresa, homens de, 44
empréstimo consignado, 272
encarceramento em massa, 258-259
endividamento, 272-273, 278-279, 288-290, 372gráf.
enfermeiros. *Ver* medicina como profissão
entretenimento, setor de, 226
Era Dourada, 21, 90, 160, 271, 283
Escola de Direito de Yale
admissões competitivas, 40-41
autor como aluno da, 20
cerimônias de formatura, 21, 30-31
corpo discente de elite, 190
e admissões como herança, 53
opiniões políticas dos alunos, 267-268
percepção da meritocracia pelos alunos, 24-25
qualidade da educação, 42
escolas privadas, 217, 226
escolas públicas, 218-220, 249-250
Estado de direito, 94-97, 106
Ver também democracia, supressão da
estágio, 188
estresse pré-natal, 163
exaustão, 81
executivos, remuneração em ações dos, 132
executivos. *Ver* administração
expectativa de vida, 67-68, 106-107, 146, 286-287
extracurriculares, atividades, 167-168, 191-192, 260
extremos, empregos, 44
Exxon, 292

famílias
e a divisão de classe, 159-161
e a exclusão da classe média, 67
e o trabalho intensivo da elite, 69-70, 80, 240
maternidade na elite, 26, 162-163, 264

na aristocracia, 259
Ver também elite, infância de
Family Dollar, 272, 277
Farage, Nigel, 331
fast-food, setor de, 205-207, 277
Ferrari, 274
feudalismo, 100, 270
Ver também aristocracia
fetichização da qualificação, 40
Fieldston, Escola, 166-167, 170, 179
filantropia. *Ver* elite e bem comum
financeira, crise (2007-2008), 50, 98, 107
Ver também Grande Recessão
financeiro, setor, 209-217
como fonte da renda da elite, 50
comparações internacionais, 313
concorrência, 70
crescimento do, 209-210, 230
domínio masculino no, 264
e a pós-graduação, 186-187
e inovações administrativas, 300
e o aumento do endividamento, 288-290
em meados do séc. XX, 122, 209, 211, 213, 267, 367
explosão da renda da elite, 45, 54, 131, 214, 295
função de defesa da renda, 94-98
horário bancário, 44, 122
incentivo ao emprego semiqualificado no, 341
intensidade do trabalho, 69, 81-83, 123, 240-241
lobistas do, 93-94
parlamentares aposentados no, 97
polarização do mercado de trabalho induzida pela inovação no, 43, 188, 190, 193-195, 294-295, 311, 325
polarização do mercado de trabalho no, 46, 210-212, 213, 294-295, 364gráf.-365graf.
primeiras inovações no, 292-294
serviços de luxo, 277
valorização do trabalho no, 137-138
financiamento de dívida, 298-299
Fitzgerald, F. Scott, 86, 89, 253, 283, 287
Forças Armadas, 96, 108, 257
Ford Motor Company, 86, 252, 255, 271-272, 305
Frank, Robert H., 389n (60), 392n (88), 393n (103), 395n (118), 438n (132), 439n (144), 449n (233), 452n (268)
Franklin, Benjamin, 120
fraude, 53
Freud, Sigmund, 264

Galbraith, John Kenneth, 11, 57, 141, 148
Gates, Bill, 137
General Electric (GE), 221
General Motors, 86, 217, 220, 227, 230, 291
gênero, regras de, 263
Georgescu, Peter, 344
Gini, coeficiente de, 148-149, 360gráf.
Ginsburg, Ruth Bader, 20
Goldin, Claudia, 430n (68), 454n (30), 468n (179), 468n

(181), 474n (216), 480n (63), 493n (46), 497nn (116, 119, 121), 499n (136), 500n (142)
Goldman Sachs
e a explosão de renda da elite, 211
e artigos de luxo, 274
e capital humano, 75-76
e fraude, 53
e o charme da meritocracia, 19
e o liberalismo clássico, 268
intensidade do trabalho, 81, 240-241
Golfo, Guerra do (1990-1991), 257
Grande Compressão, 86, 91, 144, 253, 272, 358gráf.
Grande Depressão, 26, 117, 119, 334
Grande Recessão, 107, 144, 147, 230
Ver também crise financeira (2007-2008)
Griswold, A. Whitney, 155, 156
Groton, 154
GTE, 303
guerra à pobreza, 118-119, 143-144, 333

Harrington, Michael, 141-143, 145, 147, 150
Harvard, Escola de Administração de, 189-190, 234
Harvard, Escola de Direito de, 42
Harvard, Universidade, 20, 40, 61, 155
Heller, Walter, 143-144
Hemingway, Ernest, 86, 89-90, 253, 283, 287
Henderson, Bruce, 302
Hewlet, Sylvia Ann, 382n (35), 391n (77), 409n (49), 461n (127), 475nn (230, 233),
Ho, Karen, 379n (6), 382n (33), 383n (43), 391n (74), 408n (32), 418nn (134, 145), 452n (1), 455n (40), 457nn (67, 68, 69), 475n (234), 477nn (248, 251), 493n (43), 494n (74), 496n (93)
Hochschild, Arlie Russell, 391n (75), 396n (133), 404nn (97, 100), 406n (116), 409nn (46, 47, 48), 475n (233), 479n (41), 482nn (100, 104), 488nn (203, 204), 490n (233)
horário bancário, 45, 122-123
Hoxby, Caroline M., 441n (165), 442n (169), 446n (202), 447nn (203, 206), 450n (246), 468n (181)
Hunter College, escola secundária ligada à, 197-198

IBM, 235-236, 278
Icahn, Carl, 122
identitárias, políticas, 26, 97, 101, 103-105, 332
Ver também xenofobia
igualdade democrática, 111-112, 346-347
imposto sobre salários, 342-343
impostos imobiliários, 98, 336
inclusão. *Ver* identitárias, políticas
índices de mortalidade, classe média, 67-68, 106, 111, 236
infância. *Ver* desigualdade educacional; infância da elite; educação de elite
inovação técnica no trabalho
comparações internacionais, 241-242, 371gráf.
e a Revolução Industrial, 236-237, 239
e agenda de reformas, 235
meados do séc. XX, 235, 307

ÍNDICE

Ver também polarização do mercado de trabalho baseada na inovação

Instagram, 228

intensidade do trabalho. *Ver* elite, intensidade do trabalho da

Iraque, Guerra do, 257

Jaimovich, Nir, 368gráf.

James, LeBron, 227, 350

jardim das cerejeiras, O (Tchecov), 75

JD.com, 223

Jefferson, Thomas, 112, 319

Jobs, Steve, 268

Johnson, Lyndon B., 118, 144, 146, 333

JPMorgan Chase (banco), 54, 242

junk bond, 294

juros incorridos, 133-135, 343

Kaplan, Steven, 381*n* (9), 413*n* (87), 414*nn* (94, 97, 101), 455*n* (36)

Katz, Lawrence F., 383*n* (42), 402*n* (71), 430*n* (68), 423*n* (7), 454*n* (30), 468*n* (179), 469*n* (181), 470*n* (191), 471*n* (195), 473*n* (210), 488*n* (204), 493*n* (46), 494*n* (62), 497*nn* (116, 119, 121), 499*n* (136), 500*n* (137, 138, 142)

Kennedy, John F., 143-144

Keynes, John Maynard, 235-237

King, Martin Luther, Jr., 100

Koch, irmãos, 92

Kodak, 185-186, 228

Kohlberg Kravis Roberts & Company, 284, 300

Kolko, Gabriel, 142

La Rochefoucauld, François de, 396

Lafargue, Paul, 292

Lamborghini, 334

Langone, Ken, 418

lazer

    desprezo da elite pelo, 140, 269

    e a desigualdade meritocrática, 126, 356gráf.

    e a polarização do mercado de trabalho baseada na inovação, 236-237

    e divisão de classe, 269-270

    e pobreza, 145

    e proeza, 121, 125, 139

    elite de meados do séc. XX, 120-121

    na aristocracia, 37-38, 117, 119-120, 127-128, 243-244, 259

Leonhardt, David, 325*n* (48), 342*n* (105), 356*n* (137), 358*n* (138), 371*n* (182), 376*n* (188), 378*n* (202), 381*n* (215), 385*n* (227)

liberalismo, 268

Lipton (escritório de advocacia), 299

lobby dos cassinos, 93

lobistas, 92-94, 97

London School of Economics, 8, 19, 345

Lott, Ronnie, 82

Luce, Carolyn Buck, 382*n* (35), 383*n* (47), 391*n* (77), 396*n* (135), 409*n* (49), 418*nn* (135, 143), 461*n* (127), 475*nn* (233), 476*n* (233)

luddistas, 305

lugar. *Ver* concentração geográfica por classe

Macdonald, Dwight, 143

Madonna, 276

Magowan, Robert, 298

Mankiw, Gregory, 140, 150, 152, 325

maldição dos recursos, 312

manufatureiro, setor

    e normas de gênero, 264-265

    meados do séc. XX, 43, 56-57

    perda de empregos no, 58, 59, 67, 209, 264-265

      polarização do mercado de trabalho baseada na inovação no, 43, 227

    polarização do mercado de trabalho na, 46, 227-228

      riqueza da elite baseada no, 129

    séc. XIX, 37, 215

Marx, Karl, 79, 129, 234

Mayer, Martin, 121

McDonald's, 205-209, 224, 257, 272

McEnroe, John, 125

McKinsey, Bain & Company (empresa de consultoria), 224, 230, 283, 302-303

medicina como profissão

    domínio masculino na, 264

    e pós-graduação, 187

    explosão da renda da elite, 54, 131

    intensidade do trabalho, 124-125

    promoção do trabalho semiqualificado na, 341

    serviços de luxo, 276-277

    trabalho como fonte da renda da elite na, 131

    treinamento no ambiente de trabalho, 186

médicos. *Ver* medicina como profissão

meritocracia

    charme da, 18, 29-30, 51, 103-104, 152, 201, 318-319, 323

    como alternativa positiva à aristocracia, 18, 20, 46, 322-323

    como fracasso, 328-329

    como inevitável, 39-40, 51-52, 318-320

    como perspectiva de igualdade de oportunidades, 18, 25, 30, 62, 194

    como sistema integrado, 21, 30, 46, 109

    como volta à aristocracia, 51, 86, 319-320, 324-325

    complacência da elite para com a, 85-86

    defesa da, 50-51, 70

    desigualdade educacional como triunfo da, 195-196

    insatisfação com a, 29-30, 31-32, 83, 112, 334-335

    panorama, 112-114

    paradoxo da, 119

    redenção da, na era Obama, 107-109

    regras da, 319

Merkel, Angela, 331

milênio, geração do, 27

MIT, 47, 178-179, 182, 303

modelo de precificação de ativos financeiros, 293-294

Morgan Stanley, 241

Morgan, J. P., 121

mudança técnica baseada na qualificação. *Ver* polarização do mercado de trabalho baseada na inovação

mulheres e gênero
desigualdade em meados do séc. XX, 141, 237
e intensidade do trabalho da elite, 242
maternidade na elite, 24, 162-163, 264
ociosidade na aristocracia, 137-138, 232

Mulvaney, Mick, 93

Nadal, Rafael, 125
nepotismo. *Ver* admissão como herança
New Deal, 334

Obama, Barack, e governo Obama, 102, 107, 109, 150
Obama, Michelle, 110
Ocupe Wall Street, movimento, 153
Okun, Arthur, 333, 347
ônus sobre a classe média
e a valorização do trabalho, 18, 25, 28, 54, 101, 103-105, 236-237, 258
e foco na preservação, 58-59, 66-67
e índices de mortalidade, 67-68, 106, 110, 237
e o Estado de direito, 95
Ver também desigualdade educacional; polarização do mercado de trabalho, ressentimento da classe média
ônus sobre a meritocracia. *Ver* elites, ônus sobre as; classe média, ônus sobre a
opacos/brilhantes, divisão dos empregos em. *Ver* polarização do mercado de trabalho
opioides, epidemia de, 68, 111
oportunidade, igualdade de
meritocracia como promessa de, 18, 23, 28, 62, 194
meritocracia como supressora da, 24-25, 193-194, 197, 313-314
Ver também desigualdade educacional
Organization Man, The (Whyte), 203
"Our Invisible Poor" (Macdonald), 143
outra América, A (Harrington), 141-143
Oxford, Universidade de, 8, 19, 250

Pacific Bell, 303
Palin, Sarah, 107
Palo Alto
amortecimento da divisão de classes em meados do séc. XX em, 85-88, 278
concentração geográfica por classe e, 85
intensidade do trabalho da elite em, 241
investimento da elite em educação em, 191
ônus sobre a infância em, 80-81
preços da moradia em, 280
tendências políticas em, 112
partes beneficiárias, 132-133, 135
Paulson, John, 53
Philippon, Thomas, 363*nn* (163, 164), 365*nn* (168, 169), 372*n* (183), 388*n* (235), 389*n* (239), 396*n* (267), 403*nn* (302, 303)

Piketty, Thomas, 11-12, 51, 129, 384*nn* (51, 52, 65, 66), 415*nn* (106, 108, 109), 416*n* (115), 417*n* (121), 472*n* (207), 477*n* (9), 498*n* (126), 502*nn* (8, 11)
Plano Marshall para os Estados Unidos (Centro para o Progresso Americano), 344
polarização do mercado de trabalho, 38, 111, 175-176, 369gráf.
administração, 223-225, 256
agenda de reformas, 335-336, 339-395
comparações internacionais, 309-310, 371gráf.
e a renda da classe média, 61, 146-147, 358gráf.
e a subalternidade da classe média no ambiente de trabalho, 221, 257-258
e divisão de classe, 230, 254-255, 256, 314
e educação, 230-232, 369gráf.
e insulto moral à classe média, 18, 23, 26, 61, 67-68, 101, 103-105, 237-238, 258
e intensidade do trabalho, 242
e mobilidade social, 65
e o setor de consultoria, 303
e política tributária, 342-343
e pós-graduação, 232-233
e raça, 258-259
polarização do mercado de trabalho (definição), 204
setor de entretenimento, 226
setor financeiro, 46, 210-215, 219-220, 294-295, 366gráf.-367graf.
setor manufatureiro, 46, 227-228
setor varejista, 43, 225-226
tendências em aumento na, 231-232
Ver também polarização do mercado de trabalho baseada na inovação
polarização do mercado de trabalho baseada na inovação, 39, 42-43, 45, 209-211, 231
como resultado do capital humano da elite, 295-296, 305-309, 311, 318
e a agenda de reformas, 345-346
e a divisão de classe, 315
e a medida da produtividade, 325-326
e a perda de empregos de classe média, 61
e concorrência, 204
e lazer, 236
e o ciclo da meritocracia, 295-296, 313, 325-326
na administração, 43, 129, 209-210, 218-219, 221, 223-227, 303-304
origens no setor financeiro, 292-294
setor de *fast-food*, 206-207
setor financeiro, 43, 210, 212, 213, 215-217, 294-295, 312, 325
setor manufatureiro, 43, 227
setor varejista, 225-226
política, 266-268
Ver também poder político da elite
politicamente correto, exigência do, 26, 101
populismo, 8, 27, 103, 105-106, 237, 265, 268, 331-332, 339
pós-graduação, 185-189, 231, 232-233, 309
Pound, Roscoe, 320

ÍNDICE

práticas de contratação, 255-256
precariado, 273
preços da moradia, 62, 87, 89, 96, 280-281
preconceito, denúncia do. *Ver* políticas identitárias
Primeira Guerra Mundial, 121
primogenitura, 320
Princeton, Universidade de, 337
privilégio, responsabilidades do. *Ver* elite e o bem comum
produção em massa, 219, 305
proeza, 120-121, 125, 128, 137, 139
professores particulares, 173-174
progressistas, críticas dos. *Ver* crítica da meritocracia
propriedade, ideologia da, 94-95, 106

raça
    e a divisão de meados do séc. XX, 62, 90, 141, 174
    e a polarização do mercado de trabalho, 258-259
    e xenofobia, 104-108
Rajan, Ragurham, 440*n* (155), 455*n* (46), 456*nn* (51, 53), 460*n* (116), 490*nn* (3, 4), 491*n* (6), 492*n* (23), 493*n* (44)
Rauh, Joshua, 381*n* (9), 413*n* (87), 414*nn* (94, 101), 455*n* (36)
Reagan, Ronald, 146, 151, 288
Reardon, Sean F., 365, 389*n* (44), 430*n* (66), 433*n* (89), 440*n* (157, 159), 443*n* (180), 444*n* (187), 487*n* (192), 513*n* (9, 10)
redistribuição, 333-334
reengenharia corporativa, 303
reestruturação corporativa, 27, 222, 224, 300-303
reformas, agenda de, 31-32
    e a promoção do emprego semiqualificado, 335-336, 339-344
    e a reforma educacional, 335-339
    e interesse comum, 31-32, 334-335, 346
    e o ciclo da meritocracia, 344-345
    e redistribuição, 333-334
    igualdade democrática como objetivo da, 346-347
    Ver também crítica da meritocracia
regulação
    e a promoção dos empregos semiqualificados, 339-342
    resistência da elite à, 93-98
Reich, Robert, 388*n* (37), 402*n* (70), 437*n* (120), 438*n* (128), 440*n* (158), 448*n* (220), 452*n* (6), 462*n* (132), 463*n* (151), 466*n* (167), 495*n* (78, 79), 507*n* (24)
religião, 102, 266-267, 269
renda média, 57
Rensi, Ed, 205-207, 224, 257
Reshef, Ariell, 454-455*nn* (34, 35), 457*nn* (64), 468*n* (179), 491*n* (13), 493*n* (44), 504*n* (32), 514*nn* (15, 16)
ressentimento da classe média, 103-111
    críticas de progressistas e o, 332-333
    e a desigualdade educacional, 198-199, 339
    e a visão pessimista de Trump, 26, 108-109
    e o governo Trump, 104, 108-111
    e populismo, 27-28, 105-108, 236, 331-332
    e xenofobia, 104-108
restaurantes, 274, 275

Revolução Industrial, 218, 304, 307-308
Rhode, Deborah L., 382*n* (30), 405*n* (106), 408*n* (30), 410n (55), 475*n* (232), 476*n* (242)
riqueza. *Ver* elite, riqueza da
Rise of the Meritocracy, The (Young), 317
rivalidade entre irmãos, 263
Rockefeller, David, 54
Romney, Mitt, 102, 107, 110
Rowling, J. K., 227
Ryan, Paul, 102, 107

Saez, Emmanuel, 384*n* (51), 403*n* (85), 415*n* (108-109), 416*n* (115), 417*n* (118), 477*nn* (9), 485*nn* (124, 126), 486*nn* (161), 490*n* (229),510*n* (51), 511*n* (55)
Safeway, 296-298, 304
salários do setor público, 138
Sanders, Bernie, 108
SAT, pontuação no. *Ver* diferenças de aproveitamento
Schlesinger, Arthur, 141, 143
Sears, 271
Secretaria de Estatísticas Trabalhistas dos Estados Unidos, 230, 385*nn* (77, 78), 386*nn* (80, 81, 82), 405*n* (112), 412*n* (83), 422*n* (204), 437*n* (119), 438*n* (144), 443*n* (176), 446*n* (201), 455*n* (50), 458*nn* (84), 459*n* (101, 103), 464*nn* (154, 155), 467*n* (175), 468*n* (180), 472*n* (208), 473*nn* (209, 210), 484*n* (141), 504*n* (33), 512-513*nn* (2, 8)
século XIX
    horários de trabalho, 236
    inexistência de administração, 217-218, 298
    inovação técnica no trabalho, 304-305, 307
    oposição trabalho/renda, 37-38
    trabalho alienado, 79
século XX, início do
    administração, 217-218, 296-298
    consumo, 270
    pobreza, 117
    pós-graduação, 196
securitização, 214, 291, 294, 326
Segunda Guerra Mundial, 37, 56, 85, 118, 121, 141, 144, 154-155, 176, 179, 210, 250, 257, 278, 292, 302, 309, 366graf.
serviços pessoais, 46
serviços prestados por bolsistas, 283-284
servidores públicos. *Ver* salários no setor público
setor de serviços, 264
setor varejista
    artigos de luxo, 273-277, 279-280
    crescimento do, 228
    e a divisão de classe, 277
    meados do séc. XX, 225
    polarização do mercado de trabalho baseada na inovação no, 43
    polarização do mercado de trabalho no, 43, 225-226
    tapa-buraco, 271-272
Shaw, George Bernard, 319
sindicatos
    declínio dos, 121, 222

e o liberalismo clássico, 268

e polarização do mercado de trabalho baseada na inovação, 305

e política educacional, 93

"síndrome do pato", 80

Singer, 218

Siu, Henry, 368gráf.

Skadden, Arps, Slate, Meagher & Flom (escritório de advocacia), 299, 301

Skaggs, M. B., 296

sociedade em meados do séc. XX
  administração, 217, 218-220, 222, 297, 299
  amortecimento da divisão de classe, 85-86, 251-252, 271, 278-279
  consumo, 270-271, 273
  coorte de educação superior, 308
  cultura democrática, 65, 86, 218, 247-25
  diferenças de desempenho baseadas na renda, 364gráf.-365graf.
  distribuição geográfica, 278-279
  divisão racial, 62, 90, 141, 175
  e o New Deal, 334
  educação da classe média, 362gráf.-363graf.
  educação de elite, 40-41, 154-155, 362gráf.-363graf.
  igualdade política, 111-112
  inovação técnica no trabalho, 233, 305
  lazer de elite, 122-123
  mobilidade social, 312-313, 372gráf.-373graf.
  pobreza, 117-118, 141-145, 148-149, 357gráf.
  poupança da classe média, 272
  práticas de contratação, 255
  prosperidade da classe média, 37, 56-57, 65-66, 141, 150
  qualificação no ambiente de trabalho, 186-187, 189, 191, 205, 219, 255
  renda de elite, 47, 54, 25
  riqueza como emancipação na, 80
  salários no setor público, 95-96
  setor de consultoria, 302
  setor de entretenimento, 226
  setor financeiro, 122, 209, 211, 213, 294, 367
  sexismo, 89, 262
  solidariedade social, 86, 90
  trabalho da classe média, 43, 56-57, 211, 218, 227, 231-232, 237, 356gráf.
  trabalho de elite, 38, 45, 203, 356gráf.
  varejo, 225
  Ver também aristocracia

sociedade medieval, 99

St. Clair Shores
  amortecimento da divisão de classe em meados do séc. XX, 85-86, 271, 279
  concentração geográfica de classe em, 87, 282
  cultura democrática em, 64-65
  desigualdade educacional em, 60-62, 80, 191
  estagnação atual de, 57-58, 65, 148
  mobilidade social em meados do séc. XX, 314
  mortalidade da classe média em, 68

perda de empregos de classe média em, 227

preço da moradia em, 277

prosperidade da classe média em, 56-57, 117, 141, 332

tendências políticas em, 110-111, 332

trabalho da classe média em meados do séc. XX, 219, 255

Stakhanov, Alexei Grigorievitch, 140

Stanford, Universidade, 80

Stephenson, Bill, 252

Stiglitz, Joseph E., 290, 384n (66), 398n (32), 491n (12), 499n (132)

suicídio, 80

suntuária, lei, 85, 270

supermodelos, 126

superqualificado, trabalho. *Ver* investimento educacional da elite;
  trabalho da elite; polarização do mercado de trabalho baseada na inovação

supervigilância parental, 200

supraordenados, trabalhadores, 40
  Ver também trabalho da elite

Target, 272

Tate, Jack, 40

Taylor, Frederick Winslow, 219

Tchecov, Anton, 75-76

Tea Party, 107

teoria da classe ociosa, A (Veblen), 11, 119

terceirização, 222-223, 341

testes, pontuação nos. *Ver* diferenças de aproveitamento

Tobin, James, 155

Touati, Bernard, 276

trabalho, inovação técnica do. *Ver* polarização do mercado de trabalho baseada na inovação; inovação técnica no trabalho

trabalho, valorização do, 259
  e artigos de luxo, 273-274
  e concorrência, 203-204
  e insulto moral à classe média, 18, 23, 29, 60, 67-68, 101-104, 237-238, 258
  e intensidade do trabalho da elite, 38, 46, 136-137, 203-204, 243, 254
  Ver também intensidade do trabalho da elite

trabalho como fonte de renda da elite, 37, 47, 53-54, 69, 73, 129-133, 134-135, 356gráf.
  Ver também capital humano; trabalho, valorização do,

treinamento no ambiente de trabalho, 184-185, 190-191, 205, 219, 255, 310

tributária, política
  e a indústria de defesa da renda, 98
  e a promoção dos empregos semiqualificados, 342-343
  e divisão de classe, 251
  e investimento educacional da elite, 320
  e reforma educacional, 336-337, 339
  natureza regressiva da, 151, 188

Trump, governo, 108-111
  e a indústria de defesa da renda, 98
  e divisão de classe, 26-27, 110, 268

ÍNDICE

e o trabalho, 110-111
e populismo, 108, 266
e ressentimento da classe média, 104, 108-111
e visão pessimista da sociedade norte-americana, 26, 108-109
e xenofobia, 104
incredulidade dos partidários do, 332
medidas contra imigração, 331
riscos do, 32
turismo, setor de, 276

U. S. Census Bureau, 381*n* (2), 384*n* (57), 386*nn* (6, 7, 8), 387*nn* (16, 22), 388*nn* (26, 34), 393*nm* (106, 107), 396*n* (5), 397*nn* (20, 21), 398*n* (28), 411*n* (77), 418*nn* (151, 152), 419*nn* (161, 183), 420*nn* (185, 186, 190, 192), 421*nn* (194, 195, 202), 428*nn* (52, 54), 433*n* (96), 434*n* (100), 436*n* (115), 440*n* (160), 441*n* (166), 446*n* (199), 448*nn* (224, 225), 457*n* (71), 462*nn* (131, 133), 467*n* (175), 468*n* (177), 473*nn* (209, 210)
Uber, 220, 223, 237
UBS, 241

Vale do Silício, 22, 81, 241, 268, 308
vantagem salarial devida à faculdade, 295, 308-309, 372gráf.
veteranos, lei de proteção aos, 155, 251, 256

Warren, Elizabeth, 150
Wealth and Power in America (Kolko), 142
Whyte, William, 203
Williams, Joan C., 405*nn* (104, 105), 406*n* (118), 467-468*n* (176), 482*nn* (100, 101, 102), 485*n* (154), 494*n* (67)
Wilson, Charles Erwin, 220
Wilson, William Julius, 253
Winters, Jeffrey, 400*n* (57), 401*n* (62), 403*nn* (81, 84), 414*n* (96), 423*n* (216), 485*n* (157), 497*n* (120), 505*n* (13)
Wodehouse, P. G., 117
Wolfe, Tom, 220

xenofobia, 103-106

Yale, Universidade de, 7, 19-20, 40, 122, 155-157, 268
Young, Michael, 317-318, 319
Young, Robert R., 252

Zuckerberg, Mark, 136-138, 140, 193
Zucman, Gabriel, 403*n* (84), 415*nn* (106, 108, 109), 416-417*nn* (115, 118), 483*nn* (124, 126), 486*n* (161), 490*n* (229), 498*n* (126), 503*n* (11)

1ª edição	SETEMBRO 2021
impressão	CROMOSETE
papel de miolo	PÓLEN SOFT 70G/M²
papel de capa	CARTÃO SUPREMO ALTA ALVURA 250G/M²
tipografia	GARAMOND PREMIER PRO